U0901162

纪检监察与反腐廉政法律法规制度全书

（2010 年最新案例版）

翟继光　主编

（第四卷）

中国言实出版社

总　目　录

第一编　纪检监察与反腐倡廉基本法律法规

第二编　预防和治理腐败法律法规

第三编　领导干部廉洁从政法律法规

第四编　查办违法违纪案件程序法律法规

第五编　纠正损害群众利益与执法监察法律法规

第六编　党纪政纪处分与处罚法律法规

第七编　纪检监察机构与工作制度法律法规

第八编　最新纪检监察与反腐廉政法律法规制度

目　录

第八编　最新纪检监察与反腐廉政法律法规制度

第八编

最新纪检监察与反腐廉政法律法规制度

第31章 纪检监察与反腐廉政最新法律

中华人民共和国刑法修正案（七）

（2009年2月28日第十一届全国人民代表大会常务委员会第七次会议通过）

一、将刑法第一百五十一条第三款修改为："走私珍稀植物及其制品等国家禁止进出口的其他货物、物品的，处五年以下有期徒刑或者拘役，并处或者单处罚金；情节严重的，处五年以上有期徒刑，并处罚金。"

二、将刑法第一百八十条第一款修改为："证券、期货交易内幕信息的知情人员或者非法获取证券、期货交易内幕信息的人员，在涉及证券的发行，证券、期货交易或者其他对证券、期货交易价格有重大影响的信息尚未公开前，买入或者卖出该证券，或者从事与该内幕信息有关的期货交易，或者泄露该信息，或者明示、暗示他人从事上述交易活动，情节严重的，处五年以下有期徒刑或者拘役，并处或者单处违法所得一倍以上五倍以下罚金；情节特别严重的，处五年以上十年以下有期徒刑，并处违法所得一倍以上五倍以下罚金。"

增加一款作为第四款："证券交易所、期货交易所、证券公司、期货经纪公司、基金管理公司、商业银行、保险公司等金融机构的从业人员以及有关监管部门或者行业协会的工作人员，利用因职务便利获取的内幕信息以外的其他未公开的信息，违反规定，从事与该信息相关的证券、期货交易活动，或者明示、暗示他人从事相关交易活动，情节严重的，依照第一款的规定处罚。"

三、将刑法第二百零一条修改为："纳税人采取欺骗、隐瞒手段进行虚假纳税申报或者不申报，逃避缴纳税款数额较大并且占应纳税额百分之十以上的，处三年以下有期徒刑或者拘役，并处罚金；数额巨大并且占应纳税额百分之三十以上的，处三年以上七年以下有期徒刑，并处罚金。

"扣缴义务人采取前款所列手段，不缴或者少缴已扣、已收税款，数额较大的，依照前款的规定处罚。

"对多次实施前两款行为，未经处理的，按照累计数额计算。

"有第一款行为，经税务机关依法下达追缴通知后，补缴应纳税款，缴纳滞纳金，已受行政处罚的，不予追究刑事责任；但是，五年内因逃避缴纳税款受过刑事处罚或者被税务机关给予二次以上行政处罚的除外。"

四、在刑法第二百二十四条后增加一条，作为第二百二十四条之一："组织、领导以推销商品、提供服务等经营活动为名，要求参加者以缴纳费用或者购买商品、服务等方式获得加入资格，并按照一定顺序组成层级，直接或者间接以发展人员的数量作为计酬或者返利依据，引诱、胁迫参加者继续发展他人参加，骗取财物，扰乱经济社会秩序的传销活动的，处五年以下有期徒刑或者拘役，并处罚金；情节严重的，处五年以上有期徒刑，并处罚金。”

五、将刑法第二百二十五条第三项修改为：“未经国家有关主管部门批准非法经营证券、期货、保险业务的，或者非法从事资金支付结算业务的；”

六、将刑法第二百三十九条修改为：“以勒索财物为目的绑架他人的，或者绑架他人作为人质的，处十年以上有期徒刑或者无期徒刑，并处罚金或者没收财产；情节较轻的，处五年以上十年以下有期徒刑，并处罚金。

“犯前款罪，致使被绑架人死亡或者杀害被绑架人的，处死刑，并处没收财产。

“以勒索财物为目的偷盗婴幼儿的，依照前两款的规定处罚。”

七、在刑法第二百五十三条后增加一条，作为第二百五十三条之一：“国家机关或者金融、电信、交通、教育、医疗等单位的工作人员，违反国家规定，将本单位在履行职责或者提供服务过程中获得的公民个人信息，出售或者非法提供给他人，情节严重的，处三年以下有期徒刑或者拘役，并处或者单处罚金。

“窃取或者以其他方法非法获取上述信息，情节严重的，依照前款的规定处罚。

“单位犯前两款罪的，对单位判处罚金，并对其直接负责的主管人员和其他直接责任人员，依照各该款的规定处罚。”

八、在刑法第二百六十二条之一后增加一条，作为第二百六十二条之二：“组织未成年人进行盗窃、诈骗、抢夺、敲诈勒索等违反治安管理活动的，处三年以下有期徒刑或者拘役，并处罚金；情节严重的，处三年以上七年以下有期徒刑，并处罚金。”

九、在刑法第二百八十五条中增加两款作为第二款、第三款：“违反国家规定，侵入前款规定以外的计算机信息系统或者采用其他技术手段，获取该计算机信息系统中存储、处理或者传输的数据，或者对该计算机信息系统实施非法控制，情节严重的，处三年以下有期徒刑或者拘役，并处或者单处罚金；情节特别严重的，处三年以上七年以下有期徒刑，并处罚金。

“提供专门用于侵入、非法控制计算机信息系统的程序、工具，或者明知他人实施侵入、非法控制计算机信息系统的违法犯罪行为而为其提供程序、工具，情节严重的，依照前款的规定处罚。”

十、在刑法第三百一十二条中增加一款作为第二款：“单位犯前款罪的，对单位判处罚金，并对其直接负责的主管人员和其他直接责任人员，依照前款的规定处罚。”

十一、将刑法第三百三十七条第一款修改为：“违反有关动植物防疫、检疫的国家规定，引起重大动植物疫情的，或者有引起重大动植物疫情危险，情节严重的，处三年以下有期徒刑或者拘役，并处或者单处罚金。”

十二、将刑法第三百七十五条第二款修改为：“非法生产、买卖武装部队制式服装，情节严重的，处三年以下有期徒刑、拘役或者管制，并处或者单处罚金。”

增加一款作为第三款：“伪造、盗窃、买卖或者非法提供、使用武装部队车辆号牌等专用标志，情节严重的，处三年以下有期徒刑、拘役或者管制，并处或者单处罚金；情节特别严重的，处三年以上七年以下有期徒刑，并处罚金。”

原第三款作为第四款，修改为：“单位犯第二款、第三款罪的，对单位判处罚金，并对其直接负责的主管人员和其他直接责任人员，依照各该款的规定处罚。”

十三、在刑法第三百八十八条后增加一条作为第三百八十八条之一：“国家工作人员的近亲属或者其他与该国家工作人员关系密切的人，通过该国家工作人员职务上的行为，或者利用该国家工作人员职权或者地位形成的便利条件，通过其他国家工作人员职务上的行为，为请托人谋取不正当利益，索取请托人财物或者收受请托人财物，数额较大或者有其他较重情节的，处三年以下有期徒刑或者拘役，并处罚金；数额巨大或者有其他严重情节的，处三年以上七年以下有期徒刑，并处罚金；数额特别巨大或者有其他特别严重情节的，处七年以上有期徒刑，并处罚金或者没收财产。

“离职的国家工作人员或者其近亲属以及其他与其关系密切的人，利用该离职的国家工作人员原职权或者地位形成的便利条件实施前款行为的，依照前款的规定定罪处罚。”

十四、将刑法第三百九十五条第一款修改为：“国家工作人员的财产、支出明显超过合法收入，差额巨大的，可以责令该国家工作人员说明来源，不能说明来源的，差额部分以非法所得论，处五年以下有期徒刑或者拘役；差额特别巨大的，处五年以上十年以下有期徒刑。财产的差额部分予以追缴。”

十五、本修正案自公布之日起施行。

中华人民共和国侵权责任法

（2009 年 12 月 26 日第十一届全国人民代表大会常务委员会第十二次会议通过）

第一章　一般规定

第一条　为保护民事主体的合法权益，明确侵权责任，预防并制裁侵权行为，促进社会和谐稳定，制定本法。

第二条　侵害民事权益，应当依照本法承担侵权责任。

本法所称民事权益，包括生命权、健康权、姓名权、名誉权、荣誉权、肖像权、隐私权、婚姻自主权、监护权、所有权、用益物权、担保物权、著作权、专利权、商标专用权、发现权、股权、继承权等人身、财产权益。

第三条　被侵权人有权请求侵权人承担侵权责任。

第四条　侵权人因同一行为应当承担行政责任或者刑事责任的，不影响依法承担侵权责任。

因同一行为应当承担侵权责任和行政责任、刑事责任，侵权人的财产不足以支付的，先承担侵权责任。

第五条　其他法律对侵权责任另有特别规定的，依照其规定。

第二章　责任构成和责任方式

第六条　行为人因过错侵害他人民事权益，应当承担侵权责任。

根据法律规定推定行为人有过错，行为人不能证明自己没有过错的，应当承担侵权责任。

第七条　行为人损害他人民事权益，不论行为人有无过错，法律规定应当承担侵权责任的，依照其规定。

第八条　二人以上共同实施侵权行为，造成他人损害的，应当承担连带责任。

第九条　教唆、帮助他人实施侵权行为的，应当与行为人承担连带责任。

教唆、帮助无民事行为能力人、限制民事行为能力人实施侵权行为的，应当承担侵权责任；该无民事行为能力人、限制民事行为能力人的监护人未尽到监护责任的，应当承担相应的责任。

第十条　二人以上实施危及他人人身、财产安全的行为，其中一人或者数人的行为造成他人损害，能够确定具体侵权人的，由侵权人承担责任；不能确定具体侵权人的，行为人承担连带责任。

第十一条　二人以上分别实施侵权行为造成同一损害，每个人的侵权行为都足以造成全部损害的，行为人承担连带责任。

第十二条　二人以上分别实施侵权行为造成同一损害，能够确定责任大小的，各自承担相应的责任；难以确定责任大小的，平均承担赔偿责任。

第十三条　法律规定承担连带责任的，被侵权人有权请求部分或者全部连带责任人承担责任。

第十四条　连带责任人根据各自责任大小确定相应的赔偿数额；难以确定责任大小的，平均承担赔偿责任。

支付超出自己赔偿数额的连带责任人，有权向其他连带责任人追偿。

第十五条　承担侵权责任的方式主要有：

（一）停止侵害；

（二）排除妨碍；

（三）消除危险；

（四）返还财产；

（五）恢复原状；

（六）赔偿损失；

（七）赔礼道歉；

（八）消除影响、恢复名誉。

以上承担侵权责任的方式，可以单独适用，也可以合并适用。

第十六条　侵害他人造成人身损害的，应当赔偿医疗费、护理费、交通费等为治疗和康复支出的合理费用，以及因误工减少的收入。造成残疾的，还应当赔偿残疾生活辅助具费和残疾赔偿金。造成死亡的，还应当赔偿丧葬费和死亡赔偿金。

第十七条　因同一侵权行为造成多人死亡的，可以以相同数额确定死亡赔偿金。

第十八条　被侵权人死亡的，其近亲属有权请求侵权人承担侵权责任。被侵权人为单位，该单位分立、合并的，承继权利的单位有权请求侵权人承担侵权责任。

被侵权人死亡的，支付被侵权人医疗费、丧葬费等合理费用的人有权请求侵权人赔偿费用，但侵权人已支付该费用的除外。

第十九条　侵害他人财产的，财产损失按照损失发生时的市场价格或者其他方式计算。

第二十条　侵害他人人身权益造成财产损失的，按照被侵权人因此受到的损失赔偿；被侵权人的损失难以确定，侵权人因此获得利益的，按照其获得的利益赔偿；侵权人因此获得的利益难以确定，被侵权人和侵权人就赔偿数额协商不一致，向人民法院提起诉讼的，由人民法院根据实际情况确定赔偿数额。

第二十一条　侵权行为危及他人人身、财产安全的，被侵权人可以请求侵权人承担停止侵害、排除妨碍、消除危险等侵权责任。

第二十二条　侵害他人人身权益，造成他人严重精神损害的，被侵权人可以请求精神损害赔偿。

第二十三条　因防止、制止他人民事权益被侵害而使自己受到损害的，由侵权人承担责任。侵权人逃逸或者无力承担责任，被侵权人请求补偿的，受益人应当给予适当补偿。

第二十四条　受害人和行为人对损害的发生都没有过错的，可以根据实际情况，由双方分担损失。

第二十五条　损害发生后，当事人可以协商赔偿费用的支付方式。协商不一致的，赔偿费用应当一次性支付；一次性支付确有困难的，可以分期支付，但应当提供相应的担保。

第三章　不承担责任和减轻责任的情形

第二十六条　被侵权人对损害的发生也有过错的，可以减轻侵权人的责任。

第二十七条　损害是因受害人故意造成的，行为人不承担责任。

第二十八条　损害是因第三人造成的，第三人应当承担侵权责任。

第二十九条　因不可抗力造成他人损害的，不承担责任。法律另有规定的，依照其规定。

第三十条　因正当防卫造成损害的，不承担责任。正当防卫超过必要的限度，造成不应有的损害的，正当防卫人应当承担适当的责任。

第三十一条　因紧急避险造成损害的，由引起险情发生的人承担责任。如果危险是由自然原因引起的，紧急避险人不承担责任或者给予适当补偿。紧急避险采取措施不当或者超过必要的限度，造成不应有的损害的，紧急避险人应当承担适当的责任。

第四章　关于责任主体的特殊规定

第三十二条　无民事行为能力人、限制民事行为能力人造成他人损害的，由监护人承担侵权责任。监护人尽到监护责任的，可以减轻其侵权责任。

有财产的无民事行为能力人、限制民事行为能力人造成他人损害的，从本人财产中支付赔偿费用。不足部分，由监护人赔偿。

第三十三条　完全民事行为能力人对自己的行为暂时没有意识或者失去控制造成他人损害有过错的，应当承担侵权责任；没有过错的，根据行为人的经济状况对受害人适当补偿。

完全民事行为能力人因醉酒、滥用麻醉药品或者精神药品对自己的行为暂时没有意识或者失去控制造成他人损害的，应当承担侵权责任。

第三十四条　用人单位的工作人员因执行工作任务造成他人损害的，由用人单位承担侵权责任。

劳务派遣期间，被派遣的工作人员因执行工作任务造成他人损害的，由接受劳务派遣的用工单位承担侵权责任；劳务派遣单位有过错的，承担相应的补充责任。

第三十五条　个人之间形成劳务关系，提供劳务一方因劳务造成他人损害的，由接受劳务一方承担侵权责任。提供劳务一方因劳务自己受到损害的，根据双方各自的过错承担相应的责任。

第三十六条　网络用户、网络服务提供者利用网络侵害他人民事权益的，应当承担侵权责任。

网络用户利用网络服务实施侵权行为的，被侵权人有权通知网络服务提供者采取删除、屏蔽、断开链接等必要措施。网络服务提供者接到通知后未及时采取必要措施的，对损害的扩大部分与该网络用户承担连带责任。

网络服务提供者知道网络用户利用其网络服务侵害他人民事权益，未采取必要措施的，与该网络用户承担连带责任。

第三十七条　宾馆、商场、银行、车站、娱乐场所等公共场所的管理人或者群众性活动的组织者，未尽到安全保障义务，造成他人损害的，应当承担侵权责任。

因第三人的行为造成他人损害的，由第三人承担侵权责任；管理人或者组织者未尽到安全保障义务的，承担相应的补充责任。

第三十八条　无民事行为能力人在幼儿园、学校或者其他教育机构学习、生活期间受到人身损害的，幼儿园、学校或者其他教育机构应当承担责任，但能够证明尽到教育、管理职责的，不承担责任。

第三十九条　限制民事行为能力人在学校或者其他教育机构学习、生活期间受到人身损害，学校或者其他教育机构未尽到教育、管理职责的，应当承担责任。

第四十条　无民事行为能力人或者限制民事行为能力人在幼儿园、学校或者其他教育机构学习、生活期间，受到幼儿园、学校或者其他教育机构以外的人员人身损害的，由侵权人承担侵权责任；幼儿园、学校或者其他教育机构未尽到管理职责的，承担相应的补充责任。

第五章　产品责任

第四十一条　因产品存在缺陷造成他人损害的，生产者应当承担侵权责任。

第四十二条　因销售者的过错使产品存在缺陷，造成他人损害的，销售者应当承担侵权责任。

销售者不能指明缺陷产品的生产者也不能指明缺陷产品的供货者的，销售者应当承担侵权责任。

第四十三条　因产品存在缺陷造成损害的，被侵权人可以向产品的生产者请求赔偿，也可以向产品的销售者请求赔偿。

产品缺陷由生产者造成的，销售者赔偿后，有权向生产者追偿。

因销售者的过错使产品存在缺陷的，生产者赔偿后，有权向销售者追偿。

第四十四条　因运输者、仓储者等第三人的过错使产品存在缺陷，造成他人损害的，产品的生产者、销售者赔偿后，有权向第三人追偿。

第四十五条　因产品缺陷危及他人人身、财产安全的，被侵权人有权请求生产者、销售者承担排除妨碍、消除危险等侵权责任。

第四十六条　产品投入流通后发现存在缺陷的，生产者、销售者应当及时采取警示、召回等补救措施。未及时采取补救措施或者补救措施不力造成损害的，应当承担侵权责任。

第四十七条　明知产品存在缺陷仍然生产、销售，造成他人死亡或者健康严重损害的，被侵权人有权请求相应的惩罚性赔偿。

第六章　机动车交通事故责任

第四十八条　机动车发生交通事故造成损害的，依照道路交通安全法的有关规定承担赔偿责任。

第四十九条 因租赁、借用等情形机动车所有人与使用人不是同一人时，发生交通事故后属于该机动车一方责任的，由保险公司在机动车强制保险责任限额范围内予以赔偿。不足部分，由机动车使用人承担赔偿责任；机动车所有人对损害的发生有过错的，承担相应的赔偿责任。

第五十条 当事人之间已经以买卖等方式转让并交付机动车但未办理所有权转移登记，发生交通事故后属于该机动车一方责任的，由保险公司在机动车强制保险责任限额范围内予以赔偿。不足部分，由受让人承担赔偿责任。

第五十一条 以买卖等方式转让拼装或者已达到报废标准的机动车，发生交通事故造成损害的，由转让人和受让人承担连带责任。

第五十二条 盗窃、抢劫或者抢夺的机动车发生交通事故造成损害的，由盗窃人、抢劫人或者抢夺人承担赔偿责任。保险公司在机动车强制保险责任限额范围内垫付抢救费用的，有权向交通事故责任人追偿。

第五十三条 机动车驾驶人发生交通事故后逃逸，该机动车参加强制保险的，由保险公司在机动车强制保险责任限额范围内予以赔偿；机动车不明或者该机动车未参加强制保险，需要支付被侵权人人身伤亡的抢救、丧葬等费用的，由道路交通事故社会救助基金垫付。道路交通事故社会救助基金垫付后，其管理机构有权向交通事故责任人追偿。

第七章　医疗损害责任

第五十四条 患者在诊疗活动中受到损害，医疗机构及其医务人员有过错的，由医疗机构承担赔偿责任。

第五十五条 医务人员在诊疗活动中应当向患者说明病情和医疗措施。需要实施手术、特殊检查、特殊治疗的，医务人员应当及时向患者说明医疗风险、替代医疗方案等情况，并取得其书面同意；不宜向患者说明的，应当向患者的近亲属说明，并取得其书面同意。

医务人员未尽到前款义务，造成患者损害的，医疗机构应当承担赔偿责任。

第五十六条 因抢救生命垂危的患者等紧急情况，不能取得患者或者其近亲属意见的，经医疗机构负责人或者授权的负责人批准，可以立即实施相应的医疗措施。

第五十七条 医务人员在诊疗活动中未尽到与当时的医疗水平相应的诊疗义务，造成患者损害的，医疗机构应当承担赔偿责任。

第五十八条 患者有损害，因下列情形之一的，推定医疗机构有过错：

（一）违反法律、行政法规、规章以及其他有关诊疗规范的规定；

（二）隐匿或者拒绝提供与纠纷有关的病历资料；

（三）伪造、篡改或者销毁病历资料。

第五十九条 因药品、消毒药剂、医疗器械的缺陷，或者输入不合格的血液造成患者损害的，患者可以向生产者或者血液提供机构请求赔偿，也可以向医疗机构请求赔偿。患者向医疗机构请求赔偿的，医疗机构赔偿后，有权向负有责任的生产者或者血液提供机构追偿。

第六十条 患者有损害，因下列情形之一的，医疗机构不承担赔偿责任：

（一）患者或者其近亲属不配合医疗机构进行符合诊疗规范的诊疗；

（二）医务人员在抢救生命垂危的患者等紧急情况下已经尽到合理诊疗义务；

（三）限于当时的医疗水平难以诊疗。

前款第一项情形中，医疗机构及其医务人员也有过错的，应当承担相应的赔偿责任。

第六十一条 医疗机构及其医务人员应当按照规定填写并妥善保管住院志、医嘱单、检验报告、手术及麻醉记录、病理资料、护理记录、医疗费用等病历资料。

患者要求查阅、复制前款规定的病历资料的，医疗机构应当提供。

第六十二条 医疗机构及其医务人员应当对患者的隐私保密。泄露患者隐私或者未经患者同意公开其病历资料，造成患者损害的，应当承担侵权责任。

第六十三条 医疗机构及其医务人员不得违反诊疗规范实施不必要的检查。

第六十四条 医疗机构及其医务人员的合法权益受法律保护。干扰医疗秩序，妨害医务人员工作、生活的，应当依法承担法律责任。

第八章 环境污染责任

第六十五条 因污染环境造成损害的，污染者应当承担侵权责任。

第六十六条 因污染环境发生纠纷，污染者应当就法律规定的不承担责任或者减轻责任的情形及其行为与损害之间不存在因果关系承担举证责任。

第六十七条 两个以上污染者污染环境，污染者承担责任的大小，根据污染物的种类、排放量等因素确定。

第六十八条 因第三人的过错污染环境造成损害的，被侵权人可以向污染者请求赔偿，也可以向第三人请求赔偿。污染者赔偿后，有权向第三人追偿。

第九章 高度危险责任

第六十九条 从事高度危险作业造成他人损害的，应当承担侵权责任。

第七十条 民用核设施发生核事故造成他人损害的，民用核设施的经营者应当承担侵权责任，但能够证明损害是因战争等情形或者受害人故意造成的，不承担责任。

第七十一条 民用航空器造成他人损害的，民用航空器的经营者应当承担侵权责任，但能够证明损害是因受害人故意造成的，不承担责任。

第七十二条 占有或者使用易燃、易爆、剧毒、放射性等高度危险物造成他人损害的，占有人或者使用人应当承担侵权责任，但能够证明损害是因受害人故意或者不可抗力造成的，不承担责任。被侵权人对损害的发生有重大过失的，可以减轻占有人或者使用人的责任。

第七十三条 从事高空、高压、地下挖掘活动或者使用高速轨道运输工具造成他人损害的，经营者应当承担侵权责任，但能够证明损害是因受害人故意或者不可抗力造成的，不承担责任。被侵权人对损害的发生有过失的，可以减轻经营者的责任。

第七十四条 遗失、抛弃高度危险物造成他人损害的，由所有人承担侵权责任。所有人将高度危险物交由他人管理的，由管理人承担侵权责任；所有人有过错的，与管理人承担连带责任。

第七十五条 非法占有高度危险物造成他人损害的，由非法占有人承担侵权责任。所有人、管理人不能证明对防止他人非法占有尽到高度注意义务的，与非法占有人承担连带责任。

第七十六条 未经许可进入高度危险活动区域或者高度危险物存放区域受到损害，管理人已经采取安全措施并尽到警示义务的，可以减轻或者不承担责任。

第七十七条 承担高度危险责任，法律规定赔偿限额的，依照其规定。

第十章 饲养动物损害责任

第七十八条 饲养的动物造成他人损害的，动物饲养人或者管理人应当承担侵权责任，但能够证明损害是因被侵权人故意或者重大过失造成的，可以不承担或者减轻责任。

第七十九条 违反管理规定，未对动物采取安全措施造成他人损害的，动物饲养人或者管理人应当承担侵权责任。

第八十条 禁止饲养的烈性犬等危险动物造成他人损害的，动物饲养人或者管理人应当承担侵权责任。

第八十一条 动物园的动物造成他人损害的，动物园应当承担侵权责任，但能够证明尽到管理职责的，不承担责任。

第八十二条 遗弃、逃逸的动物在遗弃、逃逸期间造成他人损害的，由原动物饲养人或者管理人承担侵权责任。

第八十三条 因第三人的过错致使动物造成他人损害的，被侵权人可以向动物饲养人或者管理人请求赔偿，也可以向第三人请求赔偿。动物饲养人或者管理人赔偿后，有权向第三人追偿。

第八十四条 饲养动物应当遵守法律，尊重社会公德，不得妨害他人生活。

第十一章 物件损害责任

第八十五条 建筑物、构筑物或者其他设施及其搁置物、悬挂物发生脱落、坠落造成他人损害，所有人、管理人或者使用人不能证明自己没有过错的，应当承担侵权责任。所有人、管理人或者使用人赔偿后，有其他责任人的，有权向其他责任人追偿。

第八十六条 建筑物、构筑物或者其他设施倒塌造成他人损害的，由建设单位与施工单位承担连带责任。建设单位、施工单位赔偿后，有其他责任人的，有权向其他责任人追偿。

因其他责任人的原因，建筑物、构筑物或者其他设施倒塌造成他人损害的，由其他责任人承担侵权责任。

第八十七条 从建筑物中抛掷物品或者从建筑物上坠落的物品造成他人损害，难以确定具体侵权人的，除能够证明自己不是侵权人的外，由可能加害的建筑物使用人给予补偿。

第八十八条 堆放物倒塌造成他人损害，堆放人不能证明自己没有过错的，应当承担侵权责任。

第八十九条 在公共道路上堆放、倾倒、遗撒妨碍通行的物品造成他人损害的，有关单位或者个人应当承担侵权责任。

第九十条　因林木折断造成他人损害，林木的所有人或者管理人不能证明自己没有过错的，应当承担侵权责任。

第九十一条　在公共场所或者道路上挖坑、修缮安装地下设施等，没有设置明显标志和采取安全措施造成他人损害的，施工人应当承担侵权责任。

窨井等地下设施造成他人损害，管理人不能证明尽到管理职责的，应当承担侵权责任。

第十二章　附　则

第九十二条　本法自 2010 年 7 月 1 日起施行。

中华人民共和国食品安全法

（2009年2月28日第十一届全国人民代表大会常务委员会第七次会议通过）

第一章　总　则

第一条　为保证食品安全，保障公众身体健康和生命安全，制定本法。

第二条　在中华人民共和国境内从事下列活动，应当遵守本法：

（一）食品生产和加工（以下称食品生产），食品流通和餐饮服务（以下称食品经营）；

（二）食品添加剂的生产经营；

（三）用于食品的包装材料、容器、洗涤剂、消毒剂和用于食品生产经营的工具、设备（以下称食品相关产品）的生产经营；

（四）食品生产经营者使用食品添加剂、食品相关产品；

（五）对食品、食品添加剂和食品相关产品的安全管理。

供食用的源于农业的初级产品（以下称食用农产品）的质量安全管理，遵守《中华人民共和国农产品质量安全法》的规定。但是，制定有关食用农产品的质量安全标准、公布食用农产品安全有关信息，应当遵守本法的有关规定。

第三条　食品生产经营者应当依照法律、法规和食品安全标准从事生产经营活动，对社会和公众负责，保证食品安全，接受社会监督，承担社会责任。

第四条　国务院设立食品安全委员会，其工作职责由国务院规定。

国务院卫生行政部门承担食品安全综合协调职责，负责食品安全风险评估、食品安全标准制定、食品安全信息公布、食品检验机构的资质认定条件和检验规范的制定，组织查处食品安全重大事故。

国务院质量监督、工商行政管理和国家食品药品监督管理部门依照本法和国务院规定的职责，分别对食品生产、食品流通、餐饮服务活动实施监督管理。

第五条　县级以上地方人民政府统一负责、领导、组织、协调本行政区域的食品安全监督管理工作，建立健全食品安全全程监督管理的工作机制；统一领导、指挥食品安全突发事件应对工作；完善、落实食品安全监督管理责任制，对食品安全监督管理部门进行评议、考核。

县级以上地方人民政府依照本法和国务院的规定确定本级卫生行政、农业行政、质量监督、工商行政管理、食品药品监督管理部门的食品安全监督管理职责。有关部门在各自职责范围内负责本行政区域的食品安全监督管理工作。

上级人民政府所属部门在下级行政区域设置的机构应当在所在地人民政府的统一组织、协调下，依法做好食品安全监督管理工作。

第六条　县级以上卫生行政、农业行政、质量监督、工商行政管理、食品药品监督管理部门应当加强沟通、密切配合，按照各自职责分工，依法行使职权，承担责任。

第七条　食品行业协会应当加强行业自律，引导食品生产经营者依法生产经营，推动行业诚信建设，宣传、普及食品安全知识。

第八条 国家鼓励社会团体、基层群众性自治组织开展食品安全法律、法规以及食品安全标准和知识的普及工作，倡导健康的饮食方式，增强消费者食品安全意识和自我保护能力。

新闻媒体应当开展食品安全法律、法规以及食品安全标准和知识的公益宣传，并对违反本法的行为进行舆论监督。

第九条 国家鼓励和支持开展与食品安全有关的基础研究和应用研究，鼓励和支持食品生产经营者为提高食品安全水平采用先进技术和先进管理规范。

第十条 任何组织或者个人有权举报食品生产经营中违反本法的行为，有权向有关部门了解食品安全信息，对食品安全监督管理工作提出意见和建议。

第二章 食品安全风险监测和评估

第十一条 国家建立食品安全风险监测制度，对食源性疾病、食品污染以及食品中的有害因素进行监测。

国务院卫生行政部门会同国务院有关部门制定、实施国家食品安全风险监测计划。省、自治区、直辖市人民政府卫生行政部门根据国家食品安全风险监测计划，结合本行政区域的具体情况，组织制定、实施本行政区域的食品安全风险监测方案。

第十二条 国务院农业行政、质量监督、工商行政管理和国家食品药品监督管理等有关部门获知有关食品安全风险信息后，应当立即向国务院卫生行政部门通报。国务院卫生行政部门会同有关部门对信息核实后，应当及时调整食品安全风险监测计划。

第十三条 国家建立食品安全风险评估制度，对食品、食品添加剂中生物性、化学性和物理性危害进行风险评估。

国务院卫生行政部门负责组织食品安全风险评估工作，成立由医学、农业、食品、营养等方面的专家组成的食品安全风险评估专家委员会进行食品安全风险评估。

对农药、肥料、生长调节剂、兽药、饲料和饲料添加剂等的安全性评估，应当有食品安全风险评估专家委员会的专家参加。

食品安全风险评估应当运用科学方法，根据食品安全风险监测信息、科学数据以及其他有关信息进行。

第十四条 国务院卫生行政部门通过食品安全风险监测或者接到举报发现食品可能存在安全隐患的，应当立即组织进行检验和食品安全风险评估。

第十五条 国务院农业行政、质量监督、工商行政管理和国家食品药品监督管理等有关部门应当向国务院卫生行政部门提出食品安全风险评估的建议，并提供有关信息和资料。

国务院卫生行政部门应当及时向国务院有关部门通报食品安全风险评估的结果。

第十六条 食品安全风险评估结果是制定、修订食品安全标准和对食品安全实施监督管理的科学依据。

食品安全风险评估结果得出食品不安全结论的，国务院质量监督、工商行政管理和国家食品药品监督管理部门应当依据各自职责立即采取相应措施，确保该食品停止生产经营，并告知消费者停止食用；需要制定、修订相关食品安全国家标准的，国务院卫生行政部门应当立即制定、修订。

第十七条 国务院卫生行政部门应当会同国务院有关部门，根据食品安全风险评估结果、食品安全监督管理信息，对食品安全状况进行综合分析。对经综合分析表明可能具有较高程度安全风险的食品，国务院卫生行政部门应当及时提出食品安全风险警示，并予以公布。

第三章 食品安全标准

第十八条 制定食品安全标准，应当以保障公众身体健康为宗旨，做到科学合理、安全可靠。

第十九条 食品安全标准是强制执行的标准。除食品安全标准外，不得制定其他的食品强制性标准。

第二十条 食品安全标准应当包括下列内容：

（一）食品、食品相关产品中的致病性微生物、农药残留、兽药残留、重金属、污染物质以及其他危害人体健康物质的限量规定；

（二）食品添加剂的品种、使用范围、用量；

（三）专供婴幼儿和其他特定人群的主辅食品的营养成分要求；

（四）对与食品安全、营养有关的标签、标识、说明书的要求；

（五）食品生产经营过程的卫生要求；

（六）与食品安全有关的质量要求；

（七）食品检验方法与规程；

（八）其他需要制定为食品安全标准的内容。

第二十一条 食品安全国家标准由国务院卫生行政部门负责制定、公布，国务院标准化行政部门提供国家标准编号。

食品中农药残留、兽药残留的限量规定及其检验方法与规程由国务院卫生行政部门、国务院农业行政部门制定。

屠宰畜、禽的检验规程由国务院有关主管部门会同国务院卫生行政部门制定。

有关产品国家标准涉及食品安全国家标准规定内容的，应当与食品安全国家标准相一致。

第二十二条 国务院卫生行政部门应当对现行的食用农产品质量安全标准、食品卫生标准、食品质量标准和有关食品的行业标准中强制执行的标准予以整合，统一公布为食品安全国家标准。

本法规定的食品安全国家标准公布前，食品生产经营者应当按照现行食用农产品质量安全标准、食品卫生标准、食品质量标准和有关食品的行业标准生产经营食品。

第二十三条 食品安全国家标准应当经食品安全国家标准审评委员会审查通过。食品安全国家标准审评委员会由医学、农业、食品、营养等方面的专家以及国务院有关部门的代表组成。

制定食品安全国家标准，应当依据食品安全风险评估结果并充分考虑食用农产品质量安全风险评估结果，参照相关的国际标准和国际食品安全风险评估结果，并广泛听取食品生产经营者和消费者的意见。

第二十四条　没有食品安全国家标准的，可以制定食品安全地方标准。

省、自治区、直辖市人民政府卫生行政部门组织制定食品安全地方标准，应当参照执行本法有关食品安全国家标准制定的规定，并报国务院卫生行政部门备案。

第二十五条　企业生产的食品没有食品安全国家标准或者地方标准的，应当制定企业标准，作为组织生产的依据。国家鼓励食品生产企业制定严于食品安全国家标准或者地方标准的企业标准。企业标准应当报省级卫生行政部门备案，在本企业内部适用。

第二十六条　食品安全标准应当供公众免费查阅。

第四章　食品生产经营

第二十七条　食品生产经营应当符合食品安全标准，并符合下列要求：

（一）具有与生产经营的食品品种、数量相适应的食品原料处理和食品加工、包装、贮存等场所，保持该场所环境整洁，并与有毒、有害场所以及其他污染源保持规定的距离；

（二）具有与生产经营的食品品种、数量相适应的生产经营设备或者设施，有相应的消毒、更衣、盥洗、采光、照明、通风、防腐、防尘、防蝇、防鼠、防虫、洗涤以及处理废水、存放垃圾和废弃物的设备或者设施；

（三）有食品安全专业技术人员、管理人员和保证食品安全的规章制度；

（四）具有合理的设备布局和工艺流程，防止待加工食品与直接入口食品、原料与成品交叉污染，避免食品接触有毒物、不洁物；

（五）餐具、饮具和盛放直接入口食品的容器，使用前应当洗净、消毒，炊具、用具用后应当洗净，保持清洁；

（六）贮存、运输和装卸食品的容器、工具和设备应当安全、无害，保持清洁，防止食品污染，并符合保证食品安全所需的温度等特殊要求，不得将食品与有毒、有害物品一同运输；

（七）直接入口的食品应当有小包装或者使用无毒、清洁的包装材料、餐具；

（八）食品生产经营人员应当保持个人卫生，生产经营食品时，应当将手洗净，穿戴清洁的工作衣、帽；销售无包装的直接入口食品时，应当使用无毒、清洁的售货工具；

（九）用水应当符合国家规定的生活饮用水卫生标准；

（十）使用的洗涤剂、消毒剂应当对人体安全、无害；

（十一）法律、法规规定的其他要求。

第二十八条　禁止生产经营下列食品：

（一）用非食品原料生产的食品或者添加食品添加剂以外的化学物质和其他可能危害人体健康物质的食品，或者用回收食品作为原料生产的食品；

（二）致病性微生物、农药残留、兽药残留、重金属、污染物质以及其他危害人体健康的物质含量超过食品安全标准限量的食品；

（三）营养成分不符合食品安全标准的专供婴幼儿和其他特定人群的主辅食品；

（四）腐败变质、油脂酸败、霉变生虫、污秽不洁、混有异物、掺假掺杂或者感官性状异常的食品；

（五）病死、毒死或者死因不明的禽、畜、兽、水产动物肉类及其制品；

（六）未经动物卫生监督机构检疫或者检疫不合格的肉类，或者未经检验或者检验不合格的肉类制品；

（七）被包装材料、容器、运输工具等污染的食品；

（八）超过保质期的食品；

（九）无标签的预包装食品；

（十）国家为防病等特殊需要明令禁止生产经营的食品；

（十一）其他不符合食品安全标准或者要求的食品。

第二十九条 国家对食品生产经营实行许可制度。从事食品生产、食品流通、餐饮服务，应当依法取得食品生产许可、食品流通许可、餐饮服务许可。

取得食品生产许可的食品生产者在其生产场所销售其生产的食品，不需要取得食品流通的许可；取得餐饮服务许可的餐饮服务提供者在其餐饮服务场所出售其制作加工的食品，不需要取得食品生产和流通的许可；农民个人销售其自产的食用农产品，不需要取得食品流通的许可。

食品生产加工小作坊和食品摊贩从事食品生产经营活动，应当符合本法规定的与其生产经营规模、条件相适应的食品安全要求，保证所生产经营的食品卫生、无毒、无害，有关部门应当对其加强监督管理，具体管理办法由省、自治区、直辖市人民代表大会常务委员会依照本法制定。

第三十条 县级以上地方人民政府鼓励食品生产加工小作坊改进生产条件；鼓励食品摊贩进入集中交易市场、店铺等固定场所经营。

第三十一条 县级以上质量监督、工商行政管理、食品药品监督管理部门应当依照《中华人民共和国行政许可法》的规定，审核申请人提交的本法第二十七条第一项至第四项规定要求的相关资料，必要时对申请人的生产经营场所进行现场核查；对符合规定条件的，决定准予许可；对不符合规定条件的，决定不予许可并书面说明理由。

第三十二条 食品生产经营企业应当建立健全本单位的食品安全管理制度，加强对职工食品安全知识的培训，配备专职或者兼职食品安全管理人员，做好对所生产经营食品的检验工作，依法从事食品生产经营活动。

第三十三条 国家鼓励食品生产经营企业符合良好生产规范要求，实施危害分析与关键控制点体系，提高食品安全管理水平。

对通过良好生产规范、危害分析与关键控制点体系认证的食品生产经营企业，认证机构应当依法实施跟踪调查；对不再符合认证要求的企业，应当依法撤销认证，及时向有关质量监督、工商行政管理、食品药品监督管理部门通报，并向社会公布。认证机构实施跟踪调查不收取任何费用。

第三十四条 食品生产经营者应当建立并执行从业人员健康管理制度。患有痢疾、伤寒、病毒性肝炎等消化道传染病的人员，以及患有活动性肺结核、化脓性或者渗出性皮肤病等有碍食品安全的疾病的人员，不得从事接触直接入口食品的工作。

食品生产经营人员每年应当进行健康检查，取得健康证明后方可参加工作。

第三十五条 食用农产品生产者应当依照食品安全标准和国家有关规定使用农药、肥料、生长调节剂、兽药、饲料和饲料添加剂等农业投入品。食用农产品的生产企业和农民专业合作经济组织应当建立食用农产品生产记录制度。

县级以上农业行政部门应当加强对农业投入品使用的管理和指导，建立健全农业投入品的安全使用制度。

第三十六条　食品生产者采购食品原料、食品添加剂、食品相关产品，应当查验供货者的许可证和产品合格证明文件；对无法提供合格证明文件的食品原料，应当依照食品安全标准进行检验；不得采购或者使用不符合食品安全标准的食品原料、食品添加剂、食品相关产品。

食品生产企业应当建立食品原料、食品添加剂、食品相关产品进货查验记录制度，如实记录食品原料、食品添加剂、食品相关产品的名称、规格、数量、供货者名称及联系方式、进货日期等内容。

食品原料、食品添加剂、食品相关产品进货查验记录应当真实，保存期限不得少于二年。

第三十七条　食品生产企业应当建立食品出厂检验记录制度，查验出厂食品的检验合格证和安全状况，并如实记录食品的名称、规格、数量、生产日期、生产批号、检验合格证号、购货者名称及联系方式、销售日期等内容。

食品出厂检验记录应当真实，保存期限不得少于二年。

第三十八条　食品、食品添加剂和食品相关产品的生产者，应当依照食品安全标准对所生产的食品、食品添加剂和食品相关产品进行检验，检验合格后方可出厂或者销售。

第三十九条　食品经营者采购食品，应当查验供货者的许可证和食品合格的证明文件。

食品经营企业应当建立食品进货查验记录制度，如实记录食品的名称、规格、数量、生产批号、保质期、供货者名称及联系方式、进货日期等内容。

食品进货查验记录应当真实，保存期限不得少于二年。

实行统一配送经营方式的食品经营企业，可以由企业总部统一查验供货者的许可证和食品合格的证明文件，进行食品进货查验记录。

第四十条　食品经营者应当按照保证食品安全的要求贮存食品，定期检查库存食品，及时清理变质或者超过保质期的食品。

第四十一条　食品经营者贮存散装食品，应当在贮存位置标明食品的名称、生产日期、保质期、生产者名称及联系方式等内容。

食品经营者销售散装食品，应当在散装食品的容器、外包装上标明食品的名称、生产日期、保质期、生产经营者名称及联系方式等内容。

第四十二条　预包装食品的包装上应当有标签。标签应当标明下列事项：

（一）名称、规格、净含量、生产日期；

（二）成分或者配料表；

（三）生产者的名称、地址、联系方式；

（四）保质期；

（五）产品标准代号；

（六）贮存条件；

（七）所使用的食品添加剂在国家标准中的通用名称；

（八）生产许可证编号；

（九）法律、法规或者食品安全标准规定必须标明的其他事项。

专供婴幼儿和其他特定人群的主辅食品，其标签还应当标明主要营养成分及其含量。

第四十三条 国家对食品添加剂的生产实行许可制度。申请食品添加剂生产许可的条件、程序，按照国家有关工业产品生产许可证管理的规定执行。

第四十四条 申请利用新的食品原料从事食品生产或者从事食品添加剂新品种、食品相关产品新品种生产活动的单位或者个人，应当向国务院卫生行政部门提交相关产品的安全性评估材料。国务院卫生行政部门应当自收到申请之日起六十日内组织对相关产品的安全性评估材料进行审查；对符合食品安全要求的，依法决定准予许可并予以公布；对不符合食品安全要求的，决定不予许可并书面说明理由。

第四十五条 食品添加剂应当在技术上确有必要且经过风险评估证明安全可靠，方可列入允许使用的范围。国务院卫生行政部门应当根据技术必要性和食品安全风险评估结果，及时对食品添加剂的品种、使用范围、用量的标准进行修订。

第四十六条 食品生产者应当依照食品安全标准关于食品添加剂的品种、使用范围、用量的规定使用食品添加剂；不得在食品生产中使用食品添加剂以外的化学物质和其他可能危害人体健康的物质。

第四十七条 食品添加剂应当有标签、说明书和包装。标签、说明书应当载明本法第四十二条第一款第一项至第六项、第八项、第九项规定的事项，以及食品添加剂的使用范围、用量、使用方法，并在标签上载明“食品添加剂”字样。

第四十八条 食品和食品添加剂的标签、说明书，不得含有虚假、夸大的内容，不得涉及疾病预防、治疗功能。生产者对标签、说明书上所载明的内容负责。

食品和食品添加剂的标签、说明书应当清楚、明显，容易辨识。

食品和食品添加剂与其标签、说明书所载明的内容不符的，不得上市销售。

第四十九条 食品经营者应当按照食品标签标示的警示标志、警示说明或者注意事项的要求，销售预包装食品。

第五十条 生产经营的食品中不得添加药品，但是可以添加按照传统既是食品又是中药材的物质。按照传统既是食品又是中药材的物质的目录由国务院卫生行政部门制定、公布。

第五十一条 国家对声称具有特定保健功能的食品实行严格监管。有关监督管理部门应当依法履职，承担责任。具体管理办法由国务院规定。

声称具有特定保健功能的食品不得对人体产生急性、亚急性或者慢性危害，其标签、说明书不得涉及疾病预防、治疗功能，内容必须真实，应当载明适宜人群、不适宜人群、功效成分或者标志性成分及其含量等；产品的功能和成分必须与标签、说明书相一致。

第五十二条 集中交易市场的开办者、柜台出租者和展销会举办者，应当审查入场食品经营者的许可证，明确入场食品经营者的食品安全管理责任，定期对入场食品经营者的经营环境和条件进行检查，发现食品经营者有违反本法规定的行为的，应当及时制止并立即报告所在地县级工商行政管理部门或者食品药品监督管理部门。

集中交易市场的开办者、柜台出租者和展销会举办者未履行前款规定义务，本市场发生食品安全事故的，应当承担连带责任。

第五十三条 国家建立食品召回制度。食品生产者发现其生产的食品不符合食品安全标准，应当立即停止生产，召回已经上市销售的食品，通知相关生产经营者和消费者，并记录召回和通知情况。

食品经营者发现其经营的食品不符合食品安全标准，应当立即停止经营，通知相关生产经营者和消费者，并记录停止经营和通知情况。食品生产者认为应当召回的，应当立即召回。

食品生产者应当对召回的食品采取补救、无害化处理、销毁等措施，并将食品召回和处理情况向县级以上质量监督部门报告。

食品生产经营者未依照本条规定召回或者停止经营不符合食品安全标准的食品的，县级以上质量监督、工商行政管理、食品药品监督管理部门可以责令其召回或者停止经营。

第五十四条 食品广告的内容应当真实合法，不得含有虚假、夸大的内容，不得涉及疾病预防、治疗功能。

食品安全监督管理部门或者承担食品检验职责的机构、食品行业协会、消费者协会不得以广告或者其他形式向消费者推荐食品。

第五十五条 社会团体或者其他组织、个人在虚假广告中向消费者推荐食品，使消费者的合法权益受到损害的，与食品生产经营者承担连带责任。

第五十六条 地方各级人民政府鼓励食品规模化生产和连锁经营、配送。

第五章 食品检验

第五十七条 食品检验机构按照国家有关认证认可的规定取得资质认定后，方可从事食品检验活动。但是，法律另有规定的除外。

食品检验机构的资质认定条件和检验规范，由国务院卫生行政部门规定。

本法施行前经国务院有关主管部门批准设立或者经依法认定的食品检验机构，可以依照本法继续从事食品检验活动。

第五十八条 食品检验由食品检验机构指定的检验人独立进行。

检验人应当依照有关法律、法规的规定，并依照食品安全标准和检验规范对食品进行检验，尊重科学，恪守职业道德，保证出具的检验数据和结论客观、公正，不得出具虚假的检验报告。

第五十九条 食品检验实行食品检验机构与检验人负责制。食品检验报告应当加盖食品检验机构公章，并有检验人的签名或者盖章。食品检验机构和检验人对出具的食品检验报告负责。

第六十条 食品安全监督管理部门对食品不得实施免检。

县级以上质量监督、工商行政管理、食品药品监督管理部门应当对食品进行定期或者不定期的抽样检验。进行抽样检验，应当购买抽取的样品，不收取检验费和其他任何费用。

县级以上质量监督、工商行政管理、食品药品监督管理部门在执法工作中需要对食品进行检验的，应当委托符合本法规定的食品检验机构进行，并支付相关费用。对检验结论有异议的，可以依法进行复检。

第六十一条 食品生产经营企业可以自行对所生产的食品进行检验，也可以委托符合本法规定的食品检验机构进行检验。

食品行业协会等组织、消费者需要委托食品检验机构对食品进行检验的，应当委托符合本法规定的食品检验机构进行。

第六章 食品进出口

第六十二条 进口的食品、食品添加剂以及食品相关产品应当符合我国食品安全国家标准。

进口的食品应当经出入境检验检疫机构检验合格后，海关凭出入境检验检疫机构签发的通关证明放行。

第六十三条 进口尚无食品安全国家标准的食品，或者首次进口食品添加剂新品种、食品相关产品新品种，进口商应当向国务院卫生行政部门提出申请并提交相关的安全性评估材料。国务院卫生行政部门依照本法第四十四条的规定作出是否准予许可的决定，并及时制定相应的食品安全国家标准。

第六十四条 境外发生的食品安全事件可能对我国境内造成影响，或者在进口食品中发现严重食品安全问题的，国家出入境检验检疫部门应当及时采取风险预警或者控制措施，并向国务院卫生行政、农业行政、工商行政管理和国家食品药品监督管理部门通报。接到通报的部门应当及时采取相应措施。

第六十五条 向我国境内出口食品的出口商或者代理商应当向国家出入境检验检疫部门备案。向我国境内出口食品的境外食品生产企业应当经国家出入境检验检疫部门注册。

国家出入境检验检疫部门应当定期公布已经备案的出口商、代理商和已经注册的境外食品生产企业名单。

第六十六条 进口的预包装食品应当有中文标签、中文说明书。标签、说明书应当符合本法以及我国其他有关法律、行政法规的规定和食品安全国家标准的要求，载明食品的原产地以及境内代理商的名称、地址、联系方式。预包装食品没有中文标签、中文说明书或者标签、说明书不符合本条规定的，不得进口。

第六十七条 进口商应当建立食品进口和销售记录制度，如实记录食品的名称、规格、数量、生产日期、生产或者进口批号、保质期、出口商和购货者名称及联系方式、交货日期等内容。

食品进口和销售记录应当真实，保存期限不得少于二年。

第六十八条 出口的食品由出入境检验检疫机构进行监督、抽检，海关凭出入境检验检疫机构签发的通关证明放行。

出口食品生产企业和出口食品原料种植、养殖场应当向国家出入境检验检疫部门备案。

第六十九条 国家出入境检验检疫部门应当收集、汇总进出口食品安全信息，并及时通报相关部门、机构和企业。

国家出入境检验检疫部门应当建立进出口食品的进口商、出口商和出口食品生产企业的信誉记录，并予以公布。对有不良记录的进口商、出口商和出口食品生产企业，应当加强对其进出口食品的检验检疫。

第七章　食品安全事故处置

第七十条　国务院组织制定国家食品安全事故应急预案。

县级以上地方人民政府应当根据有关法律、法规的规定和上级人民政府的食品安全事故应急预案以及本地区的实际情况，制定本行政区域的食品安全事故应急预案，并报上一级人民政府备案。

食品生产经营企业应当制定食品安全事故处置方案，定期检查本企业各项食品安全防范措施的落实情况，及时消除食品安全事故隐患。

第七十一条　发生食品安全事故的单位应当立即予以处置，防止事故扩大。事故发生单位和接收病人进行治疗的单位应当及时向事故发生地县级卫生行政部门报告。

农业行政、质量监督、工商行政管理、食品药品监督管理部门在日常监督管理中发现食品安全事故，或者接到有关食品安全事故的举报，应当立即向卫生行政部门通报。

发生重大食品安全事故的，接到报告的县级卫生行政部门应当按照规定向本级人民政府和上级人民政府卫生行政部门报告。县级人民政府和上级人民政府卫生行政部门应当按照规定上报。

任何单位或者个人不得对食品安全事故隐瞒、谎报、缓报，不得毁灭有关证据。

第七十二条　县级以上卫生行政部门接到食品安全事故的报告后，应当立即会同有关农业行政、质量监督、工商行政管理、食品药品监督管理部门进行调查处理，并采取下列措施，防止或者减轻社会危害：

（一）开展应急救援工作，对因食品安全事故导致人身伤害的人员，卫生行政部门应当立即组织救治；

（二）封存可能导致食品安全事故的食品及其原料，并立即进行检验；对确认属于被污染的食品及其原料，责令食品生产经营者依照本法第五十三条的规定予以召回、停止经营并销毁；

（三）封存被污染的食品用工具及用具，并责令进行清洗消毒；

（四）做好信息发布工作，依法对食品安全事故及其处理情况进行发布，并对可能产生的危害加以解释、说明。

发生重大食品安全事故的，县级以上人民政府应当立即成立食品安全事故处置指挥机构，启动应急预案，依照前款规定进行处置。

第七十三条　发生重大食品安全事故，设区的市级以上人民政府卫生行政部门应当立即会同有关部门进行事故责任调查，督促有关部门履行职责，向本级人民政府提出事故责任调查处理报告。

重大食品安全事故涉及两个以上省、自治区、直辖市的，由国务院卫生行政部门依照前款规定组织事故责任调查。

第七十四条　发生食品安全事故，县级以上疾病预防控制机构应当协助卫生行政部门和有关部门对事故现场进行卫生处理，并对与食品安全事故有关的因素开展流行病学调查。

第七十五条　调查食品安全事故，除了查明事故单位的责任，还应当查明负有监督管理和认证职责的监督管理部门、认证机构的工作人员失职、渎职情况。

第八章　监督管理

第七十六条　县级以上地方人民政府组织本级卫生行政、农业行政、质量监督、工商行政管理、食品药品监督管理部门制定本行政区域的食品安全年度监督管理计划，并按照年度计划组织开展工作。

第七十七条　县级以上质量监督、工商行政管理、食品药品监督管理部门履行各自食品安全监督管理职责，有权采取下列措施：

（一）进入生产经营场所实施现场检查；

（二）对生产经营的食品进行抽样检验；

（三）查阅、复制有关合同、票据、账簿以及其他有关资料；

（四）查封、扣押有证据证明不符合食品安全标准的食品，违法使用的食品原料、食品添加剂、食品相关产品，以及用于违法生产经营或者被污染的工具、设备；

（五）查封违法从事食品生产经营活动的场所。

县级以上农业行政部门应当依照《中华人民共和国农产品质量安全法》规定的职责，对食用农产品进行监督管理。

第七十八条　县级以上质量监督、工商行政管理、食品药品监督管理部门对食品生产经营者进行监督检查，应当记录监督检查的情况和处理结果。监督检查记录经监督检查人员和食品生产经营者签字后归档。

第七十九条　县级以上质量监督、工商行政管理、食品药品监督管理部门应当建立食品生产经营者食品安全信用档案，记录许可颁发、日常监督检查结果、违法行为查处等情况；根据食品安全信用档案的记录，对有不良信用记录的食品生产经营者增加监督检查频次。

第八十条　县级以上卫生行政、质量监督、工商行政管理、食品药品监督管理部门接到咨询、投诉、举报，对属于本部门职责的，应当受理，并及时进行答复、核实、处理；对不属于本部门职责的，应当书面通知并移交有权处理的部门处理。有权处理的部门应当及时处理，不得推诿；属于食品安全事故的，依照本法第七章有关规定进行处置。

第八十一条　县级以上卫生行政、质量监督、工商行政管理、食品药品监督管理部门应当按照法定权限和程序履行食品安全监督管理职责；对生产经营者的同一违法行为，不得给予二次以上罚款的行政处罚；涉嫌犯罪的，应当依法向公安机关移送。

第八十二条　国家建立食品安全信息统一公布制度。下列信息由国务院卫生行政部门统一公布：

（一）国家食品安全总体情况；

（二）食品安全风险评估信息和食品安全风险警示信息；

（三）重大食品安全事故及其处理信息；

（四）其他重要的食品安全信息和国务院确定的需要统一公布的信息。

前款第二项、第三项规定的信息，其影响限于特定区域的，也可以由有关省、自治区、直辖市人民政府卫生行政部门公布。县级以上农业行政、质量监督、工商行政管理、食品药品监督管理部门依据各自职责公布食品安全日常监督管理信息。

食品安全监督管理部门公布信息，应当做到准确、及时、客观。

第八十三条　县级以上地方卫生行政、农业行政、质量监督、工商行政管理、食品药品监督管理部门获知本法第八十二条第一款规定的需要统一公布的信息，应当向上级主管部门报告，由上级主管部门立即报告国务院卫生行政部门；必要时，可以直接向国务院卫生行政部门报告。

县级以上卫生行政、农业行政、质量监督、工商行政管理、食品药品监督管理部门应当相互通报获知的食品安全信息。

第九章　法律责任

第八十四条　违反本法规定，未经许可从事食品生产经营活动，或者未经许可生产食品添加剂的，由有关主管部门按照各自职责分工，没收违法所得、违法生产经营的食品、食品添加剂和用于违法生产经营的工具、设备、原料等物品；违法生产经营的食品、食品添加剂货值金额不足一万元的，并处二千元以上五万元以下罚款；货值金额一万元以上的，并处货值金额五倍以上十倍以下罚款。

第八十五条　违反本法规定，有下列情形之一的，由有关主管部门按照各自职责分工，没收违法所得、违法生产经营的食品和用于违法生产经营的工具、设备、原料等物品；违法生产经营的食品货值金额不足一万元的，并处二千元以上五万元以下罚款；货值金额一万元以上的，并处货值金额五倍以上十倍以下罚款；情节严重的，吊销许可证：

（一）用非食品原料生产食品或者在食品中添加食品添加剂以外的化学物质和其他可能危害人体健康的物质，或者用回收食品作为原料生产食品；

（二）生产经营致病性微生物、农药残留、兽药残留、重金属、污染物质以及其他危害人体健康的物质含量超过食品安全标准限量的食品；

（三）生产经营营养成分不符合食品安全标准的专供婴幼儿和其他特定人群的主辅食品；

（四）经营腐败变质、油脂酸败、霉变生虫、污秽不洁、混有异物、掺假掺杂或者感官性状异常的食品；

（五）经营病死、毒死或者死因不明的禽、畜、兽、水产动物肉类，或者生产经营病死、毒死或者死因不明的禽、畜、兽、水产动物肉类的制品；

（六）经营未经动物卫生监督机构检疫或者检疫不合格的肉类，或者生产经营未经检验或者检验不合格的肉类制品；

（七）经营超过保质期的食品；

（八）生产经营国家为防病等特殊需要明令禁止生产经营的食品；

（九）利用新的食品原料从事食品生产或者从事食品添加剂新品种、食品相关产品新品种生产，未经过安全性评估；

（十）食品生产经营者在有关主管部门责令其召回或者停止经营不符合食品安全标准的食品后，仍拒不召回或者停止经营的。

第八十六条　违反本法规定，有下列情形之一的，由有关主管部门按照各自职责分工，没收违法所得、违法生产经营的食品和用于违法生产经营的工具、设备、原料等物品；违法生产经营的食品货值金额不足一万元的，并处二千元以上五万元以下罚款；货值金额一万元以上的，并处货值金额二倍以上五倍以下罚款；情节严重的，责令停产停业，直至吊销许可证：

（一）经营被包装材料、容器、运输工具等污染的食品；

（二）生产经营无标签的预包装食品、食品添加剂或者标签、说明书不符合本法规定的食品、食品添加剂；

（三）食品生产者采购、使用不符合食品安全标准的食品原料、食品添加剂、食品相关产品；

（四）食品生产经营者在食品中添加药品。

第八十七条 违反本法规定，有下列情形之一的，由有关主管部门按照各自职责分工，责令改正，给予警告；拒不改正的，处二千元以上二万元以下罚款；情节严重的，责令停产停业，直至吊销许可证：

（一）未对采购的食品原料和生产的食品、食品添加剂、食品相关产品进行检验；

（二）未建立并遵守查验记录制度、出厂检验记录制度；

（三）制定食品安全企业标准未依照本法规定备案；

（四）未按规定要求贮存、销售食品或者清理库存食品；

（五）进货时未查验许可证和相关证明文件；

（六）生产的食品、食品添加剂的标签、说明书涉及疾病预防、治疗功能；

（七）安排患有本法第三十四条所列疾病的人员从事接触直接入口食品的工作。

第八十八条 违反本法规定，事故单位在发生食品安全事故后未进行处置、报告的，由有关主管部门按照各自职责分工，责令改正，给予警告；毁灭有关证据的，责令停产停业，并处二千元以上十万元以下罚款；造成严重后果的，由原发证部门吊销许可证。

第八十九条 违反本法规定，有下列情形之一的，依照本法第八十五条的规定给予处罚：

（一）进口不符合我国食品安全国家标准的食品；

（二）进口尚无食品安全国家标准的食品，或者首次进口食品添加剂新品种、食品相关产品新品种，未经过安全性评估；

（三）出口商未遵守本法的规定出口食品。

违反本法规定，进口商未建立并遵守食品进口和销售记录制度的，依照本法第八十七条的规定给予处罚。

第九十条 违反本法规定，集中交易市场的开办者、柜台出租者、展销会的举办者允许未取得许可的食品经营者进入市场销售食品，或者未履行检查、报告等义务的，由有关主管部门按照各自职责分工，处二千元以上五万元以下罚款；造成严重后果的，责令停业，由原发证部门吊销许可证。

第九十一条 违反本法规定，未按照要求进行食品运输的，由有关主管部门按照各自职责分工，责令改正，给予警告；拒不改正的，责令停产停业，并处二千元以上五万元以下罚款；情节严重的，由原发证部门吊销许可证。

第九十二条 被吊销食品生产、流通或者餐饮服务许可证的单位，其直接负责的主管人员自处罚决定作出之日起五年内不得从事食品生产经营管理工作。

食品生产经营者聘用不得从事食品生产经营管理工作的人员从事管理工作的，由原发证部门吊销许可证。

第九十三条　违反本法规定，食品检验机构、食品检验人员出具虚假检验报告的，由授予其资质的主管部门或者机构撤销该检验机构的检验资格；依法对检验机构直接负责的主管人员和食品检验人员给予撤职或者开除的处分。

违反本法规定，受到刑事处罚或者开除处分的食品检验机构人员，自刑罚执行完毕或者处分决定作出之日起十年内不得从事食品检验工作。食品检验机构聘用不得从事食品检验工作的人员的，由授予其资质的主管部门或者机构撤销该检验机构的检验资格。

第九十四条　违反本法规定，在广告中对食品质量作虚假宣传，欺骗消费者的，依照《中华人民共和国广告法》的规定给予处罚。

违反本法规定，食品安全监督管理部门或者承担食品检验职责的机构、食品行业协会、消费者协会以广告或者其他形式向消费者推荐食品的，由有关主管部门没收违法所得，依法对直接负责的主管人员和其他直接责任人员给予记大过、降级或者撤职的处分。

第九十五条　违反本法规定，县级以上地方人民政府在食品安全监督管理中未履行职责，本行政区域出现重大食品安全事故、造成严重社会影响的，依法对直接负责的主管人员和其他直接责任人员给予记大过、降级、撤职或者开除的处分。

违反本法规定，县级以上卫生行政、农业行政、质量监督、工商行政管理、食品药品监督管理部门或者其他有关行政部门不履行本法规定的职责或者滥用职权、玩忽职守、徇私舞弊的，依法对直接负责的主管人员和其他直接责任人员给予记大过或者降级的处分；造成严重后果的，给予撤职或者开除的处分；其主要负责人应当引咎辞职。

第九十六条　违反本法规定，造成人身、财产或者其他损害的，依法承担赔偿责任。

生产不符合食品安全标准的食品或者销售明知是不符合食品安全标准的食品，消费者除要求赔偿损失外，还可以向生产者或者销售者要求支付价款十倍的赔偿金。

第九十七条　违反本法规定，应当承担民事赔偿责任和缴纳罚款、罚金，其财产不足以同时支付时，先承担民事赔偿责任。

第九十八条　违反本法规定，构成犯罪的，依法追究刑事责任。

第十章　附　则

第九十九条　本法下列用语的含义：

食品，指各种供人食用或者饮用的成品和原料以及按照传统既是食品又是药品的物品，但是不包括以治疗为目的的物品。

食品安全，指食品无毒、无害，符合应当有的营养要求，对人体健康不造成任何急性、亚急性或者慢性危害。

预包装食品，指预先定量包装或者制作在包装材料和容器中的食品。

食品添加剂，指为改善食品品质和色、香、味以及为防腐、保鲜和加工工艺的需要而加入食品中的人工合成或者天然物质。

用于食品的包装材料和容器，指包装、盛放食品或者食品添加剂用的纸、竹、木、金属、搪瓷、陶瓷、塑料、橡胶、天然纤维、化学纤维、玻璃等制品和直接接触食品或者食品添加剂的涂料。

用于食品生产经营的工具、设备，指在食品或者食品添加剂生产、流通、使用过程中直接接触食品或者食品添加剂的机械、管道、传送带、容器、用具、餐具等。

用于食品的洗涤剂、消毒剂，指直接用于洗涤或者消毒食品、餐饮具以及直接接触食品的工具、设备或者食品包装材料和容器的物质。

保质期，指预包装食品在标签指明的贮存条件下保持品质的期限。

食源性疾病，指食品中致病因素进入人体引起的感染性、中毒性等疾病。

食物中毒，指食用了被有毒有害物质污染的食品或者食用了含有毒有害物质的食品后出现的急性、亚急性疾病。

食品安全事故，指食物中毒、食源性疾病、食品污染等源于食品，对人体健康有危害或者可能有危害的事故。

第一百条 食品生产经营者在本法施行前已经取得相应许可证的，该许可证继续有效。

第一百零一条 乳品、转基因食品、生猪屠宰、酒类和食盐的食品安全管理，适用本法；法律、行政法规另有规定的，依照其规定。

第一百零二条 铁路运营中食品安全的管理办法由国务院卫生行政部门会同国务院有关部门依照本法制定。

军队专用食品和自供食品的食品安全管理办法由中央军事委员会依照本法制定。

第一百零三条 国务院根据实际需要，可以对食品安全监督管理体制作出调整。

第一百零四条 本法自2009年6月1日起施行。《中华人民共和国食品卫生法》同时废止。

中华人民共和国保险法

（1995 年 6 月 30 日第八届全国人民代表大会常务委员会第十四次会议通过
根据 2002 年 10 月 28 日第九届全国人民代表大会常务委员会第三十次会议
《关于修改〈中华人民共和国保险法〉的决定》修正
2009 年 2 月 28 日第十一届全国人民代表大会常务委员会第七次会议修订）

第一章　总　则

第一条　为了规范保险活动，保护保险活动当事人的合法权益，加强对保险业的监督管理，维护社会经济秩序和社会公共利益，促进保险事业的健康发展，制定本法。

第二条　本法所称保险，是指投保人根据合同约定，向保险人支付保险费，保险人对于合同约定的可能发生的事故因其发生所造成的财产损失承担赔偿保险金责任，或者当被保险人死亡、伤残、疾病或者达到合同约定的年龄、期限等条件时承担给付保险金责任的商业保险行为。

第三条　在中华人民共和国境内从事保险活动，适用本法。

第四条　从事保险活动必须遵守法律、行政法规，尊重社会公德，不得损害社会公共利益。

第五条　保险活动当事人行使权利、履行义务应当遵循诚实信用原则。

第六条　保险业务由依照本法设立的保险公司以及法律、行政法规规定的其他保险组织经营，其他单位和个人不得经营保险业务。

第七条　在中华人民共和国境内的法人和其他组织需要办理境内保险的，应当向中华人民共和国境内的保险公司投保。

第八条　保险业和银行业、证券业、信托业实行分业经营、分业管理，保险公司与银行、证券、信托业务机构分别设立。国家另有规定的除外。

第九条　国务院保险监督管理机构依法对保险业实施监督管理。

国务院保险监督管理机构根据履行职责的需要设立派出机构。派出机构按照国务院保险监督管理机构的授权履行监督管理职责。

第二章　保险合同

第一节　一般规定

第十条　保险合同是投保人与保险人约定保险权利义务关系的协议。

投保人是指与保险人订立保险合同，并按照合同约定负有支付保险费义务的人。

保险人是指与投保人订立保险合同，并按照合同约定承担赔偿或者给付保险金责任的保险公司。

第十一条　订立保险合同，应当协商一致，遵循公平原则确定各方的权利和义务。

除法律、行政法规规定必须保险的外，保险合同自愿订立。

第十二条　人身保险的投保人在保险合同订立时，对被保险人应当具有保险利益。

财产保险的被保险人在保险事故发生时，对保险标的应当具有保险利益。

人身保险是以人的寿命和身体为保险标的的保险。

财产保险是以财产及其有关利益为保险标的的保险。

被保险人是指其财产或者人身受保险合同保障，享有保险金请求权的人。投保人可以为被保险人。

保险利益是指投保人或者被保险人对保险标的具有的法律上承认的利益。

第十三条 投保人提出保险要求，经保险人同意承保，保险合同成立。保险人应当及时向投保人签发保险单或者其他保险凭证。

保险单或者其他保险凭证应当载明当事人双方约定的合同内容。当事人也可以约定采用其他书面形式载明合同内容。

依法成立的保险合同，自成立时生效。投保人和保险人可以对合同的效力约定附条件或者附期限。

第十四条 保险合同成立后，投保人按照约定交付保险费，保险人按照约定的时间开始承担保险责任。

第十五条 除本法另有规定或者保险合同另有约定外，保险合同成立后，投保人可以解除合同，保险人不得解除合同。

第十六条 订立保险合同，保险人就保险标的或者被保险人的有关情况提出询问的，投保人应当如实告知。

投保人故意或者因重大过失未履行前款规定的如实告知义务，足以影响保险人决定是否同意承保或者提高保险费率的，保险人有权解除合同。

前款规定的合同解除权，自保险人知道有解除事由之日起，超过三十日不行使而消灭。自合同成立之日起超过二年的，保险人不得解除合同；发生保险事故的，保险人应当承担赔偿或者给付保险金的责任。

投保人故意不履行如实告知义务的，保险人对于合同解除前发生的保险事故，不承担赔偿或者给付保险金的责任，并不退还保险费。

投保人因重大过失未履行如实告知义务，对保险事故的发生有严重影响的，保险人对于合同解除前发生的保险事故，不承担赔偿或者给付保险金的责任，但应当退还保险费。

保险人在合同订立时已经知道投保人未如实告知的情况的，保险人不得解除合同；发生保险事故的，保险人应当承担赔偿或者给付保险金的责任。

保险事故是指保险合同约定的保险责任范围内的事故。

第十七条 订立保险合同，采用保险人提供的格式条款的，保险人向投保人提供的投保单应当附格式条款，保险人应当向投保人说明合同的内容。

对保险合同中免除保险人责任的条款，保险人在订立合同时应当在投保单、保险单或者其他保险凭证上作出足以引起投保人注意的提示，并对该条款的内容以书面或者口头形式向投保人作出明确说明；未作提示或者明确说明的，该条款不产生效力。

第十八条 保险合同应当包括下列事项：

（一）保险人的名称和住所；

（二）投保人、被保险人的姓名或者名称、住所，以及人身保险的受益人的姓名或者名称、住所；

（三）保险标的；

（四）保险责任和责任免除；

（五）保险期间和保险责任开始时间；

（六）保险金额；

（七）保险费以及支付办法；

（八）保险金赔偿或者给付办法；

（九）违约责任和争议处理；

（十）订立合同的年、月、日。

投保人和保险人可以约定与保险有关的其他事项。

受益人是指人身保险合同中由被保险人或者投保人指定的享有保险金请求权的人。投保人、被保险人可以为受益人。

保险金额是指保险人承担赔偿或者给付保险金责任的最高限额。

第十九条　采用保险人提供的格式条款订立的保险合同中的下列条款无效：

（一）免除保险人依法应承担的义务或者加重投保人、被保险人责任的；

（二）排除投保人、被保险人或者受益人依法享有的权利的。

第二十条　投保人和保险人可以协商变更合同内容。

变更保险合同的，应当由保险人在保险单或者其他保险凭证上批注或者附贴批单，或者由投保人和保险人订立变更的书面协议。

第二十一条　投保人、被保险人或者受益人知道保险事故发生后，应当及时通知保险人。故意或者因重大过失未及时通知，致使保险事故的性质、原因、损失程度等难以确定的，保险人对无法确定的部分，不承担赔偿或者给付保险金的责任，但保险人通过其他途径已经及时知道或者应当及时知道保险事故发生的除外。

第二十二条　保险事故发生后，按照保险合同请求保险人赔偿或者给付保险金时，投保人、被保险人或者受益人应当向保险人提供其所能提供的与确认保险事故的性质、原因、损失程度等有关的证明和资料。

保险人按照合同的约定，认为有关的证明和资料不完整的，应当及时一次性通知投保人、被保险人或者受益人补充提供。

第二十三条　保险人收到被保险人或者受益人的赔偿或者给付保险金的请求后，应当及时作出核定；情形复杂的，应当在三十日内作出核定，但合同另有约定的除外。保险人应当将核定结果通知被保险人或者受益人；对属于保险责任的，在与被保险人或者受益人达成赔偿或者给付保险金的协议后十日内，履行赔偿或者给付保险金义务。保险合同对赔偿或者给付保险金的期限有约定的，保险人应当按照约定履行赔偿或者给付保险金义务。

保险人未及时履行前款规定义务的，除支付保险金外，应当赔偿被保险人或者受益人因此受到的损失。

任何单位和个人不得非法干预保险人履行赔偿或者给付保险金的义务，也不得限制被保险人或者受益人取得保险金的权利。

第二十四条　保险人依照本法第二十三条的规定作出核定后，对不属于保险责任的，应当自作出核定之日起三日内向被保险人或者受益人发出拒绝赔偿或者拒绝给付保险金通知书，并说明理由。

第二十五条 保险人自收到赔偿或者给付保险金的请求和有关证明、资料之日起六十日内，对其赔偿或者给付保险金的数额不能确定的，应当根据已有证明和资料可以确定的数额先予支付；保险人最终确定赔偿或者给付保险金的数额后，应当支付相应的差额。

第二十六条 人寿保险以外的其他保险的被保险人或者受益人，向保险人请求赔偿或者给付保险金的诉讼时效期间为二年，自其知道或者应当知道保险事故发生之日起计算。

人寿保险的被保险人或者受益人向保险人请求给付保险金的诉讼时效期间为五年，自其知道或者应当知道保险事故发生之日起计算。

第二十七条 未发生保险事故，被保险人或者受益人谎称发生了保险事故，向保险人提出赔偿或者给付保险金请求的，保险人有权解除合同，并不退还保险费。

投保人、被保险人故意制造保险事故的，保险人有权解除合同，不承担赔偿或者给付保险金的责任；除本法第四十三条规定外，不退还保险费。

保险事故发生后，投保人、被保险人或者受益人以伪造、变造的有关证明、资料或者其他证据，编造虚假的事故原因或者夸大损失程度的，保险人对其虚报的部分不承担赔偿或者给付保险金的责任。

投保人、被保险人或者受益人有前三款规定行为之一，致使保险人支付保险金或者支出费用的，应当退回或者赔偿。

第二十八条 保险人将其承担的保险业务，以分保形式部分转移给其他保险人的，为再保险。

应再保险接受人的要求，再保险分出人应当将其自负责任及原保险的有关情况书面告知再保险接受人。

第二十九条 再保险接受人不得向原保险的投保人要求支付保险费。

原保险的被保险人或者受益人不得向再保险接受人提出赔偿或者给付保险金的请求。

再保险分出人不得以再保险接受人未履行再保险责任为由，拒绝履行或者迟延履行其原保险责任。

第三十条 采用保险人提供的格式条款订立的保险合同，保险人与投保人、被保险人或者受益人对合同条款有争议的，应当按照通常理解予以解释。对合同条款有两种以上解释的，人民法院或者仲裁机构应当作出有利于被保险人和受益人的解释。

第二节　人身保险合同

第三十一条 投保人对下列人员具有保险利益：

（一）本人；

（二）配偶、子女、父母；

（三）前项以外与投保人有抚养、赡养或者扶养关系的家庭其他成员、近亲属；

（四）与投保人有劳动关系的劳动者。

除前款规定外，被保险人同意投保人为其订立合同的，视为投保人对被保险人具有保险利益。

订立合同时，投保人对被保险人不具有保险利益的，合同无效。

第三十二条 投保人申报的被保险人年龄不真实，并且其真实年龄不符合合同约定的年龄限制的，保险人可以解除合同，并按照合同约定退还保险单的现金价值。保险人行使合同解除权，适用本法第十六条第三款、第六款的规定。

投保人申报的被保险人年龄不真实，致使投保人支付的保险费少于应付保险费的，保险人有权更正并要求投保人补交保险费，或者在给付保险金时按照实付保险费与应付保险费的比例支付。

投保人申报的被保险人年龄不真实，致使投保人支付的保险费多于应付保险费的，保险人应当将多收的保险费退还投保人。

第三十三条　投保人不得为无民事行为能力人投保以死亡为给付保险金条件的人身保险，保险人也不得承保。

父母为其未成年子女投保的人身保险，不受前款规定限制。但是，因被保险人死亡给付的保险金总和不得超过国务院保险监督管理机构规定的限额。

第三十四条　以死亡为给付保险金条件的合同，未经被保险人同意并认可保险金额的，合同无效。

按照以死亡为给付保险金条件的合同所签发的保险单，未经被保险人书面同意，不得转让或者质押。

父母为其未成年子女投保的人身保险，不受本条第一款规定限制。

第三十五条　投保人可以按照合同约定向保险人一次支付全部保险费或者分期支付保险费。

第三十六条　合同约定分期支付保险费，投保人支付首期保险费后，除合同另有约定外，投保人自保险人催告之日起超过三十日未支付当期保险费，或者超过约定的期限六十日未支付当期保险费的，合同效力中止，或者由保险人按照合同约定的条件减少保险金额。

被保险人在前款规定期限内发生保险事故的，保险人应当按照合同约定给付保险金，但可以扣减欠交的保险费。

第三十七条　合同效力依照本法第三十六条规定中止的，经保险人与投保人协商并达成协议，在投保人补交保险费后，合同效力恢复。但是，自合同效力中止之日起满二年双方未达成协议的，保险人有权解除合同。

保险人依照前款规定解除合同的，应当按照合同约定退还保险单的现金价值。

第三十八条　保险人对人寿保险的保险费，不得用诉讼方式要求投保人支付。

第三十九条　人身保险的受益人由被保险人或者投保人指定。

投保人指定受益人时须经被保险人同意。投保人为与其有劳动关系的劳动者投保人身保险，不得指定被保险人及其近亲属以外的人为受益人。

被保险人为无民事行为能力人或者限制民事行为能力人的，可以由其监护人指定受益人。

第四十条　被保险人或者投保人可以指定一人或者数人为受益人。

受益人为数人的，被保险人或者投保人可以确定受益顺序和受益份额；未确定受益份额的，受益人按照相等份额享有受益权。

第四十一条　被保险人或者投保人可以变更受益人并书面通知保险人。保险人收到变更受益人的书面通知后，应当在保险单或者其他保险凭证上批注或者附贴批单。

投保人变更受益人时须经被保险人同意。

第四十二条　被保险人死亡后，有下列情形之一的，保险金作为被保险人的遗产，由保险人依照《中华人民共和国继承法》的规定履行给付保险金的义务：

（一）没有指定受益人，或者受益人指定不明无法确定的；

（二）受益人先于被保险人死亡，没有其他受益人的；

（三）受益人依法丧失受益权或者放弃受益权，没有其他受益人的。

受益人与被保险人在同一事件中死亡，且不能确定死亡先后顺序的，推定受益人死亡在先。

第四十三条 投保人故意造成被保险人死亡、伤残或者疾病的，保险人不承担给付保险金的责任。投保人已交足二年以上保险费的，保险人应当按照合同约定向其他权利人退还保险单的现金价值。

受益人故意造成被保险人死亡、伤残、疾病的，或者故意杀害被保险人未遂的，该受益人丧失受益权。

第四十四条 以被保险人死亡为给付保险金条件的合同，自合同成立或者合同效力恢复之日起二年内，被保险人自杀的，保险人不承担给付保险金的责任，但被保险人自杀时为无民事行为能力人的除外。

保险人依照前款规定不承担给付保险金责任的，应当按照合同约定退还保险单的现金价值。

第四十五条 因被保险人故意犯罪或者抗拒依法采取的刑事强制措施导致其伤残或者死亡的，保险人不承担给付保险金的责任。投保人已交足二年以上保险费的，保险人应当按照合同约定退还保险单的现金价值。

第四十六条 被保险人因第三者的行为而发生死亡、伤残或者疾病等保险事故的，保险人向被保险人或者受益人给付保险金后，不享有向第三者追偿的权利，但被保险人或者受益人仍有权向第三者请求赔偿。

第四十七条 投保人解除合同的，保险人应当自收到解除合同通知之日起三十日内，按照合同约定退还保险单的现金价值。

第三节　财产保险合同

第四十八条 保险事故发生时，被保险人对保险标的不具有保险利益的，不得向保险人请求赔偿保险金。

第四十九条 保险标的转让的，保险标的的受让人承继被保险人的权利和义务。

保险标的转让的，被保险人或者受让人应当及时通知保险人，但货物运输保险合同和另有约定的合同除外。

因保险标的转让导致危险程度显著增加的，保险人自收到前款规定的通知之日起三十日内，可以按照合同约定增加保险费或者解除合同。保险人解除合同的，应当将已收取的保险费，按照合同约定扣除自保险责任开始之日起至合同解除之日止应收的部分后，退还投保人。

被保险人、受让人未履行本条第二款规定的通知义务的，因转让导致保险标的的危险程度显著增加而发生的保险事故，保险人不承担赔偿保险金的责任。

第五十条 货物运输保险合同和运输工具航程保险合同，保险责任开始后，合同当事人不得解除合同。

第五十一条 被保险人应当遵守国家有关消防、安全、生产操作、劳动保护等方面的规定，维护保险标的的安全。

保险人可以按照合同约定对保险标的的安全状况进行检查，及时向投保人、被保险人提出消除不安全因素和隐患的书面建议。

投保人、被保险人未按照约定履行其对保险标的的安全应尽责任的，保险人有权要求增加保险费或者解除合同。

保险人为维护保险标的的安全，经被保险人同意，可以采取安全预防措施。

第五十二条　在合同有效期内，保险标的的危险程度显著增加的，被保险人应当按照合同约定及时通知保险人，保险人可以按照合同约定增加保险费或者解除合同。保险人解除合同的，应当将已收取的保险费，按照合同约定扣除自保险责任开始之日起至合同解除之日止应收的部分后，退还投保人。

被保险人未履行前款规定的通知义务的，因保险标的的危险程度显著增加而发生的保险事故，保险人不承担赔偿保险金的责任。

第五十三条　有下列情形之一的，除合同另有约定外，保险人应当降低保险费，并按日计算退还相应的保险费：

（一）据以确定保险费率的有关情况发生变化，保险标的的危险程度明显减少的；

（二）保险标的的保险价值明显减少的。

第五十四条　保险责任开始前，投保人要求解除合同的，应当按照合同约定向保险人支付手续费，保险人应当退还保险费。保险责任开始后，投保人要求解除合同的，保险人应当将已收取的保险费，按照合同约定扣除自保险责任开始之日起至合同解除之日止应收的部分后，退还投保人。

第五十五条　投保人和保险人约定保险标的的保险价值并在合同中载明的，保险标的发生损失时，以约定的保险价值为赔偿计算标准。

投保人和保险人未约定保险标的的保险价值的，保险标的发生损失时，以保险事故发生时保险标的的实际价值为赔偿计算标准。

保险金额不得超过保险价值。超过保险价值的，超过部分无效，保险人应当退还相应的保险费。

保险金额低于保险价值的，除合同另有约定外，保险人按照保险金额与保险价值的比例承担赔偿保险金的责任。

第五十六条　重复保险的投保人应当将重复保险的有关情况通知各保险人。

重复保险的各保险人赔偿保险金的总和不得超过保险价值。除合同另有约定外，各保险人按照其保险金额与保险金额总和的比例承担赔偿保险金的责任。

重复保险的投保人可以就保险金额总和超过保险价值的部分，请求各保险人按比例返还保险费。

重复保险是指投保人对同一保险标的、同一保险利益、同一保险事故分别与两个以上保险人订立保险合同，且保险金额总和超过保险价值的保险。

第五十七条　保险事故发生时，被保险人应当尽力采取必要的措施，防止或者减少损失。

保险事故发生后，被保险人为防止或者减少保险标的的损失所支付的必要的、合理的费用，由保险人承担；保险人所承担的费用数额在保险标的损失赔偿金额以外另行计算，最高不超过保险金额的数额。

第五十八条 保险标的发生部分损失的，自保险人赔偿之日起三十日内，投保人可以解除合同；除合同另有约定外，保险人也可以解除合同，但应当提前十五日通知投保人。

合同解除的，保险人应当将保险标的未受损失部分的保险费，按照合同约定扣除自保险责任开始之日起至合同解除之日止应收的部分后，退还投保人。

第五十九条 保险事故发生后，保险人已支付了全部保险金额，并且保险金额等于保险价值的，受损保险标的的全部权利归于保险人；保险金额低于保险价值的，保险人按照保险金额与保险价值的比例取得受损保险标的的部分权利。

第六十条 因第三者对保险标的的损害而造成保险事故的，保险人自向被保险人赔偿保险金之日起，在赔偿金额范围内代位行使被保险人对第三者请求赔偿的权利。

前款规定的保险事故发生后，被保险人已经从第三者取得损害赔偿的，保险人赔偿保险金时，可以相应扣减被保险人从第三者已取得的赔偿金额。

保险人依照本条第一款规定行使代位请求赔偿的权利，不影响被保险人就未取得赔偿的部分向第三者请求赔偿的权利。

第六十一条 保险事故发生后，保险人未赔偿保险金之前，被保险人放弃对第三者请求赔偿的权利的，保险人不承担赔偿保险金的责任。

保险人向被保险人赔偿保险金后，被保险人未经保险人同意放弃对第三者请求赔偿的权利的，该行为无效。

被保险人故意或者因重大过失致使保险人不能行使代位请求赔偿的权利的，保险人可以扣减或者要求返还相应的保险金。

第六十二条 除被保险人的家庭成员或者其组成人员故意造成本法第六十条第一款规定的保险事故外，保险人不得对被保险人的家庭成员或者其组成人员行使代位请求赔偿的权利。

第六十三条 保险人向第三者行使代位请求赔偿的权利时，被保险人应当向保险人提供必要的文件和所知道的有关情况。

第六十四条 保险人、被保险人为查明和确定保险事故的性质、原因和保险标的的损失程度所支付的必要的、合理的费用，由保险人承担。

第六十五条 保险人对责任保险的被保险人给第三者造成的损害，可以依照法律的规定或者合同的约定，直接向该第三者赔偿保险金。

责任保险的被保险人给第三者造成损害，被保险人对第三者应负的赔偿责任确定的，根据被保险人的请求，保险人应当直接向该第三者赔偿保险金。被保险人怠于请求的，第三者有权就其应获赔偿部分直接向保险人请求赔偿保险金。

责任保险的被保险人给第三者造成损害，被保险人未向该第三者赔偿的，保险人不得向被保险人赔偿保险金。

责任保险是指以被保险人对第三者依法应负的赔偿责任为保险标的的保险。

第六十六条 责任保险的被保险人因给第三者造成损害的保险事故而被提起仲裁或者诉讼的，被保险人支付的仲裁或者诉讼费用以及其他必要的、合理的费用，除合同另有约定外，由保险人承担。

第三章　保险公司

第六十七条　设立保险公司应当经国务院保险监督管理机构批准。

国务院保险监督管理机构审查保险公司的设立申请时，应当考虑保险业的发展和公平竞争的需要。

第六十八条　设立保险公司应当具备下列条件：

（一）主要股东具有持续盈利能力，信誉良好，最近三年内无重大违法违规记录，净资产不低于人民币二亿元；

（二）有符合本法和《中华人民共和国公司法》规定的章程；

（三）有符合本法规定的注册资本；

（四）有具备任职专业知识和业务工作经验的董事、监事和高级管理人员；

（五）有健全的组织机构和管理制度；

（六）有符合要求的营业场所和与经营业务有关的其他设施；

（七）法律、行政法规和国务院保险监督管理机构规定的其他条件。

第六十九条　设立保险公司，其注册资本的最低限额为人民币二亿元。

国务院保险监督管理机构根据保险公司的业务范围、经营规模，可以调整其注册资本的最低限额，但不得低于本条第一款规定的限额。

保险公司的注册资本必须为实缴货币资本。

第七十条　申请设立保险公司，应当向国务院保险监督管理机构提出书面申请，并提交下列材料：

（一）设立申请书，申请书应当载明拟设立的保险公司的名称、注册资本、业务范围等；

（二）可行性研究报告；

（三）筹建方案；

（四）投资人的营业执照或者其他背景资料，经会计师事务所审计的上一年度财务会计报告；

（五）投资人认可的筹备组负责人和拟任董事长、经理名单及本人认可证明；

（六）国务院保险监督管理机构规定的其他材料。

第七十一条　国务院保险监督管理机构应当对设立保险公司的申请进行审查，自受理之日起六个月内作出批准或者不批准筹建的决定，并书面通知申请人。决定不批准的，应当书面说明理由。

第七十二条　申请人应当自收到批准筹建通知之日起一年内完成筹建工作；筹建期间不得从事保险经营活动。

第七十三条　筹建工作完成后，申请人具备本法第六十八条规定的设立条件的，可以向国务院保险监督管理机构提出开业申请。

国务院保险监督管理机构应当自受理开业申请之日起六十日内，作出批准或者不批准开业的决定。决定批准的，颁发经营保险业务许可证；决定不批准的，应当书面通知申请人并说明理由。

第七十四条　保险公司在中华人民共和国境内设立分支机构，应当经保险监督管理机构批准。

保险公司分支机构不具有法人资格，其民事责任由保险公司承担。

第七十五条 保险公司申请设立分支机构，应当向保险监督管理机构提出书面申请，并提交下列材料：

（一）设立申请书；

（二）拟设机构三年业务发展规划和市场分析材料；

（三）拟任高级管理人员的简历及相关证明材料；

（四）国务院保险监督管理机构规定的其他材料。

第七十六条 保险监督管理机构应当对保险公司设立分支机构的申请进行审查，自受理之日起六十日内作出批准或者不批准的决定。决定批准的，颁发分支机构经营保险业务许可证；决定不批准的，应当书面通知申请人并说明理由。

第七十七条 经批准设立的保险公司及其分支机构，凭经营保险业务许可证向工商行政管理机关办理登记，领取营业执照。

第七十八条 保险公司及其分支机构自取得经营保险业务许可证之日起六个月内，无正当理由未向工商行政管理机关办理登记的，其经营保险业务许可证失效。

第七十九条 保险公司在中华人民共和国境外设立子公司、分支机构、代表机构，应当经国务院保险监督管理机构批准。

第八十条 外国保险机构在中华人民共和国境内设立代表机构，应当经国务院保险监督管理机构批准。代表机构不得从事保险经营活动。

第八十一条 保险公司的董事、监事和高级管理人员，应当品行良好，熟悉与保险相关的法律、行政法规，具有履行职责所需的经营管理能力，并在任职前取得保险监督管理机构核准的任职资格。

保险公司高级管理人员的范围由国务院保险监督管理机构规定。

第八十二条 有《中华人民共和国公司法》第一百四十七条规定的情形或者下列情形之一的，不得担任保险公司的董事、监事、高级管理人员：

（一）因违法行为或者违纪行为被金融监督管理机构取消任职资格的金融机构的董事、监事、高级管理人员，自被取消任职资格之日起未逾五年的；

（二）因违法行为或者违纪行为被吊销执业资格的律师、注册会计师或者资产评估机构、验证机构等机构的专业人员，自被吊销执业资格之日起未逾五年的。

第八十三条 保险公司的董事、监事、高级管理人员执行公司职务时违反法律、行政法规或者公司章程的规定，给公司造成损失的，应当承担赔偿责任。

第八十四条 保险公司有下列情形之一的，应当经保险监督管理机构批准：

（一）变更名称；

（二）变更注册资本；

（三）变更公司或者分支机构的营业场所；

（四）撤销分支机构；

（五）公司分立或者合并；

（六）修改公司章程；

（七）变更出资额占有限责任公司资本总额百分之五以上的股东，或者变更持有股份有限公司股份百分之五以上的股东；

（八）国务院保险监督管理机构规定的其他情形。

第八十五条　保险公司应当聘用经国务院保险监督管理机构认可的精算专业人员，建立精算报告制度。

保险公司应当聘用专业人员，建立合规报告制度。

第八十六条　保险公司应当按照保险监督管理机构的规定，报送有关报告、报表、文件和资料。

保险公司的偿付能力报告、财务会计报告、精算报告、合规报告及其他有关报告、报表、文件和资料必须如实记录保险业务事项，不得有虚假记载、误导性陈述和重大遗漏。

第八十七条　保险公司应当按照国务院保险监督管理机构的规定妥善保管业务经营活动的完整账簿、原始凭证和有关资料。

前款规定的账簿、原始凭证和有关资料的保管期限，自保险合同终止之日起计算，保险期间在一年以下的不得少于五年，保险期间超过一年的不得少于十年。

第八十八条　保险公司聘请或者解聘会计师事务所、资产评估机构、资信评级机构等中介服务机构，应当向保险监督管理机构报告；解聘会计师事务所、资产评估机构、资信评级机构等中介服务机构，应当说明理由。

第八十九条　保险公司因分立、合并需要解散，或者股东会、股东大会决议解散，或者公司章程规定的解散事由出现，经国务院保险监督管理机构批准后解散。

经营有人寿保险业务的保险公司，除因分立、合并或者被依法撤销外，不得解散。

保险公司解散，应当依法成立清算组进行清算。

第九十条　保险公司有《中华人民共和国企业破产法》第二条规定情形的，经国务院保险监督管理机构同意，保险公司或者其债权人可以依法向人民法院申请重整、和解或者破产清算；国务院保险监督管理机构也可以依法向人民法院申请对该保险公司进行重整或者破产清算。

第九十一条　破产财产在优先清偿破产费用和共益债务后，按照下列顺序清偿：

（一）所欠职工工资和医疗、伤残补助、抚恤费用，所欠应当划入职工个人账户的基本养老保险、基本医疗保险费用，以及法律、行政法规规定应当支付给职工的补偿金；

（二）赔偿或者给付保险金；

（三）保险公司欠缴的除第（一）项规定以外的社会保险费用和所欠税款；

（四）普通破产债权。

破产财产不足以清偿同一顺序的清偿要求的，按照比例分配。

破产保险公司的董事、监事和高级管理人员的工资，按照该公司职工的平均工资计算。

第九十二条　经营有人寿保险业务的保险公司被依法撤销或者被依法宣告破产的，其持有的人寿保险合同及责任准备金，必须转让给其他经营有人寿保险业务的保险公司；不能同其他保险公司达成转让协议的，由国务院保险监督管理机构指定经营有人寿保险业务的保险公司接受转让。

转让或者由国务院保险监督管理机构指定接受转让前款规定的人寿保险合同及责任准备金的，应当维护被保险人、受益人的合法权益。

第九十三条 保险公司依法终止其业务活动，应当注销其经营保险业务许可证。

第九十四条 保险公司，除本法另有规定外，适用《中华人民共和国公司法》的规定。

第四章 保险经营规则

第九十五条 保险公司的业务范围：

（一）人身保险业务，包括人寿保险、健康保险、意外伤害保险等保险业务；

（二）财产保险业务，包括财产损失保险、责任保险、信用保险、保证保险等保险业务；

（三）国务院保险监督管理机构批准的与保险有关的其他业务。

保险人不得兼营人身保险业务和财产保险业务。但是，经营财产保险业务的保险公司经国务院保险监督管理机构批准，可以经营短期健康保险业务和意外伤害保险业务。

保险公司应当在国务院保险监督管理机构依法批准的业务范围内从事保险经营活动。

第九十六条 经国务院保险监督管理机构批准，保险公司可以经营本法第九十五条规定的保险业务的下列再保险业务：

（一）分出保险；

（二）分入保险。

第九十七条 保险公司应当按照其注册资本总额的百分之二十提取保证金，存入国务院保险监督管理机构指定的银行，除公司清算时用于清偿债务外，不得动用。

第九十八条 保险公司应当根据保障被保险人利益、保证偿付能力的原则，提取各项责任准备金。

保险公司提取和结转责任准备金的具体办法，由国务院保险监督管理机构制定。

第九十九条 保险公司应当依法提取公积金。

第一百条 保险公司应当缴纳保险保障基金。

保险保障基金应当集中管理，并在下列情形下统筹使用：

（一）在保险公司被撤销或者被宣告破产时，向投保人、被保险人或者受益人提供救济；

（二）在保险公司被撤销或者被宣告破产时，向依法接受其人寿保险合同的保险公司提供救济；

（三）国务院规定的其他情形。

保险保障基金筹集、管理和使用的具体办法，由国务院制定。

第一百零一条 保险公司应当具有与其业务规模和风险程度相适应的最低偿付能力。保险公司的认可资产减去认可负债的差额不得低于国务院保险监督管理机构规定的数额；低于规定数额的，应当按照国务院保险监督管理机构的要求采取相应措施达到规定的数额。

第一百零二条 经营财产保险业务的保险公司当年自留保险费，不得超过其实有资本金加公积金总和的四倍。

第一百零三条 保险公司对每一危险单位，即对一次保险事故可能造成的最大损失范围所承担的责任，不得超过其实有资本金加公积金总和的百分之十；超过的部分应当办理再保险。

保险公司对危险单位的划分应当符合国务院保险监督管理机构的规定。

第一百零四条 保险公司对危险单位的划分方法和巨灾风险安排方案，应当报国务院保险监督管理机构备案。

第一百零五条 保险公司应当按照国务院保险监督管理机构的规定办理再保险，并审慎选择再保险接受人。

第一百零六条 保险公司的资金运用必须稳健，遵循安全性原则。

保险公司的资金运用限于下列形式：

（一）银行存款；

（二）买卖债券、股票、证券投资基金份额等有价证券；

（三）投资不动产；

（四）国务院规定的其他资金运用形式。

保险公司资金运用的具体管理办法，由国务院保险监督管理机构依照前两款的规定制定。

第一百零七条 经国务院保险监督管理机构会同国务院证券监督管理机构批准，保险公司可以设立保险资产管理公司。

保险资产管理公司从事证券投资活动，应当遵守《中华人民共和国证券法》等法律、行政法规的规定。

保险资产管理公司的管理办法，由国务院保险监督管理机构会同国务院有关部门制定。

第一百零八条 保险公司应当按照国务院保险监督管理机构的规定，建立对关联交易的管理和信息披露制度。

第一百零九条 保险公司的控股股东、实际控制人、董事、监事、高级管理人员不得利用关联交易损害公司的利益。

第一百一十条 保险公司应当按照国务院保险监督管理机构的规定，真实、准确、完整地披露财务会计报告、风险管理状况、保险产品经营情况等重大事项。

第一百一十一条 保险公司从事保险销售的人员应当符合国务院保险监督管理机构规定的资格条件，取得保险监督管理机构颁发的资格证书。

前款规定的保险销售人员的范围和管理办法，由国务院保险监督管理机构规定。

第一百一十二条 保险公司应当建立保险代理人登记管理制度，加强对保险代理人的培训和管理，不得唆使、诱导保险代理人进行违背诚信义务的活动。

第一百一十三条 保险公司及其分支机构应当依法使用经营保险业务许可证，不得转让、出租、出借经营保险业务许可证。

第一百一十四条 保险公司应当按照国务院保险监督管理机构的规定，公平、合理拟订保险条款和保险费率，不得损害投保人、被保险人和受益人的合法权益。

保险公司应当按照合同约定和本法规定，及时履行赔偿或者给付保险金义务。

第一百一十五条 保险公司开展业务，应当遵循公平竞争的原则，不得从事不正当竞争。

第一百一十六条 保险公司及其工作人员在保险业务活动中不得有下列行为：

（一）欺骗投保人、被保险人或者受益人；

（二）对投保人隐瞒与保险合同有关的重要情况；

（三）阻碍投保人履行本法规定的如实告知义务，或者诱导其不履行本法规定的如实告知义务；

（四）给予或者承诺给予投保人、被保险人、受益人保险合同约定以外的保险费回扣或者其他利益；

（五）拒不依法履行保险合同约定的赔偿或者给付保险金义务；

（六）故意编造未曾发生的保险事故、虚构保险合同或者故意夸大已经发生的保险事故的损失程度进行虚假理赔，骗取保险金或者牟取其他不正当利益；

（七）挪用、截留、侵占保险费；

（八）委托未取得合法资格的机构或者个人从事保险销售活动；

（九）利用开展保险业务为其他机构或者个人牟取不正当利益；

（十）利用保险代理人、保险经纪人或者保险评估机构，从事以虚构保险中介业务或者编造退保等方式套取费用等违法活动；

（十一）以捏造、散布虚假事实等方式损害竞争对手的商业信誉，或者以其他不正当竞争行为扰乱保险市场秩序；

（十二）泄露在业务活动中知悉的投保人、被保险人的商业秘密；

（十三）违反法律、行政法规和国务院保险监督管理机构规定的其他行为。

第五章　保险代理人和保险经纪人

第一百一十七条　保险代理人是根据保险人的委托，向保险人收取佣金，并在保险人授权的范围内代为办理保险业务的机构或者个人。

保险代理机构包括专门从事保险代理业务的保险专业代理机构和兼营保险代理业务的保险兼业代理机构。

第一百一十八条　保险经纪人是基于投保人的利益，为投保人与保险人订立保险合同提供中介服务，并依法收取佣金的机构。

第一百一十九条　保险代理机构、保险经纪人应当具备国务院保险监督管理机构规定的条件，取得保险监督管理机构颁发的经营保险代理业务许可证、保险经纪业务许可证。

保险专业代理机构、保险经纪人凭保险监督管理机构颁发的许可证向工商行政管理机关办理登记，领取营业执照。

保险兼业代理机构凭保险监督管理机构颁发的许可证，向工商行政管理机关办理变更登记。

第一百二十条　以公司形式设立保险专业代理机构、保险经纪人，其注册资本最低限额适用《中华人民共和国公司法》的规定。

国务院保险监督管理机构根据保险专业代理机构、保险经纪人的业务范围和经营规模，可以调整其注册资本的最低限额，但不得低于《中华人民共和国公司法》规定的限额。

保险专业代理机构、保险经纪人的注册资本或者出资额必须为实缴货币资本。

第一百二十一条　保险专业代理机构、保险经纪人的高级管理人员，应当品行良好，熟悉保险法律、行政法规，具有履行职责所需的经营管理能力，并在任职前取得保险监督管理机构核准的任职资格。

第一百二十二条　个人保险代理人、保险代理机构的代理从业人员、保险经纪人的经纪从业人员，应当具备国务院保险监督管理机构规定的资格条件，取得保险监督管理机构颁发的资格证书。

第一百二十三条　保险代理机构、保险经纪人应当有自己的经营场所，设立专门账簿记载保险代理业务、经纪业务的收支情况。

第一百二十四条　保险代理机构、保险经纪人应当按照国务院保险监督管理机构的规定缴存保证金或者投保职业责任保险。未经保险监督管理机构批准，保险代理机构、保险经纪人不得动用保证金。

第一百二十五条　个人保险代理人在代为办理人寿保险业务时，不得同时接受两个以上保险人的委托。

第一百二十六条　保险人委托保险代理人代为办理保险业务，应当与保险代理人签订委托代理协议，依法约定双方的权利和义务。

第一百二十七条　保险代理人根据保险人的授权代为办理保险业务的行为，由保险人承担责任。

保险代理人没有代理权、超越代理权或者代理权终止后以保险人名义订立合同，使投保人有理由相信其有代理权的，该代理行为有效。保险人可以依法追究越权的保险代理人的责任。

第一百二十八条　保险经纪人因过错给投保人、被保险人造成损失的，依法承担赔偿责任。

第一百二十九条　保险活动当事人可以委托保险公估机构等依法设立的独立评估机构或者具有相关专业知识的人员，对保险事故进行评估和鉴定。

接受委托对保险事故进行评估和鉴定的机构和人员，应当依法、独立、客观、公正地进行评估和鉴定，任何单位和个人不得干涉。

前款规定的机构和人员，因故意或者过失给保险人或者被保险人造成损失的，依法承担赔偿责任。

第一百三十条　保险佣金只限于向具有合法资格的保险代理人、保险经纪人支付，不得向其他人支付。

第一百三十一条　保险代理人、保险经纪人及其从业人员在办理保险业务活动中不得有下列行为：

（一）欺骗保险人、投保人、被保险人或者受益人；

（二）隐瞒与保险合同有关的重要情况；

（三）阻碍投保人履行本法规定的如实告知义务，或者诱导其不履行本法规定的如实告知义务；

（四）给予或者承诺给予投保人、被保险人或者受益人保险合同约定以外的利益；

（五）利用行政权力、职务或者职业便利以及其他不正当手段强迫、引诱或者限制投保人订立保险合同；

（六）伪造、擅自变更保险合同，或者为保险合同当事人提供虚假证明材料；

（七）挪用、截留、侵占保险费或者保险金；

（八）利用业务便利为其他机构或者个人牟取不正当利益；

（九）串通投保人、被保险人或者受益人，骗取保险金；

（十）泄露在业务活动中知悉的保险人、投保人、被保险人的商业秘密。

第一百三十二条 保险专业代理机构、保险经纪人分立、合并、变更组织形式、设立分支机构或者解散的，应当经保险监督管理机构批准。

第一百三十三条 本法第八十六条第一款、第一百一十三条的规定，适用于保险代理机构和保险经纪人。

第六章 保险业监督管理

第一百三十四条 保险监督管理机构依照本法和国务院规定的职责，遵循依法、公开、公正的原则，对保险业实施监督管理，维护保险市场秩序，保护投保人、被保险人和受益人的合法权益。

第一百三十五条 国务院保险监督管理机构依照法律、行政法规制定并发布有关保险业监督管理的规章。

第一百三十六条 关系社会公众利益的保险险种、依法实行强制保险的险种和新开发的人寿保险险种等的保险条款和保险费率，应当报国务院保险监督管理机构批准。国务院保险监督管理机构审批时，应当遵循保护社会公众利益和防止不正当竞争的原则。其他保险险种的保险条款和保险费率，应当报保险监督管理机构备案。

保险条款和保险费率审批、备案的具体办法，由国务院保险监督管理机构依照前款规定制定。

第一百三十七条 保险公司使用的保险条款和保险费率违反法律、行政法规或者国务院保险监督管理机构的有关规定的，由保险监督管理机构责令停止使用，限期修改；情节严重的，可以在一定期限内禁止申报新的保险条款和保险费率。

第一百三十八条 国务院保险监督管理机构应当建立健全保险公司偿付能力监管体系，对保险公司的偿付能力实施监控。

第一百三十九条 对偿付能力不足的保险公司，国务院保险监督管理机构应当将其列为重点监管对象，并可以根据具体情况采取下列措施：

（一）责令增加资本金、办理再保险；

（二）限制业务范围；

（三）限制向股东分红；

（四）限制固定资产购置或者经营费用规模；

（五）限制资金运用的形式、比例；

（六）限制增设分支机构；

（七）责令拍卖不良资产、转让保险业务；

（八）限制董事、监事、高级管理人员的薪酬水平；

（九）限制商业性广告；

（十）责令停止接受新业务。

第一百四十条 保险公司未依照本法规定提取或者结转各项责任准备金，或者未依照本法规定办理再保险，或者严重违反本法关于资金运用的规定的，由保险监督管理机构责令限期改正，并可以责令调整负责人及有关管理人员。

第一百四十一条　保险监督管理机构依照本法第一百四十条的规定作出限期改正的决定后，保险公司逾期未改正的，国务院保险监督管理机构可以决定选派保险专业人员和指定该保险公司的有关人员组成整顿组，对公司进行整顿。

整顿决定应当载明被整顿公司的名称、整顿理由、整顿组成员和整顿期限，并予以公告。

第一百四十二条　整顿组有权监督被整顿保险公司的日常业务。被整顿公司的负责人及有关管理人员应当在整顿组的监督下行使职权。

第一百四十三条　整顿过程中，被整顿保险公司的原有业务继续进行。但是，国务院保险监督管理机构可以责令被整顿公司停止部分原有业务、停止接受新业务，调整资金运用。

第一百四十四条　被整顿保险公司经整顿已纠正其违反本法规定的行为，恢复正常经营状况的，由整顿组提出报告，经国务院保险监督管理机构批准，结束整顿，并由国务院保险监督管理机构予以公告。

第一百四十五条　保险公司有下列情形之一的，国务院保险监督管理机构可以对其实行接管：

（一）公司的偿付能力严重不足的；

（二）违反本法规定，损害社会公共利益，可能严重危及或者已经严重危及公司的偿付能力的。

被接管的保险公司的债权债务关系不因接管而变化。

第一百四十六条　接管组的组成和接管的实施办法，由国务院保险监督管理机构决定，并予以公告。

第一百四十七条　接管期限届满，国务院保险监督管理机构可以决定延长接管期限，但接管期限最长不得超过二年。

第一百四十八条　接管期限届满，被接管的保险公司已恢复正常经营能力的，由国务院保险监督管理机构决定终止接管，并予以公告。

第一百四十九条　被整顿、被接管的保险公司有《中华人民共和国企业破产法》第二条规定情形的，国务院保险监督管理机构可以依法向人民法院申请对该保险公司进行重整或者破产清算。

第一百五十条　保险公司因违法经营被依法吊销经营保险业务许可证的，或者偿付能力低于国务院保险监督管理机构规定标准，不予撤销将严重危害保险市场秩序、损害公共利益的，由国务院保险监督管理机构予以撤销并公告，依法及时组织清算组进行清算。

第一百五十一条　国务院保险监督管理机构有权要求保险公司股东、实际控制人在指定的期限内提供有关信息和资料。

第一百五十二条　保险公司的股东利用关联交易严重损害公司利益，危及公司偿付能力的，由国务院保险监督管理机构责令改正。在按照要求改正前，国务院保险监督管理机构可以限制其股东权利；拒不改正的，可以责令其转让所持的保险公司股权。

第一百五十三条　保险监督管理机构根据履行监督管理职责的需要，可以与保险公司董事、监事和高级管理人员进行监督管理谈话，要求其就公司的业务活动和风险管理的重大事项作出说明。

第一百五十四条 保险公司在整顿、接管、撤销清算期间，或者出现重大风险时，国务院保险监督管理机构可以对该公司直接负责的董事、监事、高级管理人员和其他直接责任人员采取以下措施：

（一）通知出境管理机关依法阻止其出境；

（二）申请司法机关禁止其转移、转让或者以其他方式处分财产，或者在财产上设定其他权利。

第一百五十五条 保险监督管理机构依法履行职责，可以采取下列措施：

（一）对保险公司、保险代理人、保险经纪人、保险资产管理公司、外国保险机构的代表机构进行现场检查；

（二）进入涉嫌违法行为发生场所调查取证；

（三）询问当事人及与被调查事件有关的单位和个人，要求其对与被调查事件有关的事项作出说明；

（四）查阅、复制与被调查事件有关的财产权登记等资料；

（五）查阅、复制保险公司、保险代理人、保险经纪人、保险资产管理公司、外国保险机构的代表机构以及与被调查事件有关的单位和个人的财务会计资料及其他相关文件和资料；对可能被转移、隐匿或者毁损的文件和资料予以封存；

（六）查询涉嫌违法经营的保险公司、保险代理人、保险经纪人、保险资产管理公司、外国保险机构的代表机构以及与涉嫌违法事项有关的单位和个人的银行账户；

（七）对有证据证明已经或者可能转移、隐匿违法资金等涉案财产或者隐匿、伪造、毁损重要证据的，经保险监督管理机构主要负责人批准，申请人民法院予以冻结或者查封。

保险监督管理机构采取前款第（一）项、第（二）项、第（五）项措施的，应当经保险监督管理机构负责人批准；采取第（六）项措施的，应当经国务院保险监督管理机构负责人批准。

保险监督管理机构依法进行监督检查或者调查，其监督检查、调查的人员不得少于二人，并应当出示合法证件和监督检查、调查通知书；监督检查、调查的人员少于二人或者未出示合法证件和监督检查、调查通知书的，被检查、调查的单位和个人有权拒绝。

第一百五十六条 保险监督管理机构依法履行职责，被检查、调查的单位和个人应当配合。

第一百五十七条 保险监督管理机构工作人员应当忠于职守，依法办事，公正廉洁，不得利用职务便利牟取不正当利益，不得泄露所知悉的有关单位和个人的商业秘密。

第一百五十八条 国务院保险监督管理机构应当与中国人民银行、国务院其他金融监督管理机构建立监督管理信息共享机制。

保险监督管理机构依法履行职责，进行监督检查、调查时，有关部门应当予以配合。

第七章 法律责任

第一百五十九条 违反本法规定，擅自设立保险公司、保险资产管理公司或者非法经营商业保险业务的，由保险监督管理机构予以取缔，没收违法所得，并处违法所得一倍以上五倍以下的罚款；没有违法所得或者违法所得不足二十万元的，处二十万元以上一百万元以下的罚款。

第一百六十条　违反本法规定，擅自设立保险专业代理机构、保险经纪人，或者未取得经营保险代理业务许可证、保险经纪业务许可证从事保险代理业务、保险经纪业务的，由保险监督管理机构予以取缔，没收违法所得，并处违法所得一倍以上五倍以下的罚款；没有违法所得或者违法所得不足五万元的，处五万元以上三十万元以下的罚款。

第一百六十一条　保险公司违反本法规定，超出批准的业务范围经营的，由保险监督管理机构责令限期改正，没收违法所得，并处违法所得一倍以上五倍以下的罚款；没有违法所得或者违法所得不足十万元的，处十万元以上五十万元以下的罚款。逾期不改正或者造成严重后果的，责令停业整顿或者吊销业务许可证。

第一百六十二条　保险公司有本法第一百一十六条规定行为之一的，由保险监督管理机构责令改正，处五万元以上三十万元以下的罚款；情节严重的，限制其业务范围、责令停止接受新业务或者吊销业务许可证。

第一百六十三条　保险公司违反本法第八十四条规定的，由保险监督管理机构责令改正，处一万元以上十万元以下的罚款。

第一百六十四条　保险公司违反本法规定，有下列行为之一的，由保险监督管理机构责令改正，处五万元以上三十万元以下的罚款：

（一）超额承保，情节严重的；

（二）为无民事行为能力人承保以死亡为给付保险金条件的保险的。

第一百六十五条　违反本法规定，有下列行为之一的，由保险监督管理机构责令改正，处五万元以上三十万元以下的罚款；情节严重的，可以限制其业务范围、责令停止接受新业务或者吊销业务许可证：

（一）未按照规定提存保证金或者违反规定动用保证金的；

（二）未按照规定提取或者结转各项责任准备金的；

（三）未按照规定缴纳保险保障基金或者提取公积金的；

（四）未按照规定办理再保险的；

（五）未按照规定运用保险公司资金的；

（六）未经批准设立分支机构或者代表机构的；

（七）未按照规定申请批准保险条款、保险费率的。

第一百六十六条　保险代理机构、保险经纪人有本法第一百三十一条规定行为之一的，由保险监督管理机构责令改正，处五万元以上三十万元以下的罚款；情节严重的，吊销业务许可证。

第一百六十七条　保险代理机构、保险经纪人违反本法规定，有下列行为之一的，由保险监督管理机构责令改正，处二万元以上十万元以下的罚款；情节严重的，责令停业整顿或者吊销业务许可证：

（一）未按照规定缴存保证金或者投保职业责任保险的；

（二）未按照规定设立专门账簿记载业务收支情况的。

第一百六十八条　保险专业代理机构、保险经纪人违反本法规定，未经批准设立分支机构或者变更组织形式的，由保险监督管理机构责令改正，处一万元以上五万元以下的罚款。

第一百六十九条 违反本法规定，聘任不具有任职资格、从业资格的人员的，由保险监督管理机构责令改正，处二万元以上十万元以下的罚款。

第一百七十条 违反本法规定，转让、出租、出借业务许可证的，由保险监督管理机构处一万元以上十万元以下的罚款；情节严重的，责令停业整顿或者吊销业务许可证。

第一百七十一条 违反本法规定，有下列行为之一的，由保险监督管理机构责令限期改正；逾期不改正的，处一万元以上十万元以下的罚款：

（一）未按照规定报送或者保管报告、报表、文件、资料的，或者未按照规定提供有关信息、资料的；

（二）未按照规定报送保险条款、保险费率备案的；

（三）未按照规定披露信息的。

第一百七十二条 违反本法规定，有下列行为之一的，由保险监督管理机构责令改正，处十万元以上五十万元以下的罚款；情节严重的，可以限制其业务范围、责令停止接受新业务或者吊销业务许可证：

（一）编制或者提供虚假的报告、报表、文件、资料的；

（二）拒绝或者妨碍依法监督检查的；

（三）未按照规定使用经批准或者备案的保险条款、保险费率的。

第一百七十三条 保险公司、保险资产管理公司、保险专业代理机构、保险经纪人违反本法规定的，保险监督管理机构除分别依照本法第一百六十一条至第一百七十二条的规定对该单位给予处罚外，对其直接负责的主管人员和其他直接责任人员给予警告，并处一万元以上十万元以下的罚款；情节严重的，撤销任职资格或者从业资格。

第一百七十四条 个人保险代理人违反本法规定的，由保险监督管理机构给予警告，可以并处二万元以下的罚款；情节严重的，处二万元以上十万元以下的罚款，并可以吊销其资格证书。

未取得合法资格的人员从事个人保险代理活动的，由保险监督管理机构给予警告，可以并处二万元以下的罚款；情节严重的，处二万元以上十万元以下的罚款。

第一百七十五条 外国保险机构未经国务院保险监督管理机构批准，擅自在中华人民共和国境内设立代表机构的，由国务院保险监督管理机构予以取缔，处五万元以上三十万元以下的罚款。

外国保险机构在中华人民共和国境内设立的代表机构从事保险经营活动的，由保险监督管理机构责令改正，没收违法所得，并处违法所得一倍以上五倍以下的罚款；没有违法所得或者违法所得不足二十万元的，处二十万元以上一百万元以下的罚款；对其首席代表可以责令撤换；情节严重的，撤销其代表机构。

第一百七十六条 投保人、被保险人或者受益人有下列行为之一，进行保险诈骗活动，尚不构成犯罪的，依法给予行政处罚：

（一）投保人故意虚构保险标的，骗取保险金的；

（二）编造未曾发生的保险事故，或者编造虚假的事故原因或者夸大损失程度，骗取保险金的；

（三）故意造成保险事故，骗取保险金的。

保险事故的鉴定人、评估人、证明人故意提供虚假的证明文件，为投保人、被保险人或者受益人进行保险诈骗提供条件的，依照前款规定给予处罚。

第一百七十七条 违反本法规定，给他人造成损害的，依法承担民事责任。

第一百七十八条 拒绝、阻碍保险监督管理机构及其工作人员依法行使监督检查、调查职权，未使用暴力、威胁方法的，依法给予治安管理处罚。

第一百七十九条 违反法律、行政法规的规定，情节严重的，国务院保险监督管理机构可以禁止有关责任人员一定期限直至终身进入保险业。

第一百八十条 保险监督管理机构从事监督管理工作的人员有下列情形之一的，依法给予处分：

（一）违反规定批准机构的设立的；

（二）违反规定进行保险条款、保险费率审批的；

（三）违反规定进行现场检查的；

（四）违反规定查询账户或者冻结资金的；

（五）泄露其知悉的有关单位和个人的商业秘密的；

（六）违反规定实施行政处罚的；

（七）滥用职权、玩忽职守的其他行为。

第一百八十一条 违反本法规定，构成犯罪的，依法追究刑事责任。

第八章 附则

第一百八十二条 保险公司应当加入保险行业协会。保险代理人、保险经纪人、保险公估机构可以加入保险行业协会。

保险行业协会是保险业的自律性组织，是社会团体法人。

第一百八十三条 保险公司以外的其他依法设立的保险组织经营的商业保险业务，适用本法。

第一百八十四条 海上保险适用《中华人民共和国海商法》的有关规定；《中华人民共和国海商法》未规定的，适用本法的有关规定。

第一百八十五条 中外合资保险公司、外资独资保险公司、外国保险公司分公司适用本法规定；法律、行政法规另有规定的，适用其规定。

第一百八十六条 国家支持发展为农业生产服务的保险事业。农业保险由法律、行政法规另行规定。

强制保险，法律、行政法规另有规定的，适用其规定。

第一百八十七条 本法自 2009 年 10 月 1 日起施行。

中华人民共和国邮政法

（1986 年 12 月 2 日第六届全国人民代表大会常务委员会第十八次会议通过
2009 年 4 月 24 日第十一届全国人民代表大会常务委员会第八次会议修订）

第一章　总　则

第一条　为了保障邮政普遍服务，加强对邮政市场的监督管理，维护邮政通信与信息安全，保护通信自由和通信秘密，保护用户合法权益，促进邮政业健康发展，适应经济社会发展和人民生活需要，制定本法。

第二条　国家保障中华人民共和国境内的邮政普遍服务。

邮政企业按照国家规定承担提供邮政普遍服务的义务。

国务院和地方各级人民政府及其有关部门应当采取措施，支持邮政企业提供邮政普遍服务。

本法所称邮政普遍服务，是指按照国家规定的业务范围、服务标准和资费标准，为中华人民共和国境内所有用户持续提供的邮政服务。

第三条　公民的通信自由和通信秘密受法律保护。除因国家安全或者追查刑事犯罪的需要，由公安机关、国家安全机关或者检察机关依照法律规定的程序对通信进行检查外，任何组织或者个人不得以任何理由侵犯公民的通信自由和通信秘密。

除法律另有规定外，任何组织或者个人不得检查、扣留邮件、汇款。

第四条　国务院邮政管理部门负责全国的邮政普遍服务和邮政市场的监督管理工作。

省、自治区、直辖市邮政管理机构在国务院邮政管理部门的领导下，负责本行政区域的邮政普遍服务和邮政市场的监督管理工作。

国务院邮政管理部门和省、自治区、直辖市邮政管理机构（以下统称邮政管理部门）对邮政市场实施监督管理，应当遵循公开、公平、公正以及鼓励竞争、促进发展的原则。

第五条　国务院规定范围内的信件寄递业务，由邮政企业专营。

第六条　邮政企业应当加强服务质量管理，完善安全保障措施，为用户提供迅速、准确、安全、方便的服务。

第七条　邮政管理部门、公安机关、国家安全机关和海关应当相互配合，建立健全安全保障机制，加强对邮政通信与信息安全的监督管理，确保邮政通信与信息安全。

第二章　邮政设施

第八条　邮政设施的布局和建设应当满足保障邮政普遍服务的需要。

地方各级人民政府应当将邮政设施的布局和建设纳入城乡规划，对提供邮政普遍服务的邮政设施的建设给予支持，重点扶持农村边远地区邮政设施的建设。

建设城市新区、独立工矿区、开发区、住宅区或者对旧城区进行改建，应当同时建设配套的提供邮政普遍服务的邮政设施。

提供邮政普遍服务的邮政设施等组成的邮政网络是国家重要的通信基础设施。

第九条　邮政设施应当按照国家规定的标准设置。

较大的车站、机场、港口、高等院校和宾馆应当设置提供邮政普遍服务的邮政营业场所。

邮政企业设置、撤销邮政营业场所，应当事先书面告知邮政管理部门；撤销提供邮政普遍服务的邮政营业场所，应当经邮政管理部门批准并予以公告。

第十条　机关、企业事业单位应当设置接收邮件的场所。农村地区应当逐步设置村邮站或者其他接收邮件的场所。

建设城镇居民楼应当设置接收邮件的信报箱，并按照国家规定的标准验收。建设单位未按照国家规定的标准设置信报箱的，由邮政管理部门责令限期改正；逾期未改正的，由邮政管理部门指定其他单位设置信报箱，所需费用由该居民楼的建设单位承担。

第十一条　邮件处理场所的设计和建设，应当符合国家安全机关和海关依法履行职责的要求。

第十二条　征收邮政营业场所或者邮件处理场所的，城乡规划主管部门应当根据保障邮政普遍服务的要求，对邮政营业场所或者邮件处理场所的重新设置作出妥善安排；未作出妥善安排前，不得征收。

邮政营业场所或者邮件处理场所重新设置前，邮政企业应当采取措施，保证邮政普遍服务的正常进行。

第十三条　邮政企业应当对其设置的邮政设施进行经常性维护，保证邮政设施的正常使用。

任何单位和个人不得损毁邮政设施或者影响邮政设施的正常使用。

第三章　邮政服务

第十四条　邮政企业经营下列业务：

（一）邮件寄递；

（二）邮政汇兑、邮政储蓄；

（三）邮票发行以及集邮票品制作、销售；

（四）国内报刊、图书等出版物发行；

（五）国家规定的其他业务。

第十五条　邮政企业应当对信件、单件重量不超过五千克的印刷品、单件重量不超过十千克的包裹的寄递以及邮政汇兑提供邮政普遍服务。

邮政企业按照国家规定办理机要通信、国家规定报刊的发行，以及义务兵平常信函、盲人读物和革命烈士遗物的免费寄递等特殊服务业务。

未经邮政管理部门批准，邮政企业不得停止办理或者限制办理前两款规定的业务；因不可抗力或者其他特殊原因暂时停止办理或者限制办理的，邮政企业应当及时公告，采取相应的补救措施，并向邮政管理部门报告。

邮政普遍服务标准，由国务院邮政管理部门会同国务院有关部门制定；邮政普遍服务监督管理的具体办法，由国务院邮政管理部门制定。

第十六条　国家对邮政企业提供邮政普遍服务、特殊服务给予补贴，并加强对补贴资金使用的监督。

第十七条 国家设立邮政普遍服务基金。邮政普遍服务基金征收、使用和监督管理的具体办法由国务院财政部门会同国务院有关部门制定，报国务院批准后公布施行。

第十八条 邮政企业的邮政普遍服务业务与竞争性业务应当分业经营。

第十九条 邮政企业在城市每周的营业时间应当不少于六天，投递邮件每天至少一次；在乡、镇人民政府所在地每周的营业时间应当不少于五天，投递邮件每周至少五次。

邮政企业在交通不便的边远地区和乡、镇其他地区每周的营业时间以及投递邮件的频次，国务院邮政管理部门可以另行规定。

第二十条 邮政企业寄递邮件，应当符合国务院邮政管理部门规定的寄递时限和服务规范。

第二十一条 邮政企业应当在其营业场所公示或者以其他方式公布其服务种类、营业时间、资费标准、邮件和汇款的查询及损失赔偿办法以及用户对其服务质量的投诉办法。

第二十二条 邮政企业采用其提供的格式条款确定与用户的权利义务的，该格式条款适用《中华人民共和国合同法》关于合同格式条款的规定。

第二十三条 用户交寄邮件，应当清楚、准确地填写收件人姓名、地址和邮政编码。邮政企业应当在邮政营业场所免费为用户提供邮政编码查询服务。

邮政编码由邮政企业根据国务院邮政管理部门制定的编制规则编制。邮政管理部门依法对邮政编码的编制和使用实施监督。

第二十四条 邮政企业收寄邮件和用户交寄邮件，应当遵守法律、行政法规以及国务院和国务院有关部门关于禁止寄递或者限制寄递物品的规定。

第二十五条 邮政企业应当依法建立并执行邮件收寄验视制度。

对用户交寄的信件，必要时邮政企业可以要求用户开拆，进行验视，但不得检查信件内容。用户拒绝开拆的，邮政企业不予收寄。

对信件以外的邮件，邮政企业收寄时应当当场验视内件。用户拒绝验视的，邮政企业不予收寄。

第二十六条 邮政企业发现邮件内夹带禁止寄递或者限制寄递的物品的，应当按照国家有关规定处理。

进出境邮件中夹带国家禁止进出境或者限制进出境的物品的，由海关依法处理。

第二十七条 对提供邮政普遍服务的邮政企业交运的邮件，铁路、公路、水路、航空等运输企业应当优先安排运输，车站、港口、机场应当安排装卸场所和出入通道。

第二十八条 带有邮政专用标志的车船进出港口、通过渡口时，应当优先放行。

带有邮政专用标志的车辆运递邮件，确需通过公安机关交通管理部门划定的禁行路段或者确需在禁止停车的地点停车的，经公安机关交通管理部门同意，在确保安全的前提下，可以通行或者停车。

邮政企业不得利用带有邮政专用标志的车船从事邮件运递以外的经营性活动，不得以出租等方式允许其他单位或者个人使用带有邮政专用标志的车船。

第二十九条 邮件通过海上运输时，不参与分摊共同海损。

第三十条 海关依照《中华人民共和国海关法》的规定，对进出境的国际邮袋、邮件集装箱和国际邮递物品实施监管。

第三十一条 进出境邮件的检疫，由进出境检验检疫机构依法实施。

第三十二条　邮政企业采取按址投递、用户领取或者与用户协商的其他方式投递邮件。

机关、企业事业单位、住宅小区管理单位等应当为邮政企业投递邮件提供便利。单位用户地址变更的，应当及时通知邮政企业。

第三十三条　邮政企业对无法投递的邮件，应当退回寄件人。

无法投递又无法退回的信件，自邮政企业确认无法退回之日起超过六个月无人认领的，由邮政企业在邮政管理部门的监督下销毁。无法投递又无法退回的其他邮件，按照国务院邮政管理部门的规定处理；其中无法投递又无法退回的进境国际邮递物品，由海关依照《中华人民共和国海关法》的规定处理。

第三十四条　邮政汇款的收款人应当自收到汇款通知之日起六十日内，凭有效身份证件到邮政企业兑领汇款。

收款人逾期未兑领的汇款，由邮政企业退回汇款人。自兑领汇款期限届满之日起一年内无法退回汇款人，或者汇款人自收到退汇通知之日起一年内未领取的汇款，由邮政企业上缴国库。

第三十五条　任何单位和个人不得私自开拆、隐匿、毁弃他人邮件。

除法律另有规定外，邮政企业及其从业人员不得向任何单位或者个人泄露用户使用邮政服务的信息。

第三十六条　因国家安全或者追查刑事犯罪的需要，公安机关、国家安全机关或者检察机关可以依法检查、扣留有关邮件，并可以要求邮政企业提供相关用户使用邮政服务的信息。邮政企业和有关单位应当配合，并对有关情况予以保密。

第三十七条　任何单位和个人不得利用邮件寄递含有下列内容的物品：

（一）煽动颠覆国家政权、推翻社会主义制度或者分裂国家、破坏国家统一，危害国家安全的；

（二）泄露国家秘密的；

（三）散布谣言扰乱社会秩序，破坏社会稳定的；

（四）煽动民族仇恨、民族歧视，破坏民族团结的；

（五）宣扬邪教或者迷信的；

（六）散布淫秽、赌博、恐怖信息或者教唆犯罪的；

（七）法律、行政法规禁止的其他内容。

第三十八条　任何单位和个人不得有下列行为：

（一）扰乱邮政营业场所正常秩序；

（二）阻碍邮政企业从业人员投递邮件；

（三）非法拦截、强登、扒乘带有邮政专用标志的车辆；

（四）冒用邮政企业名义或者邮政专用标志；

（五）伪造邮政专用品或者倒卖伪造的邮政专用品。

第四章　邮政资费

第三十九条　邮政普遍服务业务资费、邮政企业专营业务资费、机要通信资费以及国家规定报刊的发行资费实行政府定价，资费标准由国务院价格主管部门会同国务院财政部门、国务院邮政管理部门制定。

邮政企业的其他业务资费实行市场调节价，资费标准由邮政企业自主确定。

第四十条 制定邮政普遍服务业务资费标准和邮政企业专营业务资费标准，应当听取邮政企业、用户和其他有关方面的意见。

邮政企业应当根据国务院价格主管部门、国务院财政部门和国务院邮政管理部门的要求，提供准确、完备的业务成本数据和其他有关资料。

第四十一条 邮件资费的交付，以邮资凭证、证明邮资已付的戳记以及有关业务单据等表示。

邮资凭证包括邮票、邮资符志、邮资信封、邮资明信片、邮资邮简、邮资信卡等。

任何单位和个人不得伪造邮资凭证或者倒卖伪造的邮资凭证，不得擅自仿印邮票和邮资图案。

第四十二条 普通邮票发行数量由邮政企业按照市场需要确定，报国务院邮政管理部门备案；纪念邮票和特种邮票发行计划由邮政企业根据市场需要提出，报国务院邮政管理部门审定。国务院邮政管理部门负责纪念邮票的选题和图案审查。

邮政管理部门依法对邮票的印制、销售实施监督。

第四十三条 邮资凭证售出后，邮资凭证持有人不得要求邮政企业兑换现金。

停止使用邮资凭证，应当经国务院邮政管理部门批准，并在停止使用九十日前予以公告，停止销售。邮资凭证持有人可以自公告之日起一年内，向邮政企业换取等值的邮资凭证。

第四十四条 下列邮资凭证不得使用：

（一）经国务院邮政管理部门批准停止使用的；

（二）盖销或者划销的；

（三）污损、残缺或者褪色、变色，难以辨认的。

从邮资信封、邮资明信片、邮资邮简、邮资信卡上剪下的邮资图案，不得作为邮资凭证使用。

第五章 损失赔偿

第四十五条 邮政普遍服务业务范围内的邮件和汇款的损失赔偿，适用本章规定。

邮政普遍服务业务范围以外的邮件的损失赔偿，适用有关民事法律的规定。

邮件的损失，是指邮件丢失、损毁或者内件短少。

第四十六条 邮政企业对平常邮件的损失不承担赔偿责任。但是，邮政企业因故意或者重大过失造成平常邮件损失的除外。

第四十七条 邮政企业对给据邮件的损失依照下列规定赔偿：

（一）保价的给据邮件丢失或者全部损毁的，按照保价额赔偿；部分损毁或者内件短少的，按照保价额与邮件全部价值的比例对邮件的实际损失予以赔偿。

（二）未保价的给据邮件丢失、损毁或者内件短少的，按照实际损失赔偿，但最高赔偿额不超过所收取资费的三倍；挂号信件丢失、损毁的，按照所收取资费的三倍予以赔偿。

邮政企业应当在营业场所的告示中和提供给用户的给据邮件单据上，以足以引起用户注意的方式载明前款规定。

邮政企业因故意或者重大过失造成给据邮件损失，或者未履行前款规定义务的，无权援用本条第一款的规定限制赔偿责任。

第四十八条 因下列原因之一造成的给据邮件损失，邮政企业不承担赔偿责任：

（一）不可抗力，但因不可抗力造成的保价的给据邮件的损失除外；

（二）所寄物品本身的自然性质或者合理损耗；

（三）寄件人、收件人的过错。

第四十九条 用户交寄给据邮件后，对国内邮件可以自交寄之日起一年内持收据向邮政企业查询，对国际邮件可以自交寄之日起一百八十日内持收据向邮政企业查询。

查询国际邮件或者查询国务院邮政管理部门规定的边远地区的邮件的，邮政企业应当自用户查询之日起六十日内将查询结果告知用户；查询其他邮件的，邮政企业应当自用户查询之日起三十日内将查询结果告知用户。查复期满未查到邮件的，邮政企业应当依照本法第四十七条的规定予以赔偿。

用户在本条第一款规定的查询期限内未向邮政企业查询又未提出赔偿要求的，邮政企业不再承担赔偿责任。

第五十条 邮政汇款的汇款人自汇款之日起一年内，可以持收据向邮政企业查询。邮政企业应当自用户查询之日起二十日内将查询结果告知汇款人。查复期满未查到汇款的，邮政企业应当向汇款人退还汇款和汇款费用。

第六章 快递业务

第五十一条 经营快递业务，应当依照本法规定取得快递业务经营许可；未经许可，任何单位和个人不得经营快递业务。

外商不得投资经营信件的国内快递业务。

国内快递业务，是指从收寄到投递的全过程均发生在中华人民共和国境内的快递业务。

第五十二条 申请快递业务经营许可，应当具备下列条件：

（一）符合企业法人条件；

（二）在省、自治区、直辖市范围内经营的，注册资本不低于人民币五十万元，跨省、自治区、直辖市经营的，注册资本不低于人民币一百万元，经营国际快递业务的，注册资本不低于人民币二百万元；

（三）有与申请经营的地域范围相适应的服务能力；

（四）有严格的服务质量管理制度和完备的业务操作规范；

（五）有健全的安全保障制度和措施；

（六）法律、行政法规规定的其他条件。

第五十三条 申请快递业务经营许可，在省、自治区、直辖市范围内经营的，应当向所在地的省、自治区、直辖市邮政管理机构提出申请，跨省、自治区、直辖市经营或者经营国际快递业务的，应当向国务院邮政管理部门提出申请；申请时应当提交申请书和有关申请材料。

受理申请的邮政管理部门应当自受理申请之日起四十五日内进行审查，作出批准或者不予批准的决定。予以批准的，颁发快递业务经营许可证；不予批准的，书面通知申请人并说明理由。

邮政管理部门审查快递业务经营许可的申请，应当考虑国家安全等因素，并征求有关部门的意见。

申请人凭快递业务经营许可证向工商行政管理部门依法办理登记后，方可经营快递业务。

第五十四条 邮政企业以外的经营快递业务的企业（以下称快递企业）设立分支机构或者合并、分立的，应当向邮政管理部门备案。

第五十五条 快递企业不得经营由邮政企业专营的信件寄递业务，不得寄递国家机关公文。

第五十六条 快递企业经营邮政企业专营业务范围以外的信件快递业务，应当在信件封套的显著位置标注信件字样。

快递企业不得将信件打包后作为包裹寄递。

第五十七条 经营国际快递业务应当接受邮政管理部门和有关部门依法实施的监管。邮政管理部门和有关部门可以要求经营国际快递业务的企业提供报关数据。

第五十八条 快递企业停止经营快递业务的，应当书面告知邮政管理部门，交回快递业务经营许可证，并对尚未投递的快件按照国务院邮政管理部门的规定妥善处理。

第五十九条 本法第六条、第二十一条、第二十二条、第二十四条、第二十五条、第二十六条第一款、第三十五条第二款、第三十六条关于邮政企业及其从业人员的规定，适用于快递企业及其从业人员；第十一条关于邮件处理场所的规定，适用于快件处理场所；第三条第二款、第二十六条第二款、第三十五条第一款、第三十六条、第三十七条关于邮件的规定，适用于快件；第四十五条第二款关于邮件的损失赔偿的规定，适用于快件的损失赔偿。

第六十条 经营快递业务的企业依法成立的行业协会，依照法律、行政法规及其章程规定，制定快递行业规范，加强行业自律，为企业提供信息、培训等方面的服务，促进快递行业的健康发展。

经营快递业务的企业应当对其从业人员加强法制教育、职业道德教育和业务技能培训。

第七章　监督检查

第六十一条 邮政管理部门依法履行监督管理职责，可以采取下列监督检查措施：

（一）进入邮政企业、快递企业或者涉嫌发生违反本法活动的其他场所实施现场检查；

（二）向有关单位和个人了解情况；

（三）查阅、复制有关文件、资料、凭证；

（四）经邮政管理部门负责人批准，查封与违反本法活动有关的场所，扣押用于违反本法活动的运输工具以及相关物品，对信件以外的涉嫌夹带禁止寄递或者限制寄递物品的邮件、快件开拆检查。

第六十二条 邮政管理部门根据履行监督管理职责的需要，可以要求邮政企业和快递企业报告有关经营情况。

第六十三条　邮政管理部门进行监督检查时，监督检查人员不得少于二人，并应当出示执法证件。对邮政管理部门依法进行的监督检查，有关单位和个人应当配合，不得拒绝、阻碍。

第六十四条　邮政管理部门工作人员对监督检查中知悉的商业秘密，负有保密义务。

第六十五条　邮政企业和快递企业应当及时、妥善处理用户对服务质量提出的异议。用户对处理结果不满意的，可以向邮政管理部门申诉，邮政管理部门应当及时依法处理，并自接到申诉之日起三十日内作出答复。

第六十六条　任何单位和个人对违反本法规定的行为，有权向邮政管理部门举报。邮政管理部门接到举报后，应当及时依法处理。

第八章　法律责任

第六十七条　邮政企业提供邮政普遍服务不符合邮政普遍服务标准的，由邮政管理部门责令改正，可以处一万元以下的罚款；情节严重的，处一万元以上五万元以下的罚款；对直接负责的主管人员和其他直接责任人员给予处分。

第六十八条　邮政企业未经邮政管理部门批准，停止办理或者限制办理邮政普遍服务业务和特殊服务业务，或者撤销提供邮政普遍服务的邮政营业场所的，由邮政管理部门责令改正，可以处二万元以下的罚款；情节严重的，处二万元以上十万元以下的罚款；对直接负责的主管人员和其他直接责任人员给予处分。

第六十九条　邮政企业利用带有邮政专用标志的车船从事邮件运递以外的经营性活动，或者以出租等方式允许其他单位或者个人使用带有邮政专用标志的车船的，由邮政管理部门责令改正，没收违法所得，可以并处二万元以下的罚款；情节严重的，并处二万元以上十万元以下的罚款；对直接负责的主管人员和其他直接责任人员给予处分。

邮政企业从业人员利用带有邮政专用标志的车船从事邮件运递以外的活动的，由邮政企业责令改正，给予处分。

第七十条　邮政企业从业人员故意延误投递邮件的，由邮政企业给予处分。

第七十一条　冒领、私自开拆、隐匿、毁弃或者非法检查他人邮件、快件，尚不构成犯罪的，依法给予治安管理处罚。

第七十二条　未取得快递业务经营许可经营快递业务，或者邮政企业以外的单位或者个人经营由邮政企业专营的信件寄递业务或者寄递国家机关公文的，由邮政管理部门或者工商行政管理部门责令改正，没收违法所得，并处五万元以上十万元以下的罚款；情节严重的，并处十万元以上二十万元以下的罚款；对快递企业，还可以责令停业整顿直至吊销其快递业务经营许可证。

违反本法第五十一条第二款的规定，经营信件的国内快递业务的，依照前款规定处罚。

第七十三条　快递企业有下列行为之一的，由邮政管理部门责令改正，可以处一万元以下的罚款；情节严重的，处一万元以上五万元以下的罚款，并可以责令停业整顿：

（一）设立分支机构、合并、分立，未向邮政管理部门备案的；

（二）未在信件封套的显著位置标注信件字样的；

（三）将信件打包后作为包裹寄递的；

（四）停止经营快递业务，未书面告知邮政管理部门并交回快递业务经营许可证，或者未按照国务院邮政管理部门的规定妥善处理尚未投递的快件的。

第七十四条 邮政企业、快递企业未按照规定向用户明示其业务资费标准，或者有其他价格违法行为的，由政府价格主管部门依照《中华人民共和国价格法》的规定处罚。

第七十五条 邮政企业、快递企业不建立或者不执行收件验视制度，或者违反法律、行政法规以及国务院和国务院有关部门关于禁止寄递或者限制寄递物品的规定收寄邮件、快件的，对邮政企业直接负责的主管人员和其他直接责任人员给予处分；对快递企业，邮政管理部门可以责令停业整顿直至吊销其快递业务经营许可证。

用户在邮件、快件中夹带禁止寄递或者限制寄递的物品，尚不构成犯罪的，依法给予治安管理处罚。

有前两款规定的违法行为，造成人身伤害或者财产损失的，依法承担赔偿责任。

邮政企业、快递企业经营国际寄递业务，以及用户交寄国际邮递物品，违反《中华人民共和国海关法》及其他有关法律、行政法规的规定的，依照有关法律、行政法规的规定处罚。

第七十六条 邮政企业、快递企业违法提供用户使用邮政服务或者快递服务的信息，尚不构成犯罪的，由邮政管理部门责令改正，没收违法所得，并处一万元以上五万元以下的罚款；对邮政企业直接负责的主管人员和其他直接责任人员给予处分；对快递企业，邮政管理部门还可以责令停业整顿直至吊销其快递业务经营许可证。

邮政企业、快递企业从业人员有前款规定的违法行为，尚不构成犯罪的，由邮政管理部门责令改正，没收违法所得，并处五千元以上一万元以下的罚款。

第七十七条 邮政企业、快递企业拒绝、阻碍依法实施的监督检查，尚不构成犯罪的，依法给予治安管理处罚；对快递企业，邮政管理部门还可以责令停业整顿直至吊销其快递业务经营许可证。

第七十八条 邮政企业及其从业人员、快递企业及其从业人员在经营活动中有危害国家安全行为的，依法追究法律责任；对快递企业，并由邮政管理部门吊销其快递业务经营许可证。

第七十九条 冒用邮政企业名义或者邮政专用标志，或者伪造邮政专用品或者倒卖伪造的邮政专用品的，由邮政管理部门责令改正，没收伪造的邮政专用品以及违法所得，并处一万元以上五万元以下的罚款。

第八十条 有下列行为之一，尚不构成犯罪的，依法给予治安管理处罚：

（一）盗窃、损毁邮政设施或者影响邮政设施正常使用的；

（二）伪造邮资凭证或者倒卖伪造的邮资凭证的；

（三）扰乱邮政营业场所、快递企业营业场所正常秩序的；

（四）非法拦截、强登、扒乘运送邮件、快件的车辆的。

第八十一条 违反本法规定被吊销快递业务经营许可证的，自快递业务经营许可证被吊销之日起三年内，不得申请经营快递业务。

快递企业被吊销快递业务经营许可证的，应当依法向工商行政管理部门办理变更登记或者注销登记。

第八十二条 违反本法规定，构成犯罪的，依法追究刑事责任。

第八十三条　邮政管理部门工作人员在监督管理工作中滥用职权、玩忽职守、徇私舞弊，构成犯罪的，依法追究刑事责任；尚不构成犯罪的，依法给予处分。

第九章　附　则

第八十四条　本法下列用语的含义：

邮政企业，是指中国邮政集团公司及其提供邮政服务的全资企业、控股企业。

寄递，是指将信件、包裹、印刷品等物品按照封装上的名址递送给特定个人或者单位的活动，包括收寄、分拣、运输、投递等环节。

快递，是指在承诺的时限内快速完成的寄递活动。

邮件，是指邮政企业寄递的信件、包裹、汇款通知、报刊和其他印刷品等。

快件，是指快递企业递送的信件、包裹、印刷品等。

信件，是指信函、明信片。信函是指以套封形式按照名址递送给特定个人或者单位的缄封的信息载体，不包括书籍、报纸、期刊等。

包裹，是指按照封装上的名址递送给特定个人或者单位的独立封装的物品，其重量不超过五十千克，任何一边的尺寸不超过一百五十厘米，长、宽、高合计不超过三百厘米。

平常邮件，是指邮政企业在收寄时不出具收据，投递时不要求收件人签收的邮件。

给据邮件，是指邮政企业在收寄时向寄件人出具收据，投递时由收件人签收的邮件。

邮政设施，是指用于提供邮政服务的邮政营业场所、邮件处理场所、邮筒（箱）、邮政报刊亭、信报箱等。

邮件处理场所，是指邮政企业专门用于邮件分拣、封发、储存、交换、转运、投递等活动的场所。

国际邮递物品，是指中华人民共和国境内的用户与其他国家或者地区的用户相互寄递的包裹和印刷品等。

邮政专用品，是指邮政日戳、邮资机、邮政业务单据、邮政夹钳、邮袋和其他邮件专用容器。

第八十五条　本法公布前按照国家有关规定，经国务院对外贸易主管部门批准或者备案，并向工商行政管理部门依法办理登记后经营国际快递业务的国际货物运输代理企业，凭批准或者备案文件以及营业执照，到国务院邮政管理部门领取快递业务经营许可证。国务院邮政管理部门应当将企业领取快递业务经营许可证的情况向其原办理登记的工商行政管理部门通报。

除前款规定的企业外，本法公布前依法向工商行政管理部门办理登记后经营快递业务的企业，不具备本法规定的经营快递业务的条件的，应当在国务院邮政管理部门规定的期限内达到本法规定的条件，逾期达不到本法规定的条件的，不得继续经营快递业务。

第八十六条　省、自治区、直辖市应当根据本地区的实际情况，制定支持邮政企业提供邮政普遍服务的具体办法。

第八十七条　本法自 2009 年 10 月 1 日起施行。

中华人民共和国统计法

（1983年12月8日第六届全国人民代表大会常务委员会第三次会议通过
根据1996年5月15日第八届全国人民代表大会常务委员会第十九次会议
《关于修改〈中华人民共和国统计法〉的决定》修正
2009年6月27日第十一届全国人民代表大会常务委员会第九次会议修订）

第一章　总　则

第一条　为了科学、有效地组织统计工作，保障统计资料的真实性、准确性、完整性和及时性，发挥统计在了解国情国力、服务经济社会发展中的重要作用，促进社会主义现代化建设事业发展，制定本法。

第二条　本法适用于各级人民政府、县级以上人民政府统计机构和有关部门组织实施的统计活动。

统计的基本任务是对经济社会发展情况进行统计调查、统计分析，提供统计资料和统计咨询意见，实行统计监督。

第三条　国家建立集中统一的统计系统，实行统一领导、分级负责的统计管理体制。

第四条　国务院和地方各级人民政府、各有关部门应当加强对统计工作的组织领导，为统计工作提供必要的保障。

第五条　国家加强统计科学研究，健全科学的统计指标体系，不断改进统计调查方法，提高统计的科学性。

国家有计划地加强统计信息化建设，推进统计信息搜集、处理、传输、共享、存储技术和统计数据库体系的现代化。

第六条　统计机构和统计人员依照本法规定独立行使统计调查、统计报告、统计监督的职权，不受侵犯。

地方各级人民政府、政府统计机构和有关部门以及各单位的负责人，不得自行修改统计机构和统计人员依法搜集、整理的统计资料，不得以任何方式要求统计机构、统计人员及其他机构、人员伪造、篡改统计资料，不得对依法履行职责或者拒绝、抵制统计违法行为的统计人员打击报复。

第七条　国家机关、企业事业单位和其他组织以及个体工商户和个人等统计调查对象，必须依照本法和国家有关规定，真实、准确、完整、及时地提供统计调查所需的资料，不得提供不真实或者不完整的统计资料，不得迟报、拒报统计资料。

第八条　统计工作应当接受社会公众的监督。任何单位和个人有权检举统计中弄虚作假等违法行为。对检举有功的单位和个人应当给予表彰和奖励。

第九条　统计机构和统计人员对在统计工作中知悉的国家秘密、商业秘密和个人信息，应当予以保密。

第十条　任何单位和个人不得利用虚假统计资料骗取荣誉称号、物质利益或者职务晋升。

第二章　统计调查管理

第十一条　统计调查项目包括国家统计调查项目、部门统计调查项目和地方统计调查项目。

国家统计调查项目是指全国性基本情况的统计调查项目。部门统计调查项目是指国务院有关部门的专业性统计调查项目。地方统计调查项目是指县级以上地方人民政府及其部门的地方性统计调查项目。

国家统计调查项目、部门统计调查项目、地方统计调查项目应当明确分工，互相衔接，不得重复。

第十二条　国家统计调查项目由国家统计局制定，或者由国家统计局和国务院有关部门共同制定，报国务院备案；重大的国家统计调查项目报国务院审批。

部门统计调查项目由国务院有关部门制定。统计调查对象属于本部门管辖系统的，报国家统计局备案；统计调查对象超出本部门管辖系统的，报国家统计局审批。

地方统计调查项目由县级以上地方人民政府统计机构和有关部门分别制定或者共同制定。其中，由省级人民政府统计机构单独制定或者和有关部门共同制定的，报国家统计局审批；由省级以下人民政府统计机构单独制定或者和有关部门共同制定的，报省级人民政府统计机构审批；由县级以上地方人民政府有关部门制定的，报本级人民政府统计机构审批。

第十三条　统计调查项目的审批机关应当对调查项目的必要性、可行性、科学性进行审查，对符合法定条件的，作出予以批准的书面决定，并公布；对不符合法定条件的，作出不予批准的书面决定，并说明理由。

第十四条　制定统计调查项目，应当同时制定该项目的统计调查制度，并依照本法第十二条的规定一并报经审批或者备案。

统计调查制度应当对调查目的、调查内容、调查方法、调查对象、调查组织方式、调查表式、统计资料的报送和公布等作出规定。

统计调查应当按照统计调查制度组织实施。变更统计调查制度的内容，应当报经原审批机关批准或者原备案机关备案。

第十五条　统计调查表应当标明表号、制定机关、批准或者备案文号、有效期限等标志。

对未标明前款规定的标志或者超过有效期限的统计调查表，统计调查对象有权拒绝填报；县级以上人民政府统计机构应当依法责令停止有关统计调查活动。

第十六条　搜集、整理统计资料，应当以周期性普查为基础，以经常性抽样调查为主体，综合运用全面调查、重点调查等方法，并充分利用行政记录等资料。

重大国情国力普查由国务院统一领导，国务院和地方人民政府组织统计机构和有关部门共同实施。

第十七条　国家制定统一的统计标准，保障统计调查采用的指标涵义、计算方法、分类目录、调查表式和统计编码等的标准化。

国家统计标准由国家统计局制定，或者由国家统计局和国务院标准化主管部门共同制定。

国务院有关部门可以制定补充性的部门统计标准，报国家统计局审批。部门统计标准不得与国家统计标准相抵触。

第十八条 县级以上人民政府统计机构根据统计任务的需要，可以在统计调查对象中推广使用计算机网络报送统计资料。

第十九条 县级以上人民政府应当将统计工作所需经费列入财政预算。

重大国情国力普查所需经费，由国务院和地方人民政府共同负担，列入相应年度的财政预算，按时拨付，确保到位。

第三章 统计资料的管理和公布

第二十条 县级以上人民政府统计机构和有关部门以及乡、镇人民政府，应当按照国家有关规定建立统计资料的保存、管理制度，建立健全统计信息共享机制。

第二十一条 国家机关、企业事业单位和其他组织等统计调查对象，应当按照国家有关规定设置原始记录、统计台账，建立健全统计资料的审核、签署、交接、归档等管理制度。

统计资料的审核、签署人员应当对其审核、签署的统计资料的真实性、准确性和完整性负责。

第二十二条 县级以上人民政府有关部门应当及时向本级人民政府统计机构提供统计所需的行政记录资料和国民经济核算所需的财务资料、财政资料及其他资料，并按照统计调查制度的规定及时向本级人民政府统计机构报送其组织实施统计调查取得的有关资料。

县级以上人民政府统计机构应当及时向本级人民政府有关部门提供有关统计资料。

第二十三条 县级以上人民政府统计机构按照国家有关规定，定期公布统计资料。

国家统计数据以国家统计局公布的数据为准。

第二十四条 县级以上人民政府有关部门统计调查取得的统计资料，由本部门按照国家有关规定公布。

第二十五条 统计调查中获得的能够识别或者推断单个统计调查对象身份的资料，任何单位和个人不得对外提供、泄露，不得用于统计以外的目的。

第二十六条 县级以上人民政府统计机构和有关部门统计调查取得的统计资料，除依法应当保密的外，应当及时公开，供社会公众查询。

第四章 统计机构和统计人员

第二十七条 国务院设立国家统计局，依法组织领导和协调全国的统计工作。

国家统计局根据工作需要设立的派出调查机构，承担国家统计局布置的统计调查等任务。

县级以上地方人民政府设立独立的统计机构，乡、镇人民政府设置统计工作岗位，配备专职或者兼职统计人员，依法管理、开展统计工作，实施统计调查。

第二十八条 县级以上人民政府有关部门根据统计任务的需要设立统计机构，或者在有关机构中设置统计人员，并指定统计负责人，依法组织、管理本部门职责范围内的统计工作，实施统计调查，在统计业务上受本级人民政府统计机构的指导。

第二十九条 统计机构、统计人员应当依法履行职责，如实搜集、报送统计资料，不得伪造、篡改统计资料，不得以任何方式要求任何单位和个人提供不真实的统计资料，不得有其他违反本法规定的行为。

统计人员应当坚持实事求是，恪守职业道德，对其负责搜集、审核、录入的统计资料与统计调查对象报送的统计资料的一致性负责。

第三十条　统计人员进行统计调查时，有权就与统计有关的问题询问有关人员，要求其如实提供有关情况、资料并改正不真实、不准确的资料。

统计人员进行统计调查时，应当出示县级以上人民政府统计机构或者有关部门颁发的工作证件；未出示的，统计调查对象有权拒绝调查。

第三十一条　国家实行统计专业技术职务资格考试、评聘制度，提高统计人员的专业素质，保障统计队伍的稳定性。

统计人员应当具备与其从事的统计工作相适应的专业知识和业务能力。

县级以上人民政府统计机构和有关部门应当加强对统计人员的专业培训和职业道德教育。

第五章　监督检查

第三十二条　县级以上人民政府及其监察机关对下级人民政府、本级人民政府统计机构和有关部门执行本法的情况，实施监督。

第三十三条　国家统计局组织管理全国统计工作的监督检查，查处重大统计违法行为。

县级以上地方人民政府统计机构依法查处本行政区域内发生的统计违法行为。但是，国家统计局派出的调查机构组织实施的统计调查活动中发生的统计违法行为，由组织实施该项统计调查的调查机构负责查处。

法律、行政法规对有关部门查处统计违法行为另有规定的，从其规定。

第三十四条　县级以上人民政府有关部门应当积极协助本级人民政府统计机构查处统计违法行为，及时向本级人民政府统计机构移送有关统计违法案件材料。

第三十五条　县级以上人民政府统计机构在调查统计违法行为或者核查统计数据时，有权采取下列措施：

（一）发出统计检查查询书，向检查对象查询有关事项；

（二）要求检查对象提供有关原始记录和凭证、统计台账、统计调查表、会计资料及其他相关证明和资料；

（三）就与检查有关的事项询问有关人员；

（四）进入检查对象的业务场所和统计数据处理信息系统进行检查、核对；

（五）经本机构负责人批准，登记保存检查对象的有关原始记录和凭证、统计台账、统计调查表、会计资料及其他相关证明和资料；

（六）对与检查事项有关的情况和资料进行记录、录音、录像、照相和复制。

县级以上人民政府统计机构进行监督检查时，监督检查人员不得少于二人，并应当出示执法证件；未出示的，有关单位和个人有权拒绝检查。

第三十六条　县级以上人民政府统计机构履行监督检查职责时，有关单位和个人应当如实反映情况，提供相关证明和资料，不得拒绝、阻碍检查，不得转移、隐匿、篡改、毁弃原始记录和凭证、统计台账、统计调查表、会计资料及其他相关证明和资料。

第六章　法律责任

第三十七条　地方人民政府、政府统计机构或者有关部门、单位的负责人有下列行为之一的，由任免机关或者监察机关依法给予处分，并由县级以上人民政府统计机构予以通报：

（一）自行修改统计资料、编造虚假统计数据的；

（二）要求统计机构、统计人员或者其他机构、人员伪造、篡改统计资料的；

（三）对依法履行职责或者拒绝、抵制统计违法行为的统计人员打击报复的；

（四）对本地方、本部门、本单位发生的严重统计违法行为失察的。

第三十八条　县级以上人民政府统计机构或者有关部门在组织实施统计调查活动中有下列行为之一的，由本级人民政府、上级人民政府统计机构或者本级人民政府统计机构责令改正，予以通报；对直接负责的主管人员和其他直接责任人员，由任免机关或者监察机关依法给予处分：

（一）未经批准擅自组织实施统计调查的；

（二）未经批准擅自变更统计调查制度的内容的；

（三）伪造、篡改统计资料的；

（四）要求统计调查对象或者其他机构、人员提供不真实的统计资料的；

（五）未按照统计调查制度的规定报送有关资料的。

统计人员有前款第三项至第五项所列行为之一的，责令改正，依法给予处分。

第三十九条　县级以上人民政府统计机构或者有关部门有下列行为之一的，对直接负责的主管人员和其他直接责任人员由任免机关或者监察机关依法给予处分：

（一）违法公布统计资料的；

（二）泄露统计调查对象的商业秘密、个人信息或者提供、泄露在统计调查中获得的能够识别或者推断单个统计调查对象身份的资料的；

（三）违反国家有关规定，造成统计资料毁损、灭失的。

统计人员有前款所列行为之一的，依法给予处分。

第四十条　统计机构、统计人员泄露国家秘密的，依法追究法律责任。

第四十一条　作为统计调查对象的国家机关、企业事业单位或者其他组织有下列行为之一的，由县级以上人民政府统计机构责令改正，给予警告，可以予以通报；其直接负责的主管人员和其他直接责任人员属于国家工作人员的，由任免机关或者监察机关依法给予处分：

（一）拒绝提供统计资料或者经催报后仍未按时提供统计资料的；

（二）提供不真实或者不完整的统计资料的；

（三）拒绝答复或者不如实答复统计检查查询书的；

（四）拒绝、阻碍统计调查、统计检查的；

（五）转移、隐匿、篡改、毁弃或者拒绝提供原始记录和凭证、统计台账、统计调查表及其他相关证明和资料的。

企业事业单位或者其他组织有前款所列行为之一的，可以并处五万元以下的罚款；情节严重的，并处五万元以上二十万元以下的罚款。

个体工商户有本条第一款所列行为之一的，由县级以上人民政府统计机构责令改正，给予警告，可以并处一万元以下的罚款。

第四十二条　作为统计调查对象的国家机关、企业事业单位或者其他组织迟报统计资料，或者未按照国家有关规定设置原始记录、统计台账的，由县级以上人民政府统计机构责令改正，给予警告。

企业事业单位或者其他组织有前款所列行为之一的，可以并处一万元以下的罚款。

个体工商户迟报统计资料的，由县级以上人民政府统计机构责令改正，给予警告，可以并处一千元以下的罚款。

第四十三条　县级以上人民政府统计机构查处统计违法行为时，认为对有关国家工作人员依法应当给予处分的，应当提出给予处分的建议；该国家工作人员的任免机关或者监察机关应当依法及时作出决定，并将结果书面通知县级以上人民政府统计机构。

第四十四条　作为统计调查对象的个人在重大国情国力普查活动中拒绝、阻碍统计调查，或者提供不真实或者不完整的普查资料的，由县级以上人民政府统计机构责令改正，予以批评教育。

第四十五条　违反本法规定，利用虚假统计资料骗取荣誉称号、物质利益或者职务晋升的，除对其编造虚假统计资料或者要求他人编造虚假统计资料的行为依法追究法律责任外，由作出有关决定的单位或者其上级单位、监察机关取消其荣誉称号，追缴获得的物质利益，撤销晋升的职务。

第四十六条　当事人对县级以上人民政府统计机构作出的行政处罚决定不服的，可以依法申请行政复议或者提起行政诉讼。其中，对国家统计局在省、自治区、直辖市派出的调查机构作出的行政处罚决定不服的，向国家统计局申请行政复议；对国家统计局派出的其他调查机构作出的行政处罚决定不服的，向国家统计局在该派出机构所在的省、自治区、直辖市派出的调查机构申请行政复议。

第四十七条　违反本法规定，构成犯罪的，依法追究刑事责任。

第七章　附　则

第四十八条　本法所称县级以上人民政府统计机构，是指国家统计局及其派出的调查机构、县级以上地方人民政府统计机构。

第四十九条　民间统计调查活动的管理办法，由国务院制定。

中华人民共和国境外的组织、个人需要在中华人民共和国境内进行统计调查活动的，应当按照国务院的规定报请审批。

利用统计调查危害国家安全、损害社会公共利益或者进行欺诈活动的，依法追究法律责任。

第五十条　本法自 2010 年 1 月 1 日起施行。

中华人民共和国农村土地承包经营纠纷调解仲裁法

（2009 年 6 月 27 日第十一届全国人民代表大会常务委员会第九次会议通过）

第一章　总　则

第一条　为了公正、及时解决农村土地承包经营纠纷，维护当事人的合法权益，促进农村经济发展和社会稳定，制定本法。

第二条　农村土地承包经营纠纷调解和仲裁，适用本法。

农村土地承包经营纠纷包括：

（一）因订立、履行、变更、解除和终止农村土地承包合同发生的纠纷；

（二）因农村土地承包经营权转包、出租、互换、转让、入股等流转发生的纠纷；

（三）因收回、调整承包地发生的纠纷；

（四）因确认农村土地承包经营权发生的纠纷；

（五）因侵害农村土地承包经营权发生的纠纷；

（六）法律、法规规定的其他农村土地承包经营纠纷。

因征收集体所有的土地及其补偿发生的纠纷，不属于农村土地承包仲裁委员会的受理范围，可以通过行政复议或者诉讼等方式解决。

第三条　发生农村土地承包经营纠纷的，当事人可以自行和解，也可以请求村民委员会、乡（镇）人民政府等调解。

第四条　当事人和解、调解不成或者不愿和解、调解的，可以向农村土地承包仲裁委员会申请仲裁，也可以直接向人民法院起诉。

第五条　农村土地承包经营纠纷调解和仲裁，应当公开、公平、公正，便民高效，根据事实，符合法律，尊重社会公德。

第六条　县级以上人民政府应当加强对农村土地承包经营纠纷调解和仲裁工作的指导。

县级以上人民政府农村土地承包管理部门及其他有关部门应当依照职责分工，支持有关调解组织和农村土地承包仲裁委员会依法开展工作。

第二章　调　解

第七条　村民委员会、乡（镇）人民政府应当加强农村土地承包经营纠纷的调解工作，帮助当事人达成协议解决纠纷。

第八条　当事人申请农村土地承包经营纠纷调解可以书面申请，也可以口头申请。口头申请的，由村民委员会或者乡（镇）人民政府当场记录申请人的基本情况、申请调解的纠纷事项、理由和时间。

第九条　调解农村土地承包经营纠纷，村民委员会或者乡（镇）人民政府应当充分听取当事人对事实和理由的陈述，讲解有关法律以及国家政策，耐心疏导，帮助当事人达成协议。

第十条　经调解达成协议的，村民委员会或者乡（镇）人民政府应当制作调解协议书。

调解协议书由双方当事人签名、盖章或者按指印，经调解人员签名并加盖调解组织印章后生效。

第十一条　仲裁庭对农村土地承包经营纠纷应当进行调解。调解达成协议的，仲裁庭应当制作调解书；调解不成的，应当及时作出裁决。

调解书应当写明仲裁请求和当事人协议的结果。调解书由仲裁员签名，加盖农村土地承包仲裁委员会印章，送达双方当事人。

调解书经双方当事人签收后，即发生法律效力。在调解书签收前当事人反悔的，仲裁庭应当及时作出裁决。

第三章　仲　裁

第一节　仲裁委员会和仲裁员

第十二条　农村土地承包仲裁委员会，根据解决农村土地承包经营纠纷的实际需要设立。农村土地承包仲裁委员会可以在县和不设区的市设立，也可以在设区的市或者其市辖区设立。

农村土地承包仲裁委员会在当地人民政府指导下设立。设立农村土地承包仲裁委员会的，其日常工作由当地农村土地承包管理部门承担。

第十三条　农村土地承包仲裁委员会由当地人民政府及其有关部门代表、有关人民团体代表、农村集体经济组织代表、农民代表和法律、经济等相关专业人员兼任组成，其中农民代表和法律、经济等相关专业人员不得少于组成人员的二分之一。

农村土地承包仲裁委员会设主任一人、副主任一至二人和委员若干人。主任、副主任由全体组成人员选举产生。

第十四条　农村土地承包仲裁委员会依法履行下列职责：

（一）聘任、解聘仲裁员；

（二）受理仲裁申请；

（三）监督仲裁活动。

农村土地承包仲裁委员会应当依照本法制定章程，对其组成人员的产生方式及任期、议事规则等作出规定。

第十五条　农村土地承包仲裁委员会应当从公道正派的人员中聘任仲裁员。

仲裁员应当符合下列条件之一：

（一）从事农村土地承包管理工作满五年；

（二）从事法律工作或者人民调解工作满五年；

（三）在当地威信较高，并熟悉农村土地承包法律以及国家政策的居民。

第十六条　农村土地承包仲裁委员会应当对仲裁员进行农村土地承包法律以及国家政策的培训。

省、自治区、直辖市人民政府农村土地承包管理部门应当制定仲裁员培训计划，加强对仲裁员培训工作的组织和指导。

第十七条 农村土地承包仲裁委员会组成人员、仲裁员应当依法履行职责，遵守农村土地承包仲裁委员会章程和仲裁规则，不得索贿受贿、徇私舞弊，不得侵害当事人的合法权益。

仲裁员有索贿受贿、徇私舞弊、枉法裁决以及接受当事人请客送礼等违法违纪行为的，农村土地承包仲裁委员会应当将其除名；构成犯罪的，依法追究刑事责任。

县级以上地方人民政府及有关部门应当受理对农村土地承包仲裁委员会组成人员、仲裁员违法违纪行为的投诉和举报，并依法组织查处。

第二节 申请和受理

第十八条 农村土地承包经营纠纷申请仲裁的时效期间为二年，自当事人知道或者应当知道其权利被侵害之日起计算。

第十九条 农村土地承包经营纠纷仲裁的申请人、被申请人为当事人。家庭承包的，可以由农户代表人参加仲裁。当事人一方人数众多的，可以推选代表人参加仲裁。

与案件处理结果有利害关系的，可以申请作为第三人参加仲裁，或者由农村土地承包仲裁委员会通知其参加仲裁。

当事人、第三人可以委托代理人参加仲裁。

第二十条 申请农村土地承包经营纠纷仲裁应当符合下列条件：

（一）申请人与纠纷有直接的利害关系；

（二）有明确的被申请人；

（三）有具体的仲裁请求和事实、理由；

（四）属于农村土地承包仲裁委员会的受理范围。

第二十一条 当事人申请仲裁，应当向纠纷涉及的土地所在地的农村土地承包仲裁委员会递交仲裁申请书。仲裁申请书可以邮寄或者委托他人代交。仲裁申请书应当载明申请人和被申请人的基本情况，仲裁请求和所根据的事实、理由，并提供相应的证据和证据来源。

书面申请确有困难的，可以口头申请，由农村土地承包仲裁委员会记入笔录，经申请人核实后由其签名、盖章或者按指印。

第二十二条 农村土地承包仲裁委员会应当对仲裁申请予以审查，认为符合本法第二十条规定的，应当受理。有下列情形之一的，不予受理；已受理的，终止仲裁程序：

（一）不符合申请条件；

（二）人民法院已受理该纠纷；

（三）法律规定该纠纷应当由其他机构处理；

（四）对该纠纷已有生效的判决、裁定、仲裁裁决、行政处理决定等。

第二十三条 农村土地承包仲裁委员会决定受理的，应当自收到仲裁申请之日起五个工作日内，将受理通知书、仲裁规则和仲裁员名册送达申请人；决定不予受理或者终止仲裁程序的，应当自收到仲裁申请或者发现终止仲裁程序情形之日起五个工作日内书面通知申请人，并说明理由。

第二十四条 农村土地承包仲裁委员会应当自受理仲裁申请之日起五个工作日内，将受理通知书、仲裁申请书副本、仲裁规则和仲裁员名册送达被申请人。

第二十五条　被申请人应当自收到仲裁申请书副本之日起十日内向农村土地承包仲裁委员会提交答辩书；书面答辩确有困难的，可以口头答辩，由农村土地承包仲裁委员会记入笔录，经被申请人核实后由其签名、盖章或者按指印。农村土地承包仲裁委员会应当自收到答辩书之日起五个工作日内将答辩书副本送达申请人。被申请人未答辩的，不影响仲裁程序的进行。

第二十六条　一方当事人因另一方当事人的行为或者其他原因，可能使裁决不能执行或者难以执行的，可以申请财产保全。

当事人申请财产保全的，农村土地承包仲裁委员会应当将当事人的申请提交被申请人住所地或者财产所在地的基层人民法院。

申请有错误的，申请人应当赔偿被申请人因财产保全所遭受的损失。

第三节　仲裁庭的组成

第二十七条　仲裁庭由三名仲裁员组成，首席仲裁员由当事人共同选定，其他二名仲裁员由当事人各自选定；当事人不能选定的，由农村土地承包仲裁委员会主任指定。

事实清楚、权利义务关系明确、争议不大的农村土地承包经营纠纷，经双方当事人同意，可以由一名仲裁员仲裁。仲裁员由当事人共同选定或者由农村土地承包仲裁委员会主任指定。

农村土地承包仲裁委员会应当自仲裁庭组成之日起二个工作日内将仲裁庭组成情况通知当事人。

第二十八条　仲裁员有下列情形之一的，必须回避，当事人也有权以口头或者书面方式申请其回避：

（一）是本案当事人或者当事人、代理人的近亲属；

（二）与本案有利害关系；

（三）与本案当事人、代理人有其他关系，可能影响公正仲裁；

（四）私自会见当事人、代理人，或者接受当事人、代理人的请客送礼。

当事人提出回避申请，应当说明理由，在首次开庭前提出。回避事由在首次开庭后知道的，可以在最后一次开庭终结前提出。

第二十九条　农村土地承包仲裁委员会对回避申请应当及时作出决定，以口头或者书面方式通知当事人，并说明理由。

仲裁员是否回避，由农村土地承包仲裁委员会主任决定；农村土地承包仲裁委员会主任担任仲裁员时，由农村土地承包仲裁委员会集体决定。

仲裁员因回避或者其他原因不能履行职责的，应当依照本法规定重新选定或者指定仲裁员。

第四节　开庭和裁决

第三十条　农村土地承包经营纠纷仲裁应当开庭进行。

开庭可以在纠纷涉及的土地所在地的乡（镇）或者村进行，也可以在农村土地承包仲裁委员会所在地进行。当事人双方要求在乡（镇）或者村开庭的，应当在该乡（镇）或者村开庭。

开庭应当公开，但涉及国家秘密、商业秘密和个人隐私以及当事人约定不公开的除外。

第三十一条 仲裁庭应当在开庭五个工作日前将开庭的时间、地点通知当事人和其他仲裁参与人。

当事人有正当理由的，可以向仲裁庭请求变更开庭的时间、地点。是否变更，由仲裁庭决定。

第三十二条 当事人申请仲裁后，可以自行和解。达成和解协议的，可以请求仲裁庭根据和解协议作出裁决书，也可以撤回仲裁申请。

第三十三条 申请人可以放弃或者变更仲裁请求。被申请人可以承认或者反驳仲裁请求，有权提出反请求。

第三十四条 仲裁庭作出裁决前，申请人撤回仲裁申请的，除被申请人提出反请求的外，仲裁庭应当终止仲裁。

第三十五条 申请人经书面通知，无正当理由不到庭或者未经仲裁庭许可中途退庭的，可以视为撤回仲裁申请。

被申请人经书面通知，无正当理由不到庭或者未经仲裁庭许可中途退庭的，可以缺席裁决。

第三十六条 当事人在开庭过程中有权发表意见、陈述事实和理由、提供证据、进行质证和辩论。对不通晓当地通用语言文字的当事人，农村土地承包仲裁委员会应当为其提供翻译。

第三十七条 当事人应当对自己的主张提供证据。与纠纷有关的证据由作为当事人一方的发包方等掌握管理的，该当事人应当在仲裁庭指定的期限内提供，逾期不提供的，应当承担不利后果。

第三十八条 仲裁庭认为有必要收集的证据，可以自行收集。

第三十九条 仲裁庭对专门性问题认为需要鉴定的，可以交由当事人约定的鉴定机构鉴定；当事人没有约定的，由仲裁庭指定的鉴定机构鉴定。

根据当事人的请求或者仲裁庭的要求，鉴定机构应当派鉴定人参加开庭。当事人经仲裁庭许可，可以向鉴定人提问。

第四十条 证据应当在开庭时出示，但涉及国家秘密、商业秘密和个人隐私的证据不得在公开开庭时出示。

仲裁庭应当依照仲裁规则的规定开庭，给予双方当事人平等陈述、辩论的机会，并组织当事人进行质证。

经仲裁庭查证属实的证据，应当作为认定事实的根据。

第四十一条 在证据可能灭失或者以后难以取得的情况下，当事人可以申请证据保全。当事人申请证据保全的，农村土地承包仲裁委员会应当将当事人的申请提交证据所在地的基层人民法院。

第四十二条 对权利义务关系明确的纠纷，经当事人申请，仲裁庭可以先行裁定维持现状、恢复农业生产以及停止取土、占地等行为。

一方当事人不履行先行裁定的，另一方当事人可以向人民法院申请执行，但应当提供相应的担保。

第四十三条 仲裁庭应当将开庭情况记入笔录，由仲裁员、记录人员、当事人和其他仲裁参与人签名、盖章或者按指印。

当事人和其他仲裁参与人认为对自己陈述的记录有遗漏或者差错的，有权申请补正。如果不予补正，应当记录该申请。

第四十四条　仲裁庭应当根据认定的事实和法律以及国家政策作出裁决并制作裁决书。

裁决应当按照多数仲裁员的意见作出，少数仲裁员的不同意见可以记入笔录。仲裁庭不能形成多数意见时，裁决应当按照首席仲裁员的意见作出。

第四十五条　裁决书应当写明仲裁请求、争议事实、裁决理由、裁决结果、裁决日期以及当事人不服仲裁裁决的起诉权利、期限，由仲裁员签名，加盖农村土地承包仲裁委员会印章。

农村土地承包仲裁委员会应当在裁决作出之日起三个工作日内将裁决书送达当事人，并告知当事人不服仲裁裁决的起诉权利、期限。

第四十六条　仲裁庭依法独立履行职责，不受行政机关、社会团体和个人的干涉。

第四十七条　仲裁农村土地承包经营纠纷，应当自受理仲裁申请之日起六十日内结束；案情复杂需要延长的，经农村土地承包仲裁委员会主任批准可以延长，并书面通知当事人，但延长期限不得超过三十日。

第四十八条　当事人不服仲裁裁决的，可以自收到裁决书之日起三十日内向人民法院起诉。逾期不起诉的，裁决书即发生法律效力。

第四十九条　当事人对发生法律效力的调解书、裁决书，应当依照规定的期限履行。一方当事人逾期不履行的，另一方当事人可以向被申请人住所地或者财产所在地的基层人民法院申请执行。受理申请的人民法院应当依法执行。

第四章　附　则

第五十条　本法所称农村土地，是指农民集体所有和国家所有依法由农民集体使用的耕地、林地、草地，以及其他依法用于农业的土地。

第五十一条　农村土地承包经营纠纷仲裁规则和农村土地承包仲裁委员会示范章程，由国务院农业、林业行政主管部门依照本法规定共同制定。

第五十二条　农村土地承包经营纠纷仲裁不得向当事人收取费用，仲裁工作经费纳入财政预算予以保障。

第五十三条　本法自 2010 年 1 月 1 日起施行。

中华人民共和国人民武装警察法

（2009 年 8 月 27 日第十一届全国人民代表大会常务委员会第十次会议通过）

第一章　总　则

第一条　为了规范和保障人民武装警察部队依法履行职责，维护国家安全和社会稳定，保护公民、法人和其他组织的合法权益，制定本法。

第二条　人民武装警察部队担负国家赋予的安全保卫任务以及防卫作战、抢险救灾、参加国家经济建设等任务。

人民武装警察部队是国家武装力量的组成部分。

第三条　人民武装警察部队由国务院、中央军事委员会领导，实行统一领导与分级指挥相结合的体制。

第四条　人民武装警察部队应当遵守宪法和法律，忠于职守，依照本法和其他有关法律的规定履行职责。

人民武装警察部队依法履行职责的行为受法律保护。

第五条　对在执行任务中作出突出贡献的人民武装警察以及协助人民武装警察执行任务有突出贡献的公民、法人和其他组织，依照有关法律、法规的规定给予表彰和奖励。

第六条　人民武装警察部队实行警衔制度，具体办法由国务院、中央军事委员会规定。

第二章　任务和职责

第七条　人民武装警察部队执行下列安全保卫任务：

（一）国家规定的警卫对象、目标和重大活动的武装警卫；

（二）关系国计民生的重要公共设施、企业、仓库、水源地、水利工程、电力设施、通信枢纽的重要部位的武装守卫；

（三）主要交通干线重要位置的桥梁、隧道的武装守护；

（四）监狱和看守所的外围武装警戒；

（五）直辖市，省、自治区人民政府所在地的市，以及其他重要城市的重点区域、特殊时期的武装巡逻；

（六）协助公安机关、国家安全机关、司法行政机关、检察机关、审判机关依法执行逮捕、追捕、押解、押运任务，协助其他有关机关执行重要的押运任务；

（七）参加处置暴乱、骚乱、严重暴力犯罪事件、恐怖袭击事件和其他社会安全事件；

（八）国家赋予的其他安全保卫任务。

第八条　调动、使用人民武装警察部队执行安全保卫任务，应当坚持严格审批、依法用警的原则。具体的批准权限和程序由国务院、中央军事委员会规定。

任何单位或者个人不得违反规定调动、使用人民武装警察部队。对违反规定调动、使用人民武装警察部队的，人民武装警察部队应当拒绝执行，并立即向上级报告。

第九条　执勤目标单位可以对在本单位担负执勤任务的人民武装警察进行执勤业务指导。

第十条　人民武装警察部队按照县级以上人民政府公安机关的部署执行安全保卫任务，可以采取以下措施：

（一）对进出警戒区域的人员、物品、交通工具进行检查，对按照规定不允许进出的，予以阻止；对强行进出的，采取必要措施予以制止；

（二）在武装巡逻中，经现场指挥员同意，对有违法犯罪嫌疑的人员当场进行盘问并查验其证件，对可疑物品和交通工具进行检查；

（三）协助执行道路交通管制或者现场管制；

（四）对聚众危害社会秩序或者执勤目标安全的，采取必要措施予以制止、驱散；

（五）根据执行任务的需要，向相关单位和人员了解有关情况或者在现场实施必要的侦察。

第十一条　人民武装警察执行安全保卫任务，发现有下列情形的人员，经现场指挥员同意，应当及时予以控制并移交公安机关、国家安全机关或者其他有管辖权的机关处理：

（一）正在实施犯罪的；

（二）通缉在案的；

（三）违法携带危及公共安全的物品的；

（四）正在实施危害执勤目标安全行为的。

第十二条　人民武装警察因执行安全保卫任务的紧急需要，经出示人民武装警察证件，可以优先乘坐公共交通工具；遇交通阻碍时，优先通行。

第十三条　人民武装警察部队因执行安全保卫任务的需要，在特别紧急情况下，经现场最高指挥员出示人民武装警察证件，可以临时使用有关单位或者个人的设备、设施、场地、交通工具以及其他物资，使用后应当及时返还，并支付适当费用；造成损失的，按照国家有关规定给予补偿。

第十四条　人民武装警察部队协助公安机关、国家安全机关执行逮捕、追捕任务，根据所协助机关的决定，协助搜查犯罪嫌疑人、被告人、罪犯的人身和住所以及涉嫌藏匿犯罪嫌疑人、被告人、罪犯或者违法物品的场所、交通工具等。

第十五条　人民武装警察执行安全保卫任务使用警械和武器，依照人民警察使用警械和武器的有关法律、行政法规的规定执行。

第十六条　人民武装警察部队执行防卫作战、抢险救灾、参加国家经济建设等任务，依照有关法律、行政法规和国务院、中央军事委员会的有关规定执行。

第三章　义务和权利

第十七条　人民武装警察执行任务，应当服从命令、听从指挥，不得滥用职权、玩忽职守。

第十八条　人民武装警察遇到公民人身、财产安全受到侵犯或者处于其他危难情形，应当及时救助。

第十九条 人民武装警察不得有下列行为：

（一）非法剥夺、限制他人人身自由，非法搜查他人的身体、物品、交通工具、住所、场所；

（二）包庇、纵容违法犯罪活动；

（三）泄露国家秘密、军事秘密；

（四）其他违法违纪行为。

第二十条 人民武装警察执行任务，应当按照规定着装，持有人民武装警察证件。

第二十一条 人民武装警察应当举止文明，礼貌待人，遵守社会公德，尊重公民的宗教信仰和风俗习惯。

第二十二条 人民武装警察享有《中华人民共和国国防法》和有关法律、行政法规规定的现役军人的权益。

人民武装警察因执行任务伤亡的，按照国家有关军人抚恤优待的规定给予抚恤优待。

第四章　保障措施

第二十三条 为了保障人民武装警察部队执行安全保卫任务，国务院有关部门、县级以上地方人民政府及其有关部门应当及时向人民武装警察部队总部、驻本行政区域的人民武装警察部队通报有关社会治安形势以及突发事件的情况。

第二十四条 人民武装警察部队执行安全保卫任务，公民、法人和其他组织应当给予必要的支持和协助。

公民、法人和其他组织对人民武装警察部队执行安全保卫任务给予协助的行为受法律保护。

第二十五条 公民、法人和其他组织协助人民武装警察部队执行任务造成人身伤亡和财产损失的，按照国家有关规定给予抚恤优待和补偿。

第二十六条 人民武装警察部队执行国家赋予的安全保卫任务及相关建设所需经费，列入中央和县级以上地方财政预算，按照国家有关规定给予保障。

第二十七条 执勤目标单位及其上级主管部门应当按照国家有关规定，为担负执勤任务的人民武装警察部队提供执勤设施、生活设施等必要的保障。

第二十八条 在有毒、粉尘、辐射、噪声等严重污染或者高温、低温、缺氧以及其他恶劣环境下的执勤目标单位执行安全保卫任务的人民武装警察，享有与执勤目标单位工作人员同等的保护条件和福利补助，并由执勤目标单位或者其上级主管部门给予保障。

第二十九条 人民武装警察部队应当根据执行任务的需要，加强对所属人民武装警察的教育和训练，提高依法执行任务的能力。

第五章　监督检查

第三十条 人民武装警察执行任务，应当接受人民政府及其有关部门以及公民、法人和其他组织的监督。

公民、法人和其他组织对人民武装警察的违法违纪行为，有权向县级以上人民政府及其有关部门或者人民武装警察部队检举、控告。

第三十一条 县级以上人民政府及其有关部门接到公民、法人和其他组织对人民武装警察违法违纪行为的检举、控告，或者发现人民武装警察在执行任务中有违法违纪行为的，应当及时通报人民武装警察部队。

第三十二条　人民武装警察部队接到公民、法人和其他组织的检举、控告，或者接到县级以上人民政府及其有关部门对人民武装警察违法违纪行为的情况通报后，应当及时查处。

第三十三条　人民武装警察部队应当对所属人民武装警察执行法律、行政法规和遵守纪律的情况进行监督检查。

第六章　法律责任

第三十四条　人民武装警察在执行任务中，不履行职责或者违抗上级决定、命令的，违反规定使用警械、武器的，或者有本法第十九条所列行为之一的，按照中央军事委员会的有关规定给予纪律处分；构成犯罪的，依法追究刑事责任。

第三十五条　违反规定调动、使用人民武装警察部队的，对直接负责的主管人员和其他直接责任人员，依法给予处分。

第三十六条　公民、法人或者其他组织妨碍人民武装警察依法执行任务，有违反治安管理行为的，由公安机关依法给予治安管理处罚；构成犯罪的，依法追究刑事责任。

第七章　附　则

第三十七条　人民武装警察部队执行戒严任务，依照《中华人民共和国戒严法》的有关规定执行。

第三十八条　本法自公布之日起施行。

第 32 章　纪检监察与反腐廉政最新行政法规

中共中央办公厅、国务院办公厅关于实行党政领导干部问责的暂行规定

（中共中央办公厅、国务院办公厅 2009 年 6 月 30 日印发）

中共中央办公厅、国务院办公厅近日印发了《关于实行党政领导干部问责的暂行规定》(以下简称《暂行规定》)。

《暂行规定》的颁布实施，是加强反腐倡廉法规制度建设、完善领导干部行为规范的重要举措，对于加强党政领导干部的管理和监督，增强党政领导干部的责任意识，更好地贯彻落实科学发展观，不断提高党的执政能力和执政水平，具有重要意义。

各级党政领导干部要认真践行全心全意为人民服务的宗旨，以对党和国家高度负责、对人民群众高度负责的精神，切实履行党和人民赋予的职责，兢兢业业完成好各项工作任务。各级党委和政府要依照《暂行规定》严肃问责，充分发挥问责在党风廉政建设中的积极作用。

关于实行党政领导干部问责的暂行规定

（中共中央办公厅、国务院办公厅2009年6月30日印发）

第一章　总　则

第一条　为加强对党政领导干部的管理和监督，增强党政领导干部的责任意识和大局意识，促进深入贯彻落实科学发展观，提高党的执政能力和执政水平，根据《中国共产党章程》、《党政领导干部选拔任用工作条例》等党内法规和《中华人民共和国行政监察法》、《中华人民共和国公务员法》等国家法律法规，制定本规定。

第二条　本规定适用于中共中央、国务院的工作部门及其内设机构的领导成员；县级以上地方各级党委、政府及其工作部门的领导成员，上列工作部门内设机构的领导成员。

第三条　对党政领导干部实行问责，坚持严格要求、实事求是，权责一致、惩教结合，依靠群众、依法有序的原则。

第四条　党政领导干部受到问责，同时需要追究纪律责任的，依照有关规定给予党纪政纪处分；涉嫌犯罪的，移送司法机关依法处理。

第二章　问责的情形、方式及适用

第五条　有下列情形之一的，对党政领导干部实行问责：

（一）决策严重失误，造成重大损失或者恶劣影响的；

（二）因工作失职，致使本地区、本部门、本系统或者本单位发生特别重大事故、事件、案件，或者在较短时间内连续发生重大事故、事件、案件，造成重大损失或者恶劣影响的；

（三）政府职能部门管理、监督不力，在其职责范围内发生特别重大事故、事件、案件，或者在较短时间内连续发生重大事故、事件、案件，造成重大损失或者恶劣影响的；

（四）在行政活动中滥用职权，强令、授意实施违法行政行为，或者不作为，引发群体性事件或者其他重大事件的；

（五）对群体性、突发性事件处置失当，导致事态恶化，造成恶劣影响的；

（六）违反干部选拔任用工作有关规定，导致用人失察、失误，造成恶劣影响的；

（七）其他给国家利益、人民生命财产、公共财产造成重大损失或者恶劣影响等失职行为的。

第六条　本地区、本部门、本系统或者本单位在贯彻落实党风廉政建设责任制方面出现问题的，按照《关于实行党风廉政建设责任制的规定》，追究党政领导干部的责任。

第七条　对党政领导干部实行问责的方式分为：责令公开道歉、停职检查、引咎辞职、责令辞职、免职。

第八条　党政领导干部具有本规定第五条所列情形，并且具有下列情节之一的，应当从重问责：

（一）干扰、阻碍问责调查的；

（二）弄虚作假、隐瞒事实真相的；

（三）对检举人、控告人打击、报复、陷害的；

（四）党内法规和国家法律法规规定的其他从重情节。

第九条 党政领导干部具有本规定第五条所列情形，并且具有下列情节之一的，可以从轻问责：

（一）主动采取措施，有效避免损失或者挽回影响的；

（二）积极配合问责调查，并且主动承担责任的。

第十条 受到问责的党政领导干部，取消当年年度考核评优和评选各类先进的资格。

引咎辞职、责令辞职、免职的党政领导干部，一年内不得重新担任与其原任职务相当的领导职务。

对引咎辞职、责令辞职、免职的党政领导干部，可以根据工作需要以及本人一贯表现、特长等情况，由党委（党组）、政府按照干部管理权限酌情安排适当岗位或者相应工作任务。

引咎辞职、责令辞职、免职的党政领导干部，一年后如果重新担任与其原任职务相当的领导职务，除应当按照干部管理权限履行审批手续外，还应当征求上一级党委组织部门的意见。

第三章 实行问责的程序

第十一条 对党政领导干部实行问责，按照干部管理权限进行。纪检监察机关、组织人事部门按照管理权限履行本规定中的有关职责。

第十二条 对党政领导干部实行问责，依照下列程序进行：

（一）对因检举、控告、处理重大事故事件、查办案件、审计或者其他方式发现的党政领导干部应当问责的线索，纪检监察机关按照权限和程序进行调查后，对需要实行问责的，按照干部管理权限向问责决定机关提出问责建议；

（二）对在干部监督工作中发现的党政领导干部应当问责的线索，组织人事部门按照权限和程序进行调查后，对需要实行问责的，按照干部管理权限向问责决定机关提出问责建议；

（三）问责决定机关可以根据纪检监察机关或者组织人事部门提出的问责建议作出问责决定；

（四）问责决定机关作出问责决定后，由组织人事部门办理相关事宜，或者由问责决定机关责成有关部门办理相关事宜。

第十三条 纪检监察机关、组织人事部门提出问责建议，应当同时向问责决定机关提供有关事实材料和情况说明，以及需要提供的其他材料。

第十四条 作出问责决定前，应当听取被问责的党政领导干部的陈述和申辩，并且记录在案；对其合理意见，应当予以采纳。

第十五条 对于事实清楚、不需要进行问责调查的，问责决定机关可以直接作出问责决定。

第十六条 问责决定机关按照干部管理权限对党政领导干部作出的问责决定，应当经领导班子集体讨论决定。

第十七条 对党政领导干部实行问责，应当制作《党政领导干部问责决定书》。《党政领导干部问责决定书》由负责调查的纪检监察机关或者组织人事部门代问责决定机关草拟。

《党政领导干部问责决定书》应当写明问责事实、问责依据、问责方式、批准机关、生效时间、当事人的申诉期限及受理机关等。作出责令公开道歉决定的，还应当写明公开道歉的方式、范围等。

第十八条 《党政领导干部问责决定书》应当送达被问责的党政领导干部本人及其所在单位。

问责决定机关作出问责决定后，应当派专人与被问责的党政领导干部谈话，做好其思想工作，督促其做好工作交接等后续工作。

第十九条 组织人事部门应当及时将被问责的党政领导干部的有关问责材料归入其个人档案，并且将执行情况报告问责决定机关，回复问责建议机关。

党政领导干部问责情况应当报上一级组织人事部门备案。

第二十条 问责决定一般应当向社会公开。

第二十一条 对经各级人民代表大会及其常务委员会选举或者决定任命的人员实行问责，按照有关法律规定的程序办理。

第二十二条 被问责的党政领导干部对问责决定不服的，可以自接到《党政领导干部问责决定书》之日起15日内，向问责决定机关提出书面申诉。问责决定机关接到书面申诉后，应当在30日内作出申诉处理决定。申诉处理决定应当以书面形式告知申诉人及其所在单位。

第二十三条 被问责的党政领导干部申诉期间，不停止问责决定的执行。

第四章 附 则

第二十四条 对乡（镇、街道）党政领导成员实行问责，适用本规定。

对县级以上党委、政府直属事业单位以及国有企业、国有金融企业领导人员实行问责，参照本规定执行。

第二十五条 本规定由中央纪委、中央组织部负责解释。

第二十六条 本规定自发布之日起施行。

国有企业领导人员廉洁从业若干规定

（中共中央办公厅、国务院办公厅2009年7月1日印发）

第一章　总　则

第一条　为规范国有企业领导人员廉洁从业行为，加强国有企业反腐倡廉建设，维护国家和出资人利益，促进国有企业科学发展，依据国家有关法律法规和党内法规，制定本规定。

第二条　本规定适用于国有独资企业、国有控股企业（含国有独资金融企业和国有控股金融企业）及其分支机构的领导班子成员。

第三条　国有企业领导人员应当遵守国家法律法规和企业规章制度，依法经营、开拓创新、廉洁从业、诚实守信，切实维护国家利益、企业利益和职工合法权益，努力实现国有企业又好又快发展。

第二章　廉洁从业行为规范

第四条　国有企业领导人员应当切实维护国家和出资人利益。不得有滥用职权、损害国有资产权益的下列行为：

（一）违反决策原则和程序决定企业生产经营的重大决策、重要人事任免、重大项目安排及大额度资金运作事项；

（二）违反规定办理企业改制、兼并、重组、破产、资产评估、产权交易等事项；

（三）违反规定投资、融资、担保、拆借资金、委托理财、为他人代开信用证、购销商品和服务、招标投标等；

（四）未经批准或者经批准后未办理保全国有资产的法律手续，以个人或者其他名义用企业资产在国（境）外注册公司、投资入股、购买金融产品、购置不动产或者进行其他经营活动；

（五）授意、指使、强令财会人员进行违反国家财经纪律、企业财务制度的活动；

（六）未经履行国有资产出资人职责的机构和人事主管部门批准，决定本级领导人员的薪酬和住房补贴等福利待遇；

（七）未经企业领导班子集体研究，决定捐赠、赞助事项，或者虽经企业领导班子集体研究但未经履行国有资产出资人职责的机构批准，决定大额捐赠、赞助事项；

（八）其他滥用职权、损害国有资产权益的行为。

第五条　国有企业领导人员应当忠实履行职责。不得有利用职权谋取私利以及损害本企业利益的下列行为：

（一）个人从事营利性经营活动和有偿中介活动，或者在本企业的同类经营企业、关联企业和与本企业有业务关系的企业投资入股；

（二）在职或者离职后接受、索取本企业的关联企业、与本企业有业务关系的企业，以及管理和服务对象提供的物质性利益；

（三）以明显低于市场的价格向请托人购买或者以明显高于市场的价格向请托人出售房屋、汽车等物品，以及以其他交易形式非法收受请托人财物；

（四）委托他人投资证券、期货或者以其他委托理财名义，未实际出资而获取收益，或者虽然实际出资，但获取收益明显高于出资应得收益；

（五）利用企业上市或者上市公司并购、重组、定向增发等过程中的内幕消息、商业秘密以及企业的知识产权、业务渠道等无形资产或者资源，为本人或者配偶、子女及其他特定关系人谋取利益；

（六）未经批准兼任本企业所出资企业或者其他企业、事业单位、社会团体、中介机构的领导职务，或者经批准兼职的，擅自领取薪酬及其他收入；

（七）将企业经济往来中的折扣费、中介费、佣金、礼金，以及因企业行为受到有关部门和单位奖励的财物等据为己有或者私分；

（八）其他利用职权谋取私利以及损害本企业利益的行为。

第六条　国有企业领导人员应当正确行使经营管理权，防止可能侵害公共利益、企业利益行为的发生。不得有下列行为：

（一）本人的配偶、子女及其他特定关系人，在本企业的关联企业、与本企业有业务关系的企业投资入股；

（二）将国有资产委托、租赁、承包给配偶、子女及其他特定关系人经营；

（三）利用职权为配偶、子女及其他特定关系人从事营利性经营活动提供便利条件；

（四）利用职权相互为对方及其配偶、子女和其他特定关系人从事营利性经营活动提供便利条件；

（五）本人的配偶、子女及其他特定关系人投资或者经营的企业与本企业或者有出资关系的企业发生可能侵害公共利益、企业利益的经济业务往来；

（六）按照规定应当实行任职回避和公务回避而没有回避；

（七）离职或者退休后三年内，在与原任职企业有业务关系的私营企业、外资企业和中介机构担任职务、投资入股，或者在上述企业或者机构从事、代理与原任职企业经营业务相关的经营活动；

（八）其他可能侵害公共利益、企业利益的行为。

第七条　国有企业领导人员应当勤俭节约，依据有关规定进行职务消费。不得有下列行为：

（一）超出报履行国有资产出资人职责的机构备案的预算进行职务消费；

（二）将履行工作职责以外的费用列入职务消费；

（三）在特定关系人经营的场所进行职务消费；

（四）不按照规定公开职务消费情况；

（五）用公款旅游或者变相旅游；

（六）在企业发生非政策性亏损或者拖欠职工工资期间，购买或者更换小汽车、公务包机、装修办公室、添置高档办公设备等；

（七）使用信用卡、签单等形式进行职务消费，不提供原始凭证和相应的情况说明；

（八）其他违反规定的职务消费以及奢侈浪费行为。

第八条 国有企业领导人员应当加强作风建设，注重自身修养，增强社会责任意识，树立良好的公众形象。不得有下列行为：

（一）弄虚作假，骗取荣誉、职务、职称、待遇或者其他利益；

（二）大办婚丧喜庆事宜，造成不良影响，或者借机敛财；

（三）默许、纵容配偶、子女和身边工作人员利用本人的职权和地位从事可能造成不良影响的活动；

（四）用公款支付与公务无关的娱乐活动费用；

（五）在有正常办公和居住场所的情况下用公款长期包租宾馆；

（六）漠视职工正当要求，侵害职工合法权益；

（七）从事有悖社会公德的活动。

第三章　实施与监督

第九条 国有企业应当依据本规定制定规章制度或者将本规定的要求纳入公司章程，建立健全监督制约机制，保证本规定的贯彻执行。

国有企业党委（党组）书记、董事长、总经理为本企业实施本规定的主要责任人。

第十条 国有企业领导人员应当将贯彻落实本规定的情况作为民主生活会对照检查、年度述职述廉和职工代表大会民主评议的重要内容，接受监督和民主评议。

第十一条 国有企业应当明确决策原则和程序，在规定期限内将生产经营的重大决策、重要人事任免、重大项目安排及大额度资金运作事项的决策情况报告履行国有资产出资人职责的机构，将涉及职工切身利益的事项向职工代表大会报告。

需经职工代表大会讨论通过的事项，应当经职工代表大会讨论通过后实施。

第十二条 国有企业应当完善以职工代表大会为基本形式的企业民主管理制度，实行厂务公开制度，并报履行国有资产出资人职责的机构备案。

第十三条 国有企业应当按照有关规定建立健全职务消费制度，报履行国有资产出资人职责的机构备案，并将职务消费情况作为厂务公开的内容向职工公开。

第十四条 国有企业领导人员应当按年度向履行国有资产出资人职责的机构报告兼职、投资入股、国（境）外存款和购置不动产情况，配偶、子女从业和出国（境）定居及有关情况，以及本人认为应当报告的其他事项，并以适当方式在一定范围内公开。

第十五条 国有企业应当结合本规定建立领导人员从业承诺制度，规范领导人员从业行为以及离职和退休后的相关行为。

第十六条 履行国有资产出资人职责的机构和人事主管部门应当结合实际，完善国有企业领导人员的薪酬管理制度，规范和完善激励和约束机制。

第十七条 纪检监察机关、组织人事部门和履行国有资产出资人职责的机构，应当对国有企业领导人员进行经常性的教育和监督。

第十八条 履行国有资产出资人职责的机构和审计部门应当依法开展各项审计监督，严格执行国有企业领导人员任期和离任经济责任审计制度，建立健全纪检监察和审计监督工作的协调运行机制。

第十九条 各级纪检监察机关、组织人事部门和履行国有资产出资人职责机构的纪检监察机构，应当对所管辖的国有企业领导人员执行本规定的情况进行监督检查。

国有企业的纪检监察机构应当结合年度考核，每年对所管辖的国有企业领导人员执行本规定的情况进行监督检查，并作出评估，向企业党组织和上级纪检监察机构报告。

对违反本规定行为的检举和控告，有关机构应当及时受理，并作出处理决定或者提出处理建议。

对违反本规定行为的检举和控告符合函询条件的，应当按规定进行函询。

对检举、控告违反本规定行为的职工进行打击报复的，应当追究相关责任人的责任。

第二十条　各级组织人事部门和履行国有资产出资人职责的机构，应当将廉洁从业情况作为对国有企业领导人员考察、考核的重要内容和任免的重要依据。

第二十一条　国有企业的监事会应当依照有关规定加强对国有企业领导人员廉洁从业情况的监督。

按照本规定第十一条至第十四条向履行国有资产出资人职责的机构报告、备案的事项，应当同时抄报本企业监事会。

第四章　违反规定行为的处理

第二十二条　国有企业领导人员违反本规定第二章所列行为规范的，视情节轻重，由有关机构按照管理权限分别给予警示谈话、调离岗位、降职、免职处理。

应当追究纪律责任的，除适用前款规定外，视情节轻重，依照国家有关法律法规给予相应的处分。

对于其中的共产党员，视情节轻重，依照《中国共产党纪律处分条例》给予相应的党纪处分。

涉嫌犯罪的，依法移送司法机关处理。

第二十三条　国有企业领导人员受到警示谈话、调离岗位、降职、免职处理的，应当减发或者全部扣发当年的绩效薪金、奖金。

第二十四条　国有企业领导人员违反本规定获取的不正当经济利益，应当责令清退；给国有企业造成经济损失的，应当依据国家或者企业的有关规定承担经济赔偿责任。

第二十五条　国有企业领导人员违反本规定受到降职处理的，两年内不得担任与其原任职务相当或者高于其原任职务的职务。

受到免职处理的，两年内不得担任国有企业的领导职务；因违反国家法律，造成国有资产重大损失被免职的，五年内不得担任国有企业的领导职务。

构成犯罪被判处刑罚的，终身不得担任国有企业的领导职务。

第五章　附　则

第二十六条　国有企业领导班子成员以外的对国有资产负有经营管理责任的其他人员、国有企业所属事业单位的领导人员参照本规定执行。

国有参股企业（含国有参股金融企业）中对国有资产负有经营管理责任的人员参照本规定执行。

第二十七条　本规定所称履行国有资产出资人职责的机构，包括作为国有资产出资人代表的各级国有资产监督管理机构、尚未实行政资分开代行出资人职责的政府主管部门和其他机构以及授权经营的母公司。

本规定所称特定关系人，是指与国有企业领导人员有近亲属以及其他共同利益关系的人。

第二十八条 国务院国资委，各省、自治区、直辖市，可以根据本规定制定实施办法，并报中央纪委、监察部备案。

中国银监会、中国证监会、中国保监会，中央管理的国有独资金融企业和国有控股金融企业，可以结合金融行业的实际，制定本规定的补充规定，并报中央纪委、监察部备案。

第二十九条 本规定由中央纪委商中央组织部、监察部解释。

第三十条 本规定自发布之日起施行。2004 年发布的《国有企业领导人员廉洁从业若干规定（试行）》同时废止。

现行的其他有关规定，凡与本规定不一致的，依照本规定执行。

中央纪委负责同志就《国有企业领导人员廉洁从业若干规定》的颁布实施答新华社记者问

新华社北京11月30日电（记者谭浩）《国有企业领导人员廉洁从业若干规定》（以下简称《若干规定》）已由中共中央办公厅、国务院办公厅于2009年7月1日颁布施行。日前，中央纪委负责同志接受了新华社记者采访，就《若干规定》的有关情况，回答了记者提问。

问：　请您介绍一下出台《若干规定》的背景情况。

答：　中共中央办公厅、国务院办公厅颁布的《若干规定》，是在2004年12月由中央纪委、中央组织部、监察部、国务院国资委联合制定的《国有企业领导人员廉洁从业若干规定（试行）》（以下简称"试行规定"）基础上修订而成的。"试行规定"实施四年多来，对于规范国有企业领导人员廉洁从业行为，加强国有企业党风建设和反腐倡廉工作，促进国有企业改革发展稳定，起到了重要作用。但是，随着形势发展和国有企业反腐倡廉建设的不断深入，"试行规定"已经不能完全适应现实需要：一是近年来党中央提出了深入贯彻落实科学发展观、构建社会主义和谐社会等重大战略思想，党的十七大对国有企业改革发展作出了重要部署，需要及时贯彻和体现到国有企业领导人员廉洁从业行为规范中；二是随着社会生活和社会关系的日趋复杂化，国有企业领导人员廉洁从业方面出现了一些新情况新问题，不廉洁行为的形式和手段也发生了变化，需要尽快调整充实相关要求，堵塞漏洞；三是现有的实施与监督制度不够完善，需要进一步明确责任，加大监督力度和完善监督措施，提高实施和监督效果；四是对违规行为的处理措施需要进一步强化，以增强制度的威慑力。为此，许多地方、部门和国有企业建议尽快修订"试行规定"，颁布正式施行的《若干规定》。中共中央纪委监察部将修订"试行规定"列为2007年法规工作的一项重要任务。2008年5月，中央印发的《建立健全惩治和预防腐败体系2008—2012年工作规划》明确提出，要修订《国有企业领导人员廉洁从业若干规定（试行）》。考虑到国有企业领导人员廉洁从业行为规范及其实施和监督问题，政策性强、涉及面广、事关重大，且"试行规定"实施四年多来，取得了一定经验，在更高层次上规范国有企业领导人员廉洁从业行为的时机已经基本成熟，因此，中央决定修订后以中办、国办名义印发。

问：请您简要谈一谈修订"试行规定"的过程。

答：2007年9月，中央纪委、中央组织部、监察部、国务院国资委共同组成修订工作小组，制定了修订工作方案，开始了"试行规定"的修订工作。在广泛调研论证的基础上，经反复研究修改，形成了修订征求意见稿。2008年4月，以中央纪委、中央组织部、监察部、国务院国资委四部委办公厅名义将修订征求意见稿普发纪检监察系统、组织系统、国资监管系统和部分中央直属企业征求意见。根据反馈意见修改后，又送中华全国总工会、人力资源和社会保障部、国务院法制办征求意见。在此基础上，修改形成了修订送审稿。12 月 15 日，中央纪委书记办公会议审议并通过了修订送审稿，提出由中央纪委、中央组织部、监察部、国务院国资委共同将修订送审稿呈报中央审议。《若干规定》（修订送审稿）先后经中央党建工作领导小组会议、中央政治局常委会议审议，最终经中央政治局会议审议通过，并于 2009 年 7 月 1 日印发。

问：请您介绍一下《若干规定》的主要内容。

答：《若干规定》共 5 章 30 条约 4200 字。第一章“总则”规定了制定《若干规定》的目的和依据，明确了适用范围，对国有企业领导人员廉洁从业提出了原则性要求。第二章“廉洁从业行为规范”分别从维护国家和出资人利益、维护国有企业利益、防止可能侵害公共利益和企业利益行为的发生、规范职务消费行为、加强作风建设等五个方面，规范了国有企业领导人员的廉洁从业行为，对“三重一大”事项决策、收受不正当利益、利用企业资源谋利、经商办企业、配偶子女从业、离职和退休后从业等重要问题的政策界限作了界定。第三章“实施与监督”规定了有关机构的监督责任和述职述廉、个人有关事项报告与公开、纪检监察机构监督检查与评估、函询以及履行国有资产出资人职责机构的审计、报告备案事项抄报监事会等监督保障制度。第四章“违规行为的处理”规定了对违规国有企业领导人员的党纪政纪处分依据，以及警示谈话、调离岗位、降职、免职四种处理措施和相应的经济处罚办法。第五章“附则”规定了参照执行的范围、授权解释机构、施行时间等内容。总的来看，《若干规定》贯彻了党中央、国务院和中央纪委近年来对国有企业反腐倡廉建设的要求，体现了国有资产监管体制和国有企业改革的新进展，反映了经济社会的发展变化和国有企业反腐倡廉工作的实际需要，是一部比较全面、系统规范国有企业领导人员廉洁从业行为的专门法规。

问：《若干规定》与“试行规定”相比有哪些创新?

答：《若干规定》保留了“试行规定”的总体框架结构，但对具体内容作了较大修改。与“试行规定”相比，《若干规定》的创新主要体现在以下几个方面：

一是体现了全面贯彻落实科学发展观、构建社会主义和谐社会的重要战略思想。《若干规定》在第一条中明确写明“促进国有企业科学发展”等方面的立法目的，还在行为规范的设定以及实施与监督制度及处理措施的设定上，始终注意将贯彻落实科学发展观和构建社会主义和谐社会的要求贯穿其中，并结合国有企业特点加以突出和体现。

二是增加了对国有企业领导人员作风建设的要求。胡锦涛总书记 2007 年 1 月在中央纪委第七次全会上指出，“加强领导干部作风建设是做好新形势下的反腐倡廉工作的必然要求”。作风建设是国有企业领导人员廉洁从业的一个重要方面，并且贯穿于廉洁从业的各个环节，二者相辅相成、互相依存、相互促进。《若干规定》第八条针对实践中国有企业领导人员在作风建设方面存在的突出问题，分七项从工作作风、生活作风等方面就弄虚作假、漠视职工正当要求、从事有悖社会公德的活动等问题对国有企业领导人员作出了禁止性规定。

三是进一步明确了国有企业领导人员在容易引发不廉洁行为的问题上的政策界限。比如：《若干规定》对国有企业领导人员经商办企业、兼职取酬、职务消费、离职和退休后从业、配偶子女从业等问题作了明确界定，什么行为可以做、什么行为不可以做、什么行为报告后可以做，一目了然，清楚明白。这既为国有企业领导人员在这些问题上严格自律提供了标准，又为监管部门加强管理监督工作、发挥职工群众和社会监督的作用提供了依据。再比如：《若干规定》明确规定了国有企业领导人员离职后收受物质性利益、以交易形式收受他人财物、以委托他人投资理财等名义收受财物、相互为对方配偶子女经商办企业提供便利、利用内幕信息谋利、利用职务上的便利为"特定关系人"谋取利益等行为的政策界限。这些都是近几年来办案实践中经常遇到，在定性量纪方面容易产生分歧的违纪行为。对这些问题作出明确界定，有利于国有企业领导人员澄清模糊认识、筑牢思想道德和党纪国法防线。

四是增加了对国有企业领导人员违规行为的处理措施。按照党的十七大报告关于"完善适合国有企业特点的领导人员管理办法"的精神，《若干规定》借鉴一些企业的有效做法，从领导人员的岗位和薪酬入手，总结出警示谈话、调离岗位、降职、免职四种处理措施，并明确了相应的经济处罚办法。征求意见过程中，企业和有关各方一致认为，这四种处理措施比较符合国有企业的实际情况，可以弥补目前国家法律法规在对国有企业领导人员违规行为处理措施方面的不足，能够有效解决对违规人员处理不力和不规范等问题。

五是完善了监督检查制度。针对监督检查力度不够，职能机构的监督作用没有得到充分发挥等问题，《若干规定》在进一步明确监督责任的基础上，借鉴一些国家开展绩效审计工作的经验，设计了一种监督检查与评估相结合的办法，在第十九条中规定，国有企业的纪检监察机构应当结合年度考核，每年对所管辖的国有企业领导人员执行本规定的情况进行监督检查，并作出评估，向企业党组织和上级纪检监察机构报告。力求使对国有企业领导人员廉洁从业情况的监督检查工作制度化、规范化、常态化。

同时，由于国有企业领导人员中不是中共党员的不适用《关于党员领导干部报告个人有关事项的规定》，因此，建立一项符合国有企业特点，适用于所有国有企业领导人员的个人有关事项报告与公开制度，很有必要。为此，《若干规定》第十四条规定，国有企业领导人员应当按年度向履行国有资产出资人职责的机构报告兼职、投资入股、国（境）外存款和购置不动产情况，配偶、子女从业和出国（境）定居及有关情况，以及本人认为应当报告的其他事项，并以适当方式在一定范围内公开。

问：请您谈谈中央纪委对学习贯彻《若干规定》有什么要求？

答：各级纪检监察机关和国有企业要从深入贯彻落实科学发展观的高度，充分认识贯彻实施《若干规定》的重要意义；要着眼于全面贯彻落实党的十七届四中全会新要求新措施的高度，增强贯彻实施《若干规定》的使命感和责任感。加强国有企业反腐倡廉建设是整体推进党的建设的重要内容，加强国有企业反腐倡廉建设，能够促进国有企业党组织充分发挥政治核心作用，为企业改革发展健康顺利进行提供有力的政治和组织保证；能够密切国有企业党群干群关系，巩固党执政兴国的阶级基础，有利于形成党的建设整体推进、深入发展的良好态势。因此，要把这项工作作为当前国有企业反腐倡廉建设的一项重要任务，结合党的十七届四中全会精神，在党委、政府的统一领导下，根据建立健全惩治和预防腐败体系的部署，把贯彻实施《若干规定》工作抓紧抓实。国有企业领导人员特别是主要负责同志一定要以身作则，认真学习和模范遵守《若干规定》，切实履行好应当承担的责任。

学习宣传贯彻《若干规定》，一是要抓好宣传教育工作。各级纪检监察机关和国有企业都要根据实际情况，通过举办培训班、研讨会等形式，组织国有企业领导人员和承担有关工作的同志进行集中学习，使他们熟悉和掌握《若干规定》，严格按照《若干规定》的要求自查自律和开展工作。要充分发挥广播、电视、报刊、网络等媒体的作用，在全社会广泛宣传《若干规定》，努力形成学习贯彻《若干规定》的良好氛围。二是要抓好制度建设工作。各级纪检监察机关和国有企业要对照《若干规定》，查找存在的突出问题和薄弱环节，有针对性地把廉洁从业各项要求贯穿和落实到国有企业权力运行机制、决策、经营、管理等企业规章制度中，加强企业经营管理关键环节的制度建设，使廉洁从业工作贯穿企业决策、管理和生产经营活动的全过程，形成廉洁从业工作与国有企业改革发展、生产经营活动相互融合、相互促进的局面，为继续应对国际金融危机冲击、促进国民经济平稳较快发展作出贡献。三是要抓好监督检查和对违反《若干规定》行为的查处工作。各级纪检监察机关和国有企业要切实履行职责，加强对《若干规定》贯彻执行情况的监督检查，注意充分发挥职工群众和社会舆论的监督作用，综合运用纪律处分、岗位罚、经济罚等惩戒措施，严肃查处违反《若干规定》的行为，确保《若干规定》的贯彻执行。

彩票管理条例

（国务院令第 554 号，国务院 2009 年 5 月 4 日发布）

第一章　总　则

第一条　为了加强彩票管理，规范彩票市场发展，维护彩票市场秩序，保护彩票参与者的合法权益，促进社会公益事业发展，制定本条例。

第二条　本条例所称彩票，是指国家为筹集社会公益资金，促进社会公益事业发展而特许发行、依法销售，自然人自愿购买，并按照特定规则获得中奖机会的凭证。

彩票不返还本金、不计付利息。

第三条　国务院特许发行福利彩票、体育彩票。未经国务院特许，禁止发行其他彩票。禁止在中华人民共和国境内发行、销售境外彩票。

第四条　彩票的发行、销售和开奖，应当遵循公开、公平、公正和诚实信用的原则。

第五条　国务院财政部门负责全国的彩票监督管理工作。国务院民政部门、体育行政部门按照各自的职责分别负责全国的福利彩票、体育彩票管理工作。

省、自治区、直辖市人民政府财政部门负责本行政区域的彩票监督管理工作。省、自治区、直辖市人民政府民政部门、体育行政部门按照各自的职责分别负责本行政区域的福利彩票、体育彩票管理工作。

县级以上各级人民政府公安机关和县级以上工商行政管理机关，在各自的职责范围内，依法查处非法彩票，维护彩票市场秩序。

第二章　彩票发行和销售管理

第六条　国务院民政部门、体育行政部门依法设立的福利彩票发行机构、体育彩票发行机构（以下简称彩票发行机构），分别负责全国的福利彩票、体育彩票发行和组织销售工作。

省、自治区、直辖市人民政府民政部门、体育行政部门依法设立的福利彩票销售机构、体育彩票销售机构（以下简称彩票销售机构），分别负责本行政区域的福利彩票、体育彩票销售工作。

第七条　彩票发行机构申请开设、停止福利彩票、体育彩票的具体品种（以下简称彩票品种）或者申请变更彩票品种审批事项的，应当依照本条例规定的程序报国务院财政部门批准。

国务院财政部门应当根据彩票市场健康发展的需要，按照合理规划彩票市场和彩票品种结构、严格控制彩票风险的原则，对彩票发行机构的申请进行审查。

第八条　彩票发行机构申请开设彩票品种，应当经国务院民政部门或者国务院体育行政部门审核同意，向国务院财政部门提交下列申请材料：

（一）申请书；

（二）彩票品种的规则；

（三）发行方式、发行范围；

（四）市场分析报告及技术可行性分析报告；

（五）开奖、兑奖操作规程；

（六）风险控制方案。

国务院财政部门应当自受理申请之日起 90 个工作日内，通过专家评审、听证会等方式对开设彩票品种听取社会意见，对申请进行审查并作出书面决定。

第九条 彩票发行机构申请变更彩票品种的规则、发行方式、发行范围等审批事项的，应当经国务院民政部门或者国务院体育行政部门审核同意，向国务院财政部门提出申请并提交与变更事项有关的材料。国务院财政部门应当自受理申请之日起 45 个工作日内，对申请进行审查并作出书面决定。

第十条 彩票发行机构申请停止彩票品种的，应当经国务院民政部门或者国务院体育行政部门审核同意，向国务院财政部门提出书面申请并提交与停止彩票品种有关的材料。国务院财政部门应当自受理申请之日起 10 个工作日内，对申请进行审查并作出书面决定。

第十一条 经批准开设、停止彩票品种或者变更彩票品种审批事项的，彩票发行机构应当在开设、变更、停止的 10 个自然日前，将有关信息向社会公告。

第十二条 因维护社会公共利益的需要，在紧急情况下，国务院财政部门可以采取必要措施，决定变更彩票品种审批事项或者停止彩票品种。

第十三条 彩票发行机构、彩票销售机构应当依照政府采购法律、行政法规的规定，采购符合标准的彩票设备和技术服务。

彩票设备和技术服务的标准，由国务院财政部门会同国务院民政部门、体育行政部门依照国家有关标准化法律、行政法规的规定制定。

第十四条 彩票发行机构、彩票销售机构应当建立风险管理体系和可疑资金报告制度，保障彩票发行、销售的安全。

彩票发行机构、彩票销售机构负责彩票销售系统的数据管理、开奖兑奖管理以及彩票资金的归集管理，不得委托他人管理。

第十五条 彩票发行机构、彩票销售机构可以委托单位、个人代理销售彩票。彩票发行机构、彩票销售机构应当与接受委托的彩票代销者签订彩票代销合同。福利彩票、体育彩票的代销合同示范文本分别由国务院民政部门、体育行政部门制定。

彩票代销者不得委托他人代销彩票。

第十六条 彩票销售机构应当为彩票代销者配置彩票投注专用设备。彩票投注专用设备属于彩票销售机构所有，彩票代销者不得转借、出租、出售。

第十七条 彩票销售机构应当在彩票发行机构的指导下，统筹规划彩票销售场所的布局。彩票销售场所应当按照彩票发行机构的统一要求，设置彩票销售标识，张贴警示标语。

第十八条 彩票发行机构、彩票销售机构、彩票代销者不得有下列行为：

（一）进行虚假性、误导性宣传；

（二）以诋毁同业者等手段进行不正当竞争；

（三）向未成年人销售彩票；

（四）以赊销或者信用方式销售彩票。

第十九条 需要销毁彩票的，由彩票发行机构报国务院财政部门批准后，在国务院民政部门或者国务院体育行政部门的监督下销毁。

第二十条 彩票发行机构、彩票销售机构应当及时将彩票发行、销售情况向社会全面公布，接受社会公众的监督。

第三章 彩票开奖和兑奖管理

第二十一条 彩票发行机构、彩票销售机构应当按照批准的彩票品种的规则和开奖操作规程开奖。

国务院民政部门、体育行政部门和省、自治区、直辖市人民政府民政部门、体育行政部门应当加强对彩票开奖活动的监督，确保彩票开奖的公开、公正。

第二十二条 彩票发行机构、彩票销售机构应当确保彩票销售数据的完整、准确和安全。当期彩票销售数据封存后至开奖活动结束前，不得查阅、变更或者删除销售数据。

第二十三条 彩票发行机构、彩票销售机构应当加强对开奖设备的管理，确保开奖设备正常运行，并配置备用开奖设备。

第二十四条 彩票发行机构、彩票销售机构应当在每期彩票销售结束后，及时向社会公布当期彩票的销售情况和开奖结果。

第二十五条 彩票中奖者应当自开奖之日起 60 个自然日内，持中奖彩票到指定的地点兑奖，彩票品种的规则规定需要出示身份证件的，还应当出示本人身份证件。逾期不兑奖的视为弃奖。

禁止使用伪造、变造的彩票兑奖。

第二十六条 彩票发行机构、彩票销售机构、彩票代销者应当按照彩票品种的规则和兑奖操作规程兑奖。

彩票中奖奖金应当以人民币现金或者现金支票形式一次性兑付。

不得向未成年人兑奖。

第二十七条 彩票发行机构、彩票销售机构、彩票代销者以及其他因职务或者业务便利知悉彩票中奖者个人信息的人员，应当对彩票中奖者个人信息予以保密。

第四章 彩票资金管理

第二十八条 彩票资金包括彩票奖金、彩票发行费和彩票公益金。彩票资金构成比例由国务院决定。

彩票品种中彩票资金的具体构成比例，由国务院财政部门按照国务院的决定确定。

随着彩票发行规模的扩大和彩票品种的增加，可以降低彩票发行费比例。

第二十九条 彩票发行机构、彩票销售机构应当按照国务院财政部门的规定开设彩票资金账户，用于核算彩票资金。

第三十条 国务院财政部门和省、自治区、直辖市人民政府财政部门应当建立彩票发行、销售和资金管理信息系统，及时掌握彩票销售和资金流动情况。

第三十一条 彩票奖金用于支付彩票中奖者。彩票单注奖金的最高限额，由国务院财政部门根据彩票市场发展情况决定。

逾期未兑奖的奖金，纳入彩票公益金。

第三十二条 彩票发行费专项用于彩票发行机构、彩票销售机构的业务费用支出以及彩票代销者的销售费用支出。

彩票发行机构、彩票销售机构的业务费实行收支两条线管理，其支出应当符合彩票发行机构、彩票销售机构财务管理制度。

第三十三条 彩票公益金专项用于社会福利、体育等社会公益事业，不用于平衡财政一般预算。

彩票公益金按照政府性基金管理办法纳入预算，实行收支两条线管理。

第三十四条 彩票发行机构、彩票销售机构应当按照国务院财政部门的规定，及时上缴彩票公益金和彩票发行费中的业务费，不得截留或者挪作他用。财政部门应当及时核拨彩票发行机构、彩票销售机构的业务费。

第三十五条 彩票公益金的分配政策，由国务院财政部门会同国务院民政、体育行政等有关部门提出方案，报国务院批准后执行。

第三十六条 彩票发行费、彩票公益金的管理、使用单位，应当依法接受财政部门、审计机关和社会公众的监督。

彩票公益金的管理、使用单位，应当每年向社会公告公益金的使用情况。

第三十七条 国务院财政部门和省、自治区、直辖市人民政府财政部门应当每年向本级人民政府报告上年度彩票公益金的筹集、分配和使用情况，并向社会公告。

第五章 法律责任

第三十八条 违反本条例规定，擅自发行、销售彩票，或者在中华人民共和国境内发行、销售境外彩票构成犯罪的，依法追究刑事责任；尚不构成犯罪的，由公安机关依法给予治安管理处罚；有违法所得的，没收违法所得。

第三十九条 彩票发行机构、彩票销售机构有下列行为之一的，由财政部门责令停业整顿；有违法所得的，没收违法所得，并处违法所得 3 倍的罚款；对直接负责的主管人员和其他直接责任人员，依法给予处分；构成犯罪的，依法追究刑事责任：

（一）未经批准开设、停止彩票品种或者未经批准变更彩票品种审批事项的；

（二）未按批准的彩票品种的规则、发行方式、发行范围、开奖兑奖操作规程发行、销售彩票或者开奖兑奖的；

（三）将彩票销售系统的数据管理、开奖兑奖管理或者彩票资金的归集管理委托他人管理的；

（四）违反规定查阅、变更、删除彩票销售数据的；

（五）以赊销或者信用方式销售彩票的；

（六）未经批准销毁彩票的；

（七）截留、挪用彩票资金的。

第四十条 彩票发行机构、彩票销售机构有下列行为之一的，由财政部门责令改正；有违法所得的，没收违法所得；对直接负责的主管人员和其他直接责任人员，依法给予处分：

（一）采购不符合标准的彩票设备或者技术服务的；
（二）进行虚假性、误导性宣传的；
（三）以诋毁同业者等手段进行不正当竞争的；
（四）向未成年人销售彩票的；
（五）泄露彩票中奖者个人信息的；
（六）未将逾期未兑奖的奖金纳入彩票公益金的；
（七）未按规定上缴彩票公益金、彩票发行费中的业务费的。

第四十一条 彩票代销者有下列行为之一的，由民政部门、体育行政部门责令改正，处 2000 元以上 1 万元以下罚款；有违法所得的，没收违法所得：
（一）委托他人代销彩票或者转借、出租、出售彩票投注专用设备的；
（二）进行虚假性、误导性宣传的；
（三）以诋毁同业者等手段进行不正当竞争的；
（四）向未成年人销售彩票的；
（五）以赊销或者信用方式销售彩票的。

彩票代销者有前款行为受到处罚的，彩票发行机构、彩票销售机构有权解除彩票代销合同。

第四十二条 伪造、变造彩票或使用伪造、变造的彩票兑奖的，依法给予治安管理处罚；构成犯罪的，依法追究刑事责任。

第四十三条 彩票公益金管理、使用单位违反彩票公益金管理、使用规定的，由财政部门责令限期改正；有违法所得的，没收违法所得；在规定期限内不改正的，没收已使用彩票公益金形成的资产，取消其彩票公益金使用资格。

第四十四条 依照本条例的规定履行彩票管理职责的财政部门、民政部门、体育行政部门的工作人员，在彩票监督管理活动中滥用职权、玩忽职守、徇私舞弊，构成犯罪的，依法追究刑事责任；尚不构成犯罪的，依法给予处分。

第六章 附 则

第四十五条 本条例自 2009 年 7 月 1 日起施行。

中华人民共和国食品安全法实施条例

（国务院令第 557 号，国务院 2009 年 7 月 20 日发布）

第一章　总　则

第一条　根据《中华人民共和国食品安全法》（以下简称食品安全法），制定本条例。

第二条　县级以上地方人民政府应当履行食品安全法规定的职责；加强食品安全监督管理能力建设，为食品安全监督管理工作提供保障；建立健全食品安全监督管理部门的协调配合机制，整合、完善食品安全信息网络，实现食品安全信息共享和食品检验等技术资源的共享。

第三条　食品生产经营者应当依照法律、法规和食品安全标准从事生产经营活动，建立健全食品安全管理制度，采取有效管理措施，保证食品安全。

食品生产经营者对其生产经营的食品安全负责，对社会和公众负责，承担社会责任。

第四条　食品安全监督管理部门应当依照食品安全法和本条例的规定公布食品安全信息，为公众咨询、投诉、举报提供方便；任何组织和个人有权向有关部门了解食品安全信息。

第二章　食品安全风险监测和评估

第五条　食品安全法第十一条规定的国家食品安全风险监测计划，由国务院卫生行政部门会同国务院质量监督、工商行政管理和国家食品药品监督管理以及国务院商务、工业和信息化等部门，根据食品安全风险评估、食品安全标准制定与修订、食品安全监督管理等工作的需要制定。

第六条　省、自治区、直辖市人民政府卫生行政部门应当组织同级质量监督、工商行政管理、食品药品监督管理、商务、工业和信息化等部门，依照食品安全法第十一条的规定，制定本行政区域的食品安全风险监测方案，报国务院卫生行政部门备案。

国务院卫生行政部门应当将备案情况向国务院质量监督、工商行政管理和国家食品药品监督管理以及国务院商务、工业和信息化等部门通报。

第七条　国务院卫生行政部门会同有关部门除依照食品安全法第十二条的规定对国家食品安全风险监测计划作出调整外，必要时，还应当依据医疗机构报告的有关疾病信息调整国家食品安全风险监测计划。

国家食品安全风险监测计划作出调整后，省、自治区、直辖市人民政府卫生行政部门应当结合本行政区域的具体情况，对本行政区域的食品安全风险监测方案作出相应调整。

第八条　医疗机构发现其接收的病人属于食源性疾病病人、食物中毒病人，或者疑似食源性疾病病人、疑似食物中毒病人的，应当及时向所在地县级人民政府卫生行政部门报告有关疾病信息。

接到报告的卫生行政部门应当汇总、分析有关疾病信息，及时向本级人民政府报告，同时报告上级卫生行政部门；必要时，可以直接向国务院卫生行政部门报告，同时报告本级人民政府和上级卫生行政部门。

第九条　食品安全风险监测工作由省级以上人民政府卫生行政部门会同同级质量监督、工商行政管理、食品药品监督管理等部门确定的技术机构承担。

承担食品安全风险监测工作的技术机构应当根据食品安全风险监测计划和监测方案开展监测工作，保证监测数据真实、准确，并按照食品安全风险监测计划和监测方案的要求，将监测数据和分析结果报送省级以上人民政府卫生行政部门和下达监测任务的部门。

食品安全风险监测工作人员采集样品、收集相关数据，可以进入相关食用农产品种植养殖、食品生产、食品流通或者餐饮服务场所。采集样品，应当按照市场价格支付费用。

第十条　食品安全风险监测分析结果表明可能存在食品安全隐患的，省、自治区、直辖市人民政府卫生行政部门应当及时将相关信息通报本行政区域设区的市级和县级人民政府及其卫生行政部门。

第十一条　国务院卫生行政部门应当收集、汇总食品安全风险监测数据和分析结果，并向国务院质量监督、工商行政管理和国家食品药品监督管理以及国务院商务、工业和信息化等部门通报。

第十二条　有下列情形之一的，国务院卫生行政部门应当组织食品安全风险评估工作：

（一）为制定或者修订食品安全国家标准提供科学依据需要进行风险评估的；

（二）为确定监督管理的重点领域、重点品种需要进行风险评估的；

（三）发现新的可能危害食品安全的因素的；

（四）需要判断某一因素是否构成食品安全隐患的；

（五）国务院卫生行政部门认为需要进行风险评估的其他情形。

第十三条　国务院农业行政、质量监督、工商行政管理和国家食品药品监督管理等有关部门依照食品安全法第十五条规定向国务院卫生行政部门提出食品安全风险评估建议，应当提供下列信息和资料：

（一）风险的来源和性质；

（二）相关检验数据和结论；

（三）风险涉及范围；

（四）其他有关信息和资料。

县级以上地方农业行政、质量监督、工商行政管理、食品药品监督管理等有关部门应当协助收集前款规定的食品安全风险评估信息和资料。

第十四条　省级以上人民政府卫生行政、农业行政部门应当及时相互通报食品安全风险监测和食用农产品质量安全风险监测的相关信息。

国务院卫生行政、农业行政部门应当及时相互通报食品安全风险评估结果和食用农产品质量安全风险评估结果等相关信息。

第三章　食品安全标准

第十五条　国务院卫生行政部门会同国务院农业行政、质量监督、工商行政管理和国家食品药品监督管理以及国务院商务、工业和信息化等部门制定食品安全国家标准规划及其实施计划。制定食品安全国家标准规划及其实施计划，应当公开征求意见。

第十六条 国务院卫生行政部门应当选择具备相应技术能力的单位起草食品安全国家标准草案。提倡由研究机构、教育机构、学术团体、行业协会等单位，共同起草食品安全国家标准草案。

国务院卫生行政部门应当将食品安全国家标准草案向社会公布，公开征求意见。

第十七条 食品安全法第二十三条规定的食品安全国家标准审评委员会由国务院卫生行政部门负责组织。

食品安全国家标准审评委员会负责审查食品安全国家标准草案的科学性和实用性等内容。

第十八条 省、自治区、直辖市人民政府卫生行政部门应当将企业依照食品安全法第二十五条规定报送备案的企业标准，向同级农业行政、质量监督、工商行政管理、食品药品监督管理、商务、工业和信息化等部门通报。

第十九条 国务院卫生行政部门和省、自治区、直辖市人民政府卫生行政部门应当会同同级农业行政、质量监督、工商行政管理、食品药品监督管理、商务、工业和信息化等部门，对食品安全国家标准和食品安全地方标准的执行情况分别进行跟踪评价，并应当根据评价结果适时组织修订食品安全标准。

国务院和省、自治区、直辖市人民政府的农业行政、质量监督、工商行政管理、食品药品监督管理、商务、工业和信息化等部门应当收集、汇总食品安全标准在执行过程中存在的问题，并及时向同级卫生行政部门通报。

食品生产经营者、食品行业协会发现食品安全标准在执行过程中存在问题的，应当立即向食品安全监督管理部门报告。

第四章 食品生产经营

第二十条 设立食品生产企业，应当预先核准企业名称，依照食品安全法的规定取得食品生产许可后，办理工商登记。县级以上质量监督管理部门依照有关法律、行政法规规定审核相关资料、核查生产场所、检验相关产品；对相关资料、场所符合规定要求以及相关产品符合食品安全标准或者要求的，应当作出准予许可的决定。

其他食品生产经营者应当在依法取得相应的食品生产许可、食品流通许可、餐饮服务许可后，办理工商登记。法律、法规对食品生产加工小作坊和食品摊贩另有规定的，依照其规定。

食品生产许可、食品流通许可和餐饮服务许可的有效期为3年。

第二十一条 食品生产经营者的生产经营条件发生变化，不符合食品生产经营要求的，食品生产经营者应当立即采取整改措施；有发生食品安全事故的潜在风险的，应当立即停止食品生产经营活动，并向所在地县级质量监督、工商行政管理或者食品药品监督管理部门报告；需要重新办理许可手续的，应当依法办理。

县级以上质量监督、工商行政管理、食品药品监督管理部门应当加强对食品生产经营者生产经营活动的日常监督检查；发现不符合食品生产经营要求情形的，应当责令立即纠正，并依法予以处理；不再符合生产经营许可条件的，应当依法撤销相关许可。

第二十二条　食品生产经营企业应当依照食品安全法第三十二条的规定组织职工参加食品安全知识培训，学习食品安全法律、法规、规章、标准和其他食品安全知识，并建立培训档案。

第二十三条　食品生产经营者应当依照食品安全法第三十四条的规定建立并执行从业人员健康检查制度和健康档案制度。从事接触直接入口食品工作的人员患有痢疾、伤寒、甲型病毒性肝炎、戊型病毒性肝炎等消化道传染病，以及患有活动性肺结核、化脓性或者渗出性皮肤病等有碍食品安全的疾病的，食品生产经营者应当将其调整到其他不影响食品安全的工作岗位。

食品生产经营人员依照食品安全法第三十四条第二款规定进行健康检查，其检查项目等事项应当符合所在地省、自治区、直辖市的规定。

第二十四条　食品生产经营企业应当依照食品安全法第三十六条第二款、第三十七条第一款、第三十九条第二款的规定建立进货查验记录制度、食品出厂检验记录制度，如实记录法律规定记录的事项，或者保留载有相关信息的进货或者销售票据。记录、票据的保存期限不得少于2年。

第二十五条　实行集中统一采购原料的集团性食品生产企业，可以由企业总部统一查验供货者的许可证和产品合格证明文件，进行进货查验记录；对无法提供合格证明文件的食品原料，应当依照食品安全标准进行检验。

第二十六条　食品生产企业应当建立并执行原料验收、生产过程安全管理、贮存管理、设备管理、不合格产品管理等食品安全管理制度，不断完善食品安全保障体系，保证食品安全。

第二十七条　食品生产企业应当就下列事项制定并实施控制要求，保证出厂的食品符合食品安全标准：

（一）原料采购、原料验收、投料等原料控制；

（二）生产工序、设备、贮存、包装等生产关键环节控制；

（三）原料检验、半成品检验、成品出厂检验等检验控制；

（四）运输、交付控制。

食品生产过程中有不符合控制要求情形的，食品生产企业应当立即查明原因并采取整改措施。

第二十八条　食品生产企业除依照食品安全法第三十六条、第三十七条规定进行进货查验记录和食品出厂检验记录外，还应当如实记录食品生产过程的安全管理情况。记录的保存期限不得少于2年。

第二十九条　从事食品批发业务的经营企业销售食品，应当如实记录批发食品的名称、规格、数量、生产批号、保质期、购货者名称及联系方式、销售日期等内容，或者保留载有相关信息的销售票据。记录、票据的保存期限不得少于2年。

第三十条　国家鼓励食品生产经营者采用先进技术手段，记录食品安全法和本条例要求记录的事项。

第三十一条　餐饮服务提供者应当制定并实施原料采购控制要求，确保所购原料符合食品安全标准。

餐饮服务提供者在制作加工过程中应当检查待加工的食品及原料，发现有腐败变质或者其他感官性状异常的，不得加工或者使用。

第三十二条 餐饮服务提供企业应当定期维护食品加工、贮存、陈列等设施、设备；定期清洗、校验保温设施及冷藏、冷冻设施。

餐饮服务提供者应当按照要求对餐具、饮具进行清洗、消毒，不得使用未经清洗和消毒的餐具、饮具。

第三十三条 对依照食品安全法第五十三条规定被召回的食品，食品生产者应当进行无害化处理或者予以销毁，防止其再次流入市场。对因标签、标识或者说明书不符合食品安全标准而被召回的食品，食品生产者在采取补救措施且能保证食品安全的情况下可以继续销售；销售时应当向消费者明示补救措施。

县级以上质量监督、工商行政管理、食品药品监督管理部门应当将食品生产者召回不符合食品安全标准的食品的情况，以及食品经营者停止经营不符合食品安全标准的食品的情况，记入食品生产经营者食品安全信用档案。

第五章 食品检验

第三十四条 申请人依照食品安全法第六十条第三款规定向承担复检工作的食品检验机构（以下称复检机构）申请复检，应当说明理由。

复检机构名录由国务院认证认可监督管理、卫生行政、农业行政等部门共同公布。复检机构出具的复检结论为最终检验结论。

复检机构由复检申请人自行选择。复检机构与初检机构不得为同一机构。

第三十五条 食品生产经营者对依照食品安全法第六十条规定进行的抽样检验结论有异议申请复检，复检结论表明食品合格的，复检费用由抽样检验的部门承担；复检结论表明食品不合格的，复检费用由食品生产经营者承担。

第六章 食品进出口

第三十六条 进口食品的进口商应当持合同、发票、装箱单、提单等必要的凭证和相关批准文件，向海关报关地的出入境检验检疫机构报检。进口食品应当经出入境检验检疫机构检验合格。海关凭出入境检验检疫机构签发的通关证明放行。

第三十七条 进口尚无食品安全国家标准的食品，或者首次进口食品添加剂新品种、食品相关产品新品种，进口商应当向出入境检验检疫机构提交依照食品安全法第六十三条规定取得的许可证明文件，出入境检验检疫机构应当按照国务院卫生行政部门的要求进行检验。

第三十八条 国家出入境检验检疫部门在进口食品中发现食品安全国家标准未规定且可能危害人体健康的物质，应当按照食品安全法第十二条的规定向国务院卫生行政部门通报。

第三十九条 向我国境内出口食品的境外食品生产企业依照食品安全法第六十五条规定进行注册，其注册有效期为 4 年。已经注册的境外食品生产企业提供虚假材料，或者因境外食品生产企业的原因致使相关进口食品发生重大食品安全事故的，国家出入境检验检疫部门应当撤销注册，并予以公告。

第四十条 进口的食品添加剂应当有中文标签、中文说明书。标签、说明书应当符合食品安全法和我国其他有关法律、行政法规的规定以及食品安全国家标准的要求，载明食品添加剂的原产地和境内代理商的名称、地址、联系方式。食品添加剂没有中文标签、中文说明书或者标签、说明书不符合本条规定的，不得进口。

第四十一条　出入境检验检疫机构依照食品安全法第六十二条规定对进口食品实施检验，依照食品安全法第六十八条规定对出口食品实施监督、抽检，具体办法由国家出入境检验检疫部门制定。

第四十二条　国家出入境检验检疫部门应当建立信息收集网络，依照食品安全法第六十九条的规定，收集、汇总、通报下列信息：

（一）出入境检验检疫机构对进出口食品实施检验检疫发现的食品安全信息；

（二）行业协会、消费者反映的进口食品安全信息；

（三）国际组织、境外政府机构发布的食品安全信息、风险预警信息，以及境外行业协会等组织、消费者反映的食品安全信息；

（四）其他食品安全信息。

接到通报的部门必要时应当采取相应处理措施。

食品安全监督管理部门应当及时将获知的涉及进出口食品安全的信息向国家出入境检验检疫部门通报。

第七章　食品安全事故处置

第四十三条　发生食品安全事故的单位对导致或者可能导致食品安全事故的食品及原料、工具、设备等，应当立即采取封存等控制措施，并自事故发生之时起2小时内向所在地县级人民政府卫生行政部门报告。

第四十四条　调查食品安全事故，应当坚持实事求是、尊重科学的原则，及时、准确查清事故性质和原因，认定事故责任，提出整改措施。

参与食品安全事故调查的部门应当在卫生行政部门的统一组织协调下分工协作、相互配合，提高事故调查处理的工作效率。

食品安全事故的调查处理办法由国务院卫生行政部门会同国务院有关部门制定。

第四十五条　参与食品安全事故调查的部门有权向有关单位和个人了解与事故有关的情况，并要求提供相关资料和样品。

有关单位和个人应当配合食品安全事故调查处理工作，按照要求提供相关资料和样品，不得拒绝。

第四十六条　任何单位或者个人不得阻挠、干涉食品安全事故的调查处理。

第八章　监督管理

第四十七条　县级以上地方人民政府依照食品安全法第七十六条规定制定的食品安全年度监督管理计划，应当包含食品抽样检验的内容。对专供婴幼儿、老年人、病人等特定人群的主辅食品，应当重点加强抽样检验。

县级以上农业行政、质量监督、工商行政管理、食品药品监督管理部门应当按照食品安全年度监督管理计划进行抽样检验。抽样检验购买样品所需费用和检验费等，由同级财政列支。

第四十八条 县级人民政府应当统一组织、协调本级卫生行政、农业行政、质量监督、工商行政管理、食品药品监督管理部门，依法对本行政区域内的食品生产经营者进行监督管理；对发生食品安全事故风险较高的食品生产经营者，应当重点加强监督管理。

在国务院卫生行政部门公布食品安全风险警示信息，或者接到所在地省、自治区、直辖市人民政府卫生行政部门依照本条例第十条规定通报的食品安全风险监测信息后，设区的市级和县级人民政府应当立即组织本级卫生行政、农业行政、质量监督、工商行政管理、食品药品监督管理部门采取有针对性的措施，防止发生食品安全事故。

第四十九条 国务院卫生行政部门应当根据疾病信息和监督管理信息等，对发现的添加或者可能添加到食品中的非食品用化学物质和其他可能危害人体健康的物质的名录及检测方法予以公布；国务院质量监督、工商行政管理和国家食品药品监督管理部门应当采取相应的监督管理措施。

第五十条 质量监督、工商行政管理、食品药品监督管理部门在食品安全监督管理工作中可以采用国务院质量监督、工商行政管理和国家食品药品监督管理部门认定的快速检测方法对食品进行初步筛查；对初步筛查结果表明可能不符合食品安全标准的食品，应当依照食品安全法第六十条第三款的规定进行检验。初步筛查结果不得作为执法依据。

第五十一条 食品安全法第八十二条第二款规定的食品安全日常监督管理信息包括：

（一）依照食品安全法实施行政许可的情况；

（二）责令停止生产经营的食品、食品添加剂、食品相关产品的名录；

（三）查处食品生产经营违法行为的情况；

（四）专项检查整治工作情况；

（五）法律、行政法规规定的其他食品安全日常监督管理信息。

前款规定的信息涉及两个以上食品安全监督管理部门职责的，由相关部门联合公布。

第五十二条 食品安全监督管理部门依照食品安全法第八十二条规定公布信息，应当同时对有关食品可能产生的危害进行解释、说明。

第五十三条 卫生行政、农业行政、质量监督、工商行政管理、食品药品监督管理等部门应当公布本单位的电子邮件地址或者电话，接受咨询、投诉、举报；对接到的咨询、投诉、举报，应当依照食品安全法第八十条的规定进行答复、核实、处理，并对咨询、投诉、举报和答复、核实、处理的情况予以记录、保存。

第五十四条 国务院工业和信息化、商务等部门依据职责制定食品行业的发展规划和产业政策，采取措施推进产业结构优化，加强对食品行业诚信体系建设的指导，促进食品行业健康发展。

第九章 法律责任

第五十五条 食品生产经营者的生产经营条件发生变化，未依照本条例第二十一条规定处理的，由有关主管部门责令改正，给予警告；造成严重后果的，依照食品安全法第八十五条的规定给予处罚。

第五十六条 餐饮服务提供者未依照本条例第三十一条第一款规定制定、实施原料采购控制要求的，依照食品安全法第八十六条的规定给予处罚。

餐饮服务提供者未依照本条例第三十一条第二款规定检查待加工的食品及原料，或者发现有腐败变质或者其他感官性状异常仍加工、使用的，依照食品安全法第八十五条的规定给予处罚。

第五十七条　有下列情形之一的，依照食品安全法第八十七条的规定给予处罚：

（一）食品生产企业未依照本条例第二十六条规定建立、执行食品安全管理制度的；

（二）食品生产企业未依照本条例第二十七条规定制定、实施生产过程控制要求，或者食品生产过程中有不符合控制要求的情形未依照规定采取整改措施的；

（三）食品生产企业未依照本条例第二十八条规定记录食品生产过程的安全管理情况并保存相关记录的；

（四）从事食品批发业务的经营企业未依照本条例第二十九条规定记录、保存销售信息或者保留销售票据的；

（五）餐饮服务提供企业未依照本条例第三十二条第一款规定定期维护、清洗、校验设施、设备的；

（六）餐饮服务提供者未依照本条例第三十二条第二款规定对餐具、饮具进行清洗、消毒，或者使用未经清洗和消毒的餐具、饮具的。

第五十八条　进口不符合本条例第四十条规定的食品添加剂的，由出入境检验检疫机构没收违法进口的食品添加剂；违法进口的食品添加剂货值金额不足1万元的，并处2000元以上5万元以下罚款；货值金额1万元以上的，并处货值金额2倍以上5倍以下罚款。

第五十九条　医疗机构未依照本条例第八条规定报告有关疾病信息的，由卫生行政部门责令改正，给予警告。

第六十条　发生食品安全事故的单位未依照本条例第四十三条规定采取措施并报告的，依照食品安全法第八十八条的规定给予处罚。

第六十一条　县级以上地方人民政府不履行食品安全监督管理法定职责，本行政区域出现重大食品安全事故、造成严重社会影响的，依法对直接负责的主管人员和其他直接责任人员给予记大过、降级、撤职或者开除的处分。

县级以上卫生行政、农业行政、质量监督、工商行政管理、食品药品监督管理部门或者其他有关行政部门不履行食品安全监督管理法定职责、日常监督检查不到位或者滥用职权、玩忽职守、徇私舞弊的，依法对直接负责的主管人员和其他直接责任人员给予记大过或者降级的处分；造成严重后果的，给予撤职或者开除的处分；其主要负责人应当引咎辞职。

第十章　附　则

第六十二条　本条例下列用语的含义：

食品安全风险评估，指对食品、食品添加剂中生物性、化学性和物理性危害对人体健康可能造成的不良影响所进行的科学评估，包括危害识别、危害特征描述、暴露评估、风险特征描述等。

餐饮服务，指通过即时制作加工、商业销售和服务性劳动等，向消费者提供食品和消费场所及设施的服务活动。

第六十三条　食用农产品质量安全风险监测和风险评估由县级以上人民政府农业行政部门依照《中华人民共和国农产品质量安全法》的规定进行。

国境口岸食品的监督管理由出入境检验检疫机构依照食品安全法和本条例以及有关法律、行政法规的规定实施。

食品药品监督管理部门对声称具有特定保健功能的食品实行严格监管，具体办法由国务院另行制定。

第六十四条 本条例自公布之日起施行。

放射性物品运输安全管理条例

（国务院令第 562 号，国务院 2009 年 9 月 14 日发布）

第一章　总　则

第一条　为了加强对放射性物品运输的安全管理，保障人体健康，保护环境，促进核能、核技术的开发与和平利用，根据《中华人民共和国放射性污染防治法》，制定本条例。

第二条　放射性物品的运输和放射性物品运输容器的设计、制造等活动，适用本条例。

本条例所称放射性物品，是指含有放射性核素，并且其活度和比活度均高于国家规定的豁免值的物品。

第三条　根据放射性物品的特性及其对人体健康和环境的潜在危害程度，将放射性物品分为一类、二类和三类。

一类放射性物品，是指Ⅰ类放射源、高水平放射性废物、乏燃料等释放到环境后对人体健康和环境产生重大辐射影响的放射性物品。

二类放射性物品，是指Ⅱ类和Ⅲ类放射源、中等水平放射性废物等释放到环境后对人体健康和环境产生一般辐射影响的放射性物品。

三类放射性物品，是指Ⅳ类和Ⅴ类放射源、低水平放射性废物、放射性药品等释放到环境后对人体健康和环境产生较小辐射影响的放射性物品。

放射性物品的具体分类和名录，由国务院核安全监管部门会同国务院公安、卫生、海关、交通运输、铁路、民航、核工业行业主管部门制定。

第四条　国务院核安全监管部门对放射性物品运输的核与辐射安全实施监督管理。

国务院公安、交通运输、铁路、民航等有关主管部门依照本条例规定和各自的职责，负责放射性物品运输安全的有关监督管理工作。

县级以上地方人民政府环境保护主管部门和公安、交通运输等有关主管部门，依照本条例规定和各自的职责，负责本行政区域放射性物品运输安全的有关监督管理工作。

第五条　运输放射性物品，应当使用专用的放射性物品运输包装容器（以下简称运输容器）。

放射性物品的运输和放射性物品运输容器的设计、制造，应当符合国家放射性物品运输安全标准。

国家放射性物品运输安全标准，由国务院核安全监管部门制定，由国务院核安全监管部门和国务院标准化主管部门联合发布。国务院核安全监管部门制定国家放射性物品运输安全标准，应当征求国务院公安、卫生、交通运输、铁路、民航、核工业行业主管部门的意见。

第六条　放射性物品运输容器的设计、制造单位应当建立健全责任制度，加强质量管理，并对所从事的放射性物品运输容器的设计、制造活动负责。

放射性物品的托运人（以下简称托运人）应当制定核与辐射事故应急方案，在放射性物品运输中采取有效的辐射防护和安全保卫措施，并对放射性物品运输中的核与辐射安全负责。

第七条 任何单位和个人对违反本条例规定的行为，有权向国务院核安全监管部门或者其他依法履行放射性物品运输安全监督管理职责的部门举报。

接到举报的部门应当依法调查处理，并为举报人保密。

第二章 放射性物品运输容器的设计

第八条 放射性物品运输容器设计单位应当建立健全和有效实施质量保证体系，按照国家放射性物品运输安全标准进行设计，并通过试验验证或者分析论证等方式，对设计的放射性物品运输容器的安全性能进行评价。

第九条 放射性物品运输容器设计单位应当建立健全档案制度，按照质量保证体系的要求，如实记录放射性物品运输容器的设计和安全性能评价过程。

进行一类放射性物品运输容器设计，应当编制设计安全评价报告书；进行二类放射性物品运输容器设计，应当编制设计安全评价报告表。

第十条 一类放射性物品运输容器的设计，应当在首次用于制造前报国务院核安全监管部门审查批准。

申请批准一类放射性物品运输容器的设计，设计单位应当向国务院核安全监管部门提出书面申请，并提交下列材料：

（一）设计总图及其设计说明书；

（二）设计安全评价报告书；

（三）质量保证大纲。

第十一条 国务院核安全监管部门应当自受理申请之日起45个工作日内完成审查，对符合国家放射性物品运输安全标准的，颁发一类放射性物品运输容器设计批准书，并公告批准文号；对不符合国家放射性物品运输安全标准的，书面通知申请单位并说明理由。

第十二条 设计单位修改已批准的一类放射性物品运输容器设计中有关安全内容的，应当按照原申请程序向国务院核安全监管部门重新申请领取一类放射性物品运输容器设计批准书。

第十三条 二类放射性物品运输容器的设计，设计单位应当在首次用于制造前，将设计总图及其设计说明书、设计安全评价报告表报国务院核安全监管部门备案。

第十四条 三类放射性物品运输容器的设计，设计单位应当编制设计符合国家放射性物品运输安全标准的证明文件并存档备查。

第三章 放射性物品运输容器的制造与使用

第十五条 放射性物品运输容器制造单位，应当按照设计要求和国家放射性物品运输安全标准，对制造的放射性物品运输容器进行质量检验，编制质量检验报告。

未经质量检验或者经检验不合格的放射性物品运输容器，不得交付使用。

第十六条 从事一类放射性物品运输容器制造活动的单位，应当具备下列条件：

（一）有与所从事的制造活动相适应的专业技术人员；

（二）有与所从事的制造活动相适应的生产条件和检测手段；

（三）有健全的管理制度和完善的质量保证体系。

第十七条 从事一类放射性物品运输容器制造活动的单位，应当申请领取一类放射性物品运输容器制造许可证（以下简称制造许可证）。

申请领取制造许可证的单位，应当向国务院核安全监管部门提出书面申请，并提交其符合本条例第十六条规定条件的证明材料和申请制造的运输容器型号。

禁止无制造许可证或者超出制造许可证规定的范围从事一类放射性物品运输容器的制造活动。

第十八条 国务院核安全监管部门应当自受理申请之日起45个工作日内完成审查，对符合条件的，颁发制造许可证，并予以公告；对不符合条件的，书面通知申请单位并说明理由。

第十九条 制造许可证应当载明下列内容：

（一）制造单位名称、住所和法定代表人；

（二）许可制造的运输容器的型号；

（三）有效期限；

（四）发证机关、发证日期和证书编号。

第二十条 一类放射性物品运输容器制造单位变更单位名称、住所或者法定代表人的，应当自工商变更登记之日起20日内，向国务院核安全监管部门办理制造许可证变更手续。

一类放射性物品运输容器制造单位变更制造的运输容器型号的，应当按照原申请程序向国务院核安全监管部门重新申请领取制造许可证。

第二十一条 制造许可证有效期为5年。

制造许可证有效期届满，需要延续的，一类放射性物品运输容器制造单位应当于制造许可证有效期届满6个月前，向国务院核安全监管部门提出延续申请。

国务院核安全监管部门应当在制造许可证有效期届满前作出是否准予延续的决定。

第二十二条 从事二类放射性物品运输容器制造活动的单位，应当在首次制造活动开始30日前，将其具备与所从事的制造活动相适应的专业技术人员、生产条件、检测手段，以及具有健全的管理制度和完善的质量保证体系的证明材料，报国务院核安全监管部门备案。

第二十三条 一类、二类放射性物品运输容器制造单位，应当按照国务院核安全监管部门制定的编码规则，对其制造的一类、二类放射性物品运输容器统一编码，并于每年1月31日前将上一年度的运输容器编码清单报国务院核安全监管部门备案。

第二十四条 从事三类放射性物品运输容器制造活动的单位，应当于每年1月31日前将上一年度制造的运输容器的型号和数量报国务院核安全监管部门备案。

第二十五条 放射性物品运输容器使用单位应当对其使用的放射性物品运输容器定期进行保养和维护，并建立保养和维护档案；放射性物品运输容器达到设计使用年限，或者发现放射性物品运输容器存在安全隐患的，应当停止使用，进行处理。

一类放射性物品运输容器使用单位还应当对其使用的一类放射性物品运输容器每两年进行一次安全性能评价，并将评价结果报国务院核安全监管部门备案。

第二十六条 使用境外单位制造的一类放射性物品运输容器的，应当在首次使用前报国务院核安全监管部门审查批准。

申请使用境外单位制造的一类放射性物品运输容器的单位，应当向国务院核安全监管部门提出书面申请，并提交下列材料：

（一）设计单位所在国核安全监管部门颁发的设计批准文件的复印件；

（二）设计安全评价报告书；

（三）制造单位相关业绩的证明材料；

（四）质量合格证明；

（五）符合中华人民共和国法律、行政法规规定，以及国家放射性物品运输安全标准或者经国务院核安全监管部门认可的标准的说明材料。

国务院核安全监管部门应当自受理申请之日起45个工作日内完成审查，对符合国家放射性物品运输安全标准的，颁发使用批准书；对不符合国家放射性物品运输安全标准的，书面通知申请单位并说明理由。

第二十七条 使用境外单位制造的二类放射性物品运输容器的，应当在首次使用前将运输容器质量合格证明和符合中华人民共和国法律、行政法规规定，以及国家放射性物品运输安全标准或者经国务院核安全监管部门认可的标准的说明材料，报国务院核安全监管部门备案。

第二十八条 国务院核安全监管部门办理使用境外单位制造的一类、二类放射性物品运输容器审查批准和备案手续，应当同时为运输容器确定编码。

第四章 放射性物品的运输

第二十九条 托运放射性物品的，托运人应当持有生产、销售、使用或者处置放射性物品的有效证明，使用与所托运的放射性物品类别相适应的运输容器进行包装，配备必要的辐射监测设备、防护用品和防盗、防破坏设备，并编制运输说明书、核与辐射事故应急响应指南、装卸作业方法、安全防护指南。

运输说明书应当包括放射性物品的品名、数量、物理化学形态、危害风险等内容。

第三十条 托运一类放射性物品的，托运人应当委托有资质的辐射监测机构对其表面污染和辐射水平实施监测，辐射监测机构应当出具辐射监测报告。

托运二类、三类放射性物品的，托运人应当对其表面污染和辐射水平实施监测，并编制辐射监测报告。

监测结果不符合国家放射性物品运输安全标准的，不得托运。

第三十一条 承运放射性物品应当取得国家规定的运输资质。承运人的资质管理，依照有关法律、行政法规和国务院交通运输、铁路、民航、邮政主管部门的规定执行。

第三十二条 托运人和承运人应当对直接从事放射性物品运输的工作人员进行运输安全和应急响应知识的培训，并进行考核；考核不合格的，不得从事相关工作。

托运人和承运人应当按照国家放射性物品运输安全标准和国家有关规定，在放射性物品运输容器和运输工具上设置警示标志。

国家利用卫星定位系统对一类、二类放射性物品运输工具的运输过程实行在线监控。具体办法由国务院核安全监管部门会同国务院有关部门制定。

第三十三条　托运人和承运人应当按照国家职业病防治的有关规定，对直接从事放射性物品运输的工作人员进行个人剂量监测，建立个人剂量档案和职业健康监护档案。

第三十四条　托运人应当向承运人提交运输说明书、辐射监测报告、核与辐射事故应急响应指南、装卸作业方法、安全防护指南，承运人应当查验、收存。托运人提交文件不齐全的，承运人不得承运。

第三十五条　托运一类放射性物品的，托运人应当编制放射性物品运输的核与辐射安全分析报告书，报国务院核安全监管部门审查批准。

放射性物品运输的核与辐射安全分析报告书应当包括放射性物品的品名、数量、运输容器型号、运输方式、辐射防护措施、应急措施等内容。

国务院核安全监管部门应当自受理申请之日起45个工作日内完成审查，对符合国家放射性物品运输安全标准的，颁发核与辐射安全分析报告批准书；对不符合国家放射性物品运输安全标准的，书面通知申请单位并说明理由。

第三十六条　放射性物品运输的核与辐射安全分析报告批准书应当载明下列主要内容：

（一）托运人的名称、地址、法定代表人；

（二）运输放射性物品的品名、数量；

（三）运输放射性物品的运输容器型号和运输方式；

（四）批准日期和有效期限。

第三十七条　一类放射性物品启运前，托运人应当将放射性物品运输的核与辐射安全分析报告批准书、辐射监测报告，报启运地的省、自治区、直辖市人民政府环境保护主管部门备案。

收到备案材料的环境保护主管部门应当及时将有关情况通报放射性物品运输的途经地和抵达地的省、自治区、直辖市人民政府环境保护主管部门。

第三十八条　通过道路运输放射性物品的，应当经公安机关批准，按照指定的时间、路线、速度行驶，并悬挂警示标志，配备押运人员，使放射性物品处于押运人员的监管之下。

通过道路运输核反应堆乏燃料的，托运人应当报国务院公安部门批准。通过道路运输其他放射性物品的，托运人应当报启运地县级以上人民政府公安机关批准。具体办法由国务院公安部门商国务院核安全监管部门制定。

第三十九条　通过水路运输放射性物品的，按照水路危险货物运输的法律、行政法规和规章的有关规定执行。

通过铁路、航空运输放射性物品的，按照国务院铁路、民航主管部门的有关规定执行。

禁止邮寄一类、二类放射性物品。邮寄三类放射性物品的，按照国务院邮政管理部门的有关规定执行。

第四十条　生产、销售、使用或者处置放射性物品的单位，可以依照《中华人民共和国道路运输条例》的规定，向设区的市级人民政府道路运输管理机构申请非营业性道路危险货物运输资质，运输本单位的放射性物品，并承担本条例规定的托运人和承运人的义务。

申请放射性物品非营业性道路危险货物运输资质的单位，应当具备下列条件：

（一）持有生产、销售、使用或者处置放射性物品的有效证明；

（二）有符合本条例规定要求的放射性物品运输容器；

（三）有具备辐射防护与安全防护知识的专业技术人员和经考试合格的驾驶人员；

（四）有符合放射性物品运输安全防护要求，并经检测合格的运输工具、设施和设备；

（五）配备必要的防护用品和依法经定期检定合格的监测仪器；

（六）有运输安全和辐射防护管理规章制度以及核与辐射事故应急措施。

放射性物品非营业性道路危险货物运输资质的具体条件，由国务院交通运输主管部门会同国务院核安全监管部门制定。

第四十一条 一类放射性物品从境外运抵中华人民共和国境内，或者途经中华人民共和国境内运输的，托运人应当编制放射性物品运输的核与辐射安全分析报告书，报国务院核安全监管部门审查批准。审查批准程序依照本条例第三十五条第三款的规定执行。

二类、三类放射性物品从境外运抵中华人民共和国境内，或者途经中华人民共和国境内运输的，托运人应当编制放射性物品运输的辐射监测报告，报国务院核安全监管部门备案。

托运人、承运人或者其代理人向海关办理有关手续，应当提交国务院核安全监管部门颁发的放射性物品运输的核与辐射安全分析报告批准书或者放射性物品运输的辐射监测报告备案证明。

第四十二条 县级以上人民政府组织编制的突发环境事件应急预案，应当包括放射性物品运输中可能发生的核与辐射事故应急响应的内容。

第四十三条 放射性物品运输中发生核与辐射事故的，承运人、托运人应当按照核与辐射事故应急响应指南的要求，做好事故应急工作，并立即报告事故发生地的县级以上人民政府环境保护主管部门。接到报告的环境保护主管部门应当立即派人赶赴现场，进行现场调查，采取有效措施控制事故影响，并及时向本级人民政府报告，通报同级公安、卫生、交通运输等有关主管部门。

接到报告的县级以上人民政府及其有关主管部门应当按照应急预案做好应急工作，并按照国家突发事件分级报告的规定及时上报核与辐射事故信息。

核反应堆乏燃料运输的核事故应急准备与响应，还应当遵守国家核应急的有关规定。

第五章 监督检查

第四十四条 国务院核安全监管部门和其他依法履行放射性物品运输安全监督管理职责的部门，应当依据各自职责对放射性物品运输安全实施监督检查。

国务院核安全监管部门应当将其已批准或者备案的一类、二类、三类放射性物品运输容器的设计、制造情况和放射性物品运输情况通报设计、制造单位所在地和运输途经地的省、自治区、直辖市人民政府环境保护主管部门。省、自治区、直辖市人民政府环境保护主管部门应当加强对本行政区域放射性物品运输安全的监督检查和监督性监测。

被检查单位应当予以配合，如实反映情况，提供必要的资料，不得拒绝和阻碍。

第四十五条 国务院核安全监管部门和省、自治区、直辖市人民政府环境保护主管部门以及其他依法履行放射性物品运输安全监督管理职责的部门进行监督检查，监督检查人员不得少于 2 人，并应当出示有效的行政执法证件。

国务院核安全监管部门和省、自治区、直辖市人民政府环境保护主管部门以及其他依法履行放射性物品运输安全监督管理职责的部门的工作人员，对监督检查中知悉的商业秘密负有保密义务。

第四十六条　监督检查中发现经批准的一类放射性物品运输容器设计确有重大设计安全缺陷的，由国务院核安全监管部门责令停止该型号运输容器的制造或者使用，撤销一类放射性物品运输容器设计批准书。

第四十七条　监督检查中发现放射性物品运输活动有不符合国家放射性物品运输安全标准情形的，或者一类放射性物品运输容器制造单位有不符合制造许可证规定条件情形的，应当责令限期整改；发现放射性物品运输活动可能对人体健康和环境造成核与辐射危害的，应当责令停止运输。

第四十八条　国务院核安全监管部门和省、自治区、直辖市人民政府环境保护主管部门以及其他依法履行放射性物品运输安全监督管理职责的部门，对放射性物品运输活动实施监测，不得收取监测费用。

国务院核安全监管部门和省、自治区、直辖市人民政府环境保护主管部门以及其他依法履行放射性物品运输安全监督管理职责的部门，应当加强对监督管理人员辐射防护与安全防护知识的培训。

第六章　法律责任

第四十九条　国务院核安全监管部门和省、自治区、直辖市人民政府环境保护主管部门或者其他依法履行放射性物品运输安全监督管理职责的部门有下列行为之一的，对直接负责的主管人员和其他直接责任人员依法给予处分；直接负责的主管人员和其他直接责任人员构成犯罪的，依法追究刑事责任：

（一）未依照本条例规定作出行政许可或者办理批准文件的；

（二）发现违反本条例规定的行为不予查处，或者接到举报不依法处理的；

（三）未依法履行放射性物品运输核与辐射事故应急职责的；

（四）对放射性物品运输活动实施监测收取监测费用的；

（五）其他不依法履行监督管理职责的行为。

第五十条　放射性物品运输容器设计、制造单位有下列行为之一的，由国务院核安全监管部门责令停止违法行为，处 50 万元以上 100 万元以下的罚款；有违法所得的，没收违法所得：

（一）将未取得设计批准书的一类放射性物品运输容器设计用于制造的；

（二）修改已批准的一类放射性物品运输容器设计中有关安全内容，未重新取得设计批准书即用于制造的。

第五十一条　放射性物品运输容器设计、制造单位有下列行为之一的，由国务院核安全监管部门责令停止违法行为，处 5 万元以上 10 万元以下的罚款；有违法所得的，没收违法所得：

（一）将不符合国家放射性物品运输安全标准的二类、三类放射性物品运输容器设计用于制造的；

（二）将未备案的二类放射性物品运输容器设计用于制造的。

第五十二条 放射性物品运输容器设计单位有下列行为之一的，由国务院核安全监管部门责令限期改正；逾期不改正的，处1万元以上5万元以下的罚款：

（一）未对二类、三类放射性物品运输容器的设计进行安全性能评价的；

（二）未如实记录二类、三类放射性物品运输容器设计和安全性能评价过程的；

（三）未编制三类放射性物品运输容器设计符合国家放射性物品运输安全标准的证明文件并存档备查的。

第五十三条 放射性物品运输容器制造单位有下列行为之一的，由国务院核安全监管部门责令停止违法行为，处50万元以上100万元以下的罚款；有违法所得的，没收违法所得：

（一）未取得制造许可证从事一类放射性物品运输容器制造活动的；

（二）制造许可证有效期届满，未按照规定办理延续手续，继续从事一类放射性物品运输容器制造活动的；

（三）超出制造许可证规定的范围从事一类放射性物品运输容器制造活动的；

（四）变更制造的一类放射性物品运输容器型号，未按照规定重新领取制造许可证的；

（五）将未经质量检验或者经检验不合格的一类放射性物品运输容器交付使用的。

有前款第（三）项、第（四）项和第（五）项行为之一，情节严重的，吊销制造许可证。

第五十四条 一类放射性物品运输容器制造单位变更单位名称、住所或者法定代表人，未依法办理制造许可证变更手续的，由国务院核安全监管部门责令限期改正；逾期不改正的，处2万元的罚款。

第五十五条 放射性物品运输容器制造单位有下列行为之一的，由国务院核安全监管部门责令停止违法行为，处5万元以上10万元以下的罚款；有违法所得的，没收违法所得：

（一）在二类放射性物品运输容器首次制造活动开始前，未按照规定将有关证明材料报国务院核安全监管部门备案的；

（二）将未经质量检验或者经检验不合格的二类、三类放射性物品运输容器交付使用的。

第五十六条 放射性物品运输容器制造单位有下列行为之一的，由国务院核安全监管部门责令限期改正；逾期不改正的，处1万元以上5万元以下的罚款：

（一）未按照规定对制造的一类、二类放射性物品运输容器统一编码的；

（二）未按照规定将制造的一类、二类放射性物品运输容器编码清单报国务院核安全监管部门备案的；

（三）未按照规定将制造的三类放射性物品运输容器的型号和数量报国务院核安全监管部门备案的。

第五十七条 放射性物品运输容器使用单位未按照规定对使用的一类放射性物品运输容器进行安全性能评价，或者未将评价结果报国务院核安全监管部门备案的，由国务院核安全监管部门责令限期改正；逾期不改正的，处1万元以上5万元以下的罚款。

第五十八条 未按照规定取得使用批准书使用境外单位制造的一类放射性物品运输容

器的，由国务院核安全监管部门责令停止违法行为，处50万元以上100万元以下的罚款。

未按照规定办理备案手续使用境外单位制造的二类放射性物品运输容器的，由国务院核安全监管部门责令停止违法行为，处5万元以上10万元以下的罚款。

第五十九条 托运人未按照规定编制放射性物品运输说明书、核与辐射事故应急响应指南、装卸作业方法、安全防护指南的，由国务院核安全监管部门责令限期改正；逾期不改正的，处1万元以上5万元以下的罚款。

托运人未按照规定将放射性物品运输的核与辐射安全分析报告批准书、辐射监测报告备案的，由启运地的省、自治区、直辖市人民政府环境保护主管部门责令限期改正；逾期不改正的，处1万元以上5万元以下的罚款。

第六十条 托运人或者承运人在放射性物品运输活动中，有违反有关法律、行政法规关于危险货物运输管理规定行为的，由交通运输、铁路、民航等有关主管部门依法予以处罚。

违反有关法律、行政法规规定邮寄放射性物品的，由公安机关和邮政管理部门依法予以处罚。在邮寄进境物品中发现放射性物品的，由海关依照有关法律、行政法规的规定处理。

第六十一条 托运人未取得放射性物品运输的核与辐射安全分析报告批准书托运一类放射性物品的，由国务院核安全监管部门责令停止违法行为，处50万元以上100万元以下的罚款。

第六十二条 通过道路运输放射性物品，有下列行为之一的，由公安机关责令限期改正，处2万元以上10万元以下的罚款；构成犯罪的，依法追究刑事责任：

（一）未经公安机关批准通过道路运输放射性物品的；

（二）运输车辆未按照指定的时间、路线、速度行驶或者未悬挂警示标志的；

（三）未配备押运人员或者放射性物品脱离押运人员监管的。

第六十三条 托运人有下列行为之一的，由启运地的省、自治区、直辖市人民政府环境保护主管部门责令停止违法行为，处5万元以上20万元以下的罚款：

（一）未按照规定对托运的放射性物品表面污染和辐射水平实施监测的；

（二）将经监测不符合国家放射性物品运输安全标准的放射性物品交付托运的；

（三）出具虚假辐射监测报告的。

第六十四条 未取得放射性物品运输的核与辐射安全分析报告批准书或者放射性物品运输的辐射监测报告备案证明，将境外的放射性物品运抵中华人民共和国境内，或者途经中华人民共和国境内运输的，由海关责令托运人退运该放射性物品，并依照海关法律、行政法规给予处罚；构成犯罪的，依法追究刑事责任。托运人不明的，由承运人承担退运该放射性物品的责任，或者承担该放射性物品的处置费用。

第六十五条 违反本条例规定，在放射性物品运输中造成核与辐射事故的，由县级以上地方人民政府环境保护主管部门处以罚款，罚款数额按照核与辐射事故造成的直接损失的20%计算；构成犯罪的，依法追究刑事责任。

托运人、承运人未按照核与辐射事故应急响应指南的要求，做好事故应急工作并报告事故的，由县级以上地方人民政府环境保护主管部门处5万元以上20万元以下的罚款。

因核与辐射事故造成他人损害的，依法承担民事责任。

第六十六条 拒绝、阻碍国务院核安全监管部门或者其他依法履行放射性物品运输安全监督管理职责的部门进行监督检查，或者在接受监督检查时弄虚作假的，由监督检查部门责令改正，处1万元以上2万元以下的罚款；构成违反治安管理行为的，由公安机关依法给予治安管理处罚；构成犯罪的，依法追究刑事责任。

第七章 附 则

第六十七条 军用放射性物品运输安全的监督管理，依照《中华人民共和国放射性污染防治法》第六十条的规定执行。

第六十八条 本条例自2010年1月1日起施行。

农业机械安全监督管理条例

（国务院令第563号，国务院2009年9月17日发布）

第一章　总　则

第一条　为了加强农业机械安全监督管理，预防和减少农业机械事故，保障人民生命和财产安全，制定本条例。

第二条　在中华人民共和国境内从事农业机械的生产、销售、维修、使用操作以及安全监督管理等活动，应当遵守本条例。

本条例所称农业机械，是指用于农业生产及其产品初加工等相关农事活动的机械、设备。

第三条　农业机械安全监督管理应当遵循以人为本、预防事故、保障安全、促进发展的原则。

第四条　县级以上人民政府应当加强对农业机械安全监督管理工作的领导，完善农业机械安全监督管理体系，增加对农民购买农业机械的补贴，保障农业机械安全的财政投入，建立健全农业机械安全生产责任制。

第五条　国务院有关部门和地方各级人民政府、有关部门应当加强农业机械安全法律、法规、标准和知识的宣传教育。

农业生产经营组织、农业机械所有人应当对农业机械操作人员及相关人员进行农业机械安全使用教育，提高其安全意识。

第六条　国家鼓励和支持开发、生产、推广、应用先进适用、安全可靠、节能环保的农业机械，建立健全农业机械安全技术标准和安全操作规程。

第七条　国家鼓励农业机械操作人员、维修技术人员参加职业技能培训和依法成立安全互助组织，提高农业机械安全操作水平。

第八条　国家建立落后农业机械淘汰制度和危及人身财产安全的农业机械报废制度，并对淘汰和报废的农业机械依法实行回收。

第九条　国务院农业机械化主管部门、工业主管部门、质量监督部门和工商行政管理部门等有关部门依照本条例和国务院规定的职责，负责农业机械安全监督管理工作。

县级以上地方人民政府农业机械化主管部门、工业主管部门和县级以上地方质量监督部门、工商行政管理部门等有关部门按照各自职责，负责本行政区域的农业机械安全监督管理工作。

第二章　生产、销售和维修

第十条　国务院工业主管部门负责制定并组织实施农业机械工业产业政策和有关规划。

国务院标准化主管部门负责制定发布农业机械安全技术国家标准，并根据实际情况及时修订。农业机械安全技术标准是强制执行的标准。

第十一条 农业机械生产者应当依据农业机械工业产业政策和有关规划，按照农业机械安全技术标准组织生产，并建立健全质量保障控制体系。

对依法实行工业产品生产许可证管理的农业机械，其生产者应当取得相应资质，并按照许可的范围和条件组织生产。

第十二条 农业机械生产者应当按照农业机械安全技术标准对生产的农业机械进行检验；农业机械经检验合格并附具详尽的安全操作说明书和标注安全警示标志后，方可出厂销售；依法必须进行认证的农业机械，在出厂前应当标注认证标志。

上道路行驶的拖拉机，依法必须经过认证的，在出厂前应当标注认证标志，并符合机动车国家安全技术标准。

农业机械生产者应当建立产品出厂记录制度，如实记录农业机械的名称、规格、数量、生产日期、生产批号、检验合格证号、购货者名称及联系方式、销售日期等内容。出厂记录保存期限不得少于3年。

第十三条 进口的农业机械应当符合我国农业机械安全技术标准，并依法由出入境检验检疫机构检验合格。依法必须进行认证的农业机械，还应当由出入境检验检疫机构进行入境验证。

第十四条 农业机械销售者对购进的农业机械应当查验产品合格证明。对依法实行工业产品生产许可证管理、依法必须进行认证的农业机械，还应当验明相应的证明文件或者标志。

农业机械销售者应当建立销售记录制度，如实记录农业机械的名称、规格、生产批号、供货者名称及联系方式、销售流向等内容。销售记录保存期限不得少于3年。

农业机械销售者应当向购买者说明农业机械操作方法和安全注意事项，并依法开具销售发票。

第十五条 农业机械生产者、销售者应当建立健全农业机械销售服务体系，依法承担产品质量责任。

第十六条 农业机械生产者、销售者发现其生产、销售的农业机械存在设计、制造等缺陷，可能对人身财产安全造成损害的，应当立即停止生产、销售，及时报告当地质量监督部门、工商行政管理部门，通知农业机械使用者停止使用。农业机械生产者应当及时召回存在设计、制造等缺陷的农业机械。

农业机械生产者、销售者不履行本条第一款义务的，质量监督部门、工商行政管理部门可以责令生产者召回农业机械，责令销售者停止销售农业机械。

第十七条 禁止生产、销售下列农业机械：

（一）不符合农业机械安全技术标准的；

（二）依法实行工业产品生产许可证管理而未取得许可证的；

（三）依法必须进行认证而未经认证的；

（四）利用残次零配件或者报废农业机械的发动机、方向机、变速器、车架等部件拼装的；

（五）国家明令淘汰的。

第十八条 从事农业机械维修经营，应当有必要的维修场地，有必要的维修设施、设备和检测仪器，有相应的维修技术人员，有安全防护和环境保护措施，取得相应的维修技术合格证书，并依法办理工商登记手续。

申请农业机械维修技术合格证书，应当向当地县级人民政府农业机械化主管部门提交下列材料：

（一）农业机械维修业务申请表；

（二）申请人身份证明、企业名称预先核准通知书；

（三）维修场所使用证明；

（四）主要维修设施、设备和检测仪器清单；

（五）主要维修技术人员的国家职业资格证书。

农业机械化主管部门应当自收到申请之日起 20 个工作日内，对符合条件的，核发维修技术合格证书；对不符合条件的，书面通知申请人并说明理由。

维修技术合格证书有效期为 3 年；有效期满需要继续从事农业机械维修的，应当在有效期满前申请续展。

第十九条　农业机械维修经营者应当遵守国家有关维修质量安全技术规范和维修质量保证期的规定，确保维修质量。

从事农业机械维修不得有下列行为：

（一）使用不符合农业机械安全技术标准的零配件；

（二）拼装、改装农业机械整机；

（三）承揽维修已经达到报废条件的农业机械；

（四）法律、法规和国务院农业机械化主管部门规定的其他禁止性行为。

第三章　使用操作

第二十条　农业机械操作人员可以参加农业机械操作人员的技能培训，可以向有关农业机械化主管部门、人力资源和社会保障部门申请职业技能鉴定，获取相应等级的国家职业资格证书。

第二十一条　拖拉机、联合收割机投入使用前，其所有人应当按照国务院农业机械化主管部门的规定，持本人身份证明和机具来源证明，向所在地县级人民政府农业机械化主管部门申请登记。拖拉机、联合收割机经安全检验合格的，农业机械化主管部门应当在 2 个工作日内予以登记并核发相应的证书和牌照。

拖拉机、联合收割机使用期间登记事项发生变更的，其所有人应当按照国务院农业机械化主管部门的规定申请变更登记。

第二十二条　拖拉机、联合收割机操作人员经过培训后，应当按照国务院农业机械化主管部门的规定，参加县级人民政府农业机械化主管部门组织的考试。考试合格的，农业机械化主管部门应当在 2 个工作日内核发相应的操作证件。

拖拉机、联合收割机操作证件有效期为 6 年；有效期满，拖拉机、联合收割机操作人员可以向原发证机关申请续展。未满 18 周岁不得操作拖拉机、联合收割机。操作人员年满 70 周岁的，县级人民政府农业机械化主管部门应当注销其操作证件。

第二十三条　拖拉机、联合收割机应当悬挂牌照。拖拉机上道路行驶，联合收割机因转场作业、维修、安全检验等需要转移的，其操作人员应当携带操作证件。

拖拉机、联合收割机操作人员不得有下列行为：

（一）操作与本人操作证件规定不相符的拖拉机、联合收割机；

（二）操作未按照规定登记、检验或者检验不合格、安全设施不全、机件失效的拖拉机、联合收割机；

（三）使用国家管制的精神药品、麻醉品后操作拖拉机、联合收割机；

（四）患有妨碍安全操作的疾病操作拖拉机、联合收割机；

（五）国务院农业机械化主管部门规定的其他禁止行为。

禁止使用拖拉机、联合收割机违反规定载人。

第二十四条 农业机械操作人员作业前，应当对农业机械进行安全查验；作业时，应当遵守国务院农业机械化主管部门和省、自治区、直辖市人民政府农业机械化主管部门制定的安全操作规程。

第四章 事故处理

第二十五条 县级以上地方人民政府农业机械化主管部门负责农业机械事故责任的认定和调解处理。

本条例所称农业机械事故，是指农业机械在作业或者转移等过程中造成人身伤亡、财产损失的事件。

农业机械在道路上发生的交通事故，由公安机关交通管理部门依照道路交通安全法律、法规处理；拖拉机在道路以外通行时发生的事故，公安机关交通管理部门接到报案的，参照道路交通安全法律、法规处理。农业机械事故造成公路及其附属设施损坏的，由交通主管部门依照公路法律、法规处理。

第二十六条 在道路以外发生的农业机械事故，操作人员和现场其他人员应当立即停止作业或者停止农业机械的转移，保护现场，造成人员伤害的，应当向事故发生地农业机械化主管部门报告；造成人员死亡的，还应当向事故发生地公安机关报告。造成人身伤害的，应当立即采取措施，抢救受伤人员。因抢救受伤人员变动现场的，应当标明位置。

接到报告的农业机械化主管部门和公安机关应当立即派人赶赴现场进行勘验、检查，收集证据，组织抢救受伤人员，尽快恢复正常的生产秩序。

第二十七条 对经过现场勘验、检查的农业机械事故，农业机械化主管部门应当在10个工作日内制作完成农业机械事故认定书；需要进行农业机械鉴定的，应当自收到农业机械鉴定机构出具的鉴定结论之日起5个工作日内制作农业机械事故认定书。

农业机械事故认定书应当载明农业机械事故的基本事实、成因和当事人的责任，并在制作完成农业机械事故认定书之日起3个工作日内送达当事人。

第二十八条 当事人对农业机械事故损害赔偿有争议，请求调解的，应当自收到事故认定书之日起10个工作日内向农业机械化主管部门书面提出调解申请。

调解达成协议的，农业机械化主管部门应当制作调解书送交各方当事人。调解书经各方当事人共同签字后生效。调解不能达成协议或者当事人向人民法院提起诉讼的，农业机械化主管部门应当终止调解并书面通知当事人。调解达成协议后当事人反悔的，可以向人民法院提起诉讼。

第二十九条 农业机械化主管部门应当为当事人处理农业机械事故损害赔偿等后续事

宜提供帮助和便利。因农业机械产品质量原因导致事故的，农业机械化主管部门应当依法出具有关证明材料。

农业机械化主管部门应当定期将农业机械事故统计情况及说明材料报送上级农业机械化主管部门并抄送同级安全生产监督管理部门。

农业机械事故构成生产安全事故的，应当依照相关法律、行政法规的规定调查处理并追究责任。

第五章　服务与监督

第三十条　县级以上地方人民政府农业机械化主管部门应当定期对危及人身财产安全的农业机械进行免费实地安全检验。但是道路交通安全法律对拖拉机的安全检验另有规定的，从其规定。

拖拉机、联合收割机的安全检验为每年1次。

实施安全技术检验的机构应当对检验结果承担法律责任。

第三十一条　农业机械化主管部门在安全检验中发现农业机械存在事故隐患的，应当告知其所有人停止使用并及时排除隐患。

实施安全检验的农业机械化主管部门应当对安全检验情况进行汇总，建立农业机械安全监督管理档案。

第三十二条　联合收割机跨行政区域作业前，当地县级人民政府农业机械化主管部门应当会同有关部门，对跨行政区域作业的联合收割机进行必要的安全检查，并对操作人员进行安全教育。

第三十三条　国务院农业机械化主管部门应当定期对农业机械安全使用状况进行分析评估，发布相关信息。

第三十四条　国务院工业主管部门应当定期对农业机械生产行业运行态势进行监测和分析，并按照先进适用、安全可靠、节能环保的要求，会同国务院农业机械化主管部门、质量监督部门等有关部门制定、公布国家明令淘汰的农业机械产品目录。

第三十五条　危及人身财产安全的农业机械达到报废条件的，应当停止使用，予以报废。农业机械的报废条件由国务院农业机械化主管部门会同国务院质量监督部门、工业主管部门规定。

县级人民政府农业机械化主管部门对达到报废条件的危及人身财产安全的农业机械，应当书面告知其所有人。

第三十六条　国家对达到报废条件或者正在使用的国家已经明令淘汰的农业机械实行回收。农业机械回收办法由国务院农业机械化主管部门会同国务院财政部门、商务主管部门制定。

第三十七条　回收的农业机械由县级人民政府农业机械化主管部门监督回收单位进行解体或者销毁。

第三十八条　使用操作过程中发现农业机械存在产品质量、维修质量问题的，当事人可以向县级以上地方人民政府农业机械化主管部门或者县级以上地方质量监督部门、工商行政管理部门投诉。接到投诉的部门对属于职责范围内的事项，应当依法及时处理；对不属于职责范围内的事项，应当及时移交有权处理的部门，有权处理的部门应当立即处理，不得推诿。

县级以上地方人民政府农业机械化主管部门和县级以上地方质量监督部门、工商行政管理部门应当定期汇总农业机械产品质量、维修质量投诉情况并逐级上报。

第三十九条 国务院农业机械化主管部门和省、自治区、直辖市人民政府农业机械化主管部门应当根据投诉情况和农业安全生产需要，组织开展在用的特定种类农业机械的安全鉴定和重点检查，并公布结果。

第四十条 农业机械安全监督管理执法人员在农田、场院等场所进行农业机械安全监督检查时，可以采取下列措施：

（一）向有关单位和个人了解情况，查阅、复制有关资料；

（二）查验拖拉机、联合收割机证书、牌照及有关操作证件；

（三）检查危及人身财产安全的农业机械的安全状况，对存在重大事故隐患的农业机械，责令当事人立即停止作业或者停止农业机械的转移，并进行维修；

（四）责令农业机械操作人员改正违规操作行为。

第四十一条 发生农业机械事故后企图逃逸的、拒不停止存在重大事故隐患农业机械的作业或者转移的，县级以上地方人民政府农业机械化主管部门可以扣押有关农业机械及证书、牌照、操作证件。案件处理完毕或者农业机械事故肇事方提供担保的，县级以上地方人民政府农业机械化主管部门应当及时退还被扣押的农业机械及证书、牌照、操作证件。存在重大事故隐患的农业机械，其所有人或者使用人排除隐患前不得继续使用。

第四十二条 农业机械安全监督管理执法人员进行安全监督检查时，应当佩戴统一标志，出示行政执法证件。农业机械安全监督检查、事故勘察车辆应当在车身喷涂统一标识。

第四十三条 农业机械化主管部门不得为农业机械指定维修经营者。

第四十四条 农业机械化主管部门应当定期向同级公安机关交通管理部门通报拖拉机登记、检验以及有关证书、牌照、操作证件发放情况。公安机关交通管理部门应当定期向同级农业机械化主管部门通报农业机械在道路上发生的交通事故及处理情况。

第六章　法律责任

第四十五条 县级以上地方人民政府农业机械化主管部门、工业主管部门、质量监督部门和工商行政管理部门及其工作人员有下列行为之一的，对直接负责的主管人员和其他直接责任人员，依法给予处分；构成犯罪的，依法追究刑事责任：

（一）不依法对拖拉机、联合收割机实施安全检验、登记，或者不依法核发拖拉机、联合收割机证书、牌照的；

（二）对未经考试合格者核发拖拉机、联合收割机操作证件，或者对经考试合格者拒不核发拖拉机、联合收割机操作证件的；

（三）对不符合条件者核发农业机械维修技术合格证书，或者对符合条件者拒不核发农业机械维修技术合格证书的；

（四）不依法处理农业机械事故，或者不依法出具农业机械事故认定书和其他证明材料的；

（五）在农业机械生产、销售等过程中不依法履行监督管理职责的；

（六）其他未依照本条例的规定履行职责的行为。

第四十六条　生产、销售利用残次零配件或者报废农业机械的发动机、方向机、变速器、车架等部件拼装的农业机械的，由县级以上质量监督部门、工商行政管理部门按照职责权限责令停止生产、销售，没收违法所得和违法生产、销售的农业机械，并处违法产品货值金额 1 倍以上 3 倍以下罚款；情节严重的，吊销营业执照。

农业机械生产者、销售者违反工业产品生产许可证管理、认证认可管理、安全技术标准管理以及产品质量管理的，依照有关法律、行政法规处罚。

第四十七条　农业机械销售者未依照本条例的规定建立、保存销售记录的，由县级以上工商行政管理部门责令改正，给予警告；拒不改正的，处 1000 元以上 1 万元以下罚款，并责令停业整顿；情节严重的，吊销营业执照。

第四十八条　未取得维修技术合格证书或者使用伪造、变造、过期的维修技术合格证书从事维修经营的，由县级以上地方人民政府农业机械化主管部门收缴伪造、变造、过期的维修技术合格证书，限期补办有关手续，没收违法所得，并处违法经营额 1 倍以上 2 倍以下罚款；逾期不补办的，处违法经营额 2 倍以上 5 倍以下罚款，并通知工商行政管理部门依法处理。

第四十九条　农业机械维修经营者使用不符合农业机械安全技术标准的配件维修农业机械，或者拼装、改装农业机械整机，或者承揽维修已经达到报废条件的农业机械的，由县级以上地方人民政府农业机械化主管部门责令改正，没收违法所得，并处违法经营额 1 倍以上 2 倍以下罚款；拒不改正的，处违法经营额 2 倍以上 5 倍以下罚款；情节严重的，吊销维修技术合格证。

第五十条　未按照规定办理登记手续并取得相应的证书和牌照，擅自将拖拉机、联合收割机投入使用，或者未按照规定办理变更登记手续的，由县级以上地方人民政府农业机械化主管部门责令限期补办相关手续；逾期不补办的，责令停止使用；拒不停止使用的，扣押拖拉机、联合收割机，并处 200 元以上 2000 元以下罚款。

当事人补办相关手续的，应当及时退还扣押的拖拉机、联合收割机。

第五十一条　伪造、变造或者使用伪造、变造的拖拉机、联合收割机证书和牌照的，或者使用其他拖拉机、联合收割机的证书和牌照的，由县级以上地方人民政府农业机械化主管部门收缴伪造、变造或者使用的证书和牌照，对违法行为人予以批评教育，并处 200 元以上 2000 元以下罚款。

第五十二条　未取得拖拉机、联合收割机操作证件而操作拖拉机、联合收割机的，由县级以上地方人民政府农业机械化主管部门责令改正，处 100 元以上 500 元以下罚款。

第五十三条　拖拉机、联合收割机操作人员操作与本人操作证件规定不相符的拖拉机、联合收割机，或者操作未按照规定登记、检验或者检验不合格、安全设施不全、机件失效的拖拉机、联合收割机，或者使用国家管制的精神药品、麻醉品后操作拖拉机、联合收割机，或者患有妨碍安全操作的疾病操作拖拉机、联合收割机的，由县级以上地方人民政府农业机械化主管部门对违法行为人予以批评教育，责令改正；拒不改正的，处 100 元以上 500 元以下罚款；情节严重的，吊销有关人员的操作证件。

第五十四条　使用拖拉机、联合收割机违反规定载人的，由县级以上地方人民政府农业机械化主管部门对违法行为人予以批评教育，责令改正；拒不改正的，扣押拖拉机、联合收割机的证书、牌照；情节严重的，吊销有关人员的操作证件。非法从事经营性道路旅客运输的，由交通主管部门依照道路运输管理法律、行政法规处罚。

当事人改正违法行为的，应当及时退还扣押的拖拉机、联合收割机的证书、牌照。

第五十五条 经检验、检查发现农业机械存在事故隐患，经农业机械化主管部门告知拒不排除并继续使用的，由县级以上地方人民政府农业机械化主管部门对违法行为人予以批评教育，责令改正；拒不改正的，责令停止使用；拒不停止使用的，扣押存在事故隐患的农业机械。

事故隐患排除后，应当及时退还扣押的农业机械。

第五十六条 违反本条例规定，造成他人人身伤亡或者财产损失的，依法承担民事责任；构成违反治安管理行为的，依法给予治安管理处罚；构成犯罪的，依法追究刑事责任。

第七章 附 则

第五十七条 本条例所称危及人身财产安全的农业机械，是指对人身财产安全可能造成损害的农业机械，包括拖拉机、联合收割机、机动植保机械、机动脱粒机、饲料粉碎机、插秧机、铡草机等。

第五十八条 本条例规定的农业机械证书、牌照、操作证件和维修技术合格证，由国务院农业机械化主管部门会同国务院有关部门统一规定式样，由国务院农业机械化主管部门监制。

第五十九条 拖拉机操作证件考试收费、安全技术检验收费和牌证的工本费，应当严格执行国务院价格主管部门核定的收费标准。

第六十条 本条例自2009年11月1日起施行。

国务院办公厅关于加强基层应急队伍建设的意见

（国办发〔2009〕59号，国务院办公厅2009年10月18日发布）

各省、自治区、直辖市人民政府，国务院各部委、各直属机构：

基层应急队伍是我国应急体系的重要组成部分，是防范和应对突发事件的重要力量。多年来，我国基层应急队伍不断发展，在应急工作中发挥着越来越重要的作用。但是，各地基层应急队伍建设中还存在着组织管理不规范、任务不明确、进展不平衡等问题。为贯彻落实突发事件应对法，进一步加强基层应急队伍建设，经国务院同意，提出如下意见：

一、基本原则和建设目标

（一）基本原则。坚持专业化与社会化相结合，着力提高基层应急队伍的应急能力和社会参与程度；坚持立足实际、按需发展，兼顾县乡级政府财力和人力，充分依托现有资源，避免重复建设；坚持统筹规划、突出重点，逐步加强和完善基层应急队伍建设，形成规模适度、管理规范的基层应急队伍体系。

（二）建设目标。通过三年左右的努力，县级综合性应急救援队伍基本建成，重点领域专业应急救援队伍得到全面加强；乡镇、街道、企业等基层组织和单位应急救援队伍普遍建立，应急志愿服务进一步规范，基本形成统一领导、协调有序、专兼并存、优势互补、保障有力的基层应急队伍体系，应急救援能力基本满足本区域和重点领域突发事件应对工作需要，为最大程度地减少突发事件及其造成的人员财产损失、维护国家安全和社会稳定提供有力保障。

二、加强基层综合性应急救援队伍建设

（一）全面建设县级综合性应急救援队伍。各县级人民政府要以公安消防队伍及其他优势专业应急救援队伍为依托，建立或确定“一专多能”的县级综合性应急救援队伍，在相关突发事件发生后，立即开展救援处置工作。综合性应急救援队伍除承担消防工作以外，同时承担综合性应急救援任务，包括地震等自然灾害，建筑施工事故、道路交通事故、空难等生产安全事故，恐怖袭击、群众遇险等社会安全事件的抢险救援任务，同时协助有关专业队伍做好水旱灾害、气象灾害、地质灾害、森林草原火灾、生物灾害、矿山事故、危险化学品事故、水上事故、环境污染、核与辐射事故和突发公共卫生事件等突发事件的抢险救援工作。各地要根据本行政区域特点和需要，制订综合性应急救援队伍建设方案，细化队伍职责，配备必要的物资装备，加强与专业队伍互动演练，提高队伍综合应急能力。

（二）深入推进街道、乡镇综合性应急救援队伍建设。街道、乡镇要充分发挥民兵、预备役人员、保安员、基层警务人员、医务人员等有相关救援专业知识和经验人员的作用，在防范和应对气象灾害、水旱灾害、地震灾害、地质灾害、森林草原火灾、生产安全事故、环境突发事件、群体性事件等方面发挥就近优势，在相关应急指挥机构组织下开展先期处置，组织群众自救互救，参与抢险救灾、人员转移安置、维护社会秩序，配合专业应急救援队伍做好各项保障，协助有关方面做好善后处置、物资发放等工作。同时发挥信息员作用，发现突发事件苗头及时报告，协助做好预警信息传递、灾情收集上报、灾情评估等工作，参与有关单位组织的隐患排查整改。街道办事处、乡镇政府要加强队伍的建设和管理，严明组织纪律，经常性地开展应急培训，提高队伍的综合素质和应急保障能力。

三、完善基层专业应急救援队伍体系

各地要在全面加强各专业应急救援队伍建设同时，组织动员社会各方面力量重点加强以下几个方面工作：

（一）加强基层防汛抗旱队伍组建工作。水旱灾害常发地区和重点流域的县、乡级人民政府，要组织民兵、预备役人员、农技人员、村民和相关单位人员参加，组建县、乡级防汛抗旱队伍。防汛抗旱重点区域和重要地段的村委会，要组织本村村民和属地相关单位人员参加，组建村防汛抗旱队伍。基层防汛抗旱队伍要在当地防汛抗旱指挥机构的统一组织下，开展有关培训和演练工作，做好汛期巡堤查险和险情处置，做到有旱抗旱，有汛防汛。充分发挥社会各方面作用，合理储备防汛抗旱物资，建立高效便捷的物资、装备调用机制。

（二）深入推进森林草原消防队伍建设。县乡级人民政府、村委会、国有林（农）场、森工企业、自然保护区和森林草原风景区等，要组织本单位职工、社会相关人员建立森林草原消防队伍。各有关方面要加强森林草原扑火装备配套，开展防扑火技能培训和实战演练。要建立基层森林草原消防队伍与公安消防、当地驻军、预备役部队、武警部队和森林消防力量的联动机制，满足防扑火工作需要。地方政府要对基层森林草原消防队伍装备建设给予补助。

（三）加强气象灾害、地质灾害应急队伍建设。县级气象部门要组织村干部和有经验的相关人员组建气象灾害应急队伍，主要任务是接收和传达预警信息，收集并向相关方面报告灾害性天气实况和灾情，做好台风、强降雨、大风、沙尘暴、冰雹、雷电等极端天气防范的科普知识宣传工作，参与本社区、村镇气象灾害防御方案的制订以及应急处置和调查评估等工作。地质灾害应急队伍的主要任务是参与各类地质灾害的群防群控，开展防范知识宣传，隐患和灾情等信息报告，组织遇险人员转移，参与地质灾害抢险救灾和应急处置等工作。容易受气象、地质灾害影响的乡村、企业、学校等基层组织单位，要在气象、地质部门的组织下，明确参与应急队伍的人员及其职责，定期开展相关知识培训。气象灾害和地质灾害基层应急队伍工作经费，由地方政府给予保障。

（四）加强矿山、危险化学品应急救援队伍建设。煤矿和非煤矿山、危险化学品单位应当依法建立由专职或兼职人员组成的应急救援队伍。不具备单独建立专业应急救援队伍的小型企业，除建立兼职应急救援队伍外，还应当与邻近建有专业救援队伍的企业签订救援协议，或者联合建立专业应急救援队伍。应急救援队伍在发生事故时要及时组织开展抢险救援，平时开展或协助开展风险隐患排查。加强应急救援队伍的资质认定管理。矿山、危险化学品单位属地县、乡级人民政府要组织建立队伍调运机制，组织队伍参加社会化应急救援。应急救援队伍建设及演练工作经费在企业安全生产费用中列支，在矿山、危险化学品工业集中的地方，当地政府可给予适当经费补助。

（五）推进公用事业保障应急队伍建设。县级以下电力、供水、排水、燃气、供热、交通、市容环境等主管部门和基础设施运营单位，要组织本区域有关企事业单位懂技术和有救援经验的职工，分别组建公用事业保障应急队伍，承担相关领域突发事件应急抢险救援任务。重要基础设施运营单位要组建本单位运营保障应急队伍。要充分发挥设计、施工和运行维护人员在应急抢险中的作用，配备应急抢修的必要机具、运输车辆和抢险救灾物资，加强人员培训，提高安全防护、应急抢修和交通运输保障能力。

（六）强化卫生应急队伍建设。县级卫生行政部门要根据突发事件类型和特点，依托现有医疗卫生机构，组建卫生应急队伍，配备必要的医疗救治和现场处置设备，承担传染病、食物中毒和急性职业中毒、群体性不明原因疾病等突发公共卫生事件应急处置和其他突发事件受伤人员医疗救治及卫生学处理，以及相应的培训、演练任务。城市医疗卫生机构要与县级或乡镇医疗卫生机构建立长期对口协作关系，把帮助组建基层应急队伍作为对口支援重要内容。卫生应急队伍的装备配备、培训、演练和卫生应急处置等工作费用由地方政府给予支持。

（七）加强重大动物疫情应急队伍建设。县级人民政府建立由当地兽医、卫生、公安、工商、质检和林业行政管理人员，动物防疫和野生动物保护工作人员，有关专家等组成的动物疫情应急队伍，具体承担家禽和野生动物疫情的监测、控制和扑灭任务。要保持队伍的相对稳定，定期进行技术培训和应急演练，同时加强应急监测和应急处置所需的设施设备建设及疫苗、药品、试剂和防护用品等物资储备，提高队伍应急能力。

四、完善基层应急队伍管理体制机制和保障制度

（一）进一步明确组织领导责任。地方各级人民政府是推进基层应急队伍建设工作的责任主体。县级人民政府要对县级综合性应急救援队伍和专业应急救援队伍建设进行规划，确定各街道、乡镇综合性应急救援队伍和专业应急救援队伍的数量和规模。各有关部门要强化支持政策的研究并加强指导，加强对基层应急队伍建设的督促检查。公安、国土资源、交通、水利、林业、气象、安全监管、环境、电力、通信、建设、卫生、农业等有关部门要明确推进本行业基层应急队伍建设的具体措施，各有关部门要按照各自职责指导推进基层应急队伍组建工作。

（二）完善基层应急队伍运行机制。各基层应急队伍组成人员平时在各自单位工作，发生突发事件后，立即集结到位，在当地政府或应急现场指挥部的统一领导下，按基层应急管理机构安排开展应急处置工作。县乡级人民政府及其有关部门要切实加强基层综合队伍、专业队伍和志愿者队伍之间的协调配合，建立健全相关应急预案，完善工作制度，实现信息共享和应急联动。同时，建立健全基层应急队伍与其他各类应急队伍及装备统一调度、快速运送、合理调配、密切协作的工作机制，经常性地组织各类队伍开展联合培训和演练，形成有效处置突发事件的合力。

（三）积极动员社会力量参与应急工作。通过多种渠道，努力提高基层应急队伍的社会化程度。充分发挥街道、乡镇等基层组织和企事业单位的作用，建立群防群治队伍体系，加强知识培训。鼓励现有各类志愿者组织在工作范围内充实和加强应急志愿服务内容，为社会各界力量参与应急志愿服务提供渠道。有关专业应急管理部门要发挥各自优势，把具有相关专业知识和技能的志愿者纳入应急救援队伍。发挥共青团和红十字会作用，建立青年志愿者和红十字志愿者应急救援队伍，开展科普宣教和辅助救援工作。应急志愿者组建单位要建立志愿者信息库，并加强对志愿者的培训和管理。地方政府根据情况对志愿者队伍建设给予适当支持。

（四）加大基层应急队伍经费保障力度。县、乡两级综合性应急救援队伍和有关专业应急救援队伍建设与工作经费要纳入同级财政预算。按照政府补助、组建单位自筹、社会捐赠相结合等方式，建立基层应急救援队伍经费渠道。

（五）完善基层应急队伍建设相关政策。认真研究解决基层应急队伍工作中的实际困难，落实基层应急救援队员医疗、工伤、抚恤，以及应急车辆执行应急救援任务时的免交过路费等政策措施。鼓励社团组织和个人参加基层应急队伍，研究完善民间应急救援组织登记管理制度，鼓励民间力量参与应急救援。研究制订基层应急救援队伍装备标准并配备必要装备。对在应急管理、应急队伍建设工作中做出突出贡献的集体和个人，按照国家有关规定给予表彰奖励。开展基层应急队伍建设示范工作，推动基层应急管理水平不断提高。

第 33 章 纪检监察与反腐廉政最新部门规章与其他文件

监察部、人力资源和社会保障部、国务院国有资产监督管理委员会关于国有企业领导人员违反廉洁自律“七项要求”政纪处分规定

（监察部第 17 号令，临察部、人力资源和社会保障部、国务院国有资产监督管理委员会 2009 年 1 月 23 日发布）

第一条 为了促进国有企业领导人员廉洁从业，惩处违反廉洁自律要求的行为，根据《中华人民共和国行政监察法》、《行政机关公务员处分条例》、《财政违法行为处罚处分条例》等有关法律法规，制定本规定。

第二条 本规定适用于国有独资、国有控股、国有参股企业中由行政机关或者政府直属特设机构以委任、派遣、提名、聘任等形式任命的国有企业领导人员。

第三条 国有企业领导人员不得有下列行为：

（一）利用职务上的便利通过同业经营或关联交易为本人或特定关系人谋取利益；

（二）相互为对方及其配偶、子女和其他特定关系人从事营利性经营活动提供便利条件；

（三）在企业资产整合、引入战略投资者等过程中利用职权谋取私利；

（四）擅自抵押、担保、委托理财；

（五）利用企业上市或上市公司并购、重组、定向增发等过程中的内幕信息为本人或特定关系人谋取利益；

（六）授意、指使、强令财会人员提供虚假财务报告；

（七）违规自定薪酬、兼职取酬、滥发补贴和奖金。

第四条 利用职务上的便利通过同业经营或者关联交易为本人或者特定关系人谋取利益，有下列情形之一的，给予记过或者记大过处分；情节较重的，给予降级或者撤职处分；情节严重的，给予开除处分：

（一）本人经营或者为特定关系人经营与其所任职企业相同或者有竞争关系业务的；

（二）为本人或者特定关系人谋取属于本企业商业机会的；

（三）利用本企业商业秘密、知识产权、业务渠道、资质、品牌或者商业信誉，为本人或者特定关系人谋取利益的；

（四）与本人或者特定关系人经营或者实际控制的企业订立合同或者进行交易的；

（五）本人或者特定关系人在本企业的关联企业或者与本企业有业务关系的企业从事

证券投资以外的投资入股的；

（六）不按照独立企业之间的业务往来支付价款、费用，或者以优于对非关联方同类交易的条件进行交易的；

（七）为本人或者特定关系人经营的企业拆借资金、提供担保或者转嫁风险的；

（八）不按照规定披露关联交易信息的。

第五条 相互为对方及其配偶、子女和其他特定关系人从事营利性经营活动提供便利条件，有下列情形之一的，给予记过或者记大过处分；情节较重的，给予降级或者撤职处分；情节严重的，给予开除处分：

（一）将本单位的盈利业务交由对方及其配偶、子女和其他特定关系人经营的；

（二）以明显高于市场的价格向对方及其配偶、子女和其他特定关系人经营管理的单位采购商品、提供服务或者以明显低于市场的价格向对方及其配偶、子女和其他特定关系人经营管理的单位销售商品、提供服务的；

（三）向对方及其配偶、子女和其他特定关系人经营管理的单位采购不合格商品的；

（四）向对方及其配偶、子女和其他特定关系人经营管理的单位提供本企业的商业机会或者商业秘密的；

（五）为对方及其配偶、子女和其他特定关系人经营管理的单位拆借资金、提供担保或者承担风险的；

（六）通过虚假招标、串通招标或者控制中标结果等方式为对方及其配偶、子女和其他特定关系人谋求中标的。

授意、指使下属单位、关联企业、与本企业有业务关系的企业或者人员从事前款所列行为的，按照前款规定处理。

第六条 在企业资产整合、引入战略投资者等过程中，利用职权谋取私利，有下列情形之一的，给予记过或者记大过处分；情节较重的，给予降级或者撤职处分；情节严重的，给予开除处分：

（一）索取他人财物，或者收受他人财物，非法处置国有资产权益的；

（二）隐匿、截留、转移国有资产的；

（三）违反规定以经济补偿金、企业年金、商业保险等名义将国有资产集体私分给个人的；

（四）为谋求业绩，编造或者提供虚假财务报告的；

（五）为谋取其他不正当利益，不履行或者不正确履行职责，造成国有资产流失的。

第七条 擅自以企业资产提供担保的，给予警告、记过或者记大过处分；造成损失的，给予降级或者撤职处分；造成重大损失的，给予开除处分。

第八条 擅自将企业资金、证券等金融性资产委托他人管理投资的，给予警告、记过或者记大过处分；情节较重的，给予降级或者撤职处分；情节严重的，给予开除处分。

第九条 利用企业上市或者上市公司并购、重组、定向增发等过程中的内幕信息为本人或特定关系人谋取利益的，给予记过或者记大过处分；情节较重的，给予降级或者撤职处分；情节严重的，给予开除处分。

第十条 授意、指使、强令财会人员提供虚假财务报告的，给予警告处分；情节较重的，给予记过或者记大过处分；情节严重的，给予降级或者撤职处分。

第十一条 违反规定自行决定本级领导人员薪酬或者滥发补贴和奖金的，给予警告、记过或者记大过处分；情节较重的，给予降级或者撤职处分；情节严重的，给予开除处分。

第十二条 违反规定兼职或者兼职取酬的，给予记过或者记大过处分；情节较重的，给予降级或者撤职处分；情节严重的，给予开除处分。

第十三条 本规定所称特定关系人，是指与国有企业领导人员有近亲属、情妇（夫）以及其他共同利益关系的人。

第十四条 本规定由监察部、人力资源和社会保障部、国务院国资委负责解释。

第十五条 本规定自2009年3月1日起施行。

统计违法违纪行为处分规定

（监察部、人力资源和社会保障部、国家统计局令第 18 号，监察部、人力资源和社会保障部、国家统计局 2009 年 3 月 25 日发布）

第一条 为了加强统计工作，提高统计数据的准确性和及时性，惩处和预防统计违法违纪行为，促进统计法律法规的贯彻实施，根据《中华人民共和国统计法》、《中华人民共和国行政监察法》、《中华人民共和国公务员法》、《行政机关公务员处分条例》及其他有关法律、行政法规，制定本规定。

第二条 有统计违法违纪行为的单位中负有责任的领导人员和直接责任人员，以及有统计违法违纪行为的个人，应当承担纪律责任。属于下列人员的（以下统称有关责任人员），由任免机关或者监察机关按照管理权限依法给予处分：

（一）行政机关公务员；

（二）法律、法规授权的具有公共事务管理职能的事业单位中经批准参照《中华人民共和国公务员法》管理的工作人员；

（三）行政机关依法委托的组织中除工勤人员以外的工作人员；

（四）企业、事业单位、社会团体中由行政机关任命的人员。

法律、行政法规、国务院决定和国务院监察机关、国务院人力资源社会保障部门制定的处分规章对统计违法违纪行为的处分另有规定的，从其规定。

第三条 地方、部门以及企业、事业单位、社会团体的领导人员有下列行为之一的，给予记过或者记大过处分；情节较重的，给予降级或者撤职处分；情节严重的，给予开除处分：

（一）自行修改统计资料、编造虚假数据的；

（二）强令、授意本地区、本部门、本单位统计机构、统计人员或者其他有关机构、人员拒报、虚报、瞒报或者篡改统计资料、编造虚假数据的；

（三）对拒绝、抵制篡改统计资料或者对拒绝、抵制编造虚假数据的人员进行打击报复的；

（四）对揭发、检举统计违法违纪行为的人员进行打击报复的。

有前款第（三）项、第（四）项规定行为的，应当从重处分。

第四条 地方、部门以及企业、事业单位、社会团体的领导人员，对本地区、本部门、本单位严重失实的统计数据，应当发现而未发现或者发现后不予纠正，造成不良后果的，给予警告或者记过处分；造成严重后果的，给予记大过或者降级处分；造成特别严重后果的，给予撤职或者开除处分。

第五条 各级人民政府统计机构、有关部门及其工作人员在实施统计调查活动中，有下列行为之一的，对有关责任人员，给予记过或者记大过处分；情节较重的，给予降级或者撤职处分；情节严重的，给予开除处分：

（一）强令、授意统计调查对象虚报、瞒报或者伪造、篡改统计资料的；

（二）参与篡改统计资料、编造虚假数据的。

第六条　各级人民政府统计机构、有关部门及其工作人员在实施统计调查活动中，有下列行为之一的，对有关责任人员，给予警告、记过或者记大过处分；情节较重的，给予降级处分；情节严重的，给予撤职处分：

（一）故意拖延或者拒报统计资料的；

（二）明知统计数据不实，不履行职责调查核实，造成不良后果的。

第七条　统计调查对象中的单位有下列行为之一，情节较重的，对有关责任人员，给予警告、记过或者记大过处分；情节严重的，给予降级或者撤职处分；情节特别严重的，给予开除处分：

（一）虚报、瞒报统计资料的；

（二）伪造、篡改统计资料的；

（三）拒报或者屡次迟报统计资料的；

（四）拒绝提供情况、提供虚假情况或者转移、隐匿、毁弃原始统计记录、统计台账、统计报表以及与统计有关的其他资料的。

第八条　违反国家规定的权限和程序公布统计资料，造成不良后果的，对有关责任人员，给予警告或者记过处分；情节较重的，给予记大过或者降级处分；情节严重的，给予撤职处分。

第九条　有下列行为之一，造成不良后果的，对有关责任人员，给予警告、记过或者记大过处分；情节较重的，给予降级或者撤职处分；情节严重的，给予开除处分：

（一）泄露属于国家秘密的统计资料的；

（二）未经本人同意，泄露统计调查对象个人、家庭资料的；

（三）泄露统计调查中知悉的统计调查对象商业秘密的。

第十条　包庇、纵容统计违法违纪行为的，对有关责任人员，给予记过或者记大过处分；情节较重的，给予降级或者撤职处分；情节严重的，给予开除处分。

第十一条　受到处分的人员对处分决定不服的，依照《中华人民共和国行政监察法》、《中华人民共和国公务员法》、《行政机关公务员处分条例》等有关规定，可以申请复核或者申诉。

第十二条　任免机关、监察机关和人民政府统计机构建立案件移送制度。

任免机关、监察机关查处统计违法违纪案件，认为应当由人民政府统计机构给予行政处罚的，应当将有关案件材料移送人民政府统计机构。人民政府统计机构应当依法及时查处，并将处理结果书面告知任免机关、监察机关。

人民政府统计机构查处统计行政违法案件，认为应当由任免机关或者监察机关给予处分的，应当及时将有关案件材料移送任免机关或者监察机关。任免机关或者监察机关应当依法及时查处，并将处理结果书面告知人民政府统计机构。

第十三条　有统计违法违纪行为，应当给予党纪处分的，移送党的纪律检查机关处理。涉嫌犯罪的，移送司法机关依法追究刑事责任。

第十四条　本规定由监察部、人力资源社会保障部、国家统计局负责解释。

第十五条　本规定自2009年5月1日起施行。

教育部、国务院纠风办、监察部等关于2009年规范教育收费进一步治理教育乱收费工作的实施意见

（教监［2009］5号，教育部、国务院纠风办、监察部等2009年4月30日发布）

各省、自治区、直辖市教育厅（教委）、纠风办、监察厅（局）、发展改革委、物价局、财政厅（局）、审计厅（局）、新闻出版局，新疆生产建设兵团教育局、纠风办、监察局、发展改革委、物价局、财务局、审计局、新闻出版局，有关部门（单位）教育司（局），教育部部属各高等学校：

为认真贯彻落实第十七届中央纪委第三次全会和国务院第二次廉政工作会议精神，深入推进治理教育乱收费工作，进一步规范教育收费，现就2009年工作提出以下意见：

一、指导思想

以邓小平理论和“三个代表”重要思想为指导，深入贯彻落实科学发展观，坚持“谁主管、谁负责”的原则和相关部门各司其职、齐抓共管的工作格局；坚持教育、制度和监督并重，进一步完善规范教育收费的长效机制；坚持解放思想、求真务实，狠抓各项方针政策措施的贯彻落实，巩固已取得的工作成果，防止反弹；坚持学校收费工作透明公开制度，加强社会监督；推进教育协调发展，为促进教育公平，构建社会主义和谐社会作出贡献。

二、主要任务

1. 深入推进义务教育经费保障机制改革，严禁“一边免费、一边乱收费”。

各地要切实履行好教育投入和收费监管责任，加强统筹协调，确保义务教育经费保障机制改革顺利运行和国家免费义务教育各项措施落到实处。严禁任何部门和单位截留、平调、挤占、挪用义务教育保障经费。要严格执行《教育部、国务院纠风办、监察部、国家发展改革委、财政部关于在农村义务教育经费保障机制改革中坚决制止学校乱收费的通知》（教财［2006］6号）规定。农村义务教育阶段住宿费取消后，各地要采取措施，切实保障学生宿舍维修、日常管理等相关费用的正常开支。使用非财政资金建设学生宿舍形成的债务，各地要结合实际，制定方案，逐步妥善解决。要继续加大教育投入，加强教育收费监管，严禁“一边免费、一边乱收费”。

2. 严格教育收费审批权限，稳定各级各类学校收费标准。

各地要按照国家有关规定，进一步严格收费项目审批和标准核定工作。从2009年1月1日起，取消义务教育借读费。凡未经国务院同意或财政部、国家发展改革委、教育部批准，不得擅自设立教育收费项目。要切实做好教育收费文件的清理工作，坚决纠正越权设立教育收费项目、违规制定收费标准的行为。2009年8月底前各地要完成对涉及教育收费的文件清理工作，并将清理后所保留的收费项目、收费标准及举报电话通过当地省

（区、市）政府网站等有关新闻媒体及时向社会公布，接受社会和人民群众的监督。2009年秋季开学前，各地要将文件清理工作情况分别报教育部、国家发展改革委、财政部。

要严格执行《国务院关于建立健全普通本科高校、高等职业学校和中等职业学校家庭经济困难学生资助政策体系的意见》（国发［2007］13号）的各项规定。除国家另有规定外，各级各类学校收费标准应保持基本稳定且不高于2006年秋季学期收费水平。

按照《民办教育促进法》及其实施条例的规定，民办学校的收费标准由各地根据办学成本变化情况作适当调整。地方各级价格主管部门要会同同级财政部门进一步加强对学校收费标准的监管，切实稳定学校收费标准。

3. 采取有力措施，继续做好改制学校清理规范工作。

按照《国家发展改革委、教育部关于做好清理整顿改制学校收费准备工作的通知》（发改价格［2005］2827号）和《教育部关于贯彻〈义务教育法〉进一步规范义务教育办学行为的若干意见》（教基［2006］19号）的要求，巩固义务教育阶段改制学校清理规范工作取得的成果。对于没有达到清理规范工作目标的义务阶段改制学校，要按照属地原则采取有力措施，加大工作力度，继续向前推进，确保2009年秋季开学前全面完成义务教育阶段改制学校清理规范工作。对于已经清理规范后的改制学校要严格按相关标准要求进行复核检查，严禁假清理、走过场，保证清理质量。2009年下半年，我们将对各地义务教育阶段改制学校清理规范情况进行检查。

各地要对公办普通高中改制学校情况进行调查摸底，区分不同情况，制订积极稳妥的工作方案，组织开展清理规范工作，拟用三年左右的时间完成普通高中改制学校的清理规范工作。坚决防止和纠正借改制之名的乱收费行为。

4. 大力推进区域内义务教育均衡发展，认真解决城市义务教育阶段“择校”乱收费问题。

认真落实《义务教育法》，切实加大政府投入，加强薄弱学校建设，合理配置公共教育资源，积极推进区域内义务教育均衡发展。逐步取消义务教育阶段各类重点学校和重点班。教育部在调查研究的基础上，提出解决城市义务教育阶段“择校”问题的政策措施。各省（区、市）要结合当地实际情况，制定解决城市义务教育阶段“择校”问题的实施办法，并向社会公示。部际联席会议将对各地具体的实施情况进行统计上报，进行量化管理，对各地工作开展情况，适时组织检查、总结交流经验，推动各地落实。

5. 加强对学校办学行为和收费行为的监管，促进各级各类学校依法办学、规范收费。

深入了解教辅材料散滥的问题，进一步加强对教辅材料编写、出版、发行和印制活动的管理，严禁任何部门、单位或个人在教辅材料编写、出版、发行过程中违规收取费用；严禁违反出版管理规定，擅自编印、统一征订教辅材料；严禁将教辅材料纳入《教学用书目录》、印发教辅材料《推荐目录》、搭售教辅材料以及强迫学生购买教辅材料等违规行为；严厉打击盗版和非法出版教辅材料等活动。

严禁举办各类收费补习班。中小学生在校期间的学习活动，必须纳入学校的正常教学活动范围，不得以任何名义另行收费，所有教学内容（包括复习）必须全部纳入正常教学过程之中。严禁学校、教师举办或与社会办学机构合作举办向学生收费的各种培训班、补习班、提高班等有偿培训。

要严格按照国家有关规定加强对中外合作办学收费的管理，杜绝以中外合作办学名义乱收费的行为。经依法批准的中外合作办学机构或项目，其收费按办学所在地省（区、市）人民政府的规定执行。对违反国家有关规定，超越职权审批或未经批准擅自设立或举办的中外合作办学机构或项目，应坚决取缔。

要严格执行《教育部关于进一步加强考研辅导活动管理的通知》（教学［2008］1号）规定，严禁高等学校及其教职工举办或与社会办学机构联合举办任何形式的考研辅导活动，高校教职工不得参与社会上组织的各种考研辅导活动和编写考研辅导书籍或资料，不得组织学生参加社会上各种考研辅导活动。加强对社会办学机构举办考研辅导活动的监管力度。

三、主要措施

1. 加强宣传培训，接受社会监督。

要结合学习贯彻党的十七大精神，围绕国务院深化义务教育经费保障机制改革等重大决策，切实做好宣传培训工作，提高管理水平，增强政策透明度。全国治理教育乱收费部际联席会议各成员单位将结合各自的职能，有计划、有重点开展宣传、培训和指导工作。依照此精神，各地要结合实际，积极开展宣传、培训工作，并实行量化管理，建立统计上报制度。要充分发挥新闻媒体的作用，在全社会努力营造有利于治理工作深入开展的良好氛围。

2. 切实加强学校服务性收费、代收费管理。

各省级人民政府要按照国家有关政策，结合本地情况，制定学校服务性收费和代收费管理办法，逐步建立规范学校服务性收费和代收费的长效机制。学校服务性收费和代收费必须坚持学生自愿和非盈利原则，即时发生即时收取，据实结算，多收的部分应及时退还；不得与学费合并统一收取，不得从中牟利，侵害学生利益。严禁将讲义资料、取暖、电子阅览等教学管理范围内的事项，作为服务性或代收费事项收费。严禁学校强制服务并收费，或只收费不服务，不得在代办收费中加收任何费用。

3. 加强学校收费资金管理，完善学校经费收入、资金使用公示制度和经常性审计及审计公告制度。

各地要严格按照《财政部、教育部关于严禁截留和挪用学校收费收入加强学校收费资金管理的通知》（财综［2003］94号）的规定，加强对学校收费资金的管理。各级各类学校都要健全财务制度，严格执行“收支两条线”管理规定，合理编制预算；要严格教育收费公示制度，加强动态管理；要完善学校经费收入使用情况定期审计和公示制度，主动接受监督；严禁任何单位部门以任何形式截留、平调、挤占、挪用学校收费收入。

民办学校要严格执行国家发展改革委、教育部、原劳动和社会保障部《民办教育收费管理暂行办法》（发改价格［2005］309号）、《国务院办公厅关于加强民办高校规范管理引导民办高等教育健康发展的通知》（国办发［2006］101号）的有关规定，对收取的各项费用和使用情况应按规定予以公示。

4. 严格执行公办普通高中招收择校生“三限”政策。

公办高中招收择校生以学校为单位计算，每个学校招收择校生的比例要控制在本校当年招收高中学生计划数（不包括择校生数）的30%以下，低于此比例的不得提高。严禁在“三限”政策之外以其他任何名义招收高收费学生。公办普通高中招收择校生，收取择校费后一律不准再收取学费。有条件的地区要逐步降低公办高中招收择校生的比例和收费标准，直至全部取消。

要切实加大公办普通高中招收择校生的信息公开力度，把招生资格和计划、收费项目和标准、学生入学条件和录取结果及时向社会全部公开。

5. 继续实行高校招生“阳光工程”，严禁与招生录取挂钩的乱收费行为。

规范高校招生行为，尤其要规范民办高校（包括独立学院等）招生行为。要加强招生信息管理与服务平台建设，继续加大信息公开力度，确保所有学生可在高考招生各阶段了解和查询到应知、须知的招生政策及相关信息；严格按照规定要求及时对有关考生资格及录取信息进行公示；严禁体制外招生、冒用学历教育名义招生等违规行为；要加强对高校自主招生和特殊类型招生问题的调查研究，提出进一步促进招生工作公平公正的意见和建议，要严禁与招生录取挂钩的各种乱收费行为，切实加大对高校招生收费工作的监管。

6. 深入开展创建规范教育收费示范县活动。

继续深入扎实地开展规范教育收费示范县（市、区）活动。全国治理教育乱收费部际联席会议办公室将对工作进展情况实行量化管理，宣传和交流一些地方好的做法和经验。

7. 加强监督检查工作，严肃查处教育乱收费案件。

继续在全国组织开展治理教育乱收费专项检查和督查工作，坚持检查通报、反馈制度。严格实行责任追究制度。对涉及教育乱收费的案件，发现一起，查处一起；对典型案件要及时曝光；对情节严重、影响恶劣的案件，不但要严肃追究当事人的责任，还要追究相关领导的责任；充分发挥案件查处的警示作用。

国家发展和改革委员会、工业和信息化部、监察部等关于开展《招标投标法》颁布十周年纪念宣传活动的通知

（发改法规［2009］1002号，国家发展和改革委员会、工业和信息化部、监察部等2009年4月21日发布）

各省、自治区、直辖市发展改革委、工业和信息化主管部门、监察厅、建设厅、交通厅、水利厅、商务厅、法制办，各铁路局，民航各地区管理局：

2009年8月30日是《招标投标法》颁布十周年纪念日。为进一步推动《招标投标法》的贯彻实施，增强全社会依法招标意识，维护公平竞争的市场环境，促进招标投标行业健康发展，国家发展改革委、工业和信息化部、监察部、住房城乡建设部、交通运输部、铁道部、水利部、商务部、国务院法制办决定开展《招标投标法》颁布十周年纪念宣传活动。现将有关事项通知如下：

一、活动主题

围绕《招标投标法》及其配套法规制度的贯彻实施，回顾总结《招标投标法》颁布十年来在提高经济效益、推进体制改革、培育市场体系等方面发挥的重要作用，研究探索进一步完善招标投标制度、规范招标投标活动的政策措施，营造有利于招标投标市场健康发展的良好法治环境。

二、活动内容和形式

活动将集中于今年8月至明年1月在全国开展。具体安排如下：

（一）组织召开相关会议

总结《招标投标法》颁布十年来在贯彻实施中存在的问题和经验，研究提出进一步改进和加强招标投标工作的意见和建议，国家发展改革委、国务院法制办将会同有关单位共同组织召开纪念《招标投标法》颁布十周年座谈会。

各地要结合本地实际情况，采取召开部门座谈会、专家研讨会、专题辅导报告会等形式，广泛交流本地区贯彻实施《招标投标法》的成功经验、做法，深入分析这部法律在实施中面临的新情况和新问题，共同商讨进一步规范招标投标活动的具体措施。

（二）开展纪念宣传征文活动

为充分反映《招标投标法》颁布以来在我国经济、政治和社会生活中的重要作用，交流社会各方在招标投标理论研究和实践探索中取得的成果和经验，深化对招标投标制度的认识，展望未来的发展方向，国家发展改革委、工业和信息化部、监察部、住房城乡建设部、交通运输部、铁道部、水利部、商务部、国务院法制办决定在全国范围内组织开展《招标投标法》颁布十周年纪念宣传征文活动。

各省级有关主管部门要积极参与，认真做好本部门的组稿工作，至少上报一篇高质量

的稿件。同时，也可以根据实际情况，在本地区、本系统组织征文活动，将评审出来的优秀论文推荐参加全国征文活动。

（三）开展形式多样的纪念宣传活动

各地可以通过制作宣传展板，张贴宣传画报，开辟专题宣传网页，组织知识竞赛等多种形式宣传《招标投标法》贯彻实施情况。要有重点、有针对性地组织一批纪念宣传文章，在当地主要媒体刊登。可以结合工作需要，组织开展招标投标专项检查，进一步推动《招标投标法》贯彻落实。

三、工作要求

（一）提高认识，加强领导。各地要充分认识这次活动的重要意义和作用，以《招标投标法》颁布十周年为契机，通过展示成就、总结经验、深化认识，更好地把握新形势下招标投标领域的新情况和新问题，进一步推进理论创新、体制创新和机制创新，切实增强招标投标行政监管的能力和水平。各有关部门要加强领导，明确责任，制定切实可行的工作方案，精心组织好有关纪念宣传活动。

（二）突出重点，务求实效。各地要结合工作实际，紧扣活动主题，突出实践特色，注重活动效果。特别是要从贯彻落实科学发展观、落实中央关于保增长、保民生、保稳定的各项任务要求出发，既要大力宣传《招标投标法》贯彻实施的成效，正确引导舆论导向；也要重点研究解决几个社会比较关心、影响较大的突出问题，抓好有关政策措施的督促和落实，使纪念宣传活动成为推动招标投标工作的重要载体。

（三）加强协作，上下联动。各地发展改革部门会同有关部门根据实际情况和工作需要，联合进行部署或者组织开展有关活动，在全社会创造良好的宣传氛围。各地应及时将活动开展的信息报送国务院各有关主管部门。

国务院国资委纪委、监察部驻国资委监察局关于印发《中央企业效能监察优秀项目评价操作指南（试行）》的通知

（国资纪发［2009］12号，国务院国资委纪委、
监察部驻国资委监察局2009年5月18日发布）

各中央企业纪委（纪检组）、监察局（部、室）：

为进一步提高中央企业效能监察工作水平，建立和完善中央企业效能监察科学评价体系，推动中央企业效能监察工作规范化发展，根据《中央企业效能监察暂行办法》，我们制定了《中央企业效能监察优秀项目评价操作指南（试行）》，现印发给你们，请结合本企业实际执行，并及时反映工作中的有关情况和问题。

中央企业效能监察优秀项目评价操作指南（试行）

第一章　总　则

第一条　为进一步提高中央企业效能监察工作水平，建立和完善中央企业效能监察工作评价体系，充分发挥效能监察优秀项目（以下简称优秀项目）的规范、导向、示范和激励作用，推动效能监察工作规范化发展，根据《中央企业效能监察暂行办法》，制定本操作指南。

第二条　国务院国资委纪委和监察部驻国资委监察局负责指导中央企业优秀项目评价工作，并适时组织中央企业优秀项目成果发布。

第三条　中央企业依据本操作指南，组织本系统内优秀项目评价工作。

第四条　优秀项目评价工作遵循公开、公平、公正，注重效果、综合择优，逐级推荐、分级评价的原则。

第五条　优秀项目评价工作一般两年组织一次。评价奖项可设优秀项目奖和单项奖。优秀项目奖可设一、二、三等奖和鼓励奖；单项奖可设经济效益突出奖、管理效益突出奖、反腐倡廉成效突出奖和社会效益突出奖。每个奖项的名额由各中央企业结合本企业实际情况确定，单项奖和优秀奖不重复获奖。

第二章　评价指标

第六条　组织实施规范

（一）前期准备充分。

1. 选题立项依据充分。选题立项可由企业主要领导指定立项、上级统一立项或者自主立项；自主立项应有立项依据，所选项目能够抓住影响企业效能的有关业务事项或经营

活动过程中的主要风险问题；报批手续完备。

2. 项目检查组健全。项目检查组有相应技能的人员或有相关业务人员参与，分工明确，责任落实。

3. 实施方案完整。方案内容具体，监察点明确，方法得当，步骤合理，操作性强。

（二）操作实施到位。

1. 协调沟通充分。及时召开会议，与相关部门联系紧密，综合监察作用发挥良好。

2. 监督检查深入。发现问题准确，有查证记录，取证规范，查证资料齐全有效，事实清楚，分析透彻，项目监察报告详实，工作建议可行。

3. 整改落实到位。能针对问题提出综合监察建议或作出监察决定，并跟踪落实。

（三）总结归档及时。

1. 项目总结认真。能全面客观地总结项目监察情况，找出不足，提出改进工作意见。

2. 立卷归档规范。按规定立卷归档，材料完整。

第七条　经济效益突出

经济效益突出是指经本企业财务部门认可的通过效能监察直接增加的经济效益显著。

（一）避免经济损失。通过效能监察纠正项目投资预算、资产（产品）定价、各类采购等支出性业务环节中的偏差行为，直接防止正在或将要发生的不当支出的资金总额。

（二）节约资金。通过效能监察纠正各种厂房、设备、原材料等资源管理、使用环节中的偏差行为，直接节省的资金总额。

（三）增加经济收益。通过效能监察制止在产品销售或资产处置、产权转让等环节中的偏差行为，直接增加收益的资金总额。

（四）挽回经济损失。通过效能监察对于已经形成的各种资产损失，及时采取措施督促或者协调组织收缴、追回资产的资金总额。

第八条　管理效益突出

管理效益突出是指监察建议和监察决定得到执行，促进企业规范经营管理取得的成效显著。

（一）执行力得到加强。经营管理者的偏差行为得到纠正，相关的规章制度得到有效执行。

（二）相关制度得到完善。相关制度的废止、修订或创新等有明显进展。

（三）内部控制得到加强。被查项目的管理缺陷得到弥补，业务流程得到改进。

（四）风险防范能力提高。实行跟踪检查，整改措施得到落实，经营管理持续改进。

第九条　反腐倡廉成效突出

反腐倡廉成效突出是指通过效能监察发现和处理违规违纪行为，促进反腐倡廉建设的效果显著。

（一）发现的违规违纪违法线索转入立案检查。

（二）处理了违规违纪人员，或者依法将涉嫌违法人员移送了司法机关。

（三）督促相关人员落实了应当承担的经济赔偿责任。

（四）相关的反腐倡廉规定得到落实。

第十条　社会效益突出

社会效益突出是指通过专项效能监察工作的成功做法，维护了职工群众的合法权益，推进了中央企业效能监察工作水平的提升，社会效果显著。

（一）纠正了损害职工群众合法权益的问题。

（二）效能监察项目的成功做法被国资委等有关部门或集团公司肯定，并在中央企业或集团公司范围内推广。

（三）工作经验被国家或省（部）级、集团公司级新闻媒体宣传报道。

第三章　项目申报及评价表彰

第十一条　优秀项目申报应符合下列条件：

（一）申报项目是所属企业当期评价年度完结的效能监察项目。

（二）资质评价（附件 1）达到 85 分以上（含 85 分）的项目。

第十二条　项目申报企业在评价前应向上级单位报送《中央企业效能监察优秀项目推荐表》（附件 3）。

各中央企业要严格把关。凡发现弄虚作假的，要通报批评，并取消项目申报企业下一评价年度的参评资格。

第十三条　优秀项目实行专家评价。各中央企业根据实际情况，确定本企业系统优秀项目的评价专家；有条件的可以组建本企业效能监察优秀项目评价专家库。

优秀项目评价至少要由 5 名以上专家组成评价小组，评价专家依照评分标准对参评项目进行独立打分并签字确认；评价专家在涉及所在企业的项目评价时，应当回避。

第十四条　优秀项目评价中有关经济效益的计算，按下列方法进行：

（一）绝对值计算法。用纠正偏差行为后的被查项目实际发生的金额数减去纠错前该项目预期或可能发生的金额数。

（二）比例值计算法。用纠正偏差行为后的被查项目实际发生的金额数减去纠错前该项目预期或可能发生的金额数，除以纠错前该项目预期或可能发生的金额数，再乘以百分比。

评价过程中，中央企业可任意采用上述两种计分方式中的一种进行计分评价。

第十五条　优秀项目评价实行分段评分、并列计分、按档加分、高分获奖的评价办法。中央企业对所属各单位推荐的优秀项目分资质评价和成效评价两段分别评分。

（一）资质评价依据《中央企业效能监察优秀项目推荐资质评分标准》（附件 1），采用百分制对推荐项目的操作过程进行评价，达到 85 分以上（含 85 分）的项目方可进入成效评价阶段。

（二）成效评价依据《中央企业效能监察优秀项目成效评分标准》（附件 2），采用并列计分和按档加分法对推荐项目成效进行评价。

1. 并列计分。在对项目经济效益、管理效益、反腐倡廉效益和社会效益等具体指标进行成效评价时，对评价项目按实计分，不加限定。

2. 按档加分。将每个具体成效指标，按成效数额（或比例）大小分为若干计分档次，并设对应分值。根据项目成效数额（或比例）对应档次的分值加分。

（三）高分获奖。评价小组依据评价项目累计分数，按分数高低依次排序，提出优秀项目推荐名单。

第十六条　单项奖评价用成效最大化评分法。效能监察项目的单项成效符合下列指标的，可直接评为单项奖。

（一）效能监察项目取得巨大经济效益的，可直接评为经济效益突出奖。

（二）效能监察项目促进企业相关经营管理制度显著创新、业务流程明显优化、先进的经营管理方式得到推广应用、管理效益大幅提升的，可直接评为管理效益突出奖。

（三）效能监察项目发现案件线索，并查出违法违规违纪问题，3 人以上相关经营管理人员受到依法处理或每人承担 20 万元以上经济赔偿的，可直接评为反腐倡廉成效突出奖。

（四）效能监察项目成效突出，集团公司以上单位（含集团公司）在效能监察项目单位召开效能监察工作现场会，宣传推广其典型经验的，可直接评为社会效益突出奖。

第十七条　各中央企业组织评价拟定的获奖项目，应该在本企业系统网站上至少公示一周，如无异议再由企业相关部门研究决定。

第十八条　各中央企业对其评定的优秀项目要给予通报表彰和奖励，获奖企业应对获奖项目的相关单位和个人予以表彰奖励。

第四章　附　则

第十九条　各中央企业可以依据本操作指南，结合本企业实际制订实施办法。

第二十条　本操作指南自印发之日起施行。

国土资源部、监察部关于进一步落实工业用地出让制度的通知

（国土资发［2009］101号，国土资源部、监察部2009年8月10日发布）

各省、自治区、直辖市国土资源厅（国土环境资源厅、国土资源局、国土资源和房屋管理局、规划和国土资源管理局）、监察厅（局），副省级城市国土资源行政主管部门、监察局，新疆生产建设兵团国土资源局、监察局，各派驻地方的国家土地督察局：

针对当前国内经济形势和工业用地供应中存在的突出问题，为落实党中央、国务院关于保增长、扩内需、促进经济平稳较快发展的重大决策，更大程度地发挥土地政策调控作用，现就进一步完善工业用地出让制度通知如下。

一、明确政策，合理选择工业用地招标拍卖挂牌出让方式

工业项目行业门类多，对产业政策、环保标准、产业布局结构和生产技术水平要求高。各地要在坚持工业用地招标拍卖挂牌出让制度的基础上，充分考虑工业用地的特点，合理选择出让方式，进一步细化政策措施。

（一）各地要严格执行工业用地招标拍卖挂牌制度，凡属于农用地转用和土地征收审批后由政府供应的工业用地，政府收回、收购国有土地使用权后重新供应的工业用地，必须采取招标拍卖挂牌方式公开确定土地价格和土地使用权人。

（二）各市、县国土资源行政主管部门应当依据年度土地利用计划、国家产业政策、土地供应政策、本地区社会经济发展目标、土地市场状况和土地供应潜力等，科学编制土地出让计划，明确工业用地的供应规模、功能布局和供应时序，经批准的出让计划要及时向社会公布。各地要支持中小企业发展，在土地出让计划中要安排一定比例的土地用于中小企业开发利用，特别是建设多层标准厂房。

（三）为充分了解工业用地需求，合理安排出让进度和出让规模，各地要大力推进工业用地预申请制度，加快制定工业用地预申请政策措施和操作程序。对列入市、县土地出让计划的工业用地，要及时将具备出让条件地块的位置、面积、产业要求、使用年限、土地使用条件（功能分区）等信息向社会发布，接受用地申请。单位和个人对拟出让的地块有使用意向，所承诺支付的土地价格和土地使用条件符合规定的，市、县国土资源行政主管部门应适时组织挂牌或拍卖出让活动。

（四）各地在工业用地出让中，应依据供地政策、土地用途、规划限制等具体因素，选择适宜的出让方式。对具有综合目标或特定社会、公益建设条件，土地用途受严格限制、仅有少数单位或个人可能有受让意向的工业用地，可以采取招标方式，按照综合条件最佳者得的原则确定受让人。也可以设定专项条件，采取挂牌、拍卖方式，按照价高者得的原则确定受让人。采用上述方式出让工业用地的，必须严格审核把关，在签定出让合同前必须按规定时间将供地审批结果向社会公示，公示时间不少于10个工作日；供地后必

须加强监管，改变用地条件的，要收回土地，追究责任。

（五）分期建设的工业项目，市、县国土资源行政主管部门可以通过竞单位面积地价的方式确定招标拍卖挂牌竞得人（中标人），一次签订国有土地使用权出让合同，支付土地出让价款，再按照土地使用标准分期供地。自出让合同签订之日起两年内，办理完供地手续。分期建设的工业项目，不得改变土地用途，不得兴建职工住房。改变土地用途用于商业、旅游、娱乐、商品住宅等经营性用途的，一律收回土地使用权重新招标拍卖挂牌出让。

二、严格限定协议范围，规范工业用地协议出让

各地要规范执行《招标拍卖挂牌出让国有建设用地使用权规定》（国土资源部令第 39 号）和《招标拍卖挂牌出让国有土地使用权规范》（国土资发［2006］114 号），严格落实工业用地招标拍卖挂牌出让制度。依法不属于招标拍卖挂牌出让范围的工业用地，方可按照《协议出让国有土地使用权规范》（国土资发［2006］114 号）规定的程序，办理协议出让。

（一）由于城市规划调整、经济形势发生变化、企业转型等原因，土地使用权人已依法取得的国有划拨工业用地补办出让、国有承租工业用地补办出让，符合规划并经依法批准，可以采取协议方式。

（二）政府实施城市规划进行旧城区改建，需要搬迁的工业项目符合国家产业政策的，经市、县国土资源行政主管部门审核并报市、县人民政府批准，收回原国有土地使用权，以协议出让或租赁方式为原土地使用权人重新安排工业用地。拟安置的工业项目用地应符合土地利用总体规划布局和城市规划功能分区要求，尽可能在确定的工业集中区安排工业用地。

（三）采矿、采石、采砂、盐田等地面生产和尾矿堆放用地，鼓励采取租赁，也可协议方式出让。各地可在不高于法律规定的工业用地最高出让年限内，结合探矿权、采矿权出让年限，灵活确定采矿用地租赁和出让年限。

三、明确约定工业用地出让各方的权利义务，加强合同履约管理

（一）工业用地出让合同中要明确约定土地的交付时间、建设项目的开竣工时间。出让方应按照合同约定及时提供土地，督促用地者按期开工建设。受让人因非主观原因未按期开工、竣工的，应提前 30 日向出让人提出延建申请，经出让人同意，项目开竣工延期不得超过一年。

（二）工业用地出让期限内，受让人在符合规划、不改变土地用途的前提下增加容积率的，经核准，不再增收土地价款；需要改变土地用途的，必须取得出让人和市、县人民政府城市规划行政主管部门的同意，与出让人签订出让合同变更协议或者重新签订出让合同，由受让人按照批准改变时新土地使用条件下土地使用权市场价格与批准改变时原土地使用条件下剩余年期土地使用权市场价格的差额补缴出让金。出让合同或法律、法规、行政规定等明确改变土地用途应收回土地的，应当收回土地使用权，以招标拍卖挂牌方式重新出让。

四、强化执法监察，严格执行工业用地出让制度

（一）省级国土资源行政主管部门要继续严格落实《物权法》、《国务院关于加强土地调控有关问题的通知》（国发［2006］31号）和《国土资源部监察部关于落实工业用地招标拍卖挂牌出让制度有关问题的通知》（国土资发［2007］78号）等法律政策，结合当前经济形势和土地市场供求状况，积极研究解决本地区工业用地出让中的新情况、新问题，及时总结推广工业用地出让中的好做法、好经验，加大政策指导力度。省级监察机关要把对落实工业用地出让制度的监督检查作为一项日常工作，定期作出安排部署并组织实施，保证执法监察工作的效果。

（二）各级监察机关、国土资源行政主管部门要认真履行职责，严肃查处工业用地出让和转让中的违纪违法案件。对于应当采取出让而采用划拨方式或者应当招标拍卖挂牌出让而协议出让工业用地的；对低于国家规定的工业用地出让最低价标准出让工业用地的；对工业用地出让合同签订后，擅自批准调整土地用途的；对不符合转让条件违规转让工业用地的；对不按规定及时准确地在中国土地市场网和指定的场所、媒介发布工业用地出让公告和出让结果等信息的违法违规行为，要认真纠正和查处。特别对领导干部以任何形式违反规定干预和插手工业用地招标拍卖挂牌出让的，要坚决予以查处。对领导干部在工业用地出让中违规违法造成重大损失或恶劣影响的，要实行问责。对于一些地方以扩大内需、促进经济增长为名在工业用地出让中违反供地政策、用地标准和国家产业政策，搭车用地、借机圈地的，要严肃处理。

地方各级国土资源行政主管部门、监察机关要结合工程建设领域突出问题专项治理工作，按照本《通知》要求，密切配合，认真做好工业用地出让工作，健全完善工业用地出让制度。监察部、国土资源部将根据各地的工作情况，适时组织联合检查。

国家发展改革委、工业和信息化部、监察部等关于印发贯彻落实扩大内需促进经济增长决策部署进一步加强工程建设招标投标监管工作意见的通知

（发改法规〔2009〕1361号，国家发展改革委、工业和信息化部、监察部等2009年5月26日发布）

2009年是保增长、扩内需、调结构的关键一年。贯彻落实中央扩大内需促进经济平稳较快增长决策部署，进一步加强工程建设招标投标监督管理工作，对于管好用好政府投资，规范招标投标市场秩序，确保项目工程质量和资金安全，提高投资效益，具有十分重要的意义。为认真落实中央经济工作会议、第十七届中央纪委第三次全会和国务院第二次廉政工作会议部署和要求，现就进一步加强工程建设招标投标监管工作提出如下意见。

一、指导思想

坚持以科学发展观为指导，紧紧围绕党中央、国务院扩大内需促进经济平稳较快增长决策部署，把规范政府投资工程招标投标作为当前的重要任务，严格执行《招标投标法》规定，坚持依法办事；着力规范和完善招标投标制度，强化监督执法；加强工程建设招标投标领域反腐倡廉建设，严肃查处违法违纪案件；切实改进工作作风，提高行政效率，加强部门协调配合，为中央重大决策部署的贯彻落实提供有力保证。

二、主要任务

（一）坚持规则统一，提供制度保障。一是推动颁布《招标投标法实施条例》，统一招标投标规则，增强法律的可操作性。国家发展改革委和国务院有关招标投标行政监督部门，积极配合国务院法制办做好《招标投标法实施条例》修改完善工作，抓紧颁布实施。二是开展招标投标有关规定清理工作。要按照党中央、国务院关于扩大内需促进经济平稳较快增长的要求，重点清理是否存在非法设定涉及招标投标的行政许可、资质验证、注册登记等与《招标投标法》相抵触的规定；是否存在通过设定歧视性条款限制国产设备使用，以及排斥或者限制外地企业投标等行业垄断和地区封锁的规定；是否存在其他与《招标投标法》不一致，影响扩大内需、促进经济增长决策部署的规定。及时提出修订或废止的意见，向社会公布清理结果。三是推动形成统一的标准施工招标文件体系。国务院有关行业主管部门要根据《标准施工招标资格预审文件》和《标准施工招标文件》，结合本行业施工特点和管理需要，尽快修订、编制并发布行业范本。符合条件的政府投资项目以及各部门确定的其他项目应按要求使用标准招标文件。国家发展改革委要会同有关部门抓紧编制适用于中小型工程建设项目招标的简明标准招标文件。四是落实国务院装备制造业调整和振兴规划有关加强投资项目设备采购管理的要求，研究制定规范中央预算内投资项目设备采购管理的具体措施，确保自主创新设备采购方案的落实。

（二）加强监督管理，确保投资安全高效。要将政府投资项目作为招标投标监督管理的重点对象，严格核准招标范围、招标方式和招标组织形式，确保依法应该公开招标的项目实行公开招标。要严格执行《招标投标法》规定，坚决纠正违法设置限制性条件排斥潜在投标人、限制竞争的行为。招标文件不得要求或者标明特定的生产供应者以及含有倾向或者排斥潜在投标人的其他内容。政府投资项目属于政府采购的，除需要采购的工程、货物或者服务在中国境内无法获取或者无法以合理的商业条件获取等法定情形外，应当采购本国产品。确需采购进口产品的，必须在采购活动开展前，按照国家规定报经有关部门审核同意。使用中央投资的项目，在审批可行性研究报告、资金申请报告时，涉及招标的内容中应依法增加对中央投资项目招标代理机构资格及等级的要求。要加强对依法指定的招标公告媒介的监管，规范招标公告发布行为，依法必须招标项目的招标公告必须在依法指定的媒介发布。要严格执行《招标投标法》规定的期限要求，不得任意缩短法定期限。建立健全依法、科学、高效的监控体系，强化全过程监督执法，加大对中标项目合同执行跟踪监督力度，完善工程建设项目招标投标举报投诉处理机制，严肃查处将工程建设项目化整为零、随意简化程序规避招标、虚假招标，违规变更合同，以及围标串标等违法违规行为。有关部门对国家重大建设项目以及其他使用财政性资金采购重大装备和产品的项目，在审批资金申请报告或核准项目申请报告时，对承诺采购自主创新产品的内容进行重点审查，并监督落实。项目实施过程中，发展改革、工业和信息化、商务部门要按照职责分工，加强对装备制造业等工业项目和进口机电设备采购项目招投标活动的监督执法。加大对歧视和排斥投标等违法行为的查处力度。对于全部或部分使用政府投资项目，在招标文件中采用歧视性条件，间接或直接指定采购国外品牌产品或功能部件，限制国产设备使用的违法行为，依照相关法律法规追究其法律责任。各地区、各有关部门要选取投资规模大、社会影响面广的政府投资项目进行重点检查。监察机关要加强对招标投标执法活动的监督，对于领导干部利用职权违规干预和插手工程建设招标投标，在招标投标过程中进行权钱交易、失职渎职等违法违纪行为，要严肃查处，典型案件要公开曝光。

（三）推进信息公开，增强透明度。要按照公开、透明的原则，积极推进招标投标信息公开。依法必须招标项目的招标事项核准、资格预审公告、招标公告、中标候选人、中标结果等信息，都要向社会公开。要抓紧落实招标投标违法行为记录公告制度，加大违法行为记录披露力度，促进市场主体自律意识的提高。尚未建立招标投标违法行为记录公告平台的部门和地方，要按照《招标投标违法行为记录公告暂行办法》的要求，尽快建立；条件成熟的地方，要推动建立统一的招标投标违法行为记录公告平台，实现信息的互联互通和互认共用。各地区、各有关部门要在年底前对招标投标违法行为记录公告平台建立和运行情况进行自查。加强招标投标公共服务平台建设，研究组建综合性评标专家库。加快推动招标投标信用体系建设。积极推进电子招标投标试点工作，及时总结试点工作经验。

三、工作要求

（一）加强组织领导，抓好贯彻落实。加强工程建设招标投标监督管理，规范和健全招标投标制度，是完善社会主义市场经济体制的客观要求，也是贯彻落实中央扩大内需促进经济平稳较快增长政策措施的重要保障。要进一步统一思想，提高认识，特别是要根据今年政府投资力度大、新上项目多的新情况，结合本地区、本行业特点，在严格履行法定程序的前提下，研究提出改进工作作风、简化审批手续、提高审批效率的具体措施，可采取统一审批、联合审批或集中审批的形式，切实提高工作实效和监管水平。各地区、各有关部门要加强领导，周密部署，明确任务，落实责任，切实履行好招标投标监督管理的职责，确保监管到位。

（二）完善协调机制，增进工作合力。要建立和完善有效的招标投标工作协调机制，加强地区间、部门间在制定规则、监督检查、信息沟通等方面的协调配合，形成条块结合、上下联动、齐抓共管的监管格局。要完善监督执法协作机制，落实行业主管部门与监察机关之间在招标投标违法违纪线索处理和案件查处工作中的协作配合机制，保证信息渠道畅通，促进全国招标投标监督管理工作协同开展。

（三）注重调查研究，及时总结经验。各地方、各有关部门要密切关注中央扩大内需促进经济增长政策措施落实情况，及时研究招标投标领域中暴露出来的突出矛盾和问题，总结经验，把握规律，研究提出解决对策。各地方有关部门在工作中遇到的一些普遍性问题，可直接向上级主管部门汇报。对于涉及多部门招标投标活动的重大事项，国务院有关部门应及时提交招标投标部际协调机制会议讨论，共同促进招标投标市场健康发展。

人力资源和社会保障部、财政部、国务院国有资产监督管理委员会、监察部关于妥善解决关闭破产国有企业退休人员等医疗保障有关问题的通知

（人社部发［2009］52号，人力资源和社会保障部、财政部、国务院国有资产监督管理委员会、监察部2009年5月27日发布）

各省、自治区、直辖市人力资源社会保障（劳动保障）厅（局）、财政厅（局）、国资委、监察厅（局），新疆生产建设兵团劳动保障局、财务局、国资委、监察局，安徽、福建、贵州省经贸委（经委）：

党中央、国务院高度重视关闭破产企业退休人员医疗保障问题，地方各级党委政府积极采取各种措施，做了大量工作，取得了积极的成效。为贯彻《中共中央、国务院关于深化医药卫生体制改革的意见》（中发［2009］6号）精神、落实《国务院关于印发医药卫生体制改革近期重点实施方案（2009—2011年）的通知》（国发［2009］12号）要求，在妥善解决地方政策性关闭破产国有企业退休人员参保问题的基础上，彻底解决其他关闭破产企业退休人员参保等问题，经国务院同意，现就有关问题通知如下：

一、各地要认真按照中发［2009］6号和国发［2009］12号文件要求，采取切实有效措施，于2009年年底前将未参保的关闭破产国有企业退休人员纳入当地城镇职工基本医疗保险。同时，统筹解决包括关闭破产集体企业退休人员和困难企业职工等在内的其他各类城镇人员医疗保障问题，切实保障他们的基本医疗需求。

二、各地要通过多渠道筹资的办法，妥善解决关闭破产国有企业退休人员参加城镇职工基本医疗保险所需资金。在企业实施关闭破产时，要按照《企业破产法》相关规定，通过企业破产财产偿付退休人员参保所需费用。企业破产财产不足偿付的，可以通过未列入破产财产的土地出让所得、财政补助、医疗保险基金结余调剂等多渠道筹资解决。省级政府对困难市、县应给予帮助和支持。地方各级政府安排用于帮助解决关闭破产企业退休人员参保的补助资金，可分年到位。对地方依法破产国有企业退休人员参加城镇职工基本医疗保险，中央财政按照“奖补结合”原则给予一次性补助。今后，各地要严格执行《企业破产法》等法律法规，妥善解决关闭破产企业退休人员参保所需资金，中央财政不再给予补助。

三、各地要认真落实《国务院办公厅转发国家经贸委等部门关于解决国有困难企业和关闭破产企业职工基本生活问题若干意见的通知》（国办发［2003］2号），将中央和中央下放地方政策性关闭破产国有企业退休人员及其参保所筹集资金纳入属地城镇职工基本医疗保险体系统一管理，不得单独管理、封闭运行。退休人员基本医疗待遇与原所属企业（或企业集团）脱钩，统筹地区应按规定确保退休人员享受当地城镇职工基本医疗保险的相关待遇。中央财政在按国办发［2003］2号文件规定安排补助的基础上，对中央和中央下放地方政策性关闭破产国有企业退休人员参加城镇职工基本医疗保险，给予一次性

补助。

四、各地要制定具体的实施办法，切实将目前尚未参保的、关闭破产集体企业等其他各类关闭破产企业退休人员和困难企业职工纳入城镇职工基本医疗保险。中央财政对此项工作做得好的地区，通过以奖代补的方式给予一次性补助。对确有困难、难以参加城镇职工基本医疗保险的，经省级人民政府批准纳入城镇居民基本医疗保险，中央财政按照城镇居民基本医疗保险有关规定给予补助。省级人民政府要明确参加城镇居民基本医疗保险企业的具体标准和审批程序，省级人力资源社会保障等部门要认真按照规定严格组织实施，防止有缴费能力的企业逃避参加城镇职工基本医疗保险的缴费责任，损害退休人员和职工权益。到2010年年底前，基本解决所有关闭破产企业退休人员和困难企业职工的参保问题。

五、各地要加快城镇职工基本医疗保险和城镇居民基本医疗保险的扩面进度，确保实现到2011年年底城镇职工基本医疗保险、城镇居民基本医疗保险参保率均达到90%以上的目标。要继续贯彻落实《国务院关于建立城镇职工基本医疗保险制度的决定》（国发[1998] 44号）及其他相关文件精神，大力推进解决城镇非公有制经济组织从业人员、灵活就业人员、就业困难人员参保问题，将本行政区域内各类机关事业单位和企业单位及其职工全部纳入属地城镇职工基本医疗保险。同时，要按照《人力资源社会保障部、财政部关于全面开展城镇居民基本医疗保险工作的通知》（人社部发[2009] 35号）要求，全面推开城镇居民基本医疗保险制度，切实将城镇非就业居民纳入城镇居民基本医疗保险。中央财政将根据各地实际参保率，与各类关闭破产企业退休人员和困难企业职工参保情况一并进行考核，通过以奖代补给予补助。

六、各地要认真履行职责，切实抓好贯彻落实。各省、自治区、直辖市人民政府要切实承担责任，进一步明确政策，制定周密详尽、切实可行的工作方案，切实加大对统筹地区的工作指导力度，确保专款专用和工作目标的实现。为强化工作责任，明确工作要求，人力资源社会保障部、财政部、国务院国资委、监察部将与各省、自治区、直辖市人民政府签订工作目标协议书。各统筹地区人民政府要精心组织，制定具体实施计划，确保按期完成工作任务。地方各级政府要积极调整支出结构，努力通过多渠道方式筹措所需资金，确保资金到位。到2011年年底，东、中、西部省份解决关闭破产国有企业退休人员参保问题地方政府所需筹集资金到位率要分别达到50%、40%和30%。地方各级政府在分配上级和本级财政补助资金时，要对关闭破产企业退休人员和困难企业职工参保任务重、财力困难的地区给予倾斜。各省、自治区、直辖市人民政府要发挥监督和协调作用，督促落实各项政策。中央有关部门将对各地落实本通知的情况适时进行督查。

监察部、人力资源和社会保障部、国土资源部关于适用《违反土地管理规定行为处分办法》第三条有关问题的通知

（监发［2009］5号，监察部、人力资源和社会保障部、国土资源部2009年6月1日发布）

各省、自治区、直辖市监察厅（局），人力资源社会保障（人事）厅（局），国土资源厅（局），新疆生产建设兵团监察局、人事局、国土资源局，各派驻地方的国家土地督察局：

为贯彻落实科学发展观，严格执行国家耕地保护政策，规范执法执纪行为，现就适用《违反土地管理规定行为处分办法》（监察部、人力资源和社会保障部、国土资源部令第15号，以下简称15号令）第三条有关问题通知如下。

一、15号令第三条关于追究地方人民政府领导人员责任，应当给予处分的规定适用于2008年6月1日以后发生的违反土地管理规定行为。但是，对发生在2008年6月1日以前的违反土地管理规定行为在15号令施行后仍不制止、不组织查处，隐瞒不报、压案不查的，应当依照15号令第三条规定给予处分。

二、15号令第三条所称“一年度”是指一个自然年度。

三、15号令第三条所称“占用耕地总面积”是指实际占用的耕地总面积，不包括已办理农用地转用审批但未实际占用的耕地面积。

四、各级国土资源行政主管部门发现有15号令第三条规定情形，应当追究地方人民政府领导人员责任，给予处分的，必须按照15号令第十九条和第二十条的规定，及时移送案件材料。任免机关或者监察机关应当依法及时查处，并将处理结果书面告知国土资源行政主管部门。

卫生部、工业和信息化部、监察部等关于加强食品添加剂监督管理工作的通知

（卫监督发［2009］89号，卫生部、工业和信息化部、监察部等2009年9月18日发布）

各省、自治区、直辖市卫生厅（局），工业和信息化主管部门，公安厅（局），监察厅（局），农业、畜牧、渔业厅（局），商务主管部门，工商局，质量技术监督局、出入境检验检疫局，食品药品监管局：

2008年12月以来，各地区、各部门按照国务院统一部署和卫生部等9部门工作安排，深入开展打击违法添加非食用物质和滥用食品添加剂专项整治行动，取得了阶段性成效。当前，各地在专项整治行动中发现，有的食品生产经营单位未按照相关法规和标准的规定采购、查验和使用食品添加剂；食品添加剂生产经营不规范的问题依然存在，复合食品添加剂问题突出；食品添加剂标签、说明书不规范，夸大宣传使用效果和擅自扩大使用范围，误导食品生产经营者使用。因此，食品添加剂监管工作仍面临严峻形势，各地区、各部门必须引起高度重视。为贯彻落实《食品安全法》和国务院关于食品安全整顿工作的部署，加强食品添加剂生产经营和使用环节的监督管理工作，保护人民身体健康，现将相关要求通知如下：

一、切实加强食品添加剂生产经营和使用的监督管理

（一）严格食品添加剂生产许可和监督管理工作。严把食品添加剂生产许可关。严格按照食品添加剂生产许可的条件、程序和具体要求，对申请食品添加剂生产许可的单位进行审查，2009年6月1日以后新建的食品添加剂生产企业，其生产的食品添加剂质量、检验方法标准必须符合国家标准、行业标准的规定，并且必须依法取得工业产品生产许可证后方可从事食品添加剂的生产。在《食品安全法》实施之前，已经依法取得食品添加剂生产或卫生许可证明的，许可证明在有效期内继续有效。凡未取得上述许可证明的，不得生产食品添加剂；卫生许可证明到期后申请食品添加剂生产许可证的，其产品质量必须符合相关国家标准、行业标准的规定，尚无标准的，其产品质量要求、检验方法可以参照国际组织或相关国家的标准，由卫生部会同有关部门指定。要依法加强食品添加剂生产企业监督管理，组织对生产环节产品的抽查检验，对监督检查的情况和处理结果予以记录，对违法行为依法处理。

（二）规范复合食品添加剂的生产。复合食品添加剂纳入工业产品生产许可范围。企业申请生产许可时，复合食品添加剂的名称、组分、生产工艺应当符合复合食品添加剂通用安全标准；各组分含量及其质量标准和检验方法标准应当符合相关国家标准、行业标准的规定。复合食品添加剂中的各单一品种食品添加剂应当列入《食品添加剂使用卫生标准》、《食品营养强化剂使用卫生标准》和卫生部公告的食品添加剂名单，且具有相同的使用范围。严禁使用非食用物质生产复合食品添加剂。

（三）加强食品添加剂经营活动的监督管理。严格规范食品添加剂经营主体准入行为，依法登记注册食品添加剂经营主体，查处和取缔无照经营行为。加强食品添加剂经营活动的监督管理，严格执行相关的法律法规，依法查处违法销售假冒伪劣食品添加剂的行为。督促食品添加剂销售者建立进货查验制度等自律机制。

（四）规范食品添加剂标签、说明书。生产经营和使用的食品添加剂的包装上必须具有标签，标签上应当载明“食品添加剂”字样，食品添加剂的标签、说明书应当清楚、明显，容易辨识，必须如实载明相关内容。食品添加剂生产者对标签、说明书所载明的内容负责。复合食品添加剂的标签上标注的名称、用途应当符合复合食品添加剂通用安全标准。复合食品添加剂中单一食品添加剂品种的通用名称应为《食品添加剂使用卫生标准》、《食品营养强化剂使用卫生标准》和卫生部公告的食品添加剂名称。不得夸大使用功能和擅自扩大使用范围。上市销售的复合食品添加剂应当在标签和说明书中标识各单一食品添加剂品种通用名称和含量。食品添加剂的标签标识不符合《食品安全法》或者实物与其标签、说明书所载明的内容不符的，不得销售。凡不符合上述规定的食品添加剂标签、说明书和包装，各监管部门应当依法予以查处。

（五）规范食品添加剂使用环节的监督管理。食品生产者和餐饮单位采购食品添加剂，应当查验产品的许可证明和合格证明文件，不得采购和使用不符合国家标准的食品添加剂，严禁采购非食用物质作为食品添加剂使用。食品生产企业要严格依法建立食品添加剂采购、查验、使用记录制度，任何单位和个人不得销售或者在生产经营活动中使用未取得生产许可证或者有效期限内的卫生许可证的食品添加剂。食品销售者不得在食品销售过程中添加任何非食用物质和食品添加剂。各有关部门要依据职能分工，加强食品生产、流通和餐饮服务单位使用食品添加剂的监督、监测和抽查，核实其使用食品添加剂的情况，依法查处违法行为。对在监督检查中发现的违法使用非食用物质的情况，各监管部门要追溯添加非食用物质的源头并及时向卫生行政部门通报信息。

二、近期的几项重点工作

（一）严格食品添加剂新品种的安全性审核。凡未列入《食品添加剂使用卫生标准》、《食品营养强化剂使用卫生标准》和卫生部公告批准的食品添加剂以外的其他物质，不得作为食品添加剂生产、流通和使用。要完善食品添加剂新品种的行政许可制度，严格规范食品添加剂新品种的研究和申报，及时公布审核发现的缺乏技术必要性和未通过安全性评价的物质名单，以及违法添加的非食用物质的名单。对技术上确有必要且经过风险评估证明安全可靠的食品添加剂新品种，按照公开、公正、透明的原则，向社会公开征求意见，经卫生部批准后方可被列入允许使用的食品添加剂范围。

（二）完善食品添加剂标准。加强国际食品添加剂标准制（修）订情况跟踪研究，借鉴国际上食品添加剂风险评估的经验，补充相关的检测方法标准，抓紧制订复合食品添加剂的通用安全标准，加快完善我国的食品添加剂标准体系。各有关部门要及时跟踪评价食品添加剂标准的执行情况，及时向卫生部门反馈标准执行中的问题，提出制（修）订标准的建议。对随着生产技术发展和进步，生产过程中已不是必须使用的食品添加剂品种，要及时提出清理和废止的意见并履行重新审核的程序。在2010年底之前，要完成对现行食品添加剂标准的清理，公布新制（修）订的食品添加剂标准。

（三）继续开展打击违法使用非食用物质和滥用食品添加剂整顿工作。根据国务院食品安全整顿工作方案要求，各地区、各部门要在地方政府领导下，按照制订的整顿工作方案，狠抓工作任务和目标的落实，及时查处违法案件。各地要按照《全国打击违法添加非食用物质和滥用食品添加剂整顿工作方案》（见附件），继续加强《违法添加的非食用物质和易被滥用的食品添加剂名单》中违法添加物质的监督检查，组织开展食品中食品添加剂和非食用物质专项抽检和监测，查处研制、生产、销售、使用非法食品添加物的行为，打击在食品生产经营中使用非法食品添加物的行为，整治滥用食品添加剂的行为。

（四）完善食品添加剂监管的法规和制度。要依据《食品安全法》等法律法规的规定，对现行食品添加剂监督管理的部门规章和规范性文件进行清理，提出修订和废止的意见。要按照《食品安全法》的规定，尽快修订《食品添加剂生产许可证换（发）证实施细则》等相关部门规章和工作制度，完善食品工业用加工助剂和食品用香精香料的使用原则及相关规定，健全食品添加剂生产流通和使用、标签和说明书、新品种许可等方面的法规和工作制度，提高食品和食品添加剂监管工作水平。

（五）加强食品风险监测和监督检查。要将食品添加剂使用情况纳入食品安全风险监测工作内容，根据食品生产流通和餐饮服务的特点，对不规范使用食品添加剂导致的食品安全风险隐患进行研究和排查，提高食品安全风险的识别能力和鉴定水平，及早发现和处理食品安全风险因素。要畅通食品安全和食品添加剂的咨询、投诉、举报渠道，对属于本部门职责的，各有关部门应当受理并及时进行答复、核实、处理。一经发现违法添加非食用物质的情况，各有关部门要对非食品原料的研制、生产、经营和使用情况依法进行调查，追根溯源，查处违法行为。各食品行业组织要开展行业内部清理检查，主动曝光违法行为。

三、工作要求

食品添加剂是为改善食品品质和食品加工工艺需要而加入食品或用于食品生产的物质，直接关系到食品工业健康发展和消费者身体健康，是食品安全工作的重要内容之一。各地区、各部门要以贯彻《食品安全法》为契机，进一步加强食品添加剂生产、经营、使用环节的监督管理工作，明确工作职责，切实维护食品和食品添加剂生产经营秩序。

（一）进一步明确监管职责。食品添加剂生产流通和使用单位承担食品安全主体责任。各地区、各部门要依照相关法律法规，建立地方政府对食品安全负总责、各监管部门依照职责分工承担监管责任的责任体系。各有关部门要依照相关法律法规和职能，在地方政府统一领导下，加强食品添加剂监督管理，及时向有关部门通报所查处的生产经营和使用食品添加剂违法行为情况。质检部门加强食品和食品添加剂生产企业监督管理，组织对食品生产中食品添加剂使用和食品添加剂进出口的监督检查。工商部门依法加强流通环节食品添加剂销售单位监管。食品药品监管部门依法加强餐饮服务环节食品添加剂采购、使用和保管的监督管理。农业部门依法组织农产品生产环节的质量安全监督管理有关工作。商务部门负责食品流通行业管理，加强生猪屠宰的监督管理工作。卫生部门负责组织对食品添加剂新品种进行安全性评估，完善食品添加剂标准。各有关部门要依法加强协调配合，及时报告和通报获知的食品添加剂生产经营和使用中的食品安全风险信息，按照职责分工，采取控制措施，消除食品安全隐患，降低食品安全风险。

（二）加强行业引导和行业自律。工业和信息化部门要加强食品工业和食品添加剂生产的行业管理，制订食品添加剂产业发展政策，指导食品生产企业诚信体系建设。食品和食品添加剂等行业组织要加强行业自律和内部监督，开展食品生产经营和食品添加剂生产流通单位的诚信宣传和教育，使生产经营单位树立食品安全意识，做到依法生产经营食品添加剂，严格按照《食品添加剂使用卫生标准》、《食品营养强化剂使用卫生标准》和卫生部相关公告，定量使用，尽可能少用或不用食品添加剂。对食品行业中存在的普遍性问题，各食品行业组织应当主动向相关监管部门报告，积极配合监管部门开展监督检查工作，并提出加强行业监督管理的措施和建议。

（三）建立协调配合工作机制和责任追究制度。完善长效监管措施和政策，形成科学合理的监管制度，减少食品安全事故隐患风险。要将食品中食品添加剂的使用情况统一纳入国家食品安全风险监测计划和省级监测方案，并有针对性地扩大监测的品种和范围。要按照食品安全风险信息通报要求，加强对新出现违法添加物的信息收集、通报和打击力度。建立监管责任追究制度。对履行职责不到位、协调配合不力、推诿举报投诉，出现省级行政区域内食品安全重大事故，造成严重社会影响的，依法追究地方有关部门和领导的责任；全国多个省（区、市）出现类似食品安全重大事故，造成极为严重的社会影响或国际影响的，依法追究监管部门和省级监管机构及其领导的责任。

各地在执行本通知过程中的问题，请及时函告上级主管部门。

中央纪委、中央组织部、中央农村工作领导小组办公室等关于开展村务公开和民主管理“难点村”治理工作的若干意见

（中央纪委、中央组织部、中央农村工作领导小组办公室等2009年2月24日发布）

近年来，在各级党委和政府的高度重视下，村务公开和民主管理工作取得了显著成效，对于促进农村改革发展稳定发挥了重要作用。但也应看到，一些地方还存在村务公开和民主管理的“难点村”。在这些村庄，有的村级组织不健全，村级班子软弱涣散，村干部能力不强问题没有得到根本解决；有的政策法规不落实，村务不公开或假公开，村务管理不民主现象长期存在；有的群众对村干部意见多，党群干群关系紧张，经济社会发展落后，等等。村务公开和民主管理“难点村”虽然是少数，但如不认真解决，势必影响村务公开和民主管理工作整体水平的提高，势必影响农村经济社会又好又快发展。为深入贯彻落实党的十七大和十七届三中全会精神，经全国村务公开协调小组研究决定，从2009年至2011年，在指导做好村务公开和民主管理面上工作的同时，开展“难点村”专项治理，力争用三年的时间，使现有“难点村”面貌发生根本性转变。为此，提出以下意见。

一、指导思想和目标要求

治理“难点村”，要以邓小平理论和“三个代表”重要思想为指导，深入贯彻落实科学发展观，按照党的十七大和十七届三中全会精神要求，以解决村民群众最关心最直接最现实的利益问题为切入点，以村级组织建设为重点，以健全和完善村务公开和民主管理制度为着力点，保障村民群众的合法权益，促进农村社会和谐，推动农村经济社会又好又快发展。

治理“难点村”工作，要达到以下目标要求：

（一）提高农村基层干部群众民主法制素质。干部群众对坚持党的领导、人民当家作主、依法治国有机统一的思想认识得到有效提高，对推行村务公开和民主管理的自觉性得到有效提升，对搞好村务公开和民主管理的要求认识明确，基层干部组织开展村务公开和民主管理实践的能力明显增强。

（二）健全并落实村务公开和民主管理制度。自觉将各级党委政府强农惠农政策、社会各界支持新农村建设的项目、新农村建设各项资金及其使用情况、农村集体资产和资源处置情况，以及对村干部的民主评议、考核和审计结果等事项，纳入公开的内容，接受群众监督，真正做到凡是与村民群众切身利益密切相关的事项，坚持由村民群众民主决策，不由个人或少数人说了算。村民会议、村民代表会议制度得到落实。

（三）加强农村基层组织。村党组织的领导核心作用明显发挥，村委会能够履行法定职责，在村党组织领导下，积极协助乡镇政府开展工作。村务公开监督机构、村民民主理财机构建立健全，发挥作用。村级群团组织和社会组织不断发展，活动规范化、经常化。

（四）促进各项工作。党在农村的各项方针政策得到贯彻落实，村民群众反映强烈的突出问题得到有效解决，村内各项事业得到发展，群众生活水平稳步提高，党群干群关系和谐，社会稳定，村风文明。

二、主要原则

（一）坚持治理工作与促进农村科学发展相结合。围绕促进农村改革发展稳定大局，坚持以人为本，把“难点村”治理工作与深入学习实践科学发展观活动结合起来，与促进农村各项事业发展结合起来，与保障村民群众物质利益和民主权利结合起来，不搞形式主义，不做表面文章，务求实效，为农村经济社会全面协调可持续发展打牢基础。

（二）坚持发扬民主，走群众路线。尊重农民意愿，充分发挥村民群众的主体作用，调动村民群众参与的积极性和主动性。认真听取村民群众的意见和建议，自觉接受监督，努力解决影响和制约村务公开和民主管理中的突出问题，把群众满意作为评价治理工作成效的根本依据。

（三）坚持从实际出发，分类指导。根据本地区农村经济社会发展的实际情况，有针对性地提出具体的治理方案和治理方法，对症下药，有什么问题就解决什么问题，什么问题突出就重点解决什么问题，不搞一刀切，确保治理工作取得实效。

（四）坚持上下结合，综合治理，标本兼治。根据产生“难点村”的不同原因，采取相应措施，属于村的问题，从村级层面下功夫；属于政府及其职能部门的问题，就从政府或者职能部门这个层面解决。系统研究制约影响村务公开和民主管理的各种因素，充分运用政治、法律、经济、行政等手段，多管齐下，从源头上解决问题。

（五）坚持制度建设，着力形成长效机制。尊重村民群众的首创精神，及时总结推广治理“难点村”的成功经验，并在实践中不断丰富、完善和提高。加强“难点村”治理的制度建设，形成带有普遍规律性和指导性的政策措施，形成治理“难点村”的长效机制，不断提高治理“难点村”的工作水平。

三、主要任务

（一）加强农村基层组织建设，解决村级组织软弱涣散、村干部能力不强的问题。加强农村基层组织建设是做好治理工作的关键环节。抓好以村党组织为核心的村级组织配套建设，充分发挥村党组织的领导核心作用，领导和支持村委会、集体经济组织、共青团、妇代会、民兵等组织依法开展工作。建立健全村务公开监督机构、村民民主理财机构，保障其履行职责，监督村务公开制度的落实、村集体资产管理使用和财务收支等活动。注重从农村致富能手、退伍军人、外出务工返乡农民中选拔村干部。引导高校毕业生到村任职，鼓励党政机关和企事业单位优秀年轻干部到村帮助工作，鼓励优秀民营企业经营管理人员、县乡机关和企事业单位退居二线、提前离岗或退休干部职工中的党员回村任职，建设一支守信念、讲奉献、有本领、重品行的农村基层干部队伍。整合培训资源，广泛培训农村基层干部，提高他们的思想素质和开展农村工作的水平。通过财政转移支付和党费补助等途径，形成农村基层组织建设、村干部报酬和养老保险、党员干部培训资金保障机制。抓紧村级组织活动场所建设和农村党员干部现代远程教育工作，两年内覆盖全部行政村。

（二）完善村务公开和民主管理制度，解决村务不公开、管理不民主的问题。制度建设是专项治理工作的基础。认真贯彻落实《中共中央办公厅国务院办公厅关于健全和完善村务公开和民主管理制度的意见》（中办发［2004］17号），以财务公开为重点，不断丰富村务公开的内容。在巩固村务公开栏形式的基础上，积极推行村民点题公开、建立信息公开平台等做法，创新公开形式。加强对农村集体资金、资产、资源的管理和审计，建立健全财务管理制度。完善村级会计委托代理服务，实行村务公开答疑纠错的监督制度，保证村务公开及时便捷、全面真实。完善村民自治章程和村规民约等，健全村民会议和村民代表会议议事规则，推进村级事务管理的制度化、规范化、程序化。加强法制宣传教育，引导村民群众规范有序地参与村级公共事务的决策和管理。积极探索新形势下开展村务公开和民主管理的途径和方式，保障村民群众享有正当的民主权利。

（三）加强农村党风廉政建设，解决群众反映强烈的突出问题。农村党风廉政建设是做好治理工作的重要保证。严肃查处违法征占耕地、不给农民合理经济补偿的违法违纪案件。做好被征地农民社会保障工作，做到先保后征，使被征地农民生活水平不降低，长远生计有保障。清理整顿农村财务管理混乱村，查处党政机关干部、村干部等侵占村集体资产和资金、铺张浪费给集体造成损失等问题。

（四）帮助发展农村经济和社会事业，解决“难点村”经济和社会发展长期落后的问题。发展是根本解决“难点村”问题的决定性因素。引导村级组织和村民根据市场要求和本村的实际条件，大力发展集体经济，增强集体组织服务功能，促进农民增收。培育农民新型合作组织，大力发展专业合作经济。积极组织和引导文化、教育、医疗卫生、计划生育、社会保障、社会管理等政府公共服务覆盖到农村，缩小城乡公共服务差距，促进城乡基本公共服务均等化。积极探索对接互助形式，鼓励城市社区和“强村”、“强企”结对帮助“难点村”发展经济，增强“难点村”自身发展能力。

（五）强化农村社会管理，消除可能引发农村社会不稳定的因素。强化农村社会管理，是做好专项治理工作的重要条件。坚持服务农民、依靠农民，完善农村社会管理体制机制，加强农村社区建设，培育农村服务性、公益性、互助性社会组织，推动形成政府行政管理和村民自我管理的有效衔接、政府依法行政和村民依法自治的良性互动的局面。坚决纠正和制止村党支部和村委会换届选举中的“贿选”和其他违法违纪行为，反对和制止利用宗教、宗族势力干预农村公共事务。加强农村精神文明建设，做好教育和思想疏导工作，化解人民内部矛盾。坚决依法打击农村黑恶势力和各类刑事犯罪，加强社会治安综合治理，维护农村正常生产生活秩序。加强农村警务建设，逐步建立以驻村民警为主导，以群防群治队伍为补充，人防、物防、技防相结合的安全防范机制和防控网络，全面提升农村社区安全防范水平。有条件的村庄，要依托社区资源，组织开展以社区保安、联防队员为主体，专职人员和义务志愿者相结合的邻里守望、看楼护院、看村护家等活动。建立健全村党组织主导的群众维权机制，引导村民群众以理性合法的方式表达利益诉求，维护自身权益。

四、方法步骤

（一）宣传教育、统一思想。做好思想发动和宣传教育工作，把农村基层干部思想、行动统一到治理工作的要求上，把村民群众动员、凝聚到治理工作的实践上。

（二）调查研究、摸清底数。在乡（镇）自查的基础上，以县（市、区）为基本单位，认真做好调查研究，摸清本地区“难点村”的具体情况，包括“难点村”的数量、产生原因、表现形式、影响后果等，并对本地区“难点村”情况进行综合分析，有关情况及时报上一级村务公开协调（领导）机构。

（三）抓好试点、积累经验。在摸清底数、掌握情况的基础上，可以选择一些不同类型的“难点村”开展治理试点工作。各级村务公开协调（领导）机构要及时总结推广治理经验，可以采用现场会、培训班、学习班等方式，对参与治理工作的有关干部进行政策、业务等方面的培训，为全面开展治理工作打好基础。

（四）结合实际、制定方案。省、自治区、直辖市要根据试点经验和“难点村”的综合情况，制定出带有普遍适用性、指导性的治理方案和程序；市、县、乡三级要根据省、自治区、直辖市总体部署和要求，结合本地“难点村”的具体情况制定有针对性的工作方案。

（五）抽调人员、组建工作组。以县、乡为主体，集中精力，抽调专门力量组成工作组，深入“难点村”宣传发动党员和群众，从抓村党支部和村委会班子建设和解决好群众最关心最现实的利益问题入手，开展“难点村”的治理工作。

（六）协同治理、加强督查。县、乡两级要定期报告“难点村”治理情况，省、市两级村务公开协调（领导）机构要根据各县（市、区）工作进展情况，安排各成员单位深入基层，就村民反映的突出问题开展专项督查，推动治理工作健康有序开展。在县、乡两级治理工作结束后，要组织力量进行检查验收。检查验收要充分听取村民的意见和反映，并作为考核治理工作的依据。

（七）攻坚克难、不留死角。省、市两级要对县、乡难于攻克的“难点村”，抽调力量组成工作组深入基层进行调研，与县、乡干部一道分析问题，找准原因，寻求解决的办法，帮助县、乡共同攻克难点。对检查验收不合格的，要督促进行整改完善，确保治理工作不走过场，取得实效。

五、组织领导

“难点村”治理工作任务繁重，责任重大，各地区各部门要在党委和政府统一领导下，把治理工作列入重要议事日程，切实抓紧抓好。

（一）加强领导、齐抓共管。做好“难点村”治理工作，县级是关键，乡级是基础，县、乡两级主要负责同志是第一责任人，县、乡两级党委和政府要把“难点村”治理作为推进农村改革发展的重要任务，作为深入学习实践科学发展观活动的配套性工程，列入工作考核目标，采取得力措施，确保治理工作顺利开展。各省、自治区、直辖市要建立健全村务公开协调（领导）机构，发挥好协调指导作用，各成员单位要加强协作，形成合力。各职能部门要切实履行职责，抓好工作落实。

（二）强化问责、加强督查。采取派工作督导组、召开专题督办会议、建立督查通报制度等形式，推广典型经验，表彰先进，鞭策后进。建立“难点村”治理台账，实行销号制，做到治理工作不达标，帮扶工作组不离村。对治理工作走过场的，要给予批评教育，并进行补课。对工作不力、进展缓慢的，要予以通报。对出于个人利益考虑，不积极解决群众反映强烈的突出问题，甚至充当违法犯罪分子和黑恶势力保护伞，严重失职渎职的干部，应及时采取组织措施，给予党纪政纪处分，构成犯罪的，移送司法机关处理。

（三）把握政策、讲究策略。要妥善处理各方面的利益关系，统筹协调和兼顾不同阶层、不同方面群众的利益，把一切积极因素充分调动起来，促进治理工作扎实稳妥进行。要注意依靠农村社会组织和村民群众的力量，通过社会关爱、邻里扶助以及群众间的精神抚慰和思想疏导，把人民内部矛盾和社会问题解决在萌芽状态，解决在基层。要注意掌握政策，具体情况具体分析，分清是非，保护那些坚持原则、公道正派、群众认可、有能力、有干劲干部的积极性。

（四）建立机制、动态管理。建立和完善"难点村"治理的动态管理机制，采取有力措施巩固治理成果。对经过整治并已经销号的"难点村"，要实行跟踪检查，对反弹的"难点村"要重新治理。特别是对整治工作中启动的帮扶项目，要抓好落实。对新出现的"难点村"，要及时进行治理。

各省、自治区、直辖市村务公开协调（领导）机构，全国村务公开协调小组各成员单位，要按照该意见的精神，结合实际，制定贯彻落实的具体措施。

中共中央纪律检查委员会办公厅、监察部办公厅、国家统计局办公室关于认真学习贯彻《统计违法违纪行为处分规定》的通知

（中纪办发［2009］17号，中共中央纪律检查委员会办公厅、监察部办公厅、国家统计局办公室2009年4月23日发布）

各省、自治区、直辖市和新疆生产建设兵团纪委、监察厅（局）、统计局，国家统计局各调查总队，中央和国家机关各部委纪检组（纪委）、监察局，中央纪委各派驻纪检组，监察部各派驻监察局、监察专员办公室，中央直属机关纪工委，中央国家机关纪工委，军委纪委：

《统计违法违纪行为处分规定》（监察部、人力资源社会保障部、国家统计局令第18号，以下简称《处分规定》）将于2009年5月1日起施行。《处分规定》是我国第一部关于统计违法违纪行为处分方面的部门规章，对地方、部门、单位的领导人员，各级人民政府统计机构、有关部门及其工作人员，统计调查对象的各类统计违法违纪行为及量纪标准作了明确规定，是查处统计违法违纪案件的重要依据。各级纪检监察机关、人民政府统计机构必须高度重视，认真做好学习宣传和贯彻落实工作。现将有关要求通知如下。

一、充分认识贯彻实施《处分规定》的重要意义

统计是经济社会管理和宏观调控的重要基础性工作。做好统计工作，及时提供准确、全面的统计数据，对于各级党政机关正确判断形势、实行科学决策具有重要意义。特别是在当前形势下，保障统计数据的准确性、及时性，对于应对国际金融危机的冲击，保持经济平稳较快发展，具有至关重要的作用。党中央、国务院高度重视统计工作，多次作出重要指示，要求严格执行统计法，严肃查处各类统计违法违纪行为。为了落实中央领导同志的指示精神，促进统计工作的科学发展，惩处和预防统计上的违法违纪行为，监察部、人力资源社会保障部、国家统计局联合制定了《处分规定》。《处分规定》整合并进一步细化了统计法及其他法律法规关于统计违法违纪行为处分方面的规定，补充规定了一些新的统计违法违纪行为表现形式及其量纪标准，完善了统计违法违纪行为的责任追究制度。它的公布实施，充分体现了党和政府反对和遏制在统计上弄虚作假行为的坚强决心，对于促进地方、部门、单位的领导人员树立科学发展观和正确政绩观，促进各级人民政府统计机构及其工作人员依法履行职责，提高全社会的统计法律意识，保障统计工作的科学发展，具有十分重要的意义。

二、认真组织学习宣传，积极营造贯彻实施《处分规定》的良好氛围

各级纪检监察机关、人民政府统计机构要把学习、贯彻《处分规定》作为当前的一项重要工作，积极开展多种形式的学习和培训活动，确保时间、人员、内容和学习质量“四

落实”。领导班子和领导干部要带头学习，发挥模范作用。要将《处分规定》的学习培训工作列入普法的重要内容，列入反腐倡廉教育的内容。要有组织、有计划地开展培训工作，重点培训各级领导干部以及统计执法执纪工作人员。通过学习和培训，切实提高对贯彻执行《处分规定》重要意义的认识，准确把握统计违法违纪行为的构成及其量纪标准，努力提高依纪依法查处统计违法违纪案件的能力和水平。

要充分利用报纸、杂志、广播、电视、网络等媒体，通过举办专题讲座，开设宣传专栏，发放宣传材料等多种形式，广泛宣传《处分规定》的重要意义和基本精神，提高社会各界特别是各级政府及其有关部门、企业事业单位对统计工作重要性和《处分规定》主要内容的认识，在全社会形成人人关心统计数据质量、检举统计违法违纪行为的氛围，为进一步规范统计工作创造良好的环境。

三、切实履行职责，密切配合，严肃查处统计违法违纪行为

各级纪检监察机关、人民政府统计机构应当认真履行各自职责，严格执行《处分规定》，进一步加强在查处统计违法违纪案件中的协调配合，相互支持，形成合力，共同做好统计违法违纪案件的查处工作。

一要严格依法依纪查处统计违法违纪案件。严格查处统计违法违纪案件，是保证统计数据质量和统计工作权威性的重要手段。各级纪检监察机关、人民政府统计机构要以对党和国家高度负责的精神，依照《处分规定》的有关规定严肃查处统计违法违纪案件，特别是对于领导人员干预统计数据、统计人员参与弄虚作假以及在第二次全国经济普查中顶风作案的行为，要坚决查办，严肃处理，决不姑息。

二要加强协调配合，形成查办案件合力。各级纪检监察机关、统计局和国家统计局派出的调查机构要按照《处分规定》的要求，建立协调配合机制，形成查处统计违法违纪案件的强大合力。在各级纪检监察机关、统计局、国家统计局派出的调查机构之间建立案件移送制度。对需要由纪检监察机关或者任免机关给予处分的案件，统计局或者国家统计局派出的调查机构应当及时移送有关案件材料，纪检监察机关或者任免机关应当及时立案查处，并书面告知处理结果。对需要由统计局或者国家统计局派出的调查机构给予行政处罚的案件，纪检监察机关应当及时移送有关案件材料，统计局或者国家统计局派出的调查机构应当依法及时查处，并书面告知处理结果。

三要把查处统计违法违纪案件与建立健全预防统计违法违纪行为体制机制结合起来。各级纪检监察机关、人民政府统计机构要坚持标本兼治、综合治理、惩防并举、注重预防的方针，在对有关责任人员的违法违纪行为进行严肃查处的同时，还要在体制机制建设上下功夫，逐步建立防范统计违法违纪行为发生的长效机制。要通过查办案件，认真研究和查找统计工作中存在的漏洞和容易发生统计违法违纪行为的薄弱环节，加强依法统计、依法行政教育，积极完善统计体制机制，堵塞漏洞，改进管理，防范权力与利益挂钩，从根本上防范和减少统计违法违纪行为的发生，保障统计数据质量，为党和政府的决策和管理提供可靠的统计信息基础。

各地对贯彻执行《处分规定》工作中发现的问题，要认真研究解决，重要问题及时报告上级机关。

中共中央纪委、财政部、监察部、审计署关于印发《“小金库”治理工作举报奖励办法》的通知

（财监［2009］26号，中共中央纪委、财政部、监察部、审计署2009年5月31日发布）

各省、自治区、直辖市纪委、监察厅（局）、财政厅（局）、审计厅（局），中央和国家机关各部委纪检组（纪委）、监察局，中央纪委各派驻纪检组，监察部各派驻监察局、监察专员办公室，中央直属机关纪工委，中央国家机关纪工委：

根据《中共中央办公厅国务院办公厅印发〈关于深入开展“小金库”治理工作的意见〉的通知》（中办发［2009］18号）和《中共中央纪委监察部财政部审计署关于印发〈关于在党政机关和事业单位开展“小金库”专项治理工作的实施办法〉的通知》（中纪发［2009］7号），中共中央纪委、财政部、监察部、审计署制定了《“小金库”治理工作举报奖励办法》。现印发给你们，请结合实际，认真贯彻执行。

附件：“小金库”治理工作举报奖励办法

附件：

“小金库”治理工作举报奖励办法

第一条 为了鼓励举报“小金库”，根据《中共中央办公厅国务院办公厅印发〈关于深入开展“小金库”治理工作的意见〉的通知》（中办发［2009］18号）和《中共中央纪委监察部财政部审计署关于印发〈关于在党政机关和事业单位开展“小金库”专项治理工作的实施办法〉的通知》（中纪发［2009］7号）的有关规定，制定本办法。

第二条 本办法所称举报奖励，是指在“小金库”专项治理工作期间，向“小金库”治理日常工作机构举报违反法律法规及其他有关规定，应列入而未列入符合规定的单位账簿的各项资金（含有价证券）及其形成资产的问题，经核查属实，对举报有功的单位和个人（以下简称举报人）给予的奖励。

第三条 各级“小金库”治理日常工作机构应当认真受理举报，建立健全相关的登记、核查、处理、督办、答复、统计和报告制度，并向社会公开举报电话（传真）、电子信箱、通信地址。

第四条 举报人自愿向“小金库”治理日常工作机构举报“小金库”违法行为，经核查属实，由“小金库”治理日常工作机构根据举报时效、举报材料的详实程度、举报内容与查实内容相符程度等，按照查出并已收缴入库的“小金库”资金、税款、罚款合计金额的3％—5％，给予举报人奖励，奖励资金最高额为人民币10万元。

第五条 举报人举报的事项应当客观真实，对其提供材料内容的真实性负责。有下列情形之一的，不予奖励：

（一）举报人无法证实其真实身份的；

（二）举报内容含糊不清、缺乏事实根据的；

（三）举报人提供的线索与“小金库”治理日常工作机构查处“小金库”无关的；

（四）有关监督检查机关已经发现或者正在查处的；

（五）法律法规规定不予奖励的其他情形。

第六条　同一“小金库”被两个或者两个以上举报人分别举报的，奖励符合本办法规定的最先举报人。举报次序以“小金库”治理日常工作机构受理举报的登记时间为准。

第七条　“小金库”治理日常工作机构用于奖励举报人的资金，由同级财政预算安排。

举报奖励资金的拨付，应符合财政部国库管理制度的有关规定。

第八条　“小金库”治理日常工作机构根据举报及查处情况，确定有功举报人后，通知举报人到指定地点办理申请奖励手续，查验并留存个人身份证件或单位证明文件的复印件，登记用于领取奖励资金的银行账户，填写《举报“小金库”奖励申请表》。

联名举报同一“小金库”的，由第一署名人办理手续。

相关举报人在接到通知之日起90日内，不到指定地点办理手续，视同放弃奖励。

第九条　举报人或者联名举报的第一署名人不能亲自到“小金库”治理日常工作机构指定的地点办理手续的，可以委托他人代行办理。代办人代办领奖手续应当持有委托人的授权委托书、身份证或者其他有效证件以及代领人的身份证或者其他有效证件。

举报人是单位的，可以委托本单位工作人员代行办理手续。代办人应当持委托单位的机构代码证书、授权委托书和代办人的身份证、工作证等代办手续。

第十条　“小金库”治理日常工作机构根据收回的《“小金库”举报奖励申请表》，按有关程序认定举报人或代领人身份、入库金额及奖励金额后，履行审批手续，按照预算和国库管理有关规定支付奖励资金。

第十一条　受理举报的机构应当依法保护举报人的合法权益并严格为其保密，任何人不得以任何方式泄露举报人情况及举报内容。《“小金库”举报奖励申请表》、委托人或单位的授权委托书等办理申请手续的资料，涉及举报人信息的相关财务凭证等由“小金库”治理日常工作机构作为密件存档。

第十二条　“小金库”治理日常工作机构及工作人员在受理举报和支付举报奖金等工作中玩忽职守、徇私舞弊，给工作造成损失，以及态度恶劣、产生不良影响的，给予批评教育直至党政纪处分或组织处理；构成犯罪的，移交司法机关依法追究刑事责任。

第十三条　各级“小金库”治理日常工作机构可根据本办法制定实施细则或操作规程。

第十四条　本办法由财政部商中共中央纪委、监察部、审计署解释。

第十五条　本办法自公布之日起施行。

中国共产党中央纪律检查委员会关于设立“小金库”和使用“小金库”款项违纪行为适用《中国共产党纪律处分条例》若干问题的解释

（中国共产党中央纪律检查委员会2009年8月23日发布）

为规范财政秩序，严肃财经纪律，深入贯彻落实科学发展观，惩处设立“小金库”和使用“小金库”款项违纪行为，确保“小金库”治理工作取得实效，现对设立“小金库”和使用“小金库”款项违纪行为适用《中国共产党纪律处分条例》若干问题解释如下：

一、本解释所称“小金库”，是指违反法律法规及其他有关规定，应列入而未列入符合规定的单位账簿的各项资金（含有价证券）及其形成的资产。

二、党和国家机关、人民团体、事业单位、国有和国有控股企业及其内设机构有设立“小金库”行为的，对负有责任的领导人员和其他直接责任人员中的共产党员（以下统称有关责任人员），依照本解释追究责任。

三、有设立“小金库”行为的，对有关责任人员，依照《中国共产党纪律处分条例》第一百二十六条的规定追究责任。

四、使用“小金库”款项吃喝、旅游、送礼、进行娱乐活动或者以其他方式挥霍的，对有关责任人员，依照《中国共产党纪律处分条例》第七十八条的规定追究责任。

五、使用“小金库”款项新建、改建、扩建、装修办公楼或者培训中心等的，对有关责任人员，依照《中国共产党纪律处分条例》第一百二十六条的规定追究责任。

六、使用“小金库”款项提高福利补贴标准或者扩大福利补贴范围、滥发奖金实物或者有其他超标准支出行为的，对有关责任人员，依照《中国共产党纪律处分条例》第一百二十六条的规定追究责任。

七、使用“小金库”款项报销应由个人负担的费用的，对有关责任人员，依照《中国共产党纪律处分条例》第七十二条的规定追究责任。

八、以单位名义将“小金库”财物集体私分给单位职工的，对有关责任人员，依照《中国共产党纪律处分条例》第八十四条的规定追究责任。

九、有设立“小金库”或者使用“小金库”款项行为，并且有本解释规定之外的其他违纪行为需要合并处理的，对有关责任人员，依照《中国共产党纪律处分条例》第二十五条的规定追究责任。

十、对在治理“小金库”工作中有弄虚作假、压案不查、对抗检查、拒不纠正、销毁证据、突击花钱、打击报复举报人等行为的，从重处理。

对在治理“小金库”工作中不负责任，造成严重不良后果的部门和单位，追究主要负责人的责任。

十一、有设立“小金库”或者使用“小金库”款项行为，情节较轻，且能够按照有关规定认真自查自纠的，可以免予处分。

有设立“小金库”或者使用“小金库”款项行为，情节较重，但能够按照有关规定自查自纠的，可以减轻或者从轻处分。

有设立“小金库”或者使用“小金库”款项行为，情节严重，但能够按照有关规定自查自纠的，可以从轻处分。

十二、中共中央办公厅、国务院办公厅《关于深入开展“小金库”治理工作的意见》（中办发〔2009〕18号）印发后再设立或者变换方式继续设立“小金库”的，对有关责任人员，按照组织程序先予免职，再依据本解释追究责任。

国土资源行政复议规定

（国土资源部令第46号，国土资源部2009年11月14日发布）

第一章 总 则

第一条 为规范国土资源行政复议工作，进一步发挥行政复议制度在解决国土资源行政争议、化解社会矛盾中的作用，保护公民、法人和其他组织的合法权益，根据《中华人民共和国行政复议法》（以下简称行政复议法）和《中华人民共和国行政复议法实施条例》（以下简称行政复议法实施条例），制定本规定。

第二条 本规定所称国土资源行政复议机关（以下简称行政复议机关），是指根据行政复议法和行政复议法实施条例的规定履行行政复议职责的国土资源行政主管部门。国土资源行政复议机构（以下简称行政复议机构），是指国土资源行政主管部门中负责法制工作的机构或者专门承办行政复议事项的机构。

第三条 国土资源部对全国国土资源行政复议和行政应诉工作进行指导和监督。

上级国土资源行政主管部门对下级国土资源行政主管部门的行政复议和行政应诉工作进行指导和监督。

第四条 行政复议机关可以根据工作需要设立行政复议委员会。行政复议委员会的主要职责是：

（一）审定行政复议的工作规则、制度和程序；

（二）研究处理行政复议法第七条规定的抽象行政行为，提出处理意见；

（三）审定重大、复杂的行政复议案件，研究因行政复议决定引起的重大、复杂的行政诉讼案件，提出处理意见；

（四）研究、解决行政复议涉及的其他重大问题。

行政复议机构是行政复议委员会的日常办事机构。

第五条 行政复议机构办理行政复议事项，组织办理行政应诉事项，具体指导和监督下级国土资源行政主管部门的行政复议和行政应诉工作。

行政复议机关的其他机构根据本规定负责相关工作。

第六条 行政复议机构审理行政复议案件，应当由2名以上行政复议人员参加。

行政复议人员应当具备良好的法律素养，熟悉国土资源管理法律法规，忠于职守，秉公执法，并取得相应资格。

第七条 行政复议机关应当配备必需的行政复议人员及办案设施，根据工作需要定期组织业务培训，对在行政复议工作中取得显著成绩的单位和个人，依照有关规定给予表彰和奖励。

第二章　受　理

第八条　行政复议机构统一受理行政复议申请。

行政复议机关的其他机构收到行政复议申请的，应当自收到行政复议申请之日起2个工作日内转送本行政复议机关的行政复议机构。

行政复议机构应当对收到的行政复议申请进行专门登记。

第九条　行政复议申请材料不齐全或者表述不清楚的，行政复议机构可以在收到该行政复议申请之日起5个工作日内书面通知申请人补正。

补正通知书应当载明下列事项：

（一）行政复议申请书中需要修改、补充的具体内容；

（二）需要补正的材料；

（三）合理的补正期限；

（四）逾期未补正的法律后果。

第十条　行政复议申请符合行政复议法实施条例第二十八条规定的，行政复议机构应当受理，制作行政复议受理通知书并发送申请人。

行政复议受理通知书应当告知申请人依法享有的权利。

第十一条　对不属于本行政复议机关职责范围的行政复议申请，应当书面告知申请人向有关行政复议机关提出。

申请人以同一事实和理由重复提出行政复议申请的，应当书面告知申请人不再重复处理。

第十二条　对不符合法定受理条件，但是在审查中发现被申请人或者下级国土资源行政主管部门的行政行为存在违法或者明显不当情形的，行政复议机关可以要求有关部门查明事实，纠正违法行为，并将纠正结果书面报送行政复议机关。

第三章　审　理

第十三条　行政复议机构应当自受理行政复议申请之日起7个工作日内，将提出答复通知书与申请书副本或者申请笔录复印件一并发送被申请人。

第十四条　国土资源部为被申请人的，由具体行政行为的原承办机构提出书面答复，送本机构分管部领导审签，加盖国土资源部印章。具体行政行为由几个机构共同承办的，由主办机构负责提出书面答复，其他机构协助办理。

地方国土资源行政主管部门为被申请人的，由具体行政行为的原承办机构提出书面答复，经本机关行政复议机构审核后，报本机关负责人签发。

具体行政行为的原承办机构应当指定1至2名代理人参加行政复议活动。

第十五条　被申请人应当自收到申请书副本或者申请笔录复印件之日起10日内，提交行政复议答复书，并提交当初作出具体行政行为的证据、依据和其他有关材料。

被申请人不按照前款规定提出书面答复、提交当初作出具体行政行为的证据、依据和其他有关材料的，视为该具体行政行为没有证据、依据。

行政复议答复书应当载明下列事项，并加盖被申请人印章：

（一）被申请人的名称、地址、法定代表人的姓名、职务；

（二）作出具体行政行为的事实和有关证据材料；

（三）作出具体行政行为依据的法律、法规、规章和规范性文件的具体条款和内容；

（四）对申请人复议请求的意见和理由；

（五）作出答复的日期。

被申请人应当对其提交的证据材料分类编号，对证据材料的来源、证明对象和内容作简要说明。

第十六条 有下列情形之一的，经行政复议机构同意，被申请人可以补充相关证据：

（一）在作出具体行政行为时已经收集并作为作出该具体行政行为的证据，但在提出行政复议答复时因不可抗力等正当理由不能提供的；

（二）申请人或者第三人在行政复议过程中，提出了在作出具体行政行为时没有提出的申辩理由或者证据的。

第十七条 行政复议机关应当为申请人、第三人查阅案卷材料提供必要的场所和条件。查阅时，申请人、第三人及其代理人应当出示证件，行政复议机构人员应当在场。

第十八条 对受理的行政复议案件，行政复议机构可以根据案件需要征求本行政复议机关相关机构的意见。

第十九条 行政复议原则上采取书面审理的办法。行政复议机构也可以召开行政复议案件审查会，当面听取当事人的意见。

当事人一方超过3人的，推选1至3名代表参加审查会。

审查会由行政复议机构主持，相关机构应当派人参加并根据审查情况提出评议意见。

当事人参加审查会应当出示证件，可以陈述、质证和申辩。

审查会可以制作审查笔录和评议笔录，审查笔录应当交参加审查会的当事人签字或者盖章，评议笔录应当交评议人员签字或者盖章。

第二十条 重大、复杂的行政复议案件，申请人提出要求或者行政复议机构认为必要时，可以采取听证的方式审理。

听证应当遵循公开、公平、公正和便民的原则，充分听取当事人的意见，保证其陈述、质证和申辩的权利。除涉及国家秘密、商业秘密或者个人隐私外，听证公开举行。

第二十一条 行政复议机构决定举行听证的，应当于举行听证的7个工作日前将举行听证的时间、地点、具体要求等事项书面通知当事人。

被申请人必须参加听证，申请人无正当理由不参加听证的，视为放弃听证权利。

第三人不参加听证的，不影响听证的举行。

当事人一方超过3人的，推选1至3名代表参加听证。

第二十二条 听证由行政复议机构负责人或者其指派的人员主持，听证员由行政复议机构人员和相关机构人员组成。听证员的人数应当为单数。

第二十三条 听证应当按照以下程序进行：

（一）核对当事人的身份，告知当事人权利和义务；

（二）当事人陈述；

（三）当事人质证；

（四）当事人辩论；

（五）当事人进行最后陈述。

第二十四条　听证应当制作听证笔录。

听证笔录应当载明下列事项：

（一）听证的时间、地点；

（二）当事人及其代理人的基本情况；

（三）听证主持人、听证员、书记员的姓名、职务等；

（四）案由；

（五）当事人争议的焦点问题，有关事实、证据和依据；

（六）其他应当载明的事项。

听证笔录应当交当事人核对并签字或者盖章。

第二十五条　依法中止的行政复议案件，中止的情形消除后，应当在5个工作日内恢复审理，并书面通知当事人。

第二十六条　行政复议期间有下列情形之一的，行政复议终止：

（一）申请人要求撤回行政复议申请，行政复议机构准予撤回的；

（二）作为申请人的自然人死亡，没有近亲属或者其近亲属放弃行政复议权利的；

（三）作为申请人的法人或者其他组织终止，其权利义务的承受人放弃行政复议权利的；

（四）申请人与被申请人依照行政复议法实施条例第四十条的规定，经行政复议机构准许达成和解的。

第四章　决　定

第二十七条　行政复议机构应当依法审查被申请人作出的具体行政行为，提出处理意见，经本行政复议机关负责人或者本行政复议机关分管行政复议工作的负责人审查批准后，作出行政复议决定。

重大、复杂行政复议案件的处理意见，可以提交本行政复议机关行政复议委员会审定。

第二十八条　作出行政复议决定，应当制作行政复议决定书。行政复议决定书应当载明下列内容并加盖行政复议机关的印章或者行政复议专用章：

（一）申请人的姓名、性别、年龄、民族、职业、住址（法人或者其他组织的名称、地址、法定代表人的姓名、职务），申请人委托代理人的姓名、住址；

（二）被申请人的名称、地址，法定代表人的姓名、职务，被申请人委托代理人的姓名、住址；

（三）第三人的姓名、性别、年龄、民族、职业、住址（法人或者其他组织的名称、地址、法定代表人的姓名、职务），第三人委托代理人的姓名、住址；

（四）申请人的复议请求和理由；

（五）被申请人答复的理由和依据；

（六）第三人答复的理由和依据；

（七）行政复议审查认定的事实和证据；

（八）行政复议结论和依据；

（九）不服行政复议决定向人民法院提起诉讼或者向国务院申请裁决的期限；

（十）作出行政复议决定的日期。

第二十九条 行政复议机关在送达行政复议决定书时，应当填写送达回证。

第三十条 行政复议决定维持引起行政诉讼的，由具体行政行为的原承办机构收集、整理作出具体行政行为的证据、依据和其他有关材料，提出答辩状，确定1至2名代理人出庭应诉，行政复议机构协助办理；行政复议决定改变原具体行政行为引起行政诉讼的，由行政复议机构负责应诉。

具体行政行为直接引起行政诉讼的，由具体行政行为的原承办机构收集、整理作出具体行政行为的证据、依据和其他有关材料，提出答辩状，确定1至2名代理人出庭应诉，行政复议机构协助办理。

第五章 执行和监督检查

第三十一条 被申请人应当履行行政复议决定。被申请人不履行或者无正当理由拖延履行行政复议决定的，行政复议机关应当责令其在法定期限内履行。

责令限期履行的，应当制作责令限期履行通知书。

被申请人自收到责令履行通知书之日起应当在法定期限内履行行政复议决定，并将履行情况报送行政复议机关。

第三十二条 被责令重新作出具体行政行为的，被申请人不得以同一事实和理由作出与原具体行政行为相同或者基本相同的具体行政行为，但因违反法定程序被责令重新作出具体行政行为的除外。

第三十三条 上级国土资源行政主管部门应当通过定期检查、抽查等方式，对下级国土资源行政主管部门的行政复议工作和制度执行情况进行检查。

第三十四条 行政复议机构未依法对行政复议申请登记或者审查的，行政复议机关可以责令其依法履行职责。其他机构未按本规定转送行政复议申请的，承担由此引起的相关法律责任。

具体行政行为的原承办机构未按本规定第十四条的要求提出书面答复和确定代理人的，承担由此引起的相关法律责任。

第三十五条 国土资源行政主管部门应当将行政复议工作、行政复议决定的执行情况纳入依法行政的考核范围。

不履行行政复议决定，或者在收到行政复议意见书之日起60日内未将纠正相关行政违法行为的情况报送行政复议机关的，行政复议机关应当通报批评，被通报批评的国土资源行政主管部门直接负责的主管人员和其他直接责任人员不能参加当年度和下一年度的各项评优活动。

第三十六条 行政复议案件审结后，案件承办人员应当及时将案件材料立卷归档。

第六章 附 则

第三十七条 国土资源行政复议文书格式，由国土资源部统一制定。

第三十八条 本规定自2010年1月1日起施行。

2009—2013年全国纪检监察干部教育培训工作规划

（中共中央纪律检查委员会、监察部2009年12月9日发布）

为深入贯彻党的十七大精神，落实十七届四中全会提出的建设马克思主义学习型政党的要求，培养造就高素质的纪检监察干部队伍，推动反腐倡廉工作深入开展，依据《干部教育培训工作条例（试行）》等有关规定，结合纪检监察干部教育培训工作实际，制定本规划。

一、指导思想、基本要求和工作目标

（一）指导思想

高举中国特色社会主义伟大旗帜，以邓小平理论和“三个代表”重要思想为指导，深入贯彻落实科学发展观，紧密结合反腐倡廉建设实际，以提高纪检监察干部政治素质、业务素质和执纪能力为重点，实施全覆盖、多渠道、高质量的教育培训，努力造就一支政治坚强、公正廉洁、纪律严明、业务精通、作风优良的高素质纪检监察干部队伍，为推进党风廉政建设和反腐败斗争提供坚强的思想政治保证、人才保证和智力支持。

（二）基本要求

坚持以人为本、按需施教。适应反腐倡廉建设和纪检监察岗位职责的要求，针对不同层次、不同岗位、不同职位纪检监察干部的成长规律和培训需求，有效开展个性化、专业化、智能化培训，激发干部学习的内在动力和潜能，切实增强教育培训的针对性和实效性。

坚持统筹兼顾、协调发展。把纪检监察干部教育培训融入反腐倡廉建设全局，贯穿于干部培养、选拔、管理、使用的全过程，统筹党性教育与业务培训、国内培训与出国（境）培训、发挥纪检监察培训机构优势与利用其他培训资源等关系，推动教育培训工作全面协调可持续发展。

坚持全员培训、分级管理。面向全体纪检监察干部，建立健全分级负责的培训体系，加强监督管理，规范教育培训秩序，大规模培训干部，大幅度提高干部素质，实现干部教育培训规模和质量、效益的统一。

坚持理论联系实际、学以致用。大力弘扬理论联系实际的学风，紧密结合纪检监察工作实践确定培训重点、设置培训内容，做到理论与实际、学习与运用、言论与行动相统一，不断提高纪检监察干部解决实际问题的能力。

坚持求真务实、改革创新。深刻把握干部教育培训规律，适应反腐倡廉形势任务的发展变化，更新培训理念，创新培训内容，改进培训方式，整合培训资源，拓宽培训渠道，提高纪检监察干部教育培训工作的科学化、制度化、规范化水平。

（三）工作目标

从2009年起，用5年时间，在切实加强经常性教育培训的基础上，采取脱产培训等方式对全国纪检监察干部普遍进行一轮培训。通过教育培训，使广大纪检监察干部进一步坚定理想信念，进一步增强党性修养，进一步提高理论素养、业务素质和工作能力，不断增强纪检监察干部队伍的创造力、凝聚力、战斗力，做到对党和国家无限忠诚、对腐败分子和消极腐败现象坚决斗争、对广大干部和群众关心爱护、对自己和亲属严格要求。

二、主要内容和重点任务

（一）主要内容

加强理论政策培训。坚持用中国特色社会主义理论体系武装纪检监察干部头脑，深入开展邓小平理论和“三个代表”重要思想的教育培训，突出抓好科学发展观的教育，着力提高保障和服务科学发展的本领。加强党的反腐倡廉理论的学习教育，深入开展反腐倡廉形势任务、方针政策和重大决策部署的教育培训，注重用改革开放以来反腐倡廉的生动实践和新鲜经验培训纪检监察干部，着力提高理论政策水平和运用科学理论解决实际问题的能力。

加强党性党风党纪教育。坚持社会主义核心价值体系，深入开展理想信念和党的宗旨教育，牢固树立马克思主义的世界观、人生观和价值观，切实增强党的意识、宗旨意识、执政意识、大局意识、责任意识。加强党纪政纪和法律法规教育，着力增强法纪观念，提高自我约束力。坚持用党的优良传统和作风教育纪检监察干部，引导纪检监察干部讲党性、重品行、作表率，做党的忠诚卫士、当群众的贴心人。

加强知识技能培训。适应纪检监察干部履行岗位职责的需要，有针对性地开展岗位必备知识和能力的培训，加强与本职工作相关的业务内容、业务流程、业务技能的培训，提高工作本领，努力培养一批熟悉纪检监察业务的专业人才。积极开展新知识教育培训，加强社会主义市场经济、社会主义民主法制、社会管理、现代领导科学、高新科技特别是网络信息等知识技能的培训，完善知识结构，提高综合素质。

（二）重点任务

纪检监察领导干部培训。重点抓好县处级以上纪检监察领导干部特别是主要领导干部的教育培训，把新任纪检监察领导干部培训放在优先位置，切实提高思想政治素质和把握全局、科学决策、开拓创新等方面的能力。5年内，中央纪委监察部举办4至5期纪检监察领导干部特别是主要领导干部专题研究班。加大市、县两级纪委书记、监察局局长培训力度，2009年，集中开展县纪委书记专题培训；2010年，集中开展市辖区纪委书记和地市纪委书记专题培训。各省（自治区、直辖市）、中央和国家机关各部委纪检监察机关要按照分级分类的原则，对本地区或部门领导干部教育培训工作作出安排。5年内，县处级以上纪检监察领导干部参加脱产培训时间累计应在3个月以上，新任职领导干部在任职前或任职后1年内须接受纪检监察业务知识培训。

纪检监察业务骨干和专业人才培训。适应反腐倡廉建设深入推进的需要，大力开展纪检监察干部专业培训，抓紧培养一批纪检监察工作急需的各类专业人才。中央纪委监察部每年举办30期左右的专题培训班，培训3000名左右业务骨干。依托中国纪检监察学院、高等院校和培训机构，开展在职学历教育或举办高级研修班，培养一批高素质的业务骨干和专业人才。适度开展有针对性的出国（境）考察培训，围绕廉洁教育、廉政法制建设、监督制约等专题，优先安排关键岗位和业务能力强、有发展潜力的纪检监察干部到国

（境）外参加学习培训，进一步拓宽工作视野。加强对新录用和选调纪检监察干部的岗位培训，新录用和选调人员应当在试用期内进行初任培训。

基层纪检监察干部培训。着眼于把反腐倡廉建设的决策部署落实到基层，紧贴实际、注重实效，采取脱产培训、在职自学、远程教育、网络培训等措施，实现培训资源向基层倾斜，加大基层干部培训力度。加强县、乡两级纪检监察干部依法办事、村民选举、村务公开、信访举报、应对群体性事件等方面的培训，提高推进农村基层党风廉政建设的能力。加强城市街道纪检监察干部社会管理、公共资金监管、化解社会矛盾、政务公开等方面的培训，提高开展城市社区党风廉政建设的能力。加强国有企业纪检监察干部查办案件、效能监察、厂务公开、治理商业贿赂、财务监督等方面的培训，提高防范风险的能力。各地区要在5年内将以乡镇纪委书记、街道纪工委书记、国有企业纪检组组长（纪委书记）为主体的基层纪检干部轮训一遍。加大对革命老区、民族地区、边疆地区、贫困地区基层纪检监察干部教育培训的政策支持力度。中央纪委监察部5年内举办4期西部地区纪检监察干部培训班，其中2期为少数民族地区纪检监察干部培训班。东部地区要加大与中西部地区和革命老区、民族地区、边疆地区、贫困地区纪检监察干部教育培训合作力度，积极开展各类对口培训。

派驻纪检监察机构干部培训。紧密结合驻在部门业务工作，以提高有效监督能力、依法执纪办案能力、组织协调能力为重点，加强对派驻纪检监察机构干部的培训。中央纪委监察部会同有关部门，不定期举办中央和国家机关派驻纪检监察机构干部培训班；每年安排一定数量的司局级干部参加中央党校、国家行政学院、中国浦东干部学院、中国井冈山干部学院、中国延安干部学院的脱产培训。充分发挥各级党政直属机关纪工委的作用，把派驻纪检监察机构干部培训纳入部门干部培训计划，作出具体安排。

三、工作措施

（一）创新培训方式方法

着力增强教育培训的针对性和有效性。牢固树立按需培训、因人施教的理念，努力做到反腐倡廉建设需要什么就培训什么，干部成长缺少什么就培训什么。加强培训需求调研，深入研究推进反腐倡廉建设对纪检监察干部队伍素质和能力的基本要求。注重对纪检监察干部参加教育培训情况开展调查分析，会同有关部门探索建立培训需求动态反馈机制，深入了解广大干部特别是基层干部和派驻机构干部的实际需要，以此作为制定培训计划的科学依据。扎实推进培训制度、培训模式、培训内容、培训手段的创新，不断提高教育培训的质量和水平。

深化教学改革。及时更新培训内容，加强对反腐倡廉建设重大理论问题和重大现实问题的研究，针对理论和实践中的重点、难点、热点问题，不断更新培训课程，开发特色课程。大力推进教学科研一体化，实现科研和教学的良性互动。改进教学方式，在完善讲授式教学的基础上，大力推广研讨式、互动式、案例式、体验式、模拟式教学，进一步增强教学的吸引力和感染力。

创新培训手段。充分发挥现代信息技术的作用，广泛运用广播、电视等载体开展培训，大力推广网络培训、远程教育和在线学习，提高培训的覆盖面和资源利用率。整合干部教育培训网络资源，逐步建立开放、兼容的全国纪检监察干部教育培训网络平台。充分利用纪检监察电化教育的优势，加强电教片、远程教育课件等现代教学资源的开发和应用。组织纪检监察干部结合本职工作，开展多种形式的在职自学活动。鼓励和支持纪检监察干部特别是年轻干部利用业余时间，通过在职进修、自学、函授等多种途径接受学历教育，进一步改善纪检监察干部队伍知识结构。积极推行干部自主选学，逐步实施菜单式选学、模块化培训，在学习内容、时间、途径上，为干部提供更多的选择。把实践锻炼作为教育培训干部特别是中青年干部的重要途径，通过交流、轮岗、挂职锻炼等方式，使他们在实践中增长才干。

（二）加强基础建设

加强培训机构建设。构建分工明确、优势互补、布局合理、竞争有序的纪检监察干部教育培训机构体系。中国纪检监察学院要准确把握功能定位，实行基础建设与教学同步推进、学历教育与业务培训有机结合，坚持高起点、高标准、高质量，努力创建一流学院。中央纪委监察部培训中心要不断提高办学质量和管理服务水平，形成鲜明的办学特色。各地区要加强对本级培训中心的管理和使用，注重利用现有资源加强基础建设，不断提高教学水平。广泛利用各种社会资源，依托党校、行政学院、干部学院、高等院校、科研院所及其他培训机构，通过联合办学等方式开展培训。合理利用国（境）外培训资源，科学设置培训项目，改进培训方式，严格培训管理，切实提高出国（境）培训的质量和效益。

加强师资队伍建设。按照结构合理、素质优良、规模适当、专兼结合的原则，优化整合纪检监察干部教育培训师资队伍。建立全国和各省（自治区、直辖市）纪检监察干部教育培训师资库，促进优质师资资源共享。中央纪委监察部不定期举办师资培训班，提高专职教师的教学、科研能力。注重整合兼职培训师资资源，选聘政治素质好、理论水平高、实践经验丰富的纪检监察领导干部和专家学者担任兼职教师，改善教师的来源结构。纪检监察教育培训主管部门和培训机构要加强对兼职教师的动态考核、管理和服务，对考核合格的兼职教师颁发聘书。纪检监察机关领导干部要坚持到培训机构授课。

加强纪检监察学科体系建设。按照系统构建、突出重点、着眼长远、循序渐进的原则，以纪律检查、行政监察、廉政监督等学科为重点，加强对纪检监察业务工作的科学研究，进一步明确工作任务、业务流程和工作规范，逐步形成既与国内外学科发展趋势相适应、又具有鲜明特色的纪检监察学科体系。

加强教材建设。围绕培训需求，以政治理论、政策法规、业务知识、文化素养、技能训练和党性党风党纪教育为基本框架，进一步形成开放的、形式多样的、具有时代特色的教材体系。中央纪委监察部教材编审委员会要制定干部教育培训教材建设规划和教学大纲，组织编写高质量的干部教育培训教材。各地区各部门可以按照教学大纲的要求，结合实际，编写符合需要、各具特色的干部教育培训教材。用好新编纪检监察业务教程。

（三）建立健全培训质量评估和考核激励机制

建立健全教育培训质量评估机制。按照以评促改、以评促建的原则，稳步推进纪检监察干部教育培训机构教学质量评估工作。纪检监察干部教育培训主管部门要制定切实可行的评估办法和评估指标体系，开展对教育培训机构的评估。充分运用评估结果，对培训机构的建设与发展提出指导性意见，培训机构应当根据评估结果，积极改进干部教育培训工作。

建立健全考核激励机制。坚持客观公正、突出重点、重在激励、务求实效的原则，加强对干部教育培训情况的考核。健全干部教育培训主管部门与干部管理部门沟通协调机制，把干部教育培训作为培养干部、发现干部、考察干部的重要渠道，干部参加教育培训期间的学习表现、考核成绩等情况，要记入培训档案，作为干部任职、晋升的重要依据。探索建立领导干部学习积分考核制度，不断完善干部教育培训的考核激励机制。

四、组织领导

（一）加强对干部教育培训工作的领导

把纪检监察干部教育培训纳入全国干部教育培训工作规划，统筹安排，整体部署。各级纪检监察机关要把纪检监察干部教育培训作为一项基础性工作列入重要议事日程，切实加强领导。纪委主要负责同志要加强调查研究，及时掌握干部教育培训工作的情况，解决干部教育培训工作中的困难和问题。干部所在单位要重视并组织实施好本单位干部的教育培训工作。

（二）加强对干部教育培训工作的组织管理

坚持和完善在纪委常委会领导下，宣传教育室主管，有关职能部门配合，中央和地方分级管理的纪检监察干部教育培训管理体制。宣传教育室要切实履行整体规划、综合协调、督促检查的职责，加强对培训中心工作的指导，并按照干部管理权限，抓好所管培训对象的教育培训。相关职能部门要按照职责分工，主动配合，认真完成在干部教育培训工作方面所承担的各项任务。建立健全纪检监察干部教育培训联席会议制度，统筹协调干部教育培训工作，形成各司其职、分工协作、齐抓共管、有序推进的工作格局。

（三）加大对干部教育培训工作的投入

加大对纪检监察干部教育培训的经费投入，将纪检监察干部教育培训经费列入各级财政预算，确保大规模培训干部任务的完成。加强对革命老区、民族地区、边疆地区、贫困地区纪检监察干部教育培训工作的经费支持。各级纪检监察机关要根据干部教育培训工作的发展需要，加强纪检监察干部教育培训职能部门的建设，保证足够的人员编制，充实必要的工作力量。抓好干部教育培训管理者的教育培训和实践锻炼，不断提高他们的思想政治素质和业务水平，打造一支高素质的干部教育培训管理者队伍。

各级纪检监察机关要根据本规划的要求，结合实际制定实施细则，推动纪检监察干部教育培训工作深入开展。

中国共产党第十七届中央委员会第四次全体会议公报

（2009 年 9 月 18 日中国共产党第十七届中央委员会第四次全体会议通过）

中国共产党第十七届中央委员会第四次全体会议，于 2009 年 9 月 15 日至 18 日在北京举行。

出席这次全会的有，中央委员 194 人，候补中央委员 163 人。中央纪律检查委员会委员和有关方面负责同志列席了会议。党的十七大代表中部分基层党务工作者、基层党员和从事党建工作研究的专家学者也列席了会议。

全会由中央政治局主持。中央委员会总书记胡锦涛作了重要讲话。

全会听取和讨论了胡锦涛受中央政治局委托作的工作报告，审议通过了《中共中央关于加强和改进新形势下党的建设若干重大问题的决定》。习近平就《决定（讨论稿）》向全会作了说明。

全会充分肯定党的十七届三中全会以来中央政治局的工作。一致认为，中央政治局全面贯彻党的十七大和十七届一中、二中、三中全会精神，高举中国特色社会主义伟大旗帜，以邓小平理论和“三个代表”重要思想为指导，深入贯彻落实科学发展观，隆重纪念党的十一届三中全会召开 30 周年，团结带领全党全国各族人民大力弘扬伟大抗震救灾精神、北京奥运精神、载人航天精神，万众一心，迎难而上，锐意改革，共克时艰，全力保增长、保民生、保稳定，加大转变经济发展方式和调整经济结构力度，取得应对国际金融危机冲击、保持经济平稳较快发展的明显成效，推动深入学习实践科学发展观活动健康开展，加快推进地震灾区灾后恢复重建，维护民族地区社会大局稳定，全面推进社会主义经济建设、政治建设、文化建设、社会建设以及生态文明建设，全面推进党的建设新的伟大工程，各项工作取得新进展。

全会研究了加强和改进新形势下党的建设若干重大问题，认为在新中国成立 60 周年之际，进一步研究和部署以改革创新精神推进党的建设新的伟大工程，对于全面贯彻党的十七大精神，深入贯彻落实科学发展观，有效应对国际金融危机冲击、保持经济平稳较快发展，夺取全面建设小康社会新胜利、开创中国特色社会主义事业新局面，具有重大而深远的意义。

全会指出，中国共产党成立 88 年、执政 60 年、领导改革开放 30 年来，几代中国共产党人始终以实现中华民族伟大复兴为己任，坚持把马克思主义基本原理同中国具体实际相结合，团结带领全国各族人民不懈奋斗，战胜各种艰难险阻，不断取得革命、建设、改革的伟大胜利。我国相继实现了从半殖民地半封建社会到民族独立、人民当家作主新社会的历史性转变，从新民主主义革命到社会主义革命和建设的历史性转变，从高度集中的计划经济体制到充满活力的社会主义市场经济体制、从封闭半封闭到全方位开放的历史性转变，中华民族巍然屹立于世界民族之林。这是中国共产党人认识世界、改造世界的伟大创举，是根本改变中华民族命运、深刻影响人类历史进程的伟大变革。实践证明，没有中国共产党就没有新中国，就没有中国特色社会主义。办好中国的事情，关键在党。坚持中国特色社会主义道路，推进社会主义现代化，实现中华民族伟大复兴，必须毫不动摇地坚持中国共产党的领导。

全会指出，当今世界正处在大发展大变革大调整时期。世界多极化、经济全球化深入发展，科技进步日新月异，国际金融危机影响深远，世界经济格局发生新变化，国际力量对比出现新态势，全球思想文化交流交融交锋呈现新特点，综合国力竞争和各种力量较量更趋激烈，给我国发展带来新的机遇和挑战。我国经济建设、政治建设、文化建设、社会建设以及生态文明建设全面推进，工业化、信息化、城镇化、市场化、国际化深入发展，我国正处在进一步发展的重要战略机遇期，在新的历史起点上向前迈进。在我们这个十几亿人口的发展中大国，党在推进改革开放和社会主义现代化建设中肩负任务的艰巨性、复杂性、繁重性世所罕见。党要适应这样的新形势，统筹国内国际两个大局，更好带领全国各族人民聚精会神搞建设、一心一意谋发展，实现党的十七大描绘的宏伟蓝图，必须进一步加强和改进自身建设。

全会指出，当前，党的领导水平和执政水平、党的建设状况、党员队伍素质总体上同党肩负的历史使命是适应的。同时，党内也存在不少不适应新形势新任务要求、不符合党的性质和宗旨的问题。这些问题严重削弱党的创造力、凝聚力、战斗力，严重损害党同人民群众的血肉联系，严重影响党的执政地位巩固和执政使命实现，必须引起全党警醒，抓紧加以解决。

全会指出，世情、国情、党情的深刻变化对党的建设提出了新的要求，党面临的执政考验、改革开放考验、市场经济考验、外部环境考验是长期的、复杂的、严峻的，落实党要管党、从严治党的任务比过去任何时候都更为繁重和紧迫。全党必须居安思危，增强忧患意识，常怀忧党之心，恪尽兴党之责，勇于变革、勇于创新，永不僵化、永不停滞，继续推进党的建设新的伟大工程，确保党在世界形势深刻变化的历史进程中始终走在时代前列，在应对国内外各种风险和考验的历史进程中始终成为全国人民的主心骨，在发展中国特色社会主义的历史进程中始终成为坚强的领导核心。

全会认为，我们党在长期执政实践中，探索形成了我们党作为马克思主义执政党加强自身建设的基本经验，这就是：坚持把思想理论建设放在首位，提高全党马克思主义水平；坚持把推进党的建设伟大工程同推进党领导的伟大事业紧密结合起来，保证党始终成为社会主义事业的坚强领导核心；坚持以执政能力建设和先进性建设为主线，保证党始终走在时代前列；坚持立党为公、执政为民，保持党同人民群众的血肉联系；坚持改革创新，增强党的生机活力；坚持党要管党、从严治党，提高管党治党水平。这些基本经验，必须倍加重视、倍加珍惜，必须作为加强和改进新形势下党的建设的重要指导原则长期坚持，并在实践中不断丰富发展。

全会提出，加强和改进新形势下党的建设，必须全面贯彻党的十七大关于党的建设总体部署，按照党章要求，着眼于继续解放思想、坚持改革开放、推动科学发展、促进社会和谐，着眼于提高党的执政能力、保持和发展党的先进性，着眼于增强全党为党和人民事业不懈奋斗的使命感和责任感，着眼于保持党同人民群众的血肉联系，突出重点，突破难点，全面推进思想建设、组织建设、作风建设、制度建设和反腐倡廉建设，提高党的建设科学化水平，进一步把党建设成为立党为公、执政为民，求真务实、改革创新，艰苦奋斗、清正廉洁，富有活力、团结和谐的马克思主义执政党，确保党始终是中国工人阶级的先锋队、同时是中国人民和中华民族的先锋队。

全会对当前和今后一个时期加强和改进党的建设作出了部署，强调要建设马克思主义学习型政党、提高全党思想政治水平，坚持和健全民主集中制、积极发展党内民主，深化干部人事制度改革、建设善于推动科学发展和促进社会和谐的高素质干部队伍，做好抓基层打基础工作、夯实党执政的组织基础，弘扬党的优良作风、保持党同人民群众的血肉联系，加快推进惩治和预防腐败体系建设、深入开展反腐败斗争。

全会提出，世界在变化，形势在发展，中国特色社会主义实践在深入，不断学习、善于学习，努力掌握和运用一切科学的新思想、新知识、新经验，是党始终走在时代前列引领中国发展进步的决定性因素。必须按照科学理论武装、具有世界眼光、善于把握规律、富有创新精神的要求，把建设马克思主义学习型政党作为重大而紧迫的战略任务抓紧抓好。要推进马克思主义中国化、时代化、大众化，用中国特色社会主义理论体系武装全党，开展社会主义核心价值体系学习教育，建设学习型党组织。

全会提出，党内民主是党的生命，集中统一是党的力量保证。必须坚持民主基础上的集中和集中指导下的民主相结合，以保障党员民主权利为根本，以加强党内基层民主建设为基础，切实推进党内民主，广泛凝聚全党意愿和主张，充分发挥各级党组织和广大党员的积极性、主动性、创造性，坚决维护党的集中统一。坚持以党内民主带动人民民主，以党的坚强团结保证全国各族人民的大团结。要坚持和完善党的领导制度，保障党员主体地位和民主权利，完善党代表大会制度和党内选举制度，完善党内民主决策机制，维护党的集中统一。

全会提出，坚持民主、公开、竞争、择优，提高选人用人公信度，形成充满活力的选人用人机制，促进优秀人才脱颖而出，是培养造就高素质干部队伍的关键。必须坚持党管干部原则，全面贯彻干部队伍革命化、年轻化、知识化、专业化方针，坚持五湖四海，拓宽视野选拔干部，广辟途径培养干部，满腔热情爱护干部，严格要求管理干部，把各方面优秀人才集聚到党和国家事业中来。要坚持德才兼备、以德为先用人标准，完善干部选拔任用机制，提高领导班子和领导干部推动科学发展、促进社会和谐能力，培养造就大批优秀年轻干部，健全干部管理机制。

全会提出，党的基层组织是党全部工作和战斗力的基础，是落实党的路线方针政策和各项工作任务的战斗堡垒。必须坚持围绕中心、服务大局、拓宽领域、强化功能，进一步巩固和加强党的基层组织，着力扩大覆盖面、增强生机活力，使党的基层组织充分发挥推动发展、服务群众、凝聚人心、促进和谐的作用，使广大党员牢记宗旨、心系群众。要推进基层党组织工作创新，增强党员队伍生机活力，建设高素质基层党组织带头人队伍，构建城乡统筹的基层党建新格局。

全会提出，执政党的党风，关系党的形象，关系党和人民事业成败。必须在全党大力弘扬理论联系实际、密切联系群众、批评和自我批评的作风，始终谦虚谨慎、艰苦奋斗，以思想教育、完善制度、集中整顿、严肃纪律为抓手，下大气力解决突出问题，以优良党风促政风带民风，形成凝聚党心民心的强大力量。要大兴密切联系群众之风，大兴求真务实之风，大兴艰苦奋斗之风，大兴批评和自我批评之风，以坚强党性保证党的作风建设。

全会提出，坚决反对腐败，是党必须始终抓好的重大政治任务。必须充分认识反腐败斗争的长期性、复杂性、艰巨性，把反腐倡廉建设放在更加突出的位置，坚持标本兼治、综合治理、惩防并举、注重预防的方针，严格执行党风廉政建设责任制，在坚决惩治腐败的同时加大教育、监督、改革、制度创新力度，更有效地预防腐败，不断取得反腐败斗争新成效。要加强廉洁从政教育和领导干部廉洁自律，加大查办违纪违法案件工作力度，健全权力运行制约和监督机制，推进反腐倡廉制度创新。

全会强调，加强和改进新形势下党的建设，是全党的重大政治责任。各级党组织要认真贯彻全会决定精神，坚持党要管党、从严治党，全面落实党建工作责任制，加强党建工作调查研究，全面认识和自觉运用马克思主义执政党建设规律，推动党的建设创新，确保党的建设各项部署落到实处，努力在以科学理论指导党的建设、以科学制度保障党的建设、以科学方法推进党的建设上见到成效，不断提高党的建设科学化水平。

全会全面分析了当前形势和任务，强调经过全党全国共同努力，去年下半年以来我国经济增长明显下滑趋势得到遏制，经济形势总体呈现企稳向好势头。同时，世界经济复苏将是一个缓慢曲折的过程，我国经济回升基础还不稳定、不巩固、不平衡，国际国内不稳定不确定因素仍然很多，我国经济发展仍处在保增长的关键阶段。我们必须增强信心，增强忧患意识和风险意识，科学判断国际国内经济形势，继续把保持经济平稳较快发展作为经济工作的首要任务，继续实施积极的财政政策和适度宽松的货币政策，保持宏观经济政策的连续性和稳定性，充实完善应对国际金融危机冲击的一揽子计划和政策措施，更加注重推进结构调整，更加注重加快自主创新，更加注重加强节能环保，更加注重城乡统筹和区域协调发展，更加注重深化改革开放，更加注重保障和改善民生，切实抓好维护社会大局稳定工作，有效防范各种潜在风险，善于趋利避害，积极化危为机，努力实现今年经济社会发展预期目标。

全会强调，做好民族工作，在新形势下把民族团结进步事业继续推向前进，对维护和发展各族人民根本利益、保持社会和谐稳定、实现国家长治久安和中华民族伟大复兴具有重大意义。要牢牢把握各民族共同团结奋斗、共同繁荣发展的主题，全面贯彻落实党的民族政策和民族区域自治制度，加快少数民族和民族地区经济社会发展，广泛、深入、持久开展民族团结宣传教育活动，有效防范和坚决打击民族分裂活动，巩固和发展平等团结互助和谐的社会主义民族关系。

全会号召，全党要紧密团结在以胡锦涛同志为总书记的党中央周围，高举中国特色社会主义伟大旗帜，全面贯彻党的十七大精神，以改革创新精神全面推进党的建设新的伟大工程，团结带领全国各族人民为把党和国家事业继续推向前进而努力奋斗，永远不辜负人民的信任和期望！

中国共产党第十七届中央纪律检查委员会第三次全体会议公报

（2009 年 1 月 14 日中国共产党第十七届中央纪律检查委员会第三次全体会议通过）

中国共产党第十七届中央纪律检查委员会第三次全体会议，于 2009 年 1 月 12 日至 14 日在北京举行。出席会议的中央纪委委员 123 人，列席 299 人。

中央纪委常委会主持了全议。会议全面贯彻党的十七大和十七届三中全会精神，高举中国特色社会主义伟大旗帜，以邓小平理论和“三个代表”重要思想为指导，深入贯彻落实科学发展观，总结了党的十七大以来党风廉政建设和反腐败工作，研究部署了 2009 年的任务。全会审议通过了中央纪委书记贺国强代表中央纪委常委所作的《深入贯彻落实科学发展观，以完善惩治和预防腐败体系为重点，扎实推进党风廉政建设和反腐败斗争》的工作报告。

中国共产党中央委员会总书记胡锦涛出席全会第二次大会并发表了重要讲话。吴邦国、温家宝、贾庆林、李长春、习近平、李克强、贺国强、周永康等党和国家领导人出席了会议。有关方面的负责同志参加了会议。

全会认真学习了胡锦涛同志的重要讲话，一致认为，讲话从党和国家事业发展全局和战略的高度，全面分析了当前的反腐倡廉形势，明确提出了深入推进党风廉政建设和反腐败斗争的总体要求和主要任务；深刻阐述了新时期加强领导干部党性修养、树立和弘扬良好作风的重要性和紧迫性以及基本要求和工作重点，强调各级领导干部要自觉遵行社会主义核心价值体系，坚持理论和实践相统一、继承光荣传统和弘扬时代精神相统一、改造客观世界和改造主观世界相统一、加强个人修养和接受教育监督相统一，着力增强宗旨观念、提高实践能力、强化责任意识、树立正确政绩观、树立正确利益观、增强党的纪律观念，努力做到政治坚定、作风优良、纪律严明、勤政为明、恪尽职守、清正廉洁，充分发挥模范带头作用；号召全党要把加强领导干部党性修养、树立和弘扬良好作风作为重大政治任务抓紧抓好，以坚强的党性和优良的作风保证科学发展观的贯彻落实。胡锦涛同志的重要讲话，是指导当前和今后一个时期党的作风建设和反腐败斗争，全面推进党的建设新的伟大工程，具有重大而深远的意义。全党同志和广大纪检监察干部一定要认真学习领会，坚决贯彻落实。

全会认为，党的十七大以来，在党中央、国务院坚强有力的领导下，各级党委、政府和纪检监察机关深入学习贯彻党的十七大精神，以改革创新精神全面推进党风廉政建设和反腐败斗争，取得了新的成绩，反腐倡廉建设方向更加明确、思路更加清晰。全会提出，2009 年，全党要全面贯彻党的十七大和十七届三中全会精神，高举中国特色社会主义伟大旗帜，以邓小平理论和“三个代表”重要思想为指导，深入贯彻落实科学发展观，坚持标本兼治、综合治理、惩防并举、注重预防的方针，以完善惩治和预防腐败体系为重点加强反腐倡廉建设，以改革创新精神抓好《建设健全惩治和预防腐败体系 2008—2012 年工作规划》的落实，严格执行党风廉政建设责任制，加强对中央关于推动科学发展、保持经济平稳较快发展政策措施执行情况的监督检查，着力解决党员干部在党性党风党纪方面存在的突出问题，以党风廉政建设和反腐败斗争的新成效取信于民，为改革发展稳定提供坚强保证。

第一，严明党的政治纪律，推动科学发展重大决策部署的贯彻落实。要高度重视政治纪律，加强对政治纪律执行情况的监督检查，严肃查处违反政治纪律的行为，保证全党始终同以胡锦涛同志为总书记的党中央保持高度一致。加强对贯彻落实科学发展观情况的监督检查，促进中央关于扩大内需保持经济平稳较快增长、耕地保护和节约用地、资源节约和环境保护、灾后重建资金物资管理使用等政策措施的贯彻落实，坚决纠正有令不行、有禁不止的现象，确保中央政令畅通。

第二，切实加强领导干部作风建设，进一部密切党群干群关系。把改进领导干部作风作为促进科学发展的重要切入点，开展对领导干部作风状况的监督检查，促进领导干部加强党性修养，树立和弘扬良好作风，增强立党为公、执政为民的自觉性和坚定性，认真解决理论脱离实际、作风飘浮、弄虚作假、对群众疾苦漠不关心等问题。大力发扬艰苦奋斗精神，勤俭办一切事业，认真执行中央有关厉行节约、反对铺张浪费的规定。积极推行党政领导干部问责制，严肃追究给国家利益，公共利益和公民合法权益造成严重损害的行为。

第三，加强党风廉政教育，认真抓好领导干部廉洁自律工作。深入开展中国特色社会主义理论体系教育和党性党风党纪教育，把反腐倡廉教育列入干部教育培训规划。认真抓好领导干部廉洁自律各项规定的贯彻落实，严禁领导干部违反规定收送现金、有价证券、支付凭证和收受干股等行为；落实领导干部配偶和子女从业、投资入股、到国（境）外定居等规定和有关事项报告登记制度；治理违规建房、超标准建房等问题；严禁领导干部利用和操纵招商引资项目、资产重组项目，为本人或特定关系人谋取私利；严禁领导干部相互请托，违反规定为对方的特定关系人谋取不正当利益。会同有关部门继续开展治理公款出国（境）旅游工作，压缩出国（境）经费、组团数量和规模，从严控制在国（境）外停留时间。严格控制新建楼堂馆所，纠正超预算标准装修办公房、超标准编制配备使用小汽车问题。

第四，加大查办案件工作力度，维护党纪国法的严肃性。以查办发生在领导机关和领导干部中的案件为重点，严肃查办官商勾结、权钱交易和利用人事权、司法权、行政执法权、行政审批权索贿受贿、徇私舞弊的案件。严肃查办工程建设、土地管理、矿产资源开采、环境保护、金融和国有企业等领域的案件。深入开展治理商业贿赂专项工作，加强市场诚信体系建设。坚持党纪国法面前人人平等，严格执纪，决不让腐败分子逃脱党纪国法的惩处。

第五，坚决纠正损害群众利益的不正之风，着力解决群众反映强烈的突出问题。加强监督检查，重点解决食品药品安全，安全生产、生态环境保护、征地拆迁、专项基金和资金监管等方面群众反映强烈的问题。加强对实施成品油价格和税费改革有关政策落实情况的监督检查。继续治理教育收费、医药购销和医疗服务、涉农负担中的突出问题。

第六，推进重点领域和关键环节改革，深入治本抓源头工作。加大改革和制度创新力度，把规范权力运行、健全市场机制、强化监管惩处结合起来，力争在治理重点领域的突出问题方面取得新突破。完善符合科学发展观要求的干部综合考核评价制度，进一步减少行政审批事项，深化财税、投资体制、国有企业改革，深化现代市场体系建设及相关改革。充分发挥国家预防腐败局的作用。

第七，切实加强对领导干部特别是主要领导干部的监督，确保权力正确行使。认真贯彻执行党内监督条例，加强对民主生活会、述职述廉、诫勉谈话和函询等制度执行情况的检查。深入推进巡视工作。加强纪检监察机关对派驻机构的统一管理，健全非派驻单位纪检监察机构的职责。深入推进党务公开。深化政务公开、厂务公开、村务公开。积极探索监督关口前移的方式和途径。充分发挥行政监察职能作用，加强执法监察、廉政监察、效能监察。

第八，加强基层党风廉政建设，促进社会和谐稳定。认真贯彻落实关于加强农村党风廉政建设的意见。加强国有企业（含金融机构）党风建设和反腐倡廉工作。推进高等学校和城市社区党风廉政建设。

全会要求，各级纪检监察机关要讲政治、顾大局、抓落实、做表率，把学习贯彻这次全会精神，与学习贯彻胡锦涛同志在纪念党的十一届三中全会召开30周年大会上的重要讲话精神结合起来，进一步增强高举中国特色社会主义伟大旗帜的自觉性和坚定性；与学习和贯彻中央经济工作会议精神结合起来，为促进经济平稳较快发展提供积极服务和有力保证；与认真研究部署和努力完成好今年的纪检监察工作任务结合起来，努力开创党风廉政建设和发腐败工作新局面；与开展深入学习实践科学发展观活动结合起来，在加强党性修养、树立和弘扬良好作风方面发发挥带头模范作用。

全会号召，全党同志要更加紧密地团结在以胡锦涛同志为总书记的党中央周围，高举中国特色社会主义伟大旗帜，深入贯彻落实科学发展观，以昂扬的精神状态和扎实的工作作风，深入推进党风廉政建设和反腐败斗争，为夺取全面建设小康社会新胜利、开创中国特色社会主义事业新局面作出新的更大贡献！

中共中央政治局召开会议研究部署党风廉政建设和反腐败工作

新华社北京12月29日电　中共中央政治局12月29日召开会议，听取中央纪律检查委员会2009年工作汇报，分析当前党风廉政建设和反腐败工作形势，研究部署2010年党风廉政建设和反腐败工作。会议审议并通过《中国共产党党员领导干部廉洁从政若干准则》。中共中央总书记胡锦涛主持会议。

会议指出，2009年，在党中央、国务院坚强有力领导下，各级纪检监察机关加强对中央保增长、保民生、保稳定等一系列重大决策部署执行情况的监督检查，严肃查处违法违纪案件，解决涉及领导干部廉洁自律的突出问题，纠正损害群众利益的不正之风，研究制定反腐倡廉法规制度，不断推进改革措施，加强领导干部党性修养和作风建设，党风廉政建设和反腐败斗争方向更加明确、思路更加清晰、措施更加有力，取得了新的明显成效。同时，必须清醒地看到，当前反腐倡廉建设面临不少新情况新问题，形势依然严峻，任务依然艰巨。全党必须充分认识反腐败斗争的长期性、复杂性、艰巨性，把反腐倡廉建设放在更加突出的位置，做到反腐倡廉常抓不懈、拒腐防变警钟长鸣。

会议强调，2010年，各级党委、政府和纪检监察机关要全面贯彻党的十七大和十七届三中、四中全会精神，高举中国特色社会主义伟大旗帜，以邓小平理论和"三个代表"重要思想为指导，深入贯彻落实科学发展观，坚持标本兼治、综合治理、惩防并举、注重预防的方针，加强以保持党同人民群众血肉联系为重点的作风建设，加强以完善惩治和预防腐败体系为重点的反腐倡廉建设，抓紧解决反腐倡廉建设中人民群众反映强烈的突出问题，着力推进反腐倡廉制度建设，围绕中心、服务大局，开拓创新、狠抓落实，不断取得党风廉政建设和反腐败斗争新成效。要继续加强对中央重大决策部署贯彻落实情况的监督检查，坚决查处违纪违法案件，严厉惩处腐败分子和整治消极腐败现象，坚决纠正损害群众利益的不正之风。要以改革创新的精神，加大教育、监督、改革、制度创新力度，更加有效地预防腐败。要进一步落实党风廉政建设责任制，各级党委和政府要切实负起责任，加强组织领导，协调各部门搞好反腐倡廉工作。全党要同心同德、狠抓落实，深入推进党风廉政建设和反腐败斗争，为改革发展稳定提供坚强保证。

会议强调，党员领导干部廉洁从政是全面贯彻党的理论和路线方针政策的重要保障，是从严治党、不断加强党的执政能力建设和先进性建设的重要内容。促进党员领导干部廉洁从政，必须按照建立健全惩治和预防腐败体系的要求，加强教育，健全制度，强化监督，深化改革，严肃纪律，坚持自律和他律相结合。《中国共产党党员领导干部廉洁从政若干准则》是规范党员领导干部从政行为的重要基础性法规，对保证党员领导干部廉洁从政、加强领导干部廉洁自律工作和干部队伍建设、进一步提高管党治党水平和深入推进反腐倡廉建设具有十分重要的意义。各级党组织要结合贯彻落实党的十七届四中全会精神，深入学习宣传，认真组织实施。各级党员领导干部要深入学习理解准则，严格遵照执行，认真自查自纠，真正做到为民、务实、清廉。各级纪检机关和有关部门要协助党委抓好督促检查，严肃处理违反准则的行为，保证贯彻落实。

会议同意明年1月召开第十七届中央纪律检查委员会第五次全体会议。

会议还研究了其他事项。

第 34 章　纪检监察与反腐廉政最新司法解释

最高人民法院、最高人民检察院关于执行《中华人民共和国刑法》确定罪名的补充规定（三）

（法释［2007］16 号，2007 年 8 月 27 日最高人民法院审判委员会第 1436 次会议、2007 年 9 月 7 日最高人民检察院第十届检察委员会第 82 次会议通过）

中华人民共和国最高人民法院
中华人民共和国最高人民检察院　**公告**

《最高人民法院、最高人民检察院关于执行〈中华人民共和国刑法〉确定罪名的补充规定（三）》已于 2007 年 8 月 27 日由最高人民法院审判委员会第 1436 次会议、2007 年 9 月 7 日由最高人民检察院第十届检察委员会第 82 次会议通过，现予公布，自 2007 年 11 月 6 日起施行。

二〇〇七年十月二十五日

根据《中华人民共和国刑法修正案（五）》（以下简称《刑法修正案（五）》）、《中华人民共和国刑法修正案（六）》（以下简称《刑法修正案（六）》）的规定，现对最高人民法院《关于执行〈中华人民共和国刑法〉确定罪名的规定》，最高人民检察院《关于适用刑法分则规定的犯罪的罪名的意见》，最高人民法院、最高人民检察院《关于执行〈中华人民共和国刑法〉确定罪名的补充规定》作如下补充、修改：

刑法条文	罪名
第 134 条第 2 款 （《刑法修正案（六）》第 1 条第 2 款）	强令违章冒险作业罪
第 135 条之一 （《刑法修正案（六）》第 3 条）	大型群众性活动重大安全事故罪
第 139 条之一 （《刑法修正案（六）》第 4 条）	不报、谎报安全事故罪
第 161 条 （《刑法修正案（六）》第 5 条）	违规披露、不披露重要信息罪（取消提供虚假财会报告罪罪名）
第 162 条之二 （《刑法修正案（六）》第 6 条）	虚假破产罪
第 163 条 （《刑法修正案（六）》第 7 条）	非国家工作人员受贿罪（取消公司、企业人员受贿罪罪名）

（续表）

刑法条文	罪名
第164条 （《刑法修正案（六）》第8条）	对非国家工作人员行贿罪（取消对公司、企业人员行贿罪罪名）
第169条之一 （《刑法修正案（六）》第9条）	背信损害上市公司利益罪
第175条之一 （《刑法修正案（六）》第10条）	骗取贷款、票据承兑、金融票证罪
第177条之一第1款 （《刑法修正案（五）》第1条第1款）	妨害信用卡管理罪
第177条之一第2款 （《刑法修正案（五）》第1条第2款）	窃取、收买、非法提供信用卡信息罪
第182条 （《刑法修正案（六）》第11条）	操纵证券、期货市场罪（取消操纵证券、期货交易价格罪罪名）
第185条之一第1款 （《刑法修正案（六）》第12条第1款）	背信运用受托财产罪
第185条之一第2款 （《刑法修正案（六）》第12条第2款）	违法运用资金罪
第186条 （《刑法修正案（六）》第13条）	违法发放贷款罪（取消违法向关系人发放贷款罪罪名）
第187条 （《刑法修正案（六）》第14条）	吸收客户资金不入账罪（取消用账外客户资金非法拆借、发放贷款罪罪名）
第188条 （《刑法修正案（六）》第15条）	违规出具金融票证罪 （取消非法出具金融票证罪罪名）
第262条之一 （《刑法修正案（六）》第17条）	组织残疾人、儿童乞讨罪
第303条第2款 （《刑法修正案（六）》第18条第2款）	开设赌场罪
第312条 （《刑法修正案（六）》第19条）	掩饰、隐瞒犯罪所得、犯罪所得收益罪（取消窝藏、转移、收购、销售赃物罪罪名）
第369条第2款 （《刑法修正案（五）》第3条第2款）	过失损坏武器装备、军事设施、军事通信罪
第399条之一 （《刑法修正案（六）》第20条）	枉法仲裁罪

最高人民法院、最高人民检察院关于办理非法采供血液等刑事案件具体应用法律若干问题的解释

（法释［2008］12号，2008年2月18日最高人民法院审判委员会第1444次会议、2008年5月8日最高人民检察院第十一届检察委员会第1次会议通过）

中华人民共和国最高人民法院
中华人民共和国最高人民检察院公告

《最高人民法院、最高人民检察院关于办理非法采供血液等刑事案件具体应用法律若干问题的解释》已于2008年2月18日由最高人民法院审判委员会第1444次会议、2008年5月8日由最高人民检察院第十一届检察委员会第1次会议通过，现予公布，自2008年9月23日起施行。

二〇〇八年九月二十二日

为保障公民的身体健康和生命安全，依法惩处非法采供血液等犯罪，根据刑法有关规定，现对办理此类刑事案件具体应用法律的若干问题解释如下：

第一条　对未经国家主管部门批准或者超过批准的业务范围，采集、供应血液或者制作、供应血液制品的，应认定为刑法第三百三十四条第一款规定的“非法采集、供应血液或者制作、供应血液制品”。

第二条　对非法采集、供应血液或者制作、供应血液制品，具有下列情形之一的，应认定为刑法第三百三十四条第一款规定的“不符合国家规定的标准，足以危害人体健康”，处五年以下有期徒刑或者拘役，并处罚金：

（一）采集、供应的血液含有艾滋病病毒、乙型肝炎病毒、丙型肝炎病毒、梅毒螺旋体等病原微生物的；

（二）制作、供应的血液制品含有艾滋病病毒、乙型肝炎病毒、丙型肝炎病毒、梅毒螺旋体等病原微生物，或者将含有上述病原微生物的血液用于制作血液制品的；

（三）使用不符合国家规定的药品、诊断试剂、卫生器材，或者重复使用一次性采血器材采集血液，造成传染病传播危险的；

（四）违反规定对献血者、供血浆者超量、频繁采集血液、血浆，足以危害人体健康的；

（五）其他不符合国家有关采集、供应血液或者制作、供应血液制品的规定标准，足以危害人体健康的。

第三条　对非法采集、供应血液或者制作、供应血液制品，具有下列情形之一的，应认定为刑法第三百三十四条第一款规定的“对人体健康造成严重危害”，处五年以上十年以下有期徒刑，并处罚金：

（一）造成献血者、供血浆者、受血者感染乙型肝炎病毒、丙型肝炎病毒、梅毒螺旋体或者其他经血液传播的病原微生物的；

（二）造成献血者、供血浆者、受血者重度贫血、造血功能障碍或者其他器官组织损伤导致功能障碍等身体严重危害的；

（三）对人体健康造成其他严重危害的。

第四条 对非法采集、供应血液或者制作、供应血液制品，具有下列情形之一的，应认定为刑法第三百三十四条第一款规定的“造成特别严重后果”，处十年以上有期徒刑或者无期徒刑，并处罚金或者没收财产：

（一）因血液传播疾病导致人员死亡或者感染艾滋病病毒的；

（二）造成五人以上感染乙型肝炎病毒、丙型肝炎病毒、梅毒螺旋体或者其他经血液传播的病原微生物的；

（三）造成五人以上重度贫血、造血功能障碍或者其他器官组织损伤导致功能障碍等身体严重危害的；

（四）造成其他特别严重后果的。

第五条 对经国家主管部门批准采集、供应血液或者制作、供应血液制品的部门，具有下列情形之一的，应认定为刑法第三百三十四条第二款规定的“不依照规定进行检测或者违背其他操作规定”：

（一）血站未用两个企业生产的试剂对艾滋病病毒抗体、乙型肝炎病毒表面抗原、丙型肝炎病毒抗体、梅毒抗体进行两次检测的；

（二）单采血浆站不依照规定对艾滋病病毒抗体、乙型肝炎病毒表面抗原、丙型肝炎病毒抗体、梅毒抗体进行检测的；

（三）血液制品生产企业在投料生产前未用主管部门批准和检定合格的试剂进行复检的；

（四）血站、单采血浆站和血液制品生产企业使用的诊断试剂没有生产单位名称、生产批准文号或者经检定不合格的；

（五）采供血机构在采集检验标本、采集血液和成分血分离时，使用没有生产单位名称、生产批准文号或者超过有效期的一次性注射器等采血器材的；

（六）不依照国家规定的标准和要求包装、储存、运输血液、原料血浆的；

（七）对国家规定检测项目结果呈阳性的血液未及时按照规定予以清除的；

（八）不具备相应资格的医务人员进行采血、检验操作的；

（九）对献血者、供血浆者超量、频繁采集血液、血浆的；

（十）采供血机构采集血液、血浆前，未对献血者或供血浆者进行身份识别，采集冒名顶替者、健康检查不合格者血液、血浆的；

（十一）血站擅自采集原料血浆，单采血浆站擅自采集临床用血或者向医疗机构供应原料血浆的；

（十二）重复使用一次性采血器材的；

（十三）其他不依照规定进行检测或者违背操作规定的。

第六条 对经国家主管部门批准采集、供应血液或者制作、供应血液制品的部门，不依照规定进行检测或者违背其他操作规定，具有下列情形之一的，应认定为刑法第三百三十四条第二款规定的“造成危害他人身体健康后果”，对单位判处罚金，并对其直接负责的主管人员和其他直接责任人员，处五年以下有期徒刑或者拘役：

（一）造成献血者、供血浆者、受血者感染艾滋病病毒、乙型肝炎病毒、丙型肝炎病毒、梅毒螺旋体或者其他经血液传播的病原微生物的；

（二）造成献血者、供血浆者、受血者重度贫血、造血功能障碍或者其他器官组织损伤导致功能障碍等身体严重危害的；

（三）造成其他危害他人身体健康后果的。

第七条　经国家主管部门批准的采供血机构和血液制品生产经营单位，应认定为刑法第三百三十四条第二款规定的“经国家主管部门批准采集、供应血液或者制作、供应血液制品的部门”。

第八条　本解释所称“血液”，是指全血、成分血和特殊血液成分。

本解释所称“血液制品”，是指各种人血浆蛋白制品。

本解释所称“采供血机构”，包括血液中心、中心血站、中心血库、脐带血造血干细胞库和国家卫生行政主管部门根据医学发展需要批准、设置的其他类型血库、单采血浆站。

最高人民法院关于适用停止执行死刑程序有关问题的规定

（法释［2008］16 号，2008 年 11 月 24 日最高人民法院审判委员会第 1455 次会议通过）

中华人民共和国最高人民法院公告

《最高人民法院关于适用停止执行死刑程序有关问题的规定》已于 2008 年 11 月 24 日由最高人民法院审判委员会第 1455 次会议通过。现予公布，自 2008 年 12 月 26 日起施行。

二〇〇八年十二月十五日

为确保死刑案件停止执行死刑程序依法规范进行，根据《中华人民共和国刑事诉讼法》等有关规定，结合刑事审判实践，制定本规定。

第一条 刑事诉讼法第二百一十一条、第二百一十二条规定的判决“可能有错误”包括下列情形：

（一）发现罪犯可能有其他犯罪的；

（二）共同犯罪的其他犯罪嫌疑人归案，可能影响罪犯量刑的；

（三）共同犯罪的其他罪犯被暂停或者停止执行死刑，可能影响罪犯量刑的；

（四）判决可能有其他错误的。

第二条 下级人民法院在接到最高人民法院执行死刑命令后、执行前，发现有刑事诉讼法第二百一十一条第一款、第二百一十二条第四款规定的情形的，应当暂停执行死刑，并立即将请求停止执行死刑的报告及相关材料层报最高人民法院审批。

第三条 最高人民法院经审查，认为不影响罪犯定罪量刑的，应当裁定下级人民法院继续执行死刑；认为可能影响罪犯定罪量刑的，应当裁定下级人民法院停止执行死刑。下级人民法院停止执行后，应当会同有关部门调查核实，并及时将调查结果和意见层报最高人民法院审核。

第四条 最高人民法院在执行死刑命令签发后、执行前，发现有刑事诉讼法第二百一十一条第一款、第二百一十二条第四款规定的情形的，应当立即裁定下级人民法院停止执行死刑，并将有关材料移交下级人民法院。下级人民法院会同有关部门调查核实后，应当及时将调查结果和意见层报最高人民法院审核。

第五条 对于下级人民法院报送的请求停止执行死刑的报告及相关材料，由最高人民法院作出核准死刑裁判的原合议庭负责审查，必要时，依法另行组成合议庭进行审查。

第六条 最高人民法院对于依法已停止执行死刑的案件，依照下列情形分别处理：

（一）确认罪犯正在怀孕的，应当依法改判；

（二）确认原裁判有错误，或者罪犯有重大立功表现需要依法改判的，应当裁定不予核准死刑，撤销原判，发回重新审判；

（三）确认原裁判没有错误，或者罪犯没有重大立功表现，或者重大立功表现不影响原裁判执行的，应当裁定继续执行原核准死刑的裁判，并由院长再签发执行死刑的命令。

第七条　本规定施行后，以前的有关规定与本规定不一致的，按本规定执行。

最高人民法院、最高人民检察院关于办理生产、销售假药、劣药刑事案件具体应用法律若干问题的解释

（法释［2009］9号，2009年1月5日最高人民法院审判委员会第1461次会议、2009年2月24日最高人民检察院第十一届检察委员会第10次会议通过）

中华人民共和国最高人民法院
中华人民共和国最高人民检察院 **公告**

《最高人民法院、最高人民检察院关于办理生产、销售假药、劣药刑事案件具体应用法律若干问题的解释》已于2009年1月5日由最高人民法院审判委员会第1461次会议、2009年2月24日由最高人民检察院第十一届检察委员会第10次会议通过，现予公布，自2009年5月27日起施行。

二〇〇九年五月十三日

为依法惩治生产、销售假药、劣药犯罪，保障人民群众生命健康安全，维护药品市场秩序，根据刑法有关规定，现就办理此类刑事案件具体应用法律的若干问题解释如下：

第一条 生产、销售的假药具有下列情形之一的，应当认定为刑法第一百四十一条规定的“足以严重危害人体健康”：

（一）依照国家药品标准不应含有有毒有害物质而含有，或者含有的有毒有害物质超过国家药品标准规定的；

（二）属于麻醉药品、精神药品、医疗用毒性药品、放射性药品、避孕药品、血液制品或者疫苗的；

（三）以孕产妇、婴幼儿、儿童或者危重病人为主要使用对象的；

（四）属于注射剂药品、急救药品的；

（五）没有或者伪造药品生产许可证或者批准文号，且属于处方药的；

（六）其他足以严重危害人体健康的情形。

对前款第（一）项、第（六）项规定的情形难以确定的，可以委托省级以上药品监督管理部门设置或者确定的药品检验机构检验。司法机关根据检验结论，结合假药标明的适应病症、对人体健康可能造成的危害程度等情况认定。

第二条 生产、销售的假药被使用后，造成轻伤以上伤害，或者轻度残疾、中度残疾，或者器官组织损伤导致一般功能障碍或者严重功能障碍，或者有其他严重危害人体健康情形的，应当认定为刑法第一百四十一条规定的“对人体健康造成严重危害”。

生产、销售的假药被使用后，造成重度残疾、三人以上重伤、三人以上中度残疾或者器官组织损伤导致严重功能障碍、十人以上轻伤、五人以上轻度残疾或者器官组织损伤导致一般功能障碍，或者有其他特别严重危害人体健康情形的，应当认定为刑法第一百四十

一条规定的“对人体健康造成特别严重危害”。

第三条　生产、销售的劣药被使用后，造成轻伤以上伤害，或者轻度残疾、中度残疾，或者器官组织损伤导致一般功能障碍或者严重功能障碍，或者有其他严重危害人体健康情形的，应当认定为刑法第一百四十二条规定的“对人体健康造成严重危害”。

生产、销售的劣药被使用后，致人死亡、重度残疾、三人以上重伤、三人以上中度残疾或者器官组织损伤导致严重功能障碍、十人以上轻伤、五人以上轻度残疾或者器官组织损伤导致一般功能障碍，或者有其他特别严重危害人体健康情形的，应当认定为刑法第一百四十二条规定的“后果特别严重”。

第四条　医疗机构知道或者应当知道是假药而使用或者销售，符合本解释第一条或者第二条规定标准的，以销售假药罪追究刑事责任。

医疗机构知道或者应当知道是劣药而使用或者销售，符合本解释第三条规定标准的，以销售劣药罪追究刑事责任。

第五条　知道或者应当知道他人生产、销售假药、劣药，而有下列情形之一的，以生产、销售假药罪或者生产、销售劣药罪等犯罪的共犯论处：

（一）提供资金、贷款、账号、发票、证明、许可证件的；

（二）提供生产、经营场所、设备或者运输、仓储、保管、邮寄等便利条件的；

（三）提供生产技术，或者提供原料、辅料、包装材料的；

（四）提供广告等宣传的。

第六条　实施生产、销售假药、劣药犯罪，同时构成生产、销售伪劣产品、侵犯知识产权、非法经营、非法行医、非法采供血等犯罪的，依照处罚较重的规定定罪处罚。

第七条　在自然灾害、事故灾难、公共卫生事件、社会安全事件等突发事件发生时期，生产、销售用于应对突发事件药品的假药、劣药的，依法从重处罚。

第八条　最高人民法院、最高人民检察院以前发布的司法解释、规范性文件与本解释不一致的，以本解释为准。

最高人民法院、最高人民检察院关于执行《中华人民共和国刑法》确定罪名的补充规定（四）

（法释［2009］13号，2009年9月21日最高人民法院审判委员会第1474次会议、2009年9月28日最高人民检察院第十一届检察委员会第20次会议通过）

中华人民共和国最高人民法院
中华人民共和国最高人民检察院 **公告**

《最高人民法院、最高人民检察院关于执行〈中华人民共和国刑法〉确定罪名的补充规定（四）》已于2009年9月21日由最高人民法院审判委员会第1474次会议、2009年9月28日由最高人民检察院第十一届检察委员会第20次会议通过，现予公布，自2009年10月16日起施行。

二〇〇九年九月十四日

根据《中华人民共和国刑法修正案（七）》（以下简称《刑法修正案（七）》）的规定，现对最高人民法院《关于执行〈中华人民共和国刑法〉确定罪名的规定》、最高人民检察院《关于适用刑法分则规定的犯罪的罪名的意见》作如下补充、修改：

刑法条文	罪名
第151条第3款 （《刑法修正案（七）》第1条）	走私国家禁止进出口的货物、物品罪 （取消走私珍稀植物、珍稀植物制品罪罪名）
第180条第4款 （《刑法修正案（七）》第2条第2款）	利用未公开信息交易罪
第201条 （《刑法修正案（七）》第3条）	逃税罪 （取消偷税罪罪名）
第224条之一 （《刑法修正案（七）》第4条）	组织、领导传销活动罪
第253条之一第1款 （《刑法修正案（七）》第7条第1款）	出售、非法提供公民个人信息罪
第253条之一第2款 （《刑法修正案（七）》第7条第2款）	非法获取公民个人信息罪
第262条之二 （《刑法修正案（七）》第8条）	组织未成年人进行违反治安管理活动罪
第285条第2款 （《刑法修正案（七）》第9条第1款）	非法获取计算机信息系统数据、非法控制计算机信息系统罪
第285条第3款 （《刑法修正案（七）》第9条第2款）	提供侵入、非法控制计算机信息系统程序、工具罪
第337条第1款 （《刑法修正案（七）》第11条）	妨害动植物防疫、检疫罪 （取消逃避动植物检疫罪罪名）

（续表）

刑法条文	罪名
第 375 条第 2 款 （《刑法修正案（七）》第 12 条第 1 款）	非法生产、买卖武装部队制式服装罪 （取消非法生产、买卖军用标志罪罪名）
第 375 条第 3 款 （《刑法修正案（七）》第 12 条第 2 款）	伪造、盗窃、买卖、非法提供、非法使用武装部队专用标志罪
第 388 条之一 （《刑法修正案（七）》第 13 条）	利用影响力受贿罪

最高人民法院关于审理洗钱等刑事案件具体应用法律若干问题的解释

（法释［2009］15号，2009年9月21日由最高人民法院审判委员会第1474次会议通过）

《最高人民法院关于审理洗钱等刑事案件具体应用法律若干问题的解释》已于2009年9月21日由最高人民法院审判委员会第1474次会议通过，现予公布，自2009年11月11日起施行。

二〇〇九年十一月四日

为依法惩治洗钱，掩饰、隐瞒犯罪所得、犯罪所得收益，资助恐怖活动等犯罪活动，根据刑法有关规定，现就审理此类刑事案件具体应用法律的若干问题解释如下：

第一条 刑法第一百九十一条、第三百一十二条规定的“明知”，应当结合被告人的认知能力，接触他人犯罪所得及其收益的情况，犯罪所得及其收益的种类、数额，犯罪所得及其收益的转换、转移方式以及被告人的供述等主、客观因素进行认定。

具有下列情形之一的，可以认定被告人明知系犯罪所得及其收益，但有证据证明确实不知道的除外：

（一）知道他人从事犯罪活动，协助转换或者转移财物的；

（二）没有正当理由，通过非法途径协助转换或者转移财物的；

（三）没有正当理由，以明显低于市场的价格收购财物的；

（四）没有正当理由，协助转换或者转移财物，收取明显高于市场的“手续费”的；

（五）没有正当理由，协助他人将巨额现金散存于多个银行账户或者在不同银行账户之间频繁划转的；

（六）协助近亲属或者其他关系密切的人转换或者转移与其职业或者财产状况明显不符的财物的；

（七）其他可以认定行为人明知的情形。

被告人将刑法第一百九十一条规定的某一上游犯罪的犯罪所得及其收益误认为刑法第一百九十一条规定的上游犯罪范围内的其他犯罪所得及其收益的，不影响刑法第一百九十一条规定的“明知”的认定。

第二条 具有下列情形之一的，可以认定为刑法第一百九十一条第一款第（五）项规定的“以其他方法掩饰、隐瞒犯罪所得及其收益的来源和性质”：

（一）通过典当、租赁、买卖、投资等方式，协助转移、转换犯罪所得及其收益的；

（二）通过与商场、饭店、娱乐场所等现金密集型场所的经营收入相混合的方式，协助转移、转换犯罪所得及其收益的；

（三）通过虚构交易、虚设债权债务、虚假担保、虚报收入等方式，协助将犯罪所得及其收益转换为“合法”财物的；

（四）通过买卖彩票、奖券等方式，协助转换犯罪所得及其收益的；

（五）通过赌博方式，协助将犯罪所得及其收益转换为赌博收益的；

（六）协助将犯罪所得及其收益携带、运输或者邮寄出入境的；

（七）通过前述规定以外的方式协助转移、转换犯罪所得及其收益的。

第三条　明知是犯罪所得及其产生的收益而予以掩饰、隐瞒，构成刑法第三百一十二条规定的犯罪，同时又构成刑法第一百九十一条或者第三百四十九条规定的犯罪的，依照处罚较重的规定定罪处罚。

第四条　刑法第一百九十一条、第三百一十二条、第三百四十九条规定的犯罪，应当以上游犯罪事实成立为认定前提。上游犯罪尚未依法裁判，但查证属实的，不影响刑法第一百九十一条、第三百一十二条、第三百四十九条规定的犯罪的审判。

上游犯罪事实可以确认，因行为人死亡等原因依法不予追究刑事责任的，不影响刑法第一百九十一条、第三百一十二条、第三百四十九条规定的犯罪的认定。

上游犯罪事实可以确认，依法以其他罪名定罪处罚的，不影响刑法第一百九十一条、第三百一十二条、第三百四十九条规定的犯罪的认定。

本条所称“上游犯罪”，是指产生刑法第一百九十一条、第三百一十二条、第三百四十九条规定的犯罪所得及其收益的各种犯罪行为。

第五条　刑法第一百二十条之一规定的“资助”，是指为恐怖活动组织或者实施恐怖活动的个人筹集、提供经费、物资或者提供场所以及其他物质便利的行为。

刑法第一百二十条之一规定的“实施恐怖活动的个人”，包括预谋实施、准备实施和实际实施恐怖活动的个人。

最高人民法院关于审理非法制造、买卖、运输枪支、弹药、爆炸物等刑事案件具体应用法律若干问题的解释

（法释［2009］18号，2009年11月9日最高人民法院审判委员会第1476次会议通过）

中华人民共和国最高人民法院公告

《最高人民法院关于修改〈最高人民法院关于审理非法制造、买卖、运输枪支、弹药、爆炸物等刑事案件具体应用法律若干问题的解释〉的决定》已于2009年11月9日由最高人民法院审判委员会第1476次会议通过。现予公布，自2010年1月1日起施行。

二〇〇九年十一月十六日

为了依法惩治非法制造、买卖、运输、邮寄、储存爆炸物犯罪活动，根据刑法有关规定，并结合审判实践情况，现决定对《最高人民法院关于审理非法制造、买卖、运输枪支、弹药、爆炸物等刑事案件具体应用法律若干问题的解释》（以下简称《解释》）作如下修改：

一、将《解释》第八条第一款修改为："刑法第一百二十五条第一款规定的'非法储存'，是指明知是他人非法制造、买卖、运输、邮寄的枪支、弹药而为其存放的行为，或者非法存放爆炸物的行为。"

二、增加一条，作为《解释》第九条："因筑路、建房、打井、整修宅基地和土地等正常生产、生活需要，或者因从事合法的生产经营活动而非法制造、买卖、运输、邮寄、储存爆炸物，数量达到本《解释》第一条规定标准，没有造成严重社会危害，并确有悔改表现的，可依法从轻处罚；情节轻微的，可以免除处罚。

具有前款情形，数量虽达到本《解释》第二条规定标准的，也可以不认定为刑法第一百二十五条第一款规定的'情节严重'。

在公共场所、居民区等人员集中区域非法制造、买卖、运输、邮寄、储存爆炸物，或者因非法制造、买卖、运输、邮寄、储存爆炸物三年内受到两次以上行政处罚又实施上述行为，数量达到本《解释》规定标准的，不适用前两款量刑的规定。"

三、将《解释》原第九条变更为第十条。

根据本《决定》，将《解释》作相应修改并对条文顺序作相应调整后，重新公布。

最高人民法院关于审理非法制造、买卖、运输枪支、弹药、爆炸物等刑事案件具体应用法律若干问题的解释

（2001年5月10日最高人民法院审判委员会第1174次会议通过，根据2009年11月9日最高人民法院审判委员会第1476次会议通过的《最高人民法院关于修改〈最高人民法院关于审理非法制造、买卖、运输枪支、弹药、爆炸物等刑事案件具体应用法律若干问题的解释〉的决定》修正）

为依法严惩非法制造、买卖、运输枪支、弹药、爆炸物等犯罪活动，根据刑法有关规定，现就审理这类案件具体应用法律的若干问题解释如下：

第一条　个人或者单位非法制造、买卖、运输、邮寄、储存枪支、弹药、爆炸物，具有下列情形之一的，依照刑法第一百二十五条第一款的规定，以非法制造、买卖、运输、邮寄、储存枪支、弹药、爆炸物罪定罪处罚：

（一）非法制造、买卖、运输、邮寄、储存军用枪支一支以上的；

（二）非法制造、买卖、运输、邮寄、储存以火药为动力发射枪弹的非军用枪支一支以上或者以压缩气体等为动力的其他非军用枪支二支以上的；

（三）非法制造、买卖、运输、邮寄、储存军用子弹十发以上、气枪铅弹五百发以上或者其他非军用子弹一百发以上的；

（四）非法制造、买卖、运输、邮寄、储存手榴弹一枚以上的；

（五）非法制造、买卖、运输、邮寄、储存爆炸装置的；

（六）非法制造、买卖、运输、邮寄、储存炸药、发射药、黑火药一千克以上或者烟火药三千克以上、雷管三十枚以上或者导火索、导爆索三十米以上的；

（七）具有生产爆炸物品资格的单位不按照规定的品种制造，或者具有销售、使用爆炸物品资格的单位超过限额买卖炸药、发射药、黑火药十千克以上或者烟火药三十千克以上、雷管三百枚以上或者导火索、导爆索三百米以上的；

（八）多次非法制造、买卖、运输、邮寄、储存弹药、爆炸物的；

（九）虽未达到上述最低数量标准，但具有造成严重后果等其他恶劣情节的。

介绍买卖枪支、弹药、爆炸物的，以买卖枪支、弹药、爆炸物罪的共犯论处。

第二条　非法制造、买卖、运输、邮寄、储存枪支、弹药、爆炸物，具有下列情形之一的，属于刑法第一百二十五条第一款规定的“情节严重”：

（一）非法制造、买卖、运输、邮寄、储存枪支、弹药、爆炸物的数量达到本解释第一条第（一）、（二）、（三）、（六）、（七）项规定的最低数量标准五倍以上的；

（二）非法制造、买卖、运输、邮寄、储存手榴弹三枚以上的；

（三）非法制造、买卖、运输、邮寄、储存爆炸装置，危害严重的；

（四）达到本解释第一条规定的最低数量标准，并具有造成严重后果等其他恶劣情节的。

第三条　依法被指定或者确定的枪支制造、销售企业，实施刑法第一百二十六条规定的行为，具有下列情形之一的，以违规制造、销售枪支罪定罪处罚：

（一）违规制造枪支五支以上的；

（二）违规销售枪支二支以上的；

（三）虽未达到上述最低数量标准，但具有造成严重后果等其他恶劣情节的。

具有下列情形之一的，属于刑法第一百二十六条规定的“情节严重”：

（一）违规制造枪支二十支以上的；

（二）违规销售枪支十支以上的；

（三）达到本条第一款规定的最低数量标准，并具有造成严重后果等其他恶劣情节的。

具有下列情形之一的，属于刑法第一百二十六条规定的“情节特别严重”：

（一）违规制造枪支五十支以上的；

（二）违规销售枪支三十支以上的；

（三）达到本条第二款规定的最低数量标准，并具有造成严重后果等其他恶劣情节的。

第四条 盗窃、抢夺枪支、弹药、爆炸物，具有下列情形之一的，依照刑法第一百二十七条第一款的规定，以盗窃、抢夺枪支、弹药、爆炸物罪定罪处罚：

（一）盗窃、抢夺以火药为动力的发射枪弹非军用枪支一支以上或者以压缩气体等为动力的其他非军用枪支二支以上的；

（二）盗窃、抢夺军用子弹十发以上、气枪铅弹五百发以上或者其他非军用子弹一百发以上的；

（三）盗窃、抢夺爆炸装置的；

（四）盗窃、抢夺炸药、发射药、黑火药一千克以上或者烟火药三千克以上、雷管三十枚以上或者导火索、导爆索三十米以上的；

（五）虽未达到上述最低数量标准，但具有造成严重后果等其他恶劣情节的。

具有下列情形之一的，属于刑法第一百二十七条第一款规定的“情节严重”：

（一）盗窃、抢夺枪支、弹药、爆炸物的数量达到本条第一款规定的最低数量标准五倍以上的；

（二）盗窃、抢夺军用枪支的；

（三）盗窃、抢夺手榴弹的；

（四）盗窃、抢夺爆炸装置，危害严重的；

（五）达到本条第一款规定的最低数量标准，并具有造成严重后果等其他恶劣情节的。

第五条 具有下列情形之一的，依照刑法第一百二十八条第一款的规定，以非法持有、私藏枪支、弹药罪定罪处罚：

（一）非法持有、私藏军用枪支一支的；

（二）非法持有、私藏以火药为动力发射枪弹的非军用枪支一支或者以压缩气体等为动力的其他非军用枪支二支以上的；

（三）非法持有、私藏军用子弹二十发以上，气枪铅弹一千发以上或者其他非军用子弹二百发以上的；

（四）非法持有、私藏手榴弹一枚以上的；

（五）非法持有、私藏的弹药造成人员伤亡、财产损失的。

具有下列情形之一的，属于刑法第一百二十八条第一款规定的“情节严重”：

（一）非法持有、私藏军用枪支二支以上的；

（二）非法持有、私藏以火药为动力发射枪弹的非军用枪支二支以上或者以压缩气体等为动力的其他非军用枪支五支以上的；

（三）非法持有、私藏军用子弹一百发以上，气枪铅弹五千发以上或者其他非军用子弹一千发以上的；

（四）非法持有、私藏手榴弹三枚以上的；

（五）达到本条第一款规定的最低数量标准，并具有造成严重后果等其他恶劣情节的。

第六条 非法携带枪支、弹药、爆炸物进入公共场所或者公共交通工具，危及公共安全，具有下列情形之一的，属于刑法第一百三十条规定的“情节严重”：

（一）携带枪支或者手榴弹的；

（二）携带爆炸装置的；

（三）携带炸药、发射药、黑火药五百克以上或者烟火药一千克以上、雷管二十枚以上或者导火索、导爆索二十米以上的；

（四）携带的弹药、爆炸物在公共场所或者公共交通工具上发生爆炸或者燃烧，尚未造成严重后果的；

（五）具有其他严重情节的。

行为人非法携带本条第一款第（三）项规定的爆炸物进入公共场所或者公共交通工具，虽未达到上述数量标准，但拒不交出的，依照刑法第一百三十条的规定定罪处罚；携带的数量达到最低数量标准，能够主动、全部交出的，可不以犯罪论处。

第七条　非法制造、买卖、运输、邮寄、储存、盗窃、抢夺、持有、私藏、携带成套枪支散件的，以相应数量的枪支计；非成套枪支散件以每三十件为一成套枪支散件计。

第八条　刑法第一百二十五条第一款规定的"非法储存"，是指明知是他人非法制造、买卖、运输、邮寄的枪支、弹药而为其存放的行为，或者非法存放爆炸物的行为。

刑法第一百二十八条第一款规定的"非法持有"，是指不符合配备、配置枪支、弹药条件的人员，违反枪支管理法律、法规的规定，擅自持有枪支、弹药的行为。

刑法第一百二十八条第一款规定的"私藏"，是指依法配备、配置枪支、弹药的人员，在配备、配置枪支、弹药的条件消除后，违反枪支管理法律、法规的规定，私自藏匿所配备、配置的枪支、弹药且拒不交出的行为。

第九条　因筑路、建房、打井、整修宅基地和土地等正常生产、生活需要，以及因从事合法的生产经营活动而非法制造、买卖、运输、邮寄、储存爆炸物，数量达到本解释第一条规定标准，没有造成严重社会危害，并确有悔改表现的，可依法从轻处罚；情节轻微的，可以免除处罚。

具有前款情形，数量虽达到本解释第二条规定标准的，也可以不认定为刑法第一百二十五条第一款规定的"情节严重"。

在公共场所、居民区等人员集中区域非法制造、买卖、运输、邮寄、储存爆炸物，或者因非法制造、买卖、运输、邮寄、储存爆炸物三年内受到两次以上行政处罚又实施上述行为，数量达到本解释规定标准的，不适用前两款量刑的规定。

第十条　实施非法制造、买卖、运输、邮寄、储存、盗窃、抢夺、持有、私藏其他弹药、爆炸物品等行为，参照本解释有关条文规定的定罪量刑标准处罚。

最高人民法院、最高人民检察院关于办理妨害信用卡管理刑事案件具体应用法律若干问题的解释

（法释［2009］19号，2009年10月12日由最高人民法院审判委员会第1475次会议、2009年11月12日由最高人民检察院第十一届检察委员会第22次会议通过）

中华人民共和国最高人民法院
中华人民共和国最高人民检察院 **公告**

《最高人民法院、最高人民检察院关于办理妨害信用卡管理刑事案件具体应用法律若干问题的解释》已于2009年10月12日由最高人民法院审判委员会第1475次会议、2009年11月12日由最高人民检察院第十一届检察委员会第22次会议通过，现予公布，自2009年12月16日起施行。

二〇〇九年十二月三日

（2009年10月12日最高人民法院审判委员会第1475次会议、2009年11月12日最高人民检察院第十一届检察委员会第22次会议通过）

为依法惩治妨害信用卡管理犯罪活动，维护信用卡管理秩序和持卡人合法权益，根据《中华人民共和国刑法》规定，现就办理这类刑事案件具体应用法律的若干问题解释如下：

第一条 复制他人信用卡、将他人信用卡信息资料写入磁条介质、芯片或者以其他方法伪造信用卡1张以上的，应当认定为刑法第一百七十七条第一款第（四）项规定的“伪造信用卡”，以伪造金融票证罪定罪处罚。

伪造空白信用卡10张以上的，应当认定为刑法第一百七十七条第一款第（四）项规定的“伪造信用卡”，以伪造金融票证罪定罪处罚。

伪造信用卡，有下列情形之一的，应当认定为刑法第一百七十七条规定的“情节严重”：

（一）伪造信用卡5张以上不满25张的；

（二）伪造的信用卡内存款余额、透支额度单独或者合计数额在20万元以上不满100万元的；

（三）伪造空白信用卡50张以上不满250张的；

（四）其他情节严重的情形。

伪造信用卡，有下列情形之一的，应当认定为刑法第一百七十七条规定的“情节特别严重”：

（一）伪造信用卡25张以上的；

（二）伪造的信用卡内存款余额、透支额度单独或者合计数额在100万元以上的；

（三）伪造空白信用卡250张以上的；

（四）其他情节特别严重的情形。

本条所称“信用卡内存款余额、透支额度”，以信用卡被伪造后发卡行记录的最高存款余额、可透支额度计算。

第二条　明知是伪造的空白信用卡而持有、运输10张以上不满100张的，应当认定为刑法第一百七十七条之一第一款第（一）项规定的“数量较大”；非法持有他人信用卡5张以上不满50张的，应当认定为刑法第一百七十七条之一第一款第（二）项规定的“数量较大”。

有下列情形之一的，应当认定为刑法第一百七十七条之一第一款规定的“数量巨大”：

（一）明知是伪造的信用卡而持有、运输10张以上的；

（二）明知是伪造的空白信用卡而持有、运输100张以上的；

（三）非法持有他人信用卡50张以上的；

（四）使用虚假的身份证明骗领信用卡10张以上的；

（五）出售、购买、为他人提供伪造的信用卡或者以虚假的身份证明骗领的信用卡10张以上的。

违背他人意愿，使用其居民身份证、军官证、士兵证、港澳居民往来内地通行证、台湾居民来往大陆通行证、护照等身份证明申领信用卡的，或者使用伪造、变造的身份证明申领信用卡的，应当认定为刑法第一百七十七条之一第一款第（三）项规定的“使用虚假的身份证明骗领信用卡”。

第三条　窃取、收买、非法提供他人信用卡信息资料，足以伪造可进行交易的信用卡，或者足以使他人以信用卡持卡人名义进行交易，涉及信用卡1张以上不满5张的，依照刑法第一百七十七条之一第二款的规定，以窃取、收买、非法提供信用卡信息罪定罪处罚；涉及信用卡5张以上的，应当认定为刑法第一百七十七条之一第一款规定的“数量巨大”。

第四条　为信用卡申请人制作、提供虚假的财产状况、收入、职务等资信证明材料，涉及伪造、变造、买卖国家机关公文、证件、印章，或者涉及伪造公司、企业、事业单位、人民团体印章，应当追究刑事责任的，依照刑法第二百八十条的规定，分别以伪造、变造、买卖国家机关公文、证件、印章罪和伪造公司、企业、事业单位、人民团体印章罪定罪处罚。

承担资产评估、验资、验证、会计、审计、法律服务等职责的中介组织或其人员，为信用卡申请人提供虚假的财产状况、收入、职务等资信证明材料，应当追究刑事责任的，依照刑法第二百二十九条的规定，分别以提供虚假证明文件罪和出具证明文件重大失实罪定罪处罚。

第五条　使用伪造的信用卡、以虚假的身份证明骗领的信用卡、作废的信用卡或者冒用他人信用卡，进行信用卡诈骗活动，数额在5000元以上不满5万元的，应当认定为刑法第一百九十六条规定的“数额较大”；数额在5万元以上不满50万元的，应当认定为刑法第一百九十六条规定的“数额巨大”；数额在50万元以上的，应当认定为刑法第一百九十六条规定的“数额特别巨大”。

刑法第一百九十六条第一款第（三）项所称“冒用他人信用卡”，包括以下情形：

（一）拾得他人信用卡并使用的；

（二）骗取他人信用卡并使用的；

（三）窃取、收买、骗取或者以其他非法方式获取他人信用卡信息资料，并通过互联网、通讯终端等使用的；

（四）其他冒用他人信用卡的情形。

第六条 持卡人以非法占有为目的，超过规定限额或者规定期限透支，并且经发卡银行两次催收后超过 3 个月仍不归还的，应当认定为刑法第一百九十六条规定的“恶意透支”。

有以下情形之一的，应当认定为刑法第一百九十六条第二款规定的“以非法占有为目的”：

（一）明知没有还款能力而大量透支，无法归还的；

（二）肆意挥霍透支的资金，无法归还的；

（三）透支后逃匿、改变联系方式，逃避银行催收的；

（四）抽逃、转移资金，隐匿财产，逃避还款的；

（五）使用透支的资金进行违法犯罪活动的；

（六）其他非法占有资金，拒不归还的行为。

恶意透支，数额在 1 万元以上不满 10 万元的，应当认定为刑法第一百九十六条规定的“数额较大”；数额在 10 万元以上不满 100 万元的，应当认定为刑法第一百九十六条规定的“数额巨大”；数额在 100 万元以上的，应当认定为刑法第一百九十六条规定的“数额特别巨大”。

恶意透支的数额，是指在第一款规定的条件下持卡人拒不归还的数额或者尚未归还的数额。不包括复利、滞纳金、手续费等发卡银行收取的费用。

恶意透支应当追究刑事责任，但在公安机关立案后人民法院判决宣告前已偿还全部透支款息的，可以从轻处罚，情节轻微的，可以免除处罚。恶意透支数额较大，在公安机关立案前已偿还全部透支款息，情节显著轻微的，可以依法不追究刑事责任。

第七条 违反国家规定，使用销售点终端机具（POS 机）等方法，以虚构交易、虚开价格、现金退货等方式向信用卡持卡人直接支付现金，情节严重的，应当依据刑法第二百二十五条的规定，以非法经营罪定罪处罚。

实施前款行为，数额在 100 万元以上的，或者造成金融机构资金 20 万元以上逾期未还的，或者造成金融机构经济损失 10 万元以上的，应当认定为刑法第二百二十五条规定的“情节严重”；数额在 500 万元以上的，或者造成金融机构资金 100 万元以上逾期未还的，或者造成金融机构经济损失 50 万元以上的，应当认定为刑法第二百二十五条规定的“情节特别严重”。

持卡人以非法占有为目的，采用上述方式恶意透支，应当追究刑事责任的，依照刑法第一百九十六条的规定，以信用卡诈骗罪定罪处罚。

第八条 单位犯本解释第一条、第七条规定的犯罪的，定罪量刑标准依照各该条的规定执行。

第 35 章 纪检监察与反腐廉政最新地方法规

广东省预算执行审计条例

（2009 年 1 月 16 日广东省第十一届人民代表大会常务委员会第八次会议通过）

第一条 为了加强政府预算执行审计监督，根据《中华人民共和国审计法》和有关法律、法规，结合本省实际，制定本条例。

第二条 本条例所称预算执行审计是指本省各级审计机关依照法律法规和人民代表大会批准的预算，对本级政府、本级各部门（含直属单位，下同）和下级政府的预算执行情况的真实、合法、效益进行审计监督。

第三条 审计机关进行预算执行审计，根据需要可以对管理和使用预算资金的有关国家机关、事业单位、金融机构、企业等进行审计调查。

第四条 审计机关依法对下列事项进行预算执行审计或者审计调查：

（一）县级以上人民政府财政部门按照同级人民代表大会批准的本级预算向本级各部门批复预算的情况、本级预算执行情况、调整情况和预算收支变化情况；

（二）预算收入征收部门依照法律、法规和国家有关规定征收、管理预算收入情况；

（三）县级以上人民政府财政部门按照批准的年度预算、政府投资计划、用款计划、支出种类和预算级次、程序，拨付本级预算支出资金情况；

（四）县级以上人民政府财政部门依照法律、法规的规定和财政管理体制，拨付下级人民政府财政转移支付资金情况以及各级人民政府财政部门办理结算、结转的情况；

（五）本级各预算执行部门执行年度支出预算和财政制度、财务制度情况，有预算收入上缴任务的部门预算收入上缴情况；

（六）有关事业单位和企业使用预算资金的情况；

（七）按照国家有关规定实行专项管理的预算资金收支情况；

（八）与本级人民政府投资的建设项目有关的预算资金收支情况；

（九）同级国库或者代理同级国库业务的金融机构按照国家有关规定办理预算收入的收纳、划分、留解、退库情况和预算支出的拨付情况；

（十）法律、法规规定的其他事项。

审计机关进行预算执行审计，可以对未纳入预算的财政性资金进行审计或者审计调查。

第五条 审计机关进行预算执行审计，应当有计划地选择部分预算资金使用项目，依据政府相关政策、目标与行业标准等，对该项目资金使用的整体或者阶段的经济性、效率性和效果性进行审计，并向本级人民政府报告。

第六条 各预算执行部门应当在向本级财政部门报送本单位该预算年度财政预算执行结果的同时，向本级审计机关报送下列材料：

（一）年度收支预、决算报表；

（二）财政、财务管理制度的执行情况报告；

（三）本级财政部门确定范围的财政支出项目资金使用效益情况的自评报告；

（四）需要说明的有关事项。

第七条 审计机关应当每年制定预算执行审计计划。预算执行审计计划应当根据法律、法规和国家有关规定，按照本级人民政府和上级审计机关的要求，结合本地区实际，确定审计工作重点。

第八条 审计机关应当按照预算执行审计计划确定的审计事项成立审计组，在实施审计三日前向被审计单位或者被审计调查单位发出审计通知书或者审计调查通知书。遇有特殊情况，经本级人民政府批准，审计机关可以直接持审计通知书实施审计。

被审计单位或者被审计调查单位应当按照审计机关的要求提供会计凭证、会计账簿、财务会计报告及其他财政收支的有关资料，配合审计机关检查有关的资产。

第九条 审计机关进行审计或者审计调查时，有权就审计事项的有关问题向有关单位和个人进行调查。审计机关调查时应当出具审计通知书或者审计调查通知书副本，以及审计人员工作证件，并不得少于两人。

有关单位和个人应当配合审计机关工作，如实向审计机关反映情况，及时提供会计凭证、会计账簿、财务会计报告及其他有关资料，并对所反映情况和所提供材料的真实性和完整性负责。

第十条 运用电子计算机管理财政收支及有关业务电子数据的被审计单位，其计算机信息系统应当设置符合国家标准或者行业标准的数据接口。审计机关有权对被审计单位管理财政收支、财务收支有关的计算机信息系统进行检查。被审计单位应当按照审计机关的要求，提供相关的电子计算机技术文档和财政收支及有关业务电子数据。

第十一条 审计机关对涉及保密工作的预算执行部门进行预算执行审计，对涉密事项负有保密责任。

第十二条 预算执行审计结束后，审计机关应当按规定征求被审计单位的意见，依法提出审计报告。对违反国家规定的财政收支行为，依法需要给予处理、处罚的，审计机关应当在法定职权范围内作出审计决定，或者向有关主管机关提出处理、处罚的意见，并向本级人民政府报告。

有关主管机关应当及时对审计机关提出的处理、处罚意见进行处理，并将处理结果及时通报审计机关。

第十三条 审计机关的预算执行审计决定自送达被审计单位之日起生效，被审计单位应当执行。

被审计单位对审计决定不服的，可以在审计决定送达之日起六十日内提请作出审计决定的审计机关的同级人民政府裁决，该裁决为最终决定。

第十四条 被审计单位应当在审计决定生效之日起三十日内，将审计决定的执行情况书面报告审计机关。

被审计单位对审计报告中提出的其他审计意见和建议应当自收到审计报告之日起九十日内将采纳情况书面报告审计机关。

审计机关应当按规定检查审计决定的执行情况和其他审计意见和建议的采纳情况，可以进行后续审计。

第十五条　审计机关在预算执行审计中，发现被审计单位或者有关责任人员违反法律、法规有关财政收支、财务收支规定，涉嫌犯罪的，应当按管辖权限及时将案件移送有关司法机关。

第十六条　年度预算执行审计结束后，审计机关应当及时向本级人民政府和上一级审计机关提交审计结果报告。

第十七条　县级以上人民政府应当在每年六月至九月期间，向本级人民代表大会常务委员会提出审计机关关于上一年度预算执行和其他财政收支的审计工作报告。审计工作报告应当重点报告对预算执行的审计情况。

各级人民代表大会常务委员会应当在审查和批准决算的同时，听取和审议本级人民政府提出的审计机关关于上一年度预算执行和其他财政收支的审计工作报告；必要时，可以对报告作出决议。

第十八条　县级以上人民政府在收到本级人民代表大会常务委员会组成人员关于审计工作报告的审议意见后，应当及时研究处理，并在六个月内将研究处理情况向本级人民代表大会常务委员会报告。

县级以上人民政府对审计工作报告反映的问题应当责令有关地区和部门、单位认真整改，并在一年内将整改情况向本级人民代表大会常务委员会报告，并附送有关部门的整改情况报告。

县级以上人民政府在收到本级人民代表大会常务委员会关于审计工作报告的决议后，应当在决议规定的期限内，将执行决议的情况向本级人民代表大会常务委员会报告。

县级以上人民政府因特殊情况需要推迟报告的，应当在期限届满前报本级人民代表大会常务委员会同意。

第十九条　各级人民代表大会常务委员会将本级人民政府审计工作报告及常务委员会组成人员关于审计工作报告的审议意见，人民政府对审议意见研究处理情况或者执行决议情况的报告，向本级人民代表大会代表通报并向社会公布；并可以将本级人民政府及有关部门的整改情况向社会公布。

第二十条　审计机关的预算执行情况，由上级审计机关进行审计。

第二十一条　违反本条例第六条、第八条第二款、第九条第二款规定的，由审计机关责令改正，可以通报批评，给予警告；拒不改正的，依法追究责任。

第二十二条　审计机关违反本条例第十二条第一款、第十四条第三款、第十五条规定的，由上级审计机关或者同级人民政府责令改正。

第二十三条　审计人员有下列情形之一的，依法给予处分；构成犯罪的，依法追究刑事责任：

（一）利用职务上的便利收取被审计单位财物或者其他非法利益的；

（二）泄漏国家秘密、商业秘密的；

（三）隐瞒或者捏造、歪曲事实的；

（四）其他滥用职权、徇私舞弊、玩忽职守的。

第二十四条 本条例自2009年5月1日起施行。

广东省行政执法责任制条例（2009修订）

（1999年11月27日广东省第九届人民代表大会常务委员会第十三次会议通过　2009年7月30日广东省第十一届人民代表大会常务委员会第十二次会议修订）

第一章　总　则

第一条　为健全行政执法责任制，保障法律、法规、规章的实施，保护公民、法人和其他组织的合法权益，根据有关法律法规，结合本省实际，制定本条例。

第二条　本条例所称行政执法责任制，是指依法确认行政执法主体资格、明确行政执法职责、实施行政执法评议考核和落实行政执法责任等规范、监督行政执法活动的制度。

本条例所称行政执法主体，是指本省地方各级人民政府、行政执法部门和法律、法规授予行政执法权的组织。

本条例所称行政执法，是指行政执法主体依法行使行政职权、履行行政职责的行为，包括行政处罚、行政许可、行政强制、行政征收、行政征用、行政给付、行政检查等行政行为。

第三条　行政执法主体应当建立行政执法责任制。

省人民政府领导全省建立行政执法责任制的工作，市、县（区）人民政府领导所属部门和下级人民政府建立行政执法责任制的工作。

上级人民政府所属部门依法指导和监督下级人民政府相应部门建立行政执法责任制的工作。实行省以下垂直管理的部门建立行政执法责任制的工作，由其上级部门领导，并受同级人民政府的监督。

各级人民政府监察机关依法行使行政监察权。

第四条　各级人民政府法制工作机构在本级人民政府领导下，负责实施本条例的具体工作；各级人民政府所属部门负责法制工作的机构承担本部门建立行政执法责任制的具体工作。

第五条　建立行政执法责任制应当遵循职权法定、权责明确、公开公正、奖惩分明的原则。

第六条　各级人民政府应当将建立和推行行政执法责任制工作纳入政府目标管理考核范围。

第七条　各级人民政府应当为所属部门提供保障行政执法的必要条件；行政执法经费应当纳入各级人民政府财政预算。

第八条　各级人民政府及其所属部门建立和推行行政执法责任制工作，应当接受同级人民代表大会及其常务委员会的监督。

第二章　行政执法主体

第九条　县级以上人民政府应当依法核准和公告本级行政执法主体及其职权、执法依据；行政执法主体及其职权、执法依据发生变化时，应当及时予以公告。

第十条 行政执法人员应当具备下列条件：

（一）属于本单位在编在职人员；

（二）熟悉相关法律、法规、规章和行政执法业务；

（三）具有良好的品行；

（四）具有正常履行职责的身体条件；

（五）具有符合职位要求的文化程度。

第十一条 行政执法人员必须接受综合法律知识培训和专业知识培训，经考试合格并依法取得行政执法证件后，方可上岗执法。

综合法律知识培训由县级以上人民政府法制工作机构负责组织；专业知识培训由县级以上人民政府行政主管部门负责组织。

本省行政执法证件由省人民政府统一制发。法律、法规另有规定的，从其规定。

第十二条 行政执法主体在其法定职权范围内，依照法律、法规、规章的规定，可以委托其他行政机关或者具有管理公共事务职能的组织实施行政执法。

受委托实施行政执法的行政机关或者组织应当在委托范围内，以委托行政执法主体的名义实施行政执法；不得再委托其他组织或者个人实施行政执法。

行政执法主体实施委托执法的，应当报直接主管该行政执法主体的人民政府备案，对受委托的行政机关或者组织的行政执法行为进行监督，并对该行为的后果承担相应的法律责任。

第三章　行政执法规范

第十三条 行政执法主体应当建立岗位责任制度，明确其主要负责人、主管负责人及执法人员的职责，并根据本单位执法机构和执法岗位的配置，将法定职权分解到具体执法机构和执法岗位。

第十四条 行政执法主体及其行政执法人员应当依法履行法定职责，遵循法定程序，不得行政不作为。

第十五条 行政执法主体作出影响行政管理相对人、利害关系人权益或者增加其义务的行政执法决定前，应当告知行政执法决定的事实、理由和依据，并且给予其陈述申辩的机会；作出行政执法决定时，应当依法告知行政复议或者行政诉讼的权利、期限和途径。

第十六条 行政执法人员实施行政执法有下列情形之一的，应当自行回避，当事人亦有权以口头或者书面方式申请其回避：

（一）是行政执法事项当事人或者其近亲属的；

（二）与行政执法事项有利害关系的；

（三）与行政执法事项当事人有其他关系，可能影响公正执法的。

行政执法主体对当事人提出的回避申请，应当在申请提出之日起三个工作日内作出决定。

在回避决定作出之前，被申请回避的行政执法人员应当暂停参加与申请回避事项有关的行政执法工作，但需要采取紧急措施的除外。

第十七条 行政执法主体应当根据本地区经济社会发展实际，依法细化和量化本单位行政处罚、行政许可、行政强制、行政征收等的裁量标准，明确适用条件和决定程序，并向社会公开。

第十八条 行政执法主体应当将本单位法定的执法依据、职责、范围、标准、程序，以及委托执法事项等内容向社会公开，接受社会监督。法律、法规另有规定的，从其规定。

第十九条 行政执法主体应当将行政处罚、行政许可、行政强制、行政征收、行政征用、行政给付、行政检查等行政执法行为的相关文书、监督检查记录、证据材料按照有关规定及时立卷归档。

国务院有关行政主管部门对行政执法案卷的制作归档尚未有统一规定的，由省人民政府有关行政主管部门负责统一规范；未设省级行政执法部门的，由地级以上市人民政府所属行政执法部门负责统一规范。

第二十条 行政执法主体作出责令停产停业、吊销许可证或者执照、较大数额罚款等重大行政处罚决定，应当自作出行政处罚决定之日起十五日内报上一级行政机关备案。

较大数额罚款标准由地级以上市人民政府规定。法律、法规、规章另有规定的，从其规定。

第二十一条 行政执法主体之间应当相互协助；对不属于本单位管辖的执法事项，应当在七个工作日内移送有管辖权的机关或者组织。法律、法规另有规定的，从其规定。

行政执法主体之间对行政执法管辖有争议的，应当报请共同的上一级行政机关协调决定。

各级人民政府所属部门在实施法律、法规、规章过程中产生争议的，由同级人民政府法制工作机构负责协调，报本级人民政府或者上一级人民政府法制工作机构处理。

第二十二条 行政执法主体应当执行罚款决定与罚款收缴分离制度、收支两条线制度和罚没物品处理制度，禁止下达罚款、收费指标。

第二十三条 县级以上人民政府制定的规范性文件，应当报本级人民代表大会常务委员会和上一级人民政府备案；乡镇人民政府制定的规范性文件，应当报上一级人民政府备案。

县级以上人民政府及其所属部门制定的规范性文件，应当在发布前按照规定送本级人民政府法制工作机构进行合法性审查。

各级人民政府及其所属部门制定的规范性文件应当在本级人民政府规定的载体上统一发布，未按规定发布的规范性文件无效。

第四章 行政执法考核与监督

第二十四条 行政执法主体应当建立健全行政执法评议考核制度，定期组织开展行政执法评议考核。

第二十五条 县级以上人民政府负责对所属部门和下级人民政府实施评议考核；县级以上人民政府所属部门负责对所属行政执法机构和行政执法人员实施评议考核；实行省以下垂直管理的部门，由上级部门负责对下级部门实施评议考核。

各级人民政府法制工作机构承担本级人民政府实施行政执法评议考核的具体工作。

第二十六条 对行政执法主体的评议考核主要包括主体资格、执法行为、执法程序和执法决定的合法性，以及规范性文件的制定发布、行政执法案卷的制作、行政复议和行政诉讼的结果等情况。

第二十七条 对行政执法人员的评议考核主要包括执法资格，履行岗位职责，实施行政处罚、行政许可和行政强制等情况以及行政执法主体确定的其他需要评议考核的内容。

第二十八条 行政执法评议考核机关对行政执法主体和行政执法人员进行评议考核的标准、过程和结果应当向社会公开。

第二十九条 行政执法评议考核机关应当采取召开座谈会、发放评议卡、设立公众意见箱、开通评议专线电话、聘请监督评议员、举行民意测验等方式征求社会公众的意见。

社会公众的意见应当作为评议考核意见的依据。

第三十条 被评议考核单位或者行政执法人员对评议考核结果有异议的，可以自收到评议考核结果之日起十五日内向负责评议考核的行政机关提出书面申诉，负责评议考核的行政机关应当组织复查，并自收到申诉之日起三十日内将复查结果书面通知申诉单位或者个人。

第三十一条 评议考核结果应当作为领导成员、行政执法人员工作绩效评估、职务调整和奖惩的依据。

第三十二条 行政执法主体应当建立行政执法监督制度，明确本单位行政执法监督机构及其职责，对行政执法人员的行政执法行为进行监督检查，发现行政执法行为违法或者不当的，应当及时纠正。

第三十三条 各级人民政府应当定期组织行政执法案卷评查，加强对所属部门实施行政执法工作的监督检查，行政执法行为违法、不当，或者行政执法案卷不规范的，应当予以纠正。

第三十四条 上级行政执法主体应当对下级行政执法主体落实行政执法责任制的情况进行监督检查。

政府法制工作机构在监督检查行政执法责任制落实情况、组织实施行政执法评议考核过程中，发现行政执法主体行政执法行为违法、不当或者规范性文件违法的，应当建议其纠正，或者提请本级人民政府予以纠正。

第三十五条 各级人民政府所属部门应当每年将本单位实施行政执法的情况，以及落实行政执法责任制的情况报告本级人民政府。

各级人民政府应当定期将行政执法责任制的实施情况向上一级人民政府报告。

第三十六条 各级人民政府监察机关应当加强对本级人民政府行政执法部门及行政执法人员落实行政执法责任制工作的监督，对不依法行使职权或者不履行法定义务的行为予以查处。

第三十七条 各级人民政府及其行政执法部门应当定期向同级人民代表大会常务委员会报告行政执法工作情况。行政执法责任制的实施情况应当作为行政执法工作情况报告的重要内容。

各级人民政府及其行政执法部门应当根据同级人民代表大会常务委员会对行政执法工作情况报告的审议意见改进行政执法工作。

第三十八条 各级人民政府及其行政执法部门应当向社会公布投诉电话号码、通信地址及电子邮箱，通过各种方式听取社会公众对落实行政执法责任制工作的意见，自觉接受社会公众的监督。

第五章　行政执法责任追究

第三十九条　行政执法主体及其行政执法人员不依法行使职权或者不履行法定义务的，应当追究行政执法责任。

第四十条　行政执法主体有下列情形之一的，应当追究行政执法责任；情节恶劣或者造成严重后果的，一并追究其主要负责人的行政执法责任：

（一）行政执法行为被人民法院或者上级行政机关确定为违法或者不当，且不履行或者拖延履行行政复议决定、行政裁决或者上级行政机关督察决定的；

（二）不执行行政执法人员岗前培训和持证上岗制度，指派没有执法资格的人员上岗执法的；

（三）规范性文件存在违法事由，被本级人民代表大会常务委员会或者上一级人民政府责令改正或者撤销的；

（四）依法应当追究行政执法责任而不追究的；

（五）依法应当移送司法机关或者有关行政机关而不移送的；

（六）未按照本条例的规定建立行政执法责任制，行政执法责任制不健全，或者对推行行政执法责任制消极应付、弄虚作假的；

（七）对评议考核工作不配合、不接受或者弄虚作假的；

（八）法律、法规规定应当追究行政执法责任的其他情形。

第四十一条　行政执法人员有下列行为之一的，应当追究行政执法责任：

（一）不按照规定持证上岗执法的；

（二）不依法履行岗位职责，玩忽职守、滥用行政执法权的；

（三）违反法定程序实施行政执法的；

（四）粗暴、野蛮执法的；

（五）对控告、检举的公民、法人或者其他组织打击报复的；

（六）在行政执法过程中，存在侵害国家利益、公共利益或者当事人合法权益的其他行为的。

第四十二条　行政执法主体的主要负责人，对本单位的行政执法承担领导责任。

行政执法主体内设工作机构的主管领导以及内设工作机构负责人是行政执法主管责任人，对所管理的工作机构的行政执法行为承担主管责任。

直接实施行政执法行为的行政执法人员是行政执法直接责任人，对本人的行政执法行为承担直接责任。

第四十三条　对行政执法主体追究行政执法责任，根据造成后果的严重程度或者影响的恶劣程度等具体情况，给予限期整改、通报批评、取消评比先进资格等处理；构成犯罪的，依法追究刑事责任。

第四十四条　对行政执法人员追究行政执法责任，根据年度考核情况、过错形式、危害大小、情节轻重，给予责令书面检查、批评教育、取消年度评比先进资格、暂扣行政执法证件、离岗培训、调离执法岗位、取消行政执法资格等处理；应当给予行政处分的，依照有关法律、法规的规定处理；构成犯罪的，依法追究刑事责任。

第四十五条 行政执法主体及其行政执法人员主动承认错误、及时纠正违法的行政执法行为、未造成危害后果的，可以从轻、减轻或者免予追究行政执法责任。

执行上级的错误决定或者命令，或者由于行政管理相对人的过错导致行政执法违法或者不当的，可以减轻或者免予追究行政执法责任。

因不可抗力导致行政执法行为被撤销或者变更的，不予追究行政执法责任。

第四十六条 政府法制工作机构可以向同级人民政府人力资源和社会保障部门、监察机关提出对有关责任人员的行政处分建议，也可以将有关事实材料直接转送同级人力资源和社会保障部门、监察机关处理；接受转送的人力资源和社会保障部门、监察机关应当依法处理。

对社会影响较大的事项，有关行政机关应当及时将处理结果向社会公布。

第四十七条 行政执法主体或者行政执法人员对行政执法责任处理决定不服的，可以自收到处理决定之日起三十日内向决定机关申请复核；对复核结果不服的，可以自接到复核决定之日起十五日内向复核机关的上一级行政机关提出申诉；也可以不经复核，自知道之日起三十日内直接向决定机关的上一级机关提出申诉。法律、法规另有规定的，从其规定。

复核、申诉期间不停止处理决定的执行。

第六章　附　则

第四十八条 依法受行政机关委托的组织及其工作人员从事行政执法活动，按照本条例执行。

第四十九条 省人民政府可以依据本条例制定实施办法。

第五十条 本条例自 2009 年 10 月 1 日起施行。

甘肃省行政执法监督条例

（2009年7月31日省十一届人大常委会第十次会议通过）

第一章　总　则

第一条　为了加强行政执法监督，规范行政执法行为，促进依法行政，保障法律、法规、规章的正确实施，维护公民、法人和其他组织的合法权益，根据《中华人民共和国地方各级人民代表大会和地方各级人民政府组织法》等法律、法规的规定，结合本省实际，制定本条例。

第二条　本条例适用于本省行政区域内的行政执法监督工作。

第三条　县级以上人民政府对其所属工作部门和下级人民政府的行政执法活动实施监督，并对设立在本行政区域内实行垂直领导的行政执法机关的行政执法活动进行监督。

县级以上人民政府法制工作机构负责本行政区域内行政执法监督的具体工作。

县级以上人民政府各部门和中央在甘各行政执法机关，依照法定职责，负责本部门、本系统的行政执法监督工作。

第四条　各级行政执法机关及其行政执法人员，应当接受人民代表大会及其常务委员会的监督，接受司法机关依法实施的监督，接受社会舆论和人民群众的监督。

第五条　对行政执法监督工作中成绩突出的单位和个人，应当给予表彰奖励。

第二章　监督范围

第六条　行政执法监督人员依照工作性质、管理职能和监督范围，分为综合性和行业性两类。综合性行政执法监督人员监督范围为所在行政区域内各级行政执法机关及其行政执法人员的行政执法活动；行业性行政执法监督人员监督范围为所在系统、部门及其行政执法人员的行政执法活动。

各级行政执法机关及其行政执法人员应当接受和配合行政执法监督人员的监督工作。

第七条　省、市（州）人民政府可以根据行政执法监督工作的需要，从社会各界聘请行政执法监督员，对行政执法机关及其行政执法人员的行政执法活动进行监督。

第八条　行政执法监督的主要内容：（一）法律、法规、规章实施情况；（二）制定的规范性文件的合法性和适当性；（三）行政执法主体和执法程序的合法性；（四）行政执法机关履行法定职责情况；（五）行政执法机关行政领导任前考核和行政执法人员上岗前培训考试情况；（六）具体行政行为的合法性和适当性；（七）行政执法责任制的建立和执行情况；（八）行政复议、应诉和赔偿情况；（九）违法行政行为的查处情况。

第九条　行政执法机关和行政执法人员应当文明执法，严格按照有关法律、法规、规章赋予的权限履行职责，不得越权执法或者推诿、放弃法定职责。

第十条　县级以上人民政府应当对行政执法机关在实施行政许可、行政处罚、行政强制、行政确认、行政征收、行政裁决、发放安置补偿费、发放最低生活保障费、保护公民人身权和财产权等行政执法活动中履行法定职责的情况进行重点监督。

第三章　监督措施

第十一条　实行行政执法主体资格制度。

行政执法主体资格由省、市（州）人民政府依法确认，并向社会公告。

不具备行政执法主体资格的单位不得行使行政执法权。

第十二条　实行行政执法人员资格制度。

行政执法人员应当经培训考试合格，取得行政执法资格后，方可上岗。

未取得行政执法资格的行政执法人员，不得从事行政执法工作。

行政执法机关对在职行政执法人员应当定期进行新颁布法律法规知识培训并考试，对考试不合格的，取消其执法资格。

第十三条　实行行政执法机关行政领导职务任前法律培训考核制度。

对拟任行政执法机关行政领导职务的，任命机关应当对其进行相关法律知识和执法实绩考核，考核结果应当作为任职的依据。

第十四条　实行行政执法证件管理制度。

各级行政执法机关开展行政执法活动，应当取得省人民政府统一监制的行政执法主体资格证。

行政执法人员和行政执法监督人员履行职务，应当分别持有省人民政府统一制发的行政执法证、行政执法监督证。

行政执法证件的具体管理工作按照省人民政府有关规定执行。法律、法规对行政执法证件有专门规定的，从其规定。

第十五条　实行法律、法规、规章执行情况报告制度。

行政执法机关应当按照省、市（州）人民代表大会及其常务委员会和人民政府确定的当年行政执法检查内容，向本级人民代表大会及其常务委员会和人民政府报告法律、法规、规章执行情况。

新颁布的法律、法规和规章施行一年后，负责组织实施的行政主管部门应当向本级人民政府法制工作机构和本系统上一级行政主管部门报告执行情况。

新颁布的政府规章施行一年后，负责组织实施的行政主管部门在向本级人民政府法制工作机构报告执行情况的同时，还应当报告规章施行评估情况。

第十六条　实行依法行政工作评议考核和年度报告制度。

县级以上人民政府应当将依法行政评议考核纳入政府工作目标考核体系，评议考核应当听取公众的意见，考核结果应当向社会公开。

行政执法机关应当于每年年底前将推行行政执法责任制、行政执法评议考核、行政执法责任追究等当年依法行政工作情况向本级人民政府和上级行政主管部门报告。

各级人民政府应当将当年依法行政工作情况向同级人民代表大会常务委员会和上级人民政府报告。

第十七条　实行规范性文件公布及备案审查制度。

各级人民政府和行政执法机关应当将制定的规范性文件向社会公布，并依法报送有关机关备案。

规范性文件备案审查工作按照《甘肃省各级人大常委会规范性文件备案审查规定》和省人民政府有关规定执行。

第十八条　实行行政执法争议协调裁决制度。

行政执法机关之间发生行政执法争议时，应当依法协商解决；协商不成的，提请本级或者共同的上一级人民政府法制工作机构协调；不能协调一致的，由政府法制工作机构提出意见，报本级人民政府裁定。行政执法争议未协调或者裁决之前，除关系公共安全或者公民人身安全的外，行政执法机关不得单方作出处理措施。

第四章　监督程序

第十九条　行政执法监督应当采取普遍检查与重点检查、日常检查与专项检查相结合的方式进行。

行政执法监督的形式为：（一）规范性文件备案审查；（二）听取依法行政工作情况报告；（三）开展行政执法检查和专项行政执法监督检查；（四）行政执法评议考核和案卷评查；（五）审查行政执法机关和行政执法人员资格；（六）调阅有关行政执法案卷和文件资料；（七）其他监督形式。

第二十条　专项行政执法监督检查按照以下规定进行：（一）政府法制工作机构应当对人民代表大会及其常务委员会提出的监督事项、人民政府交办的监督事项，组织专项行政执法监督检查并报告结果；（二）政府法制工作机构应当根据司法机关提出的司法建议开展专项行政执法监督检查并回复结果；（三）政府法制工作机构可以根据公民、法人和其他组织的申诉、控告、检举，适时组织专项行政执法监督检查；（四）政府法制工作机构可以根据新闻媒体反映的社会影响较大的事件，及时组织专项行政执法监督检查，监督检查结果应当向社会公布。

第二十一条　政府法制工作机构对被监督事项进行调查时，有权采取下列方式：（一）调阅行政执法案卷和其他有关材料；（二）询问行政执法机关有关人员、行政管理相对人和知情人；（三）委托鉴定、评估、检测和勘验；（四）组织有关机构、专家论证和咨询；（五）召开听证会。

被调查的行政执法机关及其行政执法人员应当予以配合。

政府法制工作机构的调查工作应当由两名以上行政执法监督人员进行。

第二十二条　政府法制工作机构对监督范围内的行政执法机关和行政执法人员的执法违法行为，有权作出以下处理：（一）责令立即纠正或者限期改正；（二）责令履行法定职责；（三）给予通报批评；（四）暂扣或者收回行政执法人员的行政执法证件；（五）提请本级人民政府或者有权机关撤销违法行政行为；（六）建议有行政处分权的机关对有关责任人员给予行政处分。

政府法制工作机构执行前款规定，可以向有关单位发出《行政执法监督通知书》。接到《行政执法监督通知书》的单位，应当按照规定的期限和要求书面报告结果。《行政执法监督通知书》应当加盖本级人民政府行政执法监督专用章，其格式及使用程序由省人民政府法制工作机构统一规定。

第二十三条　行政执法机关和行政执法人员对行政执法监督处理决定不服的，应当在收到处理决定之日起十五个工作日内向作出处理决定的政府法制工作机构申请复查；作出处理决定的政府法制工作机构应当在收到复查申请之日起十五个工作日内作出复查决定。

复查期间，行政执法监督处理决定不停止执行。

第五章　法律责任

第二十四条　违反本条例规定，有下列情形之一的，由政府法制工作机构依法纠正，并建议有行政处分权的机关追究有关责任人的行政责任：（一）未取得行政执法机关主体资格进行执法活动的；（二）未取得行政执法人员资格从事执法工作的；（三）未建立和执行行政执法责任制的。

第二十五条　行政执法机关有下列情形之一的，由政府法制工作机构责令限期纠正；逾期不纠正的，给予通报批评，并建议有行政处分权的机关对行政执法机关负责人和直接责任人员依法给予行政处分：（一）不执行规范性文件的公布和备案制度的；（二）不执行新颁布法律、法规、规章执行情况报告制度的；（三）不执行依法行政工作年度报告制度的；（四）不执行人民政府及其法制工作机构对行政执法争议调处决定的；（五）不执行《行政执法监督通知书》或者拒绝报告《行政执法监督通知书》执行结果的；（六）妨碍行政执法监督人员依法履行监督职责的。

第二十六条　行政执法人员有下列情形之一的，由所在行政执法机关批评教育；情节严重的，由有行政处分权的机关依法给予行政处分：（一）不履行或者不正确履行法定职责的；（二）超越职权或者滥用职权的；（三）妨碍行政执法监督的；（四）对申诉、控告、检举者打击报复的；（五）其他违法失职行为。

第二十七条　政府法制工作机构及行政执法监督人员在行政执法监督工作中有下列情形之一的，由有行政处分权的机关依法给予行政处分：（一）不履行或者不正确履行行政执法监督职责的；

（二）违法行使行政执法监督职权的；（三）利用行政执法监督工作谋取私利的；（四）有其他失职渎职行为的。

第六章　附　则

第二十八条　本条例自 2009 年 10 月 1 日起施行。

江西省财政监督条例

（2009年7月31日江西省第十一届人民代表大会常务委员会第十一次会议通过）

第一条　为加强财政监督，规范财政监督行为，维护财经秩序，保障财政资金安全，提高财政资金使用效益，根据《中华人民共和国预算法》、《中华人民共和国会计法》、国务院《财政违法行为处罚处分条例》等有关法律、行政法规的规定，结合本省实际，制定本条例。

第二条　本省行政区域内的县级以上人民政府财政部门依法对接受财政监督的国家机关、企业、事业单位、社会团体，以及其他组织和个人（以下统称被监督对象）涉及财政、财务和会计等事项的审核、检查、监控、处理等活动，适用本条例。对本省驻外的机构和企业、事业单位的财政监督，依照本条例执行。法律、法规另有规定的除外。

第三条　县级以上人民政府财政部门实施财政监督，应当遵循合法、客观、公开、公正的原则，坚持财政监督与财政管理相结合，坚持源头监管、动态监督和绩效考核相结合。

第四条　县级以上人民政府应当加强对财政监督工作的领导，建立健全财政监督工作协调机制，支持财政部门依法履行财政监督职责。

第五条　县级以上人民政府财政部门主管本行政区域内的财政监督工作，财政部门承担财政监督检查职责的机构负责具体组织实施。

县级以上人民政府有关部门和单位应当配合财政部门依法履行财政监督职责。

第六条　县级以上人民政府财政部门依法对下列事项实施财政监督：

（一）部门和单位预算编制、执行、调整和决算；

（二）国有资本经营预算编制、执行、调整和决算；

（三）社会保险基金预算编制、执行、调整和决算；

（四）国库办理预算收入的收纳、划分、留解、退付和预算支出的拨付；

（五）行政、事业单位国有资产的管理、使用、处置；

（六）财政性资金账户的设立、管理、注销；

（七）财政收入票据的管理、使用；

（八）政府采购活动；

（九）财务会计制度执行；

（十）法律、法规、规章规定的其他财政监督事项。

省人民政府财政部门对会计师事务所、资产评估事务所等机构保持设立条件的情况和执业质量等事项进行财政监督，依法对注册会计师协会进行监督指导。

第七条　县级以上人民政府财政部门按照财政管理体制、财务隶属关系对财政、财务事项实施财政监督，按照行政区域对会计事项实施财政监督。

上级人民政府财政部门可以对下级人民政府财政部门监督的重大事项直接实施财政监督，也可以将本级监督的事项委托下级人民政府财政部门实施财政监督。下级人民政府财政部门可以将其管辖的财政监督事项提请上级人民政府财政部门实施财政监督。

第八条 县级以上人民政府财政部门应当制定年度财政监督工作计划，按照计划组织开展财政监督检查；或者根据举报和日常财政管理过程中发现的问题，组织开展财政监督检查。

第九条 县级以上人民政府财政部门开展财政监督检查，应当组成检查组，并指定检查组组长。检查组实行组长负责制。财政部门根据工作需要，可以聘请专业机构或者具备相应资格的专业人员，协助开展财政监督检查。开展财政监督检查，不得收取费用，所需工作经费由本级财政承担。

第十条 财政监督检查人员有下列情形之一的，应当回避：

（一）与被监督对象负责人或者有关主管人员之间有夫妻关系、直系血亲关系、三代以内旁系血亲以及近姻亲关系的；

（二）与被监督对象或者财政监督事项有利害关系的；

（三）其他可能影响公正执行公务的。

被监督对象认为财政监督检查人员与自己有利害关系的，有权以口头或者书面方式申请其回避。

财政监督检查人员的回避，由财政部门负责人决定。在决定财政监督检查人员回避之前，财政监督检查人员不停止监督检查工作。

第十一条 财政监督检查人员应当遵守国家有关保密规定，不得泄露检查中知悉的国家秘密和商业秘密，不得将检查中取得的材料用于与检查工作无关的事项，不得利用职务之便谋取不正当利益。

第十二条 检查组在实施财政监督检查前，应当熟悉与检查事项有关的法律、法规、规章和政策，了解被监督对象的基本情况，编制财政监督检查工作方案。

第十三条 县级以上人民政府财政部门开展财政监督检查，应当于3个工作日前向被监督对象送达检查通知书。但提前送达检查通知书对检查工作有不利影响的，经财政部门负责人批准，检查通知书可以在开展财政监督检查前适当时间下达。

第十四条 实施财政监督检查时，财政监督检查人员不得少于2人，并应当向被监督对象或者有关人员出示有效执法证件。

第十五条 财政监督检查人员在财政监督检查工作中，可以行使下列职权：

（一）要求被监督对象提供与财政监督事项有关的文件资料，并保证其真实、完整；

（二）查阅、复制被监督对象的会计凭证、账簿、报表、财务会计报告、审计报告、资产评估报告、电子数据等与财政、财务收支有关的资料；

（三）核查被监督对象的现金、有价证券、实物等资产；

（四）核实被监督对象的会计信息和会计核算等情况；

（五）核查被监督对象的财政性资金项目实施情况；

（六）向与被监督对象有经济业务往来的单位查询；

（七）依法向金融机构查询被调查、检查单位的存款；

（八）在有关证据可能灭失或者以后难以取得的情况下，先行登记保存。

行使前款第六项、第七项、第八项职权，应当经财政部门负责人批准。

第十六条 财政监督检查人员进行调查或者检查时，被调查、检查的单位和个人应当予以配合，如实反映情况，提供有关文件资料，不得拒绝、阻挠、拖延。

第十七条　财政监督检查人员实施财政监督检查时，应当将检查的内容和事项予以记录和摘录，取得相关证明材料，并制作财政监督检查工作底稿。

证明材料应当有提供者的签字或者盖章，财政监督检查工作底稿应当有被监督对象的签字或者盖章。未取得提供者或者被监督对象签字或者盖章的，财政监督检查人员应当注明原因。

第十八条　对被监督对象正在进行的财政违法行为，经本级财政部门批准，检查组应当责令被监督对象停止违法行为。对拒不执行的，财政部门可以暂停财政拨款或者停止拨付与财政违法行为直接有关的款项；已经拨付的，责令其暂停使用或者予以追回。

第十九条　财政监督检查工作结束前，检查组应当就检查工作的基本情况、被监督对象存在的问题及相关证据材料等事项书面征求被监督对象的意见。被监督对象应当自收到书面征求意见之日起10个工作日内，提出书面意见或者说明；在规定期限内未提出书面意见或者说明的，视为无异议。

被监督对象在前款规定的期限内提出书面意见或者说明的，财政监督检查人员应当核实后答复被监督对象。

第二十条　检查组应当在财政监督检查工作结束后15个工作日内，向本级财政部门提交书面财政监督检查报告；特殊情况下，经本级财政部门负责人批准，提交财政监督检查报告的时间可以延长，但最长不得超过30日。

第二十一条　财政监督检查报告应当包括下列内容：

（一）被监督对象的基本情况；

（二）检查范围、内容、方式和时间；

（三）被监督对象执行财税法规情况以及财政、财务、会计等管理事项的基本情况；

（四）被监督对象存在财政违法行为的基本事实以及认定依据、证据；

（五）被监督对象的意见或者说明；

（六）应当向财政部门报告的其他事项；

财政监督检查报告应当由检查组组长签名，并注明财政监督检查报告日期。

第二十二条　财政部门对财政监督检查报告审核后，应当根据不同情况作出如下处理：

（一）对未发现有财政违法行为的被监督对象依法作出财政监督检查结论；

（二）对有财政违法行为的被监督对象依法作出行政处理、行政处罚决定；

（三）对不属于本部门职权范围的事项依法移送有关机关。

受移送机关应当自收到移送通知书后依法及时处理，并将处理情况书面告知移送的财政部门。

第二十三条　县级以上人民政府财政部门在作出行政处罚决定之前，应当告知被监督对象作出行政处罚的事实、理由及依据，并告知被监督对象依法享有的权利。

被监督对象有权进行陈述和申辩。财政部门应当听取被监督对象的陈述和申辩，对被监督对象提出的事实、理由和证据，应当进行核查；被监督对象提出的事实、理由或者证据成立的，财政部门应当采纳。

对符合听证条件的行政处罚事项，被监督对象要求听证的，财政部门应当组织听证。

第二十四条 被监督对象有下列情形之一的，应当依法从轻或者减轻处罚：

（一）主动自查并及时纠正自查出的问题的；

（二）对财政部门检查出的问题，能认真检查错误并及时纠正的；

（三）其他应当依法从轻或者减轻处罚的。

财政违法行为轻微并及时纠正，没有造成危害后果的，不予处罚。

第二十五条 县级以上人民政府财政部门依法作出的财政监督检查结论、行政处理、行政处罚决定，应当按照法定期限送达被监督对象。

被监督对象对行政处理、行政处罚决定不服的，可以依法申请行政复议或者提起行政诉讼。

行政复议和行政诉讼期间，行政处理、行政处罚决定不停止执行。法律另有规定的除外。

第二十六条 县级以上人民政府财政部门对财政监督检查过程中发现的违反财政法律、法规、规章及有关政策等重大问题，应当及时向本级人民政府和上级财政部门报告。

县级以上人民政府向本级人民代表大会及其常务委员会报告财政工作时，应当包括财政监督工作的有关情况。

第二十七条 县级以上人民政府财政、审计、监察、发展和改革、税务等部门应当加强联系，互相通报有关监督检查工作情况。有关部门已经作出的调查、检查结论能够满足其他部门履行职责需要的，其他部门应当加以利用，减少重复检查。

第二十八条 任何单位和个人都有权对违反财政法律、法规、规章的行为进行举报。财政部门应当为举报单位和个人保密，并按照有关规定对举报有功人员给予奖励。

第二十九条 违反本条例第十六条规定，拒绝、阻挠、拖延财政监督检查或者拒不提供财政监督检查有关资料的，由县级以上人民政府财政部门责令限期改正。逾期不改正的，对属于国家工作人员的直接负责的主管人员和其他直接责任人员，由有关部门依法给予处分。违反治安管理规定的，依照《中华人民共和国治安管理处罚法》进行处罚。

第三十条 财政监督检查人员在财政监督检查工作中有下列行为之一的，依法给予处分；构成犯罪的，依法追究刑事责任：

（一）泄露财政监督检查中知悉的国家秘密和商业秘密的；

（二）将检查中取得的材料用于与检查工作无关事项的；

（三）利用职务之便谋取不正当利益的；

（四）包庇被监督对象财政违法行为的；

（五）其他玩忽职守、滥用职权、徇私舞弊的行为。

第三十一条 本条例自2009年10月1日起施行。2002年3月27日江西省人民政府颁布的《江西省财政监督办法》（江西省人民政府令第111号）同时废止。

福州市人大常委会关于加强市本级预算审查监督的决定（2009修订）

（2001年6月27日福州市第十一届人大常委会第二十五次会议通过　2009年8月27日福州市第十三届人大常委会第二十二次会议修订）

为了加强市本级预算审查监督工作，规范预算行为，促进科学理财，根据《中华人民共和国各级人民代表大会常务委员会监督法》、《中华人民共和国预算法》等有关法律、法规，结合我市实际情况，特作如下决定：

一、加强和改善预算编制工作。市人民政府及财政局应当提前组织编制预算，细化预算内容；规范编制程序，提高预算编制的透明度。科学编制基本支出，完善公用经费定额标准；规范项目支出的编制，加快项目库的建设，对项目实行滚动管理。各部门应当加强对所属单位预算编制的组织和管理，严格实行综合预算，部门的所有收支都要纳入部门预算；强化项目的前期论证和遴选工作，编实、编细预算。

在预算编制过程中，市财政局应当及时向市人民代表大会常务委员会财政经济工作委员会（以下简称财经委）通报预算编制情况，并提供相关资料。

二、加强对预算的初步审查工作。对市本级预算的初步审查，应当按照合法、真实、讲求效益和具有预测性的原则进行。市财政局应当在市人民代表大会举行会议的一个月前，将关于本年度预算执行情况及下一年度预算草案的报告、下一年度预算的初步方案送交财经委进行初步审查。市本级预算初步方案的主要内容应当包括：预算编制的依据及说明，科目列到类、重要的列到款的一般预算收支总表和基金预算收支总表，预算财力测算表，按类、款、项编制的专项支出表，部门预算草案，预算外专项收支总表等初步审查所需要的材料。

财经委对预算草案主要审查下列内容：（1）预算编制是否符合法律、法规和国家的方针、政策，是否符合“量入为出、收支平衡”的原则；（2）预算收入是否完整合理、积极可靠；（3）预算支出结构是否合理，是否符合勤俭节约、集中财力办大事的原则，是否保证了政府正常运转和重点支出的需要；（4）为实现预算拟采取的各项措施是否有力、可行等。

三、加强对预算变更的监督。要严格执行市人民代表大会批准的本级预算，非经法定程序不得改变。在执行过程中需要作部分调整的，市人民政府应当编制调整方案提请市人大常委会审查和批准。预算执行中因上级返还或者给予补助而引起的预算收支变化，市财政局应当每半年向市人大常委会报告一次，并在年度决算中作出说明。

市本级预算超收收入可以用于民生项目、偿还政府债务等支出。市本级预算执行过程中，需要动用超收收入追加支出的，市人民政府应当于每年10月底前编制超收追加支出方案提请市人大常委会审查和批准。市财政局应当于市人大常委会举行会议的三十日前，将初步方案送交财经委进行初步审查。

严格控制不同预算科目之间的资金调剂。各部门、单位的预算支出，必须按照市财政局批复的预算科目和数额执行。确需调剂使用的，应当按照规定程序报市人民政府及财政局批准。农业、教育、科技、文化、卫生、社会保障等科目的预算资金需要调减的，应当提请市人大常委会审查和批准，以后根据需要还可以逐步增加新的科目。

四、加强对决算的审查工作。预算年度终结时，市人民政府应当及时编制决算草案，决算草案应当按照市人民代表大会批准的预算所列科目编制，分别列出预算数、调整数或变更数以及实际执行数。决算草案的报告应当对本年预算的实际执行数、上年结转和上级补助的实际执行数作出说明，对预算执行中变化较大的情况和农业、教育、科技、文化、卫生、社会保障等重点支出的使用情况，也要作出专门说明。

市财政局应当在市人大常委会举行会议的三十日前将决算草案和决算草案的报告送交财经委进行初步审查。市人民政府应当在市人大常委会举行会议的十日前，将决算草案及说明、决算草案的报告提交市人大常委会，由市人大常委会办公厅送发常委会全体组成人员审查。

市人大常委会对决算草案重点审查下列内容：（1）决算草案编制是否符合法律、法规的规定；（2）年度预算收支平衡情况；（3）重点支出的安排和资金到位情况；（4）超收收入的安排和使用情况；（5）上级财政补助资金的安排和使用情况、向下级财政转移支付情况、结转结余资金及其使用情况；（6）部门预算制度的建立和执行情况；（7）市人民代表大会关于批准预算的决议的执行情况。审查过程中，可以要求市人民政府及有关部门提供相关材料，对决算中发现的问题可以委托审计机关进行专门审计。

五、加强审计监督工作。市审计局应当按照真实、合法、效益的原则，依法对市本级预算执行和其他财政收支情况进行审计。有关部门、单位应当主动接受审计监督，并提供有关材料。市人民政府及审计局对审计发现的问题应当依法处理，并及时报告市人大常委会。

市审计局应当进一步完善与部门预算执行审计相结合的部门决算审签制度，加强对部门决算的审计监督。市财政局应当建立健全部门决算制度，结合决算审签工作加强对部门决算的管理。部门决算审签意见书作为市人大常委会审查和批准决算的参考。

市人大常委会每年审查和批准决算的同时，听取和审议市人民政府提出的关于上一年度预算执行和其他财政收支的审计工作报告。市审计局应当于市人大常委会举行会议的二十日前，将上一年度预算执行和其他财政收支的审计工作报告送交财经委，并提供审计结果报告等审查所需要的材料。审计工作报告应当重点报告对市本级预算执行的审计情况。

市人大常委会对审计工作报告，必要时可以作出决议。上级审计部门对市本级年度决算的审计结论，市人民政府应当及时报送市人大常委会。

六、加强对预算执行情况和预算外资金的监督。市人民政府及财政局应当依法履行职责，加强对市本级各部门及所属单位的预算监督。在预算执行中，应当按照预算级次和程序及时批复预算，拨付资金，积极组织预算收入，严格管理预算支出，提高资金使用效益。市人民政府应当在每年六月至九月期间，将本年度上一阶段预算的执行情况报告提请市人大常委会听取和审议。

市人民政府及财政局应当采取措施将预算外资金纳入预算，对暂时不能纳入预算的，要编制预算外资金收支计划和决算。预算外资金的收支情况应当向市人大常委会报告。

财经委应当加强对预算执行的日常监督，着重监督以下几个方面：（1）关于预（决）算的决议、审议意见的落实情况；（2）预算的批复情况、预算执行中的调整或者变更情况；（3）重点支出情况、结转结余资金的使用情况；（4）上级财政补助资金的安排和使用情况、向下级财政转移支付情况；（5）部门预算执行情况；（6）政府债务、预算外收支的执行情况。市财政、国税、地税、审计等部门应当及时向财经委送交以上相关材料及报表。

市人大常委会对预算执行中的重大事项或特定问题可以组织调查，有关部门、单位和个人应当如实反映情况，提供必要的资料。市人大代表和常委会组成人员可以依法就预算执行的有关问题提出询问或者质询，市人民政府及有关部门应当依法作出答复。

本决定自公布之日起施行。

内蒙古自治区行政执法监督条例（2009修订）

（1996年9月28日内蒙古自治区第八届人民代表大会常务委员会第二十二次会议通过 2009年9月24日内蒙古自治区第十一届人民代表大会常务委员会第十次会议修订）

第一章 总 则

第一条 为了加强行政执法监督，规范行政执法行为，保护公民、法人和其他组织的合法权益，全面推进依法行政，根据国家有关法律、法规，结合自治区实际，制定本条例。

第二条 在自治区行政区域内开展行政执法监督工作，应当遵守本条例。法律、法规另有规定的从其规定。

第三条 旗县级以上人民政府领导并组织实施本行政区域内的行政执法监督工作。

第四条 旗县级以上人民政府法制工作机构是本级人民政府的行政执法监督机构，具体负责本行政区域内的行政执法监督工作，并接受上级人民政府法制工作机构的业务指导。

旗县级以上人民政府所属工作部门法制工作机构是本系统的行政执法监督机构，具体负责本系统的行政执法监督工作，并接受本级人民政府法制工作机构的业务指导。

第五条 各级人民政府对其工作部门和下级人民政府，上级人民政府工作部门对下级人民政府工作部门的行政执法活动实施监督。

旗县级以上人民政府对设立在本行政区域内不属于本级人民政府的行政执法部门的行政执法情况依法进行监督。

第六条 行政执法监督工作坚持有法必依、执法必严、违法必究、法制统一、公开公正的原则。

第七条 行政执法活动和行政执法监督工作应当接受同级人民代表大会及其常务委员会的监督，接受人民政协的民主监督，依照有关法律接受司法监督，接受新闻媒体和人民群众的监督。

第八条 旗县级以上人民政府应当加强政府法制部门建设，保证行政执法监督工作的落实。

第二章 行政执法监督的内容

第九条 行政执法监督的主要内容：

（一）检查法律、法规的实施情况；

（二）检查行政执法责任制落实情况；

（三）审查行政执法主体的合法性；

（四）监督管理行政执法人员资格认证和行政执法证件；

（五）审查规范性文件的合法性和适当性；

（六）监督检查具体行政行为的合法性和适当性；

（七）监督行政执法机构依法履行法定职责；

（八）办理、指导行政复议、行政应诉和行政赔偿；

（九）协调行政机关之间在行政执法活动中产生的争议；

（十）组织、指导、参与行政执法检查；

（十一）受理行政相对人的举报、投诉；

（十二）纠正违法、不当的行政行为；

（十三）依法应当办理的其他行政执法监督事项。

第十条　实行规范性文件备案审查制度和重大行政处罚备案制度，具体办法按照自治区人民政府有关规定执行。

第十一条　实行行政执法责任制制度。

旗县级以上人民政府应当适时组织行政执法部门梳理执法依据，根据本部门执法岗位的配置情况，分解执法职责，确定执法责任，规范执法程序。

行政执法部门应当将梳理确认后的行政执法主体、行政执法依据、行政执法职责、行政执法岗位、行政执法程序、监督举报方式等向社会公布。

旗县级以上人民政府行政执法评议考核应当公开、公平、公正地进行，并应当听取公众意见。评议考核应当纳入同级政府考核指标体系。评议考核结果应当向社会公开。

行政执法责任制具体实施办法由自治区人民政府另行制定。

第十二条　实行行政执法主体资格合法性审查制度。

行政执法由行政执法部门在其法定职权范围内实施。

行政执法部门应当将其执法依据、职能、机构编制方案等有关材料报本级人民政府法制工作机构审查，经本级人民政府确认后予以公告。

行政执法部门委托行政执法的，应当符合法律、法规和规章的规定，并报本级人民政府法制工作机构备案。

第十三条　实行行政执法人员资格认证制度。

行政执法人员从事行政执法工作，应当参加资格认证统一培训，经考试合格后取得自治区人民政府统一核发的行政执法证件。

行政执法人员资格认证办法由自治区人民政府另行制定。

第十四条　行政执法监督人员从事行政执法监督工作，应当持有自治区人民政府统一核发的行政执法监督证件，熟悉有关法律、法规、规章和行政执法业务知识，忠于职守、办事公正、清正廉洁。

行政执法监督机构可以聘请行政执法特邀监督员，加强对行政执法活动的监督。

第十五条　实行依法行政报告制度。

各级人民政府每年应当向上一级人民政府报告本地区依法行政和行政执法责任制情况；各级人民政府所属工作部门应当向本级人民政府和上一级主管部门报告本部门依法行政和行政执法责任制情况。

依法行政报告应当在每年十二月二十日前报送，由行政执法监督机构代表本级人民政府或者本部门受理和审查。

第十六条　行政执法部门应当建立有关行政处罚、行政许可、行政强制等行政执法案卷，案卷文书格式由自治区人民政府法制工作机构会同有关行政执法部门确定。

行政执法监督机构每年应当组织行政执法案卷评查。

第三章　行政执法监督程序

第十七条　旗县级以上人民政府法制工作机构应当定期对行政执法情况进行检查，及时纠正违法或者不当的行政行为，对检查中发现的重大问题应当向本级人民政府和上一级人民政府法制工作机构报告。

行政执法部门应当定期对本单位的行政执法情况进行检查，对检查中发现的重大问题应当向本级人民政府和上一级主管部门报告。

第十八条　行政执法监督机构可以根据公民、法人和其他组织的申诉、控告、检举和新闻媒体反映的事项适时组织行政执法监督检查。

第十九条　行政执法监督工作人员执行监督检查公务时，应当由两人以上进行，出示自治区人民政府统一核发的行政执法监督证件，并遵守下列规定：

（一）依法进行监督检查；

（二）严格履行工作职责；

（三）秉公办事、不徇私舞弊；

（四）保守工作秘密，保护举报人；

（五）其他应当遵守的规定。

第二十条　行政执法监督机构开展监督检查时，可以采取下列方式：

（一）调阅行政执法案卷和其他有关材料；

（二）询问行政执法人员、行政管理相对人和其他相关人员；

（三）委托社会组织进行鉴定、评估、检测、勘验；

（四）采用必要的录音、录像等方式收集、保全证据；

（五）组织召开听证会、专家论证会。

行政执法部门及其工作人员对监督检查活动应当予以配合。

第二十一条　行政执法部门之间在行政执法活动中发生争议的，由本级人民政府法制工作机构负责协调；协调不能达成一致意见的，由负责协调的政府法制工作机构提出意见报本级人民政府决定；本级人民政府无权决定的，报请有决定权的机关处理。

第二十二条　行政执法监督机构对依法应当由有关机关处理的事项，移送有关机关处理；有关机关处理后，应当将处理情况在作出处理决定之日起二十日内书面告知行政执法监督机构。

第四章　行政执法监督的处理

第二十三条　行政执法监督机构在监督检查中发现违法或者不当的行政行为，应当向有关行政执法部门发出行政执法监督文书，有关行政执法部门应当在接到行政执法监督文书之日起三十日内将处理结果书面报告行政执法监督机构。

第二十四条　行政执法部门对违法或者不当的行政行为未在规定时间内作出处理的，由有监督权的机构根据违法或者不当的行政行为的性质、程度等情况，依照职权分别作出如下处理：

（一）责令限期履行；

（二）责令补正或者更正；

（三）撤销；

（四）确认违法。

第二十五条　行政执法机构具有下列情形之一的，应当由行政执法监督机构责令限期履行：

（一）无正当理由不履行法定职责的；

（二）无正当理由拖延履行法定职责的。

第二十六条　具有下列情形之一的，行政执法行为应当予以补正或者更正：

（一）未说明理由且事后补充说明理由，当事人、利害关系人没有异议的；

（二）文字表述错误或者计算错误的；

（三）未载明决定作出日期的；

（四）程序上存在其他瑕疵，未侵犯公民、法人或者其他组织合法权益的。

补正或者更正应当以书面决定的方式作出。

第二十七条　具有下列情形之一的，行政执法行为应当撤销：

（一）主要事实不清、证据不足的；

（二）适用法律、法规、规章错误的；

（三）违反法定程序的，但是可以补正或者更正的除外；

（四）超越法定职权的；

（五）滥用职权的；

（六）具体行政行为明显不当的；

（七）法律、法规、规章规定的其他应当撤销的情形。

第二十八条　行政执法行为的撤销，不适用以下情形：

（一）撤销可能对公民、法人及其他组织或者社会公共利益造成重大损害的；

（二）法律、法规规定的其他不予撤销的情形。

行政执法行为不予撤销的，行政机关应当自行采取补救措施或者由有关机关责令采取补救措施。

第二十九条　行政执法行为有下列情形之一的，应当确认违法：

（一）行政执法部门不履行职责，责令其履行法定职责已无实际意义的；

（二）行政执法行为违法，不具有可撤销内容的；

（三）行政执法行为违法，依法不予撤销的；

（四）其他应当确认违法情形的。

第三十条　行政执法机构对行政执法监督处理决定不服的，可以在收到处理决定之日起三十日内向作出处理决定的行政执法监督机构申请复查。

作出处理决定的行政执法监督机构应当在收到复查申请之日起十日内作出复查决定。

第五章 法律责任

第三十一条 行政执法部门有下列情形之一的，由旗县级以上人民政府责令限期改正，逾期不改正的，给予通报批评；情节严重的，对直接负责的主管人员和其他直接责任人员依法给予行政处分：

（一）未实行行政执法责任制制度的；

（二）未按照规定执行规范性文件备案审查制度的；

（三）未按照规定执行行政执法主体资格审查和行政执法人员资格认证制度的；

（四）未履行法定职责或者违反法定程序的；

（五）未按照规定建立和评查行政许可、行政处罚、行政强制等具体行政行为案卷的；

（六）未按照规定执行依法行政报告制度的；

（七）未执行本级人民政府或者有决定权的机关对行政执法争议调处决定的；

（八）不配合行政执法监督机构调查工作的；

（九）妨碍行政执法监督人员依法履行监督职责的；

（十）拒绝执行行政执法监督决定或者拒绝报告行政执法监督决定执行情况的。

第三十二条 行政执法人员有下列行为之一的，由所在行政执法部门根据情况给予通报批评、调离执法岗位；情节严重的，依法给予行政处分；构成犯罪的，依法追究刑事责任：

（一）未履行法定职责的；

（二）超越职权或者滥用职权的；

（三）妨碍行政执法监督的；

（四）对申诉、控告、检举者打击报复的；

（五）有其他违法失职行为的。

被依法给予行政处分或者追究刑事责任的行政执法人员，由政府法制工作机构暂扣或者撤销行政执法证件并向社会公告。

第三十三条 行政执法监督人员在行政执法监督工作中有下列行为之一的，由政府法制工作机构暂扣或者吊销其行政执法监督证件，情节严重的，由任免机关或者监察机关对直接负责的主管人员和其他直接责任人员给予行政处分；构成犯罪的，依法追究刑事责任：

（一）不履行行政执法监督职责的；

（二）违法行使行政执法监督职权的；

（三）利用行政执法监督职权为本单位或者个人谋取私利的；

（四）涂改、转借行政执法监督证件的；

（五）有其他违反本条例行为的。

第六章 附 则

第三十四条 本条例所称行政执法监督机构，是指自治区各级人民政府法制工作机构和各级人民政府所属工作部门的法制工作机构。

第三十五条 本条例所称行政执法，是指自治区各级人民政府及其工作部门实施法律、法规、规章而作出的下列行政行为：

（一）制定本行政区域内规范性文件的抽象行政行为；

（二）作出行政许可、行政处罚、行政强制、行政给付、行政征收、行政确认等影响公民、法人和其他组织权利和义务的具体行政行为。

第三十六条　本条例所称行政执法部门，是指行政执法机关或者法律、法规授权的组织。

第三十七条　本条例自 2009 年 12 月 1 日起施行。

河南省政府投资建设项目审计条例

（2009年9月25日河南省第十一届人民代表大会常务委员会第十一次会议通过）

第一章　总　则

第一条　为了加强对政府投资建设项目的审计监督，规范政府投资行为，提高投资效益，促进廉政建设，根据《中华人民共和国审计法》和有关法律、法规，结合本省实际，制定本条例。

第二条　本条例所称政府投资建设项目，是指政府全额投资和以政府投资为主的建设项目。

以政府投资为主的建设项目是指政府财政资金占概算总投资百分之五十以上的建设项目；政府财政资金占概算总投资不足百分之五十，但政府拥有项目建设或者运营控制权的建设项目。

政府投资建设项目以及与政府投资建设项目直接有关的建设、勘察、设计、施工、监理、采购、供货、咨询、代理等单位的财务收支，应当接受审计监督。

第三条　县级以上人民政府审计机关是政府投资建设项目审计监督工作的主管机关，依法实施审计监督。

发展改革、财政、住房和城乡建设、国土资源、环保、交通运输、教育、农业、水利等有关部门应当在各自职责范围内，协助、配合审计机关做好政府投资建设项目的审计监督工作。

第四条　审计机关实施政府投资建设项目审计，应当接受本级人大常委会的监督，审计结果依法向社会公开。

第五条　审计机关实施政府投资建设项目审计所需经费应当列入财政预算，由本级人民政府予以保证。

第六条　审计机关依法独立行使审计监督权，不受其他行政机关、社会团体和个人的干涉。

审计机关和审计人员办理政府投资建设项目审计事项，应当客观公正、实事求是、廉洁奉公、保守秘密、提高工作质量和效率。

第二章　审计计划

第七条　审计机关应当根据政府投资建设项目年度投资计划和实际需要，编制政府投资建设项目年度审计计划，报本级人民政府批准，并组织实施。

第八条　政府投资建设项目年度审计计划应当明确审计项目、审计方式、审计内容及审计期限。

第九条　县级以上人民政府发展改革部门、政府投资建设项目主管部门应当将批准的政府投资建设项目计划、年度投资计划及其有关资料同时抄送同级审计机关。

政府投资建设项目和年度投资计划调整的，发展改革部门、政府投资建设项目主管部门应当及时将调整情况告知同级审计机关。

第十条　政府投资建设项目年度审计计划及其根据实际情况作出调整的，应当报本级人大常委会备案。

第十一条　审计机关应当将政府投资建设项目年度审计计划及其调整情况及时告知有关部门和被审计单位。

第三章　审计方式

第十二条　政府投资建设项目审计可以采取下列方式：

（一）审计机关直接审计；

（二）审计机关授权下级审计机关审计；

（三）审计机关委托具有法定资质的社会中介机构审计。

第十三条　政府全额投资的建设项目，审计机关应当直接审计。以政府投资为主的建设项目，根据实际情况，审计机关可以直接审计，也可以采取授权或者委托的方式进行审计。

审计机关根据工作需要可以聘请具有与审计事项相关专业知识的人员参加审计。

第十四条　政府投资建设项目主管部门及建设单位应当建立健全内部审计制度，加强内部审计监督，接受审计机关的业务指导和监督。

第十五条　审计机关依法授权下级审计机关审计，应当采取书面形式，并对其审计工作进行监督和指导。被授权的审计机关不得再将该政府投资建设项目授权或者委托其他单位审计。

第十六条　审计机关委托社会中介机构审计政府投资建设项目，应当通过招标或者其他公开方式确定。

委托审计费用由委托方负责支付，受委托方不得向被审计单位收取或变相收取任何费用。

第十七条　审计机关委托的社会中介机构应当符合下列条件：

（一）依法成立，信誉良好，有健全的内部管理制度，近三年内未受过行业处理和相关行政处罚；

（二）具有与委托审计事项所需的相应资质；

（三）与委托审计的政府投资建设项目无利害关系。

第十八条　审计机关聘请参加政府投资建设项目审计的人员应当符合下列条件：

（一）取得注册造价工程师、注册会计师资格证书或者相关专业资格（职称）证书；

（二）近三年内未受过行业处理和相关行政处罚；

（三）与参加审计的政府投资建设项目无利害关系。

第十九条　审计机关应当对直接审计、委托审计的审计报告的真实性、合法性负责；政府投资建设项目主管部门或者建设单位应当对内部审计报告的真实性、完整性负责。

接受委托的社会中介机构应当向审计机关出具审计结果，并对审计结果的真实性、完整性负责。

第四章 审计内容及程序

第二十条 审计机关应当对政府投资建设项目前期准备工作，预算的执行情况和竣工决算的真实、合法、效益情况进行审计监督。

对政府投资的建设项目，审计机关可以从前期准备阶段起进行全过程审计监督。

第二十一条 政府投资建设项目前期准备阶段审计的内容：

（一）建设规模和建设标准是否和经批准的可行性研究报告相符；

（二）政府投资的建设资金到位情况；

（三）征地、拆迁费用支出情况；

（四）供水、供电、道路、通讯和场地平整等前期费用支出情况。

第二十二条 政府投资建设项目预算执行情况审计的内容：

（一）项目资金使用情况；

（二）项目合同中与建设资金相关条款内容及履行情况；

（三）现场签证及设计变更情况；

（四）工程造价情况；

（五）项目设备、材料等物资采购情况；

（六）项目的财务收支情况；

（七）项目的勘察、设计、施工、监理、采购、供货、咨询、代理等单位收费情况。

第二十三条 政府投资建设项目竣工决算审计的内容：

（一）竣工决算报告的真实、合法情况；

（二）项目规模及总投资预算的执行和资金到位情况；

（三）征地拆迁、勘察、设计、监理、采购、供货、咨询、代理等费用支出情况；

（四）招标、投标的财务收支情况；

（五）建筑安装工程投资、设备投资、待摊投资、其他投资和分摊、转出、核销情况，建设单位的管理费提取和支出情况；

（六）交付使用资产情况；

（七）项目收入的来源、分配、上缴和留成使用情况；

（八）工程造价及工程价款结算和支付情况；

（九）税费的缴纳情况；

（十）项目尾工工程的未完工程量和预留建设资金情况；

（十一）现场签证和设计变更情况；

（十二）法律、法规规定需要审计的其他事项。

第二十四条 审计机关应当加强政府投资建设项目效益审计。在效益审计时，应当依据有关经济、技术及社会、环境等指标，评价政府投资建设项目投资决策的有效性。

第二十五条 审计机关开展政府投资建设项目审计，应当组成审计组，确定项目法人单位或者其委托进行建设管理的单位作为被审计单位，在实施审计三日前向被审计单位送达审计通知书；遇有特殊情况，经本级人民政府批准，审计机关可以直接持审计通知书实施审计。

第二十六条 建设单位以及与政府投资建设项目直接有关的勘察、设计、施工、监理、采购、供货、咨询、代理等单位应当按照审计机关的要求提供下列资料，不得拒绝、拖延、谎报，并对所提供资料的真实性、完整性负责：

（一）预算编制资料以及有关部门的批准文件；

（二）合同文本和招标、投标有关资料；

（三）施工图纸和设计图纸变更等资料；

（四）内部审计情况和内部控制制度资料；

（五）财务会计报表、会计账簿、会计凭证以及其他会计资料；

（六）工程竣工初步验收报告；

（七）工程结算资料；

（八）设备、材料采购以及入库、出库资料；

（九）工程竣工决算报告；

（十）法律、法规规定需要提供的其他资料。

第二十七条　审计机关对政府投资建设项目实施审计，应当在审计通知书确定的审计实施日起三个月内按照法定职权和程序出具审计报告。特殊情况确需延长审计期限的，经审计机关负责人批准，可以适当延长审计期限，但不得超过一个月。

第二十八条　审计机关授权下级审计机关进行政府投资建设项目审计的，被授权的审计机关应当在规定的期限内出具审计报告，并自出具审计报告之日起十个工作日内报授权审计机关备案。

第二十九条　审计机关委托社会中介机构进行政府投资建设项目审计的，社会中介机构应当按照约定的期限向委托的审计机关报送审计结果，由审计机关出具审计报告。

社会中介机构在审计过程中发现被审计单位有违法问题的，应当及时、如实向审计机关和有关部门报告。

第三十条　政府投资建设项目主管部门或者建设单位应当对政府投资建设项目进行内部审计，并自审计结束之日起十五个工作日内将审计结果报审计机关备案。

第三十一条　审计机关应当对政府投资建设项目主管部门或者建设单位、社会中介机构出具的审计结果进行核查，发现有审计质量问题的，应当予以纠正或者重新组织审计。

第五章　审计成果运用

第三十二条　审计机关对被审计单位违反国家规定的财政收支、财务收支行为，应当给予处理、处罚的，在法定职权范围内作出审计决定或者向有关主管部门提出处理、处罚意见。

审计机关作出审计决定后，送达被审计单位执行；审计决定需要有关主管部门协助执行的，应当制发协助执行审计决定通知书。

第三十三条　被审计单位应当执行审计决定，并将应当缴纳的款项按照财政管理体制和国家有关规定缴入国库或财政专户；依法没收的违法所得和罚款，全部缴入国库。

被审计单位或者协助执行的有关主管部门应当自审计决定生效之日起三十日内将审计决定的执行情况书面报告审计机关。

第三十四条　审计机关应当自审计决定生效之日起三个月内检查审计决定的执行情况。被审计单位未按规定期限和要求执行审计决定的，审计机关应当责令执行；仍不执行的，申请人民法院强制执行。

第三十五条 审计机关应当与监察机关、公安机关、检察机关及有关主管部门建立案件移送制度。

审计机关应当及时将审计中发现的违法和涉嫌犯罪的案件线索移送有关机关及有关主管部门，任何单位和个人不得隐瞒或者阻挠。接受移送机关或者有关主管部门应当及时依法作出处理，并将处理结果书面告知审计机关。

第三十六条 审计机关对审计发现的多计工程价款等问题，应当责令建设单位与施工单位依法据实结算。

第三十七条 审计机关应当向本级人民政府报告政府投资建设项目的审计结果，并依法向社会公布；对政府投资建设项目审计中发现的重大情况，应当及时向本级人民政府报告，并通报有关主管部门。

县级以上人民政府应当督促检查审计中发现问题的整改工作，并向本级人大常委会报告政府投资建设项目审计和发现问题的整改情况。

第六章　法律责任

第三十八条 被审计单位在审计中拒绝、拖延提供与审计事项有关的资料，或者拒绝、阻挠审计的，由审计机关责令改正，并给予警告；拒不改正的，对被审计单位处以一万元以上五万元以下的罚款；对主要负责人、直接负责的主管人员和其他直接责任人员，由其所在单位、上级主管部门或者监察机关给予行政处分；构成犯罪的，依法追究刑事责任。

第三十九条 政府投资建设项目的建设单位以虚报、冒领、关联交易等手段骗取政府投资建设项目资金的，依法予以追回，没收违法所得，对单位给予警告或者通报批评。对其直接负责的主管人员和其他直接责任人员由其所在单位、上级主管部门或者监察机关给予行政处分；构成犯罪的，依法追究刑事责任。

勘察、设计、施工、监理、采购、供货、咨询、代理等单位和个人以虚报、冒领、关联交易等手段骗取政府投资建设项目资金的，依法追回，给予警告，没收违法所得，并处骗取资金百分之十以上百分之五十以下的罚款；对其直接负责的主管人员和其他直接责任人员处以三千元以上五万元以下的罚款；构成犯罪的，依法追究刑事责任。

第四十条 对改变政府投资建设项目资金用途和转移、侵占、挪用项目建设资金的行为，审计机关应当予以制止和责令有关单位限期改正。对单位给予警告或者通报批评。对其直接负责的主管人员和其他直接责任人员由其所在单位、上级主管部门或者监察机关给予行政处分；构成犯罪的，依法追究刑事责任。

第四十一条 社会中介机构在政府投资建设项目审计中，出具虚假审计结果，违法收取费用、隐瞒审计中发现的违法、违规问题的，由审计机关责令限期改正，没收违法所得，并处一万元以上五万元以下的罚款，三年内不得委托其从事政府投资建设项目审计工作。

第四十二条 被审计单位对审计决定有异议的，可以依法申请行政复议或者提起行政诉讼。

第四十三条 审计人员有下列行为之一的，由其所在单位、上级主管部门或者监察机关给予行政处分；构成犯罪的，依法追究刑事责任：

（一）泄露国家秘密或者被审计单位商业秘密的；

（二）索贿、受贿或者接受不当利益的；

（三）隐瞒被审计单位违法违规行为的；

（四）对聘请专业人员或委托社会中介机构的审计工作未履行监督责任，造成严重后果的；

（五）与被审计单位、聘请的专业人员、社会中介机构串通舞弊的；

（六）有其他滥用职权、徇私舞弊、玩忽职守行为的。

第四十四条 审计机关聘请的专业人员或者委托的社会中介机构在政府投资建设项目审计中，违反有关法律、法规和本条例规定的，有关主管部门或者司法机关应当依法处理。

第七章 附 则

第四十五条 本条例自2010年1月1日起施行。

天津市审计监督条例

（2009年11月19日天津市第十五届人民代表大会常务委员会第十三次会议通过）

第一章　总　则

第一条　为了加强审计监督，规范审计行为，维护财政经济秩序，提高财政资金使用效益，保障国民经济和社会健康发展，根据《中华人民共和国审计法》，结合本市实际情况，制定本条例。

第二条　市和区、县审计机关，分别在市长、区县长和上一级审计机关的领导下，负责本行政区域内的审计工作。

审计机关依法独立行使审计监督权，不受其他行政机关、社会团体和个人的干涉。

第三条　审计机关根据被审计单位的财政、财务隶属关系或者国有资产监督管理关系，确定审计管辖范围。

市审计机关对区、县审计机关审计管辖范围内的重大审计事项，可以直接进行审计。

市审计机关可以依法将其审计管辖范围内的特定审计事项，授权区、县审计机关进行审计，但法律、法规规定必须由市审计机关审计的除外。

第四条　审计机关和审计人员进行审计监督，应当客观公正、实事求是、廉洁奉公、保守秘密，依法审计、文明审计。

第二章　审计监督范围

第五条　审计机关按照法定职权和程序，对下列事项的真实性、合法性、效益性进行审计监督：

（一）本级财政预算执行情况和其他财政收支情况；

（二）本级各部门、本级政府派出机构和下级人民政府预算执行情况、决算和其他财政收支情况；

（三）使用财政资金的事业组织和具有管理公共事务职能事业组织的财务收支；

（四）本市所属的国有金融机构、国有资本占控股或者主导地位的金融机构的资产、负债、损益；

（五）本市所属的国有企业、国有资本占控股或者主导地位的企业的资产、负债、损益；

（六）市和区、县政府投资或者以政府投资为主的建设项目的预算执行情况和决算；

（七）国际组织和外国政府援助项目、贷款项目的财务收支；

（八）国家和本市规定由审计机关进行审计监督的其他事项。

第六条　审计机关依法对下列由政府管理或者由政府授权、委托有关单位管理的基金或者资金的筹集、管理和使用，进行审计监督：

（一）社会保障基金，包括养老、医疗、工伤、失业、生育等社会保险基金，救济、救灾、扶贫等社会救助基金，社会福利基金，以及发展社会保障事业的其他专项基金；

（二）社会捐赠资金，包括来源于境内外的货币、有价证券和实物等各种形式的捐赠；

（三）依法设立的其他有关基金、资金。

前款所列基金、资金的审计监督，可以延伸审计到与基金、资金有关的财务收支情况。

第七条　审计机关接受干部管理部门的委托，对国家机关和依法属于审计监督对象的其他单位的主要负责人任职期间应负经济责任的履行情况，进行经济责任审计。

第八条　审计机关对政府投资或者以政府投资为主的建设项目，可以实施全过程跟踪审计。

第九条　审计机关应当逐步推进财政资金使用绩效审计，对财政资金使用的经济性和效率、效果进行分析评价。

第十条　审计机关对预算管理或者国有资产管理使用等与财政收支有关的特定事项，可以向有关单位或者部门进行专项审计调查。

第十一条　审计机关有权对属于审计监督对象的单位的内部审计工作，依法进行业务指导和监督。

第三章　审计监督保障

第十二条　市和区、县人民政府对本级审计机关履行职责所需经费，应当列入本级财政预算予以保障。

市和区、县人民政府交办的特定审计事项，由审计机关提出专项预算，本级财政应当予以保障。

第十三条　审计机关根据工作需要，可以聘请相关专业人员参与审计工作。

被聘请的相关专业人员参与审计活动，应当执行审计法律、法规和规章，遵守审计工作纪律和职业道德规范。

第十四条　被审计单位应当按照审计机关规定的期限和要求，提供下列资料：

（一）被审计单位基本情况和相关业务资料；

（二）预算或者财务收支计划；

（三）预算执行情况、决算和财务会计报告；

（四）运用电子计算机储存、处理的财政收支、财务收支电子数据和电子计算机技术文档；

（五）与审计事项相关的内部控制制度和会议纪要等文件资料；

（六）在金融机构开立账户的情况；

（七）内部审计机构和社会审计机构出具的审计报告；

（八）其他相关资料。

被审计单位应当保证上述资料的真实性和完整性，其主要负责人应当作出书面保证。

第十五条　审计机关对被审计单位的电子数据系统进行检查时，被审计单位应当提供便利条件和技术支持，保障审计机关依法履行审计监督职责。

第十六条　审计人员持审计机关负责人签发的查询通知书，有权查询被审计单位在金融机构开设的账户。

审计机关有证据证明被审计单位以个人名义存储公款的，审计人员持审计机关主要负责人签发的查询通知书，有权查询被审计单位以个人名义在金融机构存储的公款。

有关金融机构应当予以协助，并提供相关证明材料。

第十七条 审计机关履行审计监督职责，可以将协助事项书面通知公安、监察、财政、税务、海关、价格、工商等部门，有关部门应当予以协助。

上述部门在行政执法中需要审计机关协助查证的，审计机关应当予以协助。

第四章 审计监督程序

第十八条 市和区、县审计机关应当根据法律、法规规定的审计职权和审计管辖范围，按照本级人民政府和上一级审计机关的要求，结合本地区的实际情况，编制本级的年度审计项目和专项审计调查项目的审计计划，报上一级审计机关备案。

第十九条 审计机关应当按照审计计划开展审计监督活动，并对审计项目和专项审计调查项目的审计监督活动实施全过程质量控制。

第二十条 审计机关在编制年度审计计划和开展审计监督活动前，可以向相关单位进行调查。相关单位应当予以配合。

第二十一条 审计人员向有关单位和个人进行调查时，应当出示工作证件、通知书副本等有关证件和文书。

第二十二条 审计机关出具审计报告前，应当征求被审计单位的意见。出具经济责任审计报告前，应当征求被审计人员和所在单位的意见。

被征求意见的单位和人员对征求意见的审计报告有意见的，可以自收到审计报告之日起十个工作日内提出书面意见。遇有特殊情况需要延长的，经审计机关主要负责人批准可以延长期限，但最多不超过十个工作日。逾期未提出意见也未申请延期的，视为同意。

第二十三条 审计项目审计结束后，审计机关应当向被审计的对象出具审计报告。

审计报告应当包括下列内容：

（一）审计依据；

（二）被审计单位的会计责任；

（三）对审计事项的审计评价意见；

（四）对违反财政收支、财务收支规定行为的认定、处理、处罚意见和依据；

（五）移送有关主管部门的意见；

（六）有关改进财政收支、财务收支管理的意见和建议；

（七）与审计有关的其他内容。

第二十四条 被审计单位自收到审计报告之日起六十日内，应当将审计报告提出的财政收支或者财务收支管理的意见和建议的整改落实情况，书面告知审计机关。

第二十五条 被审计单位违反国家和本市财政收支、财务收支管理规定，属于应当由审计机关处理的事项，审计机关作出审计决定，并向被审计单位出具审计决定书；属于应当由公安、监察、检察机关或者其他主管部门处理的事项，审计机关出具审计移送处理书，移送有关部门处理。

审计决定书自送达之日起生效。

第二十六条 审计机关依法作出的审计决定，被审计单位应当执行，并在审计决定生效之日起三十日内将审计决定的执行情况，书面报告审计机关。

审计决定需要有关部门协助执行的，有关部门应当予以协助，并将协助执行情况三十日内书面告知审计机关。

第二十七条　审计机关移送有关部门处理的事项，有关部门应当自收到审计移送处理书之日起六十日内将处理情况，书面告知审计机关。

第二十八条　专项审计调查结束后，审计机关应当出具专项审计调查报告。在出具专项审计调查报告前，审计机关应当就专项审计调查报告有关内容征求被调查单位和有关部门的意见。

被调查单位或者有关部门对征求意见的专项审计调查报告有关内容有意见的，应当自收到专项审计调查报告之日起十个工作日内提出书面意见。

第二十九条　专项审计调查报告中涉及被调查单位或者有关部门整改落实的内容，审计机关应当书面告知被调查的相关单位或者有关部门。被告知的单位和部门应当在六十日内将整改落实情况，书面告知审计机关。

第三十条　审计机关在进行专项审计调查时，发现被调查单位存在违反国家财政收支、财务收支规定的问题需要处理的，审计机关应当依照本条例有关审计程序出具审计报告、审计决定书或者审计移送处理书。

第三十一条　对审计决定执行情况、移送处理落实情况和审计报告、专项审计调查报告的整改落实情况，审计机关应当进行督促和检查。

第五章　法律责任

第三十二条　违反本条例规定，被审计的单位和部门拒不落实审计报告提出的整改意见或者拒不执行审计决定的，由审计机关责令限期改正；逾期不改正的，审计机关可以建议其上级主管部门或者监察部门对其主要负责人进行处理。

第三十三条　审计人员滥用职权、徇私舞弊、玩忽职守，或者泄露国家秘密、商业秘密的，依法给予行政处分；违法、违纪取得的财物，依法予以追缴、没收或者责令退赔；构成犯罪的，依法追究刑事责任。

第六章　附　则

第三十四条　本条例自 2010 年 3 月 1 日起施行。

四川省预防职务犯罪工作条例

（2009 年 11 月 27 日四川省第十一届人民代表大会常务委员会第十二次会议通过）

第一章　总　则

第一条　为了促进国家机关和有关单位及其工作人员依法、勤勉、公正、廉洁地履行职责，预防职务犯罪，根据有关法律法规的规定，结合四川省实际，制定本条例。

第二条　四川省行政区域内预防职务犯罪工作适用本条例。

本条例所称国家机关和有关单位，是指国家机关、人民团体和国有企业事业单位。

本条例所称国家机关和有关单位工作人员，是指国家机关中从事公务的人员以及其他依法从事公务的人员。

本条例所称职务犯罪，是指前款所列国家机关和有关单位及其工作人员利用职权实施的贪污贿赂犯罪、渎职犯罪、侵犯公民人身权利和民主权利的犯罪，以及利用职权实施的其他犯罪。

第三条　预防职务犯罪工作贯彻标本兼治、综合治理、惩防并举、注重预防的方针。坚持教育、制度、监督并重的原则。保障公民依法行使民主监督权利，畅通民主监督渠道。

第四条　预防职务犯罪工作实行国家机关和有关单位各负其责，相互支持配合，公民和社会各界共同参与的工作机制。

第五条　地方各级人民代表大会及其常务委员会依法对预防职务犯罪工作进行监督。

人民政府、人民法院和人民检察院应当定期向同级人民代表大会常务委员会报告开展预防职务犯罪工作的情况。

第六条预防职务犯罪工作实行领导责任制。主要负责人为第一责任人，其他负责人根据职责分工承担相应的领导责任，本单位监察部门或者监察人员负责具体工作。

第七条　文化、广播、电视电影、新闻出版等部门应当按照各自职责，面向社会公众，开展预防职务犯罪宣传教育。

第八条　鼓励和引导运用信息网络及其他方式开展预防职务犯罪工作。

第二章　预　防

第九条　国家机关和有关单位应当对本系统、本单位的预防职务犯罪工作，制定工作计划并安排落实和检查督促。

国家机关和有关单位工作人员在履行职责中应当遵纪守法，廉洁自律。

第十条　国家机关和有关单位应当建立健全下列预防职务犯罪教育机制：

（一）开展从业的素质教育、职业操守教育和岗位教育；

（二）发挥先进典型作用，加强示范教育；

（三）结合查处违法犯罪案件，加强警示教育；

（四）其他预防职务犯罪的教育形式。

第十一条　国家机关和有关单位应当建立健全下列职务管理制度：

（一）个人重大事项报告制度；

（二）述职述廉制度；

（三）民主评议制度；

（四）诫勉谈话制度；

（五）定期轮岗制度；

（六）回避制度；

（七）国家机关和属于审计监督对象的其他单位主要负责人任期、离任经济责任审计制度；

（八）其他预防职务犯罪的制度。

第十二条　国家机关和有关单位应当制定完善下列预防职务犯罪的措施：

（一）依照法定程序实施行政审批，实行政务中心集中受理办理行政审批事项，加强对行政审批程序和事项的监督检查；

（二）实行政务公开，落实听证制度、查询制度、公示制度和公布制度；

（三）完善公共资源配置、公共资产交易、公共产品生产领域市场运行机制。对建筑、交通、水利等建设项目的设计、监理、施工应当依法实行公开招标；对土地使用权的出让、转让，矿产资源的勘探、开采等依法实行评估、招标、拍卖；

（四）对行政转让出让和政府采购等直接经济行为实行公开相关信息和招标方式等措施；

（五）健全国有资产投资决策和项目法人约束机制，实行国有资产管理、评估、使用和转让审计制度，重大投资项目论证制、重大投资决策失误追究制；

（六）依法审计国家机关预算执行情况和决算及其他财政收支情况，审计政府投资和以政府投资为主的建设项目预算执行情况和决算，审计国有公司、企业、事业单位、人民团体的财务收支情况；

（七）严格财政资金分配和使用，严格预算管理和执行检查，严格实行收支两条线管理，加强财政支出预算绩效考评，严肃财政纪律；

（八）依照法定程序实施行政处罚、行政强制等行政行为；

（九）其他预防职务犯罪的措施。

第十三条　司法机关应当履行下列预防职务犯罪的职责：

（一）依照法定程序实行审判公开、执行公开、警务公开等制度；

（二）按照规定通报预防职务犯罪工作情况，分析研究行业和区域职务犯罪特点，提出预防职务犯罪的建议和对策；

（三）结合处理职务犯罪工作，提出司法建议；

（四）督促、协助有关单位开展预防职务犯罪的宣传、教育和咨询活动；

（五）其他预防职务犯罪的职责。

第十四条　监察、审计机关在依法履行职责时，发现管理制度存在问题的，应当督促整改；发现涉嫌职务犯罪的，应当依法移送司法机关处理。

第三章　监　督

第十五条　监察机关应当依法履行内部监督职能，查处违法违规行为，纠正疏忽职守行为，警诫消极履职行为，促进依法行政和廉政建设。

第十六条　审计机关应当依法实行审计公告制度，依法对重点领域、重点部门、重点资金、重大建设项目和经济责任进行审计，每年至少向同级人民代表大会常务委员会报告一次审计工作情况。

第十七条　司法机关应当履行司法职能，监督和维护国家机关和有关单位及其工作人员依法行使职权，履行职责。

第十八条　依法支持新闻媒体的宣传报道工作，把握正确舆论监督导向，发挥舆论监督社会效果。新闻媒体的单位和从业人员应当遵守新闻纪律和职业道德。

第十九条　任何单位和个人有权依法对国家机关和有关单位及其工作人员提出意见、建议、批评、控告和检举。举报可以采取书面、电话、网络等形式进行，提倡实名举报，对实名举报的，应在三个月内，以适当方式将调查处理情况回复举报人。

第二十条　国家机关和有关单位应当增强决策和执行的公开程度，扩展监督方式，健全受理和查处机制，及时负责地处理社会公众反映的问题，向社会公布监督电话、通讯地址、电子邮箱等投诉渠道。

第四章　保　障

第二十一条　国家职能机关发现有关单位预防职务犯罪制度不健全、管理不规范的，应当及时提出整改建议，必要时发出书面建议。

被建议单位应当及时整改并予回复；收到书面建议的，应当自收到之日起三十日内，将整改情况书面回复建议机关。

第二十二条　国家职能机关发现单位和工作人员违法的，应当依法责令其停止违法违规行为，责令采取相应的整改措施；对严重违法违规人员或者不适合履职的人员，有权机关应当停止其执行职务。

被责令单位应当在收到通知之日起三十日内，将处理情况回复职能机关。

第二十三条　任何单位和个人对国家机关和有关单位及其工作人员的违法犯罪行为，有权举报。有关机关和单位应当及时处理，或者移送有管辖权的机关处理。

第二十四条　国家机关为举报人保密，未经举报人同意，不得泄露举报内容，不得泄露举报人身份。

任何单位和个人不得威胁、打击、报复举报人。

举报人及其亲属因举报行为而受到人身或者财产安全威胁时，有权要求公安机关或者相关机关提供合理保护。有关机关应当依法采取相应的保护措施。

第二十五条　国家机关保护公民作为证人的权利。国家机关在不影响人民法院调查核实的条件下，应当为证人身份和证明内容保密。

证人及其亲属因证明行为受到人身或者财产安全威胁时，有权要求公安机关或者相关机关提供合理保护。有关机关应当依法采取相应的保护措施。

第二十六条国家机关和有关单位及其工作人员应当接受新闻媒体监督，支持新闻记者合法采访。对新闻媒体报道和反映的问题，应当及时调查处理，并向新闻媒体反馈有关情况。

新闻工作者应当遵守相关法律法规规定，支持和配合国家职能机关依法查处职务违法违规行为，支持和配合司法机关依法独立查处职务犯罪。

第二十七条举报属实，使国家、社会免受重大损失，或者有效防止重大职务违法犯罪行为发生，或者对查处重要违法违规行为、对侦破重大职务犯罪案件起到关键作用，有关机关应当给予举报人相应奖励。

第二十八条国家机关和有关单位应当把预防职务犯罪工作经费列入年度部门综合预算。同级人民政府应当保证有关机关开展预防职务犯罪工作的财政经费。

第五章　法律责任

第二十九条国家机关和有关单位及其工作人员违反本条例规定，有下列情形之一，根据情节和后果，由有权机关对其负责人或者直接责任人员，进行批评教育、依法给予行政处分；构成犯罪的，依法追究刑事责任：

（一）不履行或者不正确履行预防职务犯罪工作职责，致使本单位发生职务犯罪案件的；

（二）干扰、妨碍或者拒不配合专门机关依法开展预防职务犯罪工作的；

（三）接到专门机关预防职务犯罪的法律建议后，无正当理由不予整改的；

（四）严重阻碍新闻媒体、舆论依法监督，且情节恶劣的；

（五）向被控告人、被举报人、被反映人通风报信的；

（六）未依法保护提出保护申请的控告人、举报人、证人及其亲属等，致使其遭受报复造成损失的；

（七）对控告人、举报人、证人、新闻报道人及其亲属进行报复陷害的。

第三十条　国家有关机关不按照本条例规定履行职责的，对负有责任的主管人员和直接责任人员，由有权机关依法给予行政处分。

预防职务犯罪工作人员玩忽职守、滥用职权、徇私舞弊、泄露秘密的，由有权机关依法给予行政处分；构成犯罪的，依法追究刑事责任。

第六章　附　则

第三十一条　本条例自2010年1月1日起施行。

昆明市预防职务犯罪工作条例

（2009年10月30日昆明市第十二届人民代表大会常务委员会第二十八次会议通过）

昆明市预防职务犯罪工作条例

第一章　总　则

第一条　为加强和规范预防职务犯罪工作，减少和遏制职务犯罪，促进国家工作人员依法、公正、廉洁履行职责，根据有关法律、法规，结合本市实际，制定本条例。

第二条　本市的预防职务犯罪工作适用本条例。

第三条　本条例所称职务犯罪，是指贪污贿赂犯罪、国家工作人员的渎职犯罪，国家机关工作人员利用职权实施的侵犯公民人身权利、民主权利的犯罪以及利用职权实施的其他犯罪。

本条例所称国家工作人员，是指国家机关、国有公司、企业、事业单位、人民团体中从事公务的人员和国家机关、国有公司、企业、事业单位委派到非国有公司、企业、事业单位、社会团体从事公务的人员以及其他依照法律从事公务的人员。

第四条　预防职务犯罪工作应当贯彻标本兼治、综合治理、惩防并举、注重预防的方针，坚持教育、制度、监督、自律并重的原则，采取内部预防、专门预防和社会预防相结合的方式。

第五条　预防职务犯罪工作应当建立单位各负其责，各职能部门密切配合，公民和社会各界共同参与的工作机制。

第六条　预防职务犯罪工作实行领导责任制，并列入政风行风评议和各单位年度考核的内容。

国家机关、国有公司、企业、事业单位、人民团体负责本单位预防职务犯罪工作。单位主要负责人为预防职务犯罪第一责任人，其他负责人按其分工负直接领导责任。

检察机关、审判机关、公安机关、监察机关、审计机关应当结合各自职能，组织开展预防职务犯罪工作。

第七条　市、县（市、区）应当建立预防职务犯罪工作领导协调机制，定期召开联席会议，研究解决预防职务犯罪工作中的重大问题，通报预防职务犯罪工作情况。具体工作由同级人民检察院负责。

第八条　市、县（市、区）人民政府应当将预防职务犯罪工作经费列入财政预算。

第二章　重点与职责

第九条　预防职务犯罪的重点对象是国家机关、国有公司、企业、事业单位、人民团体中担任领导职务的国家工作人员和易发、多发职务犯罪工作岗位的国家工作人员，以及协助人民政府从事相关行政管理工作的村民委员会、居民委员会工作人员。

第十条　预防职务犯罪工作的重点是：

（一）行政审批和行政执法活动；

（二）公安、检察、审判、刑罚执行机关的执法、司法活动；

（三）国家工作人员的招聘、录用、调动和选拔任用；

（四）公共投资项目的规划和建设；

（五）招商引资、招标投标、土地出让、征地拆迁、产权交易、政府采购；

（六）滇池治理等生态环境的保护和国土资源开发；

（七）财政资金的使用和管理；

（八）国有企业的经营、重组、改制、上市和破产；

（九）银行、保险、证券等金融机构的经营管理；

（十）社会保障、劳动就业、安全生产、教育、医疗、卫生、食品药品监管等涉及民生的工作。

第十一条　国家机关、国有公司、企业、事业单位、人民团体在负责本单位预防职务犯罪工作中履行下列职责：

（一）建立、完善并落实预防职务犯罪工作制度和措施，确定相应机构、专人负责预防职务犯罪工作；

（二）组织开展本单位、本系统预防职务犯罪的宣传和教育；

（三）参与检察机关组织建立的预防职务犯罪网络，及时提供职务犯罪预测预警信息；

（四）发现职务犯罪隐患，及时采取预防措施；

（五）接受有关机关对预防职务犯罪工作的指导、监督和检查，并对所属部门和下级单位预防职务犯罪工作进行指导、监督和检查；

（六）其他预防职务犯罪工作的职责。

第十二条　检察机关在指导、监督其他国家机关、国有公司、企业、事业单位、人民团体开展预防职务犯罪工作中履行下列职责：

（一）结合执法办案，开展案件预防工作；

（二）落实职务犯罪预测预警工作机制；

（三）组织建立预防职务犯罪工作网络，指导有关单位开展预防职务犯罪工作；

（四）发挥警示教育基地作用，组织开展预防职务犯罪宣传教育，提供法律咨询；

（五）针对职务犯罪发生的原因、特点和规律进行预防调查，提出预防对策和建议；

（六）建立职务犯罪信息库，管理和完善行贿犯罪档案查询系统，受理社会查询；

（七）其他预防职务犯罪工作的职责。

第十三条　审判机关、公安机关、监察机关、审计机关在结合工作职能开展预防职务犯罪工作中履行下列职责：

（一）落实职务犯罪预测预警信息交换机制；

（二）结合案件办理，开展预防职务犯罪宣传教育；

（三）及时向检察机关移送职务犯罪线索；

（四）其他预防职务犯罪工作的职责。

第十四条 国家工作人员应当遵守法律、法规和其他相关规定，加强自我防范，接受预防职务犯罪教育、监督和管理。

担任领导职务的国家工作人员应当遵守和执行定期述职述廉、个人重大事项报告、财产收入申报、任职回避、任期经济责任审计、廉政谈话、引咎辞职等制度，并加强对近亲属及身边工作人员的教育、监督和管理。

第十五条 村民委员会、居民委员会等基层组织应当制定并落实预防职务犯罪工作制度和措施，加强对其协助人民政府从事相关行政管理工作的人员的教育和管理，并接受有关机关的指导、监督和检查。

第三章 措施与保障

第十六条 人民政府及其职能部门应当采取下列措施预防职务犯罪：

（一）实行政务公开和政府信息公开，接受社会监督；

（二）规范行政执法行为，落实行政执法责任制和执法过错责任追究制；

（三）加强对财政预算资金、国债资金、国有土地使用权出让金、土地征收征用补偿费用、社保资金和其他资金收支情况及国有公司、企业、事业单位财务管理的审计监督；

（四）对市政、水利、交通、电力、通讯等公共投资建设项目，及政府采购、经营性土地使用权出让和产权交易等依法实行招标投标或者拍卖；

（五）对人事、财政、行政审批、资金项目管理等工作中易发、多发职务犯罪岗位的工作人员加强监督；

（六）其他预防职务犯罪工作措施。

第十七条 公安、检察、审判、刑罚执行机关在执法活动中，应当遵循法定权限和程序，公开职权范围、办案程序等事项，规范执法、司法行为，落实执法、司法责任制和错案责任追究制，接受社会监督。

第十八条 国有公司、企业、事业单位和人民团体应当采取下列措施预防职务犯罪：

（一）建立健全重大投资、资产处置、资金调度、企业改制、人员分流、利益分配和其他重要经营活动决策、执行的监督管理制约机制；

（二）实行厂务公开制度，企业的财务活动和企业负责人的经营管理行为要接受职工大会、职工代表大会和监事会的监督；

（三）建立健全国有企业及国有资本占控股地位、主导地位企业领导人员的经济责任审计制度；

（四）加强对人事、财务、物资供销、工程建设等重要岗位人员的管理和监督。

第十九条 检察机关、监察机关、审计机关开展预防职务犯罪工作，依法采取下列措施：

（一）要求有关单位和人员如实、及时地提供与预防职务犯罪事项有关的文件、资料、财务账目，进行查阅或者复制；

（二）要求有关单位和人员就预防职务犯罪事项所涉及的问题作出解释和说明；

（三）责令有关单位和人员停止违反法律、法规和行政纪律的行为；

（四）建议有关机关对有违反法律、法规或者严重违反行政纪律嫌疑的人员暂停其执行职务。

第二十条　检察机关、审判机关、监察机关、审计机关在依法行使职权时，发现有关单位制度不健全，管理不规范的，有权以书面形式提出检察建议、司法建议、监察建议、审计建议，同时抄送被建议单位的上级机关。

被建议单位应当及时整改，并于收到建议之日起 30 日内向提出建议的机关书面反馈整改情况。

检察机关、审判机关、监察机关、审计机关应当对被建议单位整改情况进行实效评估。

第二十一条　司法行政、文化、新闻出版、广播电视等部门应当开展预防职务犯罪的宣传教育活动。

国家工作人员教育培训机构应当将预防职务犯罪列入教育培训内容。

第二十二条　新闻媒体有权对国家机关、国有公司、企业、事业单位、人民团体及其国家工作人员的违法违规行为依法进行舆论监督。

第二十三条　鼓励和支持公民、法人和其他组织对国家机关、国有公司、企业、事业单位、人民团体及其国家工作人员的违法违规行为进行监督，有关单位对举报线索应当依法调查处理；涉嫌职务犯罪的，应当及时移送检察机关。

公民、法人和其他组织实名举报职务犯罪线索，经查证属实的，给予奖励。任何单位和个人应当为举报人保密，不得泄露举报内容，不得对举报人进行打击报复。

第四章　法律责任

第二十四条　国家机关、国有公司、企业、事业单位、人民团体违反本条例规定，致使所属国家工作人员发生职务犯罪被人民法院判处刑罚的，由主管部门或者监察机关对负有领导责任的人员予以问责。

第二十五条　国家机关、国有公司、企业、事业单位、人民团体违反本条例规定，有下列情形之一的，对负有领导责任的主管人员和其他直接责任人员予以问责；构成犯罪的，依法追究刑事责任：

（一）发现本单位人员涉嫌职务犯罪，不查处、不移送或者隐瞒不报的；

（二）干扰、阻碍新闻媒体依法开展舆论监督的；

（三）对举报不受理、不处理，泄露举报内容以及不为举报人保密或者打击报复举报人的；

（四）无正当理由拒绝提供有关文件、资料、财务账目或者其他有关材料的；

（五）提供虚假材料和情况或者隐瞒有关材料和情况的；

（六）无正当理由拒绝就预防职务犯罪事项所涉及的问题作出解释和说明的；

（七）收到检察建议、司法建议、监察建议、审计建议后拒不整改，或者在规定期限内未向提出建议的机关反馈整改情况的；

（八）违反本条例的其他行为。

第五章　附　则

第二十六条　本条例自 2010 年 1 月 1 日起施行。

青海省行政效能投诉办法

（青海省人民政府令第 67 号，2009 年 1 月 7 日发布）

第一章　总　则

第一条　为改进行政机关工作作风，提高行政效能，规范行政效能投诉处理工作，保护公民、法人和其他组织的合法权益，根据《中华人民共和国公务员法》、《中华人民共和国行政监察法》等有关法律、法规，结合本省实际，制定本办法。

第二条　本省行政机关受理和处理公民、法人和其他组织（以下简称投诉人）对行政机关及其工作人员（以下简称被投诉人）的行政效能投诉，适用本办法。

第三条　行政效能投诉处理坚持有错必究、依法处理和维护投诉人、被投诉人合法权益的原则。

第四条　县级以上人民政府监察机关负责投诉人对本级人民政府工作部门及其工作人员和下级人民政府及其领导人员行政效能投诉的受理、处理工作。

监察机关和各级人民政府工作部门指定的行政效能投诉受理机构（以下统称投诉受理机构）具体负责行政效能投诉的受理工作。

投诉单位负责人的，由同级人民政府监察机关或上级监察机关受理、处理。

第五条　监察机关和各级人民政府工作部门应当公开投诉受理机构及其受理行政效能投诉工作的电话、电子邮箱、办公地址和邮政编码，并通过广播、电视、报纸、网站等媒体向社会公布。

第二章　投　诉

第六条　行政机关及其工作人员有下列行为之一的，投诉人有权向投诉受理机构投诉：

（一）对符合法律、法规、规章和上级文件规定的事项，不予受理，或者受理后未按规定或承诺时限内办结的；

（二）违法设定或者实施行政许可、行政处罚、行政事业性收费、行政强制措施等行为的；

（三）违反政务公开制度，不履行公开、告知义务的，不兑现服务承诺的；

（四）拒绝执行上级依法作出的决定、命令，玩忽职守、贻误工作的；

（五）违反职业道德，工作作风懈怠、工作态度恶劣，造成不良影响的；

（六）其他不履行或不正确履行职责的行为。

第七条　投诉人可以到投诉受理机构投诉，也可以通过电话、书信、传真、电子邮件等方式投诉。

第八条　投诉人投诉，应当有明确的被投诉对象，说明被投诉事项及事实、理由和诉求。

第九条 投诉人应当遵守法律、法规、规章的规定，不得捏造事实、恶意投诉。

第十条 任何单位和个人不得阻拦、限制投诉人投诉，不得打击报复投诉人。

第三章 受 理

第十一条 投诉受理机构接到投诉后，应当即时受理，并书面通知投诉人，但匿名投诉无法通知的除外。

第十二条 投诉受理机构应当对投诉事项进行核实和调查，提出处理意见和建议。

本级人民政府、上级监察机关及有关部门交办的行政效能投诉事项由投诉受理机构承办。

第十三条 投诉受理机构对投诉人采用书面方式投诉的，应当登记；对采用口头或电话投诉的，应当制作笔录；对采用电子邮件投诉的，应当下载并予保存。

第四章 处 理

第十四条 投诉受理机构应当在投诉受理之日起 5 个工作日内，对受理的投诉事项进行核查并提出处理意见，监察机关、各级行政机关应在 2 个工作日内做出处理决定。行政效能投诉处理结果应书面送达投诉人。

因特殊原因不能按期办结的，经本机关或本部门领导批准后，可以延长办理期限，并向投诉人说明理由。需要转办的，应当在 3 个工作日内移交相关部门处理，并将转办情况及时通知投诉人。

上级交办的行政效能投诉案件，应当在 20 个工作日内调查终结并上报调查处理情况。

第十五条 投诉受理机构工作人员应当遵守保密规定，投诉人要求保密的，应当为投诉人保密。不得将投诉材料转给被投诉人。

第十六条 投诉受理机构在处理行政效能投诉事项时，有权采取下列措施：

（一）要求被投诉人提供与投诉事项有关的文件、资料，并就被投诉事项如实作出说明；

（二）要求被投诉人及相关的单位和个人协助、配合调查；

（三）要求被投诉人在规定的时间内正确履行职责；

（四）责令被投诉人停止违反法律、法规、规章和政府决定、命令的行为。

第十七条 投诉受理机构的工作人员应当做好受理登记、处理结果和相关资料的立卷归档工作。

第十八条 投诉人不服监察机关投诉案件处理结果的，可以自收到处理决定之日起 30 日内向作出处理决定的上一级监察机关投诉。投诉人不服行政机关投诉处理结果的，可自收到处理决定之日起 30 日内向监察机关或上一级行政主管部门投诉。

第十九条 被投诉人不服监察机关处理决定的，可以自收到处理决定之日起 30 日内向原监察机关提出复查申请；被投诉人不服行政机关处理决定的，可以自收到处理决定之日起 30 日内向原处理机关提出复查申请。

第二十条 监察机关可以通过提出监察建议的形式，要求被投诉人纠正违反法律、法规、规章或行政纪律的行为，要求被投诉人对其所造成的损害采取补救措施。

第二十一条 监察机关应当定期将行政效能投诉情况及处理结果向社会公布，接受社会监督。

第二十二条 上级监察机关应当加强对下级监察机关和本级人民政府工作部门行政效能投诉工作的监督和指导。

行政效能投诉处理结果，应当作为各级行政机关行政效能年度考核的重要内容。

第五章 法律责任

第二十三条 行政机关工作人员有本办法第六条规定行为之一的，由其职务任免机关给予批评教育、责令改正或调整工作岗位等处理；情节严重的，由其职务任免机关或者监察机关依照《行政机关公务员处分条例》的有关规定给予行政处分；构成犯罪的，依法追究刑事责任。

第二十四条 投诉受理机构工作人员有下列行为之一的，由其职务任免机关给予批评教育、责令改正或者调整工作岗位等处理；情节严重的，由其职务任免机关或者监察机关依法给予行政处分：

（一）违反投诉保密规定，向被投诉人透露投诉人有关信息的；

（二）不按规定将受理情况或处理结果及时通知投诉人的；

（三）对需要移交的投诉事项未及时移交的；

（四）不按规定时限和程序办理投诉的。

第二十五条 行政机关工作人员阻拦、限制投诉人投诉或对投诉人打击报复的，由其职务任免机关或监察机关按照《中华人民共和国行政监察法》和《行政机关公务员处分条例》等有关规定给予行政处分。

第二十六条 投诉人捏造事实、恶意投诉，违反《中华人民共和国治安管理处罚法》的，由公安机关依法给予处罚。

第六章 附 则

第二十七条 本办法所称行政机关包括法律、法规授权的具有管理公共事务职能的组织和依法接受行政机关委托承担行政管理职能的单位。

第二十八条 县级以上人民政府及其工作部门，可以根据本办法，结合实际制定实施办法。

第二十九条 本办法自2009年2月10日起施行。

厦门市规范行政处罚自由裁量权规定

（厦门市人民政府令第133号，2009年1月17日发布）

第一章　总　则

第一条　为规范和监督行政处罚实施部门正确行使行政处罚自由裁量权，保护公民、法人和其他组织的合法权益，根据《中华人民共和国行政处罚法》等法律、法规、规章的规定，结合我市实际，制定本规定。

第二条　本规定所称的行政处罚自由裁量权，是指行政处罚实施部门依照法律、法规、规章规定，对违法行为作出是否给予行政处罚、给予何种行政处罚和何种幅度的行政处罚决定的权限。

第三条　行使行政处罚自由裁量权，应当遵循处罚法定、公开、公正、处罚与教育相结合、过罚相当的原则。

对违法事实、性质、情节及社会危害程度等因素基本相同的同类当事人，行政处罚实施部门行使行政处罚自由裁量权时，所适用的法律依据、处罚种类和幅度应当基本相同。

第四条　行使行政处罚自由裁量权，应当符合法律目的，综合考虑、衡量违法事实、性质、情节、社会危害程度等相关因素，排除不相关因素的干扰。

第五条　政府法制部门、监察部门负责对规范行政处罚自由裁量权工作进行指导和监督。

第二章　实体规则

第六条　市级行政处罚实施部门，应当依照本规定，在法律、法规、规章规定的行政处罚行为、种类、幅度范围内，结合实际，对行政处罚自由裁量权进行细化、量化，制定本部门行政处罚自由裁量规范，明确具体的行政处罚自由裁量标准，作为本部门实施行政处罚自由裁量权工作的依据。

区级行政处罚实施部门可以根据需要制定本部门行政处罚自由裁量标准。

上级行政处罚实施部门对法律、法规、规章规定的行政处罚自由裁量权进行细化、量化，已经制定具体行政处罚自由裁量标准的，下级行政处罚实施部门可以参照执行。

第七条　行政处罚实施部门负责法制工作的机构和负责监察工作的机构，应当参与本部门行政处罚自由裁量规范、标准的制定，并对本部门实施行政处罚自由裁量权行为予以指导和监督。

第八条　细化、量化行政处罚自由裁量标准，应当在法律、法规、规章规定的范围内，根据违法事实、性质、情节、社会危害程度等划分为明确的、具体的不同违法行为的等次，并确定相应的处罚标准。

第九条　行政处罚实施部门制定的行政处罚自由裁量权规范和标准应当向社会公布，

并报同级政府法制部门备案。

第十条 制定行政处罚自由裁量规范和标准应当遵守以下规定：

（一）细化、量化自由裁量标准，不得违反法律、法规、规章的规定；

（二）法律、法规、规章规定可以选择是否予以行政处罚的，应当明确是否予以行政处罚的具体标准和条件；

（三）法律、法规、规章规定可以选择行政处罚种类的，应当明确适用不同种类行政处罚的具体标准和条件；

（四）法律、法规、规章规定可以选择行政处罚幅度的，应当根据违法事实、性质、情节、社会危害程度等划分明确、具体的不同等次，确定具体标准；法律、法规、规章规定行政处罚幅度较大的，可以规定相应的处罚数额、比例或倍数；

（五）违法行为依法符合从重、从轻、减轻或者不予行政处罚自由裁量情形的，在列明具体情况后，应当依照法定条件，不得增设条件。

第十一条 当事人有下列情形之一的，依法不予行政处罚：

（一）违法行为轻微并及时纠正，没有造成危害后果的；

（二）不满十四周岁的人有违法行为的；

（三）精神病人在不能辨认或者不能控制自己行为时有违法行为的；

（四）除法律另有规定外，违法行为在二年内未被发现的；

（五）法律、法规、规章规定不予行政处罚的其他情形。

第十二条 当事人有下列情形之一的，依法应当从轻或者减轻行政处罚：

（一）主动消除或者减轻违法行为危害后果的；

（二）配合行政机关查处违法行为有立功表现的；

（三）已满十四周岁不满十八周岁的人有违法行为的；

（四）受他人胁迫有违法行为的；

（五）法律、法规、规章规定应当从轻、减轻行政处罚的其他情形。

第十三条 当事人有下列情形之一的，依法应当从重行政处罚：

（一）违法情节恶劣，造成严重后果的；

（二）经执法人员责令停止、要求纠正违法行为后，继续实施违法行为的；

（三）隐匿、销毁违法行为证据的；

（四）共同实施违法行为中起主要作用的；

（五）多次实施违法行为，屡教不改的；

（六）胁迫、教唆他人实施违法行为的；

（七）对举报人、证人打击报复的；

（八）严重妨碍执法人员查处违法行为尚未构成犯罪的；

（九）法律、法规、规章规定应当从重行政处罚的其他情形。

行政处罚实施部门不得因当事人申辩而加重或者从重处罚。

第十四条 法律、法规、规章规定既可以单处又可以并处行政处罚的，对轻微违法行为，一般实施单处的处罚方式；对严重违法行为，优先适用并处的处罚方式。

第三章　程序规则

第十五条　行政处罚实施部门应当对本部门实施行政处罚的立案、调查、审查、听证、决定、执行等程序作出具体规定。

第十六条　行政处罚实施部门在行使行政处罚自由裁量权时，应当充分听取当事人的陈述、申辩，并记录在案。行政处罚行为有从重、从轻、减轻或者不予行政处罚的，应当在案卷讨论记录和行政处罚决定书中说明理由。

第十七条　案件调查人员提出的行政处罚意见，应当经本部门负责法制工作的机构审核后，报行政处罚实施部门负责人审查批准。

对情节复杂或者重大违法行为给予较重的行政处罚，以及拟作出适用听证程序的行政处罚，行政处罚实施部门负责人应当集体讨论决定。

第十八条　行政处罚适用一般程序的，行政处罚实施部门应当从立案之日起 30 日内作出行政处罚决定。30 日内不能作出决定的，经本部门负责人批准，可以延长 30 日。法律、法规、规章另有规定的，从其规定。

行政处罚实施部门在作出行政处罚决定之前，依法需要听证、检验、检测、检疫、鉴定的，所需时间不计算在前款规定的期限内。

第十九条　行政处罚实施部门可以结合本部门实际，建立典型案例制度，指导本部门行政处罚自由裁量权的规范行使。

第二十条　行政处罚案件应当在结案后 3 个月内立卷归档。

第四章　监督规则

第二十一条　行政处罚实施部门在实施行政处罚自由裁量权时，应当依照法定的执法程序明确执法流程，并向社会公开。

第二十二条　行政处罚实施部门实施行政处罚，不得有下列情形：

（一）违法行为的事实、性质、情节以及社会危害程度与当事人受到的行政处罚相比，畸轻畸重的；

（二）在同一或者同类案件中，不同当事人的违法行为相同或者基本相同，但所受行政处罚不同的；

（三）依法应当不予行政处罚或者应当从轻、减轻行政处罚的，但滥施行政处罚或者未予从轻、减轻行政处罚的；

（四）其他滥用行政处罚自由裁量权情形的。

第二十三条　行政处罚实施部门应当建立健全规范行政处罚自由裁量权的监督制度。

政府法制部门、监察部门应当通过行政执法检查、行政处罚案卷评查等方式，对行政处罚实施部门行使行政处罚自由裁量权情况进行监督检查。

第二十四条　市政府绩效考核部门应当将行政处罚实施部门规范行使行政处罚自由裁量权的情况，作为该部门依法行政的内容，纳入绩效考评的范畴。

第二十五条　行政执法人员违反规定实施行政处罚自由裁量权的，视情节予以暂扣、收回行政执法证件或者调离执法岗位，并按照《厦门市行政机关工作人员行政过错责任追究暂行办法》的规定，予以责任追究；涉嫌犯罪的，移交司法机关依法处理。法律、法规、规章另有规定的，从其规定。

前款规定的暂扣、收回行政执法证件的处理，由市政府法制部门实施；调离行政执法岗位和其他行政责任的追究，由本级政府法制部门提出处理建议，由具有相应管理权限的部门或者监察部门依法实施。

第五章　附　则

第二十六条　本规定由市政府法制部门负责解释。

第二十七条　本规定自二〇〇九年七月一日起施行。

安徽省道路运输安全违法行为处罚处分办法

（安徽省人民政府令第219号，2009年2月9日发布）

第一条　为了加强道路运输安全管理，督促道路运输经营者以及道路运输相关业务经营者切实履行道路运输安全职责，防止和减少道路运输安全事故，保障人民群众生命和财产安全，根据有关法律、法规，结合本省实际，制定本办法。

第二条　本办法适用于本省行政区域内道路运输安全违法行为的处罚和处分。

第三条　道路运输经营者以及道路运输相关业务经营者应当加强道路运输安全管理，建立、健全道路运输安全责任制，完善道路运输安全条件，保障道路运输安全。

道路运输经营者以及道路运输相关业务经营者及其从业人员应当依法履行道路运输安全义务。

第四条　县级以上地方人民政府交通行政主管部门所属的道路运输管理机构（以下称县级以上道路运输管理机构）、县级以上地方人民政府公安机关交通管理部门（以下称县级以上公安机关交通管理部门）和县级以上地方人民政府安全生产监督管理部门等在各自职责范围内，依法对道路运输安全违法行为作出处理、处罚决定。

国家行政机关在道路运输安全监督管理工作中有违法行为的，对其直接负责的主管人员和其他直接责任人员，由监察机关或者任免机关依照人事管理权限，依法给予处分。

企业、事业单位在道路运输经营以及道路运输相关业务经营活动中有违法行为的，其直接负责的主管人员和其他直接责任人员，属于国家行政机关任命的，由监察机关或者任免机关依照人事管理权限，依法给予处分。

第五条　道路运输经营者应当具备法定的安全生产条件，并依法取得道路运输经营许可证后方可从事道路运输经营活动。

道路运输经营者未取得道路运输经营许可证，擅自从事道路运输经营的，由县级以上道路运输管理机构责令停止经营；有违法所得的，没收违法所得，处违法所得2倍以上10倍以下的罚款；没有违法所得或者违法所得不足2万元的，处3万元以上10万元以下的罚款。

第六条　从事道路运输经营的驾驶员，应当符合《中华人民共和国道路运输条例》规定的条件。不符合法定条件驾驶道路运输车辆的，由县级以上道路运输管理机构责令改正，处200元以上2000元以下的罚款。

道路运输经营者聘用不符合法定条件的人员驾驶道路运输车辆的，由县级以上道路运输管理机构责令改正，处5000元以上2万元以下的罚款。

第七条　道路运输经营者应当对从业人员进行道路运输安全教育和培训，保证从业人员具备有关道路运输安全知识，熟悉有关道路运输安全规章制度和安全操作规程，掌握本岗位的安全操作技能。未经道路运输安全教育和培训合格的从业人员，不得上岗作业。

道路运输经营者未按规定对从业人员进行道路运输安全教育和培训的，由县级以上道路运输管理机构责令限期改正；逾期未改正的，处5000元以上2万元以下的罚款。

第八条 从事道路运输经营的驾驶员有下列情形之一的，县级以上公安机关交通管理部门除依法处罚外，应当及时向县级以上道路运输管理机构通报有关情况；县级以上道路运输管理机构应当将驾驶员的交通违法情况及时向其道路运输经营者通报，责令道路运输经营者对驾驶员进行道路运输安全再教育、调离岗位、解聘等处理：

（一）酒后驾驶道路运输车辆的；

（二）1年内累计2次超过额定乘员20%以上不足50%、超过核定载重量30%以上不足100%或者1次超过额定乘员50%以上、超过核定载重量100%以上驾驶道路运输车辆的；

（三）1年内累计2次超过规定时速50%以上不足100%或者1次超过规定时速100%以上驾驶道路运输车辆的；

（四）在1个记分周期内交通违法记分在12分以上，且未按照规定参加道路交通安全法律、法规学习并通过考试的。

第九条 道路运输经营者应当加强对车辆的维护和检测，确保车辆符合国家规定的技术标准；不得使用报废的、擅自改装的和其他不符合国家规定的车辆从事道路运输经营。

道路运输经营者不按国家规定维护和检测道路运输车辆的，由县级以上道路运输管理机构责令改正，处1000元以上5000元以下的罚款；擅自改装已取得车辆营运证车辆的，责令改正，处5000元以上2万元以下的罚款。

驾驶员驾驶拼装的车辆或者已达到报废标准的车辆从事道路运输经营的，由县级以上公安机关交通管理部门予以收缴，强制报废，对驾驶员处200元以上2000元以下罚款，并吊销机动车驾驶证。

第十条 道路运输经营者6个月内发生2次以上1次死亡3人以上责任事故的，由县级以上公安机关交通管理部门责令消除安全隐患。未消除安全隐患的车辆，禁止上道路行驶。

第十一条 道路运输站（场）经营者应当具备法定的安全生产条件，并依法取得道路运输经营许可证后方可从事道路运输站（场）经营活动。

未经许可，擅自从事道路运输站（场）经营的，由县级以上道路运输管理机构责令停止经营；有违法所得的，没收违法所得，处违法所得2倍以上10倍以下的罚款；没有违法所得或者违法所得不足1万元的，处2万元以上5万元以下的罚款。

第十二条 道路运输站（场）经营者应当对出站车辆进行安全检查，禁止无证经营的车辆从事经营活动，防止超载车辆或者未经安全检查的车辆出站。

道路运输站（场）经营者违反规定，允许无证经营的车辆进站从事经营活动以及超载车辆、未经安全检查的车辆出站的，由县级以上道路运输管理机构责令改正，处1万元以上3万元以下的罚款。

道路货物运输站（场）经营者因配载造成道路运输车辆超限、超载的，由县级以上道路运输管理机构责令改正，处1万元以上3万元以下的罚款；情节严重的，由原许可机关吊销道路运输经营许可证。

第十三条　道路运输经营者以及道路运输站（场）经营者已不具备开业要求的有关安全条件，存在重大道路运输安全隐患的，由县级以上道路运输管理机构责令限期改正；在规定时间内不能按照要求改正的，由原许可机关吊销道路运输经营许可证或者注销其相应的经营范围。

第十四条　承担与道路运输安全有关的评价、认证、检测、检验、考试等工作的机构，出具虚假证明的，由县级以上地方人民政府安全生产监督管理部门或者其他有关部门依照有关法律、法规的规定处罚。

有前款违法行为的机构，其直接负责的主管人员和其他直接责任人员，属于国家行政机关任命的，应当给予警告、记过或者记大过处分；情节较重的，给予降级或者撤职处分；情节严重的，给予开除处分。

第十五条　道路运输经营者、道路运输相关业务经营者有下列行为之一的，对直接负责的主管人员和其他直接责任人员，属于国家行政机关任命的，给予警告、记过或者记大过处分；情节较重的，给予降级或者撤职处分；情节严重的，给予开除处分：

（一）未取得道路运输经营许可证等有关许可证件或者不具备安全生产条件，从事道路运输经营以及道路运输相关业务经营活动的；

（二）弄虚作假，骗取道路运输经营许可证等有关许可证件的；

（三）出借、出租、转让或者冒用道路运输经营许可证等有关许可证件的；

（四）未按照有关规定保证道路运输安全所必需的资金投入，导致产生重大安全隐患的；

（五）被依法吊销道路运输经营许可证等有关许可证件，仍继续从事道路运输经营以及道路运输相关业务经营活动的；

（六）对发生的道路运输安全事故瞒报、谎报或者拖延不报的；

（七）组织或者参与破坏事故现场、出具伪证或者隐匿、转移、篡改、毁灭有关证据，阻挠事故调查处理的；

（八）道路运输安全事故发生后，未及时组织抢救或者擅离职守的；

（九）不执行或者不正确执行对事故责任人员的处理决定，或者擅自改变上级机关批复的对事故责任人员的处理意见的。

道路运输安全事故发生后逃匿的，给予开除处分。

第十六条　道路运输经营者、道路运输相关业务经营者有下列行为之一，导致发生道路运输安全事故的，对直接负责的主管人员和其他直接责任人员，属于国家行政机关任命的，给予警告、记过或者记大过处分；情节较重的，给予降级或者撤职处分；情节严重的，给予开除处分：

（一）对存在的重大安全隐患，未采取有效措施的；

（二）违章指挥，强令驾驶员违章驾驶道路运输车辆的；

（三）未按规定进行道路运输安全教育和培训并经考核合格，允许从业人员上岗，致使违章作业的；

（四）超过额定乘员或者核定载重量运输旅客或者货物，拒不执行有关部门整改指令的；

（五）拒绝执法人员进行现场检查或者在被检查时隐瞒事故隐患，不如实反映情况的；

（六）有其他不履行或者不正确履行道路运输安全管理职责的。

第十七条 交通、公安、安全生产监督管理等部门有下列行为之一的，对直接负责的主管人员和其他直接责任人员，给予警告、记过或者记大过处分；情节较重的，给予降级或者撤职处分；情节严重的，给予开除处分：

（一）向不符合法定安全生产条件的道路运输经营者、道路运输相关业务经营者，颁发道路运输经营许可证等有关许可证件的；

（二）对经责令整改仍不具备安全生产条件的道路运输经营者以及道路运输相关业务经营者，未吊销道路运输经营许可证等有关许可证件的；

（三）对发现的道路运输安全违法行为，应予行政处罚而未处罚或者以罚款代替其他行政处罚的；

（四）参与或者变相参与道路运输经营以及道路运输相关业务经营的；

（五）干预与道路运输经营以及道路运输相关业务经营有关的行政许可或者安全生产执法监督的；

（六）索取或者非法收受他人财物或者谋取其他利益的；

（七）违反监督管理职责的其他行为。

第十八条 交通、公安、安全生产监督管理等部门有下列行为之一的，对直接负责的主管人员和其他直接责任人员，给予警告、记过或者记大过处分；情节较重的，给予降级或者撤职处分；情节严重的，给予开除处分：

（一）发现存在重大安全隐患，未按规定采取措施，导致道路运输安全事故发生的；

（二）对发生的道路运输安全事故瞒报、谎报、拖延不报，或者组织、参与瞒报、谎报、拖延不报的；

（三）道路运输安全事故发生后，不及时组织抢救的；

（四）阻挠、干预道路运输安全事故调查工作的；

（五）阻挠、干预对事故责任人员进行责任追究的；

（六）不执行对事故责任人员的处理决定，或者擅自改变上级机关批复的对事故责任人员的处理意见的；

（七）有其他失职、渎职行为的。

第十九条 交通、公安、安全生产监督管理等部门应当建立有关道路运输安全的执法信息互通和共享机制。

县级以上公安机关交通管理部门应当及时将驾驶员重特大道路运输安全事故情况，向当地道路运输管理机构和安全生产监督管理部门通报。

县级以上道路运输管理机构应当将新审批的客运线路及班次、停靠站点等情况，通报给当地公安机关交通管理部门。

第二十条 交通、公安、安全生产监督管理等部门对严重道路运输安全违法行为、发生道路运输安全事故较多的道路运输经营者名单以及道路运输安全事故的处理情况，应当及时向社会公布。

第二十一条 单位和个人对依照本办法规定作出的处理、处罚决定不服的，可以依法申请行政复议或者提起行政诉讼。

国家公务员和企业、事业单位中由国家行政机关任命的人员对依照本办法规定作出的行政处分决定不服的，可以依法提出申诉。

第二十二条　企业、事业单位中除由国家行政机关任命的人员外，其他人员有道路运输安全违法行为，应当给予处分的，由企业、事业单位参照本办法执行。

第二十三条　有道路运输安全违法行为，涉嫌犯罪的，移送司法机关依法处理。

第二十四条　本办法自 2009 年 4 月 1 日起施行。

四川省城乡规划违法违纪行为行政处分规定

（四川省人民政府令第 230 号，2009 年 2 月 18 日发布）

第一条 为加强对城乡规划的监督管理，预防和处理城乡规划中的违法违纪行为，根据《中华人民共和国城乡规划法》、《中华人民共和国行政监察法》和《行政机关公务员处分条例》等法律、法规，结合四川实际，制定本规定。

第二条 本规定所称城乡规划违法违纪行为，是指违反城镇体系规划、城市规划、镇规划、乡规划、村庄规划、风景名胜区规划等有关法律、法规、规章的行为。

第三条 地方各级人民政府及其工作人员有下列行为之一，对有关人民政府负责人和其他直接责任人员给予警告或记过处分；情节较重的，给予记大过或降级处分；情节严重的，给予撤职处分：

（一）制发与城乡规划法律、法规、规章相抵触的规范性文件的；

（二）擅自将应当由本级人民政府及其城乡规划主管部门履行的城乡规划行政审批权下放给政府其他职能部门、下级政府、各类开发（园）区或者其他组织行使的；

（三）依法应当编制城乡规划而未组织编制的；

（四）委托不具有相应资质等级的单位编制城乡规划的；

（五）城市、县人民政府组织编制的总体规划在报上一级人民政府审批前未经本级人民代表大会常务委员会审议，或者镇人民政府组织编制的镇总体规划在报上一级人民政府审批前未经镇人民代表大会审议的；

（六）报送总体规划审批前，未依法将规划草案予以公告，并采取论证会、听证会或者其他方式征求专家和公众意见，以及对依法批准的城乡规划不依法及时公布的；

（七）制定的近期建设规划，不按规定上报总体规划审批机关备案的；

（八）在城市总体规划、镇总体规划确定的建设用地范围以外，设立各类开发区和城市新区的；

（九）批准的控制性详细规划违反城市总体规划、镇总体规划的强制性内容的；

（十）未将城乡规划编制和管理经费纳入本级财政预算的；

（十一）乡、镇人民政府对乡、村庄规划区内违反城乡规划的建设行为，不依法查处的。

第四条 城乡规划主管部门及其工作人员有下列行为之一，对直接负责的主管人员和其他直接责任人员给予警告或记过处分；情节较重的，给予记大过或降级处分；情节严重的，给予撤职处分：

（一）制发与城乡规划法律、法规、规章相抵触的规范性文件的；

（二）擅自将应当由本部门履行的城乡规划行政审批权交由其他单位或人员行使的；

（三）未依法组织编制城市的控制性详细规划和县人民政府所在地镇的控制性详细规划的；

（四）委托不具有相应资质等级的单位编制控制性详细规划的；

（五）编制的控制性详细规划报送审批前，未依法将规划草案予以公告，并按规定采取论证会、听证会或者其他方式征求专家和公众意见的；

（六）编制的重要地块修建性详细规划不符合控制性详细规划的；

（七）在城乡规划确定的建设用地范围以外作出规划许可，或者作出的规划许可内容违反经批准的城乡规划强制性内容的；

（八）超越职权或者对不符合法定条件的申请人核发选址意见书、建设用地规划许可证、建设工程规划许可证、乡村建设规划许可证的；

（九）对符合法定条件的申请人未在法定期限内核发选址意见书、建设用地规划许可证、建设工程规划许可证、乡村建设规划许可证的；

（十）对经审定的修建性详细规划、建设工程设计方案的总平面图未依法予以公布，或者未按照规定采取听证会等形式听取利害关系人意见即同意修改经依法审定的修建性详细规划、建设工程设计方案的总平面图的；

（十一）对建设单位提出的不符合控制性详细规划的变更规划条件申请，或者对影响近期建设规划或者控制性详细规划的实施以及交通、市容、安全的临时建设许可申请，予以批准的；

（十二）发现未依法取得规划许可或者违反规划许可的规定在规划区内进行建设的行为，而不予查处或者接到举报后不依法处理的。

第五条　土地主管部门及其工作人员有下列行为之一，对直接负责的主管人员和其他直接责任人员给予警告或记过处分；情节较重的，给予记大过或降级处分；情节严重的，给予撤职处分：

（一）未依法在国有土地使用权出让合同中确定规划条件或者改变国有土地使用权出让合同中依法确定的规划条件的；

（二）对未依法取得建设用地规划许可证的建设单位划拨国有土地使用权的，或者未依法取得乡村建设规划许可证办理乡村建设用地审批手续的；

（三）未经城乡规划主管部门同意改变城乡规划区内土地用途的。

第六条　建设主管部门及其工作人员有下列行为之一，对直接负责的主管人员和其他直接责任人员给予警告或记过处分；情节较重的，给予记大过或降级处分；情节严重的，给予撤职处分：

（一）对未取得建设工程规划许可证或乡村建设规划许可证的建设项目，核发建设项目施工许可证的；

（二）核发施工许可证时，擅自改变建设工程规划许可证或乡村建设规划许可证内容的；

（三）对未取得规划许可和规划核实手续的建设工程予以工程竣工验收备案的。

第七条　投资主管部门对未依法取得选址意见书的建设项目核发建设项目批准文件的，对属于行政监察对象的直接负责的主管人员和其他直接责任人员给予警告或记过处分；情节较重的，给予记大过或降级处分；情节严重的，给予撤职处分。

第八条　房屋产权登记部门及其工作人员有下列行为之一，对直接负责的主管人员和其他直接责任人员给予警告或记过处分；情节较重的，给予记大过或降级处分；情节严重的，给予撤职处分：

（一）对未经规划核实或者经核实不符合规划条件的新建房屋进行产权登记的；

（二）未经城乡规划主管部门同意办理房屋设计用途变更登记的；

（三）对未依法取得建设工程规划许可证或者擅自改变建设工程规划许可证内容的建设单位颁发商品房预售许可证的。

第九条 城乡规划编制、建筑设计单位或个人有下列行为之一，对属于行政监察对象的直接负责的主管人员、直接责任人员给予警告或记过处分；情节较重的，给予记大过或降级处分；情节严重的，给予撤职处分：

（一）没有资质或者超越资质等级许可的范围承揽城乡规划编制、建筑设计工作的；

（二）以送礼、宴请、回扣等不正当手段取得规划编制、建筑设计任务的；

（三）违反城乡规划法律、法规、规章和国家、地方有关标准及规划条件，编制城乡规划和进行建筑设计的。

第十条 建设单位或者个人有下列行为之一的，对属于行政监察对象的直接负责的主管人员、直接责任人员给予警告或记过处分；情节较重的，给予记大过或降级处分；情节严重的，给予撤职、开除处分：

（一）以欺骗、贿赂等不正当手段取得规划许可的；

（二）指使、授意设计单位及设计人员违反国家、地方有关标准及规划条件进行设计的；

（三）不按照国家、地方有关标准及规划条件进行工程建设，影响城市规划实施的；

（四）未取得建设工程规划许可证、乡村建设规划许可证或者未按照建设工程规划许可证、乡村建设规划许可证的规定进行工程建设的；

（五）未经批准或不按照批准内容进行临时建设，或者在批准临时使用的土地上建设永久性建筑物、构筑物和其他设施的。

第十一条 有下列行为之一，对属于行政监察对象的有关责任人员给予警告或记过处分；情节较重的，给予记大过或降级处分；情节严重的，给予撤职或开除处分：

（一）违反城乡规划法律、法规的有关规定，要求、命令、指使有关主管部门实施行政审批的；

（二）强令违反城乡规划实施工程建设项目的；

（三）干扰、限制、阻挠有关行政机关及其工作人员依法查处城乡规划违法违纪案件的；

（四）在城乡规划工作中，利用职权或职务上的便利为他人谋取利益，收受好处，或者为配偶、子女及其配偶、亲友或身边工作人员说情，谋取私利的。

第十二条 有关责任人员主动交代违法违纪行为，并主动采取措施有效避免或者挽回损失的，应当减轻处分。违纪行为情节轻微，经过批评教育后改正的，可以免予处分。

第十三条 违反本规定的，按照干部人事管理权限，由行政监察机关会同城乡规划主管部门等有关部门进行调查处理。需要给予政纪处分的，按照处分权限和相关程序规定办理。受处分人员不服处分的申诉与复查复核，按照《中华人民共和国行政监察法》、《行政机关公务员处分条例》等有关法律、法规的规定执行。对非行政监察对象违反本规定的，调查机关可向有关行政主管部门提出处理、处罚建议，由有关部门依法处理。需要给予行政处罚或者行业处理的，建议有关行政主管部门或者行业协会依法处理。

第十四条　对城乡规划违法违纪行为的行政处分，法律、法规另有规定的，从其规定；涉嫌犯罪的，移送司法机关处理。

第十五条　其他行政机关和法律、法规授权的具有管理公共事务职能的组织以及国家行政机关依法委托的组织及其工作人员，有城乡规划违法违纪行为的行政处分，参照本规定执行。

第十六条　本规定自2009年4月1日起施行。

哈尔滨市规范行政权力规定

（哈尔滨市人民政府令第197号，2009年2月27日发布）

第一条 为了规范行政权力，保证行政机关合法、公正、公开、高效行使行政权力，维护公民、法人和其他组织的合法权益，加快法治政府建设，根据有关法律、法规的规定，结合本市实际，制定本规定。

第二条 本规定所称行政权力，是指市、区、县（市）人民政府及其部门和法律、法规授权的组织及依法受委托的组织（以下统称行政机关），依法行使行政管理的权力，包括行政许可权、非行政许可审批权、行政处罚权、行政强制权、行政征收权、行政给付权、行政确认权、行政裁决权、行政检查权以及本级机构编制管理机关批准的行政机关“三定”规定（以下简称“三定”规定）赋予的其他权力。

第三条 本市行政机关行使行政权力适用本规定。

法律、法规、规章对规范和监督行政权力另有规定的，从其规定。

第四条 市、区、县（市）人民政府负责组织本级行政机关行政权力规范和监督管理工作。

政府法制部门负责对行政机关行使行政权力实施监督检查。

行政监察部门负责对行政机关行使行政权力实施行政监察。

审计、财政、人事、编制等部门应当按照各自的职责，做好规范行政权力的相关工作。

第五条 规范行政权力坚持下列原则：

（一）合法、合理原则；

（二）程序正当原则；

（三）公开、公平、公正原则；

（四）高效便民原则；

（五）权责统一原则。

第六条 行政机关应当依照法律、法规、规章和“三定”规定的有关规定行使行政权力。

行政机关应当按照决策权、执行权和监督权既相互制约又相互协调的原则，设定行政权力结构和运行机制。

第七条 法律、法规、规章规定由县（市）人民政府或其部门行使的行政权力，应当由县（市）人民政府或其部门行使，市人民政府或其部门不得行使；法律、法规、规章规定由县级以上人民政府或其部门行使的行政权力，属于县一级人民政府或其部门的管理权限，除法律、法规、规章有特别限制规定外，可以由区人民政府或其部门行使。

法律、法规、规章对市人民政府及其部门和区、县（市）人民政府及其部门之间的行政职责分工未作明确规定的，市人民政府及其部门应当按照有利于发挥行政效能、财权与事权相匹配、权力与责任相一致、管理重心适当下移等原则确定。与人民群众日常生活、生产直接相关的行政权力，应当逐步由区、县（市）人民政府或其部门行使。

第八条　经国务院、省人民政府批准，市人民政府决定一个行政机关行使有关行政机关的行政权力后，有关行政机关不得再行使已被调整出的行政权力；继续行使的，作出的行政决定无效。

第九条　行政事项需要行政机关内设的多个机构办理的，该行政机关应当确定一个机构统一受理公民、法人或者其他组织的申请，统一送达行政决定。

对涉及两个以上行政机关共同办理的事项，市、区、县（市）人民政府可以确定一个行政机关或者行政服务机构窗口统一受理申请，将相关事项以电子政务等方式抄告相关行政机关，实行并联办理。

第十条　市、区、县（市）人民政府应当按照法律、法规、规章和“三定”规定的有关规定，组织本级行政机关对行政权力进行清理，并编制行政机关行政权力目录。行政权力目录经同级人民政府批准后，向社会公布。

行政权力目录应当按照行政权力的类别，逐项列明行政权力名称、法律依据、公开方式、公开时限、收费依据和标准、承办处室等内容。

第十一条　行政机关不得擅自或变相扩大、缩小、放弃行政权力。

行政权力所依据的法律、法规、规章和“三定”规定修改或废止时，行政机关应当在施行之日起 15 日内对行政权力目录进行修改，并经同级人民政府批准后向社会公布。

第十二条　行政机关应当对应行政权力目录，制定行政权力流程图，经同级人民政府批准后，向社会公布。

行政权力流程图应当符合行政权力运行规律和操作程序，法律、法规、规章对流程有明确规定的，应当按照法定程序制定流程图；法律、法规、规章没有明确规定的，按照行政权力实际行使程序制定，简化不必要的环节。

行政权力流程图应当载明行使行政权力的条件、承办处室、行使程序及相关接口、办理时限、内部监督制约环节、相对人权利和投诉举报途径等内容。

第十三条　行政权力行使程序发生变更时，行政机关应当在变更之日起 15 日内对行政权力流程图进行修改，并经同级人民政府批准后向社会公布。

第十四条　行政机关依据法律、法规和规章规定享有自由裁量权的，应当制定自由裁量权基准，经同级人民政府批准后，向社会公布。

行政机关应当根据法律、法规、规章的变化或者执法工作的实际情况，及时调整本机关的自由裁量权基准，并按照前款规定经批准和公布。

第十五条　行政机关应当根据下列情形，制定自由裁量权基准：

（一）所依据的法律、法规和规章规定的立法目的、法律原则；

（二）经济、社会、文化等客观情况的地域差异性；

（三）管理事项的事实、性质、情节以及社会影响；

（四）其他可能影响自由裁量权合理性的因素。

第十六条　自由裁量权基准由享有自由裁量权的行政机关制定。上级行政机关已经制定自由裁量权基准的，下级行政机关原则上不再制定适用范围相同的自由裁量权基准。

行政机关应当遵守自由裁量权基准。

第十七条 行政机关应当制定规范行政权力工作规则，明确协调配合工作机制，压缩事项办理时限，落实首问责任制、限时办结制、服务承诺制等制度，提高工作效率和服务水平。

第十八条 行政机关应当按照法定职责行使行政决策权，制定和完善内部决策规则，建立健全重大行政决策社会公示与听证、专家咨询、合法性论证、集体决策等制度。

第十九条 政府重大行政决策包括以下事项：

（一）编制国民经济和社会发展规划、年度计划；

（二）编制财政预决算草案、重大资金使用安排；

（三）制定经济社会发展、行政管理体制改革、社会稳定等方面的重大政策措施；

（四）制定或者调整各类总体规划、重要的区域规划和专项规划；

（五）制定或者调整重大突发公共事件应急预案；

（六）政府重大投资项目、国有资产处置方面的重大事项；

（七）其他需要由政府决策的重大事项。

政府所属部门重大行政决策事项由部门根据其职能和决策事项的性质、重要程度及影响进行合理确定。

第二十条 行政机关对拟决策事项应当开展调查研究，全面、准确掌握决策所需的有关情况，并形成决策方案草案。

第二十一条 涉及经济社会发展和社会稳定的重大行政决策事项以及专业性较强的决策事项，应当咨询专家意见或者组织专家进行论证。

专家咨询会、论证会的结论及专家咨询意见书应当作为行政机关决策的参考。

第二十二条 重大行政决策涉及相关行政机关职能的，应当征求相关行政机关的意见。

重大行政决策事项涉及面广或者与公民、法人和其他组织利益密切相关的，应当公开征求意见。公开征求意见可以采取公示、调查、座谈、听证等方式。

第二十三条 重大行政决策在决定前应当由政府法制部门或本部门法制机构进行合法性审查。合法性审查的内容包括重大决策的权限、内容、程序是否符合相关法律、法规、规章。未经合法性审查的，重大行政决策不得提请审议和决定。

第二十四条 重大行政决策应当在召开会议集体讨论的基础上由行政机关负责人作出决定。行政机关负责人根据会议讨论情况，可以对讨论的重大决策事项作出同意、不同意、修改及再次讨论的决定。

行政机关召开重大行政决策会议，应当制作会议记录。

第二十五条 重大行政决策结果，除依法保密的以外，应当及时予以公开。

第二十六条 行政权力依法由行政机关依职权启动，或者依公民、法人和其他组织的申请启动。

行政机关依职权启动程序，应当由行政机关工作人员填写有统一编号的程序启动审批表，报本行政机关负责人批准。情况紧急的，可以事后补报。

公民、法人或者其他组织认为自己的申请事项符合法定条件，可以申请行政机关启动行政权力程序。

第二十七条 行政机关对当事人提出的申请，应当根据下列情况分别作出处理：

（一）申请事项依法不属于本行政机关职权范围的，应当即时作出不予受理的决定，并告知当事人向有关行政机关申请。

（二）申请材料存在可以当场更正的错误的，应当允许当事人当场更正。

（三）申请材料不齐全或者不符合法定形式的，应当当场或者在5日内一次告知当事人需要补正的全部内容，逾期不告知的，自收到申请材料之日起即为受理；当事人在限期内不作补充的，视为撤回申请。

（四）申请事项属于本行政机关职权范围，申请材料齐全、符合法定形式，或者当事人按照本行政机关的要求提交全部补正申请材料的，应当受理当事人的申请。

行政机关受理或者不受理当事人申请的，应当出具加盖本行政机关印章和注明日期的书面凭证。

第二十八条　行政权力启动后，需要调查取证的，行政机关应当依法调查事实，收集证据

行政机关工作人员在调查时，工作人员不得少于2人，并应当向当事人或者有关人员出示行政执法证件，在调查记录中予以记载。行政机关工作人员不出示行政执法证件的，当事人或者有关人员有权拒绝接受调查和提供证据。

第二十九条　行政机关应当依照法定程序合法、全面、及时、客观的收集证据。

严禁以暴力、胁迫、引诱、欺骗或者其他非法手段收集证据。以非法手段取得的证据不能作为行政决定的根据。

第三十条　行政机关在作出行政决定之前，应当告知当事人、利害关系人行政决定的内容、事实和法律依据，以及当事人、利害关系人依法享有的陈述权、申辩权和行政救济途径。

对于当事人、利害关系人的陈述和申辩，行政机关应当予以记录并归入案卷。

对当事人、利害关系人提出的事实、理由和证据，行政机关应当进行审查，并采纳其合理的意见；不予采纳的，应当说明理由。

第三十一条　具有下列情形之一的，行政机关在作出行政决定前应当举行听证会：

（一）法律、法规、规章规定应当举行听证会的。

（二）行政机关依法告知听证权利后，当事人、利害关系人申请听证的。

（三）行政机关认为必要的。

（四）当事人、利害关系人申请，行政机关认为确有必要的。

听证应当制作笔录，听证笔录应当全面、真实地反映听证过程，并作为作出行政决定的重要依据。

第三十二条　一般行政决定应当由行政机关主要负责人或者分管负责人决定。

重大行政决定应当由行政机关负责人集体讨论决定。

第三十三条　行政决定文书应当格式统一、内容完整、表述清楚、用语规范。

行政决定文书应当充分说明决定的理由，说明理由包括证据采信理由、依据选择理由和决定裁量理由。

行政决定文书不说明理由，仅简要记载当事人的行为事实和引用执法依据的，当事人有权要求行政机关予以说明。

第三十四条 行政决定文书一般应当当场送达当事人；不能当场送达的，应当采取直接送达、委托送达、邮寄送达、留置送达或者公告送达等方式送达。

行政决定文书自送达之日起生效。

第三十五条 法律、法规、规章对行政事项有明确期限规定的，行政机关应当在法定的期限内办结。

第三十六条 法律、法规、规章对行政事项没有规定办理期限的，实行限时办结制度，行政机关应当按照下列规定限时办结：

（一）办理的事项只涉及一个行政机关的，行政机关应当自受理申请之日起20日内办结；20日内不能办结的经本行政机关负责人批准，可以延长10日，并应当将延长期限的理由告知申请人。

（二）办理的事项涉及两个以上部门的，行政机关应当自受理申请之日起45日内办结；45日内不能办结的，经本级人民政府负责人批准，可以延长15日，并应当将延长期限的理由告知申请人。

（三）依法应当先经下级行政机关审查或者经上级行政机关批准的事项，负责审查或者批准的行政机关应当在受理之日起20日内审查或者批准完毕。

（四）行政机关依职权启动的行政行为，应当自程序启动之日起60日内办结；60日内不能办结的，经本机关负责人批准，可以延长30日，并应当将延长期限的理由告知当事人。

第三十七条 依法不需要对申请材料的实质内容进行核实的事项，申请人提交的申请材料齐全、符合法定形式的，行政机关应当当场办理，当场作出书面决定。

第三十八条 行政机关应当建立健全行政权力记录管理制度，制作格式统一、体例规范、内容完整的行政管理文书，如实记载行政权力行使过程的各环节情况，认真落实案卷归档制度，严格案卷管理。

第三十九条 行政机关应当建立健全行政权力运行公开制度，按照《中华人民共和国政府信息公开条例》、《哈尔滨市政务公开规定》等有关规定，主动公开行政权力行使全过程。在决策环节，应当公开决策的事项、依据和结果；在执行环节，应当公开与行使行政权力或事项办理过程的有关情况；对执行结果，应当根据涉及范围，以适当方式在一定范围内公示或向社会公开。

行政机关应当重点公开行政许可、行政收费、重大行政处罚、工程招投标、大宗物品政府采购、社会公益性事业建设、国有企业重组改制、产权交易、各类专项资金和财政资金分配使用等行政权力行使过程。

第四十条 市、区、县（市）人民政府应当加强政府绩效管理，建立健全政府绩效管理体系，按照有关规定实行政府绩效评估，提高行政效能。

第四十一条 政府法制、行政监察等部门应当加强对行政权力运行的监督，探索建立网上行政权力实时监控系统，完善监督检查措施，建立联席会议制度、例会制度、联络员制度、重大事项通报等监督协作制度。

第四十二条 政府法制、行政监察等部门应当畅通投诉、举报渠道，对投诉、举报的违法或不当行政行为及时处理纠正。

第四十三条　对违反本规定，违法或不当行使行政权力的，由本级政府法制部门、行政监察部门依据职责权限，按照《哈尔滨市行政机关领导问责暂行办法》、《哈尔滨市行政执法过错责任追究办法》、《哈尔滨市行政执法监督规定》、《哈尔滨市行政机关实施行政许可监督规定》和《哈尔滨市行政效能监察规定》等有关规定予以处理。

第四十四条　本规定自 2009 年 4 月 1 日起施行。

辽宁省预算执行情况审计监督办法

（辽宁省人民政府令第224号，2009年3月16日发布）

第一条 为了加强预算执行和其他财政收支情况的审计监督工作，根据《中华人民共和国审计法》、《中央预算执行情况审计监督暂行办法》等有关法律、法规规定，结合我省实际，制定本办法。

第二条 本办法所称的预算执行情况审计，是指省、市、县（含县级市、区，下同）审计机关在本级政府和上一级审计机关的领导下，对本级预算执行和其他财政收支情况的真实、合法、效益进行审计监督的行为。

第三条 预算执行情况审计监督，应当符合下列要求：

（一）有利于各级政府加强对财政收支的管理；

（二）有利于各级人民代表大会常务委员会对预算执行和其他财政收支的监督；

（三）有利于促进各级财政、地方税务部门和其他部门依法有效行使预算管理职权；

（四）有利于提高各级财政预算管理水平，更加有效合理地分配财政资金、提高资金的使用效益；

（五）有利于实现各级预算执行和其他财政收支审计监督工作的法制化。

第四条 审计机关对本级预算执行情况进行审计监督的主要内容：

（一）财政部门按照本级人民代表大会批准的预算，向本级各部门、各单位批复预算的情况；本级预算执行调整、追加和结转、结余情况；

（二）财政部门按照批复的年度预算、规定的预算级次和程序，办理预算资金拨付情况、预算资金管理和绩效考评情况；

（三）财政部门管理和使用政府间转移支付资金以及办理上下级结算情况；

（四）预算收入征收部门依照法律、行政法规和国家其他有关规定征收预算收入情况；预算收入按预算级次及程序规定划分、留解情况；预算收入退库情况；

（五）政府债务管理和使用情况；

（六）按照国家有关规定实行专项管理的预算资金收支情况；

（七）各级国库按照法律和国家有关规定，办理预算收入的收纳、划分、留解情况和预算支出的拨付情况；

（八）本级政府各部门、各单位执行年度部门预算和财政、财务制度，以及有关的经济建设和事业发展情况；有预算收入上缴任务的部门和单位预算收入上缴情况；各用款单位财政资金的管理、使用、效益情况；

（九）本级政府或者上级审计机关交办的与预算执行情况有关的其他事项。

本级人民代表大会常务委员会认为有必要进行专项审计的，本级政府应当作出安排，并报告审计结果。

第五条 审计机关对其他财政收支进行审计监督的主要内容：

（一）运用财政资金投资、资产经营等单位的财政收支、财务收支情况；各级财政部门和本级政府各部门依照有关法律、法规、规章管理和使用预算外资金的情况；

（二）政府采购资金的管理和使用情况；

（三）本级各部门决算和下级政府决算情况；

（四）国有地方金融机构、企业事业组织、国有资本占控股地位或者主导地位的企业资产、负债、损益情况，国有资产管理及收益收缴情况。

第六条　审计机关应当对财政资金的管理和使用情况开展绩效审计，分析评价财政资金使用的经济效益和社会效益，提出财政资金管理和使用的意见和建议。

第七条　审计机关有权检查被审计单位运用电子计算机管理财政收支、财务收支的会计核算系统及相关业务管理系统。被审计单位应当向审计机关提供相关电子数据和必要的计算机技术文档。

审计机关应当积极开展联网审计，财政、税务和其他部门财政收支、财务收支的核算和业务管理系统应当与审计机关实现网络互联。

第八条　审计机关有权对审计工作涉及的特定事项，向有关市、县、乡（镇）及有关部门和单位进行专项审计调查。

第九条　审计机关应当在规定时间内完成对上一年度本级预算执行情况审计，并向本级政府和上一级审计机关提出审计结果报告。

审计机关受本级政府委托，根据本级人民代表大会常务委员会的安排，向本级人民代表大会常务委员会提出本级预算执行情况的审计工作报告，提请人民代表大会常务委员会审议。

各级政府应当在每年年底前，将审计工作报告中指出问题的整改情况、处理结果和人民代表大会常务委员会审议意见、建议和决定的落实情况，向本级人民代表大会常务委员会报告，接受审议。

第十条　财政、地方税务等预算执行部门，应当及时向本级审计机关报送下列材料，同时按照审计机关的要求，提供相关的电子数据，并对所提供资料的真实性、完整性负责：

（一）本级人民代表大会批准的预算，财政部门向本级各部门批复的预算和本级各部门向所属单位批复的预算；

（二）本级预算执行情况月报、年报；本级预算外资金收支计划完成情况；

（三）综合性财政、税务工作统计年报，情况简报，预算执行情况分析、税收计划完成情况；

（四）财政、税收、财务和会计等规章制度；

（五）财政部门向本级人民政府报送的财政决算草案和本级各部门汇总编制的本部门决算草案；

（六）各级国库办理本级预算收入、预算支出、预算收入退库的月（季）报表和年度决算报表；

（七）预算执行审计监督需要的其他有关资料。

第十一条　省、市、县国家税务部门应当按月向同级审计机关提供共享税的征管情况和有关单位纳税情况及其电子数据等资料。同时，应当根据审计同级预算执行情况的需要，及时向审计机关提供有关的税收征管情况的说明材料。

审计机关发现国家税务部门在税收征管工作中有违反法律、行政法规和国家税收政策的行为或者其他重大问题的，应当逐级上报至省级审计机关，由省级审计机关向审计署及其驻地方特派员办事处报告，提出意见和建议。

第十二条 审计机关对违反预算和国家规定的财政收支行为以及管理不规范行为，应当依法出具审计报告，作出审计决定。审计机关认为应当由有关主管机关处理的，应当向有关主管机关提出处理意见和建议。对审计发现的严重违纪问题或者涉嫌犯罪的，应当及时移送纪检监察机关或者司法机关依法处理。

第十三条 审计机关应当向政府有关部门通报或者依法向社会公告预算执行情况审计结果。

第十四条 被审计单位应当按照审计报告指出的问题进行整改。被审计单位未按规定期限和要求整改的，审计机关应当责令执行；被审计单位仍不执行的，由本级政府责令执行，并对负有直接责任的主管人员和其他直接责任人员依法给予行政处分。

第十五条 违反本办法规定，拒绝或者阻碍审计检查的，由审计机关责令限期改正，可以通报批评，给予警告；拒不改正的，依法追究责任。

第十六条 审计人员有下列行为之一的，由其所在单位或者有关部门依法给予行政处分；涉嫌构成犯罪的，移送司法机关追究刑事责任：

（一）泄露国家秘密和商业秘密的；

（二）依法应当回避而不回避的；

（三）玩忽职守，违法失职的；

（四）滥用职权，徇私舞弊的；

（五）其他应当依法给予行政处分的行为。

第十七条 本办法自 2009 年 5 月 1 日起施行。

齐齐哈尔市政府投资和以政府投资为主的建设项目审计办法

（齐齐哈尔市人民政府令第1号，2009年3月17日发布）

第一条　为维护建设市场秩序，提高政府投资建设项目效益，防止国有资产流失，保障建设资金安全，根据《中华人民共和国审计法》、《黑龙江省国家建设项目审计办法》等法律、法规、规章规定，结合本市实际，制定本办法。

第二条　本办法所称政府投资和以政府投资为主的建设项目，是指以各级政府为建设主体的以国有资产投资或者融资为主的新建、改建、扩建的固定资产投资项目（以下简称“政府投资建设项目”）。

第三条　本市行政区域内的政府投资建设项目以及建设、勘察、设计、施工、监理、采购、供货等单位的与政府投资建设项目直接有关的财务收支行为，适用本办法。

第四条　市审计机关是本市政府投资建设项目的审计监督的主管部门并负责本级政府投资建设项目的审计监督工作和组织实施本办法；县（市）、区审计机关负责所在行政区域同级政府投资建设项目的审计监督以及上级审计机关授权进行政府投资建设项目的相关监督工作。

各级发展和改革、财政、建设、工商、税务、国土资源、环境保护、金融、监察等部门，应当按照职责权限做好政府投资建设项目的相关监督工作。

第五条　审计机关应当对政府投资建设项目的预算（概算）执行情况和决算进行下列内容的审计监督。

（一）建设项目实施过程中的内部控制制度的建立和执行情况；

（二）建设程序、建设资金筹集、资金落实、论证与规划费用、征地拆迁、概算审批、预算审批、招标投标和工程承包、发包等情况；

（三）建设成本、费用的支付，设备、材料的采购、管埋，债权、债务的发生和存在，税费交纳，节余资金的形成、分配等情况；

（四）工程价款结算、支付，实际完成投资额以及工程造价的控制情况；

（五）预算或者概算调整、财产的交付使用、完工工程、未完工程和预留资金、会计报表、竣工决算报表等情况；

（六）涉及环保、消防、土地等方面的资金使用和效益情况；

（七）勘察、设计、建设、施工和监理等单位资质的真实和合法情况以及对工程质量的有效管理情况；

（八）建设工期、工程造价、投资回收期、贷款偿还能力等投资效益情况。

审计机关根据需要可以检查与政府投资建设项目有关的合同的订立、履行、变更和终止所涉及的资金情况。

第六条 经本级人民政府批准，审计机关可以对财政性资金投入较大或者关系国计民生的政府投资建设项目的前期准备、建设实施、竣工验收情况进行全程审计。

第七条 审计机关可以对下列与政府投资建设项目有关的事项组织审计或者专项审计调查：

（一）专项建设资金的征集、管理、使用情况；

（二）涉及政府宏观决策的重要事项；

（三）政府在企业投资形成的国有资产的登记、监管情况；

（四）政府指定或者涉及公共利益的其他事项。

第八条 审计机关对政府投资建设项目的投资效益进行审计时，应当依据有关经济、技术、社会以及环境指标，评价政府建设项目投资决策的有效性，分析影响投资效益的因素。

第九条 市、县（市）、区发展和改革、建设等有关主管部门应当自项目批准之日起十五日内将政府投资建设项目计划提供给同级审计机关，市、县（市）、区审计机关应当依此制定年度政府投资建设项目审计计划。

第十条 审计机关在实施政府投资建设项目审计时，应当根据项目的特点和性质采取下列方式：

（一）审计机关直接审计或者授权下级审计机关审计；

（二）聘请具有专业知识的人员参与审计；

（三）要求政府投资建设项目主管部门委托具有法定资质的社会审计组织进行审计；对无政府投资建设项目主管部门的建设单位，经审计机关书面同意，可以由其直接委托具有法定资质的社会审计组织审计。

审计机关可以通过招标或者其他公开方式委托具有法定资质的社会审计组织审计。

第十一条 建设单位应当在政府投资建设项目开工后三十日内向审计机关报送政府建设项目立项资料。

第十二条 建设单位应当在项目竣工后按照国家有关规定编制竣工决算。

政府投资建设项目竣工决算需要审批的，建设单位应当自财政或者其他有关主管部门对政府投资建设项目竣工决算审批之日起十日内，向审计机关申请竣工决算审计；不需要审批的，应当在编制竣工决算后十日内向审计机关申请竣工决算审计。

第十三条 审计机关应当自收到政府投资建设项目竣工决算审计申请之日起十五日内决定审计方式和审计时间并书面通知建设单位。

第十四条 审计机关对与政府投资建设项目有关的勘察、设计、施工、监理、采购、供货等单位进行审计时，应当检查上述单位与政府投资建设项目直接有关的收费和其他财务收支事项的真实性和合法性。

第十五条 建设单位和与政府投资建设项目直接有关的勘察、设计、施工、监理等单位在审计机关实施审计过程中，应当提供与政府投资建设项目有关的下列资料：

（一）概算或者预算编制资料以及有关部门的批准文件；

（二）合同文本和招标、投标有关资料；

（三）施工图纸和设计图纸变更等资料；

（四）内部审计情况和内部控制制度资料；

（五）财务会计报表、会计账簿、会计凭证以及其他会计资料；

（六）工程竣工初步验收报告；

（七）政府建设项目工程结算资料；

（八）设备、材料采购以及入库、出库资料；

（九）工程竣工决算表；

（十）同级财政部门审查批准的工程竣工财务决算报表；

（十一）法律、法规、规章规定需要提供的其他资料。

第十六条 审计机关委托社会审计组织进行的政府投资建设项目审计，由审计机关出具审计结论。

政府投资建设项目主管部门或者建设单位按照本办法第十条第三项的规定，委托社会审计组织对政府投资建设项目进行审计时，由社会审计组织出具审计结论。政府投资建设项目主管部门或者建设单位应当自接到审计结论之日起十五日内将审计结论报送审计机关备案。

第十七条 审计机关对政府投资建设项目进行审计后，应当向建设单位出具审计报告；依法需要给予处理、处罚的，应当作出审计决定；需要移送有关行政主管部门处理、处罚的，应当作出移送处理决定。

第十八条 社会审计组织在审计过程中发现建设单位有违法、违纪问题的，应当向审计机关以及有关行政主管部门报告。

第十九条 审计机关应当通过定期评价等方式依法对社会审计组织的政府投资建设项目审计质量进行监督，发现社会审计组织的审计质量存在问题的，应当予以纠正或者重新组织审计。

对经审计机关公告有隐瞒审计查出问题、出具不实审计报告等行为的社会审计组织，审计机关、政府投资建设项目主管部门或者建设单位五年内不得再委托其从事政府投资建设项目审计工作。

第二十条 在政府投资建设项目竣工决算审计中，审计机关对工程价款所作的审计结果，应当作为建设单位与施工单位或者相关单位确定最终结算额的依据。

审计机关对政府投资建设项目的审计结果，应当作为对政府投资建设项目主管部门和建设单位法定代表人经济责任评价和任免的重要依据。

第二十一条 审计机关在政府投资建设项目审计中，发现单位或者个人有财政违法行为的，依照有关法律、法规的规定给予处理、处罚。

第二十二条 建设单位在规定时间内未向审计机关报送政府投资建设项目立项资料或者申请竣工决算审计的，由审计机关责令限期改正；逾期未改正的，处以一千元以上五千元以下罚款；情节严重的，处以五千元以上二万元以下罚款。

建设单位拒绝或者拖延提供、损毁与政府投资建设项目审计事项有关的资料，拒绝、阻碍检查的，依照有关法律、法规规定给予处罚。

第二十三条 社会审计组织及其工作人员在对政府投资建设项目审计中，有下列情形之一的，由审计机关提出处理、处罚建议，移送有关部门依法处理：

（一）不具有法定资质或者采取不正当手段骗取法定资质的；

（二）在招标中恶意串通哄抬标价或者压价抢标的；

（三）通过回扣或者其他不正当手段招揽项目的；

（四）弄虚作假或者隐瞒审计中发现的违法、违纪问题的；

（五）为隐瞒审计事实故意损毁相关资料的；

（六）应当依法给予处理、处罚的其他情形。

第二十四条 审计机关及其工作人员在政府投资建设项目审计工作中，有下列情形之一的，对直接负责的主管人员和其他直接责任人员，由其所在单位或者监察机关依法给予行政处分：

（一）弄虚作假、出具虚假审计报告的；

（二）隐瞒审计中发现的重大违法、违纪问题的；

（三）利用职务便利索取或者收受财物以及谋取其他不正当利益的；

（四）严重违反法定程序作出处理、处罚的；

（五）未通过招标或者其他公开方式委托社会审计组织进行审计，影响审计公正的；

（六）应当依法给予行政处分的其他情形。

第二十五条 使用社会捐赠性资金和政府交办的其他政府投资建设项目的审计监督，参照本办法执行。

第二十六条 本办法自2009年4月16日起施行。

深圳市人民政府行政执法督察办法

（深圳市人民政府令第201号，2009年3月17日发布）

第一章　总　则

第一条　为创新行政执法监督制度和工作机制，加强政府层级监督，保障行政机关及其工作人员依法履行职责，加强依法行政，促进法治政府建设，根据有关法律、法规，结合我市实际，制定本办法。

第二条　本办法所称的行政执法督察是指市人民政府对所属行政机关、各区人民政府以及各区人民政府对所属行政机关实施行政执法活动、履行法定职责的情况进行检查、监督和纠正的活动。

对法律、法规授权的组织和受行政机关委托的组织实施行政执法行为、履行法定职责情况进行的督察，适用本办法。

第三条　以下情况依照有关法律、法规、规章的规定执行，不适用本办法：

（一）监察、审计等专门监督工作；

（二）市、区人民政府及其所属部门规范性文件的审查；

（三）行政机关行政执法行为以外活动的监督。

第四条　市、区人民政府组织、领导本行政区域的行政执法督察工作。市、区人民政府法制工作机构是在市、区人民政府领导下具体承担行政执法督察工作的机构（以下简称行政执法督察机构）。

第五条　市、区人民政府或经市、区人民政府委托的行政执法督察机构可以根据工作需要聘请有关人士担任行政执法督察员。

行政执法督察员应当熟悉有关法律、法规、规章和行政执法业务知识，办事公正，清正廉洁。

行政执法督察员持《深圳市人民政府行政执法督察证》，在行政执法督察机构的指导下履行职责。

第六条　行政执法督察应当遵循合法、客观、公正原则，坚持有错必纠，实行发现问题与改进工作相结合、个案处理与制度完善相结合。

第七条　任何组织和个人不得拒绝、阻挠、妨碍行政执法督察机构及其工作人员依法履行职责，不得打击报复行政执法督察人员。

第八条　行政执法督察工作实行回避制度，行政执法督察机构工作人员办理的督察事项与本人或者其近亲属有利害关系，或者存在其他情形影响公正监督的，应当回避。

第二章　督察范围、方式

第九条　行政执法督察包括以下范围：

（一）法律、法规和规章是否得到执行；

（二）行政执法主体是否合法；

（三）行政执法人员是否具有合法资格；

（四）行政机关实施的行政许可、行政收费、行政处罚、行政强制措施、行政确认、行政裁决等具体行政行为是否合法、适当；

（五）行政机关是否执行行政复议决定和生效的判决、裁定；

（六）行政机关推进依法行政以及完成法治政府建设任务的情况；

（七）与行政执法有关的其他事项。

第十条 行政执法督察机构应当依据有关规定接受公民、法人或者其他组织对行政机关执法行为的投诉，但下列情况除外：

（一）当事人已经提起行政复议、行政诉讼，或者有关机关已经作出行政复议决定或者判决，而当事人仍然不服的，不予接受；

（二）对于可以通过行政复议或者行政诉讼方式解决的事项，及时告知当事人按照行政复议或者行政诉讼的有关规定办理；

（三）对于依法应当由其他机关处理的事项，及时移交该机关或者告知当事人直接向该机关投诉、举报。

第十一条 新颁布的法律、法规、规章在施行一年后的一个月内，负责组织实施的市、区有关机关应当向市、区行政执法督察机构书面报告该法律、法规、规章的执行情况。

第十二条 行政执法督察机构应当定期对行政机关的执法案卷进行评查，并按照有关规定对行政机关的执法活动情况组织评议。

第十三条 行政执法督察机构在执法检查工作中发现行政机关执法行为违法或者不当，或者收到公民、法人或者其他组织对行政机关执法行为的投诉后，经初步审查，认为有关行政机关执法行为可能存在违法或不当的，应当进行个案督察。

第十四条 行政执法督察机构可以根据下列途径反映的问题进行专项督察：

（一）有关行政机关报告法律、法规、规章在实施中存在的重大问题；

（二）在法治政府建设考评和市政府组织的其他考评中发现行政机关执法中存在的比较普遍的问题；

（三）人大代表议案、政协委员提案中反映行政机关执法中存在的比较普遍的问题。

对于行政执法中存在的比较普遍的问题需要通过制度完善予以改进的，行政执法督察机构应当提出完善制度的建议。

第十五条 行政执法督察机构可以根据工作需要，到执法现场了解情况。

第十六条 行政执法督察机构可以根据工作需要，联合其他有关部门开展行政执法监督工作。

第三章 督察程序

第十七条 行政执法督察机构认为有关行政机关违法行为比较轻微，可以自行纠正的，应当对该机关予以提醒，督促该机关自行纠正违法行为。

第十八条 以下情况应当立案：

（一）行政执法督察机构认为有关行政机关执法行为可能存在违法或不当，需要进行个案督察的；

（二）经行政执法督察机构提醒后，有关行政机关仍然未自行纠正违法行为的。

第十九条　行政执法督察机构应当于立案后3个工作日内书面通知有关行政机关。有关行政机关应当在接到通知之日起5个工作日内作出书面说明，并提交有关证据或者其他材料。

第二十条　行政执法督察机构可以及时组织人员对行政机关的执法行为进行调查。

行政执法督察人员执行公务时不得少于2人，并且应当出示行政执法督察证件。

第二十一条　行政执法督察机构对行政机关执法行为进行调查时，应当收集有关证据。

第二十二条　行政执法督察机构工作人员可以采取以下措施取得证据：

（一）调阅行政执法案卷、文件和其他有关材料；

（二）询问办案人员和其他有关人员；

（三）向当事人了解有关情况；

（四）委托鉴定、评估、检测、勘验，组织专家论证。

第二十三条　有关行政机关及其工作人员应当如实说明情况，提供有关资料，并对行政执法督察工作给予协助、配合。

第四章　督察结果及处理

第二十四条　调查终结，行政执法督察机构应当根据不同情况，分别作出如下处理：

（一）经调查认为行政机关执法行为并无违法或者不当的，应当告知投诉人；

（二）在调查终结前，行政机关已经纠正违法或者不当行政行为的，终止督察工作；

（三）经调查认为行政机关执法行为确属违法或不当，且在调查终结前该行政机关未予纠正的，制发《行政执法督察决定书》或者《行政执法督察意见书》。

第二十五条　以下事项由行政执法督察机构制作《行政执法督察决定书》后报本级人民政府批准：

（一）重大、复杂案件；

（二）需要给予有关单位或者有关人员通报批评等处理决定的案件；

（三）市、区人民政府交办的案件。

第二十六条　《行政执法督察决定书》可以根据不同情况作出如下决定：

（一）责令有关行政机关纠正违法或者不当的行政行为；

（二）撤销有关行政机关违法或者不当的行政行为；

（三）责令有关行政机关履行法定职责；

（四）给予有关行政机关及其责任人员通报批评等处理决定；

（五）移交行政监察机关追究有关人员的行政责任；

（六）其他事项。

第二十七条　市、区人民政府批准《行政执法督察决定书》后，有关行政机关应当立即执行，并在执行完毕后10个工作日内将执行情况书面报告本级人民政府并抄送行政执法督察机构。

第二十八条 除本办法第二十五条规定的事项外，行政执法督察机构可以制作《行政执法督察意见书》，并加盖该机构公章。

第二十九条 《行政执法督察意见书》可以根据不同情况作出如下决定：

（一）责令有关行政机关纠正违法或者不当的行政行为；

（二）责令有关行政机关履行法定职责；

（三）暂扣有关人员行政执法证件或者取消其执法资格；

（四）其他事项。

暂扣行政执法证件的期限为30天以上6个月以下，行政执法人员在被暂扣行政执法证件期间，不得从事行政执法活动；在被收缴行政执法证件之后，应当调离行政执法岗位。

第三十条 行政执法督察机构应当及时将督察结果反馈当事人。

第三十一条 行政执法督察机构作出的《行政执法督察意见书》，有关行政机关应当执行。

如果有关行政机关对《行政执法督察意见书》有异议，可以自收到该意见书之日起5个工作日内书面向行政执法督察机构提出复查申请，督察机构应当自收到复查申请之日起15日内作出复查决定；有关行政机关对复查决定仍不服的，可以自收到该复查决定之日起5个工作日内向本级人民政府申请复核。复查复核期间，《行政执法督察意见书》暂停执行。

本级人民政府认为有关行政机关对于《行政执法督察意见书》的异议成立的，可以撤销或者变更该意见书的决定。

第三十二条 有关行政机关不执行《行政执法督察决定书》，或者不执行《行政执法督察意见书》，又不在本办法规定的时限内申请复查、复核的，行政执法督察机构应当报告本级人民政府或移交行政监察机关处理。

第三十三条 行政执法督察机构在履行督察职责过程中，发现行政机关有关人员在执法过程中存在行政过错的，应当将有关情况移交行政监察机关处理。

第三十四条 行政机关及其有关人员有下列情形之一的，由行政监察机关追究有关人员的行政责任，涉嫌犯罪的，移交司法机关处理：

（一）拒绝、阻挠、妨碍行政执法督察工作的；

（二）对投诉、举报人员进行打击报复的；

（三）在接受监督检查过程中弄虚作假的；

（四）采取其他方式影响督察工作开展的。

第三十五条 行政执法督察机构及其工作人员有下列情形之一的，由监察机关对有关责任人员给予警告；情节严重的，依法给予行政处分：

（一）不履行行政执法督察职责造成严重后果的；

（二）利用职权谋取私利的；

（三）有其他违法行为的。

第三十六条 行政监察机关按照本办法第三十四条规定追究有关人员行政责任后，应当将处理结果抄送行政执法督察机构。

第三十七条　对严重侵害公民、法人和其他组织合法权益或者公共利益的违法行政行为，行政执法督察机构查处后应当将处理结果向社会公开。

第五章　附　则

第三十八条　本办法自2009年5月1日起施行。

甘肃省内部审计试行办法

（甘肃省人民政府令第55号，2009年3月17日发布）

第一条 为了加强内部审计工作，规范内部审计行为，维护经济秩序，提高经济效益，促进廉政建设，根据《中华人民共和国审计法》等有关法律法规，结合本省实际，制定本办法。

第二条 内部审计是对本单位及所属单位财政收支、财务收支以及其他经济活动的真实、合法和效益进行独立监督和评价的行为。

第三条 在本省行政区域内的下列单位，应当建立健全内部审计制度，开展内部审计工作：

（一）使用、管理财政拨款和其他财政性资金、社会公共基金（资金）的机关、事业单位、社会团体和其他组织；

（二）国有及国有控股金融机构；

（三）国有、国有控股或国有资本占主导地位的企业；

（四）国家大型建设项目的建设单位；

（五）上市公司；

（六）法律、法规规定需要开展内部审计工作的其他单位。

第四条 县级以上人民政府审计机关指导和监督本行政区域的内部审计工作。

第五条 内部审计机构和内部审计人员在本单位主要负责人或权力机构的直接领导下开展工作，不受其他部门或者个人的干涉。

单位主要负责人和权力机构应当支持内部审计工作，保持内部审计人员相对稳定，保障内部审计机构和内部审计人员依法履行职责。

第六条 内部审计机构履行职责所必须的经费，应当列入本单位财务预算予以保障。

第七条 内部审计机构和内部审计人员办理审计事项，应严格遵守内部审计职业规范，忠于职守，做到独立、客观、公正、保密。

第八条 内部审计人员应具备与从事的审计工作相适应的审计、会计、经济管理、工程技术等相关专业知识和业务能力。并按照有关规定接受继续教育。

开展内部审计工作的单位，应当将从事内部审计人员的基本情况，按照管理权限报相应的审计机关备案。

第九条 内部审计人员进行内部审计时，有下列情形之一的，应当回避：

（一）与被审计单位负责人或者有关主管人员之间有夫妻关系、直系血亲关系、三代以内旁系血亲以及姻亲关系的；

（二）与被审计单位或者审计事项有经济利益关系的；

（三）曾在被审计单位担任领导职务，脱离被审计单位不满两年的；

（四）与被审计单位或者审计事项有其他利害关系，可能影响审计公正的。

内部审计人员的回避，由本单位主要负责人或者权力机构决定。

第十条 内部审计机构和内部审计人员应当按照审计工作有关规定，履行下列职责：

（一）对本单位及所属单位的财政、财务收支及其有关的经济活动进行审计；

（二）对本单位内设机构及所属单位负责人任期经济责任进行审计；

（三）对本单位及所属单位内部控制制度的健全性和有效性及风险管理进行审计评价；

（四）对本单位及所属单位经营管理和经济效益情况进行审计；

（五）对本单位及所属单位固定资产投资项目进行审计；

（六）参与本单位及所属单位重大合同的签订并对其履行情况进行审计；

（七）根据需要对本单位及所属单位开展专项审计调查；

（八）法律、法规规定和本单位主要负责人或者权力机构要求办理的其他审计事项。

第十一条 内部审计机构履行职责时，可以行使下列职权：

（一）要求被审计单位按时报送生产、经营、财务收支计划，预算、预算执行情况及决算、会计报表和其他有关文件、资料等；

（二）参与研究制定有关的规章制度，提出制订内部审计规章制度的意见；

（三）参加本单位及其所属单位召开的与重大经济决策有关的会议，召集与审计事项有关的会议；

（四）审查被审计单位有关生产、经营和财务活动的资料、文件和现场勘察实物，检查有关的计算机系统及电子数据和资料；

（五）对与审计事项有关的问题向有关单位和个人进行调查，并取得证明材料；

（六）对可能转移、隐匿、篡改、毁弃会计凭证、会计账簿、会计报表以及与经济活动有关的资料，经本单位主要负责人或者权力机构批准，有权予以暂时封存；

（七）提出纠正、处理违法违规行为的意见以及改进经济管理、提高经济效益的建议；

（八）对严重违反法律法规、财经纪律和造成严重损失浪费的单位和直接责任人员，提出给予通报批评或者追究责任的建议；

（九）指导、检查所属单位内部审计工作；

（十）法律法规规定的其他权限。

第十二条 内部审计机构和内部审计人员应当遵守内部审计准则、规定，围绕本单位的中心工作和上级主管部门对内部审计工作的部署，拟订年度审计工作计划，报单位主要负责人或权力机构批准后实施。

第十三条 内部审计机构和内部审计人员在实施审计前，应当编制审计实施方案，并报经单位负责人或权力机构批准。

第十四条 内部审计机构或内部审计人员实施审计，应根据审计事项由 2 名以上人员组成审计组，在实施审计 3 日前向被审计单位送达审计通知书。被审计单位应当配合审计组的工作，并提供必要的工作条件。

审计人员向有关单位和个人进行调查时，应当出示审计通知书副本和工作证件。

第十五条 审计人员通过审查会计凭证、会计账簿、会计报表，查阅有关文件、资料，检查现金、实物、有价证券、盘存资产等方式，取得审计证据，编制审计工作底稿。

第十六条 审计终结后，审计组应当及时提出审计组的审计报告。审计组的审计报告在报送本单位负责人之前，应当征求被审计单位的意见。被审计单位应当自接到审计组审计报告之日起 10 日内，将其书面意见送交审计组。审计组对被审计单位提出的合理意见应予采纳。

第十七条 单位主要负责人或权力机构对审计组的审计报告进行审议，提出本单位或权力机构的审计报告，并下达审计决定；审计决定自送达之日起生效，被审计单位应当执行。

第十八条 被审计单位对审计决定如有异议，可以在审计决定送达之日起 10 日内向内部审计机构所在单位的主要负责人或者权力机构提出申诉，申诉期间不影响审计决定的执行。单位主要负责人或者权力机构应当自收到申诉之日起 15 日内做出答复。

第十九条 内部审计应根据需要安排后续审计，检查被审计单位落实审计建议和执行审计决定情况。

第二十条 内部审计机构或审计人员每年应当向本单位主要负责人或者权力机构提交内部审计工作报告。

第二十一条 内部审计工作完成后，应当建立内部审计档案，并按有关规定妥善保管。

第二十二条 内部审计结论应当作为本单位考核、奖惩、任免所属单位负责人的依据之一。

第二十三条 审计机关进行审计时，应当对内部审计业务质量进行检查和评估。内部审计报告可以作为审计机关、有关部门或者社会审计组织进行相关工作的参考依据。

第二十四条 被审计单位不配合内部审计工作，有下列行为之一的，单位主要负责人或者权力机构应当及时予以处理；涉嫌犯罪的，移交司法机关追究刑事责任。

（一）拒绝或拖延提供与审计事项有关的文件、会计账簿、会计报表等资料和证明材料的；

（二）阻挠审计人员行使职权，抗拒、破坏审计监督检查的；

（三）弄虚作假、隐瞒事实真相的；

（四）拒绝执行审计决定的；

（五）报复陷害审计人员和举报人的。

第二十五条 内部审计人员有下列行为之一的，应当依照国家有关规定给予行政处分；涉嫌犯罪的，移交司法机关追究刑事责任。

（一）利用职权谋取私利的；

（二）弄虚作假、隐瞒事实真相、徇私舞弊的；

（三）玩忽职守、给国家或者被审计单位造成经济损失的；

（四）泄露国家秘密或被审计单位商业秘密的。

第二十六条 内部审计协会是内部审计行业的非营利性、自律性组织，依照法律和章程履行职责，并接受审计机关的指导、监督和管理。

内部审计协会可以接受审计机关的委托，检查、考核内部审计工作。

第二十七条 本办法规定范围以外的其他单位可以参照本办法进行内部审计工作。

第二十八条 本办法自 2009 年 5 月 1 日起施行。

安徽省节能监察办法

（安徽省人民政府令第221号，2009年4月7日发布）

第一条 为规范节能监察行为，提高能源资源利用效率，根据有关法律法规，结合本省实际，制定本办法。

第二条 本办法适用于本省行政区域内的节能监察活动。

第三条 本办法所称节能监察，是指节能行政主管部门对从事能源生产、经营、使用等相关活动的单位以及个人（以下称被监察对象）执行节能法律、法规、规章和标准的情况进行监督检查，并对违法行为依法予以处理的行为。

第四条 节能监察应当坚持公开、公平、公正以及教育与处罚相结合的原则。

第五条 县级以上地方人民政府应当加强对节能监察工作的领导，部署、协调、推动节能监察工作。

第六条 县级以上地方人民政府节能行政主管部门负责本行政区域内的节能监察工作。县级以上地方人民政府建设、交通、机关事务管理等有关部门在各自的职责范围内开展节能监察工作，并接受同级节能行政主管部门的指导。

第七条 省及有条件的市、县设立节能监察机构。节能监察机构受有关行政主管部门的委托，具体负责节能监察工作，其主要职责包括：

（一）监督检查被监察对象执行有关节能法律、法规、规章和标准的情况；

（二）开展节能法律、法规、规章和标准的宣传和培训；

（三）受理违反节能法律、法规、规章和标准的行为的举报和投诉；

（四）依法查处和纠正违反节能法律、法规、规章和标准的用能行为。

第八条 节能行政主管部门和节能监察机构应当配备必要的节能监察人员和装备，保证节能监察工作的开展。

节能监察人员应当具备相关的专业知识和业务能力，按照有关规定取得行政执法资格。

第九条 节能监察机构应当加强节能监察工作信息化建设，利用信息技术和手段对被监察对象实施节能监察。

第十条 节能行政主管部门和节能监察机构设立并公布举报、投诉电话或者电子邮箱、网址等联系方式，鼓励单位和个人举报违反节能法律、法规、规章和标准的行为；受理举报的，应当为举报人保密。

为查处重大违法用能行为提供重要线索和证据，经查属实的，节能行政主管部门对举报人应当给予奖励。

第十一条 下列事项应当实施节能监察：

（一）耗能高的产品单位产品能耗限额标准执行情况；

（二）节能目标责任制、节能管理制度和相关措施建立及落实情况；

（三）能源计量、能源消费统计制度落实情况；

（四）固定资产投资项目节能评估审查制度执行情况及在设计和建设过程中节能措施落实情况；

（五）禁止生产、进口、销售国家明令淘汰或者不符合强制性能源效率标准的用能产品、设备规定执行情况；

（六）公共设施和大型建筑物装饰性景观照明能耗情况；

（七）办公、经营场所实行温度控制制度执行情况；

（八）节能法律、法规、规章等规定的其他应当实施节能监察的事项。

第十二条 建筑节能、交通运输节能和公共机构节能的监察工作，相关部门可以委托节能监察机构开展。

第十三条 节能监察分为现场监察和书面监察。

实施现场监察，应当提前将实施监察的依据、内容、时间和要求，以书面形式通知被监察对象。办理案件和受理举报、投诉以及应当以抽查方式实施的节能监察除外。

采用书面监察，应当书面通知被监察对象。被监察对象应当按照监察通知要求报送书面材料。

第十四条 现场监察应当有两名以上节能监察人员进行。节能监察人员应当出示有效行政执法证件，制作现场监察笔录，并由节能监察人员和被监察对象负责人或者其委托人签字或盖章。被监察对象负责人或者其委托人拒绝签字或盖章的，节能监察人员应当在监察笔录中注明。

第十五条 节能监察人员现场监察时，可以进入被监察对象的工作场所进行现场检查，查阅或者复制与监察事项有关的文件、资料、财务账目及其他有关的材料；要求被监察对象在规定期限内，就询问的有关问题作出书面答复。

第十六条 被监察对象应当如实说明情况，提供相关资料，不得阻碍节能监察，不得隐瞒事实真相，不得伪造、隐匿、销毁、篡改有关材料。

第十七条 节能行政主管部门和节能监察机构应当在节能监察结束后15日内，形成节能监察报告，并告知被监察对象。节能监察报告包括实施节能监察的对象、时间、地点、内容、方式，以及对违法行为的处理意见等。

第十八条 经节能监察，发现被监察对象违反节能法律、法规、规章和标准的，由节能行政主管部门下达整改通知书，责令限期改正；发现被监察对象未违反节能法律、法规、规章和标准，但存在不合理用能的，由节能行政主管部门或者节能监察机构下达节能监察意见书，要求被监察对象采取措施改进。

第十九条 被监察对象对整改通知书或者节能监察意见书有异议的，可以自收到整改通知书或者节能监察意见书之日起20日内，向节能行政主管部门申请复查。节能行政主管部门应当自收到复查申请之日起20日内完成复查工作，并以书面形式将复查结论告知被监察对象。

第二十条 节能监察人员与被监察对象有利害关系或者其他关系，可能影响监察公正性的，应当回避。被监察对象认为节能监察人员应当回避的，可以书面或者口头方式向节能行政主管部门或者节能监察机构提出。

第二十一条 被监察对象对整改通知书有异议，要求听证的，节能行政主管部门应当举行听证。

第二十二条　节能监察经费列入同级财政预算。节能监察机构实施节能监察不得向被监察对象收取费用。

第二十三条　节能行政主管部门和节能监察机构不得泄露被监察对象的技术秘密和商业秘密，不得利用工作之便谋取不正当利益，不得进行影响公正执法的行为。

第二十四条　违反本办法规定，被监察对象未如实提供相关资料的，由节能行政主管部门给予警告，责令限期改正。

第二十五条　被监察对象收到整改通知书无异议或者经复查后，异议不成立的，应当在规定的期限内进行整改；无正当理由不按要求整改或者经整改仍达不到要求的，由节能行政主管部门按下列规定提出意见，报请本级人民政府按照规定的权限处理：

（一）对新建国家禁止的高耗能工业项目的，责令停建、停止投入生产或者停止使用；

（二）对超过单位产品能耗限额标准用能的，责令停业整顿或者关闭。

第二十六条　节能行政主管部门、节能监察机构及节能监察人员有下列行为之一的，对直接负责的主管人员和其他直接责任人员依法给予行政处分：

（一）向被监察对象收取费用的；

（二）泄露被监察对象的技术秘密和商业秘密的；

（三）利用工作之便谋取不正当利益的；

（四）有其他违法行为的。

第二十七条　在节能监察过程中，发现被监察对象违反节能法律、法规、规章规定的行为，由有关部门依法处理。

第二十八条　本办法自2009年10月1日起施行。

浙江省内部审计工作规定

（浙江省人民政府令第258号，2009年4月9日发布）

第一条 为加强内部审计工作，规范内部审计行为，提高管理水平和经济效益，促进廉政建设，根据《中华人民共和国审计法》和其他有关法律、法规，结合本省实际，制定本规定。

第二条 本规定所称的内部审计，是指单位为促进其目标实现，对自身及所属单位的经济活动和内部控制的真实、合法和有效而实施的监督、评价和咨询活动。

第三条 本省行政区域内的国家机关、事业单位、国有企业及其他依法属于审计机关审计监督对象的单位，应当建立健全内部审计制度，开展内部审计工作。

上市公司、地方金融机构应当按照国家有关规定开展内部审计工作。

鼓励和支持非公有制企业、农村集体经济组织等单位建立健全内部审计制度，开展内部审计工作。

第四条 内部审计工作应当遵循依法、客观、独立、公正的原则。

第五条 省人民政府的审计机关负责指导和监督全省内部审计工作。设区的市、县（市、区）人民政府的审计机关负责指导和监督本行政区域内的内部审计工作。

县级以上人民政府其他有关行政（行业）主管部门应当加强对所属单位（行业）的内部审计工作的指导和监督。

第六条 内部审计机构和内部审计人员在单位主要负责人或者权力机构的领导下开展工作，行使内部审计职权，并对其负责。

单位主要负责人或者权力机构应当支持内部审计工作，保障内部审计机构和内部审计人员依法履行职责。内部审计机构履行职责所必需的经费，应当列入单位预算，予以保障。

第七条 法律、行政法规或者国家有关规定明确要求设立内部审计机构的单位，应当依法设立内部审计机构。

前款规定范围以外的单位，可以根据需要设立内部审计机构，也可以授权本单位的内设机构独立履行内部审计职责。

单位可以委托社会审计机构或者与社会审计机构合作开展内部审计工作。

单位可以配备专职或者兼职的内部审计人员。

第八条 内部审计人员应当具备从事内部审计工作所需要的专业知识和业务能力，并定期接受内部审计继续教育培训。

第九条 内部审计人员应当依法履行职责，遵守内部审计规定、准则，恪守职业道德规范，客观公正，廉洁奉公，保守秘密。

内部审计人员不得兼任或者从事可能影响其依法履行职责的经营管理或者财务工作；与被审计对象或者审计事项有利害关系的，应当遵守有关回避规定。

第十条　内部审计机构和内部审计人员根据本单位主要负责人或者权力机构的授权，审查和评价下列事项：

（一）本单位及所属单位的财政、财务收支或者相关经济活动；

（二）本单位内设机构及所属单位负责人的任期经济责任；

（三）本单位及所属单位的经济管理和效益情况；

（四）本单位及所属单位的内部控制和风险管理；

（五）本单位主要负责人或者权力机构交办的其他审计事项。

第十一条　内部审计机构和内部审计人员具有下列权限：

（一）要求被审计对象按时提供有关财政、财务收支计划、预算执行情况、决算、会计报表及相关经济活动的资料和电子数据。

（二）检查有关财政、财务收支或者相关经济活动的资料、文件和计算机系统及其电子数据，现场清查与审计事项有关的实物。

（三）就审计事项的有关问题向内部有关单位和个人调查取证。

（四）对违反财经法律、法规有关规定的行为予以制止，提出处理建议；对遵守财经法律、法规，经济效益显著的单位和个人，提出表彰和奖励的建议；对经济管理中存在的问题提出意见与建议。

（五）经本单位主要负责人或者权力机构批准，对可能被转移、隐匿、篡改、毁弃的有关财政、财务收支或者相关经济活动的资料予以暂时封存。

（六）根据本单位主要负责人或者权力机构的要求，参加或者列席本单位及其所属单位召开的有关财政、财务收支或者相关经济活动的会议。

第十二条　被审计对象、内部有关单位和个人应当配合内部审计工作，按要求提供相关资料，并对所提供资料的真实性和完整性负责，不得拒绝、阻碍、隐瞒、谎报。

第十三条　内部审计机构应当制定年度审计工作计划，报经本单位主要负责人或者权力机构批准后实施。

内部审计机构根据年度审计工作计划确定审计项目，组成审计组，指定审计项目负责人。

审计组应当制定项目审计实施方案，经内部审计机构负责人批准后组织实施。

内部审计机构应当在实施审计前将审计通知书送达被审计对象；经本单位主要负责人或者权力机构批准，可以在实施审计时送达。

第十四条　审计组通过检查、监盘、观察、查询及函证、计算、分析性复核等方法，取得证明材料，并形成审计工作底稿。

审计组实施审计后，应当就有关事项征求被审计对象的意见。被审计对象应当按照审计组的要求反馈意见，逾期视为无异议。

第十五条　内部审计机构应当对审计组提交的材料和被审计对象的意见进行复核，报经本单位主要负责人或者权力机构同意后下达审计结论。被审计对象应当按照审计结论要求及时整改，落实相关措施。

被审计对象对审计结论有异议的，可以向内部审计机构所在的单位主要负责人或者权力机构提出申诉，单位主要负责人或者权力机构应当及时答复。

审计结论应当作为考核、奖惩、任免本单位及所属单位工作人员的依据之一。

第十六条 审计工作完成后，审计组应当及时整理审计资料，形成审计档案。

第十七条 内部审计机构在必要时应当开展后续审计，监督、检查被审计对象采取的整改措施及效果，并向本单位主要负责人或者权力机构报告后续审计结果。

第十八条 审计机关应当依法加强对内部审计工作的指导和监督，检查和评估内部审计工作开展情况，纠正内部审计工作存在的问题，合理利用内部审计成果，提高内部审计工作质量和水平。

第十九条 内部审计协会是内部审计行业的自律性社会团体。

内部审计协会应当按照法律、法规、规章和协会章程开展活动，接受审计机关、民政部门的指导和监督管理。

第二十条 违反本规定未开展内部审计工作的，由审计机关责令改正；拒不改正的，审计机关认为对直接负责的主管人员和其他直接责任人员依法应当给予处分的，应当向有权机关提出给予处分的建议；有权机关应当依法及时处理，并将处理结果书面通知审计机关。

第二十一条 被审计对象拒绝、阻碍内部审计工作，或者转移、隐匿、篡改、毁弃有关财政、财务收支和相关经济活动的资料，或者拒绝、拖延提供资料，或者提供资料不真实、不完整的，由单位主要负责人或者权力机构及时予以处理；构成犯罪的，依法追究刑事责任。

第二十二条 内部审计人员有下列行为之一的，由其所在单位或者有权机关依照有关规定予以处理；构成犯罪的，依法追究刑事责任：

（一）隐瞒审计查出的重大问题或者出具虚假审计结论的；

（二）泄露国家秘密或者商业秘密的；

（三）应当回避而没有回避的；

（四）滥用职权、玩忽职守、徇私舞弊的；

（五）其他依法应当予以处理的行为。

第二十三条 本规定自 2009 年 6 月 1 日起施行。1989 年 11 月 6 日省人民政府发布的《浙江省内部审计工作暂行规定》同时废止。

南宁市安全生产监督管理办法

（南宁市人民政府令第 24 号，2009 年 4 月 27 日发布）

第一章　总　则

第一条　为规范安全生产行为，加强安全生产监督管理，防止和减少生产安全事故发生，保障人民群众生命财产安全，根据《中华人民共和国安全生产法》、《广西壮族自治区安全生产条例》等有关法律、法规，结合本市实际，制定本办法。

第二条　在本市行政区域内从事生产经营活动的单位与个人（以下统称生产经营单位）的安全生产，适用本办法。

第三条　市、县（区）人民政府安全生产监督管理部门（以下简称安全生产监督管理部门）负责本辖区内安全生产工作的综合监督管理。

市、县（区）人民政府其他有关部门依照有关法律、法规和规章规定，以及市、县（区）人民政府确定的职责，对有关行业、领域的安全生产工作实施监督管理。

乡镇人民政府、街道办事处负责安全生产监督管理的机构按照县（区）人民政府明确的职责，在辖区范围内依法开展安全生产监督管理工作。

第四条　各级人民政府及其各部门、生产经营单位应当按照有关法律、法规和规章的规定，采取有效措施，保障本辖区、本行业、本单位安全生产。

第五条　市、县（区）人民政府应当将安全生产宣传教育、应急救援、事故调查处理、安全生产监督管理的费用，以及支持生产经营单位安全技术改造的扶助资金等，列入同级财政预算。

第六条　对在改善安全生产条件、防止生产安全事故、参加抢险救护、报告重大事故隐患、举报安全生产违法行为、研究和推广安全生产科学技术及先进管理经验等方面做出显著成绩的单位和个人，各级人民政府给予表彰和奖励。

第二章　安全生产保障措施

第七条　生产经营单位新建、改建、扩建工程项目（以下统称建设项目）的安全设施，必须与主体工程同时设计、同时施工、同时投入生产和使用（以下简称安全设施“三同时”）。

第八条　生产经营单位开展安全设施“三同时”工作，应当遵守以下规定：

（一）按规定提交建设项目《安全生产专篇》，并将安全设施“三同时”情况报安全生产监督管理部门备案；

（二）依法申请安全设施设计审查，安全设施设计审查不合格的，不得开工建设；

（三）依法进行安全设施竣工验收，未经竣工验收或者竣工验收不合格的，不得投入使用。

第九条 下列建设项目应当进行安全预评价，并且应当在安全设施“三同时”竣工验收之前进行安全验收评价：

（一）矿山建设项目和用于生产、经营、储存危险化学品、烟花爆竹的建设项目，以及使用危险化学品从事生产的单位的用于生产、储存危险物品的建设项目；

（二）设计构成重大危险源的建设项目；

（三）火灾危险性类别为甲类的建设项目；

（四）爆炸危险场所等级为特别危险场所和高度危险场所的建设项目；

（五）作业场所大量生产或者使用职业性接触毒物达到《职业性接触毒物危害程度分级》（GB5044—85）规定的Ⅰ、Ⅱ级危害程度的建设项目；

（六）作业场所大量生产或者使用石棉粉料或者含量有10％以上的游二氧化硅粉料的建设项目；

（七）作业场所噪声作业危害程度达到《噪声作业分级》（LD80—1995）Ⅱ级、Ⅲ级、Ⅳ级等级标准的建设项目；

（八）作业场所高温作业危害程度达到《高温作业分级标准》（GB/T4200—1997）Ⅱ级、Ⅲ级、Ⅳ级等级标准的建设项目；

（九）港口、码头、电力、冶金、水生成和供应建设项目；

（十）法律、法规和规章规定应当进行安全预评价和安全验收评价的其他建设项目。

第十条 本办法施行前未依法进行安全预评价和安全验收评价的建设项目，应当进行安全现状评价。存在重大事故隐患的，应当限期整改。

第十一条 本办法第九条规定以外的其他建设项目，应当在安全设施“三同时”竣工验收前进行安全现状评估。

第十二条 生产经营单位有下列情形之一的，应当进行安全现状评价：

（一）连续计算日期一年内发生两起以上一般生产安全事故的；

（二）发生较大以上生产安全事故的。

第十三条 生产经营单位应当对在役生产设施、设备进行检测、评估。经检测、评估合格方可使用，不符合安全生产要求的不得安排生产。相关检测、评估资料应当保存。

生产设施、设备不得超期限、超负荷和带故障运行。

第十四条 生产经营单位从事生产经营活动应当遵守以下规定：

（一）作业现场的安全设施应当符合安全生产规定；

（二）进行爆破、大型设备（构件）吊装、设备大修、建筑物或者构筑物拆除、危险物品装卸、超高堆垛物品、临近高压输电线路作业以及在密闭空间内作业等危险作业的，应当建立相关管理制度，采取相应的防范措施；

（三）把开展安全生产检查情况，以及对发现的问题进行处理情况按规定记录在案；

（四）机械、设备的安全装置符合安全生产规定。

第十五条 生产经营单位对重大危险源管理应当遵守以下规定：

（一）建立健全相关管理制度；

（二）重大危险源场所、设备、设施应当装设安全监控系统；

（三）定期检查、检测，检查记录和检测报告按规定存档；

（四）依法进行安全现状评价或者评估；

（五）制定应急预案并定期组织演练；

（六）告知从业人员和相关人员在紧急情况下应当采取的应急措施；

（七）按规定向负有安全生产监督管理职责的部门报告重大危险源监控措施的落实情况；

（八）建立健全监控管理档案。

第十六条　生产经营单位应当建立健全职业安全卫生制度，为从业人员提供符合国家规定的职业安全卫生条件，采取措施减少、消除危害因素，对有职业危害的作业场所按规定进行定期检测，对从事有职业危害作业的从业人员定期进行健康检查。

第十七条　生产经营单位应当依法参加工伤社会保险，为从业人员缴纳工伤保险费。

在矿山、危险化学品、烟花爆竹、民用爆炸物品等高危行业和建筑施工单位中推行雇主责任险、商业补充工伤责任保险。

第十八条　生产经营单位应当建立健全事故隐患排查、报告、治理制度。发现重大事故隐患的，应当立即采取安全保障措施，并按规定向负有安全生产监督管理职责的部门报告。

存在事故隐患单位对隐患治理工作全面负责，相关治理费用由事故隐患责任单位承担。

第十九条　重大事故隐患治理单位应当制定隐患治理实施方案和应急预案。隐患排除前或者排除过程中，无法保证安全的，应当暂时停产、停业整顿或者停止使用。

第二十条　重大事故隐患治理结束后，有条件的重大事故隐患治理单位应当组织本单位的技术人员和专家对重大事故隐患的治理情况进行评估；其他重大事故隐患治理单位应当委托具备相应资质的安全评价机构对重大事故隐患的治理情况进行评估。

经评估符合安全生产条件的，应当经负有安全生产监督管理职责的部门依法验收。验收不合格的，应当继续治理。

第二十一条　生产经营单位将施工项目违法发包给个人的，应当对施工安全承担责任，其与个人签订的安全生产管理协议，不免除其所承担的安全生产责任。

第二十二条　从事安全生产检测检验、安全评价、安全培训活动的中介服务机构，应当每半年将本机构在本市行政区域内开展的中介服务项目目录抄报市安全生产监督管理部门。

第三章　安全生产监督管理

第二十三条　市、县（区）人民政府应当建立健全安全生产指标控制体系、安全生产保障体系，实行安全生产目标管理考核奖惩制和生产安全事故责任追究制。

第二十四条　安全生产监督管理部门对生产经营单位执行建设项目安全设施“三同时”情况实行分级监督管理：

（一）矿山建设项目，危险化学品生产、经营、使用、储存建设项目，烟花爆竹生产、经营、储存建设项目，以及其他投资额1000万元以上（含1000万元）的建设项目，由市安全生产监督管理部门负责；

（二）前项规定以外的其他建设项目，由县（区）安全生产监督管理部门负责。

第二十五条　发展和改革、经济、规划部门办理建设项目相关行政审批手续时，应当将项目情况通报安全生产监督管理部门。其中对下列具有较大风险的建设项目，应当征求安全生产监督管理部门的意见：

（一）矿山建设项目；

（二）危险化学品生产、经营、使用、储存建设项目；

（三）烟花爆竹生产、经营、储存建设项目；

（四）作业场所具有尘毒、噪声、高温和放射线等职业危害因素的建设项目；

（五）设计构成重大危险源的建设项目。

第二十六条 市、县（区）人民政府及其有关部门应当建立健全重大危险源监督管理体系，建立健全重大危险源档案，定期对存在重大危险源的生产经营单位进行监督检查。

第二十七条 市、县（区）、乡镇人民政府及有关部门应当依法组织其管辖区域、行业或者领域的生产经营单位开展重大事故隐患排查工作。

第二十八条 负有安全生产监督管理职责的部门应当依法向经确认存在重大事故隐患的单位下达整改通知书，并责成其在隐患所在地设置明显的警示标志，告知存在的危险、避险措施、治理内容、治理期限等。

第二十九条 市、县（区）、乡镇人民政府及有关部门以及存在重大事故隐患的单位应当建立健全本辖区、本行业或领域、本单位重大事故隐患档案。

有关部门应当将本行业或领域重大事故隐患治理情况向本级安全生产监督管理部门通报。

第三十条 市、县（区）人民政府应当加强安全生产信息化建设，及时为社会公众提供安全生产政务服务。

安全生产监督管理部门应当通过公告、简报、新闻发布会等形式，及时向社会公布安全生产状况和其他有关安全生产信息。

第三十一条 负有安全生产监督管理职责的部门应当建立生产经营单位安全生产状况信息系统，记载、公布生产经营单位及其主要负责人的违法行为和处理结果等相关信息。

负有安全生产监督管理职责的部门应当建立健全安全生产信息沟通制度，互相通报安全生产有关信息，逐步建立安全生产诚信体系。

第四章　事故应急救援与调查处理

第三十二条 市、县（区）、乡镇人民政府应当根据与上一级人民政府应急救援预案相衔接的原则，依法制定本级安全生产事故应急救援预案，按规定发布和报上一级人民政府备案，定期组织演练，并根据情况及时修订完善。

第三十三条 有关部门应当依法制定本行业、领域安全生产事故应急救援部门预案，并报本级政府应急管理机构和安全生产监督管理部门备案。

第三十四条 生产经营单位应当依法制定本单位安全生产事故应急救援预案，并按规定进行演练。下列生产经营单位的应急救援预案应当报行业管理部门和安全生产监督管理部门备案：

（一）危险化学品生产、经营、储存、使用、运输单位；

（二）烟花爆竹生产、经营、储存、运输单位；

（三）民用爆炸物品生产、经营、储存、使用、运输单位；

（四）矿山企业；

（五）建筑施工单位。

应急救援预案不符合相关规范的，生产经营单位应当按照安全生产监督管理部门和其他有关部门提出的要求整改。

第三十五条 市、县（区）人民政府及应急救援机构在生产安全事故应急救援行动中，需要征用应急救援装备、设施和其他物资的，有关单位和个人应当予以支持。

应急救援工作结束后，征用单位应当及时归还被征用的财产。财产征用费用和征用后毁损、灭失的补偿，由对事故发生负有责任的单位（以下简称事故责任单位）依法承担；事故责任单位因特殊原因无法承担的，由当地人民政府承担。

第三十六条 事故责任单位应当及时落实事故调查处理所提出的各项防范和整改措施，并按照负责事故调查的人民政府的批复，对本单位负有事故责任的人员进行处理。

安全生产监督管理部门和其他有关部门应当对事故责任单位落实防范和整改措施，以及对责任人员处理情况实施监督检查。

第五章 法律责任

第三十七条 市、县（区）、乡镇人民政府、街道办事处和有关部门的工作人员不按照规定履行安全生产监督管理职责，对生产安全事故的发生负有责任的，依法给予行政处分。

第三十八条 国有及国有控股生产经营单位，事业单位、人民团体主要负责人及分管安全生产工作负责人未按照规定履行安全生产管理职责，对事故的发生负有责任的，依法给予行政处分；其中，有下列情形之一，造成一人以上死亡或三人以上重伤责任事故的，依法给予撤职以上处分：

（一）发现生产经营场所、设施、设备存在事故隐患，仍然强令冒险生产经营、作业的；

（二）发现从业人员违章指挥、违章操作不予以制止的；

（三）未按国家有关规定取得安全生产许可而擅自生产经营，或者未执行建设项目安全设施“三同时”有关规定的；

（四）使用国家明令淘汰、禁止使用危及生产安全的工艺、设备的；

（五）进行爆破、大型设备（构件）吊装、设备大修、建设物或者构筑物拆除、危险物品装卸、超高堆垛物品、临近高压输电线路作业以及在密闭空间内作业等危险作业，无管理制度、防范措施的；

（六）举办大型群众性活动未按规定履行相关手续并制定突发事件应急预案，或者未落实事故防范措施的；

（七）未按规定建立重大危险源管理制度，管理措施不落实的；

（八）发生生产安全事故后不落实事故防范和整改措施，致使类似事故再次发生的。

第三十九条 生产经营单位有下列行为之一的，责令限期改正，并可对生产经营单位处10000元以上30000元以下罚款，对其主要负责人、其他责任人员处1000元以上10000

元以下罚款：

（一）作业现场的安全设施不符合安全生产规定的；

（二）发现重大事故隐患未采取安全保障措施的；

（三）存在重大危险源单位违反本办法第十五条第（一）、第（二）、第（三）、第（四）、第（七）项规定的；

（四）未执行建设项目安全设施“三同时”规定的；

（五）进行爆破、大型设备（构件）吊装、设备大修、建筑物或者构筑物拆除、危险物品装卸、超高堆垛物品、临近高压输电线路作业以及在密闭空间内作业等危险作业，无管理制度、防范措施的；

（六）未按规定制定安全生产应急救援预案，或者安全生产应急救援预案不符合相关规范，拒不按要求进行改正的。

第四十条 生产经营单位有下列行为之一的，责令限期改正，并可对生产经营单位处1000元以上10000元以下罚款，对其主要负责人、其他责任人员处50元以上1000元以下罚款：

（一）安全生产检查及处理情况未按规定记录在案的；

（二）从事安全生产检测检验、安全评价、安全培训活动的中介服务机构未按规定将中介服务项目目录抄报安全生产监督管理部门的。

第四十一条 生产经营单位有下列行为之一的，责令改正，并可对生产经营单位处1000元以下罚款，对其主要负责人、其他责任人员处50元以下罚款：

（一）未对在役生产设施、设备进行检测、评估或者未保存相关检测、评估资料的；

（二）机械、设备的安全装置不符合安全生产规定的；

（三）未按规定把安全生产应急救援预案报安全生产监督管理部门备案，或者未按规定组织演练的。

第四十二条 生产经营单位有下列情形之一的，一年内不得参加政府投资、融资建设项目和政府采购项目的招投标：

（一）连续计算日期一年内发生两起以上一般生产安全事故的；

（二）发生较大以上生产安全事故的。

第四十三条 安全生产监督管理部门根据需要，可以在其法定职权范围内委托符合《中华人民共和国行政处罚法》第十九条规定条件的组织或者乡镇人民政府、街道办事处负责安全生产监督管理机构实施行政处罚。

第四十四条 本办法第三十九条至第四十一条规定的行政处罚，由安全生产监督管理部门决定。

对违反本办法规定应当给予行政处罚的行为，有关法律、法规和规章另有规定的，依照其规定。

第六章 附 则

第四十五条 本办法自2009年6月1日起施行。

宁波市药品生产监督管理办法

（宁波市政府令第 165 号，2009 年 7 月 13 日发布）

第一章　总　则

第一条　为加强药品生产的监督管理，保证药品质量，维护人体健康和生命安全，根据《中华人民共和国药品管理法》、《中华人民共和国药品管理法实施条例》等法律、法规，结合本市实际，制定本办法。

第二条　在本市行政区域内从事药品、直接接触药品的包装材料和容器的生产、医疗机构制剂配制，药品检验以及药品生产监督管理的单位或者个人，应当遵守本办法。

第三条　本办法所称的药品生产监督管理，是指食品药品监督管理部门依法对药品生产单位生产条件和生产过程进行监督检查等管理活动。

前款所称的药品生产单位，包括药品生产企业、直接接触药品的包装材料和容器生产企业、医疗机构制剂室。

第四条　市和县（市）区食品药品监督管理部门负责本行政区域内药品生产的监督管理工作。

政府其他有关部门应当按照各自职责做好药品生产的相关管理工作。

第五条　药品生产单位应当对其生产的药品质量负责，并对其设立的办事机构以本单位名义从事的药品生产行为承担法律责任。

第六条　支持药品行业协会协助政府和有关行政部门进行制药行业管理，积极履行行业服务标准制定、技能资质考核、行业自律监督等社会职能，并依法开展行业指导、数据统计、发展规划和信用等级评定等工作。

第七条　逐步实行药品检验服务外包。符合法律、法规规定的药品检验条件的科研机构、高等院校和其他具备检验责任的非政府组织，经国家和省食品药品监督管理部门核准，并签订检验服务外包合同，明确权利责任的，可以承担药品检验工作。

鼓励药品生产单位利用药品检验服务外包机构进行药品检验。承担药品检验工作的机构之间应在一定范围内实现信息和资源共享。

第二章　生产管理

第八条　药品生产单位应当依法组织药品生产，生产条件应当符合药品剂型和品种的要求。

第九条　药品生产企业应当使用经省级以上食品药品监督管理部门批准，取得药用辅料批准文号的辅料，并对药品生产中使用的辅料质量负责。

第十条　有批准文号的药用辅料市场上确无供应，药品生产企业因生产需要确需采购未取得药用辅料批准文号的辅料，首批使用前应当送市以上药品检验机构按照国家或者地方药用标准检验，检验合格后方可用于药品生产。

第十一条 药品生产企业采购没有国家或者地方药用标准的药用辅料，可以按照生产工艺要求制定企业标准并报省级药品检验机构核准，首批使用前应当送市以上药品检验机构按照企业标准检验，检验合格后方可用于药品生产。

第十二条 无批准文号、无药用标准且无药用历史的辅料，以及我国从未生产过的药用辅料，药品生产企业应当按新辅料有关规定申报，待国家食品药品监督管理部门注册批准后方可用于药品生产。

第十三条 药品生产企业应当对药品生产使用的原料、辅料在使用前按批次进行全检。

药品生产企业应当配备与所使用药用原料、辅料相适应的检验仪器，个别检验项目仪器配备有困难的，可委托药品检验机构或者其他有资质的单位检验，并报省食品药品监督管理部门备案，同时书面告知企业所在地市和县（市）区食品药品监督管理部门。

第十四条 药品生产企业应当有真实完整的药品原料、辅料、直接接触药品的包装材料和容器的购进、验收和检验记录，药品批生产记录、批包装记录和清洁消毒等原始记录，所生产药品成品的检验和销售记录，以及必要的中间产品检验记录。

前款规定的记录应当保存至该批产品有效期满后一年，未规定有效期的应当保存三年。

第十五条 药品生产企业应当按照法律、法规规定的要求组织生产，并建立内部评审制度。

药品生产企业应当根据内部评审结果，每年对实施《药品生产质量管理规范》情况进行总结，对产品质量情况进行调查、分析，形成《药品生产质量年度报告》，年底前报县（市）区食品药品监督管理部门备案。

企业《药品生产质量年度报告》应当包括下列内容：

（一）当年企业组织机构、生产和质量主要管理人员以及生产、检验条件的变动及审批情况；

（二）当年历次《药品生产质量管理规范》自查情况及接受监督检查情况；

（三）当年历次检查的整改落实情况；

（四）当年生产品种、批号、数量；

（五）当年生产偏差调查及结果；

（六）当年退货情况及处理情况；

（七）当年不合格产品情况及处理情况，特别是不合格药品被质量公报通告后的整改情况；

（八）当年药品不良反应报告情况；

（九）年度评价及建议。

第十六条 医疗机构应当对配制制剂使用的原料在使用前按批次进行全检。

部分项目检验有困难的，可以委托药品检验机构或其他有资质的单位检验；医疗机构间签订统一采购协议的，可以共同委托药品检验机构或其他有资质的单位检验。委托检验应当报市食品药品监督管理部门备案，同时书面告知企业所在地县（市）区食品药品监督管理部门。

第十七条 医疗机构应当有真实完整的制剂原料、辅料、直接接触药品的包装材料和容器的购进、检验和验收记录，制剂批配制记录、批包装记录和清洁消毒等原始记录，所配制制剂成品的检验和使用记录，以及必要的中间产品检验记录。

前款规定的记录应当保存至该批产品有效期满后一年，未规定有效期的应当保存三年。

第十八条 直接接触药品的包装材料和容器的生产企业生产所用的原料应当符合国家法定标准或者经审定后的企业标准。

第十九条 直接接触药品的包装材料和容器的生产企业应当按照产品质量标准和注册申报的生产工艺组织生产，产品出厂前应当进行检验，并出具检验报告书；未经检验的产品一律不得销售。

第二十条 直接接触药品的包装材料和容器的生产企业不得任意更改产品的生产工艺规程和岗位操作法则；因生产需要确需更改的，应当依法按照规定的程序办理修订、审批手续。

第二十一条 直接接触药品的包装材料和容器的生产企业生产的每批次产品应当有能反映生产全过程的批生产记录，物料出入库应有相应的台账、领用单，并保存有关记录至产品售出后一年。

第二十二条 承担药品检验工作的机构应当依法履行药品检验职能，依据《中华人民共和国药典》、中药饮片炮制规范或者国家食品药品监督管理部门颁布的药品标准进行检验；对《中华人民共和国药典》、中药饮片炮制规范或者国家食品药品监督管理部门颁布的药品标准以外的添加物的检验，可以依据政府批准的其他专项检验标准。

承担药品检验工作的机构应当对其出具的药品检验报告负责，药品检验结果应当客观公正，如实反映药品的质量情况，并承担相应的法律责任；不得出具虚假检验报告。

第二十三条 承担药品检验工作的机构应当实行药品检验岗位责任制，并按照岗位责任制的要求建立检验工作管理规范和药品检验操作规程，确保检验数据准确可靠。

承担药品检验工作的机构应当有真实完整的原始药品检验记录，内容包括项目名称、检验日期、操作方法、实验条件、观察到的现象、实验数据、计算和结果判断等。

前款规定的记录应当保存至该批产品有效期满后一年，未规定有效期的应当保存三年；检验报告书应当长期保存。

第三章 生产监督

第二十四条 市食品药品监督管理部门应当建立实施监督检查的运行机制和管理制度，明确县（市）区食品药品监督管理部门的监督检查职责。

第二十五条 县（市）区食品药品监督管理部门应当履行下列监督检查职责：

（一）对本行政区域内药品生产单位进行日常监督检查；

（二）协助市食品药品监督管理部门对本行政区域内药品生产单位进行信用等级评定；

（三）对监督检查中发现的问题和不符合《药品生产质量管理规范》的缺陷项目进行督促整改；

（四）收集药品生产有关信息，及时发现并制止药品生产单位的违法行为；

（五）建立本行政区域内药品生产单位的监管档案，包括药品生产许可证明、《药品生产质量管理规范》认证现场检查情况、历年监督检查情况、产品质量监督抽验情况、违法行为记录、信用等级评定相关资料等；

（六）其他应当依法履行的监督检查职责。

第二十六条 市和县（市）区食品药品监督管理部门应每年依据下列因素定期对药品生产单位开展信用等级评定：

（一）内部管理和生产行为的规范化程度等情况；

（二）药品质量监督抽验、日常监督检查、《药品生产质量管理规范》检查及整改等情况；

（三）违法行为发生的频率、社会危害程度和行政处罚等情况；

（四）对食品药品监督管理部门的日常管理和监督检查协助、配合等情况；

（五）其他应当考虑的因素。

信用等级评定的标准和方法由市食品药品监督管理部门另行制定。

第二十七条 市和县（市）、区食品药品监督管理部门应当根据药品生产的风险性，对药品生产单位的产品监管分为重点监管剂型（品种）和一般监管剂型（品种）；对药品生产过程、工序的监管分为重点监管环节和一般监管环节分别实施监管。

前款所称的重点监管剂型（品种）包括血液制品、疫苗、无菌制剂、无菌原料药、特殊药品、接受委托生产品种、各级药品监管部门公布的质量抽验不合格品种等。

前款所称的重点监管环节包括原料投料、关键过程、制水系统、空调控制系统、灭菌工序、出厂检验和委托生产等环节。

第二十八条 市和县（市）区食品药品监督管理部门应当根据药品生产单位的信用等级评定、产品风险大小等因素决定对药品生产单位实施监督检查的频率，但对每一家药品生产单位的监督检查一年内不得少于 2 次。对重点监管剂型（品种）、重点监管环节和信用等级评定较差的企业应当适当增加监督检查的频率。

第二十九条 食品药品监督管理部门的监督检查活动不得妨碍药品生产单位的正常生产活动，依法保守知悉的企业技术秘密和商业秘密。

药品生产单位应当如实提供《药品生产质量年度报告》等与被检查事项有关的物品和资料，不得拒绝、隐瞒。

第三十条 食品药品监督管理部门的监督检查情况应当以书面形式告知被检查单位，同时向组织监督检查部门提交检查报告。

检查报告应当包括被检查单位名称、检查范围和内容、检查时间、被检查单位基本情况（包括生产地址、车间面积，生产线数量，生产设施或人员变动情况等）、缺陷项目、检查员及被检查单位负责人签字等内容。

第三十一条 食品药品监督管理部门根据检查人员监督检查报告，作出检查结论并提出整改意见。对不符合要求的单位，责令限期整改。

被检查单位在规定期限内整改完成后，将整改报告上报食品药品监督管理部门，食品药品监督管理部门应当实施跟踪检查。

第三十二条 食品药品监督管理部门应当对承担法定药品检验工作的机构和承接药品检验服务外包的检验机构加强监管，定期对检验机构的设备、人员、检验条件以及原始药品检验记录等进行监督检查。

第四章　法律责任

第三十三条　药品生产单位违反本办法规定的行为，有关法律、法规已有处罚规定的，依照其规定处罚。

第三十四条　药品生产企业违反本办法规定，未按照《药品生产质量管理规范》组织生产的，由食品药品监督管理部门依照《中华人民共和国药品管理法》第七十九条规定给予处罚。

经食品药品监督管理部门监督检查发现存在 3 项以上关键项缺陷，或者存在关键项缺陷并且有证据证明已对药品质量产生严重影响的，由食品药品监督管理部门责令召回问题药品，并报请原认证机关作出收回其《药品生产质量管理规范》认证证书的处理决定。

第三十五条　药品生产企业有下列情形之一的，对生产的药品除依法应当按照假药、劣药论处的外，由食品药品监督管理部门给予警告，责令限期改正；逾期不改正的，处一万元以上三万元以下的罚款：

（一）违反本办法第十条、第十一条规定，首批使用未取得药用辅料批准文号的辅料前，未送市以上药品检验机构检验即用于药品生产的；

（二）违反本办法第十二条规定，未按新辅料有关规定申报、注册批准即用于药品生产的；

（三）违反本办法第十三条规定，未在使用前对药用原料、辅料进行按批次全检，或者委托不符合药品检验条件的检验机构检验的。

第三十六条　药品生产企业有下列情形之一的，由食品药品监督管理部门给予警告，责令限期改正；逾期不改正的，处一千元以上五千元以下的罚款；情节严重的，处五千元以上二万元以下的罚款：

（一）违反本办法第十四条规定，未妥善保存有关记录的；

（二）违反本办法第十五条规定，未制作《药品生产质量年度报告》，或者报告内容不全的。

第三十七条　医疗机构违反本办法第十六条规定，对配制的制剂除依法应当按照假药、劣药论处的外，由食品药品监督管理部门给予警告，责令限期改正；逾期不改正的，处一万元以上三万元以下的罚款。

第三十八条　医疗机构违反本办法第十七条规定，未妥善保存有关记录的，由食品药品监督管理部门给予警告，责令限期改正；逾期不改正的，处一千元以上五千元以下的罚款；情节严重的，处五千元以上二万元以下的罚款。

第三十九条　直接接触药品的包装材料和容器生产企业有下列情形之一的，由食品药品监督管理部门给予警告，责令限期改正；逾期不改正的，处一万元以上三万元以下的罚款：

（一）违反本办法第十八条规定，使用不符合标准的原料生产的；

（二）违反本办法第十九条规定，未按产品质量标准检验，或者伪造检验报告书的；

（三）违反本办法第二十条规定，未按核准的生产工艺规程进行生产的。

第四十条　直接接触药品的包装材料和容器生产企业违反本办法第二十一条规定，未妥善保存有关记录和资料的，由食品药品监督管理部门给予警告，责令限期改正；逾期不改正的，处一千元以上五千元以下的罚款；情节严重的，处五千元以上二万元以下的罚款。

第四十一条 承担药品检验工作的机构违反本办法第二十二条规定，由食品药品监督管理部门依照《中华人民共和国药品管理法》第八十七条规定给予处罚；情节严重的，三年内不得作为药品检验服务外包单位；造成严重后果的，依法追究其机构和主要负责人、相关岗位人员的责任。

第四十二条 承担药品检验工作的机构违反本办法第二十三条规定，由食品药品监督管理部门给予警告，责令限期改正；逾期不改正的，处一千元以上五千元以下的罚款；情节严重的，处五千元以上二万元以下的罚款。

第四十三条 食品药品监督管理部门及其工作人员违反本办法有关规定，徇私舞弊、玩忽职守、滥用职权，构成犯罪的，依法追究刑事责任；尚不构成犯罪的，对直接负责的主管人员和其他直接责任人员给予行政处分。

第五章 附 则

第四十四条 本办法第十条、第十一条所称的首批使用，是指药品生产企业第一次使用，或者在本办法施行前已经使用但在本办法施行后第一批使用，或者同一品种更换不同生产厂家或者供货商后第一批使用。

第四十五条 对麻醉药品、精神药品、毒性药品、放射性药品以及疫苗生产的监督管理，按照有关法律、法规、规章规定执行。

第四十六条 本办法自 2009 年 10 月 1 日起施行。

重庆市安全生产行政责任追究暂行规定

（重庆市人民政府令第225号，2009年7月14日发布）

第一章　总　则

第一条　为落实安全生产责任制，加强安全生产监督管理，防止和减少生产安全事故，保障人民群众生命财产安全，根据《中华人民共和国安全生产法》、《中华人民共和国行政监察法》等有关法律法规，结合本市实际，制定本规定。

第二条　本市行政区域内，行政机关、公务员、行政机关任命的其他人员、生产经营单位及其工作人员未依法履行安全生产职责，应当追究行政责任的，适用本规定。

第三条　行政责任追究方式包括行政问责、行政处分和行政处罚。

安全生产行政问责和行政处分，由任免机关或者监察机关按照管理权限依法决定。

第四条　安全生产监督管理实行“属地管理与分级管理相结合”和“谁主管谁负责、谁审批谁负责、谁监管谁负责”的原则。

第五条　行政机关的主要负责人是安全生产监督管理工作的第一责任人，全面承担安全生产领导责任；分管安全生产监督管理工作的负责人，对安全生产承担直接领导（组织协调和综合监督）责任；分管专项工作的负责人，对分管工作中的安全生产承担专项监督领导责任。

生产经营单位的主要负责人是安全生产第一责任人，全面负责本单位的安全生产工作；分管安全生产监督管理工作的负责人，对安全生产承担综合监督管理责任；分管专项工作的负责人，对分管工作中的安全生产承担直接领导责任。

第二章　安全生产职责

第六条　生产经营单位应当贯彻执行安全生产法律、法规、规章、方针政策、国家和行业标准，具备法定的安全生产条件，对本单位的安全生产承担主体责任。

承担安全评价、培训、认证、检测、检验等工作的机构应当具备国家规定的资质条件，并对其作出的安全评价、培训、认证、检测、检验的结果负责。

第七条　负有安全生产监督管理职责的行政机关应当贯彻执行安全生产法律、法规、规章、方针政策、国家和行业标准，在职责范围内实施安全生产监督管理，并承担相应责任。

第八条　生产经营单位和行政机关应当建立健全安全生产岗位责任制，生产经营单位工作人员和公务员依照岗位责任制履行职责，并承担相应责任。

第九条　生产经营单位及其工作人员在生产安全事故发生后，应当依法报告安全生产综合监督管理部门和安全生产专项监督管理部门、行业行政主管部门，并配合有关部门开展事故调查工作。

行政机关及其公务员接到生产安全事故报告后，应当依法上报。

第十条 生产安全事故发生后，有关人民政府、安全生产综合监督管理部门、安全生产专项监督管理部门、行业行政主管部门、国有资产监督管理机构接到事故报告后，其负责人应当按照相关规定立即赶赴事故现场，组织事故救援，依法主持或者配合事故调查。

第十一条 全市各级人民政府主要负责人的安全生产监督管理职责：

（一）把安全生产纳入经济社会发展总体规划，制定和督促落实本地区安全生产目标、计划和措施；

（二）研究和解决本行政区域内安全生产工作中的重大问题，检查督促本级人民政府领导班子成员履行一岗双责职责；

（三）每季度至少主持或者委托政府分管负责人召开一次安全生产工作会议，明确部门和专人负责落实会议决定事项；

（四）依法关闭不符合安全生产规划或者不符合基本安全生产条件的生产经营单位；

（五）落实工作机构，按要求配备监管人员和装备，保证安全生产工作经费。

第十二条 全市各级人民政府分管安全生产监督管理工作负责人的职责：

（一）负责本行政区域内安全生产监督管理的综合协调和督促检查；

（二）监督检查本级人民政府各部门制定和落实安全生产责任制，协助本级人民政府主要负责人研究和解决本行政区域内安全生产中的重大问题；

（三）组织督促开展安全生产监督检查和安全隐患排查整治工作；

（四）组织实施安全生产责任目标考核，督促检查本级人民政府各部门和下级人民政府安全生产责任目标任务执行情况；

（五）负责安全生产委员会工作，组织召开安全生产委员会工作会议；

（六）每季度至少向本级人民政府报告一次本行政区域内的安全生产工作。

第十三条 全市各级人民政府分管专项工作负责人的安全生产监督管理职责：

（一）研究和解决分管范围内的安全生产工作重大问题；

（二）督促分管范围内的有关部门制定和落实安全生产责任制，完成安全生产责任目标；

（三）督促分管范围内的部门开展安全生产监督检查和安全隐患排查整治工作；

（四）监督检查分管范围内的部门制订和落实应急救援预案；

（五）每季度至少向本级人民政府报告一次分管范围内的安全生产工作。

第十四条 全市各级安全生产综合监督管理部门主要负责人的职责：

（一）制定本地区安全生产规划，组织、指导安全生产宣传教育培训，完成本级人民政府和上级有关部门下达的安全生产责任目标任务；

（二）定期召开安全生产工作例会，明确机构和专人负责落实会议决定事项；

（三）对本行政区域内的安全生产工作实施综合监督管理，开展安全生产综合监督检查和督促安全隐患排查整治工作，组织、协调生产安全事故的应急救援工作和调查处理工作；

（四）负责安全生产委员会办公室全面工作，组织实施年度安全生产责任目标考核；

（五）牵头对安全生产工作中的重大问题进行调研，向本级人民政府领导提出建议、意见，协调各行业领域、下级人民政府安全监管中的重大问题；

（六）建立值班和举报奖励制度。

第十五条　安全生产综合监督管理部门分管负责人的职责：

（一）对下级人民政府和本级安全生产专项监督管理部门、行业行政主管部门安全生产监督工作进行监督检查，督促检查有关部门开展安全隐患排查整治工作；

（二）对职责范围内工矿商贸企业的安全生产工作进行监督检查，并依法查处安全生产违法行为；

（三）对危险化学品、非煤矿山、烟花爆竹、作业场所职业危害等实施行政审批，开展监督管理；

（四）监督检查职责范围内新建、改建、扩建工程项目的安全设施与主体工程同时设计、同时施工、同时投入生产和使用情况；

（五）受理有关安全生产的举报，依法处理安全生产违法行为。

第十六条　安全生产行业行政主管部门主要负责人的安全生产监督管理职责：

（一）完成本级人民政府和上级部门下达的安全生产责任目标任务；

（二）监督检查职责范围内生产经营单位落实安全生产责任制和隐患排查治理工作；

（三）将安全生产工作与业务工作紧密结合，一起部署，一起落实，一起检查，一起考核；

（四）定期召开安全生产工作例会，明确机构和专人负责落实会议决定事项；

（五）保障本部门安全生产管理工作机构、人员和经费；

（六）制订应急救援预案，推行国家和行业安全标准；

（七）对生产经营单位安全生产工作实施专项监督管理；

（八）建立值班和举报奖励制度。

第十七条　安全生产行业行政主管部门分管安全生产监督管理工作负责人的职责：

（一）负责本部门安全生产监督管理的综合协调和督促检查；

（二）督促检查安全生产违法行为和安全隐患排查整治工作；

（三）协助组织实施安全生产工作制度和应急救援预案；

（四）受理有关安全生产的举报，依法处理安全生产违法行为。

第十八条　安全生产行业行政主管部门分管专项工作负责人的安全生产监督管理职责：

（一）研究部署分管工作范围内的安全生产工作；

（二）在分管工作范围内开展安全生产监督检查和督促安全隐患排查整治工作；

（三）对安全生产有关事项实施行政审批，开展监督管理。

第十九条　国有资产监督管理机构主要负责人的安全生产监督管理职责：

（一）负责指导督促国有及国有控股企业贯彻落实国家安全生产法律、法规、规章、方针政策、国家和行业标准；

（二）督促国有及国有控股企业主要负责人落实安全生产第一责任人的责任和企业安全生产责任制，做好对国有及国有控股企业负责人的安全业绩考核工作；

（三）负责落实事故责任追究的有关规定。

第二十条　国有资产监督管理机构分管安全生产监督管理工作负责人的职责：

（一）督促企业贯彻落实国家安全生产法律、法规、规章、方针政策、国家和行业标准；

（二）参与或组织督促检查国有及国有控股企业安全生产工作，督促落实各项安全防范和隐患治理措施；

（三）参与国有及国有控股企业生产安全事故的调查。

第二十一条 国有资产监督管理机构分管专项工作负责人的安全生产监督管理职责：

（一）督促国有及国有控股企业把安全生产纳入中长期发展规划，保障职工健康与安全；

（二）参与或组织开展国有及国有控股企业安全生产监督检查，督促落实各项安全防范和隐患治理措施。

第二十二条 生产经营单位主要负责人的安全生产管理职责：

（一）建立健全并落实以安全生产责任制为核心的安全生产规章制度和操作规程；

（二）建立健全与本单位经济活动相适应的安全生产管理机构，配备安全生产管理人员，按照有关规定足额提取安全生产费用，落实安全生产经费；

（三）督促、检查本单位的安全生产工作，按照有关规定开展安全生产标准化建设，组织开展安全生产监督检查、安全隐患排查整治和安全宣传教育培训工作；

（四）将安全生产工作与业务工作紧密结合，一起部署，一起落实，一起检查，一起考核；

（五）将安全设施投资纳入建设项目概算，执行新建、改建、扩建工程项目的安全设施与主体工程同时设计、同时施工、同时投入生产和使用制度；

（六）负责配备符合国家标准或者行业标准的劳动防护用品；

（七）制订并实施生产安全事故应急救援预案；

（八）发生生产安全事故后，应当赶赴现场，组织抢救，保护现场，做好善后工作，执行事故处理决定。

第二十三条 生产经营单位分管安全生产管理工作负责人的职责：

（一）负责安全生产日常监督管理工作，督促落实安全生产责任制；

（二）监督检查安全生产标准化建设和安全隐患排查整治工作；

（三）监督检查单位负责人、管理人员和从业人员的安全生产宣传教育培训工作；

（四）督促做好作业场所的劳动保护工作，预防和消除职业危害；

（五）发生生产安全事故后，应当赶赴现场，组织抢救，保护现场，做好善后工作，督促执行事故处理决定。

第二十四条 生产经营单位分管专项工作负责人的安全生产管理职责：

（一）在分管工作范围内落实安全生产责任制；

（二）负责安全生产监督检查和安全隐患排查整治工作；

（三）发生生产安全事故后，应当赶赴现场，组织抢救，保护现场，做好善后工作。

第三章 行政责任追究

第二十五条 行政机关负责人和由行政机关任命的负责人有下列情形之一的，应当实施行政问责；同时构成违纪的，还应当依照有关规定给予行政处分：

（一）本地区、本部门、本系统或者本单位一年内发生较大生产安全事故 3 起且超过目标考核指标一倍的；

（二）本地区、本部门、本系统或者本单位一年内发生 2 起以上（含 2 起）重大生产安全事故或者 1 起以上（含 1 起）特别重大生产安全事故的；

（三）在生产安全事故的应急处置中，未及时采取措施进行处理，以致造成更大损失或者不良社会影响的；

（四）谎报、瞒报生产安全事故的；

（五）其他不履行或不正确履行安全生产监督管理职责，造成严重后果或者不良社会影响的。

第二十六条　行政问责包括以下方式：

（一）取消当年评优、评先资格；

（二）通报批评；

（三）责令做出书面检查；

（四）诫勉谈话；

（五）责令公开道歉；

（六）调离现工作岗位；

（七）引咎辞职；

（八）责令辞职；

（九）免职。

前款规定的责任追究方式，可以单独或者合并适用。

第二十七条　行政机关及其公务员有下列行为之一的，对有关责任人员，给予警告、记过或者记大过处分；情节较重的，给予降级或者撤职处分；情节严重的，给予开除处分：

（一）不执行或者不正确执行国家安全生产法律、法规、规章、方针政策、国家和行业标准，造成不良后果的；

（二）未按规定召开安全生产工作会议，造成不良后果的；

（三）未按规定落实安全生产监督管理工作机构、配备工作人员、保证经费投入，造成不良后果的；

（四）未按规定开展安全生产监督检查，造成不良后果的；

（五）未按规定对企业进行安全生产考核的。

第二十八条　行政机关及其公务员违反行政审批规定，有下列行为之一的，对有关责任人员，给予警告或者记过处分；情节较重的，给予记大过或者降级处分；情节严重的，给予撤职处分：

（一）违法委托单位或者个人行使有关安全生产行政审批权的；

（二）批准向合法的生产经营单位或者经营者超量提供剧毒品、民爆物品或者其他危险物资的；

（三）批准向非法或者不具备安全生产条件的生产经营单位或者经营者提供剧毒品、火工品等危险物资或者其他生产经营条件的；

（四）其他违反安全生产行政审批规定的。

向不符合法定安全生产条件的生产经营单位颁发有关证照的，或者对不具备法定安全生产条件的机构资质、人员资格予以批准认定的，对有关责任人员，给予降级或者撤职处分。

第二十九条 行政机关及其公务员对检查中发现的安全隐患，未按规定采取措施，或者其他不履行、不正确履行安全隐患排查督促职责，导致生产安全事故发生的，对有关责任人员，给予警告、记过或者记大过处分；情节较重的，给予降级或者撤职处分；情节严重的，给予开除处分。

发现未依法取得批准、验收的单位擅自从事有关活动或者接到举报后不予取缔或者不依法予以处理的，对有关责任人员，给予降级或者撤职处分。

对已经依法取得行政审批的单位不履行监督管理职责，发现其不再具备安全生产条件而不撤销原行政审批或者发现安全生产违法行为不予查处的，对有关责任人员，给予降级或者撤职处分。

第三十条 行政机关及其公务员在事故应急处置和调查处理中，有下列行为之一的，对有关责任人员，给予警告、记过或者记大过处分；情节较重的，给予降级或者撤职处分；情节严重的，给予开除处分：

（一）对生产安全事故迟报、漏报的；

（二）事故发生后，不按规定赶赴现场组织抢救，组织事故调查处理和善后工作的；

（三）不执行对事故责任人员的处理决定，或者擅自改变上级机关批复的对事故责任人员的处理意见的；

（四）不制止、不查处瞒报、谎报等违法行为的；

（五）在事故调查处理中滥用职权、玩忽职守、徇私舞弊的。

谎报、瞒报生产安全事故，提供伪证、指使他人提供伪证，或者阻挠、干涉生产安全事故调查工作的，对有关责任人员，给予记过或者记大过处分；情节较重的，给予降级或者撤职处分；情节严重的，给予开除处分。

第三十一条 国有及国有控股企业中由行政机关任命的人员有下列行为之一，导致生产安全事故发生或者造成不良社会影响的，对有关责任人员，给予警告、记过处分；情节较重的，给予降级（职）、责令辞职、撤职处分；情节严重的，给予解聘、开除处分：

（一）对存在的安全隐患，未采取有效措施的；

（二）违章指挥，强令工人违章冒险作业的；

（三）未按规定进行安全生产教育和培训并经考核合格，允许从业人员上岗，致使违章作业的；

（四）制造、销售、使用国家明令淘汰或者不符合国家标准的设施、设备、器材或者产品的；

（五）超能力、超强度、超定员组织生产经营，拒不执行有关部门整改指令的；

（六）拒绝执法人员进入现场检查、提供资料或者在被检查时隐瞒安全隐患，不如实反映情况的；

（七）新建、改建、扩建工程项目的安全设施，不与主体工程同时设计、同时施工、同时投入生产和使用，或者未按规定审批、验收，擅自组织施工和生产的；

（八）被依法责令停产停业整顿、吊销证照、关闭的生产经营单位，继续从事生产经营活动的；

（九）有其他不履行或者不正确履行安全生产管理职责的。

承担安全评价、培训、认证、检测、检验等工作的机构及其工作人员，出具虚假报告等与事实不符的文件、材料，对有关责任人员，给予警告、记过处分；情节较重的，给予降级（职）、责令辞职、撤职处分；情节严重的，给予解聘、开除处分。

第三十二条　国有及国有控股企业中由行政机关任命的人员，生产安全事故发生后，迟报、漏报或者不及时组织抢救的，对有关责任人员，给予警告、记过处分；情节较重的，给予降级（职）、责令辞职、撤职处分；情节严重的，给予解聘、开除处分。

谎报、瞒报生产安全事故，对有关责任人员，给予降级（职）、责令辞职、撤职处分；情节严重的，给予解聘、开除处分。

生产安全事故发生后逃匿的，给予开除处分。

第三十三条　有下列情形之一的，应当从重处分：

（一）在共同违法违纪行为中起主要作用的；

（二）隐匿、伪造、销毁证据的；

（三）串供或者阻止他人揭发检举、提供证据材料的；

（四）包庇同案人员的。

第三十四条　有下列情形之一的，应当从轻处分：

（一）主动交代违法违纪行为的；

（二）主动采取措施，有效避免或者挽回损失的；

（三）检举他人重大违法违纪行为，情况经查证属实的。

具有前款规定两种以上情节的，应当减轻处分。

第三十五条　违纪行为情节轻微，经过批评教育后改正的，可以免予处分；

工作范围内发生生产安全事故，经查实尽职尽责的，应当不予处分；

因不可抗力发生生产安全事故的，应当不予处分。

第三十六条　对责任人员的行政问责和行政处分实行责任跟踪追究制度，已调离岗位的责任人员在任职期间有责任追究情形的，应当追究。

第三十七条　生产经营单位及其工作人员违反安全生产监督管理职责，依法应当给予行政处罚的，从其规定。

第三十八条　行政问责参照《重庆市政府部门行政首长问责暂行办法》执行。

第三十九条　对行政问责和行政处分不服的，可以根据有关规定向相关部门申诉。

第四章　附　则

第四十条　事业单位、法律法规授权的具有管理公共事务职能的组织、行政机关依法委托的组织及其工作人员有安全生产违法违纪行为，应当给予行政问责和行政处分的，参照本规定执行。

国有及国有控股企业中除由国家行政机关任命的人员外，其他人员有安全生产领域违法违纪行为，应当给予处理的，参照本规定执行。

第四十一条　本规定自2009年9月1日起施行。

成都市行政效能监察办法

（成都市人民政府令第160号，2009年7月27日发布）

第一条 （目的依据）

为加强行政效能监察，推进依法行政，改善行政管理，提升行政效能，改进机关作风，优化发展环境，促进规范化服务型政府（机关）建设，根据《中华人民共和国行政监察法》、《中华人民共和国公务员法》等法律、法规和规章，结合成都市实际，制定本办法。

第二条 （适用范围）

本办法适用于本市各级行政机关及其公务员。行政机关任命的其他人员和经批准参照《中华人民共和国公务员法》管理的事业单位及其工作人员，参照本办法执行。

第三条 （术语含义）

本办法所称行政效能监察，是指监察机关依据有关法律、法规和规章，对行政机关及其公务员履行职责行为的效率与质量情况所实施的检查、调查、纠正、问责等活动。

第四条 （遵循原则）

行政效能监察工作应当坚持行政效能监察与行政效能建设相结合、预防与治理相结合、教育与惩处相结合的原则。

第五条 （监察职责）

监察机关开展行政效能监察，依法履行下列职责：

（一）组织协调和指导本行政区域内行政效能监察工作；

（二）监督检查、考核评价机关行政效能和软环境建设情况；

（三）受理涉及行政效能和软环境问题的投诉举报；

（四）检查、调查行政机关及其公务员在行政活动中影响行政效能的行为和问题；

（五）根据检查、调查或评议考核结果等，对行政机关及其公务员实施行政问责或提出处理意见、建议；

（六）法律、法规和规章规定的其他职责。

第六条 （监察重点）

监察机关开展行政效能监察时，重点检查、调查下列影响行政效能的行为和事项：

（一）不按规定贯彻落实或违背上级政策、决定的；

（二）不依法正确履行职责，对管理事项不按规定制定执行措施、做出行政决定的；

（三）不按规定实行政务公开，损害行政相对人知情权的；

（四）不落实首问负责制度，增加行政相对人办事成本或难度的；

（五）不落实限时办结制度，推诿拖延的；

（六）不落实工作制度，对职责范围内的事项不按时限和质量要求完成的；

（七）应当纳入政务服务中心办理的事项而未纳入的；

（八）行政许可和非行政许可审批事项等不按规定纳入电子监察系统的；

（九）涉及多个部门的工作，牵头部门不履行牵头职责，或配合部门不配合牵头部门工作，造成工作延误的；

（十）不文明执行公务，造成不良影响和后果的；

（十一）其他违反行政管理规定，损害行政效能的事项。

第七条　（工作方式）

行政效能监察以日常监察和专项监察相结合的方式进行。日常监察包括受理投诉和检查、调查、暗访、评估，以及运用电子监察系统实时监控等方式。

监察机关可以组织有关行政机关工作人员，或邀请人大代表、政协委员、特邀监察员以及民主党派、社团组织、市民代表等有关人士参加行政效能监察。

第八条　（行政效能投诉）

监察机关应当建立健全行政效能投诉制度，向社会公布受理投诉、举报的方式、方法。

第九条　（行政效能评估）

监察机关应当建立行政效能考核评估制度，与社会评价和软环境测评一并进行，促进行政机关不断提高行政效能。

第十条　（专项监察立项）

监察机关主要根据下列情况确定行政效能专项监察事项：

（一）本级人民政府和上级监察机关的部署和要求；

（二）本级人民政府的中心工作和重点工作；

（三）本级人民政府重大投资项目专项财政性资金的使用情况；

（四）人民群众反映强烈的损害行政效能的问题。

第十一条　（专项监察批准和备案）

行政效能专项监察事项的立项由监察机关负责人批准。重要专项监察事项的立项，还应当报本级人民政府备案。

第十二条　（专项监察实施）

实施行政效能专项监察应当制定方案，并经监察机关负责人批准后实施。

第十三条　（专项监察通知）

实施行政效能专项监察，应当向被监察的单位发出行政效能专项监察通知书。通知书应当载明主要内容、时间安排和具体要求。通知书由监察机关负责人签发。对涉及范围较广的行政效能专项监察事项，监察机关可以视情况将专项监察方案一并通知被监察的单位。

第十四条　（专项监察报告）

实施行政效能专项监察，应当全面客观地了解情况，收集证据，查清问题及原因，听取被监察的单位和人员的陈述和申辩，实事求是地提交监察报告，并提出处理意见。

监察报告应当包括下列内容：检查或调查的基本情况，存在的问题及产生原因，被监察的单位和人员的主要责任，处理依据、意见，以及加强管理、完善制度、改进工作的建议。

第十五条　（效能监察结果处理）

监察机关根据效能监察结果，开展行政问责，作出监察建议、监察决定等处理。作出重要监察建议或重要监察决定，应当报经本级人民政府同意。

第十六条 （行政问责方式）

依据《四川省行政机关工作人员行政过错责任追究试行办法》、《四川省行政机关责任追究制度》、《四川省行政效能告诫办法（试行）》等规定，由监察机关或任免机关采取以下方式实施行政问责：

（一）行政效能告诫或诫勉谈话；

（二）责令作出书面检查或公开道歉；

（三）通报批评；

（四）取消年度评优评先资格；

（五）调离工作岗位；

（六）停职检查；

（七）免职、降职或责令辞职。

问责方式可以单独使用或合并使用。监察机关实施问责提出监察建议涉及组织处理的，按照有关规定执行。

法律、法规和规章对行政问责另有规定的，从其规定。

第十七条 （从重或加重处理情形）

有下列情形的，应当从重或加重处理：

（一）受到行政问责后一年内，又因行政效能问题应当受到责任追究的；

（二）干扰、阻碍调查处理的；

（三）对投诉举报人打击、报复的。

第十八条 （从轻或减轻处理情形）

主动发现错误并采取补救措施的，可以从轻、减轻或免予行政问责。

第十九条 （行政问责救济）

被问责人员对行政问责不服的，可按照有关规定申请复审、复核和申诉。

第二十条 （行政问责结果运用）

监察机关或任免机关应当将行政问责结果抄送同级公务员主管机关，任免机关作出的行政问责结果还应当抄送同级监察机关，作为公务员考核任用的重要依据。

第二十一条 （解释机关）

本办法具体应用中的问题由成都市监察局负责解释。

第二十二条 （施行日期）

本办法自2009年9月1日起施行。2004年4月2日成都市人民政府发布的《成都市国家公务员行政效能投诉和告诫暂行办法》同时废止。

重庆市节能监察执法委托规定

（重庆市人民政府令第 228 号，2009 年 8 月 13 日发布）

第一条　为了加强全市节能监督管理工作，依据《中华人民共和国行政处罚法》、《中华人民共和国节约能源法》、《重庆市节约能源条例》等法律法规，结合本市实际，制定本规定。

第二条　节能工作主管部门市经济信息委结合工作实际，可以委托重庆市能源利用监测中心履行《中华人民共和国节约能源法》、《重庆市节约能源条例》等法律法规所规定的有关职责，实施节能监察执法。

前款所称的“节能监察执法”包括检查、立案、调查取证、处罚决定等行为。

第三条　市经济信息委实施委托执法应当按照《中华人民共和国行政处罚法》、《重庆市行政执法基本规范（试行）》等有关规定与重庆市能源利用监测中心签订委托执法协议，明确委托执法的内容、双方的权利义务等具体事项，并加强监督检查。

重庆市能源利用监测中心应当在委托事项、委托权限范围内，以市经济信息委的名义实施节能监察执法。

第四条　本规定自 2009 年 10 月 1 日起施行。

深圳市行政监督工作规定

（深圳市人民政府令第208号，2009年9月3日发布）

第一章　总　则

第一条　为规范对行政行为的监督，协调行政监督工作，加强对行政权力的约束，提高行政执行力，推动依法行政，建设法治政府，根据有关法律、法规，结合本市实际，制定本规定。

第二条　本规定适用于本市市、区行政机关和法律法规授权的具有管理公共事务职能的组织以及市、区行政机关委托的组织（以下简称行政机关）及其工作人员。

第三条　本规定所称行政监督，是指政府内部行政监督主体依法对行政机关及其主要负责人和其他工作人员的行政行为是否合法、合理，实施的监察、督促、检查和纠正的活动。

第四条　行政监督包括以下主要内容：

（一）对行政机关及其工作人员制定规范性文件等行政行为实施监督；

（二）对行政机关及其工作人员实施行政处罚、行政审批、行政征收、行政征用、行政给付、行政确认、行政奖励、行政裁决、行政强制等行政行为实施监督；

（三）对行政机关及其工作人员财政资金管理和使用情况实施监督；

（四）对行政机关及其工作人员人事任免、内部管理等行政行为实施监督；

（五）对行政机关及其工作人员的廉政勤政行为实施监督；

（六）对行政机关及其工作人员其他履职行为实施监督。

第五条　行政监督工作应当遵循依法、公平、公正、公开原则，实行监督检查与改进工作相结合。

第六条　行政监督应当与外部监督相结合。行政机关及其工作人员，应当依法接受党的监督、人大监督、政协民主监督、司法监督和社会监督等外部监督。

第二章　行政监督主体

第七条　市人民政府领导并组织实施全市的行政监督工作。

监察机关负责协调和督促政府内部行政监督工作，并负责履行专门监督职责。

财政、编制、审计、公务员主管部门、政府法制机构和政府督查机构等政府内部行使监督职能的机关（以下简称行政监督机关）及其他行政机关在各自职能范围内依法履行层级监督、职能监督或者专门监督职责。

第八条　层级监督包括：

（一）市人民政府对区人民政府的监督；

（二）市、区人民政府对所属行政机关的监督；

（三）市、区行政机关对其下级行政机关的监督；

（四）行政机关内部上级对下级的监督。

第九条 市、区人民政府除自身履行层级监督职责外，可由政府法制机构、政府督查机构等机构具体履行其层级监督职责。

第十条 财政、编制、公务员主管部门等机关依法对职责范围内的事项开展职能监督。

监察、审计等专门监督机关应当依法履行职责，独立开展专门监督。

第十一条 行政监督机关应当建立健全监督制度，完善监督工作程序，依法履行监督职责，相互配合，开展政府内部行政监督工作。

第十二条 行政机关应当建立健全工作制度和内部监督制度，加强内部监督，及时发现和纠正本机关及其工作人员违法或者不当行政行为。

第十三条 行政监督机关中从事行政监督的工作人员应当具备与其从事的监督工作相适应的专业知识和业务能力。

第十四条 行政机关及其工作人员实施行政监督，应当遵守下列规定：

（一）不得超越监督职权或者监督范围；

（二）不得滥用职权；

（三）不得利用职务之便谋取私利；

（四）不得泄露国家秘密、工作秘密或者因履行职责掌握的商业秘密、个人隐私；

（五）与监督对象或者监督事项有利害关系可能影响行政监督工作的，应当回避；

（六）行政监督中依法应当遵守的其他规定。

第三章 行政监督的协调机制

第十五条 行政监督机关应当建立联系和协调机制，整合监督力量，加强行政监督。

行政监督机关应当建立健全与外部监督的协调、沟通、配合机制。

第十六条 实行行政监督联席会议制度。

行政监督联席会议由监察机关负责召集，每半年一次。遇紧急或者重大工作事项，经行政监督机关提议，可召开临时联席会议。

行政监督联席会议研究行政监督工作的重大事项，通报工作情况，交换工作信息，分析工作动态，协调行政监督工作。

第十七条 实行行政监督信息抄告制度。

行政监督机关应当将其开展行政监督工作的重要情况，及时抄送相关行政监督机关。

第十八条 实行行政违法违规问题移送处理制度。

行政监督机关在开展监督工作中，发现涉嫌违法违规问题的，应当依法作出处理，需要移送其他行政监督机关处理的，应当及时移送。对于移送的违法违规问题，受移送部门应当及时作出处理，不得推诿，并将处理结果书面告知移送部门。

行政监督机关在开展监督工作中，发现涉嫌违法违规问题的，应当依法作出处理，需要移送其他行政监督机关处理的，应当及时移送。对于移送的违法违规问题，受移送部门应当及时作出处理，不得推诿，并将处理结果书面告知移送部门。

第十九条 实行联合监督检查制度。

行政监督机关可以开展联合监督检查，对监督检查工作中发现的问题，按各自职责作出处理，并可研究制定解决办法及防范措施。

第二十条 实行市区行政监督机关联动制度。

市级行政监督机关应当加强对各区行政监督机关的行政监督工作的指导，各区行政监督机关应当定期向相应的市级行政监督机关报告开展行政监督工作情况。

各区行政监督机关应当配合市级行政监督机关对实行垂直管理的市级行政机关驻区机构开展监督，对驻区机构出现的问题应当及时向相应的市级行政监督机关报告。

第二十一条 对人大、政协交办以及司法机关移送的行政监督事项，承办的行政监督机关应当依法及时调查处理，并按规定程序将处理结果书面告知人大、政协或司法机关。

第二十二条 鼓励、支持和保护公民、法人和其他组织在行政监督中的作用，行政监督机关应当依法保障公民、法人和其他组织对行政机关及其工作人员检举、控告、批评、建议的权利。

第二十三条 行政监督机关应当建立健全对新闻曝光事件的调查处理制度和监督查处结果的公开制度。对新闻媒体披露和反映的行政机关及其工作人员存在的重大问题，行政监督机关应当进行调查、核实，或者督促有关行政机关进行调查、核实，及时作出处理，并将处理结果向社会公布。

第四章 行政监督方式

第二十四条 行政监督机关应当不断创新行政监督方式，主动开展监督工作。

第二十五条 行政监督包括以下方式：

（一）检查或者调查；

（二）行政电子监察；

（三）政府绩效评估；

（四）考核；

（五）法治政府建设工作考评；

（六）办理行政复议案件；

（七）行政制度审查；

（八）行政问责；

（九）法律、法规、规章规定的其他方式。

第二十六条 检查或者调查包括以下方式：

（一）开展对行政行为的检查；

（二）专项督查；

（三）重大问题调查或者专项调查；

（四）违法或者不当行政行为的调查；

（五）法律、法规、规章规定的其他方式。

第二十七条 市政府建立和完善网上审批系统、网上执法反馈系统、网上公共服务系统、网上公共资源交易系统、网上监督系统，实现实时电子监察和督查督办。

第二十八条 市政府加强政府绩效管理，优化政府绩效评估指标体系，完善政府绩效评估方法，强化对政府绩效评估结果的运用，促进政府绩效持续改进。

第二十九条 考核主要包括：

（一）公务员年度考核和平时考核；

（二）行政执法评议考核。

第三十条　行政制度审查主要包括：

（一）规范性文件备案和审查；

（二）行政机关工作制度和工作程序审查。

第三十一条　行政监督机关应当做好监督中发现问题的综合与分析工作，发现共性问题、分析产生原因及提出解决办法，对行政管理工作进行指导和规范。

第五章　对违法或者不当行政行为的处理

第三十二条　行政机关行政行为违法或者不当的，应当依法自行纠正。

行政监督机关监督中发现行政机关行政行为违法或者不当，经查证属实的，按本规定第三十三条规定的方式作出处理决定，处理决定要求有关行政机关履行职责的，有关行政机关应当及时履行并将履行结果报行政监督机关。

第三十三条　对违法或者不当行政行为的处理，包括以下方式：

（一）责令限期履行；

（二）责令改正；

（三）变更；

（四）撤销；

（五）确认违法；

（六）确认无效；

（七）法律、法规、规章规定的其他方式。

第三十四条　行政监督机关应当建立违法或者不当行政行为统计制度，对行政机关的违法或者不当行政行为予以统计，作为开展考核、评议等监督工作的依据。

第三十五条　行政监督机关对监督过程中发现的制度不健全、管理不完善等问题，应当及时向存在问题的行政机关提出整改建议，并对整改情况跟踪监督。接受整改建议的行政机关无正当理由应当采纳。

第六章　责任追究

第三十六条　行政机关及其工作人员实施违法或者不当行政行为应当追究行政责任的，依照《行政机关公务员处分条例》、《深圳市行政过错责任追究办法》、《深圳市人民政府部门行政首长问责暂行办法》等规定追究行政责任。

第三十七条　接受监督的行政机关及其工作人员有下列情形之一的，依法追究行政责任：

（一）拒绝、阻挠监督检查的；

（二）拒不执行行政监督机关处理决定的；

（三）无正当理由不落实整改建议的；

（四）其他违反监督规定应当追究责任的情形。

第三十八条　行政监督机关及其工作人员在行政监督中有下列情形之一的，依法追究行政责任：

（一）应当履行行政监督职责而拒绝履行或者无故拖延履行的；

（二）未按规定的权限、方式或者程序履行监督职责的；

（三）不按规定执行行政监督联席会议制度、行政监督信息抄告制度、行政违法违规问题移送处理制度及其他行政监督协调制度，造成严重后果的；

（四）超越监督职权或者监督范围实施监督的；

（五）行政监督中利用职务之便谋取私利的；

（六）在监督过程中，徇私舞弊或者有其他失职、渎职行为的；

（七）泄露国家秘密、工作秘密或者监督对象商业秘密、个人隐私的；

（八）其他违反监督规定应当追究责任的情形。

第三十九条 行政机关及其工作人员对责任追究决定不服的，可以依法定程序申诉。

第四十条 行政机关工作人员因违法或者不当行政行为，涉嫌犯罪的，移送司法机关处理。

第七章 附 则

第四十一条 法律、法规、规章对行政监督另有规定的，从其规定。

第四十二条 企业、事业单位、社会团体中由本市行政机关任命的人员参照本规定执行。

第四十三条 本规定自2009年11月1日起实施。

深圳市行政过错责任追究办法（2009）

（深圳市人民政府令第206号，2009年9月3日发布）

第一章　总　则

第一条　为促进依法行政，提高行政效能，保证行政机关及其工作人员正确、及时、公正、高效实施行政管理，防止行政过错行为发生，根据《中华人民共和国公务员法》、《中华人民共和国行政监察法》、《行政机关公务员处分条例》等有关法律、法规，制定本办法。

第二条　本办法适用于本市市、区行政机关和法律、法规授权的具有管理公共事务职能的组织以及市、区行政机关委托的组织（以下简称行政机关）及其工作人员。

第三条　行政机关及其工作人员的行政过错行为，应当追究行政过错责任。

行政过错行为，是指行政机关及其工作人员不履行或不正确履行规定的职责，以致影响行政秩序和行政效率，贻误行政管理工作，损害国家利益、公共利益或行政相对人合法权益，造成损失或不良影响的行为。

前款所称不履行职责，包括拒绝、放弃、推诿等情形；不正确履行职责，包括无合法依据以及不依照规定程序、规定权限和规定时限履行职责等情形。

第四条　行政过错责任追究应当坚持公正、公平、责任与过错程度相适应、教育与惩处相结合、追究责任与改进工作相结合的原则

第五条　行政过错责任追究，应当事实清楚、证据确凿、定性准确、程序合法、手续完备。

第六条　行政过错责任追究应当与行政机关工作人员的考核、任用工作相结合。

第二章　行政过错责任追究范围

第七条　行政机关有下列行为之一的，应当追究行政机关及有关责任人的行政过错责任：

（一）无正当理由未能按期完成上级机关部署的工作任务的；

（二）对社会反映强烈的问题，依法应当解决而不按规定解决的；

（三）对于人民代表大会及其常务委员会在监督检查中发现的问题，不依法解决和纠正的；

（四）不执行人民法院对案件作出的生效裁判或上级行政机关作出的决定的；

（五）不执行监察机关、审计机关、政府法制机构等行政监督部门在履行行政监督职责时依法做出的决定，或者无正当理由不采纳行政监督部门履行行政监督职责时提出的建议的；

（六）违反规定制定或者发布规范性文件的；

（七）政府重大事项未依法经合法性审查或者审查不合格的；

（八）未认真履行与上级签订的责任书，无正当理由未达到责任书规定的要求或违反责任书的其他规定的；

（九）防范、整治公共安全问题或者督促整改安全生产隐患失职的；

（十）对自然灾害、疫情、安全事故及其他突发公共事件依规定应当报告而迟报、漏报、瞒报、谎报，或者防范、救援、救治失职，或者发生重大事故或重大事件后不按规定进行责任检讨的；

（十一）不履行或者不正确履行监督管理职责，在管辖地区、管辖业务范围内发生重大事故、事件，造成重大损失或者恶劣社会影响的；

（十二）因不认真履行工作职责或违法实施行政行为，导致群体性事件，或者未按规定处理群体性事件，造成不良社会影响的；

（十三）滥用职权，干预公民、法人或其他组织正常的生产、经营活动的；

（十四）截留、滞留、挤占或挪用财政专项资金或政府代管资金，或者不按规定使用财政资金或处置国有资产的；

（十五）在政府投资项目审批、建设、管理等过程中，监管不力，失职渎职，违反政府投资项目管理程序，造成不良后果的；

（十六）未按编制部门核定的编制员额、领导或非领导职数配备使用人员的；

（十七）不按规定的程序、条件或原则录用、聘用、雇用行政机关工作人员或晋升工作人员职务的；

（十八）不按规定履行公开或者告知义务的；

（十九）应当移送有关机关、部门处理的事项，不按规定移送有关机关、部门处理的；

（二十）不履行或不正确履行职责，造成严重后果或者严重社会影响，不按规定向公众道歉的；

（二十一）其他不履行或不正确履行职责，致使国家利益、公共利益、行政相对人合法权益遭受损害，或者造成不良社会影响的行为。

第八条 行政机关工作人员违反行政机关管理工作规定，有下列行为之一的，应当追究行政过错责任：

（一）无正当理由拒不执行上级依法作出的决定、命令或部署，或者执行上级依法作出的决定、命令或部署失职的；

（二）不履行或不正确履行监督管理职责，发现下级工作人员的违法违纪行为不依法制止和处理的；

（三）无正当理由未在规定时限内完成工作任务的；

（四）迟报、漏报、瞒报、谎报工作信息，造成损害后果或不良影响的；

（五）违反议事规则，个人或少数人对重大事项作出决定，或者改变集体作出的决定的；

（六）泄露国家秘密、工作秘密或者因履行职责掌握的商业秘密、个人隐私的；

（七）保管文件、档案不善，致使文件、档案损毁或者丢失、泄密的；

（八）违反规定使用公章，或者管理公章不善，造成不良后果的；

（九）无正当理由不接受正常的岗位调整、工作安排的；

（十）违反考勤制度，或者擅离职守，造成损害后果或不良影响的；

（十一）其他违反行政机关管理工作规定的行为。

第九条　行政机关及其工作人员在实施行政审批过程中，有下列行为之一的，应当追究行政过错责任：

（一）无合法依据实施行政审批的；

（二）违反规定擅自增加、取消或者停止实施行政审批的；

（三）违反规定增设行政审批程序或审批条件的；

（四）不按照规定方式实施行政审批的；

（五）受理或者不予受理行政审批申请时，不按规定开具有效书面凭证的；

（六）不予批准申请人提出的行政审批申请，违反规定不书面说明理由的；

（七）违法委托其他组织或者个人实施行政审批的；

（八）对符合规定条件的申请应予受理而不予受理的；

（九）对符合法定条件的申请不予行政审批或者不在法定期限内作出准予行政审批决定的；

（十）对不符合法定条件的申请准予行政审批或者超越法定职权作出准予行政审批决定的；

（十一）违法擅自变更、延续、撤销行政审批的；

（十二）应当颁发行政审批文件，不向申请人颁发合法、有效行政审批文件的；

（十三）违反规定要求申请人重复提供申请材料或者要求提供与其申请的行政审批事项规定材料以外材料的；

（十四）违反规定要求申请人购买指定商品、接受特定服务的；

（十五）不依法履行行政审批日常监管职责的；

（十六）未按规定实施统一受理、联合办理、集中办理行政审批的；

（十七）其他违反行政审批规定的行为。

前款所称行政审批，包括行政许可、非行政许可的审批和登记。

第十条　行政机关及其工作人员在实施行政征收过程中，有下列行为之一的，应当追究行政过错责任：

（一）无合法依据实施征收的；

（二）未按法定范围、程序、权限或时限实施征收的；

（三）截留、私分或违反规定擅自开支征收款的；

（四）不开具合法专用票据的；

（五）依法应当征收而不予征收的；

（六）其他违反行政征收规定的行为。

前款所称行政征收，包括税收和行政规费等事项。

第十一条　行政机关及其工作人员在实施行政检查过程中，有下列行为之一的，应当追究行政过错责任：

（一）无合法依据实施检查的；

（二）未按法定权限、程序或者条件实施检查的；

（三）未按规定出示有效证件实施检查的；

（四）未按规定将检查情况和处理结果记录、归档的；

（五）放弃、推诿、拖延或拒绝履行检查职责的；

（六）将应当保密的检查信息泄露给检查对象的；

（七）对检查中发现的违法行为隐瞒、包庇、袒护、纵容，或对违法行为不予制止、纠正、处理的；

（八）违反规定损害检查对象合法权益的；

（九）其他违反行政检查规定的行为。

第十二条 行政机关及其工作人员实施行政处罚时，有下列行为之一的，应当追究行政过错责任：

（一）不具备行政处罚主体资格实施行政处罚的；

（二）没有法律依据实施行政处罚的；

（三）行政处罚超出法定处罚幅度的；

（四）违反法定程序进行处罚的；

（五）违法处罚给公民人身或者财产造成损害、给法人或者其他组织造成损失的；

（六）按照规定应当移交司法机关或有关行政机关处理而不移交的；

（七）对依法应当予以制止和处罚的违法行为不予制止、处罚的；

（八）其他违法实施行政处罚的行为。

第十三条 行政机关及其工作人员在执法过程中采取行政强制措施时，有下列行为之一的，应当追究行政过错责任：

（一）无合法依据采取行政强制措施的；

（二）违反法定权限、程序采取行政强制措施的；

（三）违法限制公民人身自由的；

（四）违法对公民、法人和其他组织的财产采取查封、扣押、冻结等强制措施的；

（五）对查封、扣押的财物未按规定保管，造成损毁的；

（六）对查封、扣押的财物未按规定实施解封、退回的；

（七）其他违反规定实施行政强制措施的行为。

第十四条 行政机关及其工作人员在履行行政复议职责时，有下列情形之一的，应当追究行政过错责任：

（一）对符合条件的复议申请，无正当理由不予受理的；

（二）不按规定程序进行复议的；

（三）在法定期限内不作出复议决定的；

（四）不予受理复议申请未按法定期限书面告知申请人的；

（五）其他违反行政复议规定的行为。

第十五条 行政机关及其工作人员在履行行政赔偿职责时，有下列行为之一的，应当追究行政过错责任：

（一）对符合规定的行政赔偿申请不予受理的；

（二）应予赔偿，逾期不予赔偿的；

（三）不按规定核定赔偿标准的；

（四）作出赔偿决定后，未依法责令应当承担责任的组织或者个人承担赔偿费用的；

（五）依法不应赔偿而给予赔偿的；

（六）其他违反行政赔偿规定的行为。

第十六条　行政机关及其工作人员在实施其他行政行为时违反法定的权限、条件、程序、时限或者其他有关规定的，应当追究行政过错责任。

第三章　行政过错责任划分与承担

第十七条　行政过错责任分为直接责任、主要领导责任和重要领导责任。

第十八条　承办人未经审核人、批准人批准，直接作出具体行政行为，导致行政过错发生的，承办人负直接责任。

承办人弄虚作假、徇私舞弊，致使审核人、批准人不能正确履行审核、批准职责，导致行政过错发生的，承办人负直接责任。

承办人不依照审核、批准的内容实施具体行政行为，导致行政过错发生的，承办人负直接责任。

第十九条　承办人提出方案或意见有错误，审核人、批准人应当发现而没有发现或者发现后未纠正，导致行政过错发生的，承办人负直接责任，审核人负主要领导责任，批准人负重要领导责任。

第二十条　两名以上承办人共同造成行政过错的，应当根据其各自所起的作用分别承担责任。

第二十一条　审核人不采纳或改变承办人正确意见，经批准人批准导致行政过错发生的，审核人负直接责任，批准人负主要领导责任，承办人不承担责任，但承办人执行明显违法的决定或者命令的，应当承担直接责任。

第二十二条　审核人不报请批准人批准直接作出决定，导致行政过错发生的，审核人负直接责任。

第二十三条　批准人不采纳或改变承办人、审核人正确意见，导致行政过错发生的，批准人负直接责任。

未经承办人拟办、审核人审核，批准人直接作出决定，导致行政过错发生的，批准人负直接责任。

第二十四条　上级机关改变下级机关作出的具体行政行为，导致行政过错发生的，上级机关负责人负主要领导责任。

第二十五条　承办人不履行规定职责的，负直接责任。

审核人或者批准人指令承办人不履行规定职责的，作出指令的人员负直接责任。审核人作出的指令经批准人同意的，审核人负直接责任，批准人负主要领导责任。

第二十六条　本办法所称批准人，一般指行政机关的行政首长及其副职人员；审核人，一般指行政机关内设机构的负责人及其副职人员；承办人，一般指具体承办行政管理事项的工作人员。但依照内部分工或者经行政授权，由其他工作人员行使批准权、审核权的，具体行使批准权、审核权的人员为批准人、审核人。

第四章　行政过错责任追究方式与适用

第二十七条　对行政机关的行政过错责任追究包括以下方式：

（一）书面告诫；

（二）责令作出书面检查；

（三）通报批评；

（四）责令公开道歉；

（五）法律、法规、规章规定的其他方式。

追究行政机关过错的，应同时按本办法第二十八条的规定追究行政首长及其他责任人的行政过错责任。

第二十八条 对行政机关工作人员的行政过错责任追究包括以下方式：

（一）训诫；

（二）责令作出书面检查；

（三）通报批评；

（四）调离现工作岗位；

（五）责令辞去领导职务；

（六）免去领导职务；

（七）处分；

（八）法律、法规、规章规定的其他方式。

第二十九条 对行政机关以及行政机关工作人员的行政过错责任追究方式可以单独或合并使用。

第三十条 行政机关工作人员有本办法规定的行政过错行为，情节较轻的，对有关责任人员单独或合并给予训诫、责令作出书面检查处理。

第三十一条 行政机关工作人员有本办法规定的行政过错行为，情节较重的，对有关责任人员给予调离现工作岗位或通报批评处理，可以同时给予训诫、责令作出书面检查等处理。

第三十二条 行政机关工作人员有本办法规定的行政过错行为，情节严重的，对有关责任人员给予责令辞去领导职务、免去领导职务或调离现工作岗位处理，可同时给予训诫、责令作出书面检查、通报批评等处理。

第三十三条 行政机关工作人员有本办法规定的行政过错行为，依法应当给予处分的，依照《行政机关公务员处分条例》以及其他有关规定给予处分，并可按照本办法第三十、三十一和三十二条的规定追究行政过错责任，不得以本办法规定的行政处理代替处分。

第三十四条 行政机关及工作人员受到过错责任追究的，取消当年年度考核评优评先资格

第三十五条 行政机关工作人员属于聘任（雇用）人员，有本办法规定的行政过错行为，单独或合并给予训诫、责令作出书面检查、通报批评处理；情节严重的，依照聘任（雇用）合同解除聘任（雇用）关系。

对于聘任人员的行政过错行为，还可依法处以警告、记过或记大过处分。

第三十六条 行政过错责任单位或责任人有下列情形之一的，应当从重处理：

（一）拒绝纠正过错的；

（二）干扰、阻碍对行政过错进行调查的；

（三）对控告人、检举人、投诉人打击报复的；

（四）故意导致行政过错行为的；

（五）其他依法应当从重处理的情形。

第三十七条　行政过错责任单位或责任人有下列情形之一的，可以从轻、减轻处理：

（一）行政过错行为情节轻微的；

（二）积极配合调查或者有其他立功表现的；

（三）主动发现错误并及时纠正，未造成损失和不良影响或有效制止损害后果扩大的；

（四）其他依法应当从轻、减轻处理的情形。

第三十八条　行政机关或其工作人员有下列情形之一的，不追究行政过错责任：

（一）行政相对人弄虚作假，致使行政机关工作人员作出错误判断的；

（二）出现意外或不可抗力因素致使行政过错发生的；

（三）法律、法规、规章和市政府规定不予追究的情形。

第三十九条　因行政过错侵犯公民、法人和其他组织的合法权益，造成损害并涉及赔偿的，依照《国家赔偿法》的有关规定追究过错责任人的赔偿责任。

第五章　行政过错责任追究机关

第四十条　市监察机关负责全市的行政过错责任追究工作并统一组织实施，各区监察机关负责本区的行政过错责任追究工作。

其他行政机关按照管理权限分工负责行政过错责任追究工作。

第四十一条　监察机关在组织实施行政过错责任追究工作中主要履行下列职责：

（一）指导、监督同级政府部门的行政过错责任追究工作；

（二）调查、处理本机关受理的行政过错检举、控告和投诉；

（三）统计分析本行政区域行政过错的处理情况；

（四）研究行政过错责任追究中出现的重大问题，并向同级政府提出相应建议。

第四十二条　行政机关应当设立行政过错责任追究机构，负责本行政机关行政过错责任追究的实施工作。

行政过错责任追究机构应当由本行政机关领导成员和行政机关内监察、人事、法制等工作部门负责人员组成，按照人事管理权限履行行政过错责任追究的下列职责：

（一）决定是否进行调查；

（二）审议有关调查报告；

（三）作出处理决定。

第四十三条　行政过错责任追究机构应当设立办事机构，设在本行政机关的监察、人事、法制或者相关工作部门，主要履行下列职责：

（一）受理行政过错行为的检举、控告和投诉；

（二）调查行政过错行为；

（三）草拟调查报告、提出处理意见。

第四十四条　区监察机关应当定期向市监察机关报告行政过错责任追究工作的实施情况。

行政机关应当定期向同级监察机关报告行政过错责任追究工作的实施情况。

第六章　行政过错责任追究及救济程序

第四十五条　行政机关及其工作人员有下列情形之一的，负责行政过错责任追究的监察机关以及其他行政机关应当自收到相关材料之日起三十日内进行调查，以确定实施该行政行为的行政机关及其工作人员是否应当承担行政过错责任：

（一）发布文件有违法情形，被上级机关或者主管机关依法撤销的；

（二）经行政诉讼，被人民法院判决撤销、部分撤销、变更具体行政行为或者在一定期限内履行法定职责的；

（三）经行政复议，复议机关决定撤销、变更具体行政行为或者确认具体行政行为违法的；

（四）在上级或同级人大、政府行政执法监督检查中，被认定存在行政过错行为，要求调查处理的；

（五）政府政务督查机构对逾期不能完成政府工作或市领导批示、交办工作而两次就同一事项发出催办通知书的；

（六）监察机关、审计机关、政府法制机构等行政监督部门要求调查处理的；

（七）新闻媒体披露有行政失当情形确有证据的；

（八）其他应当进行调查的情形。

第四十六条　公民、法人或者其他组织认为行政机关及其工作人员存在本办法规定的行政过错行为的，可以向具有人事管理权限的行政机关或监察机关检举、控告、投诉。

第四十七条　监察机关收到检举、控告、投诉后，可以自行调查和处理，也可以转有关行政行为的行政机关调查处理。

监察机关调查后，认为不宜自行处理的，也可以按照《中华人民共和国行政监察法》的规定提出监察建议，有关部门无正当理由应当采纳。

第四十八条　决定调查的案件，应当自受理或决定调查之日起三个月内调查完毕。情况复杂的，经行政机关的领导人员批准，可以延长三个月。

第四十九条　调查行政过错案件，应当由两名以上工作人员进行。

第五十条　调查处理行政过错行为实行回避制度。回避适用的对象、条件、方式和决定权限等参照《行政机关公务员处分条例》执行。

第五十一条　行政过错责任追究处理决定应当以书面形式作出，并送达被追究责任的行政机关和责任人。

上级机关、其他机关要求处理或者公民、法人和其他组织实名检举、控告、投诉的，应当告知其处理结果。

第五十二条　调查处理行政过错案件，应当听取被调查单位或被调查人的陈述和申辩，并做好记录。作出的处理决定应当告知行政过错责任单位或责任人过错事实的认定、责任性质、适用依据和处理结果，以及其依法享有的申诉权利。

第五十三条　行政机关工作人员对涉及本人的处理决定不服的，可以自收到处理决定之日起三十日内向作出决定的行政机关申请复核。对复核决定不服且符合《中华人民共和国公务员法》规定申诉条件的，可自收到复核决定之日起十五日内向同级公务员主管部门或者上一级行政机关提出申诉；也可以在收到处理决定之日起三十日内依法直接提出申诉。

第五十四条　复核机关应当自受理复核申请之日起三十日内作出书面的复核决定并送达申请人。

第五十五条　申诉受理机关应当在受理申诉之日起六十日内作出申诉处理决定书并送达申请人和原处理机关，案情复杂的，可以适当延长，但延长时间不得超过三十日。

第五十六条　申诉受理机关认定原处理有错误的，原处理机关应当在收到申诉处理决定书后二十日内予以纠正。

第五十七条　复核、申诉期间不停止执行原行政过错责任追究处理决定。

第五十八条　行政机关工作人员不因提出复核、申诉被加重处理。

第五十九条　对行政过错责任人作出的处理决定，应当报送同级监察机关、公务员主管部门备案。

第六十条　行政机关对行政过错责任追究不服的，可以在收到处理决定之日起三十日内向作出追究决定的机关申请复核。

复核机关应另外组织人员进行复核，在受理申请的六十日内作出复核决定，复核决定是最终决定。

第六十一条　涉及工作人员处分以及免去领导职务的过错责任追究和救济程序，依照法律、法规和规章规定办理。

第六十二条　行政机关工作人员的行政过错行为涉嫌犯罪的，依法移送司法机关处理。

第七章　附　则

第六十三条　依照本办法规定应当追究行政过错责任的行政机关工作人员，在处理决定机关作出处理决定前已经退休的，不再给予处理，但依法应当给予降级、撤职、开除处分的，应当按照规定相应降低或者取消其享受的待遇。

依照本办法规定应当追究行政过错责任的行政机关工作人员，所在单位作出处理决定前已经调离到新单位的，原所在单位可向其新单位提出处理建议，新单位无正当理由应当采纳。

第六十四条　对行政机关在行政决策中的过错责任以及行政机关领导干部的过错责任的追究，按有关法律、法规、规章、国家规定以及《关于实行党政领导干部问责的暂行规定》、《深圳市行政决策责任追究办法》、《深圳市人民政府部门行政首长问责暂行办法》等有关规定执行。没有规定的，按本办法执行。

第六十五条　法律、法规、规章和国家规定对行政过错责任追究另有规定的，从其规定。

第六十六条　本办法自 2009 年 11 月 1 日起实施。原市政府规范性文件《深圳市行政过错责任追究办法》、《深圳市实施行政许可责任追究办法》自本办法实施之日起废止。

深圳市行政决策责任追究办法

（深圳市人民政府令第207号，2009年9月3日发布）

第一条 为了加强对行政决策活动的监督，促进科学、民主、依法决策，强化行政决策责任，防止和纠正行政决策失误，惩处行政决策活动中的违法违规行为，推动依法行政，建设法治政府，根据《中华人民共和国公务员法》、《行政机关公务员处分条例》的规定，结合本市实际，制定本办法。

第二条 本办法适用于市政府所属行政机关、各区政府及其所属行政机关、法律法规授权的具有管理公共事务职能的组织和市、区行政机关委托的组织及其领导集体成员和参与决策的有关人员（以下简称行政机关及其工作人员）。

第三条 本办法所称行政决策责任追究（以下简称决策责任追究），是指对行政机关及其工作人员在承办政府重大决策事项时不履行或者不正确履行职责，或者在本单位重大事项决策中，不履行职责或不正确履行职责，造成人身、财产损失、环境破坏或者其他不良社会影响的行为，按照本办法追究行政机关及有关责任人员行政责任的活动。

前款所称不履行职责，包括拒绝、放弃、推诿职责等情形；不正确履行职责，包括无合法依据以及不依照规定程序、规定权限和规定时限履行职责等情形。

第四条 决策责任追究应当坚持谁决策谁负责、惩处与责任相适应、教育与惩处相结合的原则。

第五条 各行政机关应当建立健全重大行政决策事项的议事规则，防止决策失误发生。

第六条 按政府要求负责承办政府重大决策事项的调研、方案起草与论证等前期工作的行政机关，有下列情形之一的，应当追究行政机关或者有关责任人员的行政责任：

（一）应当提请政府审议的重大决策事项，未按规定提请审议擅自决定的；

（二）制定重大决策事项方案时未认真进行可行性研究，或者未按规定提供决策备选方案的；

（三）重大决策事项方案未按规定进行社会稳定风险评估的；

（四）未按决策事项涉及范围，征求各有关部门意见的；

（五）涉及城市规划、城市交通、生态环境、文化教育、医疗卫生、公共服务价格调整等关系市民切身利益的重大决策事项方案，未按规定通过报纸、电台、电视台或互联网等媒体进行公示或组织召开听证会，广泛征求社会各界和市民意见的；

（六）涉及经济社会发展规划、城市规划、土地及资源利用、生态环境、产业发展、重大改革举措、重要资源配置和政府重大建设项目等涉及面广、专业性和技术性较强的重大决策事项方案，未按规定开展衔接协调、公开咨询以及组织专家进行咨询论证的；

（七）未依法经合法性审查或者审查不合格的；

（八）征求意见分歧较大的重大决策事项方案，未按规定进行协调的；

（九）提请政府审议时，提供的重大决策事项有关材料不真实的；

（十）政府重大决策事项承办过程中有其他违法违规行为的。

第七条　负责办理政府重大决策事项审议会议的行政机关，有下列情形之一的，应当追究有关责任人员的行政责任：

（一）未认真审查行政机关报送的重大决策事项有关材料，或者对报送的不符合要求的材料，未及时通知报送的行政机关补正或者退回报送的行政机关的；

（二）未按规定做好政府重大决策事项会议记录、形成会议纪要印发会议组成人员和有关行政机关，或者未按规定形成和保存政府重大决策会议档案的；

（三）政府重大决策事项审议会议办理过程中有其他违法违规行为的。

第八条　行政机关在本单位重大事项决策中，有下列情形之一的，应当追究行政机关或者有关责任人员的行政责任：

（一）未按规定建立重大事项决策议事规则的；

（二）超越权限决策的；

（三）违反法律、法规、规章或者政府决定、命令决策的；

（四）按照议事规则应当由领导集体讨论决定的重大事项，以传阅会签或个别征求意见等形式代替集体议事和会议表决的；

（五）研究决定重大事项的会议，未按规定达到半数以上领导集体成员到会或者分管此项工作的领导集体成员未到会又未在会前征求其意见的；

（六）研究重大事项，未按规定做好会前协调等会前准备工作的；

（七）集体讨论时，行政首长未听取领导集体其他成员的意见决策的；

（八）未按规定做好重大事项决策会议记录、形成会议纪要印发领导集体成员和有关部门，或者未按规定形成和保存重大事项决策会议档案的

（九）重大突发事件和紧急情况，没有充足时间集体议事和会议表决，领导集体成员处置后，未及时向行政首长或领导集体报告的；

（十）行政机关在本单位重大事项决策中有其他违法违规行为的。

第九条　行政机关或者行政机关领导干部有本办法规定情形应当追究行政决策责任的，按照有关法律、法规、规章、国家规定以及《关于实行党政领导干部问责的暂行规定》、《深圳市行政过错责任追究办法（2009）》、《深圳市人民政府部门行政首长问责暂行办法》等有关规定，追究行政机关或者行政机关领导干部的责任。没有规定的，按照本办法执行。

第十条　行政机关领导干部以外的人员有本办法规定情形应当追究行政决策责任的，按照有关法律、法规、规章、国家规定以及《深圳市行政过错责任追究办法（2009）》等有关规定追究责任。

第十一条　责任人员在决策责任追究过程中享有陈述权和申辩权，责任追究机关应当听取其陈述和申辩。

第十二条　责任人员对处理决定不服的，可按照《中华人民共和国公务员法》、《中华人民共和国行政监察法》等规定提出申诉。

第十三条　对有关责任人员作出的处理决定，应当抄送同级监察机关、公务员主管部门备案。

第十四条　行政机关及其工作人员违反本办法第六条、第七条、第八条规定情形，涉

嫌犯罪的，移送司法机关处理。

第十五条 法律、法规、规章以及国家规定对决策责任追究另有规定的，从其规定。

第十六条 本办法中有关政府重大决策事项和本单位重大事项的范围按照《深圳市人民政府常务会议工作规则》等有关规定确定。

第十七条 本办法自 2009 年 11 月 1 日起实施。

湖北省招标投标违法违纪行为处分规定

（湖北省人民政府令第332号，2009年10月28日发布）

第一条 为加强对招标投标活动的监督管理，惩处招标投标违法违纪行为，维护国家利益、社会公共利益和招标投标主体的合法权益，根据《中华人民共和国招标投标法》、《中华人民共和国行政监察法》、《中华人民共和国公务员法》、《行政机关公务员处分条例》及其他有关法律、法规，制定本规定。

第二条 有招标投标违法违纪行为的单位，其直接负责的主管人员和其他直接责任人员，以及有招标投标违法违纪行为的个人，应当承担纪律责任。属于下列人员的（以下统称有关责任人员），由任免机关或者监察机关按照管理权限依法给予处分：

（一）行政机关公务员；

（二）法律、法规授权的具有公共事务管理职能的事业单位中经批准参照《中华人民共和国公务员法》管理的工作人员；

（三）行政机关依法委托的组织中除工勤人员以外的工作人员；

（四）企业、事业单位、社会团体中由行政机关任命的人员。

本省范围外的单位和个人违反招标投标法律、法规，需要追究纪律责任的，参照本规定向其任免机关或者有管辖权的监察机关提出处分建议。

法律、法规、国务院决定和国务院监察机关、国务院人事部门制定的处分规章对招标投标违法违纪行为处分另有规定的，从其规定。

第三条 招标人有下列行为之一的，对有关责任人员给予警告或者记过处分；情节较重的，给予记大过或者降级处分；情节严重的，给予撤职处分：

（一）依法必须进行招标的项目不招标，将依法必须进行招标的项目化整为零或者以其他任何方式规避招标的；

（二）应公开招标的项目不按规定进入综合招投标中心或其他招标服务机构招标投标或者不按法律、法规、规章规定的招标投标程序进行规范运作的；

（三）按规定需要履行招标项目审批、备案手续不履行的；

（四）违反规定自行组织招标或者委托没有招标代理资格的机构以及委托超出代理范围的机构代理招标的；

（五）应当公开招标的项目，未经批准擅自采用其他招标方式，或者不发布招标公告，不通过国家、省人民政府指定的报刊、信息网络或者其他媒介发布招标公告的；

（六）以不合理的条件限制或者排斥潜在投标人，对潜在投标人实行歧视待遇，强制要求投标人组成联合体共同投标，或者限制投标人之间竞争的；

（七）向他人透露已获取招标文件的潜在投标人的名称、数量，或者可能影响公平竞争的其他情况的；

（八）在确定中标人前，与投标人就投标价格、投标方案等实质性内容进行协商谈判的；

（九）在评标委员会依法推荐的中标候选人以外确定中标人，不按照中标候选人排名顺序确定中标人，或者依法必须进行招标的项目在所有投标被评标委员会否决后自行确定中标人的；

（十）不按照招标文件和中标人的投标文件订立书面合同，或者与中标人再行订立背离合同实质性内容的其他协议的；

（十一）与招标代理机构、招标服务机构或者投标人串通招标投标，损害国家利益、社会公共利益或者他人合法权益的；

（十二）其他影响招标投标活动公开、公平、公正的行为。

招标人委托的招标代理机构有前款第（二）、（五）、（六）、（七）项规定行为的，按前款规定处理。

第四条 招标代理机构有下列行为之一的，对有关责任人员给予警告或者记过处分；情节较重的，给予记大过或者降级处分；情节严重的，给予撤职处分：

（一）未取得招标代理资格或者超越代理资格承接招标代理业务的；

（二）以欺骗手段获取招标代理业务的；

（三）以承诺让特定投标人中标获取招标代理业务的；

（四）以他人名义或者允许他人以本机构的名义从事招标代理业务的；

（五）与招标人、投标人、招标服务机构串通招标投标，损害国家利益、社会公共利益或者他人合法权益的；

（六）其他影响招标投标活动公开、公平、公正的行为。

第五条 投标人有下列行为之一的，对有关责任人员给予警告或者记过处分；情节较重的，给予记大过或者降级处分；情节严重的，给予撤职处分：

（一）提供虚假资料参与投标的；

（二）与其他投标人相互串通投标报价，或者排挤其他投标人的公平竞争，损害招标人或者其他投标人的合法权益的；

（三）以他人名义投标、允许他人以自己的名义投标，或者以其他方式弄虚作假，骗取中标的；

（四）与招标人、招标代理机构、招标服务机构串通投标，损害国家利益、社会公共利益或者他人合法权益的；

（五）其他影响招标投标活动公平、公正的行为。

第六条 中标人有下列行为之一的，对有关责任人员给予警告或者记过处分；情节较重的，给予记大过或者降级处分；情节严重的，给予撤职处分：

（一）将中标项目转让给他人，将中标项目肢解后分别转让给他人，违反规定将中标项目的部分主体、关键性工作分包给他人的；

（二）无正当理由不与招标人签订合同，或者不履行与招标人订立的合同的；

（三）不按照招标文件和中标人的投标文件与招标人订立书面合同，或者再行订立背离合同实质性内容的协议的；

（四）其他影响招标投标活动公平、公正的行为。

第七条 综合招投标中心及其他招标服务机构有下列行为之一的，对有关责任人员给予警告或者记过处分；情节较重的，给予记大过或者降级处分；情节严重的，给予撤职处分：

（一）从事招标代理业务或者强制招标人委托招标代理机构办理招标事宜的；

（二）为规避招标或者为以不正当手段获取中标的行为提供帮助的；

（三）违反招标投标程序及要求，导致不公平竞争或者损害招标人投标人合法权益的；

（四）故意刁难、拒绝招标投标申报，或者故意不让合格投标人中标的；

（五）与招标人、招标代理机构、投标人串通招标投标，损害国家利益、社会公共利益或者他人合法权益的；

（六）拒绝、妨碍有关部门依法实施监督检查的；

（七）其他影响招标投标活动公开、公平、公正的行为。

第八条　本规定第二条第一款所列人员作为评标委员会成员，有下列行为之一的，给予警告或者记过处分；情节较重的，给予记大过或者降级处分；情节严重的，给予撤职处分：

（一）应当回避而不回避的；

（二）在评标过程中擅离职守，影响评标活动正常进行的；

（三）与其他评标委员会成员相互串通或者与招标人、投标人、招标代理机构、招标服务机构串通，评审结果显失公平、公正的；

（四）其他影响招标投标活动公平、公正的行为。

第九条　招标投标行政监督部门或者其他行政管理部门有下列行为之一的，对有关责任人员给予警告或者记过处分；情节较重的，给予记大过或者降级处分；情节严重的，给予撤职或者开除处分：

（一）利用职权干预和操纵招标投标活动的；

（二）向招标人推荐投标单位或者向中标人推荐分包队伍，指定招标代理机构或者造价咨询单位的；

（三）设置不合理的条件限制或者排斥潜在投标人参与投标的；

（四）与招标人、投标人串通，损害国家利益、社会公共利益或者他人合法权益的；

（五）不按照法律、法规规定对招标投标活动进行监督，或者对有关招标投标的投诉不按照规定处理的；

（六）其他招标投标监督管理工作中的失职、渎职行为。

第十条　非法设定涉及招标投标的行政许可、资质验证、注册登记等事项，或者不按照法律、法规规定办理行政许可、备案事项的，依照《行政机关公务员处分条例》第二十一条给予处分；有索贿、受贿、行贿行为的，依照《行政机关公务员处分条例》第二十三条给予处分；巧立名目乱收费的，依照《行政机关公务员处分条例》第二十五条给予处分；泄露依法应当保密的与招标投标活动有关的情况和资料的，依照《行政机关公务员处分条例》第二十六条给予处分。

第十一条　对有关责任人员的处分，依照《中华人民共和国行政监察法》和《行政机关公务员处分条例》规定的程序办理。

受到处分的人员对处分决定不服的，依照《中华人民共和国行政监察法》、《中华人民共和国公务员法》、《行政机关公务员处分条例》等有关规定，可以申请复核或者申诉。

第十二条　任免机关、监察机关和招标投标行政监督部门建立案件移送制度。

任免机关、监察机关查处招标投标违法违纪案件，认为应当由招标投标行政监督部门给予行政处罚的，应当将有关案件材料移送招标投标行政监督部门。招标投标行政监督部门应当依法及时查处，并将处理结果书面告知任免机关、监察机关。

招标投标行政监督部门查处招标投标违法违纪案件，认为应当由任免机关或者监察机关给予处分的，应当及时将有关案件材料移送任免机关或者监察机关。任免机关或者监察机关应当依法及时查处，并将处理结果书面告知招标投标行政监督部门。

第十三条 有招标投标违法违纪行为的有关责任人员，应当给予党纪处分的，移送党的纪律检查机关处理。涉嫌犯罪的，移送司法机关依法追究刑事责任。

第十四条 本规定自2009年12月1日起施行。

河北省行政权力公开透明运行规定

（河北省人民政府令［2009］第9号，2009年11月3日发布）

第一条　为规范行政权力公开透明运行工作，保障公民、法人和其他组织的知情权，加强对行政权力运行的监督，推进依法行政，根据国家有关规定，结合本省实际，制定本规定。

第二条　本规定适用于本省县级以上人民政府及其所属部门，乡镇人民政府，经依法授权、委托行使行政权力的其他组织，以及实行垂直管理、双重管理的部门（以下统称行政机关）。

第三条　本规定所称行政权力，是指行政机关实施法律、法规、规章，履行国家行政职能，管理社会公共事务的各项行政职权。

第四条　开展行政权力公开透明运行工作，应当遵循全面推进、突出重点、及时准确、注重实效和便于监督的原则。

第五条　行政机关应当明确行政权力公开透明运行工作机构，负责本机关行政权力公开透明运行的日常工作。

第六条　行政机关应当向社会公开本机关行使的行政许可、行政处罚、行政强制、行政征收、行政征用、行政收费、行政给付、行政确认、行政裁决、非行政许可行政审批、对行政相对人实施的监督检查和国家、本省规定的其他行政职权。

第七条　行政机关应当编制并向社会公布本机关的行政职权目录。

行政职权目录应当依法、准确、完整地表述行政职权名称，注明本机关行使行政职权所依据的法律、法规、规章名称及具体条款和行政职权运行各环节主办、协办机构的名称及联系方式。

在行使行政职权中按规定应当收费的，行政职权目录应当注明收费所依据的法律、法规、规章和其他规范性文件的名称、具体条款及收费标准。

第八条　行政机关应当依照国家和省有关规定及时清理行政职权。

行政职权变更的，应当及时修订行政职权目录，并在修订之日向社会公布行政职权目录。

第九条　行政机关应当制定行政职权运行工作流程图，并向社会公布。

流程图应当依法载明行使行政职权的主办机构、运行程序、办理时限和投诉举报、监督方式等内容。

流程图变更的，应当在变更前向社会公布。

第十条　行政机关应当按行政职权运行工作流程图规定的程序行使职权，如实记载行政职权运行中各环节的基本情况，并按规定向社会公开行政职权行使的全过程。

第十一条　行政机关应当采取多种措施提高公众对行政职权行使的参与度，采取专家论证、听证、公示、群众旁听有关会议等方式，公开行政职权行使依据、运行程序、运行结果等信息，并接受行政相对人的咨询和信息查询。

第十二条 行政机关应当发挥信息技术在行政权力公开透明运行中的作用，加强电子政务建设，逐步建立网上办理行政许可、非行政许可行政审批、行政事业性收费，以及网上受理行政相对人的咨询、求助和举报投诉等制度。

第十三条 行政机关应当依照本省有关规定建立工作运行机制，发挥行政服务中心在行政权力公开透明运行中的主渠道作用。

第十四条 行政机关应当建立集实时监控、预警纠错、投诉处理、绩效评估和决策分析于一体的电子监察系统，对网上办理行政许可、非行政许可行政审批等工作实行同步监控。

第十五条 行政机关应当在每年 1 月 31 日前，按规定报送上一年度的行政权力公开透明运行情况的年度报告。

年度报告应当包括在行政权力公开透明运行工作中贯彻落实国家和本省有关法律、法规、规章和其他相关规定的情况，组织领导、工作推进、制度考核及落实情况、存在的问题和行政权力公开透明运行工作机构要求报告的其他事项。

第十六条 开展行政权力公开透明运行工作应当遵守保密法律、法规的规定，不得公开涉及国家秘密、商业秘密和个人隐私的信息。但是，经权利人同意公开或者行政机关认为不公开可能对公共利益造成重大影响的涉及商业秘密和个人隐私的信息，可以予以公开。

第十七条 公民、法人和其他组织认为行政机关未依法履行行政权力公开透明运行工作职责的，可以向其上级行政机关、监察机关或者行政权力公开透明运行工作机构举报。收到举报的机关应当及时调查处理。对实名举报的，应当自收到举报之日起 7 日内将处理情况以书面形式告知举报人。

第十八条 行政权力公开透明运行工作机构应当加强对行政权力公开透明运行工作的监督检查，按规定严格组织考评和责任追究。对考评不合格的，应当下达限期整改通知书。被责令限期整改的行政机关应当按要求及时整改。

第十九条 行政权力公开透明运行工作机构工作人员对违反本规定行为不及时、不依法查处，或者有其他玩忽职守、徇私舞弊、滥用职权行为的，由其所在机关或者有关行政主管部门予以批评教育或者通报批评；情节严重的，依法给予处分。

第二十条 行政机关违反本规定，有下列行为之一的，由上一级行政机关或者监察机关给以通报批评，责令改正；情节严重的，对直接负责的主管人员或者其他直接责任人员依法给予处分：

（一）未按规定编制并向社会公布行政职权目录，或者行政职权变更后未在规定期限内修订行政职权目录并向社会公布的；

（二）未按规定制定并向社会公布行政职权运行工作流程图，或者流程图变更后未在规定期限内向社会公布的；

（三）未按行政职权运行工作流程图规定的程序行使行政职权的；

（四）未如实记载行政职权运行过程中各环节基本情况的；

（五）未按规定向社会公开行政职权行使全过程的；

（六）未按规定报送行政权力公开透明运行情况年度报告的；

（七）其他违反本规定的行为。

第二十一条 教育、医疗卫生、计划生育、供水、供电、供气、供热、环保、公共交通、通信、金融、旅游、住房保障、食品药品、农资等与人民群众利益密切相关的公共企事业单位，在提供社会公共服务过程中的公开透明运行工作，参照本规定执行。

第二十二条 本规定自 2010 年 1 月 1 日起施行。

第36章 纪检监察与反腐廉政典型案例分析

第一节 纪检监察与反腐廉政忏悔录与案例分析

个人私欲膨胀到达极点

——上海市劳动和社会保障局原党组书记、局长祝均一忏悔录

祝均一，1951年2月出生，上海市劳动和社会保障局原党组书记、局长。1999年至2006年，祝均一利用职务便利，将上海市劳动和社会保障局的巨额资金借贷给张荣坤控制的上海沸点投资发展有限公司使用，并为其他单位和个人谋取利益，从中收受贿赂总计折合人民币166万余元。祝均一利用职务便利，挪用公款人民币13亿元，供张荣坤控制的公司用于营利活动。祝均一还有违规运营社保资金、擅自决定违规收取保费回扣等滥用职权行为，致使国家和人民利益遭受重大损失。祝均一犯受贿罪、挪用公款罪、滥用职权罪，数罪并罚，决定执行有期徒刑18年，并处没收个人财产人民币30万元。

下面是祝均一在看守所羁押期间写的悔过书。

以权谋私、权钱交易，违反国家的法律。走到这一步，给上海造成了极其恶劣的影响。我没什么好说的。除了怨恨自己，没有任何开脱的理由，我服从法律的处罚。我对不起党多年的培养，对不起政府、人大、政协对我的关心、支持和爱护。对不起劳动和社保局的全体干部和员工，对不起我的家人，我无法面对这个社会，面对所熟悉的人，我只希望过去的祝均一已经死去。

在痛恨自己之余，我一直在反思怎么会走到这一步。我一路走来应该说比较顺利，从学生时代起就一直要强，要出人头地，久而久之就怂恿了一些不良品质的发展。我一开始还觉得是组织的培养。到后来就觉得是自己在造就自己。当了局长以后，极端个人主义的根子更加暴露出来，自以为是，狂妄自大，听不进批评，觉得自己的能力、贡献大的不得了，甚至到了自我欣赏、自我陶醉、自我崇拜的程度，常常以我为中心，觉得法律算不了什么，法律没有我考虑的周全，法律也没有我精彩，最终导致个人私欲膨胀到了极点。这是我走上犯罪的深刻原因。

个人欲望的膨胀是犯罪的诱因。一开始表现在精神上，后来就体现在物质上。50岁过了，清楚地知道自己的结构封顶了，往上走的可能性没有了，也不可能永远赖在岗位

上。到时候工作的辉煌结束了，精神和物质都没有了，还去追求什么？想到这些有些害怕。要让退下来以后的生活质量、生活品味不下降，特别是对退休以后的人生怎么走。要为自己做好准备。这时候考虑的问题越来越现实。于是，一向清高孤傲的我，开始抓紧用手中的权力为自己的晚年谋取利益，奠定退休以后的物质基础。

我将巨额社保基金借贷给张荣坤帮其融资，使张荣坤从一个名不见经传的商人，在拿到一条充满期货价值的高速公路以后，一下子跃为亿万富翁。在与张荣坤的交往中，表面上，我是为了使社保基金增值，但骨子里却是为了实现自己的私欲。在与张荣坤的交易开始后，我一直期待张荣坤能对自己实施一种表面上合法的回报。张荣坤将我妻子安排在其控制的上海路桥发展公司任党总支书记、工会主席，沪杭高速公司任监事长，就是我与张荣坤之间达成的在合法外衣下的一种权钱交易。平心而论，无论从哪个方面看，我妻子都无法拿到年薪几十万的报酬，如果没有我向张荣坤大量融资，张荣坤也不可能对我妻子的工作岗位与报酬作出这种安排。

就我退休后的后路安排问题，张荣坤曾与我多次商量。首先他承诺，只要我妻子身体好就可以一直拿高薪。以后，作为公司的高管还可以解决一套高档别墅的福利待遇，公司还准备以特别重要的少量企业骨干的名义送予企业干股。至于我的安排，张荣坤承诺可以在退下来以后帮他一起工作，可以干我有兴趣的事情，享受丰厚的待遇报酬，老年生活根本不用去担心。这是使我死心踏地为张荣坤搞巨额融资的一个真正动因。

表面上我廉洁高效，一般其他的企业融资我不过问，甚至连饭也不吃，明显的钱物我也不拿，但实际上这并不是我的真实面目。我的真实想法就是要傍上一个靠得住的富商，自己有了未来的，又有眼前的丰厚收入，其它风险目标我就离远点，这就是我所谓的防范风险，提高安全系数的策略。

我很得意的是，我居然可以找到一条既光大我形象、发挥我能力职位的体面之路，又找到一条能够为我打下长远的没有任何风险的合法基础的自私膨胀之路。我一个人两条腿，走了两条路，两边都摆平。我想怎么会找到这两条路？这就是我的能力和水平。不是说要么就是走正路，要么就走歪路，走了歪路就要冒风险，像赌博一样，赌赢了我就赢了，赌输了我就输了。而我是两面不耽误，走一条“双赢”之路。别人做不到，是他们没有能力。我觉得自己太有能力，能把两个不可能的事情融合起来，而且让大家一点看不出来．这就是我的一个追求，我要用实践来证明。

实际上我找到的这么一条维持我表面辉煌和内在实惠的捷径，只是暂时的，从一开始就是违法的。天底下没有两条永远平行的路。开始你可以两只脚同时走在两条路上，既走正路又走歪路，而且还抓不到你的把柄，这个歪路也不会损害你的正常工作，也不会损害正常的法律。有没有这样的路去实现你的双重目标？实际上是没有的。一开始，我能跨着走，但是后面是剪刀叉，越来越远，它中间的距离越来越宽，我跨不了。跨不了，自然而然地就会倾向于某一条路。我个人光辉到六十岁就结束了，那边是后半辈子，我肯定往那边倾斜，我慢慢地往那边倾斜。这种倾斜的结果是什么，是身败名裂，是悔恨终身，精明强悍的我，终于走到了路的尽头。

任何人违反了规律，都要受到规律的惩罚。规律是不以人的主观意志而转移的．你认为的“可能”无非是二条：一个是暂时的平行，并没有看到随着时间的推移这种平行会被破坏；另一个是你认知度的缺陷，你已经犯罪了，只是人家没有发现，这是你对法律认知的缺陷造成的。

我与张荣坤之间的经济交往是一种不正当的经济交往，我一方面为他的公司借贷那么多基金，另一方面收受他送的金条、金砖等财物，妻子从他公司领取高额奖金. 还托他为女儿在澳大利亚安排住房，从他那里以较低的价格为我父亲购买二手车。这是利益交换，是典型的权钱交易。是违反党纪国法的行为。

通过我的教训，希望能够警示大家。特别是对一些过于注重个人利益。对未来精于设计的少数同志，千万不要走我这条路，不要去搏这个概率。因为它太惨痛了，成本太高了。这种巨大成本的破坏力是过去所想象不到的，比如说，你的家庭，你的天伦之乐，你的正常自由，你人生最可贵最有价值也最不经意的东西，一旦失去后，才会感觉到代价的巨大。我现在什么也不想要，我只要这些东西就够了。人为什么要走到这一步才感觉到这些呢？关键是没有真正体会幸福的价值。这是最大的感受，也是人生道路上的一种悔悟。千万不要用我以前的方式去设计所谓的未来。人还是要珍惜一下最平常的东西。你不觉得它可贵是因为你从来没有失去它，一旦失去了，你才会感到它的珍贵。

【典型案例点评与分析】

本案所涉及的主要犯罪行为是挪用公款和受贿。对于挪用公款和受贿行为，我国法律法规有明确规定，这是公务员最重要的违法行为之一，也是公务员需要严格警惕并时刻提醒自己不可从事的行为。对此，《公务员法》第五十三条明确规定：“公务员必须遵守纪律，不得有下列行为……（七）贪污、行贿、受贿，利用职务之便为自己或者他人谋取私利……”

在一定范围之内的挪用公款和受贿行为会受到行政处分，《行政机关公务员处分条例》第二十三条规定：“有贪污、索贿、受贿、行贿、介绍贿赂、挪用公款、利用职务之便为自己或者他人谋取私利、巨额财产来源不明等违反廉政纪律行为的，给予记过或者记大过处分；情节较重的，给予降级或者撤职处分；情节严重的，给予开除处分。”

严重的挪用公款行为会构成犯罪，《刑法》第三百八十四条规定：“国家工作人员利用职务上的便利，挪用公款归个人使用，进行非法活动的，或者挪用公款数额较大、进行营利活动的，或者挪用公款数额较大、超过三个月未还的，是挪用公款罪，处五年以下有期徒刑或者拘役；情节严重的，处五年以上有期徒刑。挪用公款数额巨大不退还的，处十年以上有期徒刑或者无期徒刑。挪用用于救灾、抢险、防汛、优抚、扶贫、移民、救济款物归个人使用的，从重处罚。”第三百八十八条规定：“国家工作人员利用本人职权或者地位形成的便利条件，通过其他国家工作人员职务上的行为，为请托人谋取不正当利益，索取请托人财物或者收受请托人财物的，以受贿论处。”

严重的受贿行为也会构成犯罪，《刑法》第三百八十五条规定：“国家工作人员利用职务上的便利，索取他人财物的，或者非法收受他人财物，为他人谋取利益的，是受贿罪。国家工作人员在经济往来中，违反国家规定，收受各种名义的回扣、手续费，归个人所有的，以受贿论处。”

纪检监察人员在调查挪用公款以及受贿行为时拥有一定的职权，《行政监察法》第二十一条规定：“监察机关在调查贪污、贿赂、挪用公款等违反行政纪律的行为时，经县级以上监察机关领导人员批准，可以查询案件涉嫌单位和涉嫌人员在银行或者其他金融机构的存款；必要时，可以提请人民法院采取保全措施，依法冻结涉嫌人员在银行或者其他金融机构的存款。”《行政监察法实施条例》第十二条规定：“对下列与案件有关的财物，监察机关有权责令案件涉嫌单位和涉嫌人员在调查期间妥善保管，不得毁损、变卖、转移：（一）可以证明案件情况的财物；（二）涉嫌违反行政纪律取得的财物；（三）变卖、转移给他人有可能影响案件调查处理的财物。监察机关在调查贪污、贿赂、挪用公款等违反行政纪律的行为时，经县级以上人民政府监察机关领导人员批准，可以暂予扣留与贪污、贿赂、挪用公款等有关的财物。监察机关采取前两款规定的措施，应当出具监察通知书，对有关财物开列清单，并由各方当事人当场核对、签字。”

临退休前是最容易出现问题的阶段，作为纪检监察部门应当特别留意处于这一阶段的领导干部。

从憎恨贪官到自己变成大贪官

——山东省经贸委原副主任孔繁礼忏悔书

孔繁礼，山东省经贸委原副主任，3 月 28 日被泰安市中级法院以受贿罪判处有期徒刑十二年。法院经审理查明：2002 年 10 月至 2006 年春节前，孔繁礼利用职务之便，为他人在进口汽车配额分配、典当行设立、企业改制等方面谋取利益，非法收受财物共计折合人民币 106.8 万余元。

我于 1968 年参加工作，1971 年入党，1979 年调入山东省经贸委。在这里，我工作了长达 28 年的时间，由一名一般工作人员，一步步成为一名副厅级领导干部。工作中，我也曾任劳任怨，勤奋工作，曾被省政府记二等功，但却在职业道路的最后一程滑进了犯罪的深渊。从一个领导干部变成罪犯，我辜负了党的培养教育和组织的信任期待，对不起养育我的人民和我的父母。

我走上犯罪道路始于 2002 年下半年。一天下午，济南某经贸公司职员陈某让他的同学王某找我签字争取进口汽车配额，开始我没答应，因为我不分管这项工作，与陈某也不认识。但王某在省经贸委综合处工作过，当时我任处长，对他的印象不错。也正是这个原因，陈某就让王某三番五次地找我。一次，他和王某一起来到我办公室，一再地说：“我们公司是符合条件的，你就随便签个字，具体工作我们自己去做。”后来，碍于王某的情面，我就在该公司给省经贸委机电产品出口办公室的报告上签了字，大意是请他们阅处。当时我心想，这也不一定管用。

两三个月后，陈某请我吃饭。饭后他送我回家，到了家门口时塞给我一个纸袋子。我回家打开一看，里面装着 10 万元现金。当时我很害怕，也很紧张，没敢告诉家人。第二天，我把钱放到了办公室，就像藏了一颗炸弹似的，内心充满了恐惧和不安。那时候，我正在给孩子办理去澳大利亚留学的手续，正需用钱。所以，那一阵子心里很复杂，这 10 万元钱到底是收还是不收。虽然当时也想过退给他，但最后却是私欲压过了正义，侥幸压过了理智。真是“一失足成千古恨”！这次受贿，成了我走上犯罪道路的第一步。

此后，我接受贿赂次数最多、最严重的是在2005年。这一年，在山东省新设立的38个典当行中，有十几个典当行的申报人给我送了钱财。现在回想起来，收受这些典当行的钱，也有个从一开始觉得不该收、不敢收，到逐步放开手脚，陷得越来越深的过程。同时，当初还有过一些现在看来是荒唐、毫无法制观念的错误想法。比如，我觉得山东省2005年新增典当行不仅数量多，而且所有申报的都推荐了上去，也都顺利批下来了，没浪费一个指标。自己在贯彻新的《典当管理办法》和审查把关中确实下了功夫，也亲自动手给一些典当行修改材料，进行具体指导，因此他们给我送礼是要真心感谢我。

究竟是什么原因使我蜕变到今天的地步？经过这几个月的反思，我认为原因完全在自身，走向犯罪的思想根源可以总结为以下几点：不能正确对待自己，不能正确对待地位；面对一些不良社会风气，不能正确对待，思想不端正；在思想深处，仍然存在小农经济意识和小资产阶级狭隘意识的劣根性。我在30岁之前比较穷困，50岁之前生活得也不算宽裕，一遇到用钱多一点的事就犯难，有些年还一直欠债，因而把金钱看得很重。

记得在我刚参加工作时，一生务农的老父亲一再要求我清廉从政、公正处事，我在前半生也是一直严格要求自己。我特别憎恨贪官，认为他们败坏了社会风气，破坏了党和政府在老百姓心中的形象，但是我最终却没有抵挡住权力、金钱的诱惑，渐渐背离了原先的做人为官原则，变成了一个不折不扣的大贪官。回首风雨一生，怎么也想不到为我的政治生涯画上句号的竟是我最引以为耻的“贪”字！

事到如今，痛定思痛，我处在极度的痛苦和懊悔之中，愿用追悔终生的惨痛教训，警示党员干部们慎用权力，廉洁自律。

【典型案例点评与分析】

本案所涉及的违法犯罪行为主要是受贿罪。

受贿罪是指国家工作人员利用职务上的便利，索取他人财物的，或者非法收受他人财物，为他人谋取利益的行为。

“利用职务上的便利”，是指利用本人职务范围内的权力，即自己职务上主管、负责或者承办某项公共事务的职权及其所形成的便利条件。

索取他人财物的，不论是否“为他人谋取利益”，均可构成受贿罪。非法收受他人财物的，必须同时具备“为他人谋取利益”的条件才能构成受贿罪。但是为他人谋取的利益是否正当，为他人谋取的利益是否实现，不影响受贿罪的认定。

国家工作人员在经济往来中，违反国家规定，收受各种名义的回扣、手续费，归个人所有的，以受贿罪追究刑事责任。

国有公司、企业中从事公务的人员和国有公司、企业委派到非国有公司、企业从事公务的人员利用职务上的便利，索取他人财物或者非法收受他人财物，为他人谋取利益，或者在经济往来中，违反国家规定，收受各种名义的回扣、手续费，归个人所有的，以受贿罪追究刑事责任。

国有金融机构工作人员和国有金融机构委派到非国有金融机构从事公务的人员在金融业务活动中索取他人财物或者非法收受他人财物，为他人谋取利益的，或者违反国家规定，收受各种名义的回扣、手续费归个人所有的，以受贿罪追究刑事责任。

国家工作人员利用本人职权或者地位形成的便利条件，通过其他国家工作人员职务上的行为，为请托人谋取不正当利益，索取请托人财物或者收受请托人财物的，以受贿罪追究刑事责任。

涉嫌下列情形之一的，应予立案：第一，个人受贿数额在5千元以上的；第二，个人受贿数额不满5千元，但具有下列情形之一的：（1）因受贿行为而使国家或者社会利益遭受重大损失的；（2）故意刁难、要挟有关单位、个人，造成恶劣影响的；（3）强行索取财物的。

受贿行为比较隐蔽，一般很难发现。出现受贿行为的根源在于权力不受制约或者权力的自由裁量权过大，应当通过完善相关法律制度来限制自由裁量权。同时应当通过权力的公开和监督来防止以权谋私行为的发生。纪检监察机关应当重点监察具有较大自由裁量权的部门和相关领导干部，通过其不正当行使自由裁量权的行为来发现相关案件的线索。

“别人送钱给我，看中的是我手中的权力”

——江西省建材集团总公司原总经理魏新安忏悔录

魏新安，江西省建材集团总公司原总经理（正厅级），2007年6月14日被法院以受贿罪、贪污罪判处有期徒刑十一年，并处没收个人财产10万元。

法院判决认定，魏新安非法收受他人钱款共计57万元，伙同他人共同贪污公款43.2万元，个人分得23万元。

下面是魏新安在看守所羁押期间写的悔过书。

从1990年起，我就先后担任了江西省水泥厂厂长、江西省建材局副局长、江西省建材工业总公司总经理、江西省建材集团总公司总经理、江西省万年青水泥股份有限公司董事长等职务。从水泥厂里一个小小的技术员，一步一个脚印，奋斗到现在的正厅级领导干部岗位，我付出了很多努力和汗水，组织上又给予了我很多关心。

可这一切的光荣和辉煌，都伴随着检察机关一份庄严的立案决定书而消逝了。现在的我，只是一个失去人身自由的人！

可是不管怎样，我还是选择了面对现实。这段时间，我回忆了一下自己的问题，清醒地认识到，别人送给我钱，目的无非是两种：一是看中我手中的权力，可以在人事任免上给予照顾；一是看中我公司的钱，可以在资金运作上给予支持。

早在1994年，某银行万年县支行得知该行江西分行信托投资公司在武汉证券交易中心进行投资运作的回购利息较高，就邀请我们江西省水泥厂参与投资。经我同意，水泥厂财务处原处长黄某、副处长陈某（均另案处理），将水泥厂闲散资金通过某银行江西分行信托投资公司投入武汉证券交易中心，开展国库券回购业务并获得了相应的回购利息。

1995年，43.2万元的回购利息转回到厂里的账上，我和黄某、陈某将此款私分，我一人就分得了23万元。

开展回购业务使水泥厂从中创利上百万元，我自以为给企业立下了汗马功劳，产生了个人也可从中获得好处的思想，所以23万元虽然在那时候是一个很大的数目，但我还是将它装入了自己的腰包。

2000年11月，深圳宝德科技公司想和我们万年青公司合作。这家公司的资产并不雄厚，但在我的促动下，我们两家公司签订了合作协议，由万年青公司出资3000万元入股。

2002年3月，我去深圳参加宝德公司董事会时，该公司董事长李某一次性送给我10万元，对我促成万年青公司入股一事表示感谢。

2004年初，宝德公司计划上市配股，募集资金，需要万年青公司出具交纳社保金的承诺书。就在万年青公司开董事会讨论此事期间，李某从深圳赶来送给我5万元，请我帮忙，我一口答应下来。

2000年8月，万年青公司委派董事会秘书马某去深圳成立公司，负责一些高科技的投资项目。到了下半年，万年青公司一笔3000万元的投资即将到期，需要安排2001年度的投资计划。马某为了争取这笔资金继续留在深圳投资公司运作，他到我办公室送给我10万元。在我的提议下，公司同意由马某继续管理这笔资金，后来马某将这笔钱陆续挪用到证券市场用于个人炒股。

1998年，江西省建材工业总公司下属的省水晶厂进行技术改造，需要从上饶购进一批高压釜，厂长王某的儿子暗中与卖方刘某合伙。就在水晶厂还欠100多万元高压釜货款未付时，厂里职工已是议论纷纷，有人向总公司监察室反映，因王某儿子的参与，导致厂里购进的这批高压釜价格过高。监察室派人去水晶厂调取相关财务凭证，为了避免查出问题影响货款的支付，卖方刘某准备了5万元，要王某送给我。王某是我一手提拔上来的干部，他要我帮他说话，我自然没有拒绝。后来监察室的同志向我请示时，因我不同意他们就没再去查。

在人事方面，我也有收了钱不按程序、规章制度办事的情况。2003年，江西省建材集团总公司下属的万年青实业公司经理一职已到聘任期，经理黄某担心自己重新竞聘难以保住位子。一天晚上，他到我家送给我2万元，希望我对这个职位直接任命。2004年1月，万年青公司经理一职没有拿出来竞聘，而是由我直接任命黄某为经理。

反思自己走过的错误道路，我很惭愧，既对不起党和政府多年的培养，也对不起我的家人。

我是一个重感情的人，所收的大部分钱是下属企业多年的老部下或老熟人送的，我总以为大家是多年的朋友，他们送我钱是正常的上下级之间的人情往来，何况我的确对他们予以了提拔、重用或支持了他们的工作，在一些事情上为他们说了话、帮了忙，所以收钱时就觉得心安理得。现在看来，都是自己向钱看和个人享乐主义的错误思想，让我走上了这条错误道路。

【典型案例点评与分析】

本案所涉及的主要是贪污罪和受贿罪。关于受贿问题，我们在上一案例中已经进行了分析，这里介绍一下贪污罪。

贪污是指国家工作人员利用职务上的便利，侵吞、窃取、骗取或者以其他手段非法占有公共财物的行为。

构成贪污罪应具备以下条件：

第一，犯罪主体必须是国家工作人员。即国家机关中从事公务的人员，在国家权力机关、行政机关、司法机关以及军事机关中行使一定职权、履行一定职务的人员。国有公司、企业、事业单位、人民团体中从事公务的人员和国家机关、国有公司、企业、事业单位委派到非国有公司、企业事业单位、社会团体从事公务的人员，以及其他依照法律从事公务的人员，以国家工作人员论。

第二，侵犯的是公共财物，所谓公共财产是指国有财产、劳动群众集体所有的财产和用于扶贫和其他公益事业的社会捐助或者专项基金的财产。

第三，主观方面具有犯罪的故意。

第四，行为上主要表现为利用职务上的便利，侵吞、窃取、骗取或者以其他手段非法占有公共财物的行为。“利用职务上的便利”，是指利用自己职务范围内的权力和地位所形成的主管、管理、经手公共财物的便利条件。“侵吞”，是指利用职务上的便利，将自己主管、管理、经手的公共财物非法占为己有的行为。“窃取”，是指利用职务上的便利，用秘密获取的方法，将自己主管、管理、经手的公共财物占为己有的行为。“骗取”是指利用职务上的便利，使用欺骗的方法，非法占有公共财物的行为。“其他手段”，是指侵吞、窃取、骗取以外的利用职务上的便利非法占有公共财物的手段。受国家机关、国有公司、企业、事业单位、人民团体委托管理、经营国有财产的人员，利用职务上的便利，侵吞、窃取、骗取或者以其他手段非法占有国有财物的以贪污罪追究其刑事责任。“受委托人员”，是指在国家机关、国有公司、企业、事业单位、人民团体中管理、经营国有财产而不具有国家工作人员身份的人员，以及国家机关、国有公司、企业、事业单位、人民团体委派到非国有公司、企业、事业单位、社会团体中管理经营国有财产但不具有国家工作人员身份的人员。因受委托而使其与国家工作人员具有同样的非法占有管理、经营的国有财物的便利条件，具有同样的社会危害性，所以对其行为应当以贪污罪论处。与国家工作人员或受国家机关、国有公司、企业、事业、人民团体委托管理、经营国有财产的人员勾结，伙同贪污的，以贪污罪的共犯论处。国有公司、企业或者其他国有单位中从事公务的人员和国有公司、企业或者其他国有单位委派到非国有公司、企业以及其他非国有单位从事公务的人员利用职务上的便利，将本单位财物非法占为己有，数额较大的，以贪污罪定罪处罚。国家工作人员在国内公务活动或者对外交往中接受礼物，依照国家规定应当交公而不交公，数额较大的，以贪污罪定罪处罚。

《刑法》第三百八十二条规定：“国家工作人员利用职务上的便利，侵吞、窃取、骗取或者以其他手段非法占有公共财物的，是贪污罪。受国家机关、国有公司、企业、事业单位、人民团体委托管理、经营国有财产的人员，利用职务上的便利，侵吞、窃取、骗取或者以其他手段非法占有国有财物的，以贪污论。与前两款所列人员勾结，伙同贪污的，以共犯论处。”第一百八十三条规定：“保险公司的工作人员利用职务上的便利，故意编造未曾发生的保险事故进行虚假理赔，骗取保险金归自己所有的，依照本法第二百七十一条的规定定罪处罚。国有保险公司的工作人员和国有保险公司委派到非国有保险公司从事公务的人员有前款行为的，依照本法第三百八十二条、第三百八十三条的规定定罪处罚。”第二百七十一条规定：“公司、企业或者其他单位的人员，利用职务上的便利，将本单位财物非法占为己有，数额较大的，处五年以下有期徒刑或者拘役；数额巨大的，处五年以上有期徒刑，可以并处没收财产。国有公司、企业或者其他国有单位中从事公务的人员和国有公司、企业或者其他国有单位委派到非国有公司、企业以及其他非国有单位从事公务的人员有前款行为的，依照本法第三百八十二条、第三百八十三条的规定定罪处罚。”第三百九十四条规定：“国家工作人员在国内公务活动或者对外交往中接受礼物，依照国家规定应当交公而不交公，数额较大的，依照本法第三百八十二条、第三百八十三条的规定定罪处罚。对多次贪污未经处理的，按照累计贪污数额处罚。”

《最高人民检察院关于人民检察院直接受理立案侦查案件立案标准的规定（试行）》规定，涉嫌下列情形之一的，应予立案：第一，个人贪污数额在五千元以上的；第二，个人贪污数额不满五千元，但具有贪污救灾、抢险、防汛、防疫、优抚、扶贫、移民、救济款物及募捐款物、赃款赃物、罚没款物、暂扣款物，以及贪污手段恶劣、毁灭证据、转移赃物等情节的。

严格执行相关的财务制度可以减少贪污行为的发生，而加强审计机关的审计可以更快地发现贪污行为。权力不受监督或者监督不到位是导致贪污行为发生的重要原因。

狱中厂长的反思："廉洁意识随业绩扩大而淡薄"

曹罗章，某省光明热电集团厂原厂长、党委书记，某市经济贸易局原副局长。1994年至2003年，其先后21次收受工程承包商和下属的贿赂24.5万元，被法院以受贿罪判处有期徒刑十年零六个月，剥夺政治权利三年。

下面是曹罗章在看守所羁押期间的反思。

我从一名优秀企业家变成现今的囚犯，从一个正面典型变成一个反面教材，如此巨大的反差让我一时难以接受。是什么原因导致如此剧变？经过多次反思，我认为应该把这种认识写出来向组织汇报，以戒自己、以示亲属、以警他人。我走到今天这个地步，原因是多方面的——

放松学习和教育自毁防腐长城

我酷爱读书，曾以读书为荣，但最近几年，随着工作事务和应酬的增多，我的学习时间少了，思考浅了，对来自各种渠道的教育认为与己无关。往往是看书看皮，读报读题，猎艳好奇。有时是为了写报告、赶时尚、应付汇报而临时烧香，未能从理论高度、灵魂深处有针对性地学习和思考。所以，在复杂的社会环境里，未能坚定自己的方向，在功名利禄的引诱下，未能冲破世俗的羁绊，筑起拒腐防变的长城，实在可叹！

孔子曾说过："三十戒之于色，四十戒之于斗，五十戒之于得，六十戒之于贪。"人生最大的困难莫过于战胜自己，我没有逃脱孔子所说的人生一般规律。细究其因，确实有一种"升官无望、发财有路，此时不捞，更待何时"的错误思想。

防腐的堤坝在蚁穴渐进中溃塌

应该说，我在光明热电集团厂的起初几年，很是注意自己的言行，曾多次拒收下属职工送的钱物、烟酒。有时甚至当着送礼人的面，将其所送礼品摔到门外。还有几次有人让我70多岁的老父亲上门打招呼，我都原物奉还。

但随着时间的推移，对于送礼自己也就见怪不怪了，认为收点烟酒无伤大雅，收点钱物无碍大节。朋友、同事、亲戚、业务单位的人一个个笑脸登门，我无法推却、拒绝。从小意思到大进贡，从几百元到几万元，我在不知不觉中走上了犯罪的道路。

在鲜花和掌声中淡薄了廉洁意识

随着企业的不断发展壮大，在成绩和荣誉面前，我逐渐陶醉，忘乎所以。在鲜花和掌声中，我飘飘然，自大而狂傲，认为没有我曹罗章，就没有光明热电集团厂的今天。认为自己能力强，对社会贡献大，在不知不觉中，自己的廉洁意识随着工作业绩的扩大而逐渐淡薄。自认为到了这种年龄，应该享受一点，多得一点。在这种错误观念的支配、驱使下，我心安理得地收受有关单位和个人的钱财。

批评与自我批评是隔靴搔痒

十多年来，我在光明热电集团厂是厂长、书记一肩挑，人、财、物加上产、供、销，多方面的决策都必须由我拍板。长期以来养成了一种“舍我其谁、唯我独尊”的思想，甚至有些重大问题也是我一个人说了算，不经集体讨论。民主生活会上的批评与自我批评，对我来说是隔靴搔痒，只有我批评下属，没有下属敢批评我。

此外，心存侥幸也是我走向腐败的原因之一。我收受的现金大都是一个人送来，实可谓天知地知，无人知晓，人家又是自觉自愿，笑脸相送。就这样，在放任侥幸中，我蜕变了。

“手莫伸，伸手必被捉”。我的教训是深刻而沉重的，我确实对不起组织，对不起社会，对不起家庭，更对不起自己。一失足成千古恨，老来受刑，是终身之憾。“悟以往之不谏，知来者之可追”。我将深刻反思，洗心革面，并愿意接受组织对我的任何处理，也希望其他在职的同志正确对待权力、荣誉、金钱，做到慎微、慎独、慎行。

许志锐的悔过书：钱财名利放一边，心境自然就宽阔

许志锐，江西省出版集团公司原党委书记兼董事长、江西省出版总社原社长（正厅级）。1997年至2005年期间，他利用职务便利，单独或伙同他人收受贿赂200余万元。2006年9月，南昌市中级法院以受贿罪判处其有期徒刑十五年，并处没收个人财产30万元。

这是2006年1月29日许志锐在看守所中写下的悔过书。

今天是大年初一，是相互拜年、互致问候、欢度新春佳节的日子。可以想象，外面的世界一定很热闹，外面的世界一定很精彩。但这一切都不属于我，失去了自由的我，一切都很无奈。现在的我，没有了问候的电话，没有了拜年的短信，高墙铁门把这里与外界隔绝开来，没有一丝过年的欢乐，只是远处不断传来的此起彼伏的爆竹声，提醒我新的一年已经来临。每逢佳节倍思亲，尤其是身陷囹圄，我多想回家过年，可是昔日美好的家庭已不复存在，家中的亲人已各奔东西。家破了，人散了，亲人近在咫尺却不能相见。真是一失足成千古恨！

我原本有一个不错的家，有过家庭的温馨、欢乐和幸福，也曾被许多人羡慕过。但是，我亲手把这个美好的家打碎了。家破了，人毁了，自己受罪，连亲人也跟着受罪，我痛心啊。是我的一念之差毁了这个家，我种下的苦果，本应由我一人去尝，没想到却连累了家人，我后悔啊。失去自由的我深深领悟到，自由在人们享有它的时候，感觉不到它的可贵，就像太阳、空气那样，一切是那么自然，可一旦失去了，人们就会实实在在体会到自由的宝贵。

记得刚进看守所不久，我写过一首小诗：“冬日斜阳倚墙照，窗外小鸟林中跳。墙高庭深兰花瘦，空怀壮志仰天笑。”那是一天中午时分，冬日太阳本来是暖洋洋的，但我只能看到太阳斜照在牢内的高墙上，小鸟在窗外的树林中叽叽喳喳，自由飞翔，但我却被关

在高墙内，我是有梦难圆，有家难归，只好苦中作乐，仰天苦笑。

当时的情景，当时的心态就是这样的，但那毕竟已经过去了，现在我一切都想开了。人生最难处置的是什么？是钱财。人生最难放下的是什么？是名利。钱财、名利，生不带来，死不带去，只要人想通了，想透了，将钱财、名利放在一边，心境自然就宽阔了。我已经是知天命的人了，又经历了大灾大难，对人生也有了刻骨铭心的感悟。人贵有自知之明，人又难有自知之明，人们总是相信自己的感觉，而不太重视前人的教训，这也是人的可悲之处。等到有大彻大悟的时候，又为时已晚了。然而，时光不能倒流，人世间也没有后悔药。这段日子让我明白了许多事理，反思人生，我活着到底为什么？如果一切从头再来，我应当有怎样的活法？我未来要得到些什么，怎样去得到它？思来想去，我现在的人生目标就是四句话：健康长寿、事业有成、家庭幸福、平安快乐。至于钱财够用就好，名利乃身外之物，不可强求，顺其自然最好。如何实现这个人生目标？就是今后为人要朴实本分，踏踏实实做事，谨慎择友，知足常乐。其实，平平淡淡、平平安安，才是真生活，不至于一生为名利所累，为物欲所困。

现在，我已失去了地位、权力、金钱和荣誉，失去了心爱的事业，失去了舒适安定的生活，失去了人间最宝贵的东西——自由，另一方面，我得到了精神上的解脱。两个月前，我的人身是自由的，但精神压力大，每天担惊受怕，说得夸张点是惶惶不可终日，生怕事情暴露。其实错误也好，罪过也好，都不可怕，真正可怕的是知错不悔、知罪不改。既然我已选择了自首坦白的道路，就一定会好好配合司法机关尽早把案子完结。人生留给我的时间不多了，真希望能早点回归社会，发挥余热为社会做些有益的事情，以弥补自己的罪过。

【典型案例点评与分析】

根据《刑法》第六十七条第一款的规定，犯罪以后自动投案，如实供述自己的罪行的，是自首。

自动投案，是指犯罪事实或者犯罪嫌疑人未被司法机关发觉，或者虽被发觉，但犯罪嫌疑人尚未受到讯问、未被采取强制措施时，主动、直接向公安机关、人民检察院或者人民法院投案。犯罪嫌疑人向其所在单位、城乡基层组织或者其他有关负责人员投案的；犯罪嫌疑人因病、伤或者为了减轻犯罪后果，委托他人先代为投案，或者先以信电投案的；罪行尚未被司法机关发觉，仅因形迹可疑，被有关组织或者司法机关盘问、教育后，主动交代自己的罪行的；犯罪后逃跑，在被通缉、追捕过程中，主动投案的；经查实确已准备去投案，或者正在投案途中，被公安机关捕获的，应当视为自动投案。并非出于犯罪嫌疑人主动，而是经亲友规劝、陪同投案的；公安机关通知犯罪嫌疑人的亲友，或者亲友主动报案后，将犯罪嫌疑人送去投案的，也应当视为自动投案。犯罪嫌疑人自动投案后又逃跑的，不能认定为自首。

如实供述自己的罪行，是指犯罪嫌疑人自动投案后，如实交代自己的主要犯罪事实。犯有数罪的犯罪嫌疑人仅如实供述所犯数罪中部分犯罪的，只对如实供述部分犯罪的行为，认定为自首。共同犯罪案件中的犯罪嫌疑人，除如实供述自己的罪行，还应当供述所知的同案犯，主犯则应当供述所知其他同案犯的共同犯罪事实，才能认定为自首。犯罪嫌疑人自动投案并如实供述自己的罪行后又翻供的，不能认定为自首；但在一审判决前又能如实供述的，应当认定为自首。

根据《刑法》第六十七条第二款的规定，被采取强制措施的犯罪嫌疑人、被告人和已宣判的罪犯，如实供述司法机关尚未掌握的罪行，与司法机关已掌握的或者判决确定的罪行属不同种罪行的，以自首论。

根据《刑法》第六十七条第一款的规定，对于自首的犯罪分子，可以从轻或者减轻处罚；对于犯罪较轻的，可以免除处罚。具体确定从轻、减轻还是免除处罚，应当根据犯罪轻重，并考虑自首的具体情节。

被采取强制措施的犯罪嫌疑人、被告人和已宣判的罪犯，如实供述司法机关尚未掌握的罪行，与司法机关已掌握的或者判决确定的罪行属同种罪行的，可以酌情从轻处罚；如实供述的同种罪行较重的，一般应当从轻处罚。

贪官狱中自述：我两次放弃了悔过自新的好机会

马国孝，原任新疆维吾尔自治区高等级公路管理局总会计师兼财务处处长，2004 年因受贿罪被判处有期徒刑八年。这是他在一次党员干部警示教育大会上的“现身说法”。

此时此刻，当我讲述自己犯罪的经历时，内心感到无比的羞愧与自责，我痛恨自己经不起金钱的诱惑，从一个受人尊重的处级领导干部沦落为阶下囚。如果时光还能够倒流，如果选择还可以重来的话，那我绝对不会触犯法律走到今天这一步。宁可日子过得再清贫，我也不愿失去人生最宝贵的自由。

每当夜深人静，我躺在监舍的铺板上思绪万千。自己作为一名受党组织培养多年的国家干部，竟然可悲地做了金钱的俘虏。究其原因是自己放松了思想改造，法纪意识淡薄，受社会上贪图享受错误思想的影响所致。我总觉得自己辛辛苦苦工作了几十年，日子过得很寒酸，尤其看到人们穿着名牌服装，经常出入高档酒店，内心就会严重失衡，想着如果自己和他们一样潇洒那该多好呀。由于自己的内心世界开始腐化堕落，因此在人际交往上必然会放松警惕，根本意识不到别有用心的人与自己套近乎交朋友是怀有不可告人的目的。

害我走上犯罪道路的是一个建筑老板，他承接了新疆一段高等级公路修建之后，存在着结算工程款的问题。老板看中了我这个掌握资金大权的财务处长，通过咨询业务、没事拉家常、请吃请喝等惯用的手法与我结交成为好朋友，最后发展到了每次见面都以兄弟相称。有一次这位老板请我吃饭，席间他从提包里掏出 20 万元现金塞到我的怀里，动情地对我说：“大哥，我看你家里的条件不怎么好，孩子马上又要上大学了，这算是当弟弟的一点心意，纯属咱哥弟俩的个人交情。”

面对这笔巨额现金，当时我的心里非常紧张，我知道他和我们高管局有经济业务关系，收了他的钱就等于是受贿，但到了嘴边的肥肉哪能轻易吐出去，我抱着天知地知你知我知的侥幸心理收下了这笔钱。

道理很简单，对方出于我家境比较清贫而提供经济上的帮助，那么社会上比我家困难的人多得是，他怎么不给钱资助呢？为什么偏偏看中了我？还不是因为我手里拥有掌管财务的权力。俗话说无利不起早，对方作为商人，赔本的事他绝对不可能去做。当时自己就没有去想这个简单的道理，实际上也不愿意去想，关键是自己膨胀的私欲在作怪。

其实，我曾有过改正自新的机会，却被自己一次次放弃了。资助我钱的老板与我们财务处的同志因结算工程款发生争执，而且态度恶劣得令人吃惊，我当时就意识到他这样有恃无恐，是因为身后有我这个财务处长做靠山。回到自己的办公室，我就产生把钱还给他的念头，但最终还是没有舍得，这是失去的第一次机会。第二次是自治区领导在全疆交通系统干部大会上讲，不管是谁收了人家的钱，现在主动坦白上交，组织上一律不予追究。当时我的思想斗争非常激烈，也想着把钱退了解脱自己，但又怕一旦上交了会给自己产生负面影响，最后还是放弃了这次极好的悔过自新的机会。

往事不堪回首，但又不能不回首。自己之所以走上犯罪道路，是有一个必然的过程。我调到自治区高等级公路管理局工作后，看到每年有十几亿的公路建设资金由自己管理、调配，深感责任重大，我下决心要干好工作，做一名清正廉洁的好干部。我把洁身自好一辈子作为自己人生的坐标，在资金管理、调拨、会计核算上都组织得规范严密，得到单位和上级部门的一致好评。在荣誉面前我开始陶醉了，放松了世界观改造，组织生活很少参加，自己的思想渐渐发生了质的演变，最终导致自己执迷不悟，滑到了犯罪的深渊。?

我之所以在这里愿意剖析自己的犯罪经历和思想根源，就是想让在职的国家公务人员吸取我的教训，珍惜自己的工作、家庭和所拥有的自由，踏实走好人生的每一步，千万不要为了达到自己的某种欲望而触犯法律，否则下场与我同样可悲。我现在唯一的出路只能是接受改造，彻底洗涤自己的丑恶灵魂。

第二节　纪检监察典型案例纪实与剖析

决不允许腐败分子有藏身之地

——郑筱萸受贿渎职案剖析

郑筱萸，作为首任国家药品监督管理局局长、国家食品药品监督管理局局长，肩上，本应挑着13亿中国人的用药安全。

然而，这名共和国的原最高药监官眼中，不是重如泰山的责任，而是多了“寻租”本钱——近十年时间，他以权谋私，直接或通过其妻、子多次收受贿赂，款物合计649万余元。面对责任，他玩忽职守，擅自同意降低药品审批标准，滥发药品文号……

2007年7月10日，经最高人民法院核准，郑筱萸以受贿罪、玩忽职守罪两罪并罚，被执行死刑。

肃贪·反腐风暴席卷药监

2007年5月29日上午9时，北京市第一中级人民法院。

社会广为关注的郑筱萸受贿渎职案一审宣判。被告席上，郑筱萸神情落寞。

“被告人郑筱萸犯受贿罪，判处死刑，剥夺政治权利终身，并处没收个人全部财产；犯玩忽职守罪，判处有期徒刑七年，决定执行死刑，剥夺政治权利终身，并处没收个人全部财产。”

这一天，从郑筱萸出任国家药监局局长、党组书记算起，走过了9年；他从国家食品药品监管局局长、党组书记职务退休，不到3年。

事实上，中国药监界的腐败之风，早已引起了中央纪委、监察部及检察机关等相关部门的高度重视。郑筱萸离职前后，一场反腐风暴在中国药监系统迅疾掀起——

2002年，原浙江省药监局局长周航因受贿折合约400万元被判死缓，成为中国首位落马的省级药监局长；

2005年7月，郑筱萸退休仅半月余，曾担任其秘书的国家药监局医疗器械司司长郝和平及妻子因涉嫌受贿被刑事拘留；

2005年11月，中国药学会咨询服务部主任刘玉辉被捕；

2006年1月，同样曾担任郑筱萸秘书的国家药监局药品注册司司长曹文庄，和该司化学药品处处长卢爱英、国家药典委员会常务副秘书长王国荣被立案调查；

2006年11月，中国药学会副秘书长刘永久被捕；

2006年12月，因涉嫌受贿，郑筱萸及其妻儿被正式立案调查……

“对郑筱萸的违纪违法问题，要彻底查清，依法严肃处理。”2007年1月24日，听取了监察部就郑案调查的情况汇报后，国务院常务会议明确提出要求。

随着调查深入，郑筱萸涉嫌受贿数百万、药监工作严重失职渎职的“权力黑幕”被层层撕开。此后，他受到行政开除处分，被撤销全国政协委员资格，被开除党籍，并被依法逮捕……

庄严的法庭上，一审法院认定：1997 年 6 月至 2006 年 12 月，郑筱萸利用职务便利，接受请托，为 8 家制药企业在药品、医疗器械的审批等方面谋取利益，多次直接或通过其妻刘耐雪、其子郑海榕，非法收受款物共计折合人民币 649 万余元。法院还认定，郑筱萸在全国范围统一换发药品生产文号专项工作中，犯有玩忽职守罪。

郑筱萸不服一审判决，上诉到北京市高级人民法院。2007 年 6 月 22 日，北京市高级人民法院二审裁定：驳回郑筱萸的上诉，维持原判，依法报请最高人民法院核准。7 月 10 日，最高人民法院依法核准死刑。

对郑筱萸案件的查处，充分体现了党和政府严厉惩治腐败的坚定信心和决心，体现了对人民群众根本利益的高度重视。

寻租·“权力家庭”受贿 649 万

在郑筱萸高达 649 万元的受贿簿上，最多的一笔来自浙江某集团公司：1997 年至 2006 年，郑筱萸通过其妻刘耐雪、其子郑海榕，收受该公司负责人李某某以顾问费、股份收益等名义给予的财物共计 292 万余元。

9 年间，从每月 2000 元的顾问费，到一笔免去近 200 万元住房首付款，随着郑筱萸的权力扩展，其与家人的受贿行情“水涨船高”。

早在 1997 年 6 月，该集团就开始“聘请”刘耐雪为顾问，月薪 2000 元。期间，适逢集团的中层干部投资成立针头车间，刘耐雪只凭一张“借款 5.2 万元”的借条，以儿子郑海榕的名义入了股，每月分红 2800 元。对此，郑筱萸心知肚明，称之为“干股”。

和母亲一样，其子郑海榕也很会利用父亲的权力“赚大钱”：

2002 年，他大方地收下了李某某赠送的一辆奥迪车，后将该车卖得 18.5 万元“揣入腰包”；此后，他在上海购房，又收下了李某某赠送的首付款 17 万元；2003 年 5 月，李某某把下属公司 5%的股份送给他，2004 年底就有了 25 万元分红；2005 年底，他要买上海该集团公司的房，李某某一下免去首付款 199.25 万元……

官员手中的权力，是为人民服务的。郑筱萸的权力，却成了他与家人共同获利的“摇钱树”。

药商投之以桃，郑筱萸报之以李。

2002 年 2 月，全国药品监督管理工作会议在上海召开。郑筱萸房间来了个不速之客——李某某。他想替下属企业申办一次性使用无菌注射器和一次性使用输液器的医疗器械注册证，希望郑局长“帮帮忙”。

郑筱萸当即安排其秘书，带李某某去找时任国家药监局医疗器械司司长的郝和平。就这样，李某某企业的注册材料获得国家药监局的批准，出奇地快。1999 年到 2003 年，该集团下属公司申报的 24 种药品的注册，靠着郑筱萸这棵“大树”，一路绿灯。

郑海榕有一张招商银行信用卡，2000 年至 2006 年，每月都会收到广东某公司打来的 1 万元钱，共计 70 余万元。而他却没在这个企业工作过一天。这位负责人还以为郑筱萸家“报销”装修费为名，送给郑海榕 25 万元。

天下没有免费的午餐。广东这家公司负责人证实，1999 年，公司需进口化学药品原料“盐酸纳洛酮”，找郑筱萸帮忙后顺利进口；2000 年，公司向国家药监局申请成为药品零售跨省连锁试点企业，通过郑筱萸向相关部门打招呼，最终获批；2003 年，公司药品物流配送中心申办《药品经营许可证》，也在郑筱萸的帮忙下顺利通过……

2000年夏，浙江一制药公司负责人得知国家鼓励生产某种新药，便找到了郑筱萸。7月18日，郑筱萸对该公司直接送来的申报项目报告作出批示。不到一周，药监司就“飞速”地发文同意。为此，这家药厂的负责人特意将郑海榕约到香港，送给他一张100万元港币的现金支票。

检察官讯问郑筱萸：“如果郑海榕不是你儿子，他们会送他100万元港币吗?”郑筱萸回答：“我想不会。因为他们是冲着我手中的权力送钱的。”

家人站台前，郑筱萸居幕后，联手上演了一幕幕“前门办事，后门收钱”的好戏。随着私欲的膨胀，特别是独揽了药品注册大权后，郑筱萸更加无所顾忌，赤膊上阵，从幕后跳到台前亲自受贿。

2001年至2005年逢年过节，海南某制药有限公司董事长范某都会到北京给郑筱萸“上供”，少则5000元，多则上万。郑筱萸前后笑纳了11万余元。该公司申报药品注册时，郑筱萸亲自给注册司和审评中心打电话催办。

企业送钱，真的都是朋友之谊?

这一点，药商们很清楚。某药商就承认：“之所以聘请刘耐雪为顾问，给郑海榕款物，主要因为他们是郑筱萸的亲属。公司希望在业务上得到郑的关照和帮助。”

这一点，郑筱萸也十分清楚：“送钱的人都是药企的老板，都是发生在1998年我任国家药监局局长以后……都是冲着我的权力来的。”

对金钱的贪欲，使郑筱萸一步一步走向堕落、走向毁灭。

药监局系列腐败案查处期间，郑筱萸先后4次转移其在办公室收受的美元、欧元、港币、人民币总计达340余万元；转移的珠宝和贵重手饰、书画等经鉴定达100余万元。

错位·首任“掌门”玩忽职守

1998年——改写新中国药品监督管理历史的一年。

这年3月，伴随机构改革，原国家医药管理局、卫生部药政司等合并组成副部级机构——国家药品监督管理局，原医药管理局局长郑筱萸出任首任局长。

国家设立这一新机构的初衷，是按国外成功经验将药品收归一个行政部门统一监管，更好地保证13亿民众的用药安全。新机构的成立，也给了人民群众莫大的期待。

不幸的是，新机构首任“掌门”郑筱萸却以权谋私、收受巨额贿赂，忽视了肩上的千钧重担——十几亿中国人的用药安全。

郑筱萸的目中无“责”，在2001年到2003年一项被他称为“浩大工程”的专项工作中暴露无遗。这一名为“统一换发药品批准文号”的专项工作，涉及许多种药品，直接影响全体中国人用药安全。

当时，由于历史原因，存在国家以及地方多种批准文号，监管难度也较大。修订后将于2001年12月1日实施的《中华人民共和国药品管理法》明确规定，药品必须符合国家标准，取消地方标准。对于按地方标准生产的药品，经审查批准，可以上升为国家标准药品，即“地标升国标”；不符合的就必须淘汰。

无疑，对于新机构来说，这是一次加强监管的好机会。然而，“掌门”郑筱萸一错再错，让这项工作背离初衷，反而给造假者又提供了一次机会，给用药安全带来极大的隐患。

如此重大的全局性工作，没有调查研究，没有听取有关部门和地方的意见，没有局部试点，没有上报党中央、国务院，甚至没有经过局党组和局务会议集体讨论。2001年4月10日，郑筱萸违背重大事项请示报告制度和民主决策程序，自己大笔一挥，签发187号文件，启动了换发批准文号的专项工作。

由于换发文号工作量太大，难以在规定时间内完成，187号文件出台9个月后，郑筱萸又大笔一挥，签发了582号文件，从实质上降低了药品审核标准。

按照187号文件，"专项小组对上报材料进行汇总和复核"；而582号文件，则改为"企业申报时可以提供的有关材料可为复印件，由省级药监部门重点审核其原生产批件和原始档案，专项小组仅对上报的资料进行形式审核，并对原始档案进行抽查核对。"

一句"形式审核"，让国家药监局的法定审核职责流于形式。

专项工作小组有关人员说，药品地方文号本来就是由省药监局批的，国家药监局只有实质审核才能真正实现监管。让省药监局"自己审自己"，无疑大降监管力度。

在审核降低标准，仅进行形式审核和抽查的情况下，专项小组还是发现了一些不符合条件、不应换发的药品。这些药品的资料被工作人员放进红色夹子，称为"红夹"药品。按照国务院办公厅、卫生部和国家药监局的有关文件规定，这些药品应该以假药论处或撤销批准文号。然而，郑筱萸没有经过局里集体讨论决定，擅自同意注册司的请示，让审批底线被再次突破。

按照这份请示，对这些"红夹"药品，仅以企业是否取得《药品生产管理质量规范》(GMP)认证证书为条件，换发批准文号；甚至对刚提出GMP申请和准备GMP改造的药品生产企业，也换发了批准文号。如此一来，1069种违规审批药品获得了"通行证"。

GMP认证，仅代表药品生产过程合格，难道还能代表药品有疗效吗？法庭上，郑筱萸也不得不承认，这是把违规的药品变成了合法的药品。

专项工作进行了两年。其间，郑筱萸在干什么？据专项小组工作人员回忆，郑筱萸从未听取过专项小组的汇报，也未对专项小组进行过检查和指导。同一时期，正是郑"掌门"受贿敛财的高峰期。

黑洞·"带病"审批留下隐患

统一换发药品批准文号，本是提高人民用药安全的"民心工程"。因为郑筱萸的玩忽职守，变成了"带病"审批。

专项工作进行中，药品造假的举报不断，其中包括吉林某公司生产的注射药品。该药品被举报原始材料造假，一直未获得换发。2004年6月，国家食品药品监管局派人到当地调查，没有找到原始档案。调查组由此建议：缓发批准文号。

然而，郑筱萸亲自指示：注册司先给换发批准文号，再继续调查。

此后一个月，工作人员终于查清，该企业的确是通过造假方式取得的原始批件。虽然郑筱萸批示要处理此事，但当有关部门提出尽快处理的请示，却在他手里没了下文。

一年后，郑筱萸从"掌门"位置退休，这个造假获得的批准文号仍未被撤销。

上梁不正下梁歪；上有所好，下必甚焉。

郑筱萸受贿渎职"示范"在前，药监系统内的一些人也把更多精力放在了为企业跑关系、帮企业办事情上，权力异化，出现了一批"蛀虫"。一些药监官员以各种名义投资、入股药品生产经营企业，从中获利；有的在药品注册中与中介、企业勾结，买卖资料，造假，倒卖批文等。

吉林省药监局原副局长于庆香，为企业违规办理药品批号，受贿上百万元；陕西省药监局原助理巡视员米养素，因涉嫌在2002年药品换号工作中收受企业贿赂，被省纪委立案调查；国家食品药品监管局医疗器械司原司长郝和平，为多家医药公司申请的医疗器械产品获得批准生产提供帮助，受贿款物折合百万余元，一审被判有期徒刑15年；2007年7月6日，国家食品药品监管局药品注册司原司长曹文庄，因受贿罪、玩忽职守罪数罪并罚，一审被判死刑，缓期二年执行……

2007年1月26日开始，国家食品药品监管局开展“整顿机关作风，整改监管工作，重塑队伍形象的集中教育活动”，重塑药监队伍形象。

失范的监管，让群众用药风险陡增。2006年“齐二药”假药案和“欣弗事件”相继爆发，前者系原料造假，后者因药厂擅改生产工艺而发。未及半年，又爆出“佰易”事件，广东佰易公司违规生产静注人免疫球蛋白，部分产品导致患者出现丙肝抗体阳性……

警钟·腐败分子不容藏身

“郑筱萸被判死刑!”

一审消息一经公布，便成为各大新闻媒体、网站的热点话题。公众纷纷留言表示支持：对于药监系统出现的问题，郑筱萸难辞其咎。这个结果，是党和政府坚定不移惩治腐败的最好证明。

一位网友在人民网留言：领导干部、党政官员如果丧失了信念，任凭私欲、贪欲膨胀，其手中的公权力必将沦为“私利工具”，其本人也终将走上“不归路”。

“郑案的审理，寓国家反贪决心、坚持适用法律平等原则和遵循法治规则于一体。”中国法学会刑法学研究会会长赵秉志教授认为，这显示了国家以法治手段惩治与防范贪贿犯罪的决心和理念。“即使对位高权重的高级干部，一样严惩不贷。”

郑筱萸案的发生，再一次敲响了警钟。前车之鉴，警醒每一位党员领导干部：我们的权力是人民给的！一定要秉公用权、廉洁从政、从严律己。

郑筱萸案，也令药监系统深刻反思。

国家食品药品监管局相关负责人表示，郑案背后，暴露了一些深层次的问题。比如，药监工作“为谁监管、怎样监管”，不能跑偏，要把保障公众用药安全放在第一位；比如，权力监督不到位，主要是行政审批权力配置不科学、制约不合理、运行不公开、监督不到位；再比如，重大决策不民主、不科学，队伍作风建设不得力等。要直面问题，加快改进。

2006年以来，为消除郑筱萸等人严重违法违纪造成的不良影响，药监部门开始大力整顿和规范药品市场秩序，维护群众切身利益。2006年9月起，国家食品药品监管局对已换发的药品批准文号开始全面清理。截至目前，该局先后组织72个工作组，现场核查药品品种，撤销不符合规定的注册申请和药品。

针对郑筱萸等案暴露的行政审批漏洞，为期5个月的新一轮行政审批项目清理取消和调整工作目前正在开展，以进一步规范行政行为，转变政府职能，实现源头防腐。

“治国必先治党，治党务必从严”。党中央强调，要始终保持惩治腐败的强劲势头，依照党纪国法，坚决查处各类违纪违法案件，坚决惩处腐败分子。

郑筱萸案又一次向全党全社会警示：党内决不允许腐败分子有藏身之地!

【典型案例点评与分析】

本案主要涉及受贿罪和玩忽职守罪，关于受贿罪前面已经论述，这里论述玩忽职守罪。

玩忽职守罪是指国家机关工作人员严重不负责任，不履行或者不认真履行职责，致使公共财产、国家和人民利益遭受重大损失的行为。本罪由行刑法第397条所规定。

犯罪客体是国家机关的正常管理活动。

犯罪客观方面表现为行为人实施了玩忽职守的行为，并使公共财产、国家和人民利益遭受了重大的损失。所谓玩忽职守，是指行为人严重不负责任，不履行或者不认真履行职责。

犯罪主体是特殊主体，即只有具有国家机关工作人员身份的人才能成为本罪的主体。

犯罪主观方面只能是过失，即行为人作为国家机关的工作人员理应恪尽职守，尽心尽力，履行公职中时刻保持必要的注意，但行为人却持一种疏忽大意或过于自信的心态，对自己玩忽职守的行为可能导致的公共财产、国家和人民利益的重大损失应当预见而没有预见，或者已经预见而轻信能够避免。

本罪在犯罪客观方面表现为违反工作纪律和规章制度，擅离职守，致使公共财产、国家和人民利益遭受重大损失，具体行为有：不以职守为己任，思想上不重视，态度上不严肃；擅离职守，不坚守岗位，逃避职责义务；不认真执行职责权限或者不认真履行职责义务；不完全执行职责权限或者不完全履行职责义务；其他玩忽职守的行为；造成严重后果。

本案的立案标准如下：(1) 造成死亡一人以上，或者重伤三人以上，或者轻伤十人以上的；(2) 造成直接经济损失三十万元以上的，或者直接经济损失不满三十万元，但间接损失造成一百万元；(3) 徇私舞弊，造成直接经济损失二十万元以上的；(4) 造成有关公司、企业等单位停产、严重亏损、破产的；(5) 严重损害国家声誉，或者造成恶劣社会影响的；(6) 海关、外汇管理部门的工作人员严重不负责任，造成巨额外汇被骗或者逃汇的；(7) 其他致使公共财产、国家和人民利益遭受重大损失的情形；(8) 徇私舞弊，具有上述情形之一的。

犯玩忽职守罪的，处三年以下有期徒刑或者拘役；情节严重的，处三年以上七年以下有期徒刑；国家机关工作人员犯本罪，处五年以下有期徒刑或者拘役；国家机关工作人员犯本罪，情节特别严重的，处五年以上十年以下有期徒刑。

“三贪”公路局长受审

2007年5月9日，中央电视台《经济半小时》播出节目《“三贪”局长现形记》。以下是节目实录。

今天我们来认识一位“三贪”局长，哪三贪呢？贪权、贪财、贪色。这位就是三贪局长，原江西省赣州市公路局局长李国蔚。除了“三贪”局长，李国蔚还有一个绰号，赣州第一贪。这个局长到底有多贪呢？我们先来看看从他家搜出来的部分赃物：

两个小小的金酒杯就价值1万多元；一块劳力士手表价值2.2万元；还有价值6.8万元的索尼牌等离子彩电；价值2.8万元的高级音响；价值7900元的高级数码照相机；而一瓶“路易十三”洋酒价格高达8150元；另外，办案人员还从李国蔚的亲属和朋友家里搜查出60多万元人民币、4万多美元和1万元港币，而这也只是李国蔚收受的部分脏物。

赣州市中级人民法院刑二庭副庭长杨坚告诉我们，这个案子是建国以来，赣州市职务犯罪金额最大的一个案子。

杨坚是李国蔚案件的主审法官，他给我们搬出了检察机关指控李国蔚犯罪事实的案卷，这些200页左右的案卷就有39本，装了整整一个柜子。记录了从1999年1月到2004年6月，李国蔚收受他人财物的犯罪事实。

杨坚：“在短短几年之内他收受贿赂165次。”

赣州市中级人民法院经过审理，最后认定李国蔚从1999年以来，通过为别人谋取利益，非法收受他人贿赂197万多元。同时通过对李国蔚家庭财产的调查，发现他有367万多元的财产来源不明。

杨坚说：“他犯罪数额共计500多万，在我们这样一个经济欠发达地区是非常大的数字。”

李国蔚接受的贿赂，加上不明来源的财产，高达500多万元，赣州是一个经济欠发达地区，当地的公务员月收入不过一千多元。而李国蔚坐在公路局局长的位置上，却是逮个机会就收钱，逢年过节收、检查工作收、考核评比收、庆典收、生病住院收、搬次家也要收。可真够贪得无厌的。那么，李国蔚到底是一个什么样的人物呢？来看看他的腐败之路。

李国蔚是土生土长的赣州人，1956年出生于赣州市所辖的赣县。从学校毕业之后，就进入到当时的赣州公路分局工作。

赣州市人民检察院公诉处副处长张继田在接受采访时说：“他给我们讲过自己的成长过程，他是从一般的技术人员一步一步走上领导岗位。”

李国蔚从1992年任赣州公路分局副局长，之后青云直上，1995年任抚州公路分局局长，1999年任赣州公路分局局长。2002年6月之后，李国蔚一直担任赣州市公路局局长。

张继田还说：“他在这个过程当中，也曾经努力工作、克己奉公。”

李国蔚的蜕变是从担任江西省抚州公路分局局长开始，正是从这个时候，李国蔚的思想发生了变化，办案人员用“独断专横”来形容李国蔚的变化。赣州市纪委在调查中发现，李国蔚的第一笔受贿就是在抚州公路局的后期，收了瑞金分局副局长送的2万元人民币。

张继田说：“随着地位不断提升、权力不断扩大，他自己的人生观、世界观也逐渐发生了改变。”

李国蔚在赣州公路局担任局长的几年时间里，也是赣州市公路发展最快的时期，每年都有十几个亿的资金投入，这些年从他的笔下签出的资金，至少有几十亿元。

赣州市纪委纪检监察二室主任饶正飞告诉我们，李国蔚一年就能造就十几个百万富翁，所以捧他的人多，拍马屁的人也多。

从赣州市公路局到下边18个县市公路分局，所有的工程项目安排、资金调度、人事任免都是李国蔚一个人说了算。为了得到一些项目、得到职务上的升迁，一些人开始给李国蔚送钱物。

张继田说："大都借着过年过节以及李国蔚住院、搬房这些名义，行贿数额少则几千，多则五六万元。"

在赣州市检察院起诉书的指控中，37个向李国蔚行贿的人员当中，除了4个人是公司的老板，两个是他的侄子之外，剩下的31个行贿人员都是赣州市公路局的各级负责人，包括与他共事的几名副局长，以及下属分局、下属单位的负责人。

张继田说："俗话说兔子不吃窝边草，而他收受贿赂70%来自他的下属。"

更让人难以想象的是，在行贿名单中，还有李国蔚的两个侄子，为了包揽一些公路工程，向给李国蔚行贿21万元。

赣州市纪委副书记陶远鸣说："他对金钱的贪婪已经到了利令智昏的地步。"

就在赣州市纪委对李国蔚采取"双规"措施的前4天，他还带着一个女人到赣州市崇义县的一个山庄嫖宿，走的时候，还收受当地公路分局负责人送的3万元现金和一台价值1.5万元的笔记本电脑。

赣州市纪委告诉我们，凡是公路局管的工程项目，只要有油水，李国蔚都要插手。而他一手遮天，独揽大权的目的，就是要把手中的权力变成商品出售。那么，这样一个利欲熏心的贪官又是怎么被挖出来的呢?

熟悉的人都说，李国蔚在赣州是个呼风唤雨的人物，但他也有脆弱的一面，公路局盖办公楼和宿舍楼，他都要请人看风水。平时，李国蔚随身都带着护身符，保佑自己官运亨通。去年3月份，公路局纪检部门在办公楼政务公开栏上，布置了反腐倡廉宣传栏，李国蔚却觉得刺眼，刚挂了两天，他就让人强行撤掉。可是尽管如此，李国蔚一直担心的事还是发生了。

从2003年的4月份开始，赣州市纪委信访室就不断接到群众的举报信和举报电话，反映公路局局长李国蔚收受巨额贿赂的问题。但由于这些举报材料没有明确的线索，赣州市纪委并没有轻举妄动，以免打草惊蛇。直到2004年的6月份，当大量的举报信再次将矛头指向李国蔚的时候，赣州市纪委决定对李国蔚进行立案调查。

陶远鸣说："第一天动了他一个亲戚，李国蔚已经预感到是冲他来的。"

犹如惊弓之鸟的李国蔚，马上召集家人和亲戚一起，订立攻守同盟。

陶远鸣："他立刻召集家人，交代他们哪些问题不能说，并且让他们赶快离开。"

就在案发前几天，李国蔚将138万元赃款转移给自己的侄子藏匿，另外将110万赃款转移给广东的个体户藏匿。他们夫妇还亲自携带着70万现金，到广东存进了银行。在6月10日，也就是李国蔚被双规的前一天，他还在一家商厦的地下停车场，向一个公司老板退回了20万元。

陶远鸣说："他是一个非常狡猾的对手，他做了充分的准备应对我们的调查。"

2004年6月11日，赣州市纪委正式对李国蔚进行立案调查，在离赣州市区几公里的地方，李国蔚被赣州市纪委实行"双规"，纪委的办案人员和他展开了一场调查与反调查的心理斗争。

饶正飞："交代问题时，他会大发雷霆，说自己没有问题。"

陶远鸣："他矢口否认，他公开讲，你不要想从我嘴里问出什么东西来。"

面对李国蔚的抵抗心理，赣州市纪委开始在外围寻找突破口，他们几次在公路局召集科级以上干部，以及赣州市所管辖的18个县市的分局领导开会，要求向李国蔚行贿的人主动交代问题，对于主动交代问题的干部采取网开一面的政策。

陶远鸣说："要打破他攻守同盟的心理防线，首先要分散他的力量。"

在对李国蔚采取心理攻势的同时，办案人员也开始对他的家里和亲戚进行了调查。然而李国蔚家里显然已经进行了精心的准备。

陶远鸣："60多元钱一瓶的葡萄酒也转移出去了，我们的搜查一无所获。"

最后办案人员在李国蔚的家里发现，他的床头上摆放的唯一一本书，是刚刚公布的《中国共产党党内处分条例》。

饶正飞："他天天躺在床上翻条例。"

李国蔚对照党内处分条例，仔细的分析自己收受他人钱财的行为，和妻子一起订立了攻守同盟。

另外，李国蔚还向公路局的纪检书记询问，"零口供"是什么概念，并让他们找来有关的法律资料进行研究。就连摆在李国蔚家里的这台等离子彩电，也被做了手脚。揭开这个"TCL"标志之后，下面的标志竟然是"索尼"标志。赣州市纪委的办案人员告诉我们，这个假标志是李国蔚花10元钱订做的，目的就要掩人耳目。

为了逃避党纪国法的制裁，李国蔚可以说是费尽了心机。除了订立攻守同盟，熟悉相关法律条文，他还抓紧最后的时间，想方设法转移赃物，不让办案人员发现。李国蔚给自己筑起的这一道道防线，能够帮助他掩盖罪行吗?

赣州市纪委按照纪检监察条例的规定，对李国蔚的家人，以及直系亲属在各个银行的存款进行了查询，查询的结果也是账上没钱。

办案人员在对李国蔚展开心理攻势的同时，24小时陪护在他身边，同吃同住，在负责他的安全之外，还随时注意他的心理变化，同时办案人员还给了他生活上的照顾。

陶远鸣："想用他对亲人的眷恋之情，对女儿的眷恋之情，促使他交代问题。"

就在李国蔚做着激烈心理斗争的时候，办案人员通过李国蔚的亲属，得到了一个信息，在李国蔚的家里有一个煤气罐，看上去和普通的煤气罐没任何区别，但在煤气罐的下面却另有天地，是李国蔚找人精心制作用来窝藏赃款赃物的，除了家里人没人知道这个秘密。

饶正飞："用了一个晚上激烈的思想斗争，第二天凌晨5点，他交待有一部分钱埋在他三哥的房子旁边。"

到这个信息之后，赣州市纪委立即派出办案人员，赶到山区农村的李国蔚三哥家，在他家附近的地底下，挖出了一个捆的严严实实的包裹。

陶远鸣："在山脚下的垃圾堆下埋藏了密码箱，装有280万元。"

办案人员乘胜追击，又找到了李国蔚其他埋藏钱财的地方。在赣州市内一间出租屋内，李国蔚收受的赃物就全部堆放在这里。大量的洋酒、音响、笔记本电脑，以及照相机、摄象机等。另外还找到了李国蔚转移到亲戚、朋友家里和广东银行的现金和存折。

饶正飞："一开始他是以攻为主，后来以防为主，最后彻底投降。"

李国蔚机关算尽，进口的等离子电视，居然花 10 块钱贴上一个国产品牌的商标已如上述。他甚至想到特制一个煤气罐，把贪污受贿的钱藏到夹层里。更绝的是，这个煤气罐能正常使用。看来，李国蔚早就为东窗事发这一天做准备了。

李国蔚在被查处之后，一直采取拒不开口，沉默对抗的态度。而我们记者提出的采访要求也被他拒绝，李国蔚说，这是让他很没面子的事情。

2004 年 11 月 7 日，李国蔚被刑事拘留，11 月 19 日被执行逮捕，正式被移送到司法机关。2005 年 1 月 12 日，赣州市人民检察院以受贿罪和巨额财产来源不明罪对李国蔚提起公诉。赣州市中级人民法院刑二庭副庭长杨坚，在看守所第一次见到了李国蔚。

杨坚告诉我们："李国蔚很激动，多次问我们什么时候开庭，律师怎么还没来，很焦虑的样子。"

在经过一系列的司法程序之后，2005 年 3 月 7 日在这个最大的法庭正式开庭，当时这个有 210 个座位的法庭座无虚席。在法庭上，李国蔚对公诉机关指控自己收受钱物的事实，基本承认，同时对一些赃物和证据进行了确认。但是在一些收受钱物的性质上进行了辩解。他狡辩说："我收詹皇增的财物共计 11.215 万元，有 8000 元是 5 月份送的，那时根本没谈工程的事，我们是朋友，这钱是他给我的零花钱。'路易十三'是因为我们经常有来往，我也送了他许多赣州的土特产，他就送了瓶酒。"

法庭经过激烈的辩论之后，一审判决如下：李国蔚犯受贿罪，判处无期徒刑，剥夺政治权利终身，没收个人全部财产；犯巨额财产来源不明罪，判处有期徒刑三年。决定执行无期徒刑，剥夺政治权利终身，没收个人全部财产。2005 年 4 月 12 日，作为主审法官杨坚第三次到看守所。

杨坚："我们要确定一下他是否上诉，结果李国蔚讲不上诉，服判。"

2005 年 4 月 12 日，李国蔚从看守所被移送到了赣州监狱，他将在这个高墙之内度过自己的监狱生活。而他 17 岁的女儿，将在今年参加全国统一高考。在赣州市纪委提供的资料中，我们发现了李国蔚唯一面对镜头时的一句话。

李国蔚："什么都无所谓了。"

李国蔚被查处后说过这样一句话："查到我了，算我运气不好。"

赣州市委副书记、纪委书记王萍说，李国蔚产生这种心态，既有他个人的原因，也有制度上的因素。我们的记者在赣州市采访时了解到，目前赣州市公路局已经一分为三，机关和下属的经济实体彻底脱钩，管理权力被分散下放到各县市。而当地政府已经制定了一套惩治和预防腐败的总体方案，确定在 19 个市直属机关部门进行试点。

【典型案例点评与分析】

李国蔚所涉及的违法行为是受贿和巨额财产来源不明。根据《中国共产党纪律处分条例》第 9 条规定："党的纪律是党的各级组织和全体党员必须遵守的行为规则。党组织和党员违反党章和其他党内法规，违反国家法律、法规，违反党和国家政策、社会主义道德，危害党、国家和人民利益的行为，依照规定应当给予党纪处分的，都必须受到追究。"因此，李国蔚的违法行为同时也是违反党的纪律的行为，应当给予党纪处分。

目前党纪处分的种类有五种：警告、严重警告、撤销党内职务、留党察看以及开除党籍。根据李国蔚的违纪行为，应当给予留党察看或者开除党籍的处分。由于李国蔚具有

《中国共产党纪律处分条例》第24条所规定的串供，伪造、销毁、隐匿证据，阻止他人揭发检举、提供证据材料，有其他干扰、妨碍组织审查行为，因此，应当予以从重或者加重处分。对李国蔚应当给予开除党籍的处分。

全国住房公积金第一案

虽然只是个副处级干部，李树彪的权力却不小，作为管理全郴州市6亿元住房公积金的职能部门“一把手”，他如何看待和使用权力关系到近20万城镇职工的切身利益。可怕的是，他从1999年开始，李树彪涉嫌贪污、挪用住房公积金11801.5万元，用于到澳门豪赌或个人挥霍，至案发时尚有7747.5万元未退还，给国家造成了巨大损失。

李树彪特大贪污、挪用公款一案被称之为“全国住房公积金第一案”。

匿名电话牵出惊天大案

2004年1月28日上午11时17分，湖南省郴州市人民检察院反贪局局长袁亚军的办公电话急促响起，电话那头传来的是紧张得有点变调的声音：“市住房公积金管理中心主任李树彪这些年经常到澳门赌博，而且每次下注还蛮大……”容不得袁局长详细询问，对方就挂断了电话。

“住房公积金”、“李树彪”、“赌博”、“下注蛮大”，这一匿名举报电话引起了袁局长的关注。按照程序，袁把举报记录交给了举报中心备案，并迅即向分管副检察长蒲祖银作了汇报。

“先到出入境管理部门核实一下情况。”查办案件的第一个指令迅速发出。“2003年李树彪出入拱北海关50余次，一般是当天出，第二天回，有时在澳门待上几天，最长的一次有9天。”“据从外围了解，李树彪在澳门赌博下注一次有百把万。”核实举报内容的情况很快反馈到了案件分析会上。

“立即制定初查方案，展开秘密初查工作。”鉴于这几年市住房公积金管理中心归集了全市城镇职工6亿元的资金，李树彪成了一些人关注的对象，关系户、关系网也比较厚实，如果真像举报的那样，初查工作必须既保密又扎实。

“尽可能多地调取李树彪非法动用公款的证据资料，秘密掌控李树彪的动向，以防不测……”初查方案形成后，初查工作秘密地展开了。经初查发现，李树彪利用市住房公积金管理中心的单位存款作质押担保，从某家银行就动用了资金700余万元，且资金都流向广东珠海等地。同时，李树彪的行踪也被秘密掌控……

落网广州别墅

2004年1月30日，春节长假后的第二天，李树彪还没有到住房公积金管理中心上班。这一信息很快传递到了检察机关。

难道初查被李树彪发觉了？李树彪会不会逃跑？“事不宜迟，马上立案，立即组织抓捕。”次日，反贪干警趁着夜幕踏上了南下征程……

经侦查，李树彪可能在广州番禺锦绣香江花园。反贪干警从物业公司了解到，李树彪的前妻李庆容在紫藤苑7街11号购买了一处住房。待侦查人员靠近观察发现，这处装饰豪华的住房内暂时没有人。31 日下午 4 时，李树彪一家回到住所。在当地保安部门的配合下，抓捕小组将李树彪抓获，并对其住所和人身依法进行了搜查。在李树彪的小车里，侦查人员搜出了 8 枚私刻的公章和大量的贷款资料以及银行票据，还有一大把已经盖好了印章的空白贷款申请表。李树彪被连夜押解回到郴州……

案情越查越惊人

乘李树彪惊魂未定，侦查人员迅即展开讯问。

“怎么没去单位查账?”“怎么知道我住在番禺?”李树彪并没有直接回答讯问，而是惊诧地反问侦查人员，他实在没想出是什么地方露了马脚。

“这张 500 万元的银行汇款单据是怎么回事?”检察官突然发问，打破了讯问室的寂静。

“这是……”李树彪接过复印件，表面上想表现镇静的他怎么也控制不了那发抖的手，这双手在赌场上成千上万地输钱时都没抖过。

这是从李树彪小车里搜查出来的一张银行汇票，记录了他在 2003 年 10 月指使别人到郴州市北湖区建设银行骗取了 500 万元资金汇到广东珠海的犯罪事实。通过适时、主动地出示证据，李树彪的幻想被一个个击破，审讯有了进展。同时，审讯与外围调查紧密配合，李树彪的涉案金额在一步步扩大……几天后，李树彪的作案金额突破了 4000 万元。“这很可能是建国以来郴州第一大案”，郴州市检察院的领导们不约而同地认识到案件的严重性。

在随后的案件分析会上，许庆生检察长作出几点指示：立即通知各县、市、区院，对涉及李树彪的贷款资料全部予以收集；迅速冻结市住房公积金管理中心的全部银行账户，防止经济损失扩大；马上向省院领导和反贪局汇报，争取支持和指导。

“风水师”敌不过正义的天罗地网

2004 年 2 月 7 日，李树彪案的涉案金额已达 7000 余万元。当晚，郴州市委书记李大伦和省检察院卢乐云副检察长再次听取案情汇报，决定以市委领导牵头，成立“1·30”专案组。从检察、公安、纪委、监察、审计、武警等部门抽调的 80 名骨干力量迅速集中，一场综合性、立体化的侦破“大会战”展开了……

随着李树彪的涉案资金走向逐步清晰，帮助李树彪转移资金的地下钱庄——珠海迅达士多商店露出水面，这家地下钱庄由广东省普宁市的吴明丁、吴明光兄弟经营。

从表面上看，迅达士多商店跟珠海市其他一些小杂货商店没什么两样，不知道底细的谁会想到这个小杂货店竟然是在内地豪赌客中颇具信誉的地下大钱庄。

地下钱庄设在迅达士多商店的地下室里，商店视线范围内都装设了可视监控系统，地下室进口处有一个厚厚的铁门，由地下室中把守的人在里面控制开关，地下室后面另有一后门通往停车场，遇到“不正常”情况，交易的赌客和老板可以从后门逃跑。

2004 年 2 月 21 日，专案组赶到珠海，与当地警方联手潜伏在地下钱庄——迅达士多商店附近准备伺机行动。

傍晚时分，一个山西老板带着几个人进入地下钱庄换钱，几名便衣想趁机闯入，不料门关得太快没跟上，办案人员只好继续装成到商店买东西的顾客。事有凑巧，没过多久之前进入地下钱庄的一个山西人出来买烟，便衣们瞅准机会迅速闯入，当即将地下室两名换钱的伙计控制住。

由于毫无防备，地下钱庄的保险柜大开着，办案人员以极快的速度将保险柜内的几百万元现金装入地下钱庄备用的大皮箱中，并在摆放着的一堆车钥匙中随便抓了3片车钥匙，到停车场开了就走。几乎与此同时，办案人员在珠海将地下钱庄的老板之一吴明光抓获。

吴氏兄弟开办的地下钱庄被捣毁后，经审讯获悉，吴明丁在获悉李树彪被抓的传言后，已经带着他信任的风水先生罗某出逃。2004年4月20日，警方在江西九江火车站发现吴明丁的踪迹并将其抓获。吴明丁供认，几个月来，他们带着罗盘，专找“风水好”的地方躲，被抓当时正准备逃离九江。

随着吴明丁被抓获归案，李树彪案件的查办取得阶段性突破。（钟石、陈澎、刘非小、苏海萍）

【典型案例点评与分析】

本案所涉及的主要犯罪是贪污罪和挪用公款罪。挪用公款罪是指国家工作人员利用职务上的便利，挪用公款归个人使用，进行非法活动的，或者挪用公款数额较大、进行营利活动的，或者挪用公款数额较大、超过三个月未还的行为。国有金融机构工作人员和国有金融机构委派到非国有金融机构从事公务的人员，利用职务上的便利，挪用本单位或者客户资金的，以挪用公款罪追究刑事责任。国有公司、企业或者其他国有单位中从事公务的人员和国有公司、企业或者其他国有单位委派到非国有公司、企业以及其他单位从事公务的人员，利用职务上的便利，挪用本单位资金归个人使用或者借贷给他人，数额较大，超过三个月未还的，或者虽未超过三个月，但数额较大，进行营利活动的，或者进行非法活动的，以挪用公款罪追究刑事责任。

涉嫌下列情形之一的，应予立案：挪用公款归个人使用，数额在5千元至1万元以上，进行非法活动的；挪用公款数额在2万元至3万元以上，归个人进行营利活动的；挪用公款归个人使用，数额在1万元至3万元以上，超过3个月未还的。各省级人民检察院可以根据本地实际情况，在上述数额幅度内，确定本地区执行的具体数额标准，并报最高人民检察院备案。“挪用公款归个人使用”，既包括挪用者本人使用，也包括给他人使用。多次挪用公款不还的，挪用公款数额累计计算；多次挪用公款并以后次挪用的公款归还前次挪用的公款，挪用公款数额以案发时未还的数额认定。挪用公款给其他个人使用的案件，使用人与挪用人共谋，指使或者参与策划取得挪用款的，对使用人以挪用公款罪的共犯追究刑事责任。

对挪用公款罪，应区分三种不同情况予以认定：

第一，挪用公款归个人使用，数额较大、超过三个月未还的，构成挪用公款罪。挪用正在生息或者需要支付利息的公款归个人使用，数额较大，超过三个月但在案发前全部归还本金的，可以从轻处罚或者免除处罚。给国家、集体造成的利息损失应予追缴。挪用公款数额巨大，超过三个月，案发前全部归还的，可以酌情从轻处罚。

第二，挪用公款数额较大，归个人进行营利活动的，构成挪用公款罪，不受挪用时间和是否归还的限制。在案发前部分或者全部归还本息的，可以从轻处罚；情节轻微的，可以免除处罚。挪用公款存入银行、用于集资、购买股票、国债等，属于挪用公款进行营利活动。所获取的利息、收益等违法所得，应当追缴，但不计入挪用公款的数额。

第三，挪用公款归个人使用，进行赌博、走私等非法活动的，构成挪用公款罪，不受“数额较大”和挪用时间的限制。挪用公款给他人使用，不知道使用人用公款进行营利活动或者用于非法活动，数额较大、超过三个月未还的，构成挪用公款罪；明知使用人用于营利活动或者非法活动的，应当认定为挪用人挪用公款进行营利活动或者非法活动。

挪用公款归个人使用，“数额较大、进行营利活动的”，或者“数额较大、超过三个月未还的”，以挪用公款一万元至三万元为“数额较大”的起点，以挪用公款十五万元至二十万元为“数额巨大”的起点。挪用公款“情节严重”，是指挪用公款数额巨大，或者数额虽未达到巨大，但挪用公款手段恶劣；多次挪用公款；因挪用公款严重影响生产、经营，造成严重损失等情形。

“挪用公款归个人使用，进行非法活动的”，以挪用公款五千元至一万元为追究刑事责任的数额起点。挪用公款 5 万元至 10 万元以上的，属于挪用公款归个人使用，进行非法活动“情节严重”的情形之一。挪用公款归个人使用，进行非法活动，情节严重的其他情形，按照本条第一款的规定执行。

挪用救灾、抢险、防汛、优抚、扶贫、移民、救济款物归个人使用的数额标准，参照挪用公款归个人使用进行非法活动的数额标准。

多次挪用公款不还，挪用公款数额累计计算；多次挪用公款，并以后次挪用的公款归还前次挪用的公款，挪用公款数额以案发时未还的实际数额认定。

“挪用公款数额巨大不退还的”，是指挪用公款数额巨大，因客观原因在一审宣判前不能退还的。

受贿秘书忏悔：“我伤害了领导，也伤害了家庭”

商务部办公厅原专职秘书吴功阳涉嫌受贿案，2007 年 6 月 27 日上午在北京市第二中级法院开庭审理。因为被告人吴功阳认罪，法庭审理案件少了许多“繁文缛节”，仅 1 小时 10 分钟便审完此案。

上午 9：32，审判长宣布开庭。在核实被告人身份后，审判长一边请公诉人宣读起诉书，一边示意被告人吴功阳坐下。吴功阳坐下后，身子略微地朝本案公诉人北京市检察院第二分院代理检察员高景惠方向倾斜着，认真地听着起诉书的内容。

起诉书指控，2001 年年底至 2005 年年初，吴功阳利用担任商务部办公厅专职秘书的职务便利，接受倒卖配额“中间人”李某（已被另案判处有期徒刑三年）等人的请托，为中煤地质工程总公司、中国南方机车车辆工业集团公司、乌鲁木齐市华懋汽车贸易有限公司、大连市大化集团、山西省焦炭集团有限责任公司、河南南光进出口有限公司、中国南洋进出口有限公司在申请汽车进口配额和焦炭出口配额等方面提供帮助，先后 9 次非法收受上述人员给予的贿赂款 93 万元，美元 3.39 万元，折合人民币 121 万余元。

“公诉人的指控属实吗?”审判长问。

“属实。”吴功阳回答说。在征求被告人、公诉人和辩护人的意见后，法庭决定按照

《关于适用普通程序审理“被告人认罪案件”的若干意见（试行）》规定的程序审理该案。

记者注意到，公诉人讯问时，吴功阳的手指攥到了一起，不时地揉着。陈述犯罪事实时，吴功阳强调说：“如果细节上与侦查阶段说的不一样，以侦查阶段为准，可能有前后不一致的地方，但这不是故意的。”

法庭调查显示，给吴功阳送钱，有两种情况：一种是先送钱后办事，“收钱时没给帮助，但人家给钱是为了我提供帮助”；另一种是先办事后给钱，“给了钱，显然是因为我帮了忙”。吴功阳说：“我去了解相关情况时，并不是以秘书身份去的。但他们（办事人员）都知道我是秘书。”

在法庭辩论阶段，辩护人说，吴功阳并没有直接审批配额的职权，其与行贿人之间都有朋友关系，这应该与“纯粹的权钱交易”区分开来，至少“情节上轻一点”。

对此，公诉人表示不认同。公诉人说，行贿人要求吴功阳提供帮助，要求吴功阳把有关文件交给领导和有关人员。一方给钱，一方利用职务便利提供帮助，这样的行为是一种典型的权钱交易行为。

在最后陈述时，吴功阳忏悔说：今天在这里接受审判，我感到很惭愧。作为一名工作多年的国家机关工作人员，以前也曾要求自己勤勤恳恳做事，清清白白做人，而且也曾努力地这么做了。但后来，受到大环境的影响，自己的心态有了改变，法律意识淡薄了，导致现在这样的结局，我伤害了曾经帮过我的领导，也伤害了家庭。我认罪，这既是因为法律有尊严，也是为了使我自己的良心得到宽慰，我愿意接受法律的惩处。

法庭没有当庭就此案作出判决。10：42分，审判长宣布休庭。

【典型案例点评与分析】

为切实维护刑事被告人合法权益，确保司法公正，提高办理刑事案件的质量和效率，最高人民法院、最高人民检察院、司法部联合制定了《关于适用普通程序审理“被告人认罪案件”的若干意见（试行）》，根据该意见的规定，被告人对被指控的基本犯罪事实无异议，并自愿认罪的第一审公诉案件，一般适用该意见审理。对于指控被告人犯数罪的案件，对被告人认罪的部分，可以适用该意见审理。

下列案件不适用该意见审理：被告人系盲、聋、哑人的；可能判处死刑的；外国人犯罪的；有重大社会影响的；被告人认罪但经审查认为可能不构成犯罪的；共同犯罪案件中，有的被告人不认罪或者不同意适用该意见审理的；其他不宜适用该意见审理的案件。

人民检察院认为符合适用该意见审理的案件，可以在提起公诉时书面建议人民法院适用该意见审理。对于人民检察院没有建议适用该意见审理的公诉案件，人民法院经审查认为可以适用该意见审理的，应当征求人民检察院、被告人及辩护人的意见。人民检察院、被告人及辩护人同意的，适用该意见审理。

人民法院在决定适用该意见审理案件前，应当向被告人讲明有关法律规定、认罪和适用该意见审理可能导致的法律后果，确认被告人自愿同意适用该意见审理。人民法院对决定适用该意见审理的案件，应当书面通知人民检察院、被告人及辩护人。对于决定适用该意见审理的案件，人民法院在开庭前可以阅卷。

对适用该意见开庭审理的案件，合议庭应当在公诉人宣读起诉书后，询问被告人对被指控的犯罪事实及罪名的意见，核实其是否自愿认罪和同意适用该意见进行审理，是否知悉认罪可能导致的法律后果。对于被告人自愿认罪并同意适用该意见进行审理的，可以对具体审理方式作如下简化：被告人可以不再就起诉书指控的犯罪事实进行供述；公诉人、辩护人、审判人员对被告人的讯问、发问可以简化或者省略；控辩双方对无异议的证据，可以仅就证据的名称及所证明的事项作出说明。合议庭经确认公诉人、被告人、辩护人无异议的，可以当庭予以认证。对于合议庭认为有必要调查核实的证据，控辩双方有异议的证据，或者控方、辩方要求出示、宣读的证据，应当出示、宣读，并进行质证。控辩双方主要围绕确定罪名、量刑及其他有争议的问题进行辩论。

适用该意见审理案件，应当严格执行刑事诉讼法规定的基本原则和程序，做到事实清楚、证据确实充分，切实保障被告人的诉讼权利。人民法院对自愿认罪的被告人，酌情予以从轻处罚。对适用该意见审理的案件，人民法院一般当庭宣判。

“土皇帝”的生财之道

成都市中级人民法院对备受成都各界关注的原成都市龙泉驿区区委书记弓继权、原区长唐荣新、原副区长苏琼珍、原区长助理张立友等人共同私分、滥发2000余万元国有资产及贪污一案作出一审判决，以私分国有资产罪和贪污罪数罪并罚判处弓继权有期徒刑15年，以私分国有资产罪判处唐荣新有期徒刑4年，其他相关涉案被告均被依法惩处。

一个区多名主要领导共谋犯罪案在四川反腐败历史上尚属罕见，而该区区委书记和其他各名涉案干部的“生财之道”更能折射出我国政治文明建设过程中面临的“软肋”。

党纪国法形同虚设“土政策”开辟生财之道

据检察机关调查，从1999年到2003年间，弓继权等人先后12次在“东移办”、“融资办”、“旧改办”和区财政局共动用公款1460多万元，以各种“奖励”名义进行滥发。其中，弓继权共分得70余万元。

2000年初，龙泉驿区根据上一年招商引资工作情况，经原区委书记弓继权同意，原区长唐荣新签字批准，在“东移办”（全称“实施向东向南发展战略龙泉驿区工作领导小组办公室”）以拆迁补偿安置费名义规避国家对基本建设资金专款专用的管理规定，从在银行贷款的用于龙泉驿区境内工程建设的3000万元专项资金中，套取资金171万元用于发“招商引资奖”，以编造包括农民签字领款在内的拆迁补偿支出单据作掩盖，在无任何凭证的情况下由原区长助理张立友经手进行私分，其中弓继权、唐荣新、原副区长苏琼珍和张立友各分得10万元。

而据了解，国家有明确规定，弓继权等人私分的171万余元属于基本建设资金，必须专款专用，不得截留挪用，但弓继权等人却敢触“高压线”，弄虚作假，大量套取基本建设资金用于私分和滥发，党纪国法在这里已形同虚设。

2001年，针对一些地方领导以“招商引资奖”的名义滥发奖金情况，中纪委作出专门规定：党政领导干部不能在招商引资中领取奖励。但弓继权等人自定土政策将中纪委的规定“巧妙”规避：把“招商引资奖”改头换面变为“突出贡献奖”，继续借“招商引资”“经营城市”等名义滥发奖金。2002年初，在弓继权授意下，龙泉驿区“旧改办”（全称

“旧城改造指挥部办公室”）虚构旧城改造利润1820万元，经弓继权同意，苏琼珍、张立友、区原房管局长何德才商议，并报区委常委会研究，按20%的比例确定360万元的奖金总额，分发给区四大班子、区级部门、旧城改造指挥部、“旧改办”以及特别贡献人员和先进个人。其间，弓继权、苏琼珍、张立友、何德才除获得各自应得奖金外，又从有关单位的奖金数额中截留部分现金进行私分，弓继权得15万元、苏琼珍20万元、张立友40万元、何德才36万元。

正如成都市相关部门就弓继权及其“左膀右臂”因私分国有资产及贪污一案所写的反思材料中所说：“弓继权等人法纪观念十分淡薄，随心所欲，完全把自己置于党纪国法的约束之外，使一些制度和规定形同虚设。”

一把手一言堂　大权独揽做“土皇帝”

该案共涉及了13名领导干部，其中10人分别是区委、区政府、区级有关部门和乡（镇）的“一把手”。成都市有关领导干部在接受记者采访中分析说，作为一把手，他们之所以走上违纪违法道路，与不自觉接受监督、甚至抵制监督，以及组织对他们监督不力有很大关系。据一些知情干部的介绍，弓继权在担任区委主要领导一段时间后，居功自傲、作风霸道，听不进别人的意见，大搞一言堂，个人说了算。

2001年，针对一些地方领导以“招商引资奖”的名义滥发奖金，中纪委作出专门规定：党政领导干部不能在招商引资中领取奖励。但弓继权等人自定土政策将中纪委的规定“巧妙”规避：把“招商引资奖”改头换面变为“突出贡献奖”，继续借“招商引资”“经营城市”等名义滥发奖金。

龙泉驿区委曾规定：动用2万元以上资金须经区委常委会研究，但弓继权、唐荣新等人作为区委主要领导却带头违反自己定下的规定，擅自动用上百上千万元的资金任意滥发和私分。据检察机关调查，从1999年到2003年间，弓继权等人先后12次在“东移办”、“融资办”、“旧改办”和区财政局动用公款共1460多万元，以各种“奖励”名义进行滥发。其中，弓继权共分得70余万元。

区上还规定“招商引资奖”须由招商局确认，招商局、目标督察办公室共同提交区委区政府讨论决定。但据相关部门调查，近几年真正按照这一程序办的只有屈指可数的2次。

当审计部门要对区“融资办”的财务进行审计时，弓继权打招呼不让审计，使“融资办”的财务长达4年没有审计。秉承弓继权的独断作风，他的属下、龙泉驿区同安镇原党委书记朱福忠更是有过之而无不及。据检察机关调查，多年来，朱福中把同安镇土地买卖权、定价权、规划权、签约权等全握在自己手中，由他个人说了算，想卖给谁就卖给谁，想卖多少就卖多少。

龙泉驿区的一些干部向记者反映说，由于主要领导没有接受监督的意识，没有民主作风，班子内部民主和监督的氛围荡然无存，班子成员对弓继权的一些做法，或者唯命是从，或者视而不见，没有起到应有的监督作用，导致弓继权等人权力失控、行为失范，俨然成了“土皇帝”。

生活圈、利益圈、权力圈“三圈”合一 夫人营私老公结党

在弓继权“主政”龙泉驿区期间，龙泉的干部私下经常议论说，要想“升官发财”必须想办法挤入“弓继权的小圈子”。据介绍，弓继权在任龙泉驿区区委书记期间，因副区长苏琼珍、原区长助理张立友、原区财政局局长徐夏金、区原房管局长何德才、同安镇原党委书记朱福忠、龙泉镇原党委书记江兴明等人都是“重点部门和乡（镇）的主要领导”，“干事精明”，又是“龙泉驿区本土干部”，弓继权一直把他们视为“得力干将”和“心腹”。

据一些知情干部介绍，弓继权在担任区委主要领导一段时间后，居功自傲、作风霸道，听不进别人的意见，大搞一言堂，个人说了算。

据纪检部门后来的调查，弓继权的小圈子经常在一起吃饭、打牌。每逢春节、五一、国庆等节假日，他们都要邀集家人，一起到国内外风景名胜区用公款旅游，春节还要在一起吃“团年饭”。弓继权过生日时，大家都要去为他祝寿。

一些干部分析说，本来关系好的朋友或同事正常性的“交往”无可厚非，但弓继权的小圈子并不是一种单纯的人际交往，而是形成了“工作圈子”、“娱乐圈子”、“利益圈子”三位一体的“权力小圈子”，弓继权在这种“小圈子”里，撑起“保护伞”，使他们圈中的一些早有劣迹的人倚仗弓继权这个“靠山”，逍遥法外，长期“带病上岗”，在违纪违法的道路上越走越远。

据纪检部门介绍，龙泉镇党委书记江兴明，在当地影响一直不好，不仅没有得到及时的调整，反而在2003年底区领导班子换届时，弓继权为他增加了“区政协副主席”的头衔。同安镇原党委书记朱福忠、原区长助理张立友等人也常遭群众举报，但弓继权却一再迁就和袒护，甚至在执纪执法机关对张立友进行立案调查时，他还亲自出面为其说情，编造各种理由帮他推卸责任。

弓继权最后在检查中写道，“如果当时就对这些干部进行严厉处理，或下手进行调整，有的问题就可以避免，有的问题也可以减轻”。但是，弓继权后悔已晚。

据纪检部门调查，在弓继权小圈子的建立过程中，家属在领导干部走向违法的道路上起了推波助澜的作用：弓继权的妻子杨某对丈夫的腐败行为不仅视而不见，反而“敲边鼓”，甚至直接参与。弓继权等人滥发的奖金和私分的公款，有几次都是直接送到弓继权家中由杨某代收；在弓继权收受的现金中，有的也是直接送给了杨某。当地一些干部讲，“要想勾兑弓继权，关键是勾兑好弓继权的老婆”。杨某经常与张立友、何德才等人的爱人一起吃饭、打牌。他们几家人每年春节、五一、国庆等节假日一起到国内外度假旅游，都是由她们几个“内当家”商量邀约，并由杨某出面请弓参加。

【典型案例点评与分析】

本案所涉及的犯罪主要是私分国有资产罪和贪污罪。私分国有资产罪是指国家机关、国有公司、企业、事业单位、人民团体，违反国家规定，以单位名义将国有资产集体私分给个人，数额较大的行为。涉嫌私分国有资产，累计数额在10万元以上的，应予立案。

本罪的犯罪主体只能是国家机关、国有公司、企业、事业单位和一人民团体。本罪的主观方面是故意。本罪的客观方面表现为：反国家规定；以单位名义将国有资产集体私分给个人；数额较大。数额标准可参照高检的立案标准。“数额巨大”，有的省掌握在50万元以上。

《刑法》第三百九十六条第一款规定，国家机关、国有公司、企业、事业单位、人民团体，违反国家规定，以单位名义将国有资产集体私分给个人，数额较大的，对其直接负责的主管人员和其他直接责任人员，处三年以下有期徒刑或者拘役，并处或者单处罚金；数额巨大的，处三年以上七年以下有期徒刑，并处罚金。

“五毒俱全”的检察长胡志忠

2005 年 8 月 17 日，在郑州市纪委举办的“反腐倡廉警示教育展”上，刚刚调查完结的原郑州市中原区检察院检察长胡志忠贪污、受贿、腐败案件吸引了众多参观者的视线。

胡志忠私设 4700 多万元的小金库，任意从中取款挥霍；他贪污受贿、挪用公款，巨额财产来源不明；经常参与豪赌；拥有 7 名情妇；他还运用反调查伎俩，把纪检干部拉下水，帮助他串供。胡志忠堪称“五毒俱全”的反面典型。

私设“小金库”任意贪污挥霍，收受贿赂索要钱财肆无忌惮

1950 年出生的胡志忠先后任郑州市检察院控申处处长、起诉处处长，1995 年任中原区检察院检察长，2003 年 9 月任郑州市检察院党组成员、纪检组长。

纪检部门经过调查，查明胡志忠任中原区检察院检察长期间，私设金额达 4756.8 万余元的巨额“小金库”，供其任意贪污挥霍。

1996 年至 2003 年 9 月期间，胡志忠以办事、出差为由，陆续从“小金库”里提取现金 155 万元，用于个人支配。而 2003 年 9 月，胡志忠在调任郑州市检察院纪检组长前，以自己有事用钱为由，一次就从“小金库”里取走 30 万元。2000 年 4 月，掌管“小金库”的陈彤将 10 万元现金交给胡志忠，后胡志忠安排陈彤虚开了一张 10 万元工程款收据，入账冲抵了该款。

2003 年 9 月，胡志忠在调离中原区检察院前，指使陈彤销毁小金库的所有账本和部分凭证。巨额“小金库”资金，相当部分来源存在严重问题。

胡志忠利用手中的权力，在安排人员、建筑工程招标、帮人疏通关系时，都成为个人敛财的筹码。1996 年、2001 年，某房地产开发公司分别承建了中原区检察院办公楼和综合楼。胡志忠挪用公款给该公司使用，并帮助这个公司减免建设规费，此间，胡志忠以各种理由和借口收受这个公司钱财以及索要共计 355 万余元人民币、2000 美元。

2000 年至 2001 年，胡志忠利用安排人员进入中原区检察院工作之机收受委托人 4 万元人民币、5000 美元。2001 年 8 月，中原区检察院付给某建筑安装工程公司优良工程奖等共计 110 万元，后该公司总经理李某将 20 万元送给了胡志忠。1997 年 9 月，经胡志忠帮助接洽、疏通关系，某公司在未缴纳土地出让金及相关契税的情况下，办理了一块土地的国有土地使用证，胡志忠得到该公司经理张某 30 万元的“回报”。2001 年 8、9 月间，胡志忠协调某置业公司工程占道被罚款事宜后，向该公司师某索要现金 2 万元。

此外，纪委调查发现，胡志忠挪用公款 250 万元，侵吞下属企业公款 356 万元全部据为己有，并让其妻陆续转往深圳用于购房、投入股市、兑换外币。胡志忠还从事有偿中介活动，从中获利 10 万元。1999 年，胡志忠安排某房地产公司在中原区缴税 52.6 万元，后协调有关部门给予纳税奖励，并接受该公司10万元。

赌博筹码最小是1000元，与7名女性长期保持不正当关系

金钱得来容易，花起来也随便。调查中，胡志忠自己交代，他的一个重要挥霍的方式就是打牌赌博。

胡志忠爱打牌、赌博是出了名的。郑州市中原区检察院的职工都知道，他参与赌博一般筹码最小是1000元，每次数万元输赢是常事。1998年以来，胡志忠经常同身边几名彼此“知根知底”的下属马霖、陈彤等人在宾馆、酒店、茶社、洗浴中心等处打牌、赌博，赌资动辄数万元、甚至数十万元。

追求腐化生活的胡志忠，早已忘记自己是一名党员干部。由于有充足的资金供应，他挥金如土，对奢侈品消费、国内外公款旅游、玩女人等乐此不疲。他对色情“娱乐项目”更是情有独钟。

据郑州市纪委调查，胡志忠作风腐化，与多名女性长期保持着“情人”关系。胡志忠自己承认的情妇就有7名。

据调查，胡志忠曾先后与5位女性在不同的酒店、宾馆长期包房。胡还分别带她们外出旅游。胡志忠送给众多“情人”的现金共计72.5万元、2500美元、5000港元，物品14件（折合人民币3万余元）。先后接受或授意他人，安排家人及其情妇到美国、欧洲、澳洲、东南亚等地旅游，花费19万多元。

更为荒唐的是，身为检察长的胡志忠曾被一名情妇的男友敲诈过30万元。

拉纪检干部下水帮其串供

胡志忠长期在政法机关任职，对各种腐败案件调查手段了如指掌，因此在案件调查之前，他就已经将其大量非法所得进行转移和隐匿。被立案调查之后，他又费尽心机，动用种种反调查手段，使调查工作一波三折。

为阻挠调查，胡志忠处心积虑，要尽了各种伎俩，销毁证据，转移赃款，掩盖事实。为了保住违纪违法所得，胡志忠甚至与妻子办理离婚手续，演绎一场假离婚骗局。案发后，胡志忠还拉拢腐蚀贿赂纪检委办案人员及陪护人员，帮其安排串供。

据调查，胡志忠在被调查之前，就把部分资金转向了海外。专案组收缴的12余万加拿大元，就是在和国外有关部门取得联系后取得的。1998年以后，胡志忠就有意识地将自己敛来的钱财分三个地方藏匿。为了掩人耳目，他在郑州的银行机构只存了20多万元，在国外的银行存了75万港币，其主要钱财都存在深圳的银行，而且这些存款全部不使用自己的名字。

在被立案调查期间，胡志忠百般利诱办案人员。最终，郑州市纪委借调的办案人员高永亮被胡志忠的13万元贿赂拉下了水，帮助胡志忠安排串供，干扰调查。

胡志忠被双规期间，个别负责陪护胡志忠的工作人员，也受到金钱的诱惑，帮胡志忠向外界传递消息。他对陪护人员许诺说：我认识很多房地产老板，可以帮你们低价买了房再卖掉赚钱。

在充足的证据面前，胡志忠知道自己已经走上了不归路。在忏悔书中他写道：“这些钱、物，我收的不仁不义，收掉了亲情、收掉了友情、收掉了我的人格，收出了我违法犯罪，最终使我成为金钱的奴隶、党的叛逆、人民的罪人。世界上如果有卖后悔药的，我将用我的全部积蓄去购买，只可惜世界上没有这种药。”

据悉，郑州市纪委已经将胡志忠移交检察机关查处。由胡案调查中“拔出萝卜带出泥”，共带出违法违纪党员干部 5 人，其中中原区检察院办公室主任马霖，掌管着巨额小金库的原会计、办公室主任陈彤，帮助串供的纪检干部高永亮等 3 人也已经交司法机关处理。

【典型案例点评与分析】

为规范财政秩序，严肃财经纪律，深入贯彻落实科学发展观，惩处设立“小金库”和使用“小金库”款项违纪行为，确保“小金库”治理工作取得实效，中央纪委对设立“小金库”和使用“小金库”款项违纪行为适用《中国共产党纪律处分条例》若干问题解释如下：

一、“小金库”，是指违反法律法规及其他有关规定，应列入而未列入符合规定的单位账簿的各项资金（含有价证券）及其形成的资产。

二、党和国家机关、人民团体、事业单位、国有和国有控股企业及其内设机构有设立“小金库”行为的，对负有责任的领导人员和其他直接责任人员中的共产党员（以下统称有关责任人员），依照本解释追究责任。

三、有设立“小金库”行为的，对有关责任人员，依照《中国共产党纪律处分条例》第一百二十六条的规定追究责任。

四、使用“小金库”款项吃喝、旅游、送礼、进行娱乐活动或者以其他方式挥霍的，对有关责任人员，依照《中国共产党纪律处分条例》第七十八条的规定追究责任。

五、使用“小金库”款项新建、改建、扩建、装修办公楼或者培训中心等的，对有关责任人员，依照《中国共产党纪律处分条例》第一百二十六条的规定追究责任。

六、使用“小金库”款项提高福利补贴标准或者扩大福利补贴范围、滥发奖金实物或者有其他超标准支出行为的，对有关责任人员，依照《中国共产党纪律处分条例》第一百二十六条的规定追究责任。

湖南双峰原县委书记朱应求腐败案调查

朱应求，男，1948 年 5 月 12 日出生，湖南双峰县人，大专文化，原系娄底市委副厅级助理巡视员、娄底市人大代表，曾任双峰县人民政府县长、娄底地区工商局局长和双峰县县委书记，因涉嫌受贿于 2003 年 7 月 15 日被刑事拘留，同年 7 月 29 日被逮捕，现羁押于湖南省看守所。2004 年 7 月 22 日—23 日，衡阳中院公开审理了被告人朱应求受贿、挪用公款、巨额财产来源不明一案。

1996 年 8 月至 2002 年 1 月，被告人朱应求在担任娄底地区工商局局长、双峰县人民政府县长、县委书记期间，利用职务之便，在工程承包、工作安排调动、干部提拔任用、处理纠纷、减免税费、联系银行贷款等方面，为他人谋取利益。于 1996 年 12 月至 2003 年 5 月先后 85 次收受和索取他人财物共计折合人民币 114.5927 万元，其中人民币 111.6912 万元、美元 1000 元、彩电价值 2.08 万元。此外，被告人朱应求还在担任双峰县县委书记期间，利用职权，指使下属将 75 万元财政局公款借给私营企业使用并谋取个人利益，且有 73 万元至今仍未归还。另外，其对自己的财产尚有 233.5033 万元无法说明合法来源。据指控，其行为已分别构成受贿罪、挪用公款罪和巨额财产来源不明罪。

朱应求雁城受审的消息，早在开庭前几天就在双峰悄悄传开。某单位办公室内，张正（化名）听到这个消息，当即把手头的烟狠抽了一口，旋即将烟掐灭在烟灰缸里，长舒了一口气："总算等到了这一天!"朱应求主政双峰期间，他是少数几个"不那么听话"的人之一，因此没少受"修整"。双峰老百姓的反应来得更直接，拍手称快者有之："土皇帝"终于倒台了!

树立权威"泥腿子"书记粗暴执政

在双峰，朱应求无疑是个颇有争议的人物。

朱应求是双峰土生土长的"泥腿子"书记。在双峰，差不多每个人都熟知朱应求的成长史。看牛娃出身。其农民本色最初也保持得不错。在青树坪一带的乡村，至今还有农民记得，朱应求任乡党委书记时，还带头给农民插田。

朱应求做事雷厉风行，说一不二。一些乡镇干部对朱的印象是："往主席台上一坐，瘦脸阴沉如铁，利如鹰隼的目光一扫，台下噤若寒蝉。"

县城五里牌开发区兴建时，一些单位老去收取各种规费，开发区主任十分头疼，向朱应求告了一状，朱应求没有大道理可讲，一顿臭骂："谁要是再到开发区去乱收费，我就剁掉谁的脑袋!"开发区果然就清静了。

朱应求到上面给双峰争项目"有一手"。朱应求高兴时，脱口说出自己的经验是"带着四大家领导班子一起去，哭的哭喊的喊叫的叫。"在县委书记任内，朱应求向上争得了 320 国道绕城线、五里牌开发区、农机机电大市场等数个大项目。据说为了争取某高速公路过双峰，他亲自到省里某部门找领导，未被理睬，朱应求就到他家门口守着，"冷风子吃了几个早晨"，硬是给办成了。

当地人对朱应求的评价是：霸蛮、胡搞。"但他的这种作风在基层有时很奏效。"在一些人眼中，朱应求有手段，有能耐，不少人信服他，一些老干部甚至很欣赏他的这种作风，认为他有魄力。就是靠这种"魄力"，朱应求在双峰建立起了自己的绝对权威地位。

生机再现传奇般重返双峰政坛

在双峰，有关朱应求的传闻和争议并不止于他近乎粗暴的执政手腕和作风。

朱应求真正发迹是从杏子铺乡当书记开始的。实干型的朱应求在杏子铺政绩突出，并为当时交通十分不便的杏子铺修好了公路。据说，朱应求因此给当时的某领导留下了较好印象。

随后，朱应求被调进县城永丰镇当书记，并进入县委常委班子。接着，朱应求从副县长、县长一路上升。

1996 年 7 月，时任县长的朱应求与县委书记一起被调离双峰。原因据说是两人关系不和。朱应求调任地区工商局局长。

许多人认为，朱应求在双峰的政治生涯应该画上了句号。

然而，翌年发生的"票箱里跳出县长"事件，使得朱应求传奇般地重返双峰权坛。

1997年3月15日，双峰县第十二届人大六次会议上，并非候选人的朱应求，在等额选举中，被高票重新当选为双峰县长。此时朱应求已离开双峰八个月。

一位曾与朱应求关系密切的官员，接受记者采访时吐露说：朱应求善于拉帮结派，搞权力斗争，在双峰早已根深蒂固，这是他从“票箱里跳出来”重返双峰的一大原因。据他介绍，县人大代表主要是一些乡镇干部和局机关干部，各单位代表团的票也主要由一把手控制。因此，这场选举并不见得就是民意的真实体现。

一手遮天行使权力为所欲为

回过头看，正是此次被选回双峰，成为了朱应求忘乎所以，权力剑走偏锋的开始。

一位对朱应求非常熟悉的官员认为：因为成功地“暗渡陈仓”，朱应求第一次体味到“为所欲为”的快感。对朱应求而言，似乎已没有哪一种力量能制约他，更无法阻止他权力的扩张。朱应求变得愈发自大，甚至自认为只有他才能“统治”双峰。

在会上，朱应求动不动就放言：“谁怎么样，我就拆他的位子，摘他的帽子，砸他的饭碗!”“你给我为难，我就先搞掉你!”各部门官员，几乎人人对他言听计从——摘掉谁的乌纱帽，断掉谁的前途，对他来说，的确是轻而易举的。更何况许多人就是他一手提拔的，岂敢不听命于他?

还在当县长时，朱应求每次在大会上发言，根据常委会决议拟就的发言稿他从不看：“这个稿子你们去看，我讲几点。”于是，谁都不去看文件，都听他的，因为只有他的话才能最终算数。朱应求曾极力坚持上马三塘铺无费工业园。为了扶植一些个体老板投资建厂，朱应求要求县直所有单位，各自对口一个老板做担保，到银行贷款。有单位抵触，朱应求便在会上发威：不担保，明天公检法就到你单位来查你。结果，贷款办起的一些厂子，还未建成就倒闭，有些老板甚至根本未建厂，拿到贷款就跑了。许多担保单位至今还债务缠身。

自然，也有不听招呼的，后果可想而知。1997年，朱应求的舅子将人打伤，县公安局一负责人对此表态：不论是谁，都要严肃查处。这位负责人此后就成了朱应求的眼中钉。1998年，在全省统一组织的扫黄打非行动中，该局干警在宾馆抓到一老板嫖娼，该老板是绕城线投资商，朱应求亲自打电话要求放人。中午，朱应求又是请该老板吃饭压惊，又是要公安局负责人向该老板敬酒赔罪。朱应求还嫌不够，又提议晚上去歌厅唱歌，并指令公安局负责人献歌一首《都是我的错》。该负责人表示这首歌不会唱，朱应求当即命令说：你下午不要去上班，到歌厅把这首歌练熟，晚上再唱。最后，该负责人只能借故离去，手机关机才逃过“一劫”。

公开场合，朱应求更喜欢打县委、人大、政府、政协四大家的旗号，来传达自己的意志。显然，谁违背他的意志，就是违背四大家的意志，就是扰乱双峰经济发展的大局，就会吃不了兜着走。在一般人看来，作为一县之首，朱应求用这种方式说话，似无可厚非。朱应求的权力正是在不容质疑中恶性膨胀。

欲望膨胀失控权力成敛财机器

相应地，朱应求对权力的认识和运用也急剧变态。

据熟悉朱应求的人说，朱应求最初还是比较清廉的，别人送东西，他一般不会要。即使是要好的朋友送点东西，他也要当面还情。

但是，他的欲望在慢慢膨胀。从1996年开始，朱应求就开始了“权力的寻租”。这期间，他始终“安然无恙”。

双峰是个农业大县，全县年财政收入仅1.3亿。而这样一个捉襟见肘的财政窘境，却并不妨碍朱应求聚敛巨额钱财。2003年7月15日，朱应求案发时，被查获其拥有财产607.036万。据起诉书认定，朱应求自1996年12月至2003年5月，先后85次收受和索取他人财物，折合人民币114.5927万元；另有233.5033万元巨额财产来源不明；并挪用公款75万元。

朱应求最初的敛财是收受下属官员的送礼。据办案人员介绍，朱应求收礼有个特点：多次，少额。这一点正投一些下属的嗜好，细水长流，可以多次接触朱应求，加深领导印象。经检察机关调查，双峰县16个乡镇的领导，只有一个镇党委书记没给朱应求送过钱。每次送钱通常是三五千元，每逢过年过节，或家人生日和生病，必送不误。据起诉书披露，朱应求收受钱财后，先后为7人解决升迁或调动岗位。当地一些知情者介绍，“从朱应求手中买一个职位，一般的价位是1.5万到2.3万左右。”

另据知情人介绍，双峰石膏矿在朱应求手中被拍卖，当时只拍卖了800余万元。朱应求下台后，双峰县政府将该矿收回重新拍卖，竟以2000万成交。这其中朱应求玩了多少猫腻，颇费思量。

为了钱财，朱应求甚至甘与社会上的“混混”称兄道弟。

刘某，外号“招三伢子”。曾因涉嫌抢劫，被广东警方立案追查。就是这样一个社会上的“混混”，通过朱应求的亲戚与其认识后，朱应求竟收其做干儿子。1999年，刘某在双峰办曙光实业有限公司，朱应求为其打招呼违规办理工商登记、违规贷款520万，并打招呼给财政局长，挪用财政款75万给该公司。为此，他先后收受和索取刘某人民币35.3万元、美金1000元。朱应求为刘某办事可谓费神尽力，为给刘某的曙光酒店招揽生意，朱应求一声令下，县里许多招待便安排在了曙光酒店。

为人做事，自然要收人钱财，如果别人没主动表示“意思”，朱应求就会亲自“过问”。2000年3月，朱应求向刘某谈及儿子准备买房，需要24万，要求刘为他解决。最后刘给了他17万。

公开场合，刘某称朱应求为干爹，私下里，朱却是刘某眼中的“一条狗”。这个称呼来自于当地一则广为流传的故事：一天，刘某在曙光酒店打牌，因在该酒店占有股份，朱应求的妻子去讨要分红款，打电话给刘，刘把牌一丢，对牌友说：“一条狗来了，我去一下。”

大庭广众之下，朱应求分外廉洁。大会小会上，他常常“痛陈”腐败：“你们这些局长书记，都在县城买地皮，建房子，你们的钱是从哪里来的?”有时，一些人给他送钱送物上门，他会把钱物一把丢得远远地：“你把我朱应求当成什么人了?”“砰”地一声把门关上。

1997年，朱应求50岁生日。他老早就放出风，却又公开声称，要远走他乡“躲生”。“朱应求很聪明，牌子也挂了，该送礼的还是去送了。”熟知朱应求的人如是说。

衍生怪胎其妻号称“组织部长”

朱应求从“为公”蜕变为“为私”，其绝对权力衍生出了种种怪胎。

朱应求在双峰控制权力的手段就是大量培植亲信，并安置亲友亲信任要职。据不完全统计，朱在任时，朱的亲家是民政局书记，老婆是民政局局长，舅子是统计局局长，表亲是财政局局长。

而朱应求通过这些亲友亲信编织起的权力网，控制着双峰大大小小的利益通道。这其中，朱的妻子匡某扮演着一个极为重要的角色。

在当地人的印象中，50来岁的匡某贪财，喜欢小恩小惠。在检察机关的起诉书里，记载朱应求的85笔受贿款中，绝大多数就是由匡经手收下的。

“匡是十足的敛财狂，连一些小便宜也贪。”县委书记夫人春节到一些单位推销挂历赚钱，这是双峰许多单位都碰到过的事情。碍着书记的面子，也不得不买，开多少发票就给多少钱，绝对不能犹豫。在对朱应求的起诉书中就记载，1999年12月，匡向秋湖煤矿一次推销了价值11888元的挂历。

在双峰，匡某还有一个外号：“组织部长”。朱应求在双峰权倾一时的权威，在妻子匡某身上也得到充分体现。许多人要办事，不敢接近朱应求，就曲线找匡，同样能收到效果。对于普通人来说，安排工作是相当难的。而匡收了礼，就径直到一些单位打招呼，安排工作和调动。有人甚至说，匡安置的工作比朱应求还要多。

生活奢靡民间称之为“第一风流男人”

在双峰，朱应求被民间称为“第一风流男人”。

一位曾和朱应求是朋友的知情人透露，朱应求虽然一直风流成性，但是原来一直是个老土，对异性的要求并不高，和他有过关系的情人高矮胖瘦美丑都有。最近几年，朱经常到深圳、上海等沿海城市考察，才逐渐“变得挑剔”。吃要吃最营养的，找小姐要找漂亮的。他喜欢唱歌，后来又学会了跳舞。许多时候，他并不回家，经常就在曙光酒店吃、玩、住。在曙光酒店，他曾一餐吃了近万元。

据透露，朱应求曾在深圳以招商引资为名，组织了一次双峰联谊会，联谊会集资了10万元做经费，拿来吃、玩，还叫了俄罗斯小姐，“结果却连通讯录都没打印一张”。玩了就散了，所谓招商也就不了了之。

【典型案例点评与分析】

朱应求违法犯罪行为的根源之一是权力不受约束。对此，应当完善权力的授予机制。深化干部人事制度改革，大力推行干部交流、岗位轮换、任职回避等制度，对在一个地方或部门工作时间较长的领导干部必须按规定进行交流。同时，要建立合理的分权机制。通过权力的适当分解，形成互相制衡机制与分权机制。建立严格的权力运行程序，对权力运行中涉及的各个环节，制定具体可操作的规范，如该集体研究的必须经过集体研究才能决定，该用票决作出决策的必须进行票决，该公示的必须公示，等等。另外，还要建立依法制权的机制。制定规范制约权力运行的法律法规，明确规定权力的授予范围、方式，权力运行的程序和界限，确保权力的合法性、权威权、规范性。

贪污受贿行贿者众多

——烟台中石化系统窝串案侦破始末

不仅在烟台，就是在全国石化系统，这也算一个大案。一个地级市石化公司的一个总经理和三个副总经理以及财务、审计处长，再加上县级分公司的经理、副经理等等，仅以贪污受贿行贿罪名落马的就有十余人！烟台检察机关投入的警力多达80余人！

但这个案件的起始却又非常简单：仅仅是因为烟台福山检察院收到的普通群众的几封举报信！

群众举报扯出南方商人郑某

“好车牌号害苦了我!”郑某被“追尾”抓获

“我犯大事了!”“一体化机制”剑指马总。

2004年4月，福山检察院不断接到当地百姓举报：福山有实力的投资者想在当地建加油站总是困难重重。但福建商人郑某却连买带建地矗立起5座加油站，并把其中两座高价卖给了当地的中石化公司！“为什么外来的和尚总是好念经？这里面的猫腻大了……请检察机关好好查处，别让这些国家的油耗子损公肥私!”

福山区检查机关按照上级规定：“凡收集到石油系统案件线索一律在12小时内上报市院”。举报很快上报到了烟台市检察院大要案指挥中心办公室。经长时间反复调查，反贪机关将目标盯准了福建商人郑某。

此时已经在烟台赚得盆满钵溢的郑某，到处钻研新的“生意门路”。行踪不定的他今天在临沂，明天到北京南北“飞跃”。这给检察人员的侦破工作带来了极大的困难。但办案人员心中有数：郑某并不知道自己的狐狸尾巴已经露出，他还会在烟台露面的——因为他的汽车的牌号是他引以自豪的鲁F－34567。他喜欢驾着自己的汽车在港城的公众场合露面。果然，在4月上旬烟台举办的某个大型博览会上，早有准备的福山反贪局的办案人员在烟台金海湾大酒店的停车场看到了“34567”的车牌号——事后明白自己被抓获只是因为办案人员按“号”索骥盯上了自己后，郑某大叹“都是好车牌号害苦了我哟!”。

被“请”到局子的郑某此时非常明白自己面临的是什么：“我犯大事了，要不怎么是烟台市检察院的人抓我?”他很快便交待出了自己在出卖福山的“金龙”和“通兴”两个加油站的时候，向中石化山东烟台石油分公司总经理马某、副经理侯某行贿50多万元的犯罪事实。

马某是何许人？1987年就开始担任福山石油公司经理，1990年始在市公司担任领导。如果真是他受贿，按属地管辖应该由芝罘检察院查办，按级别管辖应当由市检察院查办。但市检察院领导当机立断：石化系统一旦发案，成串案窝案的的可能性很大，直接“指定管辖”——“一体化机制”让福山区检察官们继续发挥“神威”!

4月10日下午6时许，烟台市检察院大要案指挥中心和福山区检察院的几十名干警兵分4路，开始秘密传唤马某和侯某：当马某手握一批单据趁夜色离开家门时，被干警们当场请进了警车；几乎同时，在酒店同朋友开怀畅饮的侯某也被“请”进了警车里。茫茫夜色中，俩人分别被押进了开发区检察院和福山区检察院。

“你是国家的，我是个人的，我赚了给你 50 万元!”

“30 万拿还是不拿? 我在酒店大堂‘斗争’了一个小时!”

“抄家时马某家里到处都是钱!”

马某、侯某传唤到位后，检察院干警们分成了审讯、搜查、看押、取证等 7 个组，40 多名干警开始了多方协同办案。

50 多岁的马某仗着自己的人老资深，位高权重，根本没把年轻的办案干警看在眼里；而侯某十多年前也曾经在外地的检察院做过批捕科的科长，有着丰富的反审讯经验。对马、侯俩人的审讯早已积累了丰富办案经验的干警们已成竹在胸。他们在取得的大量人证物证后，一面利用新刑法中关于自首立功政策的“攻心战”，一面透露点他们的“蛛丝马迹”，旁敲侧击。扛不住的侯某很快便交待了自己的受贿事实；干警们则以侯某的口供敲山震虎重棒打击马某的抵抗信心：干警们经过大量的排查工作发现，马某在自己的电脑上留下了一份奇特的房屋购买租赁合同，并查明这是马某辗转两个朋友，为自己购得的两套门市房。当干警们把门市房的“冰山一角”透露给马某时，他的“防线”彻底崩溃。在独自沉思近 1 个小时后，马某交待了自己受贿 80 余万元的犯罪事实!

2001 年 5 月，福建商人郑某找到了马某，提出把自己在福山的两个加油站卖给中石化系统。当时，郑某非常了解：收购加油站没有明确的收购定价标准，基本上是由收购方确定。加上郑某从中探听到马某也有意收购，心中的价格在 1200 万元上下。为此，郑某找到马某，一吐口，两个加油站的开价便是 2000 万元。马某一直以“一个人说了不算，需要集体研究”为由，始终没有明确答复。直到 5 月底的一天，郑某再度来到马某的办公室，并明确开价：“马总，你是国家收购，我是个人赚钱。反正价格你能说了算。你帮我运作运作，把价格定高些。我会给你 50 万元的好处费的……”于是马某在公司开会研究收购价格时，提出给郑某两个加油站一共 1568.8 万元的收购价。

2001 年 6 月 8 日，欣喜过望的郑某与心有灵犀的马某在加油站转让合同上签了字。而郑某也并没失言，7 月 2 日和 10 月 1 日，郑某先后将 30 万元和 20 万现金送到了马某的手中。

马某回想自己拿到郑某第一笔贿款时，懊丧地说：“当时在金海湾大酒店，郑约我吃饭并说带点东西给我，我知道是怎么回事，所以连司机都没带，自己打的到了酒店。吃完饭，郑给我一个装衣服的纸提袋，说里面有答谢我的 30 万元现金，就走了。我当时坐在大堂里呆了一个多小时，心理斗争激烈得不得了呀。收? 还是不收? 收了，我明白自己这就走上什么路了；不收? 那可是整整齐齐崭新崭新的 30 万现金呐!”虽然马某明白这种钱和他以前小打小闹地收受部下们的小金佛、钻石项链等贿赂是性质大不一样的钱，但最终贪欲战胜了理智：马某终于把 30 万元钱拿回，藏在自己的办公室里了。

有了第一次，第二次当然顺理成章：10 月 1 日郑某给马某第二笔贿款时，马某就很高兴地在自己家楼下笑纳了。

其实马某并不是在金海湾大酒店大堂里才完成他的人鬼转变的———此前，他也多次收受他人贿赂，以致于在检察院依法搜查马某的家时，马某家里到处都是钱。连马某的妻子看到自己家的顶柜、沙发夹缝等多处发现的 10 万元一捆、一万元一信封的钱时，都丈二和尚摸不着头脑：“我也不知道这都哪儿来的什么钱。”

“马侯案”牵出牟平“油贪”

“马侯案件”被揭露出之后，在市检察院领导的直接指挥下，烟台市检察院大要案指挥中心穷寇猛追，借“马侯案”对全市检察系统提出要求：第一，对所有收购加油站的过程进行排查摸底；第二，彻底查清烟台中石化系统所有分公司的账目。

果然不出所料，查账组先后在中石化烟台公司发现了 4 个小金库，“库藏”累计金额高达 2000 余万元！在发现有笔 500 万元的金额来自牟平分公司后，指挥中心当即向牟平检察院通报了情况。市区两级检察院在指挥中心的统一协调下多方布阵，深挖证据，在一番斗智斗勇之后，终于迫使牟平分公司经理杨某及其副手陈某交待了他们相互勾结贪污挪用公款近百万元的事实。在十多年前就开始遭到群众举报且多次被纪检部门调查，还总是每每涉险过关的杨某，在铁证如山的证据面前，和自己的手下以及两个部下终于低下了“高贵”的头颅。消息传出，当地百姓奔走相告：“杨某这个十支猎枪打不着的狐狸终于让检察院给打着啦!”

记者在采访中深深体会到这次烟台中石化系统串案窝案的侦破难度——第一，这类案件点多、线长、面广，像烟台中石化公司就有 1 个总公司，13 个分公司，几百个加油站，分布区域很广；第二，这种垄断行业，专业性又比较强，一般人难以了解其行业特点和运作规律；第三，这类行业的作案手段比较隐蔽，犯罪嫌疑人大多采用隐瞒收入、收款不入账或少入账、虚报支出、重复报账等手段；第四，这类行业的行贿受贿都会采取单线联系，隐蔽性强；第五，有些还利用国家法律法规不健全的漏洞，千方百计地在行贿受贿案中“打擦边球”，钻空子。

正是“一体化机制”使“烟台中石化廉政风暴”屡传捷报：蓬莱分公司的行贿人谢某、梁某被揭露出来了，福山的行贿人唐某暴露出来了，招远的行贿人张某浮出了水面了，烟台的渎职人曲某、袁某也牵连出来了……而当烟台检察干警在江苏徐州同行协助下，将莱阳分公司贪污 225 万元受贿 13 万元的于某抓获时，烟台检察院的上上下下，全都露出了胜利的笑容！

值此，记者的采访本上留下了这样一组数字：烟台市检察院干警辗转 4 个省 16 个地区，行程 1.2 万公里，历时一个半月的时间，在烟台中石化系统查处了中石化烟台总公司总经理、副总经理、财务处长、审计处长、分公司经理副经理等 19 起窝串案，其中大案 16 起，要案 4 起，案值达 1000 余万元。

【典型案例点评与分析】

近几年，一把手堕落导致整个班子坍塌的案件较为普遍。官员腐败呈级别高、贪腐数额大和群蛀现象严重的特点。纪委书记换岗、空降，检察机关的异地侦查，都是反腐制度建设的有益探索。窝案串案有一定的发案规律，最高检反贪总局每年都会确定若干贪污贿赂犯罪高发行业、系统作为办案的重点领域，通过总结犯罪规律和案件侦破方法，运用“抓系统、系统抓”的工作方法，深入查办窝案、串案。

现在单兵作战的情况不多。嫌疑人需要打点横向、纵向的关系，要寻求上级领导当保护伞，也要下面的办事员负责具体实施。贪贿官员间的排列梯队，无论是始于上还是始于下，拉着别人堕落，无非是为了加强腐败的隐蔽性，从而互帮互助，为腐败行为创造环境。结果，参与的人越来越多，涉案金额像滚雪球一样越来越大。在这样的小团体内，每个成员都要承担风险。一旦东窗事发被立案侦查，这些人一个一个都不认账，查办起来得花大力气、付出大代价。

对于类似案件，侦查一体化机制能够起到较好的作用。侦查一体化机制就是要强化上级纪检部门、检察院对办案工作的指挥协调，上级纪检部门、检察院通过交办、督办、提办、联办等形式整合侦查资源，帮助下级纪检部门、检察院排除阻力，突破关系网，打破行政区域限制，防止和减少人情干扰。

广东高法原院长受贿案调查：从高院院长到阶下囚

2003年12月24日，原全国政协委员、广东省高级人民法院原院长麦崇楷犯受贿罪，判处有期徒刑十五年，没收个人财产十五万元……

一个从事政法工作数十年、审理过无数疑难案件的资深法官，为何会走上受贿这样一条不归路呢？日前，此案专案组的成员向本报记者独家披露了该案的侦破过程……

举报：法院院长收受贿赂

2002年3月，中纪委接到广东省法院一名干部的举报信，举报原省高级法院院长麦崇楷利用建筑审判大楼，中饱私囊，作风败坏，群众影响恶劣。这份材料立即引起了中央领导的高度重视。中纪委决定，一定要慎重处理，既要把问题彻底查清，又不能冤枉了曾经为党和国家作出过贡献的领导干部。

调查：巨款汇入儿子账户

经过认真细致的调查，中纪委办案人员发现，在审判大楼建筑期间，1997年10月15日和1998年1月14日，在广东省粤法拍卖有限公司的账户中汇入了两笔总共800万元的巨额款项，后又转入麦永成投资兴建的成丰大厦项目，汇款人是广东东莞东宏装饰公司。

麦永成正是麦崇楷的儿子。

经向东宏装饰公司取证，这两笔款项是当时承建省审判大楼工程的黄德明借用该公司账户转出的。在此基础上，办案人员进一步采访了广东省高级人民法院的多名干部，寻找了当时建审判大楼时的会议记录及相关材料。他们确信，这份举报材料并非空穴来风，麦崇楷确实有利用省法院审判大楼工程，与其子麦永成共同收受巨额贿赂的重大嫌疑。办案人员开始着手对广东省高级人民法院院长麦崇楷涉嫌受贿的案件进行突击审查。

个体建筑商人黄德明被列为第一个重点调查对象。

揭底：黄德明——为求资质挂靠“大树”

黄德明说：“认识麦永成后，麦永成说有工程，后来我知道是省高院工程，听他说该楼造价大约2亿，我就承诺事成后给他1000万元人民币的介绍费。还听麦永成说省法院大楼的承建商是要有一级建筑资质，而我以前跟东莞的一个朋友叫黄焕灿的合作是没有建筑资质的，他的公司叫东莞市企石永顺装修工程公司，为了符合省法院的要求，我就找到南京一建，跟他们谈挂靠的事，就是我承接工程，以他们的名义，然后交管理费给他们，并和他们签了协议书，内容以协议书为准。”

800万“好处”转入账户

“后来我挂靠的南京一建取得了省法院审判大楼的承建权，并开始组织施工。在楼快建成的时候，我分别于1997年10月15日，从东莞市东宏装修工程有限公司建设银行转账汇入麦永成指定的公司粤法拍卖公司账号500万，1998年1月15日，又用同样账户转去麦永成指定的公司粤法拍卖公司账号300万人民币。这样做是为了麦永成的安全，也是他要求这样做的。另外，因为省法院的工程款未结清给我，所以我只给麦永成800万的好处费。”

麦永成：闻听风声逃往香港

黄德明的供述无疑使麦崇楷案件取得了重大的进展，中纪委决定，直接对该案的核心人物麦永成进行调查。

得知黄德明被中纪委的人员调查后，麦永成当晚即逃回了香港躲避风声。等过了一段时间后，以为风声已过的麦永成回到了广州市就被控制。

暗中牵线接下工程

麦永成说，他在1995年的时候在广州开过一个艺都酒楼，在那里认识了东莞包工头黄德明。黄德明知道他是省法院院长麦崇楷的儿子，就经常脚前脚后地“捧”着他。

“那时我住在下塘西路我父亲那里，听到我父亲提起省法院建审判综合大楼的事。可能是我同黄闲聊之中提到这个工程，黄德明对此事比较上心，知道这大楼的投资很大，利润肯定也不少，向我表示对承建审判综合大楼有浓厚的兴趣，让我在我父亲面前帮他说话，希望帮忙接下这个工程。”

黄德明跟麦永成讲了以后，麦永成在家里向父亲麦崇楷提起黄德明想承建审判大楼，并把黄德明的情况介绍给麦崇楷。麦崇楷看了材料后，交待麦永成让黄德明带齐资料到基建办报名参加投标。黄德明到过省高院基建办，没能报上名，麦永成约了省高院基建办主任谢汉英到他的艺都酒楼，将黄德明介绍给谢认识。

电话催要“好处费”

后来，黄德明果然中标审判大楼工程。到了1997年10月，审判大楼的主体工程完工。麦永成打电话给黄德明，问他收到工程款没有，黄德明说已经收了两三千万。久在商海混的黄德明很明白对方的用意。当月就将500万元转到麦永成提供的粤法拍卖公司账户上。第二年1月又转了300万元。在交待审判大楼种种腐败后，麦永成还交代了利用其父麦崇楷的职务干预案件，收受香港朗运投资有限公司港币162万余元及收受广东省律师叶某人民币40万元的事实。

麦崇楷：只提自己放纵子女

经过大量的调取、搜集证据工作，中纪委于2002年3月22日对原广东省高级人民法院院长麦崇楷采取双规措施。

在双规期间，麦崇楷向中纪委领导写出了十几封悔过信，把自己说成是一时不严格要求自己，不注重思想改造，放纵了子女，违反了法律，追悔莫及，愿意承担一切处分。但是当他得知检察机关开始立案侦查后，他的态度在一夜之间发生了巨变。

拒不承认收受贿赂

2002年8月15日，最高人民检察院将该案交由广东省人民检察院立案侦查，麦崇楷避重就轻拒不承认犯罪，把麦永成收受黄德明的800万元说成是麦永成与黄德明合作项目后的利润分成，把为金某索要的房屋和28万元说成是自己不知情或转交租金。

但是检察院重证据，不轻信口供，经过严格调查取证，查清了麦崇楷犯罪的全部犯罪事实。

受贿金额达上千万

自1994年至1998年间，麦崇楷涉嫌利用担任广东省高级人民法院院长兼任省政法委副书记的职务之便，先后为香港楚汇有限公司董事长张仲哲及其下属公司经理林俊业、广东省业丰建筑装修工程公司董事长简祖扬、深圳深华集团及其下属公司、香港朗运投资有限公司董事黄锦铧、广东三正律师事务所律师叶乃夫、广州市个体建筑商黄德明等谋取利益，并单独或伙同其子麦永成收受张仲哲给予的贿赂款人民币 868 万元、港币 250 余万元及伯爵牌男装钻石表一块、江诗丹顿牌女装石英表一块、镶嵌翡翠吊坠一颗等物。

没收财产十五万元

侦查阶段结束了，考虑到麦崇楷曾任广东省高级人民法院院长，广东当地的法院应该回避的因素，最高人民检察院指定北京市人民检察院管辖该案。

2003 年 10 月 16 日北京市人民检察院将该案交由北京市人民检察院第一分院审查起诉。

北京市人民检察院第一分院于 2003 年 10 月 17 日正式立案。

2003 年 12 月 24 日，北京市第一中级人民法院以受贿 106 万元，一审判处广东省委政法委原副书记、省高级人民法院原院长麦崇楷有期徒刑 15 年，没收其个人财产 15 万元，并追缴其余在案财物。

口述实录

黄德明：我对他有信心

“在麦永成的帮助下，我去省法院投标并通过他的介绍认识省法院基建办主任谢汉英，递资料给谢汉英，后来基建办通知我中标了，麦永成怎么帮忙，怎么找他父亲麦崇楷做工作我不清楚，但他讲过‘应该没问题’，我对他有信心。”

麦永成：他会给我一千万

“南京一建进入省高院审判大楼的建筑议标的资格范围之后，就谈到了介绍费的问题。黄德明在报了名之后，到我的写字楼，想通过我做我父亲的工作，得到我父亲这关键一票，确保南京一建中标。黄德明保证一旦中标省高院审判综合大楼这单工程，他会给我一千万。”本版撰文简一李为民首席记者赵中鹏

相关链接

麦崇楷是如何堕落的

好色：

麦崇楷经常出入灯红酒绿的高级宾馆、酒楼、夜总会，频频光顾贵宾包房，接受异性按摩。

1995 年初，麦崇楷到某市培训中心开会，恰逢副总经理“红玫瑰”接待。没过多久，麦崇楷就和“红玫瑰”混得烂熟。在麦崇楷的眼里，小他 29 岁的“红玫瑰”风情万种，善解人意。而“红玫瑰”早就想攀上一座大靠山了。

贪财：

深圳某公司与内地某公司因合作合同发生纠纷，案件上诉到省高院。深圳某公司的经理罗某找到麦崇楷，请他出面帮忙并递交了材料。麦便亲自听取该案的审议汇报，帮助该公司胜诉。罗便将南湖路一间商铺无偿送给麦崇楷。麦崇楷得到商铺后，并没有给亲戚用，转过来又让罗帮忙将商铺租给个体老板，共得租金 28 万元。麦将其中 10 万元交给老婆保管，10 万元交给情妇，8 万元自用。

怂子：

麦永成中技毕业后通过其父的关系被安排在某市机关工作。本来以其这样的学历，在

机关当干部已实属不易，对比起来很多人连想也不敢想。可是，麦崇楷和儿子都不满意，认为没“钱”途。听说“假洋鬼子”回国做生意最赚钱，麦院长就动用手中的权杖，想方设法改变儿子麦永成的身份。1992年，麦崇楷通过关系把儿子搞到香港定居。然后，麦永成就以香港商人的招牌，再杀回广州做生意。

【典型案例点评与分析】

本案在审理过程中涉及到了审判回避问题。根据《最高人民法院关于审判人员严格执行回避制度的若干规定》，审判人员具有下列情形之一的，应当自行回避，当事人其法定代理人也有权要求他们回避：（1）是本案的当事人或者与当事人有直系血亲、三代以内旁系血亲及姻亲关系的；（2）本人或者近亲与本案有直接厉害关系的；（3）担任过本案的证人、鉴定人、勘验人、辩护人、诉讼代理人的；（4）与本案的诉讼代理人、辩护人、有夫妻、父母、子女或者同胞兄弟姐妹关系的；（5）本人与本案当事人之间存在其他利害关系，可能影响案件公正处理的。

审判人员具有下列情形之一的，当事人及其法定代理人有权要求他们回避，但应提供相关证据材料：（1）未经批准，私下会见本案一方当事人极其代理人、辩护人的；（2）为本案当事人推荐、介绍代理人、辩护人，或者为律师、其他人员介绍办理该案的；（3）接受本案当事人及其委托的人的财物、其他利益，或者要求当事人及其委托的人报销费用的；（4）本案当事人及其委托的人的宴请，或者参加由其支付费用的各项活动的；（5）向本案当事人及其委托的人借款、借用交通工具、通讯工具或者其他物品，或者接受当事人及其委托的人在购买商品、装修住房以及其他方面给予的好处的。

由于麦崇楷曾任广东省高级人民法院院长，与广东的审判人员具有一定的利害关系，可能影响案件公正处理，广东当地的法院应该回避。

原济南公交总公司财务处处长特大贪污案侦破记

2003年10月，济南市历下区检察院接举报，称市公交公司财务处长陈某有重大贪污、受贿、挪用公款嫌疑。举报信列举了四条线索：陈某将公款100万元借给某建行资金服务部，至今未归还；借给长清区某物资公司400余万元，未见利息收入；将公款200万元存入济阳县信用社，信用社已破产；将公款1400万元给某工商银行使用，未见利息收入。但检察院的调查结果出人意料：陈某确实将2000万元私自借出，但其他单位未给她好处，借款单位支付的利息被陈某列入了公司的财务账。

房地产公司收取汽车大修费

但是在对公交公司财务资料的调查中，一张发黄的收据引起办案人员注意。这张1994年入账的收据是某房地产公司开的，内容是收到公交公司汽车大修费81万元。

房地产公司怎么会收汽车大修费？调查组找到了这家房地产公司。原来这81万元是陈某等3人用公款从这一公司购买的三套住房的花费。

2003年10月23日，历下区检察院决定对陈某以涉嫌贪污罪立案侦查。陈某在事实面前交代：1994年，省某厅给了公交公司不少援助，还从公交公司借了一名司机给厅里开班车。这名司机家离某厅较远，上班不方便，该厅领导找到公交公司分管财务、后勤工作的副经理贾某，让公司给这位司机解决住房，说买房资金由厅里解决一部分。随后，某厅以拨款的名义给了公交公司50万元钱。当时，贾某、陈某正住在狭小的单位宿舍中，陈某就联系了这家房地产公司，花81万元购买了三套住房。之后，陈某向房地产公司要了一张空白收据，填上大修费，由贾某签字在公交公司财务账上报销。

两份合同牵出208万元公款

调查人员后来在陈某办公室里发现一个纸箱子，纸箱里有两份投资合同。两份合同都是由公交公司投资3000万元委托上海某投资公司购买国债，一份合同的收益率是4.8%，另一份是8%。经查，公交公司是按4.8%的收益率收取的收益。

调查组随后找到上海那家投资公司。该公司证实，签订两份合同是陈某要求的，他们是按8%支付的投资收益。审讯小组突审陈某，陈某交代了贪污公司收益208万元的事实：1999年，上海某投资公司经理郭某认识了陈某，郭某向陈某讲了投资国债市场可获10%的收益，比正常的银行存款利率高得多……陈某向公交公司经理汇报了这件事，但她说只能得到5%的收益……公司经理决定由陈某负责和上海方面签订合同。经商谈，上海方面按8%的年收益率给公交公司回报，并按陈某的要求签了两份合同。

一个秘密账户暗藏巨款

调查人员发现，上海某投资公司付给陈某的192万元是汇到某广告公司账户上的。检察机关调取这个单位的银行账户，发现账户上有两笔大的资金入账：一笔是某厅1994年11月24日汇入150万，一笔是市公交公司1998年12月25日汇入69.8万元。

这两笔巨款是怎么来的？调查后发现，1994年，公交公司为新增公交车向省厅打报告，申请拨款220万元。办理中，贾某调往其他单位任职，只剩下陈某大权独揽。当年11月，省厅拨款150万元，陈某给财政开了一张收据，把150万元存入私设的账户里。

省厅还提供了无息借款给公交公司使用，但陈某一直在公交公司财务账上记提利息。1998年，陈某从天津购买了一张假汽车发票，以为省厅购买汽车的名义在公交公司账上报销，将69.8万元记提利息款存入私设的银行账户里。

大贪落网揪出小贪一串

陈某贪污公款445万余元。法院判处陈某死刑，缓期二年执行。

此案牵涉到的三起案件也水落石出：某公司总会计师吕某将本单位从公交公司的借款用于个人营利活动，被判刑2年；公交广告公司经理阎某某将从公交公司的借款用于其侄女出国留学担保，被判刑2年；涉嫌与陈某共同贪污的上海某投资公司经理郭某在潜逃数月后被缉拿归案。

【典型案例点评与分析】

本案所涉及的主要违法行为是贪污。贪污是指国家工作人员利用职务上的便利，侵吞、窃取、骗取或者以其他手段非法占有公共财物的行为。贪污罪的犯罪主体必须是国家工作人员，即国家机关中从事公务的人员，在国家权力机关、行政机关、司法机关以及军事机关中行使一定职权、履行一定职务的人员。国有公司、企业、事业单位、人民团体中从事公务的人员和国家机关、国有公司、企业、事业单位委派到非国有公司、企业事业单位、社会团体从事公务的人员，以及其他依照法律从事公务的人员，以国家工作人员论。本案中的陈某属于国有公司中从事公务的人员。

贪污罪侵犯的是公共财物，所谓公共财产是指国有财产、劳动群众集体所有的财产和用于扶贫和其他公益事业的社会捐助或者专项基金的财产。本案中的陈某侵犯的是国有财产。

贪污罪行为上主要表现为利用职务上的便利，侵吞、窃取、骗取或者以其他手段非法占有公共财物的行为。“利用职务上的便利”，是指利用自己职务范围内的权力和地位所形成的主管、管理、经手公共财物的便利条件。“侵吞”，是指利用职务上的便利，将自己主管、管理、经手的公共财物非法占为已有的行为。“窃取”，是指利用职务上的便利，用秘密获取的方法，将自己主管、管理、经手的公共财物占为已有的行为。“骗取”是指利用职务上的便利，使用欺骗的方法，非法占有公共财物的行为。“其他手段”，是指侵吞、窃取、骗取以外的利用职务上的便利非法占有公共财物的手段。受国家机关、国有公司、企业、事业单位、人民团体委托管理、经营国有财产的人员，利用职务上的便利，侵吞、窃取、骗取或者以其他手段非法占有国有财物的以贪污罪追究其刑事责任。本案中的陈某就是利用职务上的便利，侵吞和骗取公共财物。

辗转万里调查取证　郑州挖出千万巨贪

一封仅有4行字的匿名举报信进入检察官的视线后，办案干警历经半年时间，行程一万多公里，查访全国九省、市万余当事人，完成案件卷宗近四千页。铁证合围，终于将隐藏很深的千万巨贪拎出曝光，这就是郑州市中原区检察院查处的郑州市电业局物资公司经理李明学特大受贿、巨额财产来源不明一案，是极受社会关注的2004年河南省首例区级检察院侦破的千万元巨贪大案。

2004年春节前夕，一封匿名举报信摆在了郑州市中原区人民检察院代检察长李伟杰的办公桌上。举报信只有4行字，大致内容如下：郑州市电业局物资公司经理李明学在采购物资当中收礼吃回扣，还设立小金库，伙同小金库管理人员杨某和白某贪污小金库中的公款。

这封举报信有多大价值？曾在河南省检察院反贪局工作多年的李伟杰分析：电力系统是国家专营企业，没有竞争对手，权力很大，社会上戏称之为“电老虎”，而作为郑州市电业局的物资公司，担负着全市电力系统的物资采购工作，每年要采购数亿元的电力物资，由此看来，手上这封举报信尽管简单，但具有一定的初查价值。

此后，检察院干警经调查银行资料和到房管局落实，李明学家有银行存款100多万，有3套住房，加在一起一二百万，远远超出了一个工薪家庭的收入情况，这样看来，举报信中的事实，并非无中生有，李明学存在经济犯罪的重大嫌疑。

李明学被控搜查却出人意料

正月十三，也就是2月3日，案件线索正式由中原区检察院控申科移交本院反贪局，成立了专案组，全力调查此案。

专案组在将李明学控制后，调取物资公司小金库会计资料，发现只有本月账目，以往账目荡然无存。询问李明学，李一问三不知。在此情况下，小金库会计杨某和白某的继任、现任小金库管理人王某被传到案。

经几人回忆，李明学不时地从小金库支取现金，有时10万，有时20万，李说是给职工发福利，或者给上级领导送礼……取钱时他从不打条，到月底跟会计兑账时减掉这笔支出，就将账目销毁了。因为无账可查，几人说法不一，只有一笔67.6万元，因数额较大，会计记得比较准确。这笔钱是2002年2月份，重庆某公司跟物资公司签订了一份一千万元的变压器合同，由于对方没有按期履行合同，需支付技术咨询费和供货延期的罚款共计72万元，这笔钱如果汇入物资公司账户，物资公司需支付17%的增值税，因此李明学让财务人员找了一个开具发票的公司账户，允许人家收取低于10%的税费，把这笔钱汇入该公司，钱到账以后，李明学和财务人员一起将这笔钱取出，扣除税差还有67.6万元。提出这笔现金后，先在小金库中存了一段，然后李明学让财务人员把钱交给他。

对于这笔款项，李明学最终承认，自己安排人找了两个身份证存了起来；隔了一段时间，又把存折换成自己的名字。这笔钱至今自己还存着。

从2002年2月至今，两年之久了，其间小金库会计换人，无人再追究这笔款项，李明学也再未向任何人提起过。这钱还是公款吗？李明学再怎么狡辩，也难以自圆其说了。

有了这一突破，中原区检察院以涉嫌贪污罪对李明学正式立案刑拘并立即对李明学办公室和住处进行搜查。2月5日，侦查人员在两处搜查，除股票外，仅搜得存折、存单14万余元和2万余元现金。这与初查时获知李家存款100余万元的数额有10倍差距。巨额存款去了哪里？

传讯张海英爆出一个惊人数字

在李家搜查时，尽管收获不大，但干警张丽君发现了一个疑点：李明学妻子张海英的手提袋拉链开着，其中空无一物；首饰袋散落在地上，也是空的。这引起了她的注意。张丽君推断：有贵重东西刚刚被匆忙转移。

传讯张海英，经过侦查人员耐心细致的说服教育，她终于承认了转移赃款600余万元，爆出了一个让侦查人员震惊的数字。

据张海英交代，2月4日晚，李明学的司机任庆新给她打电话，说李明学可能出事了，要她把家中的贵重物品收拾一下，把东西转移。她把家中存款、存折找出，缝进一个巴掌大的花布包内。次日一早，她把花布包交给了任庆新。

根据供述，侦查人员来到任庆新一个亲戚家将花布包查获，内有存折、存单共计49份，人民币49.7万余元，国债97万元，美金2.2万余元，欧元7600元，合计600余万元。

2月6日，检察机关以涉嫌构成贪污共犯将张海英补充立案侦查，同时追查任庆新为何要帮助张海英转移赃款。经过几个会合的较量，任庆新供称：自己转移赃款是受彭家立指使。彭家立是郑州市电业局副局长，李明学的直接主管领导。

侦查人员提取赃款以后，发现一个新的问题：提取的这些存折、存单，不包括初查时在银行调取的那些存款。这说明一个问题：李家的存款不止这些。

侦查人员回到看守所继续进行突审。眼看瞒不住了，张海英只好如实交代：另有一部分赃款藏在自己父母家，是以前放在那里的。侦查人员到张海英父母家，将张的母亲缝在棉被和破棉裤中的15张存单起获，共计157.8万元。

至此，侦查人员已提取赃款近1000万元，李明学涉嫌特大经济犯罪，已经毫无疑问。

经多次交锋李明学全线崩溃

从李明学被监控，他一直在负隅顽抗，而且态度极为恶劣。2月6日，讯问人员做完笔录让他签字时，他竟然抓过笔录撕得粉碎。

与此同时，经过侦查人员耐心的说服教育，张海英已同意与检察机关配合。她主动要求给丈夫写信对其规劝。信里面写有劝丈夫坦白从宽的内容，有关于他们的女儿，有对未来生活的展望，最后还写道："明学，我一定等你回来。"这封信通过侦查人员到了李明学的手中。或许，特殊的环境，特殊的语言，发挥了特殊的作用。李明学看完信，已成泪人。他仔细地把信折起来，装进口袋，抬起头道："检察官，我不想再顽抗了，我说。"

李明学犯罪时间跨度长、次数多，涉及近百家单位，人员遍布全国各地。2月13日，专案组的取证工作全面开始。在此期间，李明学的态度出现过反复，一方面，他希望通过自己的交代，能够减少罪行；另一方面，觉得自己交代了这么多，罪行这么严重，又感到心灰意冷。为了稳定他的情绪，侦查人员向他透露家人的信息：他的女儿学习成绩很好，最近一次考试在班里名列前茅；他妻子跟检察人员很配合，不久有望出去；检察机关对他家里的老人也给与了相当照顾……得到这些信息，李明学的心态逐渐平复，再一次陆续交代受贿问题。

取证组根据李明学的交代，在陆续完成了本地的取证任务后，从3月份开始，干警辗转江苏、浙江、山东、辽宁、陕西、湖北、重庆、上海、广东9省市，行程万余公里，向近百家单位调查取证。几个月中，侦查人员查阅会计账册凭证上万册，制作询问笔录四百余份。

排队送红包一次招标就收几万元

1967年，李明学出生在武陟县农村，家境贫寒，他5岁的时候，第一次坐家乡的小拖拉机来到郑州，看到一个清洁工人扫完大街，把扫帚放进手推车内，心里非常羡慕，心想有朝一日自己能混到这一步，就心满意足了。从此他刻苦学习，发誓要走出农村，实现城市梦。1987年，他考取了吉林工业大学管理学院物资管理专业。大学期间，由于家境困难，他倒卖过人参，不仅供自己上学，还给家里寄钱。他的经营头脑，在那时已经展露。毕业以后，他被分配到郑州市电业局物资公司，先做业务员，后来做到了公司里主持工作的副经理、经理。

据李明学交代，他的权力一天天变大，早忘了少年时的梦想，攫取金钱的欲望也越来越强烈。每次开招标会，李明学住在宾馆，自己一个房间，供货厂家的业务员排着队给他送红包，每人送一两千或三五千或上万元不等，根据惯例，送红包的都是把钱装在一个信封内，内附一张业务员本人的名片，好让他知道钱是谁送的，以便在决定招标时给予推荐，至少不要提反对意见。由于送钱人多，业务员敲门进屋后都来不及说话，把信封扔下就走，有的甚至都没机会进房间，隔着门缝就把信封塞了进来。一次招标会下来，他就收进几万元。

李明学还交代说，每年物资公司要采购两亿元的物资，货款先给谁，后给谁，给谁多少，都由他决定，这样，供货厂家就争着给他送钱，希望他按时付给他们货款。这些人来见他，很少有空手的，一次几千的也有，几万的也有，要么是在请吃饭时给他，要么就往他住的宾馆送，或送到他的办公室。钱接得多了，他也麻木了，接了钱就交给爱人存起来，得到的不计其数。

经过专案组逐项核实，该案的证据终于形成了环环相扣的严密链条。21本近4000

页的卷宗，记录下了李明学犯罪的铁证。起诉意见书中载明：2002 年 3 月，李明学利用职务便利，伙同其妻张海英，将重庆 ABB 公司支付给物资公司的合同违约金 72 万元侵吞据为己有；2002 年以来，李明学采取欺骗手段，多次将物资公司小金库公款 87.5 万元侵吞据为己有。此外，他利用职务便利，在其办公室、酒店等地收受 36 家单位负责人或者业务员贿赂款共计 170.64 万元，并在物资采购和付款过程中为这些单位谋取利益。检察机关在侦查本案的过程中，先后提取、扣押了李明学的存款、股票等财产，共计人民币 935 万元，另有美金 22231.79 元，欧元 7600 元。除去李明学家庭正常收入和消费以及涉嫌贪污、受贿的数额，尚有人民币 591 万元、美金 22231.79 元、欧元 7600 元，李明学不能说明其合法来源，对于这一部分，检察机关将以巨额财产来源不明罪起诉。

【典型案例点评与分析】

本案所涉及的一个重要的违法手段是设立小金库。“小金库”是违反法律法规及其他有关规定，应列入而未列入符合规定的单位账簿的各项资金（含有价证券）及其形成的资产。具体来讲，“小金库”主要有七种表现形式：违规收费、罚款及摊派设立“小金库”，用资产处置、出租收入设立“小金库”，以会议费、劳务费、培训费和咨询费等名义套取资金设立“小金库”，经营收入未纳入规定账户核算设立“小金库”，虚列支出转出资金设立“小金库”，以假发票等非法票据骗取资金设立“小金库”，上下级单位之间相互转移资金设立“小金库”。

改革开放以来，全国曾先后开展了两次“小金库”专项治理工作，都取得了较大成效。随着财政管理制度和收入分配制度等改革的不断深化，惩治和预防腐败体系建设等重大举措的实施，以及财政监管和审计监督等日常监督管理的加强，“小金库”问题得到了进一步治理。但是，因为有关改革需要逐步深入、相关制度还在完善，一些地方、部门和单位法制观念淡薄、管理不够到位，设立“小金库”的现象还时有发生，群众对此反映强烈。

“小金库”的存在，不仅导致会计信息失真，扰乱市场经济秩序，造成国家财政收入和国有资产的流失，而且违背了科学发展观的要求，扭曲了市场对资源的合理配置，削弱了政府宏观调控能力，影响了经济平稳较快发展，甚至诱发和滋生腐败现象，严重败坏党风政风和社会风气。因此，要从深入学习实践科学发展观、保持经济平稳较快发展、实现从源头上防治腐败的高度进一步提高对“小金库”治理工作的认识。要把深入开展“小金库”治理工作与进一步加强作风建设更好地结合起来，大力发扬艰苦奋斗精神，牢固树立“过紧日子”的思想，把有限的资金与资源用在最关键的地方，积极促进经济平稳较快发展，着力保障和改善民生。

“小金库”治理是一项长期工作任务，其根本目的在于实现标本兼治。应当全面研究分析现行制度与管理中存在的问题与漏洞，采取切实有效的措施加以健全和完善，进一步深化财政、金融、国有资本运营管理制度改革，完善财政、财务、会计和资金管理，规范收入分配秩序，逐步建立健全防治“小金库”的长效机制。在此基础上，各有关监督管理部门要进一步注重日常监督管理，不断加大对“小金库”的日常治理力度。

一个商人的三百万元让高官穿上囚服

核心提示

2005年5月18日，天津市第一中级人民法院对中共重庆市委原常委、宣传部长张宗海受贿案作出一审判决，以受贿罪判处张宗海有期徒刑15年。

1997年至2002年，张宗海利用担任重庆市黔江地委书记、黔江区区委书记的职务便利，接受重庆市缙云水泥厂法定代表人雷某的请托，为其谋取利益，并收受雷某人民币300万元。张宗海将该款用于投资房地产，获取非法收益人民币122. 9万元。张宗海到案后如实供述犯罪事实，协助追回全部赃款和非法收益款，认罪态度好，并积极检举他人，法院依法从轻处罚。

张宗海是重庆市迄今因经济犯罪去职并被判刑级别最高的官员。“心里要时刻装着一双草鞋”，曾是这名靠苦干从基层走上人生巅峰的高官常常挂在嘴边的一句话。然而，这个“草鞋公仆”被商人利用、与商人勾结，从而蜕变、腐化、成为囚徒。张宗海的教训值得官员深思，这种现象更值得社会反思。

“城里人不会有穿草鞋的体会，可山区还有许多贫困老百姓……做一个穿草鞋的记者，做一个穿草鞋的公仆，就是让大家心里时刻装着百姓，装着自己的责任，为了更多的百姓可以不穿草鞋，为了更多的百姓能过上好日子。”

2003年9月26日，重庆市宣传系统“学习十六大，展示新风采”演讲比赛中，时任重庆市委常委、宣传部部长的张宗海发表即兴演讲，寄语全市宣传系统工作人员“发扬草鞋精神，心中时刻装着人民”。这一天，张就任重庆市委宣传部长（副部级）仅一年多时间。“草鞋宣传部长”的美名由此传开。

2004年4月9日，张宗海提出“草鞋论”不到7个月，《重庆日报》上刊登了一篇题为《八步工作法将走进巴渝乡村》的报道，这是张宗海的名字最后一次以市委领导的身份见报。同日，张宗海被中纪委正式“双规”。同年6月，重庆市委召开市委机关干部大会，张宗海一案首次披露。不久，《重庆日报》刊发消息：重庆市原市委常委、宣传部长张宗海因严重违纪违法被开除党籍、开除公职。

张曾是不少人心目中“兼具工作能力和文人气质的不可多得的官”。这个谈吐不凡的前宣传部长，在金钱和美色面前，忘掉了“草鞋”，留下一段令人痛心疾首的记忆。

璧山任期，打造“西部鞋都”

张宗海1950年出生于重庆江津一个农村家庭，1973年毕业于中等师范学校———重庆江津师范学校，之后有短暂的教师生涯，后到大学深造，毕业后走上仕途。他从公社干部开始干起，一步步走上奋进与升迁之路。

1989年，张宗海从江津县委副书记调至璧山县，任县委副书记、副县长。次年，任璧山县委副书记、县长，1992年起任璧山县委书记，直至1997年调离。

在璧山，张赢得了较好的口碑。在璧山干部群众的眼里，张宗海工作扎实、认真、务实，没有官架子，“下乡的时候，有时会挽起裤脚，赤脚踩在泥水里，人很随和，很好打交道，几乎就没见到过他‘摆谱儿’的时候，而且思路开阔，工作能力很强”。

不少当地人坚持认为，张在璧山发起了一场“思想启蒙”运动，让璧山官员的思想观念发生了很大变化。1993年，刚升任“一把手”的张宗海操持了一系列研讨会，在全县开展“解放思想，更新观念”大讨论。此后，张宗海多次请国内著名人士到璧山县讲国际形势及科技发展态势，在那个年代的西部县城，此举被公认为“富有远见”，反响强烈。在不少人看来，也就在此前后，璧山经济开始“腾飞”。

璧山县制鞋传统悠久，但此前多是作坊式经营，分散在偏僻区乡，难成气候。张宗海提出了“建设西部鞋都”的口号，把这些小作坊集中到一起，并进行技术改造，产生了规模效益。如今，当地制鞋业的名气已越来越响，规模效应日益显现。2003年该县还主办了一次“全国鞋工业博览会”。日前，重庆市2004年度区县（自治县、市）经济社会发展状况综合考评结果正式出炉，璧山位于“渝西经济走廊”之首。

主政黔江，“火车在这里转了一个弯儿”

1997年4月，张宗海调离璧山，任重庆市沙坪坝区委书记一职。仅仅三个月后，他又调任黔江地委书记———此举在当时被不少人理解为“委以重任”。

黔江曾有“养儿不用教，黔江走一遭”的顺口溜，意思是说，家长要教育小孩，只需让他们去黔江走一遭，他们自然会懂事许多，黔江的贫困可见一斑。

当时的黔江地区下辖多个民族自治县，是不折不扣的“老少边穷山”地区，属于国家划定的18个集中成片的贫困地区之一，交通不便。那时，从重庆市区坐车到黔江，最快也要七八个小时。作为国家级贫困地区，重庆市的扶贫工作重点也在这里。

现在看来，黔江任职的5年在张宗海的仕途中殊为关键。张给黔江带来的最突出的变化，仍是思想观念的转变。被精炼成“宁愿苦干，不愿苦熬”的“黔江精神”被广泛宣传，成为当地经济社会发展的“引擎”。张上任后，把黔江的工作重心“从以农业经济为主，转向以城镇经济为主”，“城镇带农村，工业带农业，城乡一体共繁荣”。

此前，黔江的城市面貌很是破败，张提出“拆围墙，建广场”计划，在其主政期间，黔江出现了第一条步行街，还建设了号称“重庆最漂亮广场”的大众广场，建成了“十里绿色长廊”河滨公园，城市环境焕然一新。建设过程中，张还曾组织一批官员到大连等地考察。

建制级别的提高，使黔江城市规模快速扩张，人口迅速增多，城市管理难以跟上。张宗海专门选拔优秀的年轻人进入城管大队，对公厕实行拍卖经营，制作标准售货亭给经营户，建设专业市场给流动商贩，实行集中管理等。结果，黔江在短短几年内迅速崛起，面貌一新。

偏处山区一隅的黔江景点原不知名。张就任不久，就表示“黔江不是没风景而是少吆喝”，专门组织媒体进行集中宣传，使黔江在短时间内名声大噪，并开始系统发展旅游业。

张在黔江主政期间，最为引人瞩目的有两件事。黔江至今流传一个民谚：“张宗海，确实凶，铁路走了一个弯弓弓。”说的是被视为西部大开发基础设施建设十大标志性工程之一的渝怀铁路（连接重庆市和湖南省怀化市），按照原设计，只经过彭水县，但张找到有关部门，争取让铁路在黔江区拐了一个几十公里的弯儿，以带动当地产业发展和农民致富。这一说法并无权威的信息来源，但目前正在如火如荼建设中的渝怀铁路，确实将途经黔江。

第二件事是在张任期内的2000年，辖区内的重庆乌江电力集团公司如愿上市。乌江电力集团是1994年挂牌成立的国有企业。1999年，经重庆市政府批准，乌江电力集团公司作为主要发起人，联合黔江的南海（集团）公司等数家公司共同发起设立了重庆乌江电力股份有限公司，成功上市。

和璧山一样，张留给黔江不少干部好的回忆。其中登峰造极的说法是："没有张宗海，就没有现在的黔江。"2002年，张宗海履新，就任重庆市委宣传部长。同年5月30日，张当选为市委常委。至此，经过约30年的打拼，当年的农村少年走上了自己人生的巅峰。

仕途得意，黄鳝贩子"烧冷灶"得回报

张宗海由穿官服转为穿囚服的过程中，不能不提到另一个重要角色。在关于张案判决的权威报道中说，1997年至2002年期间，被告人张宗海利用担任黔江地委书记、黔江区区委书记的职务便利，收受重庆市缙云水泥厂法定代表人雷某（另案处理）人民币300万元。张宗海以他人名义将该款用于其个人投资房地产，获取非法收益人民币122.9万元。案发后，上述赃款和非法收益被依法收缴。

此间舆论一般认为，上述调查结论中的"雷某"，实指张在璧山工作时通过买黄鳝结识的"死党"雷世明。有报道援引雷世明好友的话介绍，雷生于1966年，璧山县城北人，10多岁起就开始在外面打工，后来卖起了黄鳝。

1990年，张宗海来到璧山县当副县长，常到菜市场买菜，每次总会买一些黄鳝回家。"每次称黄鳝时，明明是一斤黄鳝，雷至少会给张称一斤半。"后来，张不再来菜市场买黄鳝了——雷每天早晨出摊时，都会从桶里选出最大最好的黄鳝，放在一个桶里装着，无论是谁，出再高的价钱都不卖。下午5时，雷便把那些预留下来的黄鳝杀了，用袋子装好，给张送去。就这样，雷世明凭着自己的精明心计，和县领导张宗海熟识。没多久，雷贷款办起了一个规模很大的黄鳝养殖中心。

报道中有这样一个细节。有一次，雷去张家时，看到他大腿上生了一个毒疮，听他说在医院打了几天点滴都没好，二话没说，就用嘴把那些毒水吸了出来。如此培养出的"友谊"，为后来的故事埋下了伏笔。

随后，雷世明开始发迹。有报道称，雷"通过上面的一些关系"，花800万元买下了位于璧山境内的重庆缙云水泥厂，随后，某集团为了收购该厂总共花费了2000万元。这意味着，雷世明仅通过这一笔买卖就赚了1200万元。

在张宗海成为黔江地委书记以后，雷拥有了更大的空间。多处报道称，雷世明参与了"乌江电力"上市的过程，从中捞取了不少油水。"乌江电力"上市后不久，就用一级市场上募集的5亿多元资金中的7143万元收购了缙云水泥厂所属的广汉星荣水泥厂……

在张宗海升任重庆市委常委、宣传部长后，雷依靠此前成立的重庆国力天星科技有限公司顺利入股重庆广电网络公司，随后，雷成为重庆广电网络公司的董事。

记者采访中注意到，本案与其他权钱交易案略有区别之处，也正是在此：向张行贿的，是与张在基层工作时结识的、交往10多年的"哥们儿"。张在为"朋友"谋利之际，也从"朋友"处为自己谋利。雷原本一介商贩，攀附上当时尚难称地位显赫的张后，随着张的升迁而财运日进。

雷的发家之路，在重庆民间被形象地称为"烧冷灶"。其运作模式是：有如炒股时精心选择"绩优股"，一些别有用心的人，瞄准基层中仕途看涨的官员，精心培育，"积深水、放长线、养小鱼、钓大鱼"。

回顾起来，雷的选择可谓“精明”，若非“赌”沟翻船，他或许仍会过着当年收购废旧钢铁或贩卖黄鳝时断然不敢想像的富裕生活。张、雷二人结成的这种利益共同体，从概率上讲，东窗事发的可能性也比其他行贿受贿行为相对小一些。相关人士认为，“烧冷灶”现象给现在的反腐斗争提供了一个新课题。

性问题翻船，张氏“选美三标准”和“男人三件宝”

据称，张宗海是由于重庆市广电局局长张小川一案而东窗事发的。更具体的表述是：嗜赌成性的雷世明去澳门豪赌，最先事发，从他那里挖出了张小川，然后由张小川带出了张宗海。

张小川，原重庆市委宣传部副部长、广电局局长，2003年11月25日被“双规”。因为重庆广电网络公司，和雷世明“结缘”。

具有讽刺意味的是，张小川的“双规”是由时任宣传部长的张宗海宣布的。仅几个月后，张宗海自己也被“双规”。清理所有线索，雷世明的赌博似乎是张“出事”的引子，而关于张“澳门豪赌”的传言，一度成为张宗海一案中最吸引眼球的部分。

当时的消息称：“张宗海多次同张小川挪用公款到澳门赌钱。他们共动用两亿多元公款，在葡京赌场贵宾厅一掷千金，共输掉1亿多元，其中有一部分是张宗海亲手输掉的”。但数天后，某权威媒体援引中纪委官员的话说，张宗海的问题“主要是受贿300万元以及生活腐化问题，尚未发现其在澳门豪赌的事实”。这个显然意在“正视听”的消息得到本地绝大多数人的认可，记者在重庆工作多年，也没有听到有关张宗海好赌的说法。

此后，《三联生活周刊》的一则报道指称张在两性关系上非常混乱。报道说，据知情人介绍，张宗海在重庆有家，妻子老实本分，有一儿一女。但他长期在重庆某饭店包房，经常带不同的漂亮女人回去过夜。据说张选女人有3个标准：一要大学本科毕业生；二要漂亮；三要没结婚。

一个被反复提及的说法是，张宗海被宣布“双规”时，办案人员在他的公文包里发现了3样东西：避孕套、伟哥和钞票。这一被戏谑为“男人三件宝”的版本，已成为人们的谈资和笑料。女人无疑是张“翻船”的重要因素之一，在张宗海被开除党籍、开除公职的权威报道中，有“道德败坏，腐化堕落”的表述。

堕落之门，文人高官在哪里遗失了“草鞋”

“谒真武观原知万物皆循道，朝观音阁顿悟众生可成佛。”这是张宗海就任宣传部长前不久，在风景旖旎的武陵山题的对联。细品起来，该联不仅文才斐然，而且颇有哲理。“万物皆循道”，现在已无法探究，当时的张宗海是如何理解从政者应该遵循什么样的“为官之道”的。

事发前，很少有人能想到这个民众眼中的“文人官员”会因经济问题“犯事”。事实上，很有亲和力的张宗海不仅会唱歌、能跳舞，还写得一手好字；尤其喜欢读书，与朋友聊天，常会相互推荐最近读的好书，他的私人朋友圈子中，有大批文人。

张喜欢赋诗，时常看似随意即席来上一段古体诗，尽管并没有多高的学历，但他仍被许多人认定既有极强的工作能力，同时兼具文人气质。

他留给曾跟他接触过的人的一个记忆深刻的片段是：他与行政级别远低于自己的一群人喝酒，敬酒时，常按每人一小杯的标准，集中将酒倒在一个大杯内，然后一饮而尽——其他人喝小杯。在被广泛认可的“酒品看人品”的“酒文化”中，张以自己“耿直”的态度，赢得了不少人的好感。

在重庆，大城市、大农村并存，二元经济结构突出，面积 8. 2 万平方公里的重庆，超过北京、上海、天津三个直辖市总面积的两倍，却有 2/3 的人口在农村。这导致从基层上来的干部比较多，这些干部中不乏个人素质平平者。在这样的背景下，从基层干上来、政绩和能力兼具的张宗海，被不少人看成“草根长官”的范例，他的“落马”，引人深思。

坊间传闻称，张家供有精美的神龛。一名不愿具名的退休公务员就此案发表评论说：“如果他能重新来过——可惜没有如果——想必能真正践行自己所说的‘心里要时刻装着一双草鞋’，将其作为自己的为官指南。张宗海的失败，也给其他从政的官员留下了教训。”（记者田文生）

相关新闻

与官商勾结有关的数字

根据《瞭望新闻周刊》提供的数据，1998 年至 2003 年，中纪委监察部直接处理的省部级官员违纪违法案件共计 109 件。其中，经济类违纪违法案件 74 件，占 67.9%。在经济类违纪违法案件中，涉及私营企业的 36 件，占 48.65%；其中移送司法机关追究刑事责任的 27 件中有 23 件涉及私营企业，占 85.2%。

据中纪委案件审理室主任王和民所言，私营企业主与官员相互勾结作案涉及的金额巨大。从对 23 名涉及私营企业的省部级官员经济犯罪案件涉案金额看，涉及私营企业主所送钱物高达 1.47 亿元以上。而私营企业因此所获利益往往是其付出的几十倍，甚至更高。

官商勾结四种形式

渐进型：由于省部级官员位高权重，不易接触，直接给予重金的情况少见，主要是投其所好，逐步侵蚀拉拢。

迂回型：通过打通官员的家属、身边工作人员等环节，从中谋取利益。

色诱型：这其中既有当事者本人通过与官员的不正当两性关系获利的，也有通过提供女色为自己谋利的。

介绍型：主要是通过高级干部、重要人物的介绍，使有关官员助其谋利。

控制官员权力缩小官商勾结空间

清华大学廉政与治理研究中心副主任任建明：要减少官商勾结问题，任建明认为应从三个方面入手。一是提高政府官员的收入，弱化官员滥用权力的动机。二是修订制度，把官员的自由裁量权减下来。三是加大反腐败力度。

【典型案例点评与分析】

本案所暴露出的主要问题是官商勾结。官商勾结下的权力寻租有多种形式，一种是拥有特权者本人直接和其他当权者交易，然后共同获得商业利益；一种是特权者寻找一名自己的中间人充当钦差大臣，由其作为全权代表去和商家周旋；一种是特权者手下拥有数名钦差大臣，每人专攻各自的领域。所有这些“钦差大臣”，在和商家进行某些交易的时候，都是代表着拥有最高特权的南勇，然后利益均沾。这就上升到“结构性腐败”的高度，即不同领域的人都在同一目的下怀揣“尚方宝剑”周旋于各个商家之间，最终，大家都在“跑部钱进”。

反官商勾结腐败应当是一项全面性和全局性的工作。凡是有权力的地方，都可能有资本的入侵；凡是有资本的地方，都可能有权力的渗透。权力和资本的互相吸引、互相利用的共谋倾向是一种自然倾向。因此，权力和资本都有走向腐败的倾向。治理官商勾结的腐败现象，需要得到广大群众的大力支持和广泛参与。要积极培育社会民间力量，对地方政府行政和执法进行有效的监督，要充分地发动群众，积极鼓励他们参与到反对官商勾结的反腐败工作中来。这是遏制官商勾结等腐败现象的有效途径。

中国第二巨贪陈满雄、陈秋园夫妇挪用公款案

1995 年 5 月底，广东省中山市检察院接到了中国银行中山分行的举报，称省行总稽查在例行检查时发现中山分行存汇科有恶性透支现象，涉及数额约为几个亿。同年 6 月 1 日，接到举报后的中山市检察院正式立案，成立了专案组。此案被称为“95·6·1”大案。

很快，“95·6·1”大案的两名主犯——中国银行中山分行存汇科科长冯伟权以及该行存汇科副科长池维奇先后被抓获。随着他们的落网，“95·6·1”大案的轮廓逐渐清晰。案件共涉及四人，除冯伟权与池维奇两名银行职员外，中山实业发展总公司总经理陈满雄和该公司法定代表人陈秋圆也浮出了水面。

44 岁的陈满雄和 42 岁的陈秋园夫妇原分别是中山市实业发展总公司的经理和法定代表人。由于二人均姓陈，办案人员习惯称其为“二陈”。经查，冯、池二人利用主管银行存汇科的职务之便，伙同二陈内外勾结，由二陈申请中国银行的长城卡，进行恶意透支，冯、池二人则利用此途径挪用巨额银行资金，转入二陈的账户，供其在澳门赌博。至案发，“95·6·1”大案共涉及挪用中国银行资金 7. 1 亿元。如此巨大的挪用金额，使“95·6·1”案在当时国内的“职务犯罪排行榜”上，跃居首位。

据落网后的冯、池交代，二陈已于一个月前即 1995 年 5 月潜逃。当年 4 月，二陈从冯伟权处听到风声——中国银行中山分行正在清查有关账目，知道其犯罪行为即将败露，二陈立即找到冯伟权和池维奇，密谋策划，准备潜逃。“当时我认为只要陈满雄跑了，我把事住他身上一推，自己就没事了。”抱着这样的想法，冯伟奇再次挪用银行资金 884 万元人民币，汇至澳门，由陈秋圆在澳门持支票兑换成 103. 3725 万美元，作为潜逃费用。

由于大部分赃款都在二陈手中，追捕二陈成为检察机关的紧要任务。中山市检察院对“95·6·1”大案立案之初，即商请公安机关对二陈在国内的亲属进行了全方位的监控，加紧对二陈的追捕。由于查账过程中，专案组发现“95·6·1”案的大量资金通过冯、池转账后，流入了二陈在澳门的账户，供其赌博，因此专案组怀疑二陈已潜入澳门。“当时认为他们一定在澳门，所以马上去澳门追查二陈的行踪。我们的目的一是追人，二是追赃。”中山市检察院反贪局局长梁红标如是说。

到澳门后，专案组成员通过赌场中的“叠码仔”（在赌场借筹码给赌客并从中赚取佣金的人）打听到了二陈的消息，他们的确来过澳门，但现在已经走了，“叠码仔”也正在寻找二陈，因为二陈还欠有 1700 多万元的赌债没还。专案组立即通过澳门廉署对陈满雄在当地的物业进行调查，后又通过多方面的查找，确定二陈确实已经离开了澳门。

1998 年 11 月、1999 年 3 月，冯伟权和池维奇先后被法院判处无期徒刑和有期徒刑 18 年。然而二陈的在逃，使“95·6·1”大案无法最终定音。

时间流逝，涉及巨额资金流失的“95·6·1”大案慢慢在公众话题中隐退，然而办案

人员的神经却没有放松，一切和二陈有关的人员的电话都处于随时监控之中。监控从1995年开始，持续了四年之久，却仍然没有二陈的任何音讯。

转机出现在1999年。中山市检察院反贪局从一名公安技侦人员口中得知，曾经有一个叫丽某（化名）的人打电话给陈秋圆的母亲杨某，让杨某到外面的公用电话亭回电话。并随后获知杨某从广州带回了一些撕掉标签的衣物。根据这两条信息，中山市检察院敏感地察觉到：很有可能是二陈托人从境外给杨某带回衣物，或者杨某曾出国与二陈会面。

办案人员查找了所有的出境记录，没有发现杨某与丽某的出境记录，但却获取了丽某在某旅行社工作的信息。办案人员随即找到了这家旅行社，讲明情况后，其负责人透露了一条宝贵的信息：丽某正在购买其本人和杨某由昆明飞往泰国清迈的机票！

经查丽某的手机通话清单，显示该手机曾数次拨打同一个泰国电话，该泰国号码极有可能是二陈的电话。追逃组认为，二陈在泰国的可能性极大。

“二陈具有较强的反侦查能力，狡猾多变，如果不及时采取行动，战机可能稍纵即逝。”意识到这一点后，中山市检察院第一时间与省公安厅进行了沟通，要求出境调查。为了稳妥起见，又请求一名广东省安全厅常驻泰国的工作人员董铧利用在泰国的关系协助核查有关线索，确认二陈的行踪。

董铧在泰国顺利查到了该电话号码的机主身份及住址。1999年8月31日，董铧从泰国给专案组打来电话，告知二陈确实生活在泰国清迈！还提供了二陈在泰国住所的准确地址，并将他们在泰国的照片通过传真发到了广州。经确认，虽略与原有照片不同，但二人确实就是陈满雄与陈秋圆夫妇。

当时，二陈已在泰国用钱打通关节，成功买到了泰国籍身份证，改名为苏·他春和威帕·颂斋。利用在中国的犯罪所得，他们在泰国办起了多家产业，拥有多家商行、两栋高级洋房、三辆豪华轿车，已成为当地公认的富翁，还被冠以各种头衔，混迹于当地名流之中。

董铧同时联系了泰国当地警方，向他们汇报了二陈的情况，泰国警方承诺立即实施抓捕，并保证连夜将二陈秘密押到昆明，交给追逃组。

8月31日晚11时，二陈正在外吃宵夜，泰国警方开始行动。他们以调查一起交通事故为由接近陈满雄与陈秋圆，并对其实施抓捕。行动很快成功。随后二陈被押往警署，等待连夜秘密押送昆明。谁知又出现了新的波折——陈满雄夫妇要求回家拿两件衣服，出于人道主义考虑泰国警方同意了二陈的请求。第二天早上，二陈给很多泰国的当地媒体打去电话，假称中国警方越境抓人。泰国媒体立即将此事情曝光，引起了极大的反响。秘密押解二陈回国的计划难以实现了。

得知这一消息后，中山追逃组马上联系中国驻清迈总领事馆，请求协作。但随着二陈案在泰国的过度曝光，引起了泰国民众的极大关注甚至轰动，问题变得越来越复杂，泰方认为只能通过司法程序解决二陈的问题，以给民众一个交代和警示。

泰方以“非法入境、非法居留及非法持有和使用骗取的证件”的罪名，将二陈正式拘捕，并将他们送上了该国的被告席。泰国清迈府法院的法官却判处陈满雄有期徒刑27年零8个月，判处陈秋圆有期徒刑22年零8个月。凭着这份判决，泰方要求二陈在泰国服刑，遣送之事搁浅。

专案组得知这一消息后，立即搜寻二陈在中国的有关犯罪资料，以及中国第一被告第二被告的判决书，并将这些情况第一时间反馈给参与出庭的我国驻泰大使馆官员，同时按照引渡所需要的条件准备正式材料。

2000 年 12 月 8 日，我国驻泰国大使馆正式向泰国外交部发出了要求引渡陈满雄、陈秋圆回中国受审的照会。此后，引渡二陈成为了中国驻泰大使馆的头等大事，甚至连国家领导人访问泰国时也会提到此事。

这期间，中山市检察院前后 8 次派员赴泰。在强大的外交压力下，泰国政府看清了我国引渡二陈的决心，开始重视此事。随着时间的推移，泰方也开始逐渐让步。这期间除了在外交上施压，专案组还积极做二陈的思想工作，缓解二陈对于回国的抵触情绪。使馆人员、专案组人员天天都要去看望二陈，为他们提供生活必需品、药品。刚开始，陈满雄比较偏激。后来，专案组让陈满雄的岳母和陈陈满雄通话，打消陈的顾虑。陈秋圆很孝敬母亲，所以她很听母亲的话。在泰国关押期间陈秋圆每天都会给陈满雄写信，劝他回国。陈满雄和妻子的感情很好，也非常听妻子的话。妻子的一封封信，使陈满雄的思想开始转变。

此外二陈还有一对子女在中山，办案人员每次赴泰都会给二陈带去他们的孩子的近照和陈秋圆母亲的信函。听到孩子的消息，看到母亲的家书，再加上专案组人员耐心的教导，二陈的思想起了巨大的转折。

2002 年 11 月 15 日，泰国最高法院做出了准予引渡陈满雄、陈秋圆回中国的判决，该判决于 12 月 1 日生效。中泰双方约定，“中方对被请求的犯罪的起诉期从泰方将两被告移交中方之日起不得超过 3 年”、“两被告在中国被羁押期限算作在泰国服刑的期限。”

2002 年 12 月 26 日，二陈被临时引渡回国。泰国当地时间下午 5 点，二陈在曼谷坐上了回国的飞机，泰国警方派特警协助押送二陈。

陈满雄被引渡回国后，专案组的工作主要集中在对账和追赃两方面。专案组需要核对陈满雄的所有账目，一笔一笔地确定赃款的流向。因为陈满雄的主要资金来往都是通过中国银行澳门分行，所以专案组必须打开陈满雄在中国银行澳门分行的账号，否则将无法找到二陈在中国犯罪的证据。

为此专案组找到了中国银行总行。为给国家挽回损失，也是为中国银行挽回损失。总行指示澳门分行配合专案组行动。在澳门分行的配合下，专案组很快打开了二陈在澳口的账户，查到了二陈犯罪的一笔笔证据。

接下来的任务是追缴陈满雄的赃款和赃物。陈满雄在泰国的大多数物业都是用朋友的名字买的，陈满雄被捕之后这些所谓的朋友全部不认账。陈满雄在泰国的别墅已经判给了一家美国公司，原因是身为陈满雄朋友的户主将此别墅抵押给了这家美国公司。这家美国公司还通过大使馆要求将屋中物品拿走。

陈满雄为证明房子是自己所有，拿出了房产证的原件和一张他和自己朋友签的反购合同。陈还说请中方尽快过去，他表示房产如果拿得回来，可以用于退还自己的赃款。

专案组立即派专人赴泰，经过交涉后，将陈的物品包括佛像、珠宝全部运回使馆，但物业已基本追不回来了。

2004 年 9 月 8 日，现年 44 岁的陈满雄和 42 岁的陈秋圆被送上了被告席。广东中山市中级人民法院依法对两人被控挪用公款罪一案进行公开开庭审理。

2004 年 12 月 23 日，广东省中山市中级人民法院对陈满雄、陈秋园夫妇挪用公款一案进行宣判，以挪用公款罪判处陈满雄无期徒刑，以同样罪名判处陈秋园（陈满雄之妻）有期徒刑 14 年。判决后，陈满雄夫妇不服，委托辩护人向省高院提出上诉，要求改判无罪。

2005 年 11 月 15 日广东省高级人民法院作出终审裁决：以挪用公款罪判处被告人陈满雄无期徒刑，剥夺政治权利终身，判处被告人陈秋园有期徒刑 14 年。

【典型案例点评与分析】

金融业是一个国家的重要经济部门，平稳的金融秩序、良好的金融环境是经济快速发展和社会稳定的一个主要条件。而近年来出现在金融系统内的职务犯罪案件不断增多，涉案数额不断增长，且影响恶劣，损失巨大。

金融系统的经济犯罪主要表现是贪污、受贿、挪用公款三种犯罪。掌有审批贷款、批提现金、单位基建等权力的领导、信贷员多是通过审批收受钱、物；会计、出纳等工作人员为了谋取私利，多是利用自己掌握现金的工作之便直接侵吞或挪用公款。案犯作案手段主要表现为：一是利用企事业单位、个体企业急需批贷款之机以权谋私，吃拿卡要，索贿受贿。二是利用批准提现金的职权受贿及挪用公益金炒股。三是采取存款不入账、偷支储户存款等方法贪污、挪用公款。四是利用购买办公楼和支付楼款之机收受贿赂。

对此，应当强化监管，保障监督效果，减少职务犯罪的机会。管理的关键是制度，制度的关键在落实。金融部门要严格按照金融法规和有关制度及操作规程进行，落实岗位责任制，加大监督，形成防范机制。首先要加强监督检查力度，充分发挥金融系统建立的以监察、稽核、事后复核为主的监督体系，尤其要强化稽核工作，针对某些金融从业人员长期固定的岗位组合可能产生弊端，可通过定期或不定期地对调不同岗位的工作人员，以遏制可能产生的犯罪动因。其次要开展业务监督检查。分管领导、业务部门负责人要加强对经营业务进行经常性与突击性的监督检查，以便发现问题和解决问题，把问题解决在萌芽状态，同时还要抓好职能监督。纪检、监察、稽核部门要充分发挥职能作用，积极灵活、创造性地开展工作。要采取定期与不定期相结合、全面与专项相结合的工作方法，对账目进行认真清查，防止走过场、流于形式，实现监督的最佳效果。再次要搞好社会监督。要自觉地接受社会监督。公开办事制度和办事程序，积极主动地征询群众意见，定期与纪检监察、检察和审计机关沟通情况，将内部监督与群众监督、党纪监督、行政监督、法律监督紧密结合，协同合作，落实好预防工作的措施。

一位功臣的歧路人生

2003 年 12 月 8 日，马鞍山市中级人民法院以受贿罪、贪污罪，依法判处原市自来水公司经理王时明有期徒刑 12 年 6 个月，并处没收财产 10 万元。至此，这起备受关注的县处级干部贪污受贿案，划上了一个沉重的句号。

而由本案的主人公王时明亲手酿成的悲剧，却用太多的感叹给人们留下了正心立德的警示和把握人生的思考。

王时明，男，1958 年出生于一个普通工人家庭。高中毕业后插队下乡，1978 年底应征入伍，1986 年 12 月转业至马鞍山市建委，先后任办事员、副科长、科长等职，被捕前任马鞍山市自来水公司经理。考察王时明的历史，他也有过奋发向上、有所作为的昨天。

王时明1978年底入伍后，靠着朴实勤奋、好学上进，在不到5年的时间内，便入党提干。1984年7月，他参加了老山、者阴山对越自卫还击战，荣立三等功。退伍转业到地方后，还多次被评为马鞍山市先进个人，给不少人留下了善于学习、为人谦和的印象。1993年10月，时年35岁的王时明被提拔为副处级调研员。

那么，王时明又是怎样从人民的功臣一步步堕落成违法违纪的贪污腐败分子的呢?

始交不慎，后必成仇

古人云：结交贵乎谨始。君子慎所择，始交不慎，后必成仇。王时明从交友不慎走向不幸，验证了这一古训。

据王时明自己介绍，从1995年开始，由于自己交友不慎，染上了一些不好的习气，以致后来把自己应该干什么，做什么都忘记了。当然，王时明自己也承认：“说是被拉下水，关键还是自己主观世界发生了病变，让别人有机可乘。”

在一次宴请之后，包工头与其女友一道将醉意朦胧的王时明送回家中。包工头走后，其女友则向王时明投怀送抱。半醉半醒中的王时明堕入了事后感到既后悔又害怕的温柔之乡。他在反省此事时说道：“贪色，忘记自己是一个领导干部，道德防线崩溃了。”

1996年2月，王时明就任市自来水公司党委书记并分管行政后勤工作。随着手中权力的增大，那些有求于王时明的，便纷纷找上门来。

据马鞍山市人民检察院公诉处处长任春芳介绍，王时明收受贿赂第一笔比较大的是1997年，当时在自来水公司承包工程的老板朱某请他吃饭。饭后，朱某给他一沓钱。当时王时明虽然也拒绝过，但“盛情难却”，最后还是“笑纳”了。王时明回家一数，竟有8000元。用王时明的话来说：“这是我有生以来见到的，也是来的异常容易的一笔钱。”

王时明就这样“异常容易”地接受了第一笔贿赂，也“异常容易”地失去了自己的人格和灵魂。

从1997年收到第一笔8000元人民币开始，王时明开始向犯罪的道路迈进。从胆战心惊到心安理得，进而习以为常、麻木不仁、明目张胆、毫无顾忌，王时明在这一系列质变中开始失去自我，他在金钱的池塘里贪婪地吮吸私利的浊水。

经查证，在他调任自来水公司党委书记，尤其是担任经理7年的时间里，收受业务单位和个人及其下属贿赂财物竟多达118次，合计高达66万余元，其中有近三分之一的非法所得是王时明利用春节时间在其办公室收受的，其受贿的次数竟有50次之多。

不义之财，终必招祸

不义之财，必至招祸。在王时明堕落的过程中，赌博成为其腐化的催化剂。那些与自来水公司有业务关系的个体户、包工头，常常把王时明接到家中或酒店，以“调剂生活”为名，打所谓的“工作麻将”。包工头黄某说，从2002年至2003年，王时明去他那里打过五次麻将，每次打麻将时，他都会给王时明1000块钱。后经查证，王时明借赌博收受的贿赂，就有五万元之多，而在其收受的全部贿赂中，有五分之一就来自那位黄某。当然，黄某的“盛情”也得到了丰厚的回报。短短几年的时间，他在自来水公司承包的工程总额突破了六百余万元，昔日的打工仔成了财大气粗的暴发户、市自来水公司的座上宾。

王时明在反省这段玩物丧志的过程时说道：“在任经理后，自己就成了一个不被监督的人。上级的监督我听不进去，同级又不能对我监督，下级更不敢监督。所以监督对于我来说就是真空，也是一种摆设。其结果必然导致权力的滥用，在犯罪的道路上越滑越远。”

据承办王时明案件的有关部门负责人介绍，王时明公然违背有关部门制定的法规和条例，将许多本应进入市场招标的工程发包权，由他独揽在手，一人拍板。对此，市建委纪律检查部门早在2002年就曾予以通报批评。但王时明依然我行我素，让他的那些“信得过”的关系户在承揽工程过程中通过偷工减料、以次充好，大发横财。

2001年，王时明在购买一套上下层住宅时，利用手中职权让开发商免去了上层部分的费用。按市场价，购买这个跃层需要7万块钱，但王时明没付。没付的理由用王时明的话来说，就是对方要做房地产开发，希望他在今后的供水工程和其他一些方面给予一些关照。

王时明确实给了特殊关照。那位赠房的开发商在证词里说：“我公司先后开发的几处住宅小区的水增容费约几十万元都没有交。如果不是王时明睁只眼闭只眼，而是真的催我及时交纳，我不交恐怕也不行。但王时明能缓的缓，能拖的拖。到2001年下半年国家取消水增容费收缴政策后，这事也就没有人过问，不了了之了。”

上有所好，下必盛焉

在王时明全部的犯罪事实中，除了大肆收受贿赂之外，贪污公共财物也是其重要组成部分。尽管所占比重不大，但他凭借手中权力，进行巧取豪夺的行为，更能暴露其以权谋私的本质。

经查明，王时明家里有近万元的家具是由马鞍山市自来水公司及其下属公司以添置办公桌的名义为他购买的。这些本应由他本人支付的费用，经王时明审批后，全部由公司报销。2001年底，马鞍山市自来水公司委托某会计师事务所对二水厂现有资产进行评估。双方商定以评估费的名义多支付25000元，由对方返还给自来水公司。事后，王时明从中给有关人员发放5400元。当财务科长任某请示剩下的17600元如何处理时，王时明直言不讳地说：“把这个钱拿回来分掉算了！”后经办案人查实，王时明与财务科长私分了这笔款项，10000元公款被王时明直截了当地纳入私囊。

更为惊人的是，王时明乘自来水公司即将改制之机，通过虚列支出、舞弊作假的手段，指使公司财务科长任某从公司财务提出170万元巨款，并以私人名义存入银行，成为王时明暗箱操作、为所欲为的“小金库”！

王时明在节日期间大肆收受下属礼金的违纪行为，不仅腐蚀和败坏了企业的风气。更为严重的是，少数心怀叵测者从中闻到了王时明身上散发出的铜臭，从而乘虚而入，有恃无恐地跟着“一把手”的感觉走。

上有所好，下必盛焉。王时明的“榜样”让一些人心动效仿。他们以各种方式化公为私，谋取不义之财，使得本案的涉案金额高达137万余元。由“一把手”的腐败到一帮人的效仿，着实耐人寻味，发人深思。

天网恢恢，疏而不漏

王时明在任自来水公司经理长达6年，之所以腐而未败，一个很重要的原因就是他善于伪装自己，具有很强的欺骗性。

王时明作案的手段正如他自己所说，确实“高人一等”，具有很强隐蔽性。马鞍山市中级人民法院刑庭副庭长杨先祥介绍，王时明在买房时放着赃款不用，而向银行贷款，又以购房的名义向某土方工程队的包工头黄某借款50000元，并煞有介事地打了两张借据，双方各执一份，四处宣扬自己是“举债”购房，以示其“清贫”。

做了亏心事，心总是虚的。王时明在他案发前不久出差外地时，也许是出于某种不祥的预感，他竟然请算命先生为他占卜算命。相士出语惊人，说他“命中有一劫”。为了化解这一劫难，惶恐中的王时明更是用尽心机，采取种种手段，严防百密一疏。然而，令机关算尽的王时明始料未及的是，精心的伪装还是露出了马脚。

2003年初，马鞍山市纪委根据掌握的证据，对其实施“双规”，王时明最终跌入牢狱之灾。王时明的命运。与其说被那位算命先生不幸言中，倒不如说天网恢恢，疏而不漏，腐败者在劫难逃！

曾经拥有辉煌和精彩的王时明，就这样，怀着囚徒的耻辱和悔恨，在市场经济大潮中沉没！

面对高墙铁网，王时明追悔莫及：“假设我能在第一次受贿时，保持清醒的头脑，绝不会发展到今天这种地步；假设我经常不断地认真学习，就不会有今天这样的结局。”然而，生活是拒绝任何假设的，腐朽的“豪华”和庸俗的“逸乐”注定要与灾祸同行。王时明的人生悲剧又一次告诫人们：为官先做人，做人心要正，因为，只有正心方能立德。

【典型案例点评与分析】

本案中，王时明堕落的重要原因是交友不慎。腐败分子在主观上贪婪成性，“交友不慎”最多只是一个客观条件，是一个不太重要的因素。因为外因是变化的条件，内因是变化的根据。不能把自己腐败的原因都推给外部环境。如果你自己变坏了，没有交友也照样会腐败。贪官喜欢说自己“交友不慎”，一来说明他本来是个好人，都是被不好的“朋友”拉下水的。腐败发生的一个最根本的原因则在于，腐败分子权力过大而又缺乏监督。如果我们加强了对权力的监督，就是想捞钱也捞不到，不管你交什么朋友也无法以权谋私。这才是我们努力的方向。

审视贪官杨秀珠：一个小女人控制下的温州土地

从拆房起家的女人

温州市政府的一位官员说，杨秀珠当副市长的时候，当年的恶劣脾气不改，能够坐在桌子上对她的“马仔”破口大骂，有时就因为开会迟到的小事。这位官员说，他亲耳听见的时候几乎不相信自己的耳朵，比如杨秀珠骂她提拔起来的规划局长，“短命鬼，老娘到了你还敢迟到”。

另一方面，她又简直就是大姐大：凡是她亲近的下属碰到问题，无论是子女上学、亲友就业，还是在温州越来越关键的住房问题，她全部都能帮助解决。旁人看来难办的住房问题，她却犹如小事一桩，随便找开发商批个条子，就是几万元的优惠，所以，在温州盛传杨对其“马仔”的好。她的“马仔”，按照她的精心策划，几乎散布于城建的各个部门。

尽管杨秀珠出逃已经两年，她的贪婪却像水一样渗透到城市的各个角落。她的手下市政局局长将市政工程全部承包给她的弟弟的公司施工，一位政协委员指着遍布街头的在烈日下闪亮的不锈钢栏杆说：这些全部是杨的弟弟的公司做的。仅此一项，收益近千万元。

在繁华街道的十字路口，温州的“杨秀珠民间网站”的一个制作者告诉记者，某幢楼之所以没拆掉，就是因为楼的主人给杨所管辖的规划局送了好处，不拆意味着继续在升值的地面上盘踞，将带来更大的收入。当年，拆和不拆全部是杨的一句话。

杨最早广为人知的发迹起源于她在温州旧房改造中的角色，上世纪 80 年代后期，她在规划局长位置上兼任温州旧房改造指挥部的负责人。温州的旧房改造与全国其他的地方不同，因为缺乏政府投入，多年来温州的一切公共建设均由民间资金解决，像温州机场、温州各乡镇之间的高速公路等等。

没有政府投入的旧房改造，基本上全靠民间资金来解决，拆与不拆，给她留下了很大的利益空间。这样一个在民间话语和官方现场都极其泼辣的女人打开了局面，杨确实威风凛凛，旧城的地块不断在拆迁中，不断地在出售中。“她会爬上房顶去拆房。”面对温州那些强硬的居民，杨做得更加强硬。“她穿着汗衫，不戴胸罩，破口大骂，那些居民都被这样的领导吓坏了。”在拆迁中，杨不讳言自己的权力，她本来是县前街道上饮食店的服务员，当年欺负她的领导就曾被她大骂：“老娘现在有权力来欺负你。”

拆迁最直接的动因是温州的土地紧缺，土地紧缺造成一方面土地升值，另一面却是没地安置动迁居民，居民要求回迁，但是，杨没有考虑这样的后果。目前，温州最广为流传的说法是，杨拆迁造成的后患无穷。她当时欠下的动迁费用到现在还没有付清，而且，动迁费用在逐年增加，“到现在已经欠了六七亿了”。市政府一位知情人说。

杨的“粗暴”在另一个体系中，得到了别样的评价。当时温州市委的主要领导十分赏识她，认为她有魄力。领导还就关于她的争议中表态，我们就是需要这样的女干部。

权力布网：资源控制导致财富充足

1983 年，杨秀珠成为温州市规划处副处长，随后一步步成为规划局副局长、局长。从 1984 年她担任规划局局长到 1998 年她离开温州调往省厅，足足掌握温州的规划和城建、土地 14 年之久，她最爱说的名言是：“规划就是钱，土地审批就是钱，容积率就是钱。”

很多人说杨不懂规划，但据说杨很聪明，她不至于在当那么多年规划局长后仍茫然无知，曾经任职温州体改委的学者马津龙回忆，杨主持的规划方面的会议并不是“乱来的会”，听她讲讲，有时候也会觉得，“这婆娘倒是很有思路的”。但是，杨显然不愿意被几个规划专家牵着鼻子走。在掌权的她的心目中，温州市的规划乃至城市建设就是她的天下。

尽管杨是个不愿意被提起的名字，现在规划局里的专家仍然对 1997 年杨在位其间的温州市总体规划予以了评价，“有规划总比没有好”。当时的规划带着那个年代的典型特征，激进快速地改造城市，“历史文化街区的保护当时没有提，估计实在是她视野之外的东西”。

由于规划局就是她的天下，所以杨的规划和破坏基本上是同时进行的，比如她把华盖山的原动物园地区批租土地给某外商，占用了原来的绿地不说，还挖掘了一大块山体，“把温州的绿肺砍掉一块”，明显是错误规划，但是此项目中，该外商巨大的贿赂已经被检察院查明；她要求新建道路一律改种椰树，而不用传统树种法国梧桐，尽管没几天这批树全部死了，但她坚持做的原因也无外乎当时某外商的巨大贿赂。这些外商基本上都是出国做生意的温州人。

当时温州城市规划被称为“鬼划”。但规划还只是第一步的，之后就是土地的出让。

在温州，充足的民间资本一直在寻找投资渠道，在企业风险加大和股市受挫的时候，投资房产是温州人最普遍的选择，温州房地产行业的兴旺早于全国。在杨的控制下，土地有限的老城的地非常难拿，在当时的制度下，她也采用招标的方式来出售土地。但基本上给和她勾结好的人进行漏标或排除性投标，即只有几个人能参加投标。当时那个外商就以排除性招标的方式得到了华盖山的地。

“为什么杨勾结外商？一是比较隐蔽，不太容易被发现，二是当时温州的房地产商人都是小打小闹，没那么多钱，所以在杨看来，他们也不是她的对象。”一位亲历当年温州地产开发的房地产商人说。温州地产界流行的一句话是：“土地、土地，还是土地，地段、地段，还是地段。”这句话决定了杨对资源掌握的准确性。

一位市政府官员说：杨秀珠开始涉足土地是从兴建温州铁路开始的。当时温州建铁路的思路是，由浙江省、铁道部与港方三方共同出资，政府出让土地，建房地产，挣的钱再回馈到铁路建设上。国家投资不多。

为筹集资金，以市政府为背景的“温州铁路房地产公司”成立，对一些地段，政府采取不收地价或减免的政策，当时的本意是开发房地产，用于铁路建设资金。但是后来整个公司的性质变掉了。杨秀珠当上总指挥后，无形当中被赋予了很大权力，几乎是她想要哪块地就能拿到哪块地。温州的土地就像成了她一个人的财富，她想给谁就给谁，想给多少钱就多少钱。

杨秀珠在温州的土地问题上，绝对是大权独揽，不止是土地出让，连一支建筑队伍能否进温州，都由她一个人说了算。

而在土地上的经济活动也是以其家族式的链条展开的。杨的大弟杨光荣是温州铁路房地产开发公司的副总经理，很早就有人举报他，说温铁“房开”开发的地块，都是杨秀珠以低价划拨的土地，建成后的新房以市价出售，外界传说公司获利 2 亿多元，却一分钱没有用在铁路建设上。杨光荣 2003 年 2 月因为涉嫌受贿而被拘，2004 年 3 月被判 10 年零 6 个月。杨秀珠出逃就跟这个有关。

除了温铁，还有杨的外甥潘琛控制的铁龙房地产开发公司。温铁和铁龙，都是杨秀珠的后花园和小金库。省政府一位官员看过一份检举信说，为了扶植“铁龙”，杨秀珠把市里最好的地块以最低地价划拨给铁龙，铁龙这一笔就会挣上亿元的钞票。据温州市纪委透露，铁龙只开发了一块市中心价值几千万元的地块，但是该公司基本上没有投资，是通过数次股权转让给其余公司投资，只是转来转去，潘琛和杨的另一亲信始终是大股东。

“温铁房开”与“铁龙”这两家房地产公司背后都是杨秀珠。杨秀珠送礼、拉关系的钱，都是从这两家公司出的。

由于没有门路，当时的小地产商人不得不到温州新城去拿地。温州新城采用统一拿地的做法，由新城管委会来分配土地，当时一亩地也要 100 万元，在一般商人看来，已经是合适的价格了，殊不知，杨的堂妹杨海燕在市中心黄金地段拿地的价格也就是如此。而按照市场行情，两者相差应该是三倍。目前的地价是：市中心土地每亩 1000 万元，而新城是 300 万元左右。

杨善于对下属好，积极推荐他们升迁，当然，这些部门主要是她所管辖的温州城市建设部门。

据说她带出来的人普遍没水平，一是她太强势的缘故，二是她自己不容人，凡是她不喜欢的人，在这些部门基本没有出头之日。超强的能力造成了下级超强的服从，按照他们在法庭上的相关说法："绝对服从走上了犯罪道路。"目前，19 个人已经被她的案件拖下水了，几乎涉及城建各个部门，土地、规划、园林、房产开发、铁路局纷纷有人落马。

当时任建委副主任的杜玉生和建委同仁普遍不喜欢杨，而建委还是当时权力很大的部门，主管各相关的局，杨说，一周内叫你下台，杜不相信，结果果然一周之内，组织部门找杜谈话，让他去政协或人大。杜几乎不相信自己的耳朵。

建委后来被下放成了建设管理局，由从前的主要权力部门变成一个只能管理建筑施工的具体职能单位。杨就是这样整肃她的手下的。

据说那些年在温州，政府机构一直处于精简状态，但是在她的分管口却增加了几个局：园林和市政就是其中代表。目前，园林局的几任局长均因为在城市建设和土地批租中受贿而被捕。

温州市政协主席干脆地说：那几年，凡是和房地产三个字有关系的事情他都不沾边，因为那三个字就代表着杨的势力，怕沾上不干净。

其实杨后期的安排已经超越了土地系统，据说在"三讲"期间，温州市检察院院长曾经透露，之所以安排杨秀珠的弟弟在检察院工作，主要是因为杨可以控制检察院的房子。

杨的出事提出了一个问题，就是她究竟给温州留下了什么样的土地矛盾？

有温州的现任官员说，都是杨的破坏，使得现在温州杂乱无章，无地可批，但是，温州规划局的领导断然说："温州的土地就那么紧张，她能破坏多少？她不过是把地低价给人罢了，不给这个也会给那个。温州的土地还是那些土地。"杨只是利用手中之权将她经手的土地给她自己带来了巨大收益而已。

她留给温州的与其说是破坏，不如说是警戒：针对当年的做法，现在温州市规划局实行阳光规划，各项规划均由市民讨论通过，因为杨的后遗症太重。"我们现在权力越来越小，这也是我们希望的，权力小不出事嘛。"这位领导解释，"目前，我们正在推出的是以城乡一体化和生态建设为主的城市规划，希望能缓解城市的用地矛盾。"

杨秀珠的权力关系

杨秀珠这个温州女子保持了她的底层特色，就是没拿官场规则当回事。曾经和她一桌吃饭的马津龙亲眼看见她团起餐巾纸往市委书记脸上扔，"仅仅是一言不合"。习惯官场表面文章的人可能会受不了，"尤其是几乎所有的人都在书记长书记短地唱赞歌的时候"。

还有一次更重要的场合，杨秀珠也是如此表现，那是她选举副市长被多数人大代表反对的场合，当时的市委书记还在努力为她拉票，沉着脸的她当众大声斥责书记："棺材都抬到桥头了，还说什么说。"

与一般人在官场上的小心谨慎不同，她的很多行为甚至可以说是官场大忌：温州电视台的记者们都记得，杨爱出风头，在看见摄像机对准自己后，她会推开旁边的市委书记，抢在一众人前；她在当副市长期间，还出钱请某制作班底来拍摄一部反映她改革成绩的电视剧，名字叫《丰碑》，在温州大放特放。

"那时候，我倒不觉得她多爱钱，因为在温州，反对她的人太多了，一般人在那样的环境下都会小心谨慎，多少双眼睛盯在那里。我就是觉得她爱权，爱出风头。"对改革关心的马津龙实际上并不关心杨，但是觉得她作为官场上的特例比较有趣，因为她颇有打破一切表面化文章的气势。

这样的评价和杨的前夫李松坤的评价一样。李是杨秀珠前夫，两人在“文革”中相识结婚，但在1979年开始分居，1991年协议离婚，“是不是有政治野心不大好讲，但她确实喜欢场面大一点，权力大一点，镜头多一点”。

按照李的说法，杨的能力其实很适合官场，“她的字写得不好看，但文章还可以，而且口头表达能力比较强。如果是给领导汇报个工作，一二三能讲得很清楚。她喜欢热闹的场合，一天不出去，就憋得慌。给人感觉不大像女人，大大咧咧，讲粗话，所以当时的口碑就很差”。

两人的婚姻谈不上幸福，经常吵架。有一次两人不知道因为什么又吵起来了。李对杨说：“咱们做人老老实实算了，组织让我们干什么就干什么。”杨秀珠回答：“当官有什么不好，至少不会被别人欺负。”

对官场表面规则的蔑视，一方面，是其性格所致，另一方面，是杨深知官场的规则除了表面文章，更多的是内里工夫，在杨的努力途中，她从来不放弃往上走的决心和努力。

李松坤曾经任职温州市供销社副主任，权力和关系都比杨秀珠强些。但杨秀珠更善于钻营，几年后，反倒是杨秀珠的关系多了。“在家里从来不干活，但到了领导家里，她是拼命地干活。”1975年前后，“文革”中的造反派杨秀珠到杭州，结识了省内高官及高官的夫人。一位曾在饮食公司工作过的人士反映，当时杨秀珠一有机会去杭州都会带一些点心送给省城的某位领导，这可以看作是杨秀珠开始努力向上爬的开始。

1989年，杨秀珠一心一意要在规划局由副转正，但各种意见随之而来。时任温州市委组织部部长的原市人大常务副主任韩文德说，当时综合起来好像有8点意见。为了确保公正性，由6个部门组成了联合调查组，对杨秀珠进行了调查。

“调查以后，我们向人大做了汇报。”韩文德说，总结下来，这个人形象是差一点，口碑也不好，但工作还是比较积极肯干的。因为“要看主流”，所以尽管当时很多人反对，杨秀珠还是顺利成为了掌有土地开发大权的规划局局长一职。其实最主要的原因是——有市领导表态，我们就是需要这样的女干部。

1998年，政府换届，在听到杨秀珠可能到省建设厅任职的消息后，省建设厅厅长代表建设厅里其他几位副厅长向省委组织部递交了一份材料，提出不欢迎杨秀珠到建设厅。

但是杨总有办法在关键时候为自己争得胜利，当年省建设厅不认为好的项目，杨秀珠自有一套本事让建设部颁了奖；建设厅的反对杨也没当回事。组织部宣布的业绩上，全是她多年来劳苦功高的事实。

在民间流传的故事中，杨讨好上级的故事始终带着几分乡土风味，并不是多么出奇制胜的法宝：

上面有人下来，她会立刻在温州的华侨饭店布置一间房间，里面挂满各种名牌服饰，让领导和领导夫人去挑选衣服。杨在小汽车里面装了冰箱，凡是进省就给省干部带名贵海鲜。她当了省建设厅厅长之后，并没有停止送礼的步伐，“每次回温州，都是一卡车一卡车地往省城带礼物”。杨的这种表现在温州当时被视为正常。

在温州的乡村选举中，“从前想当村长的人是每家每户一包烟，现在是5包不够，一大早就挨家挨户往村民房子里扔，像是邮递员扔信件”。

除此而外还要有酒席，一个有影响力的农民，在选举期间要吃各个候选人一个月的酒席。温州的民间政治文化的法则是：没什么不能够用钱换来的，即使是官场上的职位。

民间出身的杨当然深明这个道理。温州市纪委一名官员介绍，在温州，已经得到监察部门确认的关于杨贿选的事实是：在人大没有通过她升任副市长时期，她和当时的市领导一起给人大常委会做工作，40 多名人大常委她挨个做工作，答应给他们解决住房问题。市政府的一名官员说："为市人大盖了一幢新楼，此举深入人心。"

别人进不去的门她能进去，别人做不到的事情她能做到，就凭这些，她终于走上了集城市规划和土地出让为一身的温州市副市长的职位。

温州市原人大秘书长杜玉生说，"她是在一片骂声、反对声中跑步前进的"。据说，在她当副市长时候，迅速成长的她更增加了许多上面的关系。

在温州，目前最流行的新闻就是杨秀珠被抓后将带来什么样的连锁反应。她逃跑后，下线已被抓得差不多了，所以现在很多温州人也在关心究竟能不能把她引渡回来，如果真能引渡回来，还有什么"人物"会被牵扯进来。

浙江省政府的一名官员说：做坏事总有一天要暴露，不是今天就是明天。当然，也有一些人希望她永远不要回来才好。但对绝大多数温州人来说，如果杨秀珠不被抓回来，就是最大的遗憾。

关于她涉案两亿多的数字是浙江省检察院在省人代会上公布出来的，但很多温州人认为肯定不止这些，因为温州经济主要以民营为主，民营企业很多是没有账目的。现在公布的数字只是有数目可查的。

1991 年，杨秀珠正式离婚后一直单身，带着一起离境的女儿并非自己亲生，而是抱养。一位知情人说："她对女儿非常好，而且给她选了一个非常优秀的女婿，女儿很早就不工作了。"

据一位省政府官员说：杨秀珠的弟弟杨光荣早在 1995 年就因为偷税被人举报过。得罪人无数的杨是省检察院的"敌人"，省检察院一直想立案，突破口很多，但有人干预了，这件事就耽搁下来。直到两年前一个姓周的商人供述给杨光荣（杨秀珠之弟）行过贿，这才打开了突破口。那段时间杨秀珠上蹿下跳，到处找人救她弟弟。直到后来发现不可能，才下决心逃出去的。

【典型案例点评与分析】

本案所暴露的重要问题是权力寻租，特别是政府管制的权力。为此，政府要维护市场公平竞争和效率，同时要防止权力寻租腐败，实现社会公平和正义。为防止权力寻租腐败，首先，政府要为市场主体创造公平竞争的环境；其次，政府要在二次分配中发挥作用。比如，通过税收调节收入分配中的不合理现象，调整财政支出结构，集中财力解决医疗救助、义务教育以及困难群体的社会保障等问题；第三，要建立利益均衡机制和利益表达对话机制，扩大公民依法参与社会治理的空间，使公民在参与社会活动中建立新的和谐关系。

一个"红包"上百万："国企大鳄"如何鲸吞 3000 万？

日前，原中国石化胜利油田大明（集团）股份有限公司副董事长、总裁李荣兴，站在了被告席上，接受法律的判决。

2006 年 5 月 26 日，山东省泰安市中级人民法院依法对李荣兴特大贪污、受贿案作出一审宣判。李荣兴因贪污 3698 万余元、受贿 483 万余元被判处死刑，缓期二年执行，剥夺政治权利终身，并处没收个人全部财产。

此案在山东省建国以来查处的贪污案件中，是数额最大的一起。随着一审判决的法槌落下，这位“国企大鳄”的贪婪面目变得越来越清晰。

精心导演，一口吃进 3000 多万元

大明公司是中石化股份公司的子公司。53 岁的李荣兴，17 岁招工到胜利油田钻井指挥部三大队水电队当通讯工，此后，因为工作出色一路上升，1993 年 2 月任大明公司副董事长、总裁。

法院一审查明，1994 年 4 月至 2003 年 12 月，李荣兴利用职务便利，伙同他人两次贪污公款 3698 万余元。其中，李荣兴伙同他人在大明公司开发住宅项目中，通过抬高土地价格等手段，以咨询费的名义套取了 3500 万元。为了吃进这笔巨款，李荣兴“明修栈道，暗渡陈仓”，精心导演了一出好戏。

2000 年 12 月，福建商人黄敏成立了井田房地产开发有限公司，在北京市昌平区沙河镇征用 600 多亩土地，其中建设项目占地 550.53 亩，开发“井田花园专家住宅小区”项目。手续办完后，黄敏发现面临很大的资金缺口，井田公司无力单独开发这一项目。

经过北大 EMBA 班同学刘毅介绍，李荣兴接触到这一项目。2003 年 10 月，刘毅到李荣兴的办公室将井田花园项目的资料交给了他，并同他一起到项目现场进行了察看。李荣兴对项目的兴趣很高，提出由大明公司控股，合并财务报表，井田公司成为大明公司的子公司。但黄敏提出合作双方持股比例各占 50%的意见，当时没有达成协议。

10 月下旬，李荣兴把刘毅叫到办公室，问：“黄敏这个人可靠不可靠?”得到肯定的答复后，李荣兴说：“我想通过这个项目，运作出一块资金来，以后别有用处。”并提出：“不能太明显，以免别人产生怀疑，最好由你成立一个中介公司，以中介费的名义往外运作，这样以一来能说得过去，因为你正好是这个项目的介绍人。”刘毅问：“需要运作出多少资金来?”李答：“2000 多万元也行，3000 多万元更好。”

本来黄敏提出的土地价格是每亩 35 万元。李荣兴和刘毅两人最后商定，让黄敏将每亩土地的报价由 35 万元提高到 40 万元，每亩虚增五万元，套出 2700 多万元。谁知，黄敏认为，两家合作各占 50%的股份，李荣兴套取 2700 万元的行为，侵犯了他的权益，只能支付李荣兴 1300 多万元。李荣兴、刘毅又商定将土地价格提高到 45 万元一亩。谈妥之后，刘毅问李荣兴需要运作出多少资金，李荣兴认为，自己得弄出 3000 来万元，也不能让刘毅白忙活，得给他几百万元。于是，提出运作出 3500 万元。在李荣兴的授意下，刘毅以妻子和岳母的名义在北京注册成立了华嘉兴咨询有限公司。

在随后进行的项目洽谈中，李荣兴叮嘱大明公司的项目代表：黄敏想和我们合作是真诚的，你代表公司可以按各占 50%的股份和他谈，土地价格尽量往下砍，实在砍不下去，也影响不大，就是按每亩 45 万元合作的话，项目利润还是很可观的。黄敏挣钱也是应该的，不让他挣钱，他也不会和我们合作。

在谈判过程中，黄敏果然按照李荣兴提出的每亩 45 万元的价格抗住不松口，后来，李荣兴亲自出面谈判，黄敏才象征性地每亩降了一万元，以每亩 44 万元的价格成交。精明透顶的黄敏为了让大明公司多投资，还伪造了七份假合同以证实其前期投资的数额，实际黄敏总资产只有7000多万元，结果虚增了1.92亿元的前期投资成本。2003年底，大明公司通过下属的大明置业公司向井田公司支付了注册资金1150万元、投资款1.227亿元，共计1.34亿元。

为了向外运作资金，黄敏与刘毅的华嘉兴咨询公司签订了假《项目咨询协议》。大明公司的投资款到位后，黄敏以咨询费的名义将3500万元从井田公司提出，分五次将2500万元汇入华嘉兴公司账户。这家咨询公司从成立以来只做了一笔业务，就是与井田公司签订了一份咨询协议。

另外，法院一审查明，1999年，李荣兴还伙同他人私分大明公司账外股票款198万余元，其中李荣兴两次分得106万余元。

权钱交易，一个“红包”上百万

行贿受贿总是与权力如影随形，李荣兴任大明公司副董事长、总裁后，胃口就一天天膨胀起来。据法院一审查实，1994年10月至2004年3月，李荣兴利用职务便利，为他人谋取利益，先后收受17个单位和个人所送现金、银行储蓄卡、美元、港币、高级组合音响等折合人民币483万余元。

大明公司及时给付货款，对方要给他几万元的感谢费；承揽大明公司的工程，要给他几万元“培养感情”；下属获得高额奖励，要给他分“一杯羹”表示感谢；他再婚，两万多元的婚宴有人“埋单”，还有人送上一万美元的大红包；他女儿出国上学，有人送上几万元学费；他搬家，也有人送上十几万元的高级音响。检察机关指控李荣兴的每一笔受贿数额都在万元以上，有的一笔就达上百万元。权力就像一支可以点石成金的魔杖，在这种魔力支配下，李荣兴的理智慢慢丧失了。

李荣兴主持制定了资产经营责任状制度，下属部门如果效益好，责任人就可以领到高额的奖励。1997年初，大明公司与一个下属部门负责人西某签订责任状，规定超出500万元盈余后，按4%提成，奖金由责任人自主支配。1997年底，西某从57万元兑现奖中拿出15万元送给李荣兴。2000年初，大明公司与西某所在部门再次签订责任状，规定超出2000万元利润后，按20%提成。这一年西某所在部门在股市上赚了一个亿，李荣兴先后给西某兑现了960余万元的奖励。为感谢李荣兴给其兑现奖金，西某以李荣兴前妻的名字开户存入80万元，又以李荣兴女儿的名字开户存入20万元，并将两张存折交给了李的前妻。2001年7月，西某又将一张100万元的存折送给了李荣兴。

2000年6月，李荣兴到深圳出差，一个下属单位负责人带着15万元来到李荣兴房间，对李说：“今年效益会很好，弟兄们发了些奖金，给你一份。”就这样，他们每隔一段时间，就会给李荣兴发一次“奖金”，在四年多时间里，先后六次以奖金的名义送给李荣兴70多万元。尽管李荣兴的辩护人提出，李荣兴从下属单位领取奖金、津贴，只是违反了企业财务管理制度，其行为不构成犯罪。但法院用大量的事实和证据，认定李荣兴与其进行了权钱交易，构成受贿罪。

国企监管，大案提出的严肃话题

根据群众举报，中石化纪检组、监察局于2004年6月对李荣兴涉嫌经济问题进行初查核实。同年8月对其立案调查，并在北京对其实施“双规”。同年11月18日，对刘毅实施“双规”。2005年2月4日，将此案移交山东省检察院立案侦查。2005年4月13日，检察机关在厦门将潜逃的黄敏抓获归案。

2004年4月，李荣兴听说有人就井田项目向纪检部门进行了举报，即与刘毅商量对策，二人商定，如果纪检部门调查，就说是大明公司炒股有一部分亏空，运作这部分钱是为了弥补大明公司的亏空。李荣兴被“双规”后，刘毅又与黄敏商定，纪检部门调查时，就说3500万元是刘毅个人的钱。但是，在检察机关查证的大量事实面前，他们编织的谎言很快不攻自破。

黄敏归案后，将其掌握的1000万元赃款主动上交，另外从华嘉兴咨询公司账上查获赃款2217万元，这笔巨款已经分别返还大明公司和上缴国库。

目前，同案犯黄敏、刘毅因犯贪污罪，一审分别被判处有期徒刑五年，并分别被处没收个人财产50万元、40万元。李荣兴已经向山东省高级人民法院提出上诉。

尽管此案还没有最后画上句号，但是，它又一次给我们敲响了警钟。据办案人员介绍，大明公司制订了许多规章制度，但是李荣兴仍然可以轻而易举地为贪污受贿行为打开方便之门。怎样加强对国企负责人的监督，防止国有资产流失，确实是一个迫在眉睫的沉重话题。

【典型案例点评与分析】

本案所暴露出的核心问题是如何加强对国企的监管，防止国有资产流失。搞好国有企业的反腐倡廉建设，必须坚持在国有资产监管和企业改革发展大局中整体推进反腐倡廉建设，坚持把完善公司治理结构同强化权力制约结合起来，把加强企业管理同健全反腐倡廉机制结合起来，把提高企业科学发展能力同增强惩治和预防腐败能力结合起来，做到不想腐败、不能腐败、不敢腐败，这是近几年我们抓反腐倡廉的一条重要经验。

送上的钱照单全收：一位县委书记的“卖官经”

2006年6月22日，在安徽省合肥市中级法院的法庭上，检察机关指控：和县县委书记杨建国的家产达到600余万元，其中大部分都是其受贿所得或者其他违法违纪收入。在检察机关指控其总共106起收受不义之财的事实中，有87起是假以“卖官”之名，另19起则是插手商业活动之“劳”。杨建国所涉嫌收受的贿赂款达到了人民币240余万元，还有数百万元的家庭财产不能说明合法来源。

曾经无所顾忌的杨建国在法庭上，目光呆滞，不知自己以后的日子怎么过。

“无颜见江东父老”

2000年2月的一天，在原安徽省巢湖市（后改为巢湖市居巢区）市长位置上干满了两年的杨建国，赴任和县县委书记一职。在这个人文深厚的江左之地，杨建国交出了一份连他自己都觉得“无颜见江东父老”的人生答卷。杨建国涉嫌职务犯罪进入有关部门视线，正值2004年的秋冬之交，虽然那时他还不到50岁，但却已经在县级正职的岗位上摸爬滚打了七八年光景，且期间还传闻其即将升迁地级市副市长的位置。

前途一片大好，杨建国的政治生命却一夜之间倏然“叫停”了。

后来有关人士在总结他得失的时候分析，是杨建国的自我感觉太好了，所以在和县任县委书记的后期，杨建国开始变得无所顾忌，贪欲之手几乎覆盖了该县大部分乡镇和县直多数单位。他的一些部下由于差不多都熟知杨建国书记的“品性”，因而采取的是平时勤烧香，临时也抱佛脚的策略，以图从他那里谋取更大的利益。

常委会上一反常态

2004年上半年，和县县委常委会讨论干部问题，组织部门按照书记办公会通过的调整方案进行汇报，拟提名陈某任供销社主任、党组副书记，原任供销社副主任的骆某任党组书记。该方案汇报完毕后，杨建国请常委们发表意见。一名县委常委发言提出异议，他认为应该让骆某当主任，但马上就有其他常委表示反对，认为骆某的工作能力不怎么样。眼见大家有了分歧，杨建国却表态同意让骆某当主任。书记拍板，事情就决定了。

事后，有的常委感到奇怪，以前书记办公会议研究人事方案，在向常委会汇报时从来没有变动过。如果要有变动，必须事先向杨建国汇报，他同意后才能向常委会汇报。但这一次“一直很霸道”的杨建国却出人意料地接受了别人的不同意见，“很不符合他的一贯做法”。

难道这背后有什么猫腻吗？原来，在此之前骆某已经把杨建国给“拿下”了。

2004年3月中旬，时任和县供销社副主任的骆某到政府办事，因为女副县长李某是骆某妻子的同学，骆某顺便跑到李某的办公室坐一坐。闲聊中，李副县长告诉了骆某最近供销社的班子要调整的消息，骆某听后便直言不讳地对李某说，自己干了10年副主任了，能不能帮忙给杨建国说说话提拔提拔。李某于是给骆某“指点迷津”：“我也帮不上忙，只能给杨建国书记说一下，你最好自己找他。”

此后的一天晚上，骆某从家里带了5000元现金，用信封装好，一个人来到杨建国在该县武装部的宿舍，见只有杨建国一个人在，骆某开门见山自我介绍后，就说供销社的班子调整，想请杨书记帮忙关照一下。杨建国听后笑了笑，打了句官腔：“不知道组织部考核什么情况，到时再说吧。”骆某临走前，将装有5000元钱的信封放在了桌子上，杨建国没有推辞。李副县长也未食言，她向杨建国推荐了骆某，杨建国说：“常委会上研究吧。”

令李副县长没有想到的是，研究人事问题的县委常委会一结束，杨建国就给她打来电话，告诉她常委会上研究同意骆某担任供销社主任，并且补了一句：“大家意见都很一致。”两天后，县委组织部通知骆某谈话的当天晚上，骆某又从家中带上5000元现金，再次来到杨建国的宿舍送给杨建国。他心里清楚，没有杨建国，他是当不了这个主任的。2004年4月2日，正式宣布了对骆某的任命。

局长的投资策略

骆某采取的是“临时抱佛脚”的做法，陈公安为了工作调整则采取的是“平时勤烧香”的长线策略。

2000年的时候，陈公安是和县公安局长，按照有关“四长”（县长、法院院长、检察院检察长、公安局长）避籍任职的规定，作为和县本地人的陈公安应该交流到外地去，但他不愿意离开家乡和县，于是他想到了杨建国。

2000年中秋节前、2000年10月、2001年春节前，陈公安三次送给杨建国5000元，杨建国都收下了。2001年2月底，陈公安感觉时机成熟了，便向杨建国提出想到土地局当局长。不久，组织部门向杨建国汇报人事调整方案时，杨建国就说，让陈公安到土地局当局长吧。同年底，该县土地局和矿产资源局合并成国土资源局，组织部门提出由陈公安任局长，杨建国赞同。自然，县委常委会上也顺利通过。

陈公安感激涕零，从2001年中秋节开始，一直到2004年的端午节，先后9次给杨建国共送去1．7万元。而所有这些送出去的钱，陈公安是不会自己掏腰包的，他找了些票据分别在公安局和国土局报了销，自己基本上没有动用一分钱。

陈公安调任了，公安局长有了空缺。这不要紧，杨建国已经有了人选，这人便是时任和县历阳镇党委书记（副处级）的刘阳（化名）。2001年春节前，刘阳给杨建国送去了3000元现金，并向他发出了在职务调整时予以关照的信号。春节后，杨建国即向县组织部门打招呼，提出让刘任公安局局长。是年3月，在决定陈公安任县土地局局长的县委常委会会议上，杨建国同时提议刘阳任公安局长、党委书记。

常委会后，杨建国直接找刘阳谈话，刘提出还想保留副处级待遇。按照规定，县公安局长只是正科级。此后杨建国向上级领导极力争取，刘阳的副处级待遇也保住了。2002年春节前，刘阳到杨建国的办公室又送上3000元现金。

这年10月前后，巢湖市委组织部到和县考察领导班子，杨建国推荐刘阳作为县委常委候选人之一。在考核组征求他意见时，杨建国替刘阳讲了不少言过其实的好话，刘阳顺利被确定为县委常委候选人。不久，在该县党代会上，刘阳顺利当选县委委员、常委，不久又被任命为宣传部长。对于杨建国的“厚爱”，刘阳自然知道其中的深浅，他又三次共送给杨建国7000元，以进一步拉拢关系。

乡镇党政领导携手送钱

杨建国任和县县委书记那段时间，该县不少乡镇负责人给他送钱几乎不避人耳目，往往是党政主要领导一起送，并且这些钱都在乡镇财政上予以报销。

曾经担任和县善厚镇镇长的夏军（化名）与镇党委书记朱同庆（化名）就是这样一对“搭档”。

2000年10月和2001年春节前，为了感谢杨建国对他们的提拔，同时也为以后进一步得到提拔重用，这对“搭档”先后两次来到杨建国的家，分别送上现金5000元。2003年4月，已任善厚镇党委书记的夏军又与他的新“搭档”、镇长朱世民（化名）一起到杨建国家送给他现金5000元。

同年9月，夏军再次换了一个“搭档”，不过此时他已调到城南乡任党委书记了。在这个新的岗位上，他并没忘了继续跟杨建国联络感情。这年中秋节，他与乡长李志（化名）一起给杨建国送上4000元。

在夏军任该县城南乡党委书记之前，孙宏涛（化名）在该乡任书记，他与夏军如出一辙，也有自己的送钱“搭档”。

2002年春节前，时任城南乡书记的孙宏涛为了感谢杨建国对他的提拔，与乡长谷麦（化名）一道送给杨建国4000元。

2002年6月，杨建国在中央党校学习期间，孙宏涛与当时的挂职副书记、后来成了夏军搭档的李乡长一起去北京，到中央党校送给杨建国4000元“慰问金”。

2003年春节前，孙宏涛又有了新想法，他想到县直单位工作，而谷麦则想当乡镇的党委书记，为此二人又携手送给杨建国5000元。这之后两人相继如愿以偿，谷麦任该县濮集乡党委书记，孙宏涛被任命为环保局局长。

2003年八九月间，城南乡政府在2001年9月时为收农业税非法拘禁群众问题暴露，杨建国非常恼火，要处理原城南乡党委书记、乡长，检察机关也同时介入。

当时城南乡乡长是已调任濮集乡党委书记的谷麦，为了避免被处理，他同自己在濮集乡的新搭档张世华商量，一道去给杨建国送钱。

张世华正愁要“交结”杨建国而没有办法，两个没出息的乡镇干部一拍即合，给杨建国送去5000元钱。

杨建国听到谷麦为了避免被处理的请求，居然当即就给有关部门打电话，以保护基层干部为名，要求谷案不要查下去了。

仅仅5000元钱，谷麦就把杨建国给“摆平”了，一起有非法拘禁犯罪嫌疑的案件也就这样胎死腹中。2004年2月，毫发未损的谷麦竟然当上了该县计划生育局副局长。

经过安徽省合肥市中级法院一天半的公开开庭审理，6月23日中午，杨建国案件庭审结束，法院没有当庭作出宣判。在庭审的最后陈述阶段，无所顾忌的杨建国终于承认“我有罪，我认罪服法”。

编后话

作为一名地方党政机关的“一把手”，要在短时间内毫不遮掩地聚敛到600余万巨额家财亦决非易事，杨建国自有他的办法：要么为其下属官员晋升、重用或者保留官职提供帮助，要么为他人经营活动提供帮助；“求官者”几乎不避人耳目，反正“所送的钱由财政报销”。杨建国是“有求必应”，真乃一群干部队伍中龌龊败类的“活菩萨”。杨建国这样的“一把手”盘踞一方，而且达四五年之久，那里的百姓与廉洁的干部真是苦不堪言。我们的民主政治改革如何对此类腐败现象作出应对措施，对杨建国一案作典型剖析，实有必要。

【典型案例点评与分析】

本案所暴露出的重要问题是官员选任中的腐败问题。2004年国务院发布了《全面推进依法行政实施纲要》，规划了我国未来十年的政府法治建设。执政党执政方式的转变，将直接推动用人制度的改革和有效遏制选用人制度中的腐败问题。高度集权的政治体制与实行党管干部的原则，选任权的不公开，使公共权力中的党委组织部门权力特殊，存在严重吏治腐败的问题。同样，在政府审批权中，官员的选任权是最大的审批权，政府管理体制中最大的腐败，是官员选任权的饿腐败。裙带关系、任人唯亲、买官卖官即由此而起。解决这一腐败的源头，最根本的措施是改变权力产生的方式，即变由上而下的政府官员选任制为自下而上的人民群众直接选举制。推行这一改革，显然最终有待于高度集权的权力架构改革和理顺党的领导与法律至上关系的政治体制改革。

成克杰受贿案

被告人成克杰，男，66岁（1933年11月13日出生），壮族，出生地广西壮族自治区上林县，大学文化，原系第九届全国人民代表大会常务委员会副委员长，曾任中共广西壮族自治区委员会副书记、广西壮族自治区人民政府主席，住广西壮族自治区南宁市新城区新城所七星路片区党委大院七星路128号。因涉嫌犯受贿罪，于2000年4月25日被逮捕。

北京市人民检察院第一分院指控：1993年底，被告人成克杰与李平（女，46岁，香港居民，另案处理）准备各自离婚后结婚，商议趁成克杰在位，利用其职权，为婚后生活共同准备钱财。此后，成克杰、李平共同为他人谋取利益，从中收受财物。

1994年3月10日，被告人成克杰利用职权，将广西银兴房屋开发公司（后更名为广西银兴实业发展公司，以下简称银兴公司）由原隶属广西国际经济技术合作公司改为直接隶属自治区政府领导和管理。1994年初至1995年6月，成克杰通过李平接受银兴公司负责人周坤（另案处理）请托，并从李平处得知可以得到好处，遂利用职权，指定南宁市江南停车购物城工程（以下简称停车购物城工程）由银兴公司承建，要求自治区计委尽快办理立项手续；指令南宁市政府将该工程85亩用地以每亩55万元低价出让给银兴公司；多次向中国建设银行广西分行行长曾国坚提出要求，为银兴公司发放贷款人民币7000万元。为取得事先约定的好处，在张静海（另案处理）的协助下，成克杰、李平收受周坤以银兴公司多付土地转让费的方式给予的人民币20211597元。李平将其中人民币900万元送给张静海。成克杰、李平取得人民币11211597元。

1996年上半年至1998年5月间，被告人成克杰通过李平接受银兴公司负责人周坤请托，并从李平处得知可以得到好处，遂利用职权，决定将广西民族宫工程（以下简称民族宫工程）交由银兴公司与自治区民委共同开发建设，并指令将该项目法人由原定的自治区民委改为银兴公司；向中国工商银行广西分行行长肖广诚提出要求，为银兴公司发放贷款人民币3000万元；指令自治区房改办公室违反国家规定，将房改基金人民币2500万元借给银兴公司；先后两次批示自治区财政厅向银兴公司拨款人民币5000万元；为银兴公司向国家计委申请到项目补助款人民币1300万元。为此，成克杰、李平收受周坤给予的人民币900万元、港币804万元（折合人民币8606436元）。李平将其中人民币250万元送给张静海。成克杰、李平取得合计人民币15106436元。

被告人成克杰与李平在共同为银兴公司谋取上述利益的过程中，于1994年至1997年间多次收受银兴公司负责人周坤给予的人民币2万元、港币2万元、美元2万元以及金砖1块、黄金狮子1对、黄金钻石戒指1对、劳力士手表3块等物品。款、物合计人民币559428元。

1994年7月至10月间，被告人成克杰通过李平接受广西信托投资公司（以下简称信托公司）及其下属的广西桂信实业开发公司（以下简称桂信公司）的请托，并从李平处得知可以得到好处，遂利用职权，分别向中国建设银行广西分行行长曾国坚、中国银行广西分行行长高武学提出要求，为信托公司以及桂信公司发放贷款共计人民币1600万元。为此，成克杰、李平两次收受桂信公司给予的人民币共计60万元。

1997年7月，被告人成克杰通过李平接受广西桂隆经贸有限公司（以下简称桂隆公司）总经理刘新民为铁道部隧道工程局承揽岩滩水电站库区排涝拉平隧洞工程（以下简称拉平隧洞工程）的请托，并从李平处得知可以得到好处，遂利用职权，直接干预更改中标标段，使铁道部隧道工程局承揽到该项目标的较高的下游段工程。为此，成克杰、李平收受桂隆公司给予的人民币180万元。

1994年初至1998年初，被告人成克杰通过李平接受甘维仁（另案处理）的请托，利用职权，多次帮助甘维仁晋升职级，调动工作，使甘维仁由广西合浦县副县长先后晋升为广西北海市铁山港区区长、自治区政府副秘书长。为此，成克杰、李平四次收受甘维仁给予的人民币27万元。

1996年，被告人成克杰接受广西北海市公安局海城分局局长周贻胜的请托，向该市市委主要负责人推荐周贻胜担任北海市公安局局长。为此，成克杰两次收受周贻胜给予的美元3000元（折合人民币24911元）。1996年2月至1997年12月间，成克杰接受自治区计委服务中心主任李一洪的请托，利用职权，安排李一洪担任了自治区政府驻京办事处副主任。为此，成克杰三次收受李一洪给予的人民币1.8万元。

综上，被告人成克杰伙同李平或单独非法收受贿赂款、物合计人民币41090373元，李平将其中1150万元送给帮助转款、提款的张静海。成克杰、李平实得贿赂款29590373元。上述赃款、赃物大部分被李平转移到香港保管，案发后已全部收缴。

北京市人民检察院第一分院移送了指控被告人成克杰犯受贿罪的物证、书证、证人证言、鉴定结论、被告人供述等有关证据，认为被告人成克杰利用其国家工作人员职务上的便利，为他人谋取利益，非法收受财物，数额特别巨大，情节特别严重，其行为触犯了《中华人民共和国刑法》第三百八十五条、第三百八十六条、第三百八十三条的规定，已构成受贿罪。提请本院依法惩处。

对于公诉机关在起诉书中指控的犯罪事实，被告人成克杰在开庭审理中，供认其曾决定让银兴公司承建停车购物城工程和民族宫工程，并帮助银兴公司解决建设资金，银兴公司负责人周坤曾通过李平或直接送给其价值人民币55万余元的款、物；供认其曾帮助信托公司和桂信公司申请银行贷款，帮助铁道部隧道工程局承揽拉平隧洞工程；亦供认其曾向有关部门和负责人推荐甘维仁、周贻胜、李一洪晋升职务。但又辩解称：起诉书指控其和李平为结婚准备钱财，利用职权收受贿赂没有根据；将停车购物城工程和民族宫工程交由银兴公司承建及向银兴公司拨款是正当的职务行为；帮助银兴公司和信托公司从银行贷款，不违反规定；铁道部隧道工程局施工能力较强，推荐其承建拉平隧洞工程，是为了保证工程质量，属正当的职务行为；在办理上述事项中没有收受任何贿赂；推荐甘维仁、周贻胜、李一洪晋升职务是正常职务行为，甘维仁、李一洪的职务晋升是经组织部门研究决定的；没有收受甘维仁的钱款；虽然收受了周贻胜、李一洪的钱款，但这与李一洪的职务晋升和推荐周贻胜晋升职务没有关系。

被告人成克杰的辩护人张建中、赵志成在开庭审理中，对成克杰所供认的内容未表示异议，但提出如下辩护意见：起诉书指控成克杰为与李平结婚生活而利用职权准备钱财的证据不足；成克杰作为自治区政府主要负责人，帮助有关单位承建停车购物城工程、民族宫工程、拉平隧洞工程，是正当履行职责；成克杰为请托人联系银行贷款，没有利用职权，不具备受贿罪的主体资格；成克杰向组织部门推荐甘维仁、周贻胜、李一洪，没有违反规定，指控其收受甘维仁的钱款缺乏证据；成克杰收受周贻胜、李一洪的钱款与二人的职务晋升没有因果关系；李平让成克杰帮助请托人办理有关事项，收取“好处费”，系商业行为，“好处费”均被李平和张静海占有，成克杰不应对此承担法律责任；在案件进入司法程序之前，成克杰能够如实交代自己的罪行，积极配合有关部门追回涉案全部财物，其行为应视为自首，请求法庭对其从轻或者减轻处罚。

在庭审中，被告人成克杰的辩护人提供了证人孟昭奉（成克杰之妻）的亲笔证词、证言各一份及成克杰与亲属的合影照片一张，以证明起诉书认定的成克杰和李平准备各自离婚后结婚的事实不能成立。

经审理查明：

1993年底，被告人成克杰与李平商议各自离婚后结婚。为此，时任成克杰秘书的周宁邦向李平建议，利用成克杰在位的有利条件，二人先赚钱后结婚，为以后共同生活打好物质基础。李平将周宁邦的建议转告成克杰后，成克杰表示同意，并与李平商定，由李平联系请托人，由成克杰利用其担任中共广西壮族自治区委员会副书记、广西壮族自治区人民政府主席的职务便利，为请托人谋取利益，二人收受钱财，存放境外，以备婚后使用。

上述事实，有下列经庭审举证、质证的证据证实：

1. 证人李平的多次证言证实：她和成克杰在 1993 年底曾谈起各自离婚后再结婚的事情。周宁邦对她讲，现在结婚不现实，没有什么经济基础，不如趁成克杰在位时赚些钱，为将来的生活打好基础。后她把周宁邦的建议转告给成克杰，成克杰讲周宁邦说的先赚钱再结婚是对的，让她去看看有什么生意可做。当时是想通过成克杰拿土地、拿项目去赚钱。在收到第一笔“好处费”时，她和成克杰就商量把钱存到境外，不要存在境内。

2. 证人周宁邦的证言证实：1993 年底，成克杰与李平曾商量各自离婚、结婚。他对李平讲，你们没有经济基础，不如趁成克杰在位的时候，利用成克杰的地位和影响多赚些钱，为将来结婚打好物质基础，并让李平把这些话转告成克杰。

3. 被告人成克杰在侦查期间的供述证实：1993 年，李平曾向他转告过周宁邦的上述建议。他认为周宁邦说的先赚钱再结婚是有道理的。以后，他和李平就考虑找一些项目，拿些“好处费”，共同赚钱。成克杰的供述与证人李平、周宁邦的证言基本相符，可相互印证。

此后，从 1994 年初至 1997 年底，被告人成克杰与李平相互勾结，接受银兴公司等单位和个人的请托，利用成克杰的职务便利，为请托人谋取利益，从中收受巨额贿赂。具体事实如下：

1994 年初至 1995 年 6 月，被告人成克杰从李平处得知，如帮助银兴公司承建停车购物城工程及解决建设资金，可得到巨额“好处费”，便通过李平接受银兴公司负责人周坤的请托，利用职权，未经讨论，将银兴公司划归自治区政府办公厅管理；将停车购物城工程交由银兴公司承建，并要求自治区计委尽快为该工程立项；指示南宁市政府将该工程 85 亩用地的出让价格，从评估价每亩人民币 96 万余元压低至 55 万元；多次向中国建设银行广西分行提出要求，使该行向银兴公司发放贷款人民币 7000 万元。此后，银兴公司按照周坤与李平的约定，将贿赂款人民币 20211597 元汇入李平指定的银行账户。李平将其中人民币 900 万元付给为其转取贿赂款的张静海，其余人民币 11211597 元兑换成港币，存入其在香港浙江兴业银行的账户内，并将收受贿赂款的情况告诉成克杰。

上述事实，有下列经庭审举证、质证的证据证实：

1. 证人李平的证言证实：她和周坤商谈工程项目、贷款时，周坤许诺如帮助银兴公司承建停车购物城工程。压低工程用地价格、解决银行贷款等，可付“好处费”。后她将周坤的上述请托事项及可获得“好处费”的情况告诉成克杰。成克杰便利用职权，变更银兴公司隶属关系，将停车购物城工程交给银兴公司承建，压低工程用地出让价格，帮助银兴公司贷款。她出面收受了银兴公司给予的人民币 2021 万余元，除送给张静海人民币 900 万元外，余款人民币 1121 万余元兑换成港币，存入她在香港浙江兴业银行的账户内，并将收受贿赂款的情况告诉成克杰。

2. 证人周坤出庭作证证实：他向李平许诺，如成克杰为银兴公司在变更隶属关系、承建停车购物城工程、压低工程用地价格和贷款等事项上帮忙，银兴公司将付“好处费”。成克杰利用职权，帮助银兴公司在上述事项上谋取利益后，银兴公司按约定付给成克杰和李平“好处费”人民币2021万余元。

3. 被告人成克杰在侦查期间及庭审中的供述均证实：李平将周坤的有关请托事项告诉他后，他表示同意，便要求将银兴公司划归自治区政府办公厅管理；决定将停车购物城工程交给银兴公司承建；要求自治区计委尽快为该工程办理立项手续；指示南宁市政府压低地价；要求中国建设银行广西分行为银兴公司解决贷款。成克杰在侦查期间亦供述，李平在事前、事后，均将收受银兴公司“好处费”的情况告诉过他。成克杰的供述与有关证人证言等证据基本相符，可相互印证。

4. 证人刘咸岳、许季方、何宾的证言及《关于变更广西银兴实业发展公司隶属关系的函》、《企业申请变更登记注册书》等书证证实：成克杰指令将银兴公司划归自治区政府办公厅管理。

5. 证人杜宝成、洪普洲、梁志强的证言及《关于广西银兴房屋开发公司新建银兴商城项目立项的批复》等书证证实：成克杰违反工程项目立项的规定程序，指令自治区计委有关部门为银兴公司办理了银兴商城（即停车购物城）工程项目立项审批手续。

6. 证人杜宝成、李宗泽的证言及《地价评估报告》、《关于南宁市停车城地价问题的批复》、《关于缓交南宁市停车城土地转让费的报告》等书证证实：成克杰将停车购物城工程用地价格由评估价每亩人民币96万余元，压低到55万元。

7. 证人曾国坚的证言证实：在成克杰要求中国建设银行广西分行向银兴公司发放几千万元贷款时，该行曾认为周坤信誉不好，对其不放心，不想发放这笔贷款。后经成克杰多次要求，该行向银兴公司发放贷款人民币7000万元，该贷款至今未归还。

8. 《人民币资金借款合同》、《抵押合同》贷款转存凭证、银兴公司银行明细账等书证证实：中国建设银行广西分行向银兴公司六次发放贷款共计人民币7000万元。

9. 证人张静海的证言证实：李平让他帮助转取银兴公司汇给李的钱款，他将人民币2021万余元提取现金后，交给了李平，李平送给他人民币900万元。

10. 银兴公司账册、户名为张静海的中国银行长城卡月结单及银行账册等书证证实：张静海出面帮助转取银兴公司支付给李平的人民币2021万余元。

1996年上半年至1997年底，被告人成克杰从李平处得知，如帮助银兴公司承建民族宫工程及解决建设资金，可得到巨额“好处费”，便通过李平接受银兴公司负责人周坤的请托，利用职权，将民族宫工程交由银兴公司与自治区民委共同开发建设；将该项目法人由原定的自治区民委改为银兴公司；向中国工商银行广西分行提出要求，使该行向银兴公司发放贷款人民币3000万元；违反国家规定，指令自治区房改办公室将房改基金人民币2500万元借给银兴公司；两次批示自治区财政厅将财政周转金人民币5000万元借给银兴公司；为银兴公司向国家计委申请到项目补助款人民币1300万元。此后，银兴公司按照周坤与李平的约定，以汇款等方式将贿赂款人民币900万元、港币804万元（折合人民币8606436元）支付给李平。李平将其中人民币250万元付给为其转取贿赂款的张静海，余款人民币650万元兑换成港币，连同港币804万元存入其在香港浙江兴业银行的账户内，并将收受贿赂款的情况告诉成克杰。

上述事实，有下列经庭审举证、质证的证据证实认：

1. 证人李平的证言证实：她将周坤要求由银兴公司承建民族宫工程、解决建设资金的请托及可给付巨额“好处费”的情况告诉成克杰，成克杰利用职权，使该请托得以实现；她出面收受银兴公司给予的人民币900万元、港币804万元，将其中人民币250万元送给张静海，余款按与成克杰的约定，存入她在香港浙江兴业银行的账户内，并将收取“好处费”的情况告诉成克杰。

2. 证人周坤出庭作证证实：成克杰为银兴公司在承建民族宫工程及解决建设资金上谋取利益后，银兴公司按约定付给成克杰、李平“好处费”人民币900万元、港币804万元，其中人民币900万元由银兴公司打入李平指定的银行账户，港币804万元由其本人将现金支票交给李平。

3. 被告人成克杰在侦查期间及庭审中的供述均证实：李平将周坤的请托事项告诉他后，他表示同意，便决定将民族宫工程交给银兴公司与自治区民委共同开发建设；指令自治区政府办公厅主任潘鸿权在签发文件时将项目法人由自治区民委改为银兴公司；要求中国工商银行广西分行为银兴公司解决贷款人民币3000万元；指示自治区房改办公室将房改基金人民币2500万元违规借给银兴公司；两次批示自治区财政厅给银兴公司拨款人民币5000万元，用于民族宫建设；向国家计委申请到民族宫项目补助款人民币1300万元。成克杰在侦查期间亦供述，李平在事前、事后将收受银兴公司“好处费”的情况告诉过他。

4. 证人袁凤兰、刘咸岳、潘鸿权、黄海坤的证言及《关于广西民族宫建设筹备工作会议纪要》、《公司设立登记申请书》等书证证实：成克杰指定由银兴公司承建民族宫工程并将项目法人变更为银兴公司。

5. 证人肖广诚的证言及《人民币短期借款合同》、银行存款明细账等书证证实：由于成克杰提出要求，中国工商银行广西分行向银兴公司发放贷款人民币3000万元。

6. 证人袁凤兰、涂运彪的证言及银行转款凭证等书证证实：成克杰违反规定，指令自治区房改办公室将房改基金人民币2500万元借给银兴公司。

7. 证人佘国信的证言及《关于广西民族宫有限公司5000万元财政拨款情况的说明》、《财政周转借款合同书》、预算拨款凭证等书证证实：成克杰两次批示自治区财政厅将财政周转金人民币5000万元借给银兴公司。

8. 证人杨道喜、梁斌的证言及自治区四十周年大庆筹委会会议纪要、请求解决自治区四十周年庆祝活动重点项目建设经费的请示、国家计委办公厅的复函、预算拨款凭证等书证证实：成克杰指示自治区计委向国家计委为银兴公司申请到民族宫项目补助款人民币1300万元。

9. 证人程晓梅、张丽铭的证言及银兴公司账册、北海银新房地产公司南宁分公司账册、广西南宁财贸物资公司的账册等书证证实：李平让程晓梅、张丽铭帮助提取银兴公司付给的“好处费”人民币300万元。

10. 证人张静海的证言及转账支票、户名为张静海的中国银行长城信用卡、转账传票等书证证实：张静海帮助转取银兴公司付给李平的“好处费”人民币600万元，李平送给张静海人民币250万元。

11. 证人林锡森、王新强、周莉萍的证言及广西民族宫建设有限公司账册、基达企业有限公司账册等书证证实：银兴公司将公司资金往返转汇后，兑换成港币804万元，由经手人交给周坤。

12. 证人李秀玲、陈奇志的证言证实：周坤让银兴公司财务汇出人民币2000余万元。

1994年7月至1997年底，被告人成克杰与李平在接受银兴公司负责人周坤请托，为银兴公司承建停车购物城工程和民族宫工程谋取利益的过程中，先后在香港和南宁市收受周坤送给的人民币2万元、港币2万元、美元2万元、黄金钻戒1对、金砖1块、工艺品黄金狮子1对、劳力士牌情侣表1对、劳力士牌男表1块，款、物合计人民币559428元。其中金砖1块、工艺品黄金狮子1对、劳力士牌男表1块和美元2万元、人民币2万元（款、物共计人民币45.5万余元）由成克杰亲自收受，其余款、物由成克杰、李平共同收受或由李平单独收受后告知成克杰。以上款、物多数由李平存放在香港。

上述事实，有下列经庭审举证、质证的证据证实：

1. 证人周坤出庭作证证实：为感谢成克杰给银兴公司谋取利益，多次直接或经李平转送给成克杰人民币、港币、美元、黄金制品和手表等款、物，共价值人民币近60万元。

2. 证人李平的证言证实：成克杰在帮助银兴公司承接工程项目、变更公司隶属关系和联系贷款等期间，多次亲自或经她转手收受周坤送给的美元、港币、手表、金砖等款、物，由她将金砖、工艺品黄金狮子等在香港变卖，换取现金。

3. 当庭出示并经成克杰辨认的物证劳力士牌男表、书证钻戒照片证实：该手表及钻戒系成克杰与李平从周坤处收受。

4. 被告人成克杰对上述事实供认不讳，其供述与周坤、李平的证言基本相符，可相互印证。

1994年7月至10月，被告人成克杰从李平处得知，如帮助信托公司及其下属的桂信公司联系到贷款，可获得“好处费”，便通过李平接受请托，利用职务便利，先后向中国建设银行广西分行和中国银行广西分行提出要求，使中国建设银行广西分行向信托公司发放贷款人民币600万元（后信托公司将该款借给桂信公司使用），中国银行广西分行向桂信公司发放贷款人民币1000万元。此后，李平两次收受桂信公司给付的“好处费”共计人民币60万元，兑换成港币，存入其在香港浙江兴业银行的账户内，并将收受贿赂款的情况告诉成克杰。

上述事实，有下列经庭审举证、质证的证据证实：

1. 证人李平的证言证实：她将信托公司及桂信公司要求贷款的请托及可获得“好处费”的情况告诉成克杰后，成克杰要求中国建设银行广西分行向信托公司发放贷款人民币600万元，中国银行广西分行向桂信公司发放贷款人民币1000万元。后由她出面，两次收受桂信公司给予的“好处费”共计人民币60万元，并将收取“好处费”的情况告诉成克杰。

2. 证人曾国坚的证言证实：由于成克杰提出要求，中国建设银行广西分行向信托公司发放贷款人民币600万元，该贷款至今未还。

3. 证人高武学、李光明的证言证实：由于成克杰提出要求，中国银行广西分行考虑到与成克杰的关系，向桂信公司发放贷款人民币1000万元，如果不是成克杰提出要求，该贷款不可能发放。

4. 被告人成克杰在侦查期间及庭审中的供述均证实：李平将信托公司和桂信公司要求贷款的请托及可为此获得“好处费”的情况告诉他后，他表示同意，便要求中国建设银行广西分行为信托公司解决贷款，中国银行广西分行为桂信公司解决贷款。成克杰在侦查期间亦供述，李平在事前、事后将收取“好处费”的情况告诉过他。成克杰的供述与证人李平、曾国坚、高武学等人的证言基本相符，可相互印证。

5. 证人韦鼎桓、李平原、黄国生、覃小玲、韦建国的证言证实：信托公司及桂信公司通过李平申请到银行贷款计人民币 1600 万元，桂信公司两次付给李平“好处费”计人民币 60 万元。

6. 证人张静海的证言证实：他帮助李平提取了桂信公司给付的“好处费”人民币 40 万元。

7. 中国建设银行广西分行、中国银行广西分行的贷款审批手续等书证证实：中国建设银行广西分行向信托公司发放贷款人民币 600 万元，中国银行广西分行向桂信公司发放贷款人民币 1000 万元。

8. 桂信公司的现金支票、费用报销单等书证及鉴定结论证实：李平从桂信公司领取人民币 20 万元。

9. 桂信公司账册、银行进账单、银行活期储蓄存款凭条、取款凭条等书证及鉴定结论证实：张静海帮助李平提取桂信公司支付的“好处费”人民币 40 万元。

1997 年 7 月，被告人成克杰从李平处得知桂隆公司董事长刘新民许诺，如帮助铁道部隧道工程局承建拉平隧洞工程，可得到“好处费”，便通过李平接受请托，利用职权，指令自治区移民办将该工程交由铁道部隧道工程局承建，并直接干预工程招标工作，更改中标标段，使本应承建标的较低的上游段工程的铁道部隧道工程局，承建到了标的较高的下游段工程。在此期间，李平从刘新民处收受了铁道部隧道工程局给付的“好处费”人民币 180 万元，兑换成港币，存入其在香港浙江兴业银行的账户内，并将收受贿赂款的情况告诉成克杰。

上述事实，有下列经庭审举证、质证的证据证实：

1. 证人李平的证言证实：刘新民委托她帮助铁道部隧道工程局承揽拉平隧洞工程，并答应付给“好处费”。她将上述情况告诉成克杰，成克杰便利用职权，使铁道部隧道工程局承揽到拉平隧洞工程中标的较高的下游段工程。她从中收受刘新民转送的“好处费”人民币 180 万元，并将收受“好处费”的情况告诉成克杰。

2. 证人刘新民的证言证实：铁道部隧道工程局委托他帮助承揽拉平隧洞工程，付给“好处费”人民币 200 万元。他通过李平帮忙承揽该工程，付给李平“好处费”人民币 180 万元。

3. 证人秦逸民出庭作证证实：成克杰指令自治区移民办将拉平隧洞工程交由铁道部隧道工程局承建；得知铁道部隧道工程局在招标中获得标的较低的上游段工程后，成克杰又指令更改标段，将标的较高的下游段工程交给铁道部隧道工程局承建。证人奉恒高等人的证言亦证实上述情节，且与秦逸民的证言基本相符，可相互印证。

4. 被告人成克杰在侦查期间及庭审中的供述均证实：李平告诉他铁道部隧道工程局想承揽拉平隧洞工程，他同意帮忙，并要求负责此项工程的自治区政府副主席奉恒高将该工程交由铁道部隧道工程局承建；又指令更改标段，使铁道部隧道工程局承建到标的较高的工程段。成克杰在侦查阶段还多次供述，李平在事前、事后将获取“好处费”的情况告诉过他。

5. 证人张长征、李国民的证言证实：铁道部隧道工程局通过刘新民获得拉平隧洞工程下游标段，付给刘新民所在的桂隆公司人民币 200 万元。

6. 证人陈高峰、周克凡、吴红雨的证言证实：陈高峰从铁道部隧道工程局付给的人民币 200 万元中，提取现金 180 万元交给刘新民。

7. 拉平隧洞工程投标书、中标书、协议书等书证证实：铁道部隧道工程局中标的工程段为上游段，后变更为下游段。

8. 铁道部隧道工程局财务账册、桂隆公司账册、银行汇票、进账单等书证证实：铁道部隧道工程局汇入桂隆公司账户人民币 200 万元。

9. 桂隆公司账册、户名分别为陈高峰、周克凡、吴红雨的中国银行长城卡取现单等书证证实：刘新民为向李平支付“好处费”，提取现金人民币 180 万元。

1994 年初至 1997 年 4 月，被告人成克杰通过李平接受甘维仁的请托，利用职权，帮助甘维仁晋升职务，使甘维仁由广西合浦县副县长先后晋升为广西北海市铁山港区区长、自治区政府副秘书长。为此，李平四次经手收受甘维仁贿赂的人民币共计 27 万元，并将收受贿赂款的情况告诉成克杰。

上述事实，有下列经庭审举证、质证的证据证实：

1. 证人甘维仁的证言证实：他为了晋升职务，先后四次向成克杰、李平行贿人民币 27 万元。经成克杰推荐，他两次被提升职务。

2. 证人李平的证言证实：甘维仁为晋升职务，多次通过她向成克杰请托，她四次收受甘维仁送给的人民币 27 万元，并将收受贿赂的情况告诉成克杰。

3. 证人杨基常、王庆录、徐爱俐、叶学明、马庆生、黄学权的证言证实：经成克杰积极推荐，甘维仁先后升任北海市铁山港区区长、自治区政府副秘书长。

4. 被告人成克杰在侦查期间及庭审中的供述均证实：他接受甘维仁的请托后，便利用职权帮助甘维仁晋升职务，李平将收受甘维仁钱款的情况告诉过他。此供述与上述证据基本相符，可相互印证。

1996 年至 1997 年，被告人成克杰接受北海市公安局海城分局局长周贻胜的请托，向中共北海市委员会主要负责人推荐周贻胜担任北海市公安局局长。为此，成克杰两次收受周贻胜给予的美元 3000 元（折合人民币 24911 元）。成克杰将该款交给李平保管。

上述事实，有下列经庭审举证、质证的证据证实：

1. 证人周贻胜的证言证实：成克杰接受其提升职务的请托并两次收受他给予的美元 3000 元。

2. 证人李平的证言证实：成克杰将周贻胜给的美元交她保管。

3. 证人杨基常、李克的证言证实：成克杰曾推荐周贻胜担任北海市公安局局长。

4. 被告人成克杰的供述证实：他收受了周贻胜的美元 3000 元。其供述与上述证据基本相符，可相互印证。

1996 年初至 1997 年 2 月，被告人成克杰接受自治区计委服务中心主任李一洪的请托，利用职权，指令自治区计委推荐李一洪担任自治区政府驻京办事处副主任，并在推荐报告上批示同意，使李一洪担任了该职务。为此，成克杰收受李一洪给予的人民币 1.8 万元。

上述事实，有下列经庭审举证、质证的证据证实：

1. 证人李一洪的证言证实：成克杰接受他的请托，推荐他晋升职务，他三次送给成克杰人民币共计 1.8 万元。

2. 证人杨道喜、罗宽中、吴代慧的证言证实：成克杰推荐并批示李一洪担任自治区政府驻京办事处副主任。

3. 自治区计委建议函、任职通知等书证证实：经成克杰批示同意后，李一洪被任命为自治区政府驻京办事处副主任。

4. 被告人成克杰关于收受李一洪人民币 1.8 万元的供述与上述证据基本相符，可相互印证。

综上，被告人成克杰利用职务便利，单独或与李平共同为请托单位或个人谋取利益，收受贿赂款、物合计人民币 41090373 元。案发后，上述款、物已全部追缴，扣押清单由检察机关随李平案移送。

法院认为，被告人成克杰身为国家工作人员，利用担任中共广西壮族自治区委员会副书记、广西壮族自治区人民政府主席的职务便利，伙同李平或单独接受他人请托，为他人谋取利益，非法收受财物，其行为已构成受贿罪。北京市人民检察院第一分院指控被告人成克杰犯受贿罪的事实清楚，证据确实、充分，指控罪名成立。被告人成克杰的受贿数额特别巨大，其作为高级领导干部，所犯罪行严重破坏了国家机关正常工作秩序，侵害了国家工作人员职务的廉洁性，败坏了国家工作人员的声誉，犯罪情节特别严重，依法应予严惩。虽然成克杰受贿的赃款已被追缴，但不足以据此对其从轻处罚。辩护人请求对成克杰从轻或者减轻处罚的意见缺乏事实和法律依据，本院不予采纳。据此，根据被告人成克杰犯罪的事实、犯罪的性质、情节和对于社会的危害程度，依照《中华人民共和国刑法》第三百八十五条第一款、第三百八十六条、第三百八十三条第一款第（一）项、第二款、第五十七条第一款的规定，判决如下：

被告人成克杰犯受贿罪，判处死刑，剥夺政治权利终身，并处没收个人全部财产。

【典型案例点评与分析】

本案所暴露出的主要问题是对高级领导干部的监督问题。宪法规定："国家行政机关、审判机关、检察机关都由人民代表大会产生，对它负责，受它监督。"作为国家权力机关，人大及其常委会最重要的任务就是要依法对"一府两院"的工作进行监督，依法对"一府两院"中由人大及其常委会选举产生和决定任命的干部特别是领导干部进行监督，这种监督是宪法和法律赋予人大及其常委会的权力，不是可有可无，而是国家民主与法制建设的需要。这种监督，不能只图形式，不计效果，而要站在依法履职的高度，从党和人民利益的大局出发。搞好这种监督，不仅要依法监督事，更要依法监督人；不仅要依法搞好地方基层国家权力机关对"一府两院"相关干部的工作监督和法律监督，更要依法搞好地方各级国家权力机关对"一府两院"相关干部的工作监督和法律监督；不仅要依法对"一府两院"中由人大及其常委会选举产生和决定任命的部门干部进行监督，更要依法对"一府两院"中由人大及其常委会选举产生和决定任命的领导人进行监督；不仅要依法对"一府两院"领导人员中的副职领导人进行监督，更要依法对"一府两院"领导人员中的正职领导人进行监督。

中行开平案跟踪

中行开平案两主犯不愿认罪　拒绝余振东遣返模式

中行开平案两主犯今日在美接受审前听证，辩护律师向本报记者透露，两人目前不打算认罪以换取较轻刑罚。

核心提示

许超凡、许国俊，新中国成立以来贪污、挪用数额最巨的中行开平案中的两名主犯，2006年2月10日在美国参加庭审前的听证会。他们与其三名亲属面临15项罪名的指控，其中多项在美国属于重罪。

两名被告在美国的辩护律师向记者证实，此前，“两许”均拒绝了协商遣返问题。但有专家分析，二人在美国定罪后仍可能被驱逐出境，同时由于中国方面的持续努力，因此，不排除二人此后改变想法的可能性。“余振东模式”能否在“两许”身上延续，一段时间内仍难确定。

美国当地时间，2月10日上午8时30分，原中国银行开平支行行长许超凡、许国俊，将出现在内华达州联邦地方法院，参加开庭前的听证会。

两名被告在美国的辩护律师均向《新京报》记者证实，在听证会上，两人将对法官做出是否认罪的表示。而在此之前，他们均已拒绝遣返回国受审。

1月31日，美国司法部对外宣布，以签证欺诈、洗钱、非法入境等15项罪名，对许超凡、许国俊及其亲属共5人提起诉讼（以下此案简称‘两许案’）。

其官方网站文件显示，“两许”所涉部分罪名在美国亦为重罪。

2001年10月，中行开平支行案发。美国司法部文件称，该行三任行长许超凡、余振东和许国俊涉嫌勾结贪污、挪用巨额资金4.85亿美元，分别逃到加拿大和美国。专业媒体《财经》杂志称此案数额为“新中国成立以来之最，至今仍未被超出”。

其中，余振东于2002年12月19日在洛杉矶落网，在美国接受审判后，经中美协商，2004年4月16日被遣返回中国。“两许”则在余被遣返半年内分别在美国落网。

2005年中，中国公安部、司法部就已经开始与美国方面协商对“两许”的遣返工作，并与两名犯罪嫌疑人当面沟通。但遭到两人的拒绝。

而有法律专家分析，拒绝遣返的许超凡、许国俊，在美国定罪后仍可能被驱逐出境，加上中国方面的持续努力，因此，不排除二人在审判过程中改变想法的可能性。

“余振东模式”能否在“两许”身上延续，一段时间内仍难确定。

开审前先听证

2月10日的听证会，主要内容是法官询问被告是否认罪。许国俊和许超凡的辩护律师介绍，据他们了解，儿人都不打算认罪。

2月10日的听证会，主要内容是法官询问被告是否认罪。2月8日和9日，许国俊的辩护律师布雷特·惠普尔（Bret Whipple）和许超凡的辩护律师米切尔·珀森（Mitchell Posin）介绍，据他们了解，儿人都不打算认罪。

这是自拉斯韦加斯的联邦大陪审团对5人提起新的诉讼以来，在正式开庭前举行的一场听证会。

2006 年 1 月 31 日，美国司法部主管刑事犯罪的助理部长艾丽丝·费希尔（AliceS Fisher）对外宣布，正式对中行开平支行两位前行长许超凡、许国俊及其亲属共 5 人提起诉讼，另三人分别是许超凡之妻邝婉芳、妻兄弟邝华宝（在逃）及许国俊之妻余英怡。

公开资料显示，2004 年 9 月下旬和 10 月初，许国俊和许超凡分别在堪萨斯州和俄克拉何马州一个小镇上落网。

2 月 9 日，内华达州联邦地方法院有关工作人员向《新京报》证实，计划在 2 月 27 日正式对“两许案”开庭审判，到时候有关证人也将出庭。

律师布雷特介绍，如果被告人上诉，案件审理可能会持续更长的时间，“少则两三个月，多可至一年半载”。

布雷特在电话中笑称，由于许国俊无法支付律师费用，法院指派他为许国俊辩护。按照布雷特的说法，5 名被告均有一名辩护律师。

目前，这两位由美国政府出资聘请的律师正在为开庭积极准备。在布雷特看来，“两许案件”的发生主要源自中国当时金融制度的管理漏洞。

“他的欲望很大，总是希望获得更多的金钱。”布雷特律师 2005 年 2 月接手此案，他对自己的当事人许国俊留下了深刻的印象。

2005 年 9 月，布雷特就此案飞赴中国广东，和当地的证人进行联系。在此期间，布雷特还见到了此案另一同伙余振东本人，以便能从余案中获得一些有用的经验。

而在此前的 8 月 16 日，余振东案在广东省江门市中级人民法院公开开庭审理。

检方指控余振东贪污公款 8247 万美元，挪用巨额资金 1.32 亿美元、人民币 2.73 亿元、港元 2000 万元。余振东对上述指控供认不讳，但此案至今仍未宣判。

2006 年 2 月 8 日，江门市中院研究室的雷志强介绍，余振东案的管辖权已经收归最高人民法院。

“两许案”

在美被视为重案公布于美国司法部官方网站上的文件显示，对“两许案”的起诉是由拉斯韦加斯的一个联邦大陪审团提起的。即将担任“两许案”审理的内华达州联邦法院，也是当年余振东受审的法院。而且，两案的主审法官也系同一人——该法院的首席法官菲利普·普罗。普罗自从 1987 年便在内华达州联邦地方法院担任法官。

在美国的法院系统，联邦法院系统和州法院系统相互独立且并行，均分为三级。

通常情况下，一个刑事案件究竟是由州法院还是由联邦法院管辖，主要看指控的罪名是州罪还是联邦罪。

中国政法大学教授岳礼玲认为，余振东和“两许”均系联邦法院受理，表明为重罪。

《新京报》记者获知，在美国，联邦法院管辖的案件比较少，仅占全国受理案件总数的 2%左右。这些案件主要是通过国会立法规定的罪行。大部分涉及联邦法规的案件如涉及州际和国际商业管制的案件（如航空、铁路企业等），涉及证券和商品管制的案件、海商、国际贸易、破产、专利、版税等案件，以及涉及条约、外国、外籍人士权利、有关多元国籍方面的州际争端的案件都归联邦法院管辖。

另一个表明“两许案”为重案的事实是，公布于美国司法部官方网站上的文件显示，对“两许案”的起诉是由拉斯韦加斯的一个联邦大陪审团提起。

岳礼玲教授介绍，在美国，由检察院和大陪审团分别行使公诉权。其中轻罪由检察官单独行使公诉职能；而检察官对重罪的起诉要经过大陪审团的批准，并以大陪审团的名义提起公诉。

事实上，“两许案”由大陪审团提起公诉。而早在2004年4月上旬，余振东在美国公诉时，仅由检察官提起诉讼，并最终被内华达州联邦法院判处了144个月监禁。

被控多项重罪

按照相关人士的分析，许超凡和余振东等被指控的罪名都触犯了《美国法典》相关规定，根据美国法律，这些指控都属于重罪，尤其是有组织的欺诈活动。

在美国司法部官方网站上，公开文件显示了对“两许”等5人更为具体的指控。

其中第一项指控是，根据美国《反诈骗腐败组织集团犯罪法》，这5名被告从1991年至2004年10月涉嫌从事诈骗活动，涉嫌非法从中行开平支行非法侵占4.85亿美元并向美国、加拿大转移犯罪所得，包括利用偷来的公款进行货币交易、流通、伪造护照和签证。

根据指控，许超凡和许国俊在香港成立了多家空壳公司，通过他人帮助以及开办多个个人银行账户和投资账户把银行资金转移到这些空壳公司。

第二和第三项指控认为5名被告涉嫌从事洗钱，从1998年起到2004年10月间转移盗款，其渠道之一就是通过拉斯韦加斯的赌场。

在第四到第九项指控中，许超凡和许国俊各自受到三项伪造签证的指控，涉嫌通过持有虚假美国移民签证进入并在拉斯韦加斯停留。

第十到第十五项指控，则是针对邝婉芳、余英怡类似“两许”在第三项中关于“以虚假陈述获取护照”的指控。

对比美国司法部门对余振东的指控以及获刑144个月的刑罚，或能框定“两许”可能面临的刑处。

来自中国司法和公安部门的消息，2002年12月，余振东在美国被拘捕后，美国司法机关对其提出的五项刑事指控，与此次“两许”被诉的大体相同：第一项至第三项，也是涉嫌非法侵占4.85亿美元，并向美国加拿大转移犯罪所得，涉嫌参与有组织的欺诈活动罪；2001年12月15日，将其非法侵占的355万美元资金从香港汇至美国旧金山的行为，涉嫌从外国转移欺诈所得罪；此后，余振东等人使用被非法转移到美国境内的资金行为，涉嫌洗钱罪。

针对余振东的第四和第五项指控，是编造虚假个人身份并获取美国签证，涉嫌用虚假陈述获取护照罪和用欺骗手段获取签证罪。

黄风，原司法部司法协助外事司正司级巡视员，现北京师范大学刑事法律科学研究院任国际刑法研究所所长，曾参与了中美双方有关“开平案”司法合作全过程。

按照他的分析，许超凡和余振东等被指控的罪名都触犯了《美国法典》相关规定，根据美国法律，这些指控都属于重罪，尤其是有组织的欺诈活动。依照美国法典，仅此一项犯罪即可判处20年以下监禁甚至终身监禁。

而且他们三人的犯罪具有加重情节：涉案金额高，犯罪行为是合伙实施，犯罪人为金融机构的职员并且利用了职务之便。

除此，对于使用以虚假获取的护照罪和欺骗手段获取签证罪，均可分别判处15年以下监禁。

认罪或将减轻刑罚

目前“两许”均向律师表达不愿认罪。但有关专家分析，经过几轮审理判决后，两人仍有可能重新采取辩诉交易的方式换取较轻处罚

有专家分析，“两许”可能因为美国一种特殊的司法制度——辩诉交易，面临较轻的刑罚。前提是两人做出认罪表示。

中国政法大学岳礼玲教授告诉《新京报》记者，2月10日的听证会，应当是辩诉交易审理的前奏。

据其介绍，被告人如果同意放弃其辩护权，供认有罪，公诉人就可能以较轻的罪名起诉或者向法官建议判处被告人较轻的刑罚，并将诉辩双方的协议（即认罪协议）提交法官审查后直接作出判决。

有统计数据显示，美国90%以上的刑事案件实行了辩诉交易，余振东在美国被审判时也未例外。

一直参与开平案中美合作的原司法部正司级巡视员黄风介绍，余振东原本被控诈骗、洗钱等5项罪名，但最终美国法院只认定了欺诈罪一项罪名，并判144个月的监禁，其原因就在于实施了辩诉交易。

余振东案的具体做法是，美国刑事检控机关在辩诉交易中要求余振东向中国内地和香港特区执法机关提供合作，向它们交代有关的犯罪事实，并且劝告余通过提供上述合作争取获得美国法院的减刑处理。

此做法的另一个目的是迫使余振东自愿遣返。

而中国司法机关也承诺，一旦余振东自愿回国，国内量刑将不超过在美国所判的刑期。

2001年11月，中美签署了司法合作协议《中美刑事司法协助协定》。自此，两国在打击跨国犯罪方面加强了合作。

随后2003年12月中国加入了《联合国反腐败公约》。据其约定，贿赂、贪污、挪用公款、枉法、滥用职权、大额财产来源不明、洗钱、窝赃、妨害司法等都是可定罪的腐败行为。《反腐败公约》规定缔约国之间就反腐败进行司法协助，如归还贪官赃款，彼此提供证据、冻结银行账户、财产充公和引渡嫌犯。

不过，美国和加拿大均未加入《联合国反腐败公约》，且中美两国也未签署引渡协议。至2004年1月，美国总统布什在美洲34国特别首脑会议期间颁布法令，规定美国将停止审批那些在公共职位上犯有贪污罪、参与过贪污行为或是从中受益的移民或非移民进入美国。

正是基于上述合作背景，在获轻刑144个月的监禁后，余振东于2004年2月向美国内华达州法院递交了《递解出境司法命令和放弃听证约定申请书》，承认自己在美国所犯的罪行应导致递解出境的法律后果，并且明确指定中国为其递解出境的接收国，其遣返也顺理成章。

目前“两许”均向律师表达不愿认罪。但有关专家分析，经过几轮审理判决后，两人仍有可能重新采取辩诉交易的方式换取较轻处罚。

逃亡之路

拉斯韦加斯北部约8公里处的一个小镇上，许国俊与其妻余英怡被关在当地一处监狱

内，但两人并不能见面。余振东被遣返前，也一直关在此处。

许国俊的律师布雷特介绍，他不能确认许超凡夫妇是否与许国俊关押在同一处。

“没有什么情绪波动，他自己也在为审判做准备。”布雷特介绍，狱中的许国俊经常研究美国政府向其提供的案件材料，其余时间则是读书。对于一日三餐的土豆、面包、肉等简单食物，许国俊安之若素。

“两人被捕之后，曾被多次提审，”截至目前，至少有 3 名香港和 4 名内地的中国证人就此案到美国作证，每次有中国证人赴美，“二许”即会被提审。

按照律师布雷特的说法，许超凡和许国俊自从 2001 年逃到加拿大再辗转至美国，一直过着清贫的逃亡生活。

在被捕之前，许国俊在美国中部堪萨斯州一个叫威奇塔的地方住了近一年。

经朋友介绍，许在一家送外卖的中餐馆做厨师，一周工作 7 日，一天工作 10—15 个小时，期间还烫伤过手臂。

逃亡美国的许国俊还娶了一名美国华裔女子，后来因为想念前妻和两个孩子，又与该女子分开了。

在威奇塔一间临时租用的小公寓里，许国俊和他的前妻没有车，也没有钱，布雷特形容为“家徒四壁”。

2004 年 9 月下旬一天，美国联邦调查局特工对当地的华人社区进行调查时，发现了许国俊的行踪。就是在那间小公寓里，许国俊在随后现身的警察面前缚手就擒。

拒绝余振东遣返模式

布雷特转述了国内官方对许国俊提出的条件：如果自愿现在回来，情况会对其更加有利。但“两许”均拒绝和中方代表协商关于遣返问题

“许国俊不愿意被遣送回国。”2 月 8 日，许国俊的辩护律师布雷特告诉《新京报》记者，许国俊很想念国内的亲朋好友，但是目前并不打算接受与余振东类似的方式——达成认罪协议后回到中国再接受审判。

布雷特说，许国俊曾向他表达了自己的担心——遣返回国后被判死刑。

而在此次美国起诉“两许”等人半年之前，包括中国公安部、司法部及其他部门的 4 名代表，均赴美与许国俊、许超凡会面；中美两国官方也多次进行协商。

“总有一天要回到国内，这是迟早的事情。”2 月 9 日，布雷特向《新京报》记者转述了国内官方对许国俊提出的条件：如果自愿现在回来，情况会对其更加有利。

尽管如此，两名辩护律师向《新京报》记者证实，“两许”均拒绝和中方代表协商关于遣返问题。

高峰，公安部经济犯罪侦查局副局长，分管境外缉捕工作，他此前在接受央视采访时表示，开平案余振东和“两许”是一个共同的犯罪团伙，其实施的犯罪触犯了多国法律。为此，他曾带领公安部代表团至少四次赴美参加“三国四方”（中国、美国、加拿大、中国香港）会议。在其看来，遣返“两许”是整个案件的延续。

江门市中级人民法院研究室雷志强则表示，此案三人被遣返的警示意义远大于对其本人的判刑，从此角度讲，余振东模式意义重大。

据公安部资料显示，从 1993 年到 2005 年 1 月，通过国际刑警组织的配合，中国已先后将 230 多名犯罪嫌疑人从 30 多个国家和地区缉捕回国，也将若干名从外国潜逃至中国

的嫌疑人遣送回其本国。

但到去年底，中国外逃的经济犯罪嫌疑人尚有500多人（其中包括贪官），而通过双边司法协助、国际刑警组织等手段被遣返的只是其中很小一部分。

黄风分析，根据美国《移民法》的规定，如果外国人在任何情况下被判定犯有严重罪行，将一律被驱逐出境。尽管美国法律赋予可能被驱逐出境的外国人以某些法律救济手段，如申请避难的权利，但对于那些因在美国的严重罪行而被判处5年以上监禁刑的外国人，美国司法部长有权决定剥夺其这样的权利。

这意味着，即使“两许”不愿回国受审或拒绝“余振东模式”，仍可能在审判后被美国驱逐出境。

被缴资金缺口

除去几人曾经在赌场里面输掉的钱无法追缴，目前“该追的基本上都追回”，约占其涉案金额总数的1/3多。

在“开平案”中，伴随着对犯罪嫌疑人追逃的同时，是对其转移资金的追缴。

许超凡年仅30岁时便当上中国银行广东分行开平支行行长。有证据表明，许超凡1994年至1998年任开平行长期间，利用职务之便，通过各种方式窃取巨额银行资金；并通过运作，让余振东、许国俊先后就任开平分行的行长，继续和掩盖罪行。

2001年10月12日，随着审计署对中行广东分行审计的深入进行，审计报告即将出台，许等人的行为已无法继续隐藏；另一方面，此日亦是中国银行联行资金系统上线的时间，开平的资金盗窃即将大白于天下。

此时，许超凡、余振东、许国俊等人已举家外逃。此后至今，许的亲戚已有数人在香港等地落网，并以洗钱等罪名被判刑。

在案发前，余振东等三人曾将大量钱款以各种方式和名义汇至美国，其中已经查证与余振东有关的就有三笔大额款项：2001年10月，余从香港将大约200万美元汇到美国内华达州一家赌场；随后又将859万美元以清偿赌债的名义汇至该赌场在香港开设的银行账户上，并办理了汇往美国的手续；10月15日，将355万美元从香港分两笔汇往余振东之弟余振峰在旧金山开立的银行账户上。

案发后，中国执法机关和中国银行，请求境外司法机关的协助，通过刑事扣押或者民事保全措施对被转移的资金予以冻结。

公安部经侦局一位官员介绍，刚潜逃时余振东仰仗“财大气粗”，聘请境外律师团分别在美国和中国香港与中国银行打起官司，试图夺回上述资金的控制权。

在余振东被美国警方刑事扣押之后，其汇往旧金山的355万美元，已由美国政府全额返还中方；转移到内华达州的90万美元，美国法院判还中国银行；在香港账户上的859万美元，也因余振东的撤诉使中国银行对有关资金的所有权得到确认。

至于“两许”，同样将大量资金转移到境外。此次美国司法部的文件显示，其中一项资金转移是，许超凡将200万美元支票存入其妻兄弟邝华宝在拉斯韦加斯一家赌场的账户，邝华宝本人也受到参与洗钱的指控，目前仍在逃。

另外据美联社的报道，邝婉芳于2000年10月将13万美元的资金存入拉斯韦加斯一家赌场酒店的账户。许国俊于2000年11月把1.2万美元的资金存入一家名为“金银岛”的赌场。邝华宝于2001年4月在拉斯韦加斯一家“里约”赌场酒店分四次存入了200万美元的资金。

一直负责此案的公安部经济犯罪侦查局副局长高峰和最高人民检察院反贪总局大要案侦查指挥中心的副主任陈东在接受央视采访时介绍，除去几人曾经在赌场里面输掉的钱无法追缴，目前“该追的基本上都追回”，约占总数的1/3多。

广东省江门市中院提供的资料显示，从1992年到2001年，由案犯许超凡等人通过盗取联行资金、侵占企业还贷资金等方式，累计挪用中行开平支行资金逾31亿元人民币，光余振东案就形成了182卷卷宗，装了8个保险柜。

在人口70万的开平，到许超凡等三人出逃之际的2001年，这个县级市利用外资财政才首次超过1亿美元，据2002年开平市政府工作报告统计，全市10年财政收入总和不到4亿美元。

中行开平支行案件进展时间表

2001年10月15日，余振东从香港直飞加拿大，之后转赴美国，从此在美、加两国来回逃匿。

同日，许超凡、许国俊由拉斯韦加斯进入美国。

同一天，“开平案”立案，“10·12专案组”迅即成立。

2001年11月，中国公安部向国际刑警组织发出红色通缉令。

2002年12月17日，美国内华达州联邦检察官办公室签发对余振东、许超凡、许国俊三人的逮捕令。

2002年12月19日，余振东在洛杉矶被捕，涉嫌罪名是使用欺骗手段获得签证。

2004年2月，余振东与美方达成的认罪协议，明确列出中国司法部门的书面承诺：余振东将不会因1992至2001年间开平中行案的犯罪行为而被判死刑，刑期不超过12年；将不会在中国监禁期间被虐待。

2004年4月，余振东在内华达州联邦法院被判处144个月监禁后，于4月16日被移送回中国。

2004年9月许国俊在美国堪萨斯州落网。

2004年10月许超凡在美国俄克拉何马州被捕。

2005年1月3日余振东案由广东省检察院侦查终结，由江门市检察院向江门市中级法院提起公诉，对余的指控系涉嫌贪污罪、挪用公款罪。法院于当天受理此案。

2005年8月16日广东省江门中级法院开庭审理余振东案。余对被控罪名供认不讳。

2006年1月31日，美国司法部门以签证欺诈、洗钱、非法入境等15项罪名，对许超凡、许国俊及其亲属共5人提起诉讼。

2006年2月10日，两许案在内华达州联邦地方法院召开庭审前的听证会。

2006年2月27日，内华达州联邦法院决定开庭审理“两许案”。

【典型案例点评与分析】

本案所暴露出的主要问题是腐败分子出逃境外。在全面建设小康社会的今天，反腐败的任务是异常艰巨的，国家应该采取积极措施，防患未然，最大限度的打击官员出逃，维护国家法律尊严，保护国家及人民财产安全。

第一，领导重视，提高认识。建立健全领导问责制，督促提醒领导关注下级的廉政情况，及时发现不正常现象。有限度的实行"连坐"，若下级发生出逃境外的事件，上级直接领导必须接受审查，必要时候应当引咎辞职。

第二，加强宣传，营造氛围。媒体舆论监督是社会监督的重要组成部分，在社会生活的各个方面起到了重要的监督作用，所以可以利用媒体，广泛宣传，鼓励公民举报、检举、揭发涉嫌贪污腐败的官员，发动了公民的积极性，让他们当家做主，可以使官员有所忌惮，对抑制腐败有积极作用，进而从根本上减少官员叛逃境外的数量。

第三，健全政策法律法规，完善制度。腐败官员之所以选择叛逃境外，追究刑事责任难是其中重要原因之一，贪官一旦叛逃境外，就可以说人间蒸发，而且他们一般所选择的叛逃国是那些与中国没有司法协助协议的国家，就算被所在国逮捕，引渡的一系列手续是相当费时费力的，赖昌星就是最好的一个例证。所以我国应该积极与国外签订司法协助条约，完善引渡制度。

第四，组织协调，形成机制。各个机关机构彼此应该加强沟通，形成反腐败机制。对涉腐官员加强监督管理，一旦发现其有腐败的嫌疑就应当限制出境。在出国考察前，要严格审查官员的财务状况，一经发现有腐败的苗头，就不能参加考察。海关，出入境都边防机构形成联动机制，发现问题官员欲蒙混过关时，阻止出境。

浙江温岭一医院院长由博导变贪官
曾发现非典病毒享受政府特殊津贴还受贿

2009年4月1日，浙江省温岭市第一人民医院原党委书记、院长林峰，因犯受贿罪，被台州市中级人民法院终审判处有期徒刑13年。这也是浙江法院首例按照3月20日最高人民法院、最高人民检察院发布的《关于办理职务犯罪案件认定自首、立功等量刑情节若干问题的意见》，严格有关立功的认定标准，防止对贪官重罪轻判的案件。

【案情回放】　科技精英的“两面”人生

现年58岁的林峰曾是浙江省医学界一颗耀眼的“明星”。他当选过浙江省第十一届人大代表、台州市第三届人大代表、温岭市第十四届人大代表及常委会委员，身兼温州医学院儿科学教授、博士生导师、台州市儿科重点学科带头人、国务院政府特殊津贴享受者等。林峰1993年8月开始一直任温岭市第一人民医院党委书记，1995年9月至案发任院长，其多项研究课题被列入国家“863”计划。

但是，就是这样一颗“明星”，却经不起诱惑，利用手中的职权进行权钱交易，最终被贪欲枉送了前程。

陈某是温岭市医药公司的总经理，由于工作关系，陈某与时任温岭市第一人民医院院长的林峰很快结成了好兄弟。人民医院一直是医药公司及其太平分公司的大客户，为了感谢林峰对医药公司及太平分公司在药品购销业务上的支持和关照，陈某与太平分公司经理洪某于1996年开始至2002年在每年的春节前，都敬奉上5000元或1万元。而林峰在每次“笑纳”后，都提供相应金额的私人餐费等发票交与他俩，送的钱由洪某从财务处领出，最后以林峰提供的发票冲抵。

李某是一位药品代理商，为感谢林峰在药品销售等方面的“关心”，在2000年至2003年上半年，李某先后四次共送给林峰人民币5.6万元。在2004年下半年至2007年上半年，林峰又收受李某的贿赂5.72万元。

被行贿人的糖衣炮弹击中后，林峰的贪欲便一发不可收。据公诉机关指控，林峰自1995年9月开始担任人民医院院长以来，利用职务之便，在基建、药品采购和人事安排等方面，64次收受他人贿赂的财物共计人民币49.48万元。

【控辩交锋】　发现非典病毒算不算立功

2008年3月20日，林峰被“双规”，在“双规”期间，他如实交代了收受他人贿赂的事实。8月13日，林峰被温岭市检察院提起公诉。

2008年11月28日，温岭法院经审理认为，被告人林峰利用职务之便，非法收受贿赂共计人民币442800元，其行为已构成受贿罪。遂依法作出一审判决：被告人林峰犯受贿罪，判处有期徒刑13年。

2009年2月17日，林峰提起上诉。台州市中级人民法院二审公开开庭审理，当地的20多位省、市人大代表及林峰的家属共100多人参加了旁听。被告席上，头发有点花白的林峰不时拿出自己准备的长达20多页的“手写纸”辩解。

在一、二审的庭审中，林峰和其辩护人辩称，我国在经历非典后，科学家发现七种病毒，其中被告人林峰就发现了三种，并在《美国临床病毒学》等世界有影响的学术刊物上发表了三篇重大学术论文，在国际病毒学研究方面具有重要意义。国家科技部批准林峰参与“863”项目和国家自然科学基金项目，并由其任副组长，这是台州解放以后第一个有关医学的国家“863”计划，故应认定为有重大立功表现。

公诉人在庭上认为，发表论文不必然等于有贡献，有贡献不等于有突出贡献，有突出贡献不等于法律上构成立功。同时，林峰发表的论文均是在羁押前的正常职务行为。不否认被告人林峰以前的辉煌成绩，但是，发表论文就算是突出贡献，就算重大立功，找不到相关证据，也无法律依据，故不能认定其立功。

4月1日，法院第二次庭审并作出了“驳回上诉，维持原判”的终审判决。法院认为，发现病毒，是被告人林峰在羁押前的正常职务行为；林峰及其辩护人未提供证据证明其发表的三篇论文行为属“对国家和社会有突出表现”。因此，林峰的上述行为，不符合3月20日“两高”发布的新规定以及最高人民法院《关于处理自首和立功具体应用法律若干问题的解释》的规定，不宜认定其有立功表现。

【庭审目击】　为优秀医生的腐败惋惜

在庭审最后陈述时，林峰希望法庭考虑他是有专长的特殊人才，以及他对温岭医疗事业作出的贡献和受贿性质为“被动受贿”并主动退赃等有关情况，请求法庭判处其缓刑甚至免去其刑事责任。

庭审结束时，林峰的个别家属不满公诉人的指控，和出庭的二位女公诉人发生言语和肢体冲突，被法警及时制止。参加旁听的个别人大代表也通过官方途径向法庭提出了要求给予林峰“减轻处罚”的意见和建议。

【典型案例点评与分析】

本案提出了立功的问题。我国法律对于立功有明确规定，根据刑法第六十八条第一款的规定，犯罪分子到案后有检举、揭发他人犯罪行为，包括共同犯罪案件中的犯罪分子揭发同案犯共同犯罪以外的其他犯罪，经查证属实；提供侦破其他案件的重要线索，经查证属实；阻止他人犯罪活动；协助司法机关抓捕其他犯罪嫌疑人（包括同案犯）；具有其他有利于国家和社会的突出表现的，应当认定为有立功表现。根据刑法第六十八条第一款的规定，犯罪分子有检举、揭发他人重大犯罪行为，经查证属实；提供侦破其他重大案件的重要线索，经查证属实；阻止他人重大犯罪活动；协助司法机关抓捕其他重大犯罪嫌疑人(包括同案犯)；对国家和社会有其他重大贡献等表现的，应当认定为有重大立功表现。目前，法律对于"有利于国家和社会的突出表现"以及"对国家和社会有其他重大贡献等表现"并未进行具体解释，因此，现实生活中尚无使用的先例。

第三节　纪检监察典型案例反思

徐放鸣案的警示

财政部金融司司长徐放鸣因涉嫌重大经济犯罪被刑事拘留，成为多年来财政部涉及金融腐败案件级别最高的官员。除被指收受高额贿赂外，来自审计署、中纪委及北京市检察院的信息还显示，徐放鸣在国家农业发展银行挪用 8.1 亿元炒股案中获取了非法个人利益。此前，农发行两任副行长胡楚寿、于大路因涉嫌重大经济犯罪已被逮捕。

据报道，徐放鸣作为金融监管高官所拥有的权力以及对金融行业的影响力，足以令每一个知情者敬畏有加。在外资银行家眼里，徐放鸣所在的金融司代表中央政府管理国有银行、资产管理公司、国有政策性银行和国有控股证券公司，而财政部内部人士则称，金融司对国有银行和金融机构“有监有管有审批”。在一个权力缺少监督的制度环境中，大权在握的监管者很容易成为被监管者“俘获”的对象，徐放鸣此番失足落马，为“管理者被俘获”理论增添了一个生动的注脚。但进一步考察又可以发现，徐放鸣案背后的秘密似乎不止于此。

分析家指出，从初步披露的涉案事实看，徐放鸣堪称中国推进金融体制改革形势下“中间过程利益集团”的一个典型人物。“中间过程利益集团”是中国人民银行研究局在“金融腐败指数”课题研究报告（2000—2003 年）中提出的一个概念。该项报告认为，金融机构与其监管部门的腐败存在“下游关联”效应，金融机构的超额利润越高、违规动机越强，其相应的监管部门的腐败倾向就越高；而监管部门的腐败程度，又与监管权力介入市场的直接程度有关。徐放鸣作为被腐败侵蚀的金融监管高官，具有“中间过程利益集团”的典型特征：不喜欢传统计划体制，因为计划体制不能赋予其寻租的机会；也不喜欢真正的市场体制，因为市场体制将剥夺其寻租赖以存在的权力；同时还不喜欢透明度，因为在光天化日之下腐败很难进行。因此喜欢中间状态，喜欢长时间的转轨，喜欢用神秘的国家金融“机密”剥夺存款人与纳税人的知情权，掩盖其私人利益。

改革意味着利益格局的重新调整，“中间过程利益集团”表面上也打改革的旗号，但他们攫取利益的空间正存在于转轨的“中间过程”，所以他们对维持“中间过程”的现状具有特殊的动力，他们不但缺乏切实推进改革的积极性，而且还会暗中为改革设置重重障碍，成为改革的反对派。而改革无限期地一再迟滞，不但改革成本将急剧攀升，而且改革的风险也势必越来越大，只有从中作梗的“中间过程利益集团”，才成为惟一的获利者。相信随着徐放鸣一案更多事实公之于众，人们对金融改革“中间过程利益集团”的巨大危害将有更加深切的认识。

其实除了金融领域的徐放鸣、王雪冰、张恩照，这些年在国企改制、土地批租、工程建设等领域出现的腐败案件中，“中间过程利益集团”的身影也清晰可见。对症下药，要打破“中间过程利益集团”的迷梦，只有继续加快改革的步伐，缩短改革的“中间过程”，把配置资源的权力进一步向市场分散，同时在改革中大力推进透明度建设，让阳光成为最有力的防腐剂。

王小石案反思：权力寻租渗入股市

2005年11月8日，曾担任中国证监会发行监管部发审委工作处助理调研员（副处级）的王小石因涉嫌受贿罪出庭受审，一起出庭受审的还有被媒体称为“拉王小石下水”的北京华章投资管理有限公司原执行总裁林碧。王小石职位不高，但其案发所引起的极大反响让人很自然地想到上市公司在上市前的虚假包装、疏通发审委委员、蒙混过关的黑幕，更看到证监会前发审委工作存在的问题和弊端。人们在问，其中到底有怎样的暗箱操作，谁在将公权寻租？证监会发审委的寻租空间到底有多大？本文通过解剖该案，试图为证券制度改革提供点滴参考。

王小石，北京人，44岁，1996年进入中国证监会工作，2003年下半年从深圳回到北京。此前一年多，他曾在证监会从事深圳证券交易所中小板的筹备工作。据检察机关指控，王小石、林碧二人涉嫌向谋求上市的企业出售保密的证监会股票发行审核委员会名单，而且是专门出售非常机密的负责审核那家企业的7名委员名单（证监会发审委共30人，便于上市企业“公关”）。王小石涉嫌受贿140万元，林碧涉嫌受贿31万元。

中国股市制度建设过程中的重大案件

王小石也算是证监会的“老人”了。他戴着眼镜，为人低调。在很多人眼里，他处在一个不太可能“出事”的位置——在发审委工作处只管发审委委员名单的分配，对企业能否上市没有任何表达意见的权力和机会。但偏偏在这个职位上，他“出事”了。

王小石所在部门是证监会发行监管部下的发审委工作处。所谓“发审委”，是“股票发行审核委员会”的简称。按照《证券法》，所有股票的发行，都必须经过该委员会的同意。该工作处的主要职责就是负责发行审核委员会会议组织工作。

王小石一直从事拟上市公司预选材料的预审，主要与发行审核委员会联系并组织审核。虽然没有审核权，但他能在发审会前一个星期就知道哪些发审委委员参与投票哪些企业，同时也跟委员们相识。因此在有些人眼里，其位置的“含金量”非同寻常，这使他具有了利用职务便利向国内谋求上市企业“出售”证监会发审委委员名单的可能。

据检察机关指控：2002年2月到9月间，王小石与林碧共谋，利用职务之便，接受福建某股份有限公司请托，在帮助该公司上市过程中，非法收受贿赂140余万元。

因为当时的发审委委员名单实行保密制，王小石的“业务对象”应该是那些包装上市的企业。这些企业如果本身存疑，会在一些问题上打法规的“擦边球”。而除了预审过程中发现企业的明显问题会要求及时修改，很多预审员会把一些“擦边球”问题留到发审会上由发审委委员审核。对此，办案检察官认为，“这些‘擦边球’问题很容易被否决，要想通过，就必须搞定一些学者型等喜欢较真儿的发审委委员。”

权力寻租的逻辑

王小石当时所在的发行监管部属证监会的要害部门。该部门的职责是：审核境内企业直接或间接在境内发行证券的申请，包括首次发行、配股、增发、可转换债券的申报材料并监管其发行活动。所以，王小石“出售”发审委委员名单背后的寻租逻辑非常简单：发审委在一定程度上能够决定一家企业能否获得IPO（首次公开发行股票）资格。也就是说，如果企业要上市融资就必须通过发行部的审核。因此，证监会发审委委员名单从某种意义上说是一种“租金”：一方面，发审委委员名单被认为是谋求上市实施行贿的“路线图”，很多企业想尽办法要弄到名单，也有一些地下财经公关公司出售这种名单；另一方面，证监会发审委委员名单是一种“稀缺资源”，进入发审环节的拟上市公司弄到这份名单后，经过私下运作，通过发审环节顺利上市的可能性将会大大增加。

不透明的名单，权力与义务被滥用，证监会在赋予发审委委员审核权力的同时，没有要求其在虚假上市审核中承担相应责任，这样就在理论上给发审委委员留下寻租空间。早期的发审制度权力集中，签字人不敢寻租，但是改变成多人签字后，寻租的对象多了，寻租风险分化了，承担责任的机会成本降低了。发审委拥有决定公司上市的权力，没有相应的约束，必然留下寻租空间。

“王小石案”不是偶然的。他原来分管的工作虽没有实质内容，却有着特别的权力，他手中的名单和可能提供的“通道”具有特别价值。上市公司或拟上市公司等利益集团看重的就是这份举足轻重的权力。

在目前的市场格局中，证监会拥有成熟市场体制下监管机构所不具备的一项权力：决定哪类企业、甚至具体哪家公司可以上市。假如没有相应有效的制约机制，巨大的权力就意味着隐藏着巨大的寻租机会。这不仅仅是发审委或者整个证券市场本身的问题，同时也是一种缺乏监管的利益思维惯性：一个政府部门只要有权力，官员就有各种不同的需求，就有不断的利益集团来寻租，目标就可能达成一致，决策就会被扭曲。

“王小石案”不仅伤害了证监会的威信，更重要的是伤害了中国股市的内在机制。有专家认为，证监会的权力越大，危险就越大。因此，证监会的行为应该放在阳光下，应该建立证券市场问责制，以此来应对因行政权力过大、社会资源稀缺而导致的证券市场漏洞。

给权力戴上“紧箍咒”

一个没有形成权力监督与制衡的系统是危险的，制度的缺陷与利益的诱惑是权力寻租的最佳温床。对监管者权力的制约与监督应该是制度设计的关键。对此，该案办案检察官提出三个思路：

一是权力下放。可以考虑将股票发行权交给交易所，因为发行权和监督权不能混在一起，否则就会导致市场中的“角色错位”。现在证监会正在推行的保荐人制度，完全可以在实行交易所担保，保荐人承担民事赔偿责任制度的前提下，实行自由的上市规则。证监会独立出来，不再是裁判员和运动员的“混合体”，通过提高造假成本来压缩股票发行过程中的寻租空间。

二是市场化。监管部门掌握企业上市的“生杀大权”，而企业获得“上市权”后一上市就可获得巨额资金。因此证监会有些职能应该市场化，今后更多地应承担仲裁监管职能。该案暴露了股市内在机制的重大缺陷。融资圈钱为本，造成了个别公司以金钱为手段，换得发审委委员的同意。中介机构，包括会计师和律师事务所为企业包装，使其得以顺利上市，再瓜分这笔成本极低、几乎无须归还的资金。在这种潜规则下，拟上市公司的寻租表现为以最小的成本发行上市。行政权力过大、社会资源稀缺和制度漏洞严重问题，将上市公司、中介机构和有关官员三方“捆绑”到一起。

三是健全监督机制。目前对证监会的诟病突出地表现在，证券监管部门权力大，监督少。《证券法》赋予证券监管部门20多项权力，其必须遵守的义务却只有“不得利用职务之便牟取不正当利益”以及“不得在被监管机构中兼职”，而且均无细则。因此，证券监管部门改革势在必行，走出行政监督的窠臼，运用现代法治技术来控制权力、约束权力、监管权力。比如有专家建议证监会可以推出在证监会系统中建立官员财产公示制度等。

“王小石案”发生在中国证监会进行发审制度改革后不到一年时间，显然极具象征意义。如果该案能促进发审委制度和工作的进一步完善，这未尝不是一件好事。过去曾轰动一时的“基金黑幕”、银广夏造假、庄家吕梁、亿安科技等事件，均转化为促使证券市场局部或结构性调整的重要契机。“王小石案”再次为我们提供了一个标本，警示有关部门应该迅速建立起更严密、有效的证券发行审核机制和相关职级工作人员问责机制。

被自己“打倒”的副市长

——原济宁市副市长李信受贿案透视

一张形象不雅的下跪照片被媒体和网络传播后，李信这个名字飞快地在群众中间变得熟悉起来。记者虽然努力多方求证这张照片的背后故事，但有关部门一直予以婉拒。

2007年7月4日下午，山东省潍坊市中级人民法院对济宁市原副市长李信受贿案进行公开宣判，以受贿罪判处李信无期徒刑，剥夺政治权利终身，并处没收个人全部财产，李信犯罪所得的赃款、赃物予以没收，上缴国库。

原副市长一审被判无期徒刑

2006年7月下旬，李信被山东省人民检察院逮捕。2007年5月23日，潍坊市中级人民法院对此案进行了公开审理。

法院经审理查明，1991年初至2004年4月，李信利用担任济宁市机械设计研究院院长、济宁高新技术产业开发区管理委员会主任、济宁市人民政府副市长等职务上的便利，索取、非法收受他人财物，为他人谋取利益。他先后收受、索取40个单位或个人人民币337万余元、美元8.9万元、银行卡30万元、购物卡4.2万元以及手表、项链等物品3件，共计折合人民币450.7万余元。鉴于李信认罪态度较好，具有坦白情节，且受贿所得的赃款、赃物已全部被追缴，法院依法判处李信无期徒刑。

“政策高地”下的权钱交易

济宁市高新区是国家级高新区，由于进区企业可以享受许多优惠政策，成为许多企业竞相进入的“政策高地”。李信当上高新区管委会主任以后，尤其是当上副市长以后，手中握有很大的权力，让谁进不让谁进，企业选哪块地，拿多少土地出让金，说话很有“含金量”。这样，就形成了许多企业老板“众星捧月”之势，而他也热衷于与大款打交道，乐得享受这种权力带来的“好处”与快乐。

李信多次为进区企业减免城市建设配套费。有的企业原本需要缴纳几十万元配套费，李信大笔一挥就免了，取而代之的是部分利益流入个人腰包。在公诉人指控李信受贿的40

起犯罪事实中，涉及为请托人谋取征地、国有土地使用权出让、减免城市建设配套费和办理有关手续等方面利益的，就有10起。济宁市一家公司在区内征地、按规定应缴纳90多万元，在给李信“上供”5万元后，予以减免。

一家企业为了进入济宁市高新区，让李信帮忙征地、减免土地出让金，在2003年中秋节前至2004年2月之间，李信6次收受和索要公司董事长送的人民币7万元、美元2000元、购物卡2000元，共计折合人民币8.8万余元。后来，这家企业按每亩148元的优惠价格缴纳了城市建设配套费，小投资换来大回报。

李信为济宁开发区一位工作人员谋取职务升迁和项目提成方面的利益，在2002年6月至2003年2月仅半年多时间内，三次收受和索要银行信用卡20万元、人民币130万元，其中最大的一笔为现金100万元，装了满满一个纸箱。这也是李信受贿犯罪事实中数额最大的一笔。

搜索“李信”

李信案件受到全国关注，这不能不说与一个叫李玉春的女人有关。

记者在“GOOGLE”上输入“济宁市副市长李信”等关键字，搜索结果多达15900条，大多数与“李玉春”、“下跪”等字眼有关。李信案件因为李玉春的原因，显得更加神秘。

在5月23日的庭审中，不时能够听到李玉春的名字，既有李玉春的相关证言，在有的犯罪事实中也可以看到李玉春的身影。

有一次，李信和李玉春一起与一位商人吃饭，饭后李玉春看到这位商人停在院中的一辆白色汽车，赞不绝口。这位商人知趣地说：“喜欢你就开走。”后来，李信出面说，汽车要办过户太麻烦，你出钱给她再买一辆吧。这位商人随后果然把20万元汇到了李玉春的账上。另外，李信还有几次索贿的经历，有的贿款也流向了以李玉春为法人代表的上海岩昆经贸有限公司。

和许多一个腐败落马的官员一样，李信也有一段处境艰难的“奋斗史”。但是，手握大权之后，李信的个人生活和仕途道路逐渐走偏了方向。“打倒”他的不是别人，恰恰是他自己。

“下跪市长”李信受贿案解读

李信在1991年至2004年案发的14年间，共计收受40个单位及个人的110余次贿赂，折合人民币450余万元。

分析李信的110余次贿赂行为，从受贿的时间上看，多数发生在春节前后；行贿的方式从1991年的送现金，到2002年开始出现了送购物卡、信用卡等；受贿地点多为家里和办公室，较为私密和隐蔽；他接受贿赂有家人参与，其中一笔20万元的贿赂款由他的妻子代收后转交，有两笔共计2万元贿赂由其父代收经李信许可后留用；行贿者为谋取工程建设方面的利益而送给李信的财物，占李信涉嫌受贿总额的一半以上。

2005年5月23日，山东省潍坊市奎文区法院，“下跪市长”李信在这里受审。

李信，山东省济宁市原副市长，因涉嫌受贿站在了被告人席上。

“我向全市人民谢罪，向父母亲友谢罪，向妻子、儿子谢罪。”据在庭审现场的新华社记者描述，李信在法庭上表示了深深的忏悔。

从检察院的起诉书中可见，李信涉嫌收受40个单位及个人贿赂110余次，折合人民币共计450余万元，时间跨度长达14年。

下跪事件牵出贪官

“我李信罪该万死，我不是人，我向李玉春全家磕头赔罪……”据称，发出这样的忏悔时，李信尚处在仕途的浪尖，春风得意。

2004年6月，上述忏悔以手写体的形式，冠名以《保证书》，被拍成照片在网上广为传播。《保证书》全文如下：

“我李信（山东省济宁市副市长）向李玉春全家保证再也不做任何一点伤害李玉春的事。我对天发誓，如不遵守承诺违背誓言，再做一点坏事，就天打雷劈。如果我弟弟李峰（山东省济宁市任城区公安局副局长）和畜生王兵（山东省济宁市中亿集团董事长）再做任何一点伤害李玉春的事，我李信心甘情愿接受李玉春全家制裁和法律的制裁。我如果再指使别人做任何一点伤害李玉春的事，就让我全家死光，断子绝孙，让我丢官丧命，不得好死。我2003年2月23日做了伤害李玉春的事，我李信罪该万死，我不是人，我向李玉春全家磕头赔罪，感谢你们全家给我一个洗心革面、重新做人的机会。”

与《保证书》同时传播的，还有令人心惊的李信下跪的照片。时任济宁市副市长的李信，竟面带痛苦地数次向李玉春下跪！李玉春，曾经是李信的“合作伙伴”，自2003年3月开始，她以实名对李信涉嫌的不法行为进行举报。

“济宁市副市长下跪”的消息不胫而走，李信，一个地级市副市长，以如此形象广为人知。

李信是山东省济宁市人，1954年出生，事发时的职务是济宁市副市长、济宁高新技术产业开发区管理委员会主任。

此前，李信先后担任的领导岗位有：济宁市机械设计研究院院长、济宁高新技术产业开发区管理委员会副主任，直至2001年坐上了济宁市副市长、济宁高新技术产业开发区管理委员会主任的位置。同时，他还是山东省十届人大代表。

从起诉书来看，李信自1991年任济宁市机械设计研究院院长，便开始涉嫌接受现金贿赂。起诉书认为，李信利用其自1991年至2004年间相继担任上述领导职务的便利，为他人谋取利益，涉嫌收受或索取40个单位及个人送的财物，共计折合人民币450余万元。

而李信的这些问题，在下跪事件出现之前，均未暴露。

下跪事件暴露的同年7月26日，李信被逮捕。该案由山东省人民检察院反贪局侦查终结，于2005年1月17日移送山东省潍坊市人民检察院审查起诉。此后经退回补充侦查一次，2005年4月14日，潍坊市人民检察院向潍坊市中级人民法院提起了公诉。

5月23日，潍坊市中级人民法院在潍坊市奎文区法院开庭审理了李信涉嫌受贿一案。潍坊市中级人民法院由一位副院长亲自担任审判长，潍坊市人民检察院派出五位公诉人出庭支持公诉，北京德恒律师事务所两名律师出庭为李信提供刑事辩护。

举报人的离奇遭遇

还有两起案件与李信一案相关联——举报人李玉春的弟弟李登峰涉嫌故意杀人，而举报人李玉春则涉嫌包庇。举报人李玉春一家还未从原有的纠葛中解脱，又陷入了新的纠葛。

据称，李信下跪的照片拍摄于2003年7月，其下跪的对象是李玉春，李玉春的弟弟李登峰也在现场。

李玉春的名字在潍坊市人民检察院的起诉书上只出现过一次："被告人李信利用担任济宁市人民政府副市长、济宁高新技术产业开发区管理委员会主任职务上的便利，为山东某集团有限公司谋取拨付科研经费、贷款担保等方面的利益。2003年1月，通过上海岩昆经贸有限公司李玉春收受该公司董事长王某人民币20万元。"

在检察院列举的李信所涉嫌的110余次受贿行为中，这是李信惟一一次通过外人收受贿赂。其余皆为李信自己或其妻等家人收受。由此可见，李玉春与李信的关系特殊。

然而此后不久，李玉春就开始了对李信的举报，二人的关系发生了根本性的转折。

李信甚至下跪恳求李玉春不要举报他，并写下保证书，还拿出100万元人民币的"封口费"。然而李玉春并没有停止举报行动，她将照片、《保证书》以及100万元巨款也作为证据提交给了有关部门。李信对此恼羞成怒。

据李玉春的家人讲述，2003年10月，多次有人给李玉春一家打电话，要他们"交出照片底片和保证书"，并多次骚扰、威胁他们，李玉春的弟弟李登峰甚至遭到过不明枪击。为了摆脱骚扰，李登峰同意与对方见面，商量解决办法，但到了约定的地方后，却有5名陌生人上来挑衅，后又对其进行围攻。由于此前多次遭到威胁，李登峰当时随身带着防身器具，打斗中将其中一人扎伤，后经抢救无效死亡。2003年12月8日，李登峰被正式逮捕，罪名是"故意杀人"。

此时，下跪事件尚未在媒体上公开，李信仍然在济宁市副市长的岗位上春风得意。

2004年6月22日，下跪事件在网上公开不久，举报人李玉春即在北京被赶来的山东省德州市临邑县公安局干警宣布拘留，理由是李玉春涉嫌包庇犯罪的弟弟李登峰。两天后的6月24日，其举报的对象李信即被山东省纪委调查。

2004年7月8日，德州市中级法院对李登峰作出一审判决，判处李登峰死刑，缓期二年执行，并赔偿死者家属8万余元。因不服判决，李登峰于7月19日提出上诉。今年2月，当地法院二审维持原判。

李玉春被拘留和李信被调查仅相差两天，而李玉春涉嫌包庇案与李信涉嫌受贿案的开庭日期又出现了相差两天的巧合。李信涉嫌受贿案于2005年5月23日开庭审理，未当庭宣判；李玉春涉嫌包庇案于同年的5月25日开庭审理，当庭判处李玉春有期徒刑五年。

临邑县法院认为被告人李玉春明知李登峰实施了持刀将他人捅伤的行为而为其提供隐蔽住所、财物，帮助其逃匿，其行为已构成窝藏罪。被告人李玉春窝藏重大刑事犯罪分子，属情节严重。

去年11月，李玉春的母亲思子心切，心脏病突发死亡。一直关在看守所里的李玉春至今不知道母亲离世的消息。

解读李信受贿行为

下跪虽然形象不佳，但并不违法，将李信推上法庭的绝非是他的下跪行为，而是其收受或索取40个单位及个人所送财物的行为。

在近万字的起诉书中，检察机关详细地罗列了李信利用了何种职务的便利，为哪些单位或者个人谋取了哪些利益，收受或索要了多少财物等。在40个单位及个人中，有24个单位及个人涉嫌多次行贿，次数最多者达 7 次，同一行贿者时间跨度最长为 9 年。

面对 40 个单位和个人的 110 余次贿赂，李信为他们在商品销售、结算货款、承揽工程、结算工程款、办理征地手续、减免国有土地出让金等方面谋取利益，收受的财物除人民币、美元外，还包括银行卡及购物卡、手表、白金项链等，共计折合人民币 450 余万元。

从受贿金额上看，自 1991 年开始，李信的胃口越来越大，最大的一笔竟然达到了 100 万元，贿款装了满满一个纸箱。据称，李信热衷于与“大款”打交道，多次为进区的企业减免城市建设配套费，有的企业原本需要缴纳几十万元配套费，李信大笔一挥就免了，取而代之的是部分利益流入个人腰包。

分析这 110 余次受贿行为，从时间上看，多数发生在春节前后；行贿的方式从 1991 年的送现金，到 2002 年开始出现了购物卡、信用卡等；受贿地点多为家里和办公室，较为私密和隐蔽；李信接受贿赂有家人参与，其中一笔 20 万元的贿赂款由李信的妻子代收后转交给李信，有两笔共计 2 万元贿赂由李信的父亲代收，经李信许可后留用。

李信收受的最大一笔贿赂款 100 万元，来自济宁市高新技术产业开发区驻上海工作处的一位工作人员，该人为了谋取职务升迁和项目提成等方面的利益，于 2003 年 2 月向李信行贿 100 万元。除此以外，他还在 2002 年 6 月送给李信 20 万元、2002 年 11 月送给李信 30 万元，仅其一人就共计向李信行贿 150 万元。

据旁听庭审的据新华社记者报道，5 月 23 日的法庭调查从上午 9 时一直持续到晚上 7 时。李信在最后陈述阶段，用半个多小时回忆了自己从小学到大学到成为国家干部的人生经历，想争取宽大处理的心情非常迫切。李信回忆道，自己的童年生活非常艰苦，白天上学，晚上还要帮着家里干活，小小年纪就体会到了生活的不易。大学毕业后，到济宁市机械设计研究院工作，也有一些科研成果。那时，晚上经常把儿子放在办公室的地上睡觉，自己埋头搞科研。应该说，那个时候的李信，还是一位事业心极强的科研型干部。

据公诉人说，李信的家庭也很幸福，妻子是他的大学同窗，儿子现在读博士，家庭收入也很可观。但是，手握大权之后，尤其是在认识了李玉春之后，李信的个人生活逐渐滑向了犯罪的深渊。

“我向全市人民谢罪，向父母亲友谢罪，向妻子、儿子谢罪。”李信在法庭上表示了深深的忏悔。

2005 年 7 月 5 日，山东省潍坊市中级法院对李信受贿案作出一审判决，认定其先后收受、索取他人款物折合人民币 450 余万元，判处其无期徒刑，剥夺政治权利终身，并处没收个人全部财产，其犯罪所得予以没收，上缴国库。

偃师市政法委副书记被撤职前后

中共偃师市纪律检查委员会下发文件，决定给予在娱乐城打砸事件中制暴不力的市政法委副书记张庆华，撤销党内一切职务的处分。至此，沸沸扬扬的政法委副书记涉嫌要

"小姐"、打电话叫人打砸等传言得到澄清；但作为党员领导干部、政法委副书记，张庆华也因失职受到严肃处理。

事发：打砸事件双方7人受伤

2007年7月26日晚上，河南偃师市政法委副书记张庆华携其姐夫、妹夫和马某、马的朋友韩某等人，在两次喝酒后，又到偃师市华夏宾馆"音乐不断"娱乐城茶社喝啤酒。

在此期间，韩某酒后要服务员点歌的要求没有得到满足，遂对茶社不满，先是砸坏茶社走廊玻璃，后又用脚将茶几蹬碎。当时，张庆华在场看到后便说，"你喝多了，砸茶几干啥!"

茶社经理发现物品被损坏，便交涉要求赔偿，娱乐城总经理察看情况后也说，不赔砸坏的东西，不让他们走。此时，韩某躲进厕所里给他的一帮朋友打电话，要求带人来帮忙。

在赔偿结账后准备离开时，韩某与茶社工作人员发生冲突。那边接到韩某电话的一帮6人，带着钢管、砍刀等凶器正好赶到，看到打斗场面，便迅速冲过去砍打，茶社的工作人员吓得四处躲逃。站在不远处的张庆华看到局势严重，拨打了110报警电话后随即离开。

在这场械斗中共有7人受伤，其中茶社工作人员4人受伤，一个收银员和一服务员被砍成轻伤。韩某方也有人受伤。

调查：制暴不力就是失职

据调查，事发后，张庆华既没有积极采取措施挽回影响，也没有及时向组织报告。有关领导是在随后的媒体报道中才知道此事。

在这些媒体报道中，张庆华被娱乐城方面举报涉嫌叫"小姐"，涉嫌打电话叫人到茶社打砸。但张庆华对这些说法矢口否认，他一再对领导说，打砸事件与他没有关系，他打过电话，向警方报警。

事发后，偃师市成立了由市纪委、组织部、政法委、公安局等部门组成的联合调查组，对反映张庆华的有关问题进行调查。8月1日，经市委常委会研究决定，暂停张庆华市委政法委副书记职务，接受组织调查。8月3日，洛阳市委主要领导非常重视，指派洛阳市纪委、政法委、公安局组成督查组参与调查。

两组联合调查组在认真调查的基础上，基本上查清了事实。调查组调查认为，在"7·26事件"中，张庆华没有要"小姐"或授意他人要"小姐"，没有组织、实施打砸行为，但张庆华身为政法委副书记、党员领导干部，在随行人员与"音乐不断"娱乐城工作人员发生纠纷并发展至殴斗时，没有及时采取有效措施加以制止；报警后本应在现场协助民警处理，但没有等出警即离开了现场，造成多人受伤，在社会上造成严重的不良影响。

偃师市纪检委的处分决定说，根据《中国共产党纪律处分条例》第一百三十二条第二款，第一百三十九条之规定，决定撤销张庆华党内一切职务。

偃师市委有关负责人说，在当时情况下，张庆华作为政法委副书记，与冲突的双方都认识，而且一方是一起吃饭的随行人员，他完全可以凭自身威望和身份制止冲突；即使制止不住，但至少应有制止的行为。由于他仅是报警后即走开，导致了7人受伤的后果，这就是失职。

评述：处分体现了从严治党

针对撤销党内职务的处分，张庆华有不同看法。张庆华在接受记者电话采访时说，当时他并没有喝酒，对于十几个人的一场乱斗，就是公安局长在场，也不一定能制止得住，他当时能做的只有打 110 报警了。至于造成恶劣社会影响，并不是他张庆华造成的。

偃师市委有关负责人对记者说，一场殴斗致使 7 人受伤，这样的影响完全可以称为恶劣影响了，组织处分的依据，是已经查清的事实，而不是举报或其他。这次对张庆华的处理，既体现了实事求是的原则，也体现了从严治党的要求。调查组通过调查，澄清了此前有关张庆华的不实传言，这就是实事求是；但在处理时，市委领导非常慎重，反复研究，最后决定本着教育干部，从严治党的原则，在处理时从严掌握，但都是在党纪的尺度之内。

偃师市委要求，全市各级党员领导干部要从“7・26”事件中吸取教训，进一步严肃政治纪律、组织纪律、经济纪律和群众工作纪律，严格落实廉洁自律十二条规定，守住“四个圈子”，即党员干部要纯洁社会圈，净化生活圈，规范工作圈，管理八小时以外的活动圈；做到“四个坚决”，即不该说的话坚决不说，不该做的事坚决不做，不该去的地方坚决不去，不该交的朋友坚决不交；落实“三个严禁”，即：严格禁止干部参与赌博，严格禁止干部出入与身份不相符的场所，严格禁止领导干部自驾公车。

国门“巨蠹”的人生悲剧

——首都机场集团公司原董事长李培英贪污受贿案警示录

首都国际机场有着“第一国门”之称，而作为其“掌门人”的李培英也曾显赫一时。但 2009 年 2 月 10 日，对于李培英来说，却是一个黑色的日子。山东省济南市中级人民法院一审以贪污罪、受贿罪判处其死刑。李培英终于品尝了犹如剑锋悬头一般冰冷的毁灭之感。那时，这个曾对办案人员说“把‘死有余辜’一词用在我身上也不过分”的李培英，心中还留存“侥幸逃过一死”的念头。然而，7 月 6 日上午山东省高院维持一审判决的判决，让李培英听到了死神的脚步声。8 月 7 日，经最高人民法院复核，李被执行死刑。

一个国有大型企业的董事长，一个受党教育多年的领导干部，为什么会肆无忌惮地利用党和人民给予的权力近乎疯狂地贪污受贿敛财，从而走上一条自我毁灭的不归之路呢？

“权已经有了，缺的是钱”

用 3500 万元的公款还上赌债后不到 10 天，又赌输了 620 万元

首都机场公司注册资金 50 亿元，总资产 538 亿元，还全资拥有国内 15 家机场，参股了 2 家机场，被誉为中国机场公司的“航母”。在企业快速发展的同时，李培英也意气风发地走上了领导岗位。然而此时的李培英想的不是如何开拓创新，确保国有资产的保值增值，而是将手中的权力与金钱放在了同一个天平上，把权和钱放在一起比较的结果是：权已经有了，缺的是钱！

此时的李培英已丧失了最根本的廉洁意识，贪欲之门大开。他为自己找到了堂而皇之的理由："个体户有什么本事，身价几千万、上亿，心里面也不服这个气，觉得我怎么就不可以……"

于是，大权在握的李培英也就有了大手笔的"表演"：

深圳一辉实业有限公司原董事长麦某为了能巴结上李培英，以李培英的名字办理了一张长城信用卡送给他，并陆续存入 10 万元，李培英个人消费 7 万多元。不过很快，麦某就发现李培英的兴趣不在于此。小试牛刀后，麦某得出了结论："李培英不是小恩小惠就能打动的人，不能用这种小市民的做法。""你要投其所好！"

很快麦某就发现，李培英喜欢豪赌。赌博需要钱啊，要李从工资里拿钱是不可能的事。没有钱又喜欢去赌，自然要找到愿意出钱的人，而这样的人不请自来。麦某有幸成为其中一员。

1998 年至 2001 年，在麦某的陪同下，李培英先后 14 次去澳门赌博，赌场上的李培英就像抽了"大烟"一样，什么都不想，两只眼睛直直地盯着筹码，就看是赢是输。

李培英由一开始的 5000 元、一万元、五万元发展到后来的出手就是几百万元！最多的时候李培英一次下注就输了 600 万元，钱在李培英的赌桌上真的不值钱了！"成百万的输了五六次，到那个时候就把钱当成塑料牌了！"李培英作了如是的诠释。

李培英在赌桌上声势浩大，出手阔绰，赌场待他如上宾，有专门的"马仔"贴心侍候，端茶送水，无微不至！还有私企老板为自己出赌资，李培英在澳门赌场里过着神仙般的逍遥生活，大有乐不思"蜀"之感！

赌性发作的李培英不仅在澳门赌，而且假借公出之名"周游"世界各地的赌场。

"不知不觉"中，李培英已输掉赌资 2700 余万元港币，赌债均由麦某提供担保并通过深圳的地下钱庄为其垫付。

赌债是个无底洞，麦的公司已经没有钱为其还债了。于是麦某到北京找李培英要债。

等人家开始要赌债的时候，李培英害怕了。此时的李培英很清楚："赌债是不能欠的，没准会对生命有威胁，对自己的位置更有威胁！"

一定要想办法渡过"难关"！令人匪夷所思的是，此时的李培英竟不知道自己到底欠了多少赌债，也就只能被人家牵着鼻子走了。

李培英问麦："你要多少钱？"麦老板毫不含糊地张嘴就是 3500 万元！有把柄在别人手里，明知是连蒙带骗，李也只有认了。

3500 万元可不是个小数，自掏腰包是不可能的，李培英首先想到的是公款！直接从单位拿钱太显眼，怎么办？他颇动了一番脑筋，正好单位有委托理财的钱在外面，就从这里调！

李培英大笔一挥，从首都机场委托给中国民族信托公司的理财资金中私自转走了 3500 万元，巨额的公款就这样挥霍在了赌场上！

还完钱后不到 10 天，李培英一时间手痒，又去了澳门。他连续两个通宵没睡觉，在澳门赌场"鏖战"，结果又输了 620 万元，连陪他去的私人老板都看不过眼了，劝他："输得差不多了，赶紧走吧。"

由于没有人帮李培英还这笔账，这笔赌债一直拖了一年，按照赌场加收利息的规矩已达800余万元港币。正一筹莫展之际，某私营老板覃某送上门来了，于是李培英狮子大张口，一下子便索要了1000万元。

作为回报，李培英先后利用投资、担保等方式为覃某提供6.3亿元的资金支持。

此时已没有人敢陪李培英去赌了，他索性一个人到澳门赌博又输了400万。

为了还这笔赌债，李培英在要钱的方式上也要起了手腕，以麦某欠债要还钱的名义向一个香港老板蔡某索要400万元港币。

为了赌博，一个电话就可以调来数百万的现金。为什么这些老板能够心甘情愿地给李培英送钱还赌债呢?

李培英的心里比谁都清楚："这是无利不起早，你不帮他忙，人家也不会帮你。""我们有资金啊，贷款也好、担保也好，帮他拆借也好，都能帮助他发展他公司的业务嘛!"

权钱交易的勾当昭然若揭！李培英作为国企负责人，一边是从私企老板手中源源不断地拿到赌资，另一边是从国有资产中掏空了数亿元的资金。

大权独揽，独断专行

大笔一挥从理财金中转走4000万元，还"神不知鬼不觉"地把账做平了

早在1995年出任机场党委书记、副总经理时，李培英的内心深处就开始涌动起一股暗流。李培英坦言："当了机场副总的时候，开始有官的概念了。"

第一次有了官的概念，第一次有了权力，这对出身农家的李培英来说是一个巨大的改变，随之而来他的生活方式也发生了悄然的变化。他善于交际，更乐于交际，于是乎花了大量的时间用于"迎来送往"。

在面对朋友的请托时，与其说有了权力的李培英有了帮人办事的底气，倒不如说是找到了炫耀自己拥有权力的机会。

"当了一把手之后，感觉没有自己干不成的事，也没有自己办不了的事，上上下下关系也都比较通，这个时候开始飘飘然了。"

这种改变也慢慢开始在工作中有所显露。

1999年机场股份公司上市需要给证监会报送材料，本来应该由集体决定的事项，李培英却自编自演了一场"独角戏"——

首都机场集团一负责人说："我根本不知道这些文件的内容，也不知道什么时候开的会，什么时候讨论的。但是居然写着某月某日已经开过会，而且会议的名单当中居然有我。"

此时的李培英集经营、人、财、物大权于一身，下属唯李培英的命令是从，凭一句话、一个批示，李培英就能随意调动大笔企业资金，制度规定早已经形同虚设。"基本自己一个人说了算，大家也都听我的，也配合，这个事让财务办也就办了，让投资公司办也就办了。"当时的李培英可谓一言九鼎!

有了第一次成功的"体验"，李培英以后的日子里胆子就更大了。

2000年9月，李培英支出4000万元，与他人一起成立了北京海问创业技术投资管理有限公司，李培英担任公司董事长、法定代表人。从2000年9月至2007年6月案发，李

培英从未向首都机场领导班子通报过投资入股海创公司的事，也未通知单位有关职能部门对海创公司进行监管，首都机场的档案材料中也无入股海创公司的记载。2007 年 4 月，李培英个人从海创公司分得董事费 12 万元。原来，2000 年 12 月，李培英借机场集团、机场股份委托北广联理财之机，产生贪念，将此 4000 万元作为亏空打包转给北广联，如此一循环，4000 万元就被其个人控制、支配、占有，而且账面上早已做平此款。

还是那个麦某，1996 年将自己的公司挂靠首都机场名下，1998 年 6 月到 2000 年 6 月，李培英为麦某提供贷款担保总计 3.9 亿元。

天下没有免费的午餐，这不，那个曾给过李培英“帮助”的覃某，也向李培英提出了“特殊照顾”的要求。

2002 年 6 月，李培英利用担任机场集团总经理的职务便利，接受卓京公司老板覃某请托，安排机场建投以合作开发上海香樟花园的名义为卓京公司提供资金 9000 万元，期限 3 个月；2002 年 9 月，李培英再次安排机场建投以合作开发上海香樟花园的名义为卓京公司提供资金 9000 万元，期限 3 个月；同年 8 月，李培英安排机场建投为卓京公司提供借款 3 亿元，期限一周；同年 9 月，李培英再次安排机场建投为卓京公司提供借款 1.5 亿元，期限 18 天。截至目前，卓京公司仍有 2.06 亿元本金及部分利息尚未归还。

作为回报，覃某除了帮助李培英还了 1000 万元的赌债，还送给李在美国读书的儿子 100 万美元。2003 年 11 月的一天，李培英以有事需用钱为名向覃某索要 50 万元现金。当天晚上，覃某又将 40 万元送给李培英。

欲壑难填，拆了东墙补西墙

国家亏了 2.6 亿多元，自己却有了 8250 万元的“零用钱”

首都机场集团作为国有大型企业，国家为帮其发展壮大投入了大量的资金，李培英作为“一把手”，掌握着巨大的经济资源，而当其把权力当作攫取私利的工具的时候，就意味着国有资产的巨大损失。

2000 年初，李培英决定将机场集团、机场股份的 5 亿元资金委托中国民族国际信托投资有限公司理财。中民信用理财资金购买大量股票，2000 年下半年，该股票出现较大亏损，作为决策者的李培英有着不可推卸的责任。

令人想不到的是，就在这期间，李培英还暗地从这笔理财资金中私自转走 8250 万元。在提钱的过程中，狡猾的李培英为了掩盖自己的行径，并不是直接从账户里面提取，而是转到了其他的账户，又分别往下转到若干个账户，最后提走支票。此时，李培英转走的钱加上理财损失已经达到 2.6 亿多元。为弥补这些损失，李培英动用了自己苦心经营的关系网，找到了华闻控股下属北广联公司。作为条件，机场集团要追加 10 亿元资金交给北广联委托理财。在签订协议的时候，资产委托协议的收益率比正常的要低，等于最终还是由首都机场承担了理财的亏空。用机场的钱还了机场的账，而且从表面上看，等融资期满后，首都机场账上会显示本金全部归还，还有一定收益入账。

多么精心的设计！转来转去赚自家，亏来亏去亏国家！本为赚钱的理财投资，国家亏了 2.6 亿多元，而李培英自己却有了 8250 万元的“零用钱”！

有了 8250 万元的“零用钱”，李培英用其中的 3500 万元还了赌债。1998 年，李培英的亲属等3人出资750万元以机场商贸名义投资黄河股份，由于产生了股权转让纠纷不能回购股份，750万的股票眼看就要成为一堆废纸。这个时候李培英为了家人的利益又从这笔资金中划出了750万元。还有4000万元是用于前边提到的海创公司的投资。

办案人员介绍说："此案涉案数额特别巨大，造成的损失也特别巨大。至今尚有6个多亿的资金没有收回。"

如此巨额的国有资产，在李培英的手里挥霍，对于自己的责任，李培英也不是毫无感觉。事发后，李培英对办案人员忏悔道："触目惊心，把'死有余辜'这个词用在我身上也不过分。"

多行不义必自毙！2009年7月6日上午，山东省高院二审宣判，维持一审判决：李培英贪污8250万元，判处死刑，缓期两年执行；受贿2661.44万余元，判处死刑立即执行；两罪并罚，判处死刑立即执行。

前车之覆，后车之鉴

丧钟为腐败分子而鸣，警钟给领导干部敲响

李培英走上贪污受贿的不归路，教训深刻而惨痛。

翻开李培英的履历，他1950年11月出生于河北省广平县的一个农民家庭，1968年中学毕业后当兵，1969年成为我国较早的一批飞行学员中的一员，并且光荣地加入了中国共产党。1988年民航体制改革，李培英被分配到了首都国际机场。由于工作出色，不久，李培英便当上了机场公安分局的局长。先后出任北京首都国际机场集团公司总裁、党委副书记、北京首都国际机场股份有限公司董事长、党委书记；2002年12月任首都机场集团总经理、党组书记（后改任党组成员）；2007年1月任首都机场集团董事长。纵观李培英的成长轨迹，应当说他出身贫寒，有一个苦难的童年；曾经勤奋工作，有一个奋斗的青年；曾经事业有成，有一个辉煌的成年；最终却走向了堕落，以悲剧的晚年收场。

"冰冻三尺非一日之寒。"李培英的蜕变，是他长期以来放松学习，忽视主观世界改造的必然结果。随着职务的提升，李培英并没有加强学习，反而终日忙于各种应酬，把学习完全当成了可有可无的事情。在首都机场集团保持共产党员先进性教育活动中，李培英的学习笔记只有短短的一页。正如李培英自己所说："学来的东西基本上都装到了'手电筒'里，去照别人的多了，很少用来照自己。"学习越来越少，自我要求越来越松，直接导致了他信仰褪色，精神空虚，逐渐成为热衷于寻求刺激，沉湎于赌博不能自拔的赌徒。为了偿还欠下的巨额赌债，他把目光投向了自己手中的权力，利用职务便利大肆贪污公款、收受贿赂。从最初一次收受几十万发展成后来一次收受上千万，从最初的推让客气、犹豫再三到后来明目张胆、大肆索贿，就这样一步步走向犯罪的深渊。

国有企业外部监督不到位，内部管理不严格，是李培英走向犯罪深渊的客观原因。有关单位设立了首都机场集团公司监事会，但监事会成员每年只是象征性地到首都机场了解情况，并未通过有效手段深入检查公司经营管理中存在的问题及隐患。外部监督有如"牛栏关猫"，对李培英根本没有制约作用；而集团公司制定的规章制度在李培英眼里根本就是"纸上划划、墙上挂挂"的东西，对他完全没有约束力。

外部监督的失效、内部管理的失控，致使李培英逐渐有了"天马行空"的感觉，把企业自主经营变成了领导干部个人经营，在违法犯罪的道路上越走越远。

前车之覆，后车之鉴。李培英留下的教训值得人们深思和汲取。

党员领导干部必须加强世界观改造，牢固树立正确的权力观、利益观，培养健康的生活情趣。李培英是一个有着38年党龄，从战士、飞行学员一步步成长起来的国有大型企业领导干部。随着职务的升迁，特别是担任机场集团主要领导后，放松了学习和世界观改造，自甘堕落，直至发展到大肆贪污受贿。李培英案件再次说明，领导干部不论职务高低，如果背离全心全意为人民服务的宗旨，将党和人民赋予的权力用作违法犯罪、谋取私利的手段，必然遭受政治上身败名裂、经济上倾家荡产的可悲下场。

要切实加强对领导干部特别是主要领导干部的监督。建立健全决策权、执行权、监督权既相互制约又相互协调的权力结构，形成结构合理、配置科学、程序严密、制约有效的权力运行机制。要建立健全民主生活会、述职述廉、诫勉谈话、党内询问和质询、党员领导干部报告个人有关事项等制度，真正从体制和制度上保证各级领导干部正确行使手中的权力。各级纪检监察机关要认真履行职责，加大预防力度，治病于未发之时；发现同志有问题要早打招呼，早提醒；对腐败分子，要像扁鹊那样动手术、下猛药，务必严肃查处。

……

悲剧不应重演，悲剧也不能再重演！

丧钟为腐败分子而鸣，警钟给